Ipsen | Staatsrecht I

STAATSRECHT I

Staatsorganisationsrecht

Dr. iur. Jörn Ipsen
Professor an der Universität Osnabrück

Fünfzehnte,
neu bearbeitete Auflage

Luchterhand

Bibliografische Information Der Deutschen Bibliothek
Die Deutsche Bibliothek verzeichnet diese Publikation in der Deutschen Nationalbibliografie; detaillierte bibliografische Daten sind im Internet über **http://dnb.ddb.de** abrufbar.

www.luchterhand-fachverlag.de

Umschlag: Andreas Ruers, futurweiss kommunikationen, Wiesbaden
Satz: Satz-Offizin Hümmer GmbH, Waldbüttelbrunn
Druck und Verarbeitung: Wilhelm & Adam, Heusenstamm
Printed in Germany, September 2003

∞ Gedruckt auf säurefreiem, alterungsbeständigem und chlorfreiem Papier.

Für Nils und Birga

Vorwort

Die freundliche Aufnahme auch der Neubearbeitung des Lehrbuchs, die mit der 14. Auflage vorgelegt wurde, hat eine Neuauflage erforderlich gemacht. In ihr sind die neueren Entscheidungen des Bundesverfassungsgerichts ebenso berücksichtigt, wie Gesetzesänderungen und in der Zwischenzeit erschienene Literatur zum Staatsrecht.

Der Eigenart eines »Lernbuchs« entsprechend wird der Stoff nicht ausschließlich abstrakt dargestellt, sondern durch Fallbeispiele illustriert. Sie lassen anschaulich werden, welche Rolle dem Staatsrecht in der heutigen Rechtspraxis zukommt. Bewußt wurde hierbei ein Höchstmaß an Aktualität angestrebt, so daß der Leser auf »Fälle« stößt, die sich erst jüngst ereignet haben und noch nicht Gegenstand von Entscheidungen des Bundesverfassungsgerichts sind. Dies möge als Zeichen dafür verstanden werden, daß das Staatsrecht ein in stetem Wandel begriffenes Rechtsgebiet ist.

Naturgemäß spielt die Judikatur des Bundesverfassungsgerichts im Staatsrecht eine ausschlaggebende Rolle, denn das Grundgesetz gilt so, wie es die Verfassungsgerichtsbarkeit auslegt. Die wichtigsten Entscheidungen sind deshalb den einzelnen Kapiteln in Gestalt einer Rechtsprechungsübersicht angefügt. Ihre Lektüre ist für das Studium des Staatsrechts unentbehrlich, was kritische Distanz zu einzelnen Judikaten nicht ausschließt. Die Literaturübersichten am Ende der einzelnen Kapitel sollen eine rasche Orientierung ermöglichen. Bei der Auswahl wurden neben den grundlegenden Arbeiten vor allem Publikationen berücksichtigt, die eine didaktische Zielsetzung aufweisen.

Angesichts der Beschränkung, die für den Umfang eines »Lernbuchs« geboten ist, das nicht nur *durchgelesen*, sondern *durchgearbeitet* werden will, sind die staatstheoretischen Passagen knapp ausgefallen. Diese Zurückhaltung sollte als Verweisung auf die Lehrbücher verstanden werden, die der theoretischen Dimension der Verfassung und ihrer tragenden Grundsätze breiteren Raum geben und insoweit keiner Ergänzung bedürfen.

Das vorliegende »Lernbuch« wird durch Kontrollfragen und Antworten ergänzt, die der Wiederholung und Vertiefung des Stoffes dienen und unter der Internetadresse http://www.joernipsen-staatsrecht.de abgerufen werden können. An gleicher Stelle finden sich Hinweise auf neuere Publikationen des Autors. Anregungen und Kritik werden an die e-mail-Adresse Joern.Ipsen@uni-osnabrueck.de erbeten.

Herzlicher Dank gilt meiner Wissenschaftlichen Mitarbeiterin Assessorin Sigrid Kraujuttis, die mich bei der Neuauflage des Buches hilfreich unterstützt hat. Dank schulde ich auch meiner Sekretärin Susanne Küpper, die das Manuskript sorgfältig und umsichtig erstellt hat.

Osnabrück, im Juli 2003 J. I.

Inhalt

Literatur (Auswahl)

1. Kommentare zum Grundgesetz

Bonner Kommentar, Kommentar zum Bonner Grundgesetz, Bd. 1 bis 9, Loseblatt-Ausgabe, Stand: März 2003.

Dreier, Horst (Hrsg.), Grundgesetz-Kommentar, Bd. I, 1996; Bd. II, 1998; Bd. III, 2000.

Jarass, Hans D./Pieroth, Bodo, Grundgesetz für die Bundesrepublik Deutschland, 6. Aufl. 2002.

Leibholz, Gerhard/Rinck, Hans Justus/Hesselberger, Dieter, Grundgesetz für die Bundesrepublik Deutschland, Kommentar anhand der Rechtsprechung des Bundesverfassungsgerichts, Loseblatt-Ausgabe, Stand: Oktober 2002.

v. Mangoldt, Hermann/Klein, Friedrich/Starck, Christian, Das Bonner Grundgesetz, Bd. 1, 4. Aufl. 1999; Bd. 2, 4. Aufl. 2000; Bd. 3, 4. Aufl. 2001.

Maunz, Theodor/Dürig, Günter, Grundgesetz – Kommentar, Bd. I bis V, Loseblatt-Ausgabe, Stand: Februar 2003.

v. Münch, Ingo/Kunig, Philip (Hrsg.), Grundgesetz – Kommentar, Bd. 1, 5. Aufl. 2000; Bd. 2, 5. Aufl. 2001; Bd. 3, 5. Aufl. 2003.

Sachs, Michael (Hrsg.), Grundgesetz-Kommentar, 3. Aufl. 2003.

Schmidt-Bleibtreu, Bruno/Klein, Franz, Kommentar zum Grundgesetz für die Bundesrepublik Deutschland, 9. Aufl. 1999.

Seifert, Karl-Heinz/Hömig, Dieter (Hrsg.), Grundgesetz für die Bundesrepublik Deutschland, 7. Aufl. 2003.

Wassermann, Rudolf (Hrsg.), Kommentar zum Grundgesetz für die Bundesrepublik Deutschland (Reihe Alternativkommentare), Loseblatt-Ausgabe, Stand: August 2002.

2. Handbücher des Staatsrechts

Benda, Ernst/Maihofer, Werner/Vogel, Hans-Jochen (Hrsg.), Handbuch des Verfassungsrechts der Bundesrepublik Deutschland, 2. Aufl. 1994.

Isensee, Josef/Kirchhof, Paul (Hrsg.), Handbuch des Staatsrechts der Bundesrepublik Deutschland, Bd. I, 3. Aufl. 2003; Bd. II, 2. Aufl. 1998; Bd. III, 2. Aufl. 1996; Bd. IV, 2. Aufl. 1999; Bd. V, 2. Aufl. 2000; Bd. VI, 2. Aufl. 2001; Bd. VII, 1993; Bd. VIII, 1995; Bd. IX, 1997.

Schneider, Hans-Peter/Zeh, Wolfgang (Hrsg.), Parlamentsrecht und Parlamentspraxis in der Bundesrepublik Deutschland, 1989.

Stern, Klaus, Das Staatsrecht der Bundesrepublik Deutschland, Bd. I, 2. Aufl. 1984; Bd. II, 1980; Bd. III/1, 1988; Bd. III/2, 1994; Bd. V, 2000.

3. Lehrbücher und Grundrisse zum Staatsrecht

Badura, Peter, Staatsrecht, 2. Aufl. 1996.

Battis, Ulrich/Gusy, Christoph, Einführung in das Staatsrecht, 4. Aufl. 1999.

Degenhart, Christoph, Staatsrecht I, 19. Aufl. 2003.

Hesse, Konrad, Grundzüge des Verfassungsrechts der Bundesrepublik Deutschland, 20. Aufl. 1995, Nachdr. 1999.
Maunz, Theodor/Zippelius, Reinhold, Deutsches Staatsrecht, 30. Aufl. 1998.
Maurer, Hartmut, Staatsrecht, 3. Aufl. 2003.
v. Münch, Ingo, Staatsrecht, Bd. 1, 6. Aufl. 2000.
Stein, Ekkehart/Frank, Götz, Staatsrecht, 17. Aufl. 2000.

4. Lehrbücher und Grundrisse zum Europa- und Völkerrecht

Bleckmann, Albert, Europarecht, 6. Aufl. 1997.
Geiger, Rudolf, Grundgesetz und Völkerrecht, 3. Aufl. 2002.
Herdegen, Matthias, Europarecht, 5. Aufl. 2003.
Ipsen, Knut, Völkerrecht, 4. Aufl. 1999.
Oppermann, Thomas, Europarecht, 2. Aufl. 1999.
Schweitzer, Michael, Staatsrecht III, 7. Aufl. 2000.
Schweitzer, Michael/Hummer, Waldemar, Europarecht, 5. Aufl. 1996.
Streinz, Rudolf, Europarecht, 5. Aufl. 2001.

5. Fall- und Entscheidungssammlungen

Degenhart, Christoph, Klausurenkurs im Staatsrecht, 2002.
Grimm, Dieter/Kirchhof, Paul (Hrsg.), Entscheidungen des Bundesverfassungsgerichts. Studienauswahl, 2. Bde., 2. Aufl. 1997.
Kisker, Gunter/Höfling, Wolfram, Fälle zum Staatsorganisationsrecht, 3. Aufl. 2001.
Richter, Ingo/Schuppert, Gunnar Folke/Bumke, Christian, Casebook Verfassungsrecht, 4. Aufl. 2001.
Schmidt-Jortzig, Edzard/Schliesky, Utz, 40 Klausuren aus dem Staats- und Völkerrecht, Klausurenkurs, 6. Aufl. 2002.
Schwabe, Jürgen, Entscheidungen des Bundesverfassungsgerichts, 7. Aufl. 2000.

Abkürzungsverzeichnis

a. A.	anderer Ansicht
a. a. O.	am angegebenen Ort
AbgG	Gesetz über die Rechtsverhältnisse der Mitglieder des Deutschen Bundestages (Abgeordnetengesetz)
ABl.	Amtsblatt
ABlEG	Amtsblatt der Europäischen Gemeinschaften
Abs.	Absatz
abw.	abweichend, abweichende
AEG	Allgemeines Eisenbahngesetz
ÄndG	Änderungsgesetz
a. F.	alte Fassung
AG	Amtsgericht
AK-GG	Alternativkommentar zum Grundgesetz
Alt.	Alternative
a. M.	andere Meinung
Anm.	Anmerkung
AO	Abgabenordnung
AöR	Archiv des öffentlichen Rechts
APlFG	Ausbildungsplatzförderungsgesetz
ArbG	Arbeitsgericht
ArbGG	Arbeitsgerichtsgesetz
Art.	Artikel
AtomG	Atomgesetz
Aufl.	Auflage
AuslG	Ausländergesetz
Bad.-Württ.	Baden-Württemberg
BAföG	Bundesausbildungsförderungsgesetz
BAG	Bundesarbeitsgericht
BAnz	Bundesanzeiger
BauGB	Baugesetzbuch
BauNutzVO	Baunutzungsverordnung
Bay., bay.	Bayern, bayerisch
BayVBl.	Bayerische Verwaltungsblätter
BBergG	Bundesberggesetz
Bbg.	Brandenburg
BBG	Bundesbeamtengesetz
BBleiG	Benzinbleigesetz
Bd.	Band
BDG	Bundesdisziplinargesetz
Beil.	Beilage
Bek.	Bekanntmachung
BENeuglG	Gesetz zur Zusammenführung und Neugliederung der Bundeseisenbahnen
ber.	berichtigt
Berl.	Berlin

bes.	besonders
BesGr	Besoldungsgruppe
Bevollm.	Bevollmächtigter
BFH	Bundesfinanzhof
BGB	Bürgerliches Gesetzbuch
BGBl.	Bundesgesetzblatt
BGH	Bundesgerichtshof
BGHZ	Entscheidungen des BGH in Zivilsachen
BHO	Bundeshaushaltsordnung
BImSchG	Gesetz zum Schutz vor schädlichen Umwelteinwirkungen durch Luftverunreinigungen, Geräusche, Erschütterungen und ähnliche Vorgänge (Bundes-Immissionsschutzgesetz)
BJagdG	Bundesjagdgesetz
BK	Bonner Kommentar zum Grundgesetz
BKGG	Bundeskindergeldgesetz
BMinG	Bundesministergesetz
BMU	Bundesministerium für Umwelt, Naturschutz und Reaktorsicherheit
BND	Bundesnachrichtendienst
BNotO	Bundesnotarordnung
BPatG	Bundespatentgesetz
BR-Drucks.	Bundesratsdrucksache
BReg.	Bundesregierung
Brem.	Bremen
BRRG	Beamtenrechtsrahmengesetz
BSG	Bundessozialgericht
BSGE	Entscheidungen des Bundessozialgerichts
BT	Bundestag
BT-Drucks.	Bundestagsdrucksache
Buchst.	Buchstabe
BVerfG	Bundesverfassungsgericht
BVerfGE	Entscheidungen des Bundesverfassungsgerichts
BVerfGG	Bundesverfassungsgerichtsgesetz
BVerwG	Bundesverwaltungsgericht
BVerwGE	Entscheidungen des Bundesverwaltungsgerichts
B-VG (Östrr.)	Bundes-Verfassungsgesetz (Österreich)
BWahlG	Bundeswahlgesetz
bzw.	beziehungsweise
ders.	derselbe
d. h.	das heißt
dies.	dieselbe(n)
Diss.	Dissertation
DiszSen	Disziplinarsenat
DM	Deutsche Mark
DÖD	Der öffentliche Dienst
DÖV	Die Öffentliche Verwaltung
DRiG	Deutsches Richtergesetz
DRiZ	Deutsche Richterzeitung
dt.	deutsch
DtZ	Deutsch-Deutsche Rechtszeitschrift

DVBl.	Deutsches Verwaltungsblatt
EAG	Europäische Atomgemeinschaft
EAGV	Vertrag zur Gründung der Europäischen Atomgemeinschaft
ECU	European Currency Unit
EG	Europäische Gemeinschaft
EGGVG	Einführungsgesetz zum Gerichtsverfassungsgesetz
EGKS	Europäische Gemeinschaft für Kohle und Stahl
EGKSV	Vertrag über die Gründung der Europäischen Gemeinschaft für Kohle und Stahl
EGV	Vertrag zur Gründung der Europäischen Gemeinschaft
EinigungsV	Einigungsvertrag
Einl.	Einleitung
EMRK	Europäische Konvention zum Schutze der Menschenrechte und Grundfreiheiten
EP	Europäisches Parlament
ESF	Europäischer Sozialfonds
Erl.	Erläuterung(en)
EStG	Einkommensteuergesetz
EU	Europäische Union
EuG	Europäisches Gericht erster Instanz
EuGH	Europäischer Gerichtshof
EuGRZ	Europäische Grundrechte-Zeitschrift
EuR	Europarecht
EUV	Vertrag über die Europäische Union
EVerkVerwG	Gesetz über die Eisenbahnverkehrsverwaltung des Bundes
evtl.	eventuell
EWG	Europäische Wirtschaftsgemeinschaft
EWGV	Vertrag zur Gründung der Europäischen Wirtschaftsgemeinschaft
EWI	Europäisches Wirtschaftsinstitut
EWS	Europäisches Währungssystem
EZB	Europäische Zentralbank
f.; ff.	folgende Seite, folgende Seiten
FAG	Finanzausgleichsgesetz
FAZ	Frankfurter Allgemeine Zeitung
FG	Finanzgericht
FGO	Finanzgerichtsordnung
Fn.	Fußnote
G 10	Gesetz zur Beschränkung des Brief-, Post- und Fernmeldegeheimnisses
GA	Goltdammer's Archiv für Strafrecht
GBl.	Gesetzblatt
GBO	Grundbuchordnung
gem.	gemäß
GO	Geschäftsordnung
GOBR	Geschäftsordnung des Bundesrates
GOBReg	Geschäftsordnung der Bundesregierung
GOBT	Geschäftsordnung des Bundestages

GOBVerfG	Geschäftsordnung des Bundesverfassungsgerichts
GOVermA	Gemeinsame Geschäftsordnung des Bundestages und des Bundesrates für den Ausschuß nach Artikel 77 des Grundgesetzes (Vermittlungsausschuß)
GG	Grundgesetz
ggf.	gegebenenfalls
GGO	Gemeinsame Gechäftsordnung der Bundesministerien (Teil I und II)
GmbH	Gesellschaft mit beschränkter Haftung
GMBl.	Gemeinsames Ministerialblatt
GVBl.	Gesetz- und Verordnungsblatt
GVG	Gerichtsverfassungsgesetz
Halbs.	Halbsatz
Hamb., hamb.	Hamburg, hamburgisch
HdStR	Handbuch des Staatsrechts
Hess., hess.	Hessen, hessisch
HGB	Handelsgesetzbuch
h. M.	herrschende Meinung
Hrsg./hrsg.	Herausgeber/herausgegeben
HVerfG	Hamburger Verfassungsgericht
HZG	Hochschul-Zulassungsgesetz
IBRD	International Bank for Reconstruction and Development
ICAO	International Civil Aviation Organization
i. d. F.	in der Fassung
i. E.	im Einzelnen
ILO	International Labour Organization
insbes.	insbesondere
i. S. d.	im Sinne der, im Sinne des
i. S. v.	im Sinne von
i. V. m.	in Verbindung mit
JA	Juristische Arbeitsblätter
JöR	Jahrbuch des öffentlichen Rechts der Gegenwart
Jura	Juristische Ausbildung
JuS	Juristische Schulung
JW	Juristische Wochenschrift
JZ	Juristenzeitung
Kap.	Kapitel
KG	Kammergericht
KKW	Kernkraftwerk
KMK	Ständige Konferenz der Kultusminister
krit.	kritisch
KritV	Kritische Vierteljahresschrift für Gesetzgebung und Rechtswissenschaft
KWG	Kommunalwahlgesetz
LAG	Landesarbeitsgericht
LG	Landgericht

LMedienG	Landesmediengesetz
LPartG	Lebenspartnerschaftsgesetz
LPartErGG	LPartG-Ergänzungsgesetz
LRG	Landesrundfunkgesetz
LS	Leitsatz
LSG	Landessozialgericht
LT	Landtag
LWahlG	Landeswahlgesetz
MAD	Militärischer Abschirmdienst
MDR	Monatsschrift für Deutsches Recht
Meckl.-Vorp.	Mecklenburg-Vorpommern
MedienG	Mediengesetz
MStV Berl.-Bdb.	Staatsvertrag über die Zusammenarbeit zwischen Berlin und Brandenburg im Bereich der Medien
m. w. N.	mit weiteren Nachweisen
Nachdr.	Nachdruck
Nachw.	Nachweis(e)
NATO	North Atlantic Treaty Organization
NATO-V	Natovertrag
Neudr.	Neudruck
Nds., nds.	Niedersachsen, niedersächsisch
nds. LJagdG	niedersächsisches Landesjagdgesetz
Nds. StGH	Niedersächsischer Staatsgerichtshof
NdsVBl.	Niedersächsische Verwaltungsblätter
n. F.	neue Fassung
NJ	Neue Justiz
NJW	Neue Juristische Wochenschrift
Nr.	Nummer
NVwZ	Neue Zeitschrift für Verwaltungsrecht
Nordrh. Westfl.	Nordrhein-Westfalen
NWVBl.	Nordrhein-Westfälische Verwaltungsblätter
NZWehr	Neue Zeitschrift für Wehrrecht
NZWohnr	Neue Zeitschrift für Wohnrecht
OECD	Organization for Economic Cooperation and Development
ÖffR	Öffentliches Recht
OLG	Oberlandesgericht
o. Verf.	ohne Verfasser
OVG	Oberverwaltungsgericht
PartG	Gesetz über die politischen Parteien
PlenProt	Plenarprotokoll
PostUmwG	Gesetz zur Umwandlung der Unternehmen der Deutschen Bundespost in die Rechtsform der Aktiengesellschaft (Postumwandlungsgesetz)
PostVerfG	Postverfassungsgesetz
PrGS	Preußische Gesetzessammlung
PrVerfUrk	Preußische Verfassungsurkunde

PTRegG	Gesetz über die Regulierung der Telekommunikation und des Postwesens
PTSG	Gesetz zur Sicherstellung des Postwesens und der Telekommunikation
PUAG	Untersuchungsausschußgesetz
Rdnr.	Randnummer
RG	Reichsgericht
RGBl.	Reichsgesetzblatt
Rh.-Pf.	Rheinland-Pfalz
RIW	Recht der internationalen Wirtschaft
Rs.	Rechtssache
RSK	Reaktorsicherheitskommission
Rspr.	Rechtsprechung
RV	Reichsverfassung (von 1871)
RVO	Rechtsverordnung
RVOen	Rechtsverordnungen
S.	Seite
Saarl.	Saarland
Sachs., sächs.	Sachsen, sächsisch
Sachs.-Anh.	Sachsen-Anhalt
Schl.-Holst.	Schleswig-Holstein
SeeUG	Gesetz über die Untersuchung von Seeunfällen
SG	Sozialgericht
SGG	Sozialgerichtsgesetz
Slg	Rechtsprechungssammlung des EuGH
sog.	sogenannt(e)
StGB	Strafgesetzbuch
StPO	Strafprozeßordnung
str.	streitig
StrafSen	Strafsenat
st. Rspr.	ständige Rechtsprechung
StVG	Straßenverkehrsgesetz
StVO	Straßenverkehrsordnung
StVRÄndG	Gesetz zur Änderung des Straßenverkehrsgesetzes und anderer straßenverkehrsrechtlicher Vorschriften
TelwegG	Telegraphenwegegesetz
Thür.	Thüringen
ThürVBl.	Thüringer Verwaltungsblätter
TrpDienstGer	Truppendienstgericht
Umdr.	Umdruck
UNO	Vereinte Nationen
Urt.	Urteil
U.S. Const.	Constitution of the United States
usw.	und so weiter
u.U.	unter Umständen
v.	von, vom

VBlBW	Verwaltungsblätter für Baden-Württemberg
Verf.	Verfassung
VersR	Versicherungsrecht
VerfGH	Verfassungsgerichtshof
Verw	Die Verwaltung
VerwArch	Verwaltungsarchiv
VerwarnVW	Allgemeine Verwaltungsvorschrift für die Erteilung einer Verwarnung bei Straßenverkehrsordnungswidrigkeiten
VG	Verwaltungsgericht
VGH	Verwaltungsgerichtshof
vgl.	vergleiche
VkBl.	Verkehrsblatt
VR	Verwaltungsrundschau
VV	Verwaltungsvorschriften
VVDStRL	Veröffentlichungen der Vereinigung der Deutschen Staatsrechtslehrer
VwGO	Verwaltungsgerichtsordnung
VwPO (E)	Verwaltungsprozeßordnung (Entwurf)
VwVfG	Verwaltungsverfahrensgesetz
WDO	Wehrdisziplinarordnung
WehrDiszSen	Wehrdisziplinarsenat
WEU	Westeuropäische Union
WHO	World Health Organization
WP	Wahlperiode
WRV	Verfassung des Deutschen Reiches von 1919 (Weimarer Reichsverfassung)
WSA	Wiener Schlußakte
z. B.	zum Beispiel
ZBR	Zeitschrift für Beamtenrecht
ZivilR	Zivilrecht
ZfP	Zeitschrift für Politik
ZG	Zeitschrift für Gesetzgebung
ZParl	Zeitschrift für Parlamentsfragen
ZPO	Zivilprozeßordnung
ZRP	Zeitschrift für Rechtspolitik
zutr.	zutreffend

A. Einführung

§ 1 Staat und Staatsrecht

Der Staat ist Gegenstand ganz unterschiedlicher **rechtswissenschaftlicher** (und anderer wissenschaftlicher) **Disziplinen**. Ihnen sind jeweils verschiedene Perspektiven – und Methoden – eigen, die – scheinbar – zu **unterschiedlichen Staatsbegriffen** führen. Nicht selten entsteht hierdurch Verwirrung, denn die Ergebnisse der einen Disziplin mögen für die andere unergiebig sein. Insbesondere ist ein in deskriptiver Betrachtung des Staates gewonnener Begriff nicht ohne weiteres rechtlich bedeutsam. Umgekehrt mag ein »juristischer« Staatsbegriff wenig über die tatsächliche Erscheinungsform des Staates aussagen. 1

I. Staatslehre und Staatsrechtslehre

Die theoretische – seinswissenschaftliche – Erfassung des Staates ist Anliegen der **Allgemeinen Staatslehre**, einer traditionell der Rechtswissenschaft zugeordneten Disziplin, die den gleichen Forschungsgegenstand wie die Politikwissenschaft hat, sich in den Methoden von ihr jedoch nicht unwesentlich unterscheidet.[1] Der Staatslehre ist eine normative Betrachtung – besser: eine Untersuchung der Rechtsnormen – keineswegs fremd, denn Staaten – namentlich der moderne Verfassungsstaat – sind nicht zuletzt aufgrund ihrer Rechtsordnungen begreifbar.[2] Gleichwohl sind die Prämissen, unter denen sich die Staatslehre mit dem Recht beschäftigt, andere als bei der Staats**rechts**lehre. Diese bewegt sich **innerhalb** einer (für sie) verbindlichen Normenordnung, während sich jene von außen nähert. Das Staatsrecht orientiert alle wissenschaftliche Bemühung am Maßstab der **Gerechtigkeit** und ist also **dogmatisch**; die Staatslehre ist demgegenüber als **seinswissenschaftliche** Disziplin auf die Erkenntnis der **Wahrheit** verpflichtet. 2

Aus dieser Differenz in Fragestellung und Methode folgt zwanglos, warum viele von der Allgemeinen Staatslehre diskutierten Staatsbegriffe als juristisch wenig ergiebig erscheinen. Die komplexe Erscheinung des modernen Staates auf einen – notwendig verkürzenden – Begriff zu bringen, kann für das Rechtsverständnis überaus förderlich sein. Staatstheoretische Abbreviaturen aber gehen – soweit sie konsensfähig sind – allenfalls in die Suprastruktur des Rechts ein; sie sind *dogmatisch* nicht unmittelbar zu verwenden. Dieser Umstand will nicht besagen, daß die Beschäftigung mit der Allgemeinen Staatslehre für den Juristen überflüssig oder nutzlos wäre. Diese Disziplin gibt Antwort auf Fragen, die »juristisch« nicht beantwortbar sind. Gleichwohl verdient festgehalten zu werden, daß die Staatslehre eine *theoretische*, keine dogmatische Disziplin ist und die von ihr gewonnenen Begriffe diese Eigenart teilen.[3] 3

Skepsis ist darüber hinaus gegenüber Versuchen geboten, **historische Staatsbegriffe** aus ihrem jeweiligen Kontext zu lösen und auf die Staatswirklichkeit der Ge- 4

---

1 Vgl. *K. Stern*, Staatsrecht I, S. 45 ff.

2 Vgl. nur *T. Fleiner-Gerster*, Allgemeine Staatslehre, S. 125 f.; *M. Kriele*, Einführung in die Staatslehre, S. 93 ff.; *R. Zippelius*, Allgemeine Staatslehre, S. 48 f.

3 Ähnlich *M. Kriele*, Einführung in die Staatslehre, S. 73 f.

genwart zu übertragen. Die **Staatsphilosophie** hat sich seit der Antike (Platon, Aristoteles) mit dem Wesen des Staates befaßt, sich dabei aber an einer dem geschichtlichen Wandel unterworfenen **sozialen Wirklichkeit** orientiert. So macht es begreiflicherweise einen Unterschied, ob einer Philosophie das Sozialmodell der griechischen Polis oder des preußischen Obrigkeitsstaates zugrundeliegt.[4] Da es Staaten – oder staatsähnliche Gebilde – in unterschiedlichen Epochen der Geschichte und in unterschiedlichen Teilen der Welt gegeben hat – und *gibt* –, ist es angezeigt, den Staatsbegriff nicht unnötig mit Wertungen zu befrachten und dadurch zu verengen.

II. Die Drei-Elemente-Lehre

5 Aus der Sicht des Völkerrechts ist der Staat ein Völkerrechtssubjekt, dessen konstitutierende Merkmale das **Staatsgebiet**, das **Staatsvolk** und die (effektiv ausgeübte) **Staatsgewalt** bilden.[5] Im Unterschied zu den von der Staatslehre gewonnenen »phänomenologischen« Staatsbegriffen handelt es sich hier um eine **normative Kategorie**, die nicht allein eine Wirklichkeit begrifflich zu erfassen sucht, sondern die Voraussetzungen angibt, unter denen ein soziales Gebilde völkerrechtlich als Staat anzuerkennen ist.[6] Eine solche Anerkennung hat konkrete Rechtsfolgen und ist nicht zuletzt Voraussetzung für die Aufnahme in die Vereinten Nationen, deren Mitglieder nur Staaten sein können.[7]

6 Im allgemeinen besteht an der Staatsqualität eines Gemeinwesens kein Zweifel. Eine juristische »Prüfung«, ob Frankreich, Italien oder die Bundesrepublik Deutschland Staaten sind, wäre abwegig. In Grenzfällen allerdings erweist sich die Drei-Elemente-Lehre als hilfreich, obwohl sie Wertungen weder ersetzt noch überflüssig macht. Bis 1969 wurde der ehemaligen DDR die Anerkennung als Staat durch die Bundesrepublik mit der Begründung vorenthalten, es gebe keine eigene »Staatsgewalt«, sondern nur ein Besatzungsregime. Die Politik der Nicht-Anerkennung war selbstverständlich keine bloße »Subsumtion« unter die Drei-Elemente-Lehre; sie war nur im Rahmen des Ost-West-Konfliktes verstehbar und begründete einen völkerrechtlichen Alleinvertretungsanspruch der Bundesrepublik für das ganze deutsche Volk (»Hallstein-Doktrin«).[8] Ein Beispiel dafür, daß einzelne Elemente des Staatsbegriffs vorliegen, andere aber zweifelhaft sind, bildet Palästina. Obwohl es zweifelsfrei ein Volk der »Palästinenser« gibt und

4 Nach *G. W. F. Hegel*, Grundlinien der Philosophie des Rechts, 6. Aufl. 2000, § 257 ist »der Staat ... die Wirklichkeit der sittlichen Idee ... «. Ein Blick in die Realität existierender Staaten (insbesondere der »Schurkenstaaten«) lehrt, daß es sich hierbei nicht um eine Defintion des Staates schlechthin, sondern um eine Apotheose des preußischen Staates zur Zeit *Hegels* handelt.

5 Vgl. *V. Epping*, in: K. Ipsen, Völkerrecht, 4. Aufl. 1999, § 5 Rdnr. 2 ff.; *T. Fleiner-Gerster*, Allgemeine Staatslehre, S. 120 ff.; *K. Doehring*, Staatsrecht, 3. Aufl. 1984, S. 87 ff. Die sog. »Drei-Elemente-Lehre« geht auf *G. Jellinek*, Allgemeine Staatslehre, 3. Aufl. 1913, Neudr. 1976, S. 394 ff. zurück.

6 Vgl. *M. Kriele*, Einführung in die Staatslehre, S. 73 ff. Die Polemik *H. Krügers*, Allgemeine Staatslehre, S. 145 f., gegen die »Drei-Elemente-Lehre« erscheint deshalb wenig überzeugend.

7 Art. 4 Abs. 1 UN-Charta »Mitglied der Vereinten Nationen können alle sonstigen friedliebenden Staaten werden, welche die Verpflichtungen aus dieser Charta übernehmen und nach dem Urteil der Organisation fähig und willens sind, diese Verpflichtungen zu erfüllen.«

8 Vgl. *K. Stern*, Staatsrecht V, S. 1448 m. w. N.

dies auf einem bestimmten Gebiet (»Palästina«) siedelt[9], ist ein *Staat* »Palästina« bislang weder ausgerufen noch anerkannt worden.

Aus der Drei-Elemente-Lehre läßt sich immerhin ableiten, daß ein Staat notwendig ein **Personen**verband ist, der seine (unabgeleiteten) **Befugnisse** – nämlich die »Staatsgewalt« – auf einem bestimmten **Territorium** (dem Staatsgebiet) ausübt. 7

Die Kennzeichnung des Staates als »Personenverband« wäre für sich genommen nicht ausreichend, weil ein Staat seine Befugnisse nicht nur gegenüber den eigenen Staatsangehörigen – dem »Staatsvolk« –, sondern gegenüber allen Menschen ausübt, die sich auf seinem Territorium aufhalten. Die Ausübung öffentlicher Befugnisse *über* Menschen *auf* einem bestimmten Gebiet wird in dem Begriff der **»Gebietskörperschaft«** eingefangen.[10] 8

III. Der Staat als juristische Person

Das Staatsrecht setzt logisch den Staat voraus. Die Drei-Elemente-Lehre hilft also nicht weiter, wenn *innerstaatliche* Rechte und Pflichten in Frage stehen. Da die deskriptiven Begriffsbildungen der Staatslehre die Wirklichkeit des Staates zu erfassen versuchen, erweisen sie sich *staatsrechtlich* ebenfalls als unergiebig. Selbst die Kennzeichnung als »Gebietskörperschaft« würde für sich genommen noch keine Rechtsfolgen zeitigen. In diese Lücke tritt die Lehre vom Staat als **juristischer Person**. 9

Für das Zivilrecht ist die rechtliche Verselbständigung von Personenmehrheiten (eingetragener Verein, Gesellschaft mit beschränkter Haftung, Aktiengesellschaft) oder Vermögen (Stiftung) seit jeher eine Selbstverständlichkeit. Anders als bei Gesamthandsgemeinschaften (BGB-Gesellschaft, Erbengemeinschaft) sind nicht die beteiligten Personen Träger von Rechten und Pflichten, durch das Recht wird vielmehr ein neues, rechtsfähiges Zurechnungssubjekt geschaffen. 10

Den Staat als juristische Person – freilich im Gegensatz zu den eben genannten: des öffentlichen Rechts – zu begreifen, bereitet uns heute keinerlei gedankliche Schwierigkeit. Die Lehre vom Staat als juristischer Person – nämlich als Gebietskörperschaft – darf deshalb heute als herrschend gelten.[11] Im 19. Jahrhundert barg sie hingegen erhebliche Sprengkraft. 11

Wenn man den Staat als »juristische Person« begriff, so trennte man ihn gleichzeitig von der »natürlichen Person« des Herrschers und maß diesem die Stellung eines Organs zu. 12

Mit eben dieser Zielrichtung hat der Göttinger Staatsrechtslehrer *Wilhelm Eduard Albrecht* (1800–1876) die Theorie vom Staat als juristischer Person in einer berühmt gewordenen Schrift (1837) entwickelt. In Abkehr von früheren Eigentumsvorstellungen geht Albrecht davon aus, daß der Staat nicht lediglich »die Summe individueller Interessen des Herrschers und der Untertanen, sondern ein höheres, allgemeines Gesamtinteresse« darstelle, von den Individuen mit ihrer privaten Rechtspersönlichkeit (zu denen ausdrücklich der 13

9 Str., vgl. *V. Epping*, in: K. Ipsen, Völkerrecht, § 5 Rdnr. 7.

10 Vgl. *K. Stern*, Staatsrecht I, S. 235.

11 Nachw. und zugleich grundsätzliche Einwendungen bei *E.-W. Böckenförde*, in: Festschrift H. J. Wolff, S. 287 ff.

Herrscher gerechnet wird) also zu trennen sei: »Indem wir somit in Beziehung auf das erste Gebiet dem Individuum alle selbständige juristische Persönlichkeit (das um seiner selbst willen Berechtigt-Seyn) absprechen, werden wir notwendig dahingeführt, die Persönlichkeit, die in diesem Gebiete herrscht, handelt, Rechte hat, dem Staate selbst zuzuschreiben, diesen daher als juristische Person zu denken.«[12]

14 Juristische Personen – des öffentlichen wie des privaten Rechts – können als Zweckschöpfungen des Rechts nicht selbst »handeln«. Sie bedürfen der »Organe«, um in der sozialen Realität wirksam zu werden. Sprachlich ist dies umso leichter nachvollziehbar, als der Begriff »Organ« (οργανον) ursprünglich »Werkzeug« bedeutet. Organe sind also nichts anderes als die »Werkzeuge«, durch die juristische Personen handlungsfähig werden.[13]

15 »Organe« juristischer Personen des **öffentlichen Rechts** sind alle Stellen, Behörden und Institutionen, die für sie tätig werden.[14] Der Organbegriff ist also nicht auf die in der Verfassung genannten »obersten« Staatsorgane beschränkt. Er ist andererseits nicht gleichzusetzen mit dem einzelnen Menschen (»Akteur«), der die Aufgabe tatsächlich wahrnimmt. Die natürlichen Personen, die die Befugnisse eines Organs ausüben, nennen wir **»Organwalter«**.[15] Staatsrechtlich ist die Bundesrepublik Deutschland somit eine juristische Person des öffentlichen Rechts – eine Gebietskörperschaft –, die Träger von Rechten und Pflichten ist und durch ihre Organe handelt.

16 Das Dogma vom Staat als juristischer Person ist nicht unumstritten.[16] Einer Staatsrechtslehre, die in ihrer Geschichte nicht selten zur Überhöhung des Staates geneigt hat, mag es befremdlich erscheinen, den Staat auf eine gedankliche Ebene mit einer GmbH gestellt zu sehen.[17] Die Kategorie der juristischen Person des öffentlichen Rechts fügt indes den zahlreichen Staatstheorien keine weitere hinzu. Sie stellt uns lediglich ein Denkmodell für den Staat als Inhaber von Rechten und Pflichten, als handelnden »Hoheitsträger« zur Verfügung und erweist sich damit als Schlüsselbegriff des öffentlichen Rechts. Daß »der Staat« nur eine begriffliche Abbreviatur für eine äußerst **komplexe Organisation** darstellt, gehört zur täglichen Erfahrung eines jeden Bürgers, spricht indes nicht dagegen, den Staat – auch – als juristische *Person* zu begreifen.[18]

---

12 *W. E. Albrecht*, Rezension über Maurenbrechers Grundsätze des heutigen Staatsrechts, 1837, Neudr. 1962, S. 4.

13 Vgl. *K. Stern*, Staatsrecht II, S. 342.

14 Vgl. *J. Ipsen*, Allgemeines Verwaltungsrecht, 3. Aufl. 2003, Rdnr. 213 f.; *H. Maurer*, Allgemeines Verwaltungsrecht, 14. Aufl. 2002, § 21 Rdnr. 19 ff.; grundlegend *H. J. Wolff/O. Bachof*, Verwaltungsrecht II, 4. Aufl. 1976, § 74.

15 *H. J. Wolff/O. Bachof*, Verwaltungsrecht II, 4. Aufl. 1976, § 74 IV b) 1.

16 Nachw. bei *H. Uhlenbrock*, Der Staat als juristische Person – Dogmengeschichtliche Untersuchung zu einem Grundbegriff der deutschen Staatsrechtslehre, 2000, S. 145 ff.

17 Kennzeichnend für diese Position *H. Krüger*, Allgemeine Staatslehre, S. 785:« … dann verdorrt das staatsbürgerliche Verhältnis, ja es entartet geradezu zu einer bloßen Abwehr- und Forderungsstellung, die ein immerwährendes Streitverhältnis zwischen Bürger und Staat herbeizuführen droht, das jede Schnödigkeit des Bürgers gegen den Staat zu rechtfertigen scheint.«

18 Anders *E.-W. Böckenförde*, in: Festschrift H. J. Wolff, S. 287 ff.

IV. Das Staatsorganisationsrecht in der Rechtsordnung

1. Staatsorganisationsrecht – Staatsrecht – Öffentliches Recht

Staatsorganisationsrecht – das läßt sich nunmehr unschwer erraten – ist das Recht der **staatlichen Organisation**. Zu kurz wäre es allerdings gegriffen, bei diesem Begriff nur den Aufbau von Behörden oder anderer Staatsorgane im Blick zu haben. Das Staatsorganisationsrecht umfaßt nach herkömmlichem Verständnis das gesamte Staatsrecht mit Ausnahme des Grundrechtsteils. Es ist deshalb angezeigt, sich kurz auf den Begriff des »Staatsrechts« zu besinnen. Für einen solchen Definitionsversuch bietet sich die Methode *»per genus et differentiam«* an, was nichts anderes bedeutet, als daß man zunächst die nächsthöhere Gattung (*»genus«*) sucht, um dann die Besonderheit – die *»differentia«* – des zu definierenden Begriffs herauszufinden. 17

Das Staatsrecht ist ein Teilgebiet des öffentlichen Rechts und steht damit gemeinsam mit dem zweiten großen Teilgebiet des öffentlichen Rechts – dem **Verwaltungsrecht** – im Gegensatz zum **Privatrecht**. Während das Privatrecht die Rechtsbeziehungen der Bürger untereinander regelt – daher auch die Bezeichnung »bürgerliches Recht« –, ist das öffentliche Recht das spezifische Recht der Träger **öffentlicher Gewalt** (»Hoheitsträger«), gleichgültig, ob ihr Verhältnis zu anderen Hoheitsträgern oder ihre Befugnisse gegenüber dem Bürger in Rede stehen. Mit einem Wort ist das öffentliche Recht das **Sonderrecht** des Staates und anderer Hoheitsträger.[19] 18

Die Besonderheit des Staatsrechts im Gegensatz zu anderen Teilgebieten des öffentlichen Rechts besteht also nicht darin, daß überhaupt Staatsorgane handeln. Staatliche Organe – insbesondere Behörden – werden auch durch das Verwaltungsrecht berechtigt und verpflichtet. Die *»differentia specifica«* des Staatsrechts liegt vielmehr darin, daß es sich nur auf die **obersten Staatsorgane** bezieht. Man könnte deshalb sagen, Staatsrecht sei das Teilgebiet des öffentlichen Rechts, das die **Kreation**, **Organisation** und **Zuständigkeiten** der **obersten Staatsorgane** regelt.[20] 19

Bei dieser Definition wäre allerdings der wichtige Bereich der **Grundrechte** vernachlässigt, die ja keineswegs nur gegenüber den obersten Staatsorganen, sondern jedem Träger öffentlicher Gewalt gegenüber gelten (Art. 1 Abs. 3 GG). Unter Staatsrecht verstehen wir deshalb die Summe der Rechtssätze, die die Kreation, Organisation und Zuständigkeiten der obersten Staatsorgane sowie die grundlegenden Rechte und Pflichten der Staatsbürger bestimmen. Da die Grundrechte aber nicht zum Staatsorganisationsrecht zählen, ist das **Staatsorganisationsrecht der Inbegriff der Rechtssätze über die Kreation, Organisation und Zuständigkeit der obersten Staatsorgane.** 20

---

19 Vgl. *H. J. Wolff/O. Bachof/R. Stober*, Verwaltungsrecht I, 11. Aufl. 1999, § 22 Rdnr. 24 ff. Die »Sonderrechtstheorie« darf heute bei der Abgrenzung von öffentlichem und privatem Recht, die namentlich für den (Zivil- oder Verwaltungs-)Rechtsweg bedeutsam ist, als herrschend gelten. Zur Problematik und Meinungsstand zusammenfassend *O. Bachof*, Über öffentliches Recht, in: Festgabe BVerwG, 1978, S. 1; *H.-U. Erichsen*, Öffentliches und privates Recht, Jura 1982, S. 537; *J. Ipsen*, Allgemeines Verwaltungsrecht, Rdnr. 13 ff.; *J. Ipsen/T. Koch*, Öffentliches und privates Recht, JuS 1992, S. 809.

20 So *K. Stern*, Staatsrecht I, S. 8 f.

2. Staatsrecht – Verfassungsrecht

21 **Verfassungsrecht** ist der Teil des Staatsrechts, der in der Verfassung – dem Grundgesetz – niedergelegt ist. Verfassungsrecht und Staatsrecht verhalten sich wie zwei konzentrische Kreise; alles Verfassungsrecht ist Staatsrecht, aber nicht alles Staatsrecht ist Verfassungsrecht.[21] Letztere Feststellung ist nicht selbstverständlich, weil es sich wohl denken ließe, daß Kreation, Organisation und Kompetenzen der **obersten Staatsorgane** – bezeichnenderweise wird auch der (sachlich unzutreffende) Begriff der »obersten Verfassungsorgane« gebraucht – abschließend in der Verfassung geregelt sind. Schon ein Blick auf die Kreation des Bundestages – die Bundestagswahlen – belehrt uns eines besseren. Im Grundgesetz finden sich nur **Wahlrechtsgrundsätze** (Art. 38 Abs. 1 Satz 1 GG). Nicht einmal das **Wahlsystem** – Verhältnis- oder Mehrheitswahl – wird durch die Verfassung festgelegt, sondern ist der Regelung durch einfaches Gesetz – das Bundeswahlgesetz – überlassen (Art. 38 Abs. 3 GG).

22 Dabei ist es keineswegs unwichtig, ob eine Materie durch das Grundgesetz oder durch einfaches Gesetz normiert wird. Die Verfassung kann nur mit einer **Mehrheit** von **zwei Dritteln** der Mitglieder des Bundestages (und zwei Dritteln der Stimmen des Bundesrates) geändert werden (Art. 79 Abs. 2 GG), während für ein (einfaches) Gesetz die **einfache Mehrheit** (d. h. die Mehrheit der im Bundestag anwesenden Abgeordneten) ausreicht. Außerhalb der Verfassung stehende Rechtssätze weisen deshalb nicht die Beständigkeit auf, die dem Grundgesetz aufgrund seiner erschwerten Abänderbarkeit eigen ist. Sofern sie sich auf die obersten Staatsorgane beziehen, gehören sie gleichwohl zum Staatsrecht.

23 Verfassungstheoretisch kann man darüber hinaus die Frage stellen, welche Sachbereiche eine Verfassung *denknotwendig* enthalten muß. *Hans Kelsen* (1881–1973) hat hierauf die Antwort gegeben, eine Verfassung brauche nur das **Gesetzgebungsverfahren** zu normieren[22], alle anderen Gegenstände könnten durch einfaches Gesetz geordnet werden. Für den **Bundesstaat** bedarf diese zutreffende theoretische Einsicht der Ergänzung: Eine bundesstaatliche Verfassung muß auch die Verteilung der Zuständigkeiten zwischen beiden staatlichen Ebenen treffen, weil Zentralstaat und Gliedstaaten andernfalls die gleichen (Gesetzgebungs-)Kompetenzen beanspruchen würden. Ein Beispiel hierfür bilden die deutschen (Reichs-) Verfassungen der Vergangenheit, in denen die Gesetzgebungskompetenzen zwischen Reich und Ländern in Gestalt von »Gesetzgebungskatalogen« abgegrenzt worden sind.[23] Auch die Verfassungen anderer Bundesstaaten enthalten kompetenzabgrenzende Bestimmungen.[24]

24 Die verfassungstheoretische Einsicht *Kelsens* legt für das Grundgesetz den Schluß nahe, daß keineswegs alle darin enthaltenen Normen in die Verfassung hätten aufgenommen werden müssen. Manche Vorschriften beruhen eher auf verfassungsgeschichtlicher Tradition[25] oder Zweckmäßigkeitserwägun-

---

21 Vgl. *K. Stern*, Staatsrecht I, S. 10 f.

22 Vgl. *H. Kelsen*, Reine Rechtslehre, 2. Aufl. 1960, S. 228 ff.; ähnlich schon *A. Merkl*, Prolegomena einer Theorie des rechtlichen Stufenbaus, in: Festschrift H. Kelsen, 1931, S. 273 f.

23 Art. 4 RV; Art. 6 ff. WRV.

24 Art. 10 BV-G (Österr.); Art. 3, 54 ff. Schweiz.BVerf; Abschn. 1 § 8 U. S. Const.

25 Vgl. z. B. Art. 27 GG (»Alle deutschen Kauffahrteischiffe bilden eine einheitliche Handelsflotte.«), der im Wortlaut mit Art. 54 RV und Art. 81 WRV übereinstimmt.

gen[26] als auf rechtlicher Notwendigkeit. Sämtliche Artikel des Grundgesetzes zählen aber zum Verfassungsrecht und binden aufgrund ihres Geltungsvorrangs den einfachen Gesetzgeber.

V. Literatur

H. H. v. Arnim, Staatslehre der Bundesrepublik Deutschland, 1984; **E.-W. Böckenförde**, Organ, Organisation, Juristische Person, in: Festschrift H. J. Wolff, 1973, S. 269; **ders.**, Die verfassunggebende Gewalt des Volkes. Ein Grenzbegriff des Verfassungsrechts, 1986; **T. Fleiner-Gerster**, Allgemeine Staatslehre, 2. Aufl. 1995; **G. Haverkate**, Verfassungslehre, 1992; **R. Herzog**, Allgemeine Staatslehre, 1971; **M. Kriele**, Einführung in die Staatslehre, 5. Aufl. 1994; **H. Krüger**, Allgemeine Staatslehre, 2. Aufl. 1966; **H. Uhlenbrock**, Der Staat als juristische Person – Dogmengeschichtliche Untersuchung zu einem Grundbegriff der Deutschen Staatsrechtslehre, 2000; **U. Volkmann**, Relativität des Staates – Staatsbegriff und Staatsverständnis im Spiegel der jüngeren Geschichte, JuS 1996, S. 1058; **H.-P. Waldrich**, Der Staat. Das deutsche Staatsdenken seit dem 18. Jahrhundert, 1973; **R. Zippelius**, Allgemeine Staatslehre, 13. Aufl. 1999; **ders.**, Geschichte der Staatsideen, 9. Aufl. 1994. 25

26 Vgl. insbesondere die Übergangs- und Schlußbestimmungen des GG.

§ 2 Das Grundgesetz als Verfassung Deutschlands

26 Das Grundgesetz vom 23. Mai 1949[1] ist die **Verfassung Deutschlands** (geworden). Von seinem Inkrafttreten[2] bis zum 3. Oktober 1990 galt das Grundgesetz nur in den (zehn) Bundesländern der »alten« Bundesrepublik. Aus dem beschränkten Geltungsbereich erklärt sich auch die vom Parlamentarischen Rat bewußt gewählte Bezeichnung »Grundgesetz«, die das **Provisorische** dieser rechtlichen Grundordnung widerspiegeln sollte.[3]

27 Nach der mehr als vier Jahrzehnte währenden deutschen Teilung ist das Grundgesetz am 3. Oktober 1990 durch den Beitritt der Deutschen Demokratischen Republik zur Bundesrepublik Deutschland zur **Verfassung Deutschlands** geworden. Nach Art. 23 Satz 2 GG a. F. war das Grundgesetz »in anderen Teilen Deutschlands ... nach deren Beitritt in Kraft zu setzen«. Der – durch den Einigungsvertrag aufgehobene – **»Beitrittsartikel«** wies einen rechtlich einfachen Weg zur deutschen Einheit, setzte aber einen entsprechenden **Beitrittsentschluß** der »anderen Teile Deutschlands« voraus. Der Weg des Beitritts war bereits im Jahr 1956 durch das Saarland beschritten worden[4], erschöpfte Art. 23 Satz 2 GG in seinem Anwendungsbereich jedoch nicht.

28 Die Rechtskonstruktion des Beitritts ist freilich nicht als einseitige Erklärung der DDR und umgekehrt der Erstreckung des Grundgesetzes durch den Bundesgesetzgeber auf das Gebiet der DDR mißzuverstehen. Die deutsche Einheit ist vielmehr in einem **konsensualen Verfahren** hergestellt worden. Dies war dadurch gekennzeichnet, daß der Beitritt selbst, die durch den Beitritt bedingten **Grundgesetzänderungen** und die kaum übersehbare Fülle der **Überleitungs**- und **Änderungsbestimmungen** zu einfachem Gesetzesrecht Gegenstand eines einzigen Vertragswerks – des **Einigungsvertrags** – geworden sind. Das BVerfG hat die Einbeziehung der Grundgesetzänderungen in den Einigungsvertrag ausdrücklich gebilligt.[5]

I. Der Einigungsvertrag vom 31. August 1990

29 Mit dem Vertrag zwischen der Bundesrepublik Deutschland und der Deutschen Demokratischen Republik über die Herstellung der Einheit Deutschlands – Eini-

1 Das Grundgesetz ist am 23. Mai 1949 vom Parlamentarischen Rat ausgefertigt und im Bundesgesetzblatt (BGBl. S. 1) verkündet worden.

2 Nach Art. 145 Abs. 2 GG tritt das Grundgesetz mit Ablauf des Tages der Verkündung in Kraft. Strittig ist, ob damit der 23. Mai, 24.00 Uhr, oder der 24. Mai, 0.00 Uhr, gemeint ist. Das BVerfG ist in seiner Rechtsprechung (E 2, 237 [258]; 4, 331 [341]) vom Inkrafttreten (noch) am 23. Mai 1949 ausgegangen; so auch *H. Dreier*, in: Dreier (Hrsg.), GG, Bd. III, Art. 145 Rdnr. 10; *P. M. Huber*, in: Sachs (Hrsg.), GG, Art. 145 Rdnr. 5; a. M. *A. v. Campenhausen*, in: v. Mangoldt/Klein/Starck, GG Bd. 3, Art. 145 Rdnr. 6; *P. Badura*, Staatsrecht, S. 24. Praktische Bedeutung kommt der Streitfrage nicht zu.

3 Zur Entstehungsgeschichte des Grundgesetzes vgl. *K. Stern*, Staatsrecht V, S. 1244 ff.

4 Vgl. dazu *W. Fiedler*, Die Rückgliederung des Saarlandes an Deutschland, JZ 1990, S. 668.

5 Vgl. BVerfGE 82, 316 (321).

gungsvertrag – vom 31. August 1990[6] wurde vereinbart, daß die zum gleichen Zeitpunkt entstandenen Länder Brandenburg, Mecklenburg-Vorpommern, Sachsen, Sachsen-Anhalt und Thüringen Länder der Bundesrepublik Deutschland würden (Art. 1 Abs. 1 EinigungsV). Die Grenzen der – nach dem Beitritt so genannten – »neuen Bundesländer« bestimmten sich nach dem Ländereinführungsgesetz der DDR[7], das mit dem Wirksamwerden des Beitritts in Kraft trat. Das Grundgesetz selbst wurde durch Art. 3 EinigungsV mit dem Wirksamwerden des Beitritts in den Ländern »Brandenburg, Mecklenburg-Vorpommern, Sachsen, Sachsen-Anhalt und Thüringen sowie in dem Teil des Landes Berlin, in dem es bisher nicht galt«, in Kraft gesetzt. Das konsensuale Verfahren der Vereinigung hatte zur Folge, daß das in Art. 23 Satz 2 GG a. F. vorgesehene »Gesetz« das **Vertragsgesetz** war, mit dem die gesetzgebenden Körperschaften dem Einigungsvertrag gem. Art. 59 Abs. 2 GG zustimmten, das aber als **verfassungsänderndes Gesetz** zugleich die beitrittsbedingten Änderungen des Grundgesetzes vornahm.[8] Die Präambel des Grundgesetzes ist umgestaltet worden und enthält seitdem die Aufzählung der 16 Bundesländer. Die in der früheren Fassung enthaltene Aufforderung an das »gesamte deutsche Volk ..., in freier Selbstbestimmung die Einheit und Freiheit Deutschlands zu vollenden« ist ersetzt worden durch die Feststellung:

> »Die Deutschen in den Ländern ... haben in freier Selbstbestimmung die Einheit und Freiheit Deutschlands vollendet. Damit gilt dieses Grundgesetz für das gesamte Deutsche Volk.«

Die Präambel enthält die wichtige Aussage, daß sich Deutschland territorial in den 16 Bundesländern erschöpft und das Deutsche Volk die Summe der in diesen Grenzen lebenden Staatsangehörigen ist. Art. 23 GG – der »Beitrittsartikel« – ist aufgehoben worden, weil er seine historische und verfassungsrechtliche Funktion mit der Vollendung der Einheit erfüllt hatte.[9] Da sich Deutschland auf die 16 bestehenden Bundesländer beschränkt, gibt es von Verfassungs wegen nicht länger »andere Teile Deutschlands«. 30

Nach dem ebenfalls durch den Einigungsvertrag geänderten Art. 143 GG konnte Recht im sog. **»Beitrittsgebiet«** von den Vorschriften des Grundgesetzes für einen bestimmten Zeitraum abweichen. Die **»Abweichungsklausel«** erklärt sich aus dem Umstand, daß eine hochkomplexe Rechtsordnung wie die der Bundesrepublik nicht mit einem Federstrich auf ein Territorium übertragen werden konnte, in dem bis zu diesem Zeitpunkt völlig andere soziale und wirtschaftliche Bedingungen geherrscht hatten. Damit wurde die Möglichkeit einer prozeßhaften Rechtsangleichung zwischen beiden Teilen Deutschlands eröffnet, die der einzigartigen historischen Situation Rechnung trug. In den neuen Bundesländern und dem ehemaligen Ostberlin herrschte deshalb zunächst ein – zeitlich befristeter – **rechtlicher Übergangszustand**. Der Ablauf der in Art. 143 Abs. 2 GG genannten Frist 31

---

6 BGBl. II, S. 889 = *Nomos Textausgaben* ÖffR Nr. 2.

7 Ländereinführungsgesetz vom 22. Juli 1990 (GBl. I, Nr. 51, S. 955).

8 Vgl. *W. Heintschel v. Heinegg*, Die Mitwirkungsrechte der Abgeordneten des Deutschen Bundestages und das Zustimmungsgesetz zum Einigungsvertrag zwischen der Bundesrepublik Deutschland und der Deutschen Demokratischen Republik, DVBl. 1990, S. 1270.

9 Durch das 38. Änderungsgesetz zum Grundgesetz vom 21. 12. 1992 (BGBl. I, S. 2086) ist ein neuer Art. 23 in das GG eingefügt worden, der Bestimmungen über die Europäische Union enthält.

(31. Dezember 1995) und das damit verbundene Auslaufen der »Abweichungsklausel« ändert freilich nichts daran, daß es weiterer rechtlicher Regelungen und politischer Anstrengungen bedarf, um die **»innere Einheit«** zu erreichen.

II. Der »Zwei-plus-Vier-Vertrag«

32 Zu dem zwischen der Bundesrepublik Deutschland und der Deutschen Demokratischen Republik geschlossenen »Einigungsvertrag« trat der von der Bundesrepublik Deutschland, der Deutschen Demokratischen Republik, Frankreich, der Sowjetunion, Großbritannien und den Vereinigten Staaten am 12. September 1990 abgeschlossene »Vertrag über die abschließende Regelung in Bezug auf Deutschland«[10], der wegen der Beteiligung der beiden deutschen Staaten und der Vier Siegermächte als **»Zwei-plus-Vier-Vertrag«** bezeichnet wird.[11] In diesem Vertrag sind die **Grenzen Deutschlands** endgültig festgelegt und die Ablösung der **besatzungsrechtlichen Vorbehalte** vereinbart worden. Nach Art. 1 Abs. 1 des Vertrags umfaßt das vereinte Deutschland die Gebiete der Bundesrepublik Deutschland, der Deutschen Demokratischen Republik und ganz Berlins; seine Außengrenzen sind mit denen der Bundesrepublik und der DDR identisch und »am Tage des Inkrafttretens des Vertrags endgültig«. Es wird betont, daß die Bestätigung des endgültigen Charakters der Grenzen des vereinten Deutschlands »ein wesentlicher Bestandteil der Friedensordnung in Europa« sei. Das vereinte Deutschland habe **keinerlei Gebietsansprüche** gegen andere Staaten und werde solche auch in Zukunft nicht erheben (Art. 1 Abs. 3). Die zwischen dem vereinten Deutschland und der **Republik Polen** bestehende Grenze werde in einem völkerrechtlich verbindlichen Vertrag bestätigt (Art. 1 Abs. 2). Dies ist durch den Vertrag zwischen der Bundesrepublik Deutschland und der Republik Polen über die Bestätigung der zwischen ihnen bestehenden Grenze vom 14. November 1990 geschehen.[12]

33 Die Bundesrepublik und die Deutsche Demokratische Republik haben sich verpflichtet, sicherzustellen, daß die Verfassung des vereinten Deutschlands keinerlei Bestimmungen enthalten werde, die mit diesen Prinzipien unvereinbar sind (Art. 1 Abs. 4 Satz 1 des Vertrags). Dies gelte »dementsprechend für die Bestimmungen, die in der Präambel und in den Art. 23 Satz 2 und 146 des Grundgesetzes für die Bundesrepublik Deutschland niedergelegt sind« (Art. 1 Abs. 4 Satz 2 des Vertrags). Die Regierungen Frankreichs, der Sowjetunion, Großbritanniens und der Vereinigten Staaten haben gem. Art. 1 Abs. 5 des Vertrags »die entsprechenden Verpflichtungen und Erklärungen der Regierungen der Bundesrepublik Deutschland und der Deutschen Demokratischen Republik« förmlich entgegengenommen und erklärt, daß »mit deren Verwirklichung der endgültige Charakter der Grenzen des vereinten Deutschlands bestätigt wird.« Neben der Erklärung, daß von deutschem Boden nur Frieden ausgehen werde und die Führung eines Angriffskrieges verfassungswidrig und strafbar sei (Art. 2), haben die beiden deutschen Staaten ihren Verzicht auf atomare, biologische und chemische Waffen be-

---

10 BGBl. II (1991), S. 1317.

11 Vgl. *K. Stern*, Staatsrecht V, S. 2041 ff.

12 BGBl. II (1991), S. 1328; vgl. auch den Vertrag zwischen der Bundesrepublik Deutschland und der Republik Polen über gute Nachbarschaft und freundschaftliche Zusammenarbeit vom 17. Juni 1991, BGBl. II, S. 1314.

kräftigt (Art. 3 Abs. 1) und sich überdies verpflichtet, daß das vereinte Deutschland seine Streitkräfte auf eine Personalstärke von 370.000 Mann reduzieren werde (Art. 3 Abs. 2 des Vertrags). Die Sowjetunion hat entsprechend ihrer Verpflichtung aus Art. 4 Abs. 1 des Vertrags ihre in Deutschland stationierten Truppen abgezogen.

Gem. Art. 7 des Vertrags haben Frankreich, die Sowjetunion, Großbritannien und die Vereinigten Staaten ihre »Rechte und Verantwortlichkeiten in bezug auf Berlin und Deutschland als Ganzes« beendet. Diese Bestimmung betrifft die sog. Alliierten Vorbehaltsrechte, die in bezug auf »Deutschland als Ganzes« nach wie vor bestanden. Art. 7 Abs. 2 des Vertrags zieht hieraus die Konsequenz: 34

> »Das vereinte Deutschland hat demgemäß volle Souveränität über seine inneren und äußeren Angelegenheiten.«

Der »Zwei-plus-Vier-Vertrag« enthält in mehrfacher Hinsicht eine **»abschließende Regelung«** für Deutschland. Die Grenzen werden unverrückbar im Sinne des Status quo festgelegt, so daß es zukünftig weder eine völkerrechtliche noch eine, nachdem das Grundgesetz geändert worden ist, staatsrechtliche Basis für mögliche Gebietsansprüche gegenüber anderen Staaten gibt. »Abschließend« wirkt der Vertrag aber auch insofern, als das Besatzungsregime, das sich in bezug auf »Deutschland als Ganzes« und Berlin erhalten hatte, beendet worden ist und Deutschland damit seine volle Souveränität wiedererlangt hat. Die Vier Mächte hatten durch Erklärung vom 1. Oktober 1990 ihre Rechte und Verantwortlichkeiten bereits zum 3. Oktober 1990 suspendiert[13], so daß am »Tag der Deutschen Einheit« (Art. 2 Abs. 2 EinigungsV) die Wiedergewinnung der **staatlichen Einheit** mit der Wiedererlangung der **staatlichen Souveränität** zusammenfiel. 35

III. Die zukünftige Verfassung Deutschands

Art. 146 GG a. F. begrenzte die zeitliche Geltung des Grundgesetzes durch die Bestimmung, daß es 36

> »seine Gültigkeit an dem Tage (verliere), an dem eine Verfassung in Kraft tritt, die von dem deutschen Volke in freier Entscheidung beschlossen worden ist.«

Durch diese – für eine Verfassung ungewöhnliche – Bestimmung wurde auf den besonderen Entstehungstatbestand des Grundgesetzes hingewiesen, das vom Parlamentarischen Rat erarbeitet worden war, aber der Einflußnahme und Genehmigung der Besatzungsmächte unterlag.[14] Die Diskussion, ob Art. 146 GG auch nach Vollendung der staatlichen Einheit den Weg zur Schaffung einer neuen Verfassung innerhalb eines Legalitätszusammenhangs offenhalten würde, ist – nach kontroverser Diskussion im Schrifttum[15] – durch den verfassungsändernden Gesetzgeber selbst entschieden worden. Art. 146 GG wurde die Bestimmung hinzugefügt, daß das Grundgesetz »nach Vollendung der Einheit und Freiheit Deutsch- 37

---

13 Vgl. die Suspedierungserklärung der Vier Mächte vom 1. Oktober 1990 (BGBl. II, S. 1331).

14 Vgl. *K. Stern*, Staatsrecht V, S. 1329.

15 Vgl. *J. A. Frowein*, VVDStRL 49 (1990), S. 15; *P. Häberle*, Verfassungspolitik für die Freiheit und Einheit Deutschlands, JZ 1990, S. 359 f.; *J. Isensee*, VVDStRL 49 (1990), S. 50; *D. Rauschning*, DVBl. 1990, S. 401; *C. Starck*, JZ 1990, S. 352; *C. Tomuschat*, VVDStRL 49 (1990), S. 88.

lands für das gesamte deutsche Volk« gelte, hat im übrigen aber seine frühere Fassung behalten, so daß es seine **zeitliche Geltung** nach wie vor begrenzt und die Möglichkeit eröffnet, daß eine neue Verfassung »von dem deutschen Volke in freier Entscheidung beschlossen« wird.

38 Eine solche Verfassungsneuschöpfung würde sich außerhalb des für Verfassungsänderungen gezogenen rechtlichen Rahmens vollziehen.[16] Allerdings wäre nur eine solche Verfassung geeignet, die Gültigkeit des Grundgesetzes zu beenden, die vom deutschen Volk in **freier Entscheidung** beschlossen würde. Die **verfassungsgebende Gewalt** des Volkes wäre bei der Verfassungsneuschöpfung zwar nicht an das Grundgesetz, wohl aber an die zahlreichen **Verträge** gebunden, deren Vertragspartner die Bundesrepublik Deutschland ist und die Verpflichtungen auch für die Gestaltung des Verfassungsrechts enthalten.[17]

39 Nachdem der Prozeß der deutschen Einigung im Wege der Verfassungsrevision abgeschlossen worden ist, könnte Art. 146 GG erneut Bedeutung gewinnen, wenn ein **europäischer Bundesstaat** geschaffen würde. Nach verbreiteter – wenngleich nicht unbestrittener – Meinung soll Art. 79 Abs. 3 GG dem Aufgehen der Bundesrepublik in einem europäischen Bundesstaat entgegenstehen.[18] Da die sog. »Ewigkeitsklausel« (Art. 79 Abs. 3 GG) selbst zur Disposition des Verfassungsgebers stünde[19], könnte durch Schaffung einer neuen Verfassung das – wirkliche oder vermeintliche – rechtliche Hindernis für das Aufgehen Deutschlands in einem europäischen Bundesstaat überwunden werden.

40 Eine Neuschöpfung der Verfassung würde überdies das Defizit ausgleichen, daß über das Grundgesetz niemals das deutsche Volk selbst – als Inhaber der verfassungsgebenden Gewalt – entschieden hat. Waren es 1949 der Parlamentarische Rat und die Volksvertretungen der (damaligen) Bundesländer (Art. 144 Abs. 1 GG), so wurde auch die durch den Einigungsvertrag vorgesehene Verfassungsrevision[20] ohne Volksabstimmung durchgeführt.

IV. Rechtsprechung

41 **BVerfGE** 82, 316 (Grundgesetzänderung durch Einigungsvertrag); **E** 84, 90 (Bestandskraft von Enteignungen: Art. 143 Abs. 3 GG); **E** 84, 133 (Ruhen von Arbeitsverhältnissen im öffent-

---

16 So auch *H. Dreier*, in: Dreier (Hrsg.), GG, Bd. III, Art. 146 Rdnr. 28, 44 ff.; a. M. *P. M. Huber*, in: Sachs (Hrsg.), GG, Art. 146 Rdnr. 10; *A. v. Campenhausen*, in: v. Mangoldt/Klein/Starck, GG, Bd. 3, Art. 146 Rdnr. 9 f.

17 Vgl. nur Art. 6 Abs. 1 EUV, demzufolge die Europäische Union auf den Grundsätzen der Freiheit, der Demokratie, der Achtung der Menschenrechte und Grundfreiheiten sowie der Rechtsstaatlichkeit beruht. Die Union achtet überdies die Grundrechte, wie sie in der Europäischen Konvention zum Schutze der Menschenrechte und Grundfreiheiten gewährleistet sind und wie sie sich aus den gemeinsamen Verfassungsüberlieferungen der Mitgliedstaaten als allgemeine Grundsätze des Gemeinschaftsrechts ergeben (Art. 6 Abs. 2 EUV).

18 Vgl. *I. v. Münch*, Staatsrecht I, Rdnr. 917 ff. m. w. N.

19 Vgl. *H. Dreier*, in: Dreier (Hrsg.), GG, Bd. II, Art. 79 III Rdnr. 46.

20 Die aufgrund des Art. 5 EinigungsV eingerichtete Gemeinsame Verfassungskommission legte am 28. 10. 1993 einen Bericht vor, in dem eine Reihe von Grundgesetzänderungen empfohlen wurden (BT-Drucks. 12/6000; BR-Drucks. 800/93). Die Änderungen bzw. Ergänzungen des GG sind im Verfahren nach Art. 79 Abs. 2 GG beschlossen worden.

lichen Dienst der früheren DDR); **E** 92, 277 (Strafverfolgung von Mitarbeitern des Ministeriums für Staatssicherheit); **E** 95, 96 (Strafbarkeit des Schußwaffengebrauchs an der Mauer).

V. Literatur

P. Badura, Deutschlands aktuelle Verfassungslage, AöR 115 (1990), S. 314; **R. Bartlsperger**, Verfassung und verfassunggebende Gewalt im vereinten Deutschland, DVBl. 1990, S. 1285; **D. Blumenwitz**, Der Vertrag vom 12. 9. 1990 über die abschließende Regelung in bezug auf Deutschland, NJW 1990, S. 3041; **J. A. Frowein**, Die Verfassungslage Deutschlands im Rahmen des Völkerrechts, VVDStRL 49 (1990), S. 7; **K. Hailbronner**, Völker- und europarechtliche Fragen der deutschen Wiedervereinigung, JZ 1990, S. 449; **J. Isensee**, Staatseinheit und Verfassungskontinuität, VVDStRL 49 (1990), S. 39; **J. Ipsen**, Die rechtliche Bewältigung von Unrechtsfolgen des DDR-Regimes, in: Festschrift Carl Heymanns Verlag, 1995, S. 65; **A. Randelzhofer**, Deutsche Einheit und europäische Integration, VVDStRL 49 (1990), S. 101; **D. Rauschning**, Deutschlands aktuelle Verfassungslage, DVBl. 1990, S. 393; **M. Sachs**, Das Grundgesetz im vereinten Deutschland – endgültige Verfassung oder Dauerprovisorium?, JuS 1991, S. 985; **C. Starck**, Deutschland auf dem Wege zur staatlichen Einheit, JZ 1990, S. 349; **K. Stern**, Der verfassungsändernde Charakter des Einigungsvertrages, DtZ 1990, S. 289; **ders.**, Der Zwei-plus-Vier-Vertrag, BayVBl. 1991, S. 523; **K. Stern/E. Schmidt-Bleibtreu**, Verträge und Rechtsakte zur Deutschen Einheit, 2 Bände, 1990; **C. Tomuschat**, Wege zur Deutschen Einheit, VVDStRL 49 (1990), S. 70; **R. Wahl**, Elemente der Verfassungsstaatlichkeit, JuS 2001, S. 1041. 42

§ 3 Die Europäische Union

43 Die Ausübung staatlicher Befugnisse ist mit den Normen und Begriffskategorien des nationalen Verfassungsrechts nicht mehr vollständig zu erfassen, weil Deutschland **Mitglied** der **Europäischen Union** (EU) ist. Nach Art. 23 Abs. 1 Satz 1 GG wirkt die Bundesrepublik Deutschland bei der Entwicklung der Europäischen Union »zur Verwirklichung eines vereinten Europas« mit. Diese **Staatszielbestimmung**, die schon in der Präambel niedergelegt ist (»gleichberechtigtes Glied in einem vereinten Europa«), richtet sich auf eine **fortschreitende Integration** der Staaten Europas, die ihren Gipfelpunkt in einem europäischen Bundesstaat finden kann, aber nicht muß. Die gegenwärtig kontrovers diskutierte Frage, ob dem Aufgehen der Bundesrepublik in einem europäischen Bundesstaat verfassungsrechtliche Hindernisse entgegenstehen[1], dürfte angesichts des Art. 23 Abs. 1 GG zu verneinen sein[2], wird sich andererseits in dieser Zuspitzung aber kaum stellen. Der Zusammenschluß von Staaten zu einem Bundesstaat bedarf eines Aktes der Verfassungsgebung und ist ohne hierüber abgehaltene Volksabstimmung auch auf nationaler Ebene (Art. 146 GG) kaum denkbar. Gegenwärtig – und auf absehbare Zeit – ist allerdings festzustellen, daß die Europäische Union **kein Bundesstaat** ist.[3] Ob man sie – mit dem Bundesverfassungsgericht – als **»Staatenverbund«**[4] oder als **»Staatenverband«**[5] bezeichnet, ist angesichts der fehlenden **Staatsqualität** der Union von nachrangiger Bedeutung.

I. Von der Montanunion zur Europäischen Union

44 Einen ersten Schritt zur **Europäischen Union**, die schon in der Ursprungsfassung des Grundgesetzes als Staatsziel festgelegt war (Präambel), bildete die Gründung der Europäischen Gemeinschaft für Kohle und Stahl (EGKS oder **»Montanunion«**).[6] Die Mitgliedstaaten (Bundesrepublik Deutschland, Belgien, Frankreich, Italien, Luxemburg, Niederlande) vereinbarten in Gestalt der Gemeinschaft einen »gemeinsamen Markt«, der gemeinsame Ziele verfolgen und gemeinsame Organe haben sollte (Art. 1 EGKSV). An die Seite der Montanunion traten durch die sog. »Römischen Verträge« die **Europäische Wirtschaftsgemeinschaft** (EWG) und die **Europäische Atomgemeinschaft** (EAG). Aufgabe der EWG sollte es sein,

---

1 Vgl. *O. Rojahn*, in: v. Münch/Kunig (Hrsg.), GG, Bd. 2, Art. 23 Rdnr. 11 ff.; *J. Isensee*, Integrationsziel Europastaat?, in: O. Due/M. Lutter/J. Schwarze (Hrsg.), Festschrift U. Everling, Bd. I, 1995, S. 586 ff.

2 *J. Pernice*, in: Dreier (Hrsg.), GG, Bd. II, Art. 23 Rdnr. 35; *K. Stern*, Staatsrecht I, S. 521; *R. Scholz*, in: Maunz/Dürig, GG, Art. 23 Rdnr. 63.

3 *T. Oppermann*, Europarecht, Rdnr. 902 ff.

4 BVerfGE 89, 155 (183); vgl. auch *M. Herdegen*, Europarecht, Rdnr. 84 ff.; *R. Streinz*, Europarecht, Rdnr. 121 a.

5 Vgl. etwa *B. Kahl*, Europäische Union: Bundesstaat – Staatenbund – Staatenverbund, Der Staat 33 (1994), S. 241 ff.

6 Vgl. *T. Oppermann*, Europarecht, Rdnr. 19 f.; *R. Streinz*, Europarecht, Rdnr. 14 ff.; *M. Herdegen*, Europarecht, Rdnr. 40 ff.

»durch die Errichtung eines Gemeinsamen Marktes und die schrittweise Annäherung der Wirtschaftspolitik der Mitgliedstaaten eine harmonische Entwicklung des Wirtschaftslebens innerhalb der Gemeinschaft, eine beständige und ausgewogene Wirtschaftsausweitung, eine größere Stabilität, eine beschleunigte Hebung der Lebenshaltung und engere Beziehungen zwischen den Staaten zu fördern, die in dieser Gemeinschaft zusammengeschlossen sind.«[7]

Aufgabe der EAG war demgegenüber die Entwicklung von Kernindustrien in den Mitgliedstaaten (Art. 1 Abs. 2 EAGV). Die drei Gemeinschaften hatten **gemeinsame Organe**, ohne daß ihre rechtliche Selbständigkeit hierdurch berührt gewesen wäre.[8] Insofern war (und ist) die Bezeichnung »Europäische Gemeinschaft**en**« zutreffend. 45

Der Vertrag über die **Montanunion** endete am 23. Juli 2002 (Art. 97 EGKSV). Die Europäische Wirtschaftsgemeinschaft ist durch Änderung des Vertrags umbenannt worden und heißt seitdem **»Europäische Gemeinschaft«**.[9] Nachdem durch die **Einheitliche Europäische Akte** vom 28. Februar 1986[10] die Schaffung einer Europäischen Union »zum gemeinsamen Ziel der Mitgliedstaaten« erklärt worden war, wurde diese durch den **Vertrag über die Europäische Union** (EUV) vom 7. Februar 1992 (»Maastricht-Vertrag«)[11] gegründet. Mit dem **Amsterdamer Vertrag** vom 2. Oktober 1997[12] wurden EUV und EGV wesentlich modifiziert, während der **Vertrag von Nizza**, der am 26. Februar 2001 unterzeichnet worden[13] und am 1. Februar 2003 in Kraft getreten ist, die Voraussezungen für die Erweiterung der Europäischen Union geschaffen hat. 46

Grundlage der **Europäischen Union** sind die **Europäischen Gemeinschaften**, ergänzt durch die mit dem Unionsvertrag eingeführten Politiken und Formen der Zusammenarbeit (Art. 1 EUV). Die Europäische Gemeinschaft (und die EAG) sind durch den Unionsvertrag also nicht aufgelöst worden, noch gehen sie in der Europäischen Union auf. Sie bilden vielmehr eine Säule der Union, zu der als weitere Säulen die Gemeinsame Außen- und Sicherheitspolitik – sog. »GASP« – (Art. 11 ff. EUV) und die Polizeiliche und Justizielle Zusammenarbeit in Strafsachen – PJZS – (Art. 29 ff. EUV) hinzutreten. Die Europäische Union ist mit den Gemeinschaften durch die Gemeinschaftsorgane organisatorisch verklammert (Art. 3, 4, 5 EUV). Das anschauliche »Drei-Säulen-Modell«, nach dem die Art. 1–7 EUV das Dach der Union, die Art. 46–53 EUV den Sockel bilden, die EG (EAG), GASP und PJZS dagegen die drei Säulen darstellen[14], darf nicht darüber hinwegtäuschen, daß sich die einzelnen Säulen in ihrer Rechtsqualität grundsätzlich unterscheiden. 47

Die Europäische Gemeinschaft besitzt eigene Rechtspersönlichkeit (Art. 281 EG) und ist als supranationale Organisation zu qualifizieren, steht also über (*super* [lat.] = über) den in ihr zusammengeschlossenen Mitgliedstaaten. Die Europäische Union als solche wird demgegenüber dem internationalen Recht (*inter* [lat.] = zwischen) zugeordnet, stellt mithin eine **zwischenstaatliche Organisation** dar. Über- 48

---

7 Art. 2 EWGV.
8 Vgl. *R. Streinz*, Europarecht, Rdnr. 65.
9 Vgl. *M. Herdegen*, Europarecht, Rdnr. 43.
10 BGBl. II (1986), S. 1102; ABl. 1987 Nr. L 169/1.
11 BGBl. II (1992), S. 1251; ABl. Nr. C 191/1..
12 BGBl. II (1998), S. 386; ABl. Nr. C 340.
13 BGBl. II (2001), S. 1666; ABl. Nr. C 80/1.
14 Vgl. *M. Schweitzer*, Staatsrecht III, Rdnr. 16

wiegend wird angenommen, daß der Union als solcher keine Rechtssubjektivität zukomme.

49 Im Sprachgebrauch wird häufig nicht zwischen »Gemeinschaft« und »Union« unterschieden. Dies ist nicht verwunderlich, weil auch im Grundgesetz zwischen Europäischer Union und Europäischer Gemeinschaft nicht unterschieden wird (Art. 23 GG). Die Tendenz dürfte ohnehin dahin gehen, daß immer mehr Politikbereiche »vergemeinschaftet« werden.[15] Angesichts der rasanten Entwicklung, die auf dem Gebiet der europäischen Integration in den vergangenen 10 Jahren festzustellen ist und die ihren vorläufigen Höhepunkt in der Einführung eines gemeinsamen Zahlungsmittels gefunden hat, sind ohnehin nur juristische Momentaufnahmen möglich, die – je nach Erfolg oder Mißerfolg eines europäischen »Gipfels« – alsbald durch neue ersetzt werden müssen.[16]

II. Die Bundesrepublik als Mitglied der Europäischen Gemeinschaft

1. Das primäre Gemeinschaftsrecht

50 Die Verträge zur Gründung der Europäischen Gemeinschaften und ihre zahlreichen Ergänzungen und Änderungen bilden das **primäre Gemeinschaftsrecht**.[17] Ob sie darüber hinaus europäisches **Verfassungsrecht** enthalten, ist umstritten[18], letztlich für ihre Funktion als wichtigste Rechtsquelle des »primären« Gemeinschaftsrechts aber nicht entscheidend. Die Verträge erschöpfen sich nicht im Gründungsakt der Europäischen Gemeinschaft(en), sondern enthalten das von den Gemeinschaftsorganen und den Mitgliedstaaten anzuwendende **»Gemeinschaftsrecht«**.

2. Das »sekundäre« Gemeinschaftsrecht

51 Als »sekundäres« Gemeinschaftsrecht wird das von den **Gemeinschaftsorganen** (Rat, Kommission, Europäisches Parlament) geschaffene Recht bezeichnet. Keinem Gemeinschaftsorgan sind allgemeine Rechtssetzungskomptenzen zugewiesen[19]; es besteht das Prinzip der begrenzten **Handlungsermächtigung**.[20]

52 Die Europäische Gemeinschaft als mit eigener Hoheitsgewalt ausgestattetes und von den Mitgliedstaaten zu unterscheidendes Rechtssubjekt erläßt die Rechtsakte des (sekundären) Gemeinschaftsrechts aufgrund **eigener Zuständigkeiten**. Sie treten in diesem Kompetenzbereich neben die (mitglied-)staatliche Gewalt. Das sekundäre Gemeinschaftsrecht ist deshalb kein Bestandteil der jeweiligen nationa-

---

15 Vgl. *T. Oppermann*, Europarecht, Rdnr. 1899 ff.

16 Vgl. zur Bedeutung des Euro *F. D. Schuster*, Die Einführung des Euro und seine zukünftige Bedeutung im Weltwährungsgefüge, 2001.

17 Vgl. *T. Oppermann*, Europarecht, Rdnr. 473 ff.; *M. Schweitzer*, Staatsrecht III, Rdnr. 322 ff.

18 Vgl. *I. Pernice*, in: Dreier (Hrsg.), GG, Bd. II, Art. 23 Rdnr. 20 ff.; *M. Herdegen*, Europarecht, Rdnr. 162.

19 Vgl. Art. 249 Abs. 1 EGV; *R. Streinz*, Europarecht, Rdnr. 436 f.

20 *T. Oppermann*, Europarecht, Rdnr. 513 ff.; *R. Streinz*, Europarecht, Rdnr. 436; *M. Schweitzer*, Staatsrecht III, Rdnr. 335 f.

len Rechtsordnung, gehört aber auch nicht zum Völkerrecht.[21] Es bildet (zusammen mit dem primären Gemeinschaftsrecht) eine **eigenständige Rechtsordnung**, die aus einer autonomen Rechtsquelle fließt und durch ein besonderes Rechtsschutzsystem gesichert ist.[22]

3. Das Verhältnis von nationalem und supranationalem Recht

Die durch Art. 23 Abs. 1 Satz 2 GG vorgesehene **Übertragung** von **Hoheitsrechten** auf die Europäische Union läßt die Frage offen, wie bei einer Kollision zwischen nationalem und supranationalem Recht zu entscheiden ist. Der Frage kommt erhebliche praktische Relevanz zu, weil das Gemeinschaftsrecht von den **Behörden** der **Mitgliedstaaten** angewendet wird, die auch an das **nationale Recht** gebunden sind. Obgleich die Begründungen hierfür variieren, besteht im Ergebnis Einigkeit über den **Vorrang** des **Gemeinschaftsrechts**.[23] Dieser Vorrang erfaßt nicht nur einfaches Gesetzes- (und Verordnungs-)Recht, sondern gilt auch gegenüber dem mitgliedstaatlichen Verfassungsrecht.[24] 53

Die Besonderheit supranationaler Organisationen wie der Europäischen Gemeinschaft liegt darin, daß ihre Rechtsakte keiner Transformation in nationales Recht bedürfen, also auch nicht an den (nationalen) **Verfassungsnormen** zu messen sind. Fraglich kann allein sein, ob die Übertragung von Hoheitsrechten auf eine supranationale Organisation mit der Verfassung vereinbar ist, weil deren Bestimmungen auf diesem Umweg ausgeschaltet werden könnten.[25] Sofern sich aber die nationale Rechtsordnung dem supranationalen Recht – wie in Art. 23 Abs. 1 Satz 2 GG geschehen – in verfassungsmäßiger Weise geöffnet hat, ist für eine Kontrolle der *Verfassungsmäßigkeit* des Gemeinschaftsrechts kein Raum mehr.[26] 54

III. Die drei Säulen der Europäischen Union

1. Wirtschafts- und Währungsunion

Kernstück des Unionsvertrags und des mit ihm geänderten EG-Vertrags ist die **Vollendung der Wirtschafts- und Währungsunion**. Diese ist stufenweise verwirklicht worden und findet ihren sichtbaren Ausdruck darin, daß mit dem **Euro** in allen Mitgliedstaaten (außer Großbritannien, Dänemark und Schweden) ein **gemeinsames Zahlungsmittel** gilt, nachdem bereits am 1. Januar 1999 eine **gemeinsame europäische Währung** eingeführt und eine **Europäische Zentralbank** (EZB) mit Sitz in Frankfurt errichtet worden war. 55

---

21 EuGH, Rs. 6/64, Costa/ENEL, Slg. 1964, 1251 (1270); BVerfGE 37, 271 (277 f.); *M. Schweitzer*, Staatsrecht III, Rdnr. 334.

22 Vgl. BVerfGE 37, 271 (277 f.).

23 Vgl. EuGH, Rs. 6/64, Costa/ENEL, Slg. 1964, 1251 (1269); *J. Pernice*, in: Dreier (Hrsg.), GG, Bd. II, Art. 23 Rdnr. 26 ff.; *T. Oppermann*, Europarecht, Rdnr. 615 ff.; *M. Herdegen*, Europarecht, Rdnr. 228 ff.

24 EuGH, Rs. 106/77, Slg. 1978, 629 (643 ff.); vgl. zur Rspr. des EuGH *R. Streinz*, Europarecht, Rdnr. 194 ff.

25 Vgl. BVerfGE 37, 271 (280 f.); 73, 339 (375 f.).

26 Vgl. BVerfGE 73, 339 (375 f.).

2. Gemeinsame Außen- und Sicherheitspolitik

56 Als »zweite Säule« stellt sich die gemeinsame **Außen- und Sicherheitspolitik** (GASP) dar, zu der sich die Mitgliedstaaten der Union verpflichtet haben (Art. 11 ff. EUV). Die gemeinsame Außen- und Sicherheitspolitik hat zum Ziel, entsprechend den Grundsätzen der Charta der Vereinten Nationen sowie der Prinzipien der Schlußakte von Helsinki und den Zielen der Charta von Paris den Frieden zu wahren und die internationale Sicherheit zu stärken, die internationale Zusammenarbeit zu fördern sowie die Menschenrechte und Grundfreiheiten zu achten (Art. 11 Abs. 1 EUV). Gegebenenfalls können **gemeinsame Aktionen** durchgeführt werden, die einem besonderen Beschlußverfahren unterliegen (Art. 13 EUV). Die Westeuropäische Union (WEU), die als integraler Bestandteil der Entwicklung der Europäischen Union bezeichnet wird, soll die Aktionen ausarbeiten und durchführen (Art. 17 Abs. 3 EUV).

3. Polizeiliche und justizielle Zusammenarbeit in Strafsachen (PJZS)

57 Die Mitgliedstaaten der Union betrachten die Asylpolitik, die Vorschriften für das Überschreiten der Außengrenzen, die Einwanderungspolitik, die Bekämpfung der Drogenabhängigkeit, von Betrügereien im internationalen Maßstab und die polizeiliche Zusammenarbeit zur Verhütung und Bekämpfung von Terrorismus, des illegalen Drogenhandels und sonstiger schwerwiegender Formen der internationalen Kriminalität, die Zusammenarbeit in Zivil- und Strafsachen, sowie im Zollwesen als Angelegenheiten von **gemeinsamem Interesse** (Art. 29 EUV). Die den Mitgliedstaaten obliegende Verantwortung für die Aufrechterhaltung der öffentlichen Ordnung und den Schutz der inneren Sicherheit soll hierdurch nicht berührt werden (Art. 33 EUV). Im Rahmen der Bestimmung dieser Angelegenheiten besteht eine **Konsultations**- und **Koordinationspflicht** (Art. 34 EUV). Ein Koordinierungsausschuß soll entsprechende Stellungnahmen abgeben und Maßnahmen vorbereiten (Art. 36 EUV).

IV. Die Europäische Union als »Staatenverbund«

58 Die Gründung der Europäischen Union stellt keine Gründung eines Bundesstaates dar, in dem die Bundesrepublik Deutschland als Gliedstaat aufgegangen wäre.[27] Durch den Unionsvertrag wird die Union als »neue Stufe bei der Verwirklichung einer immer engeren Union der Völker Europas« bezeichnet (Art. 1 EUV). Das Bundesverfassungsgericht hat hierfür den Begriff des »Staatenverbundes« geprägt, der von den Mitgliedern getragen werde und deren nationale Identität achte.[28] Die **Aufgaben** der Europäischen Union werden durch den Unionsvertrag normiert, der – wie der EG-Vertrag (Art. 5 EGV) – dem Prinzip der **Einzelermächtigung** folgt (Art. 5 EUV). Der Union kommt also keine »Kompetenz-Kompetenz« zu, mit anderen Worten kann sie keine Aufgaben und Zuständigkeiten in An-

27 Vgl. oben Rdnr. 43.
28 BVerfGE 89, 155 (188).

spruch nehmen, die ihr nicht durch Vertragsergänzungen oder -änderungen eingeräumt worden sind.[29]

Eine eigene (Bundes-)Staatsqualität der Union ist auch deshalb zu verneinen, weil es an einem **»Staatsvolk«** fehlt. Zwar ist eine »Unionsbürgerschaft« für alle Staatsangehörigen der Mitgliedstaaten begründet worden (Art. 17 EGV), mit der einzelne Rechte, insbesondere das **Aufenthaltsrecht** (Art. 18 EGV) und das **Kommunalwahlrecht** (Art. 19 EGV) in allen Mitgliedstaaten verbunden sind. Dieses »rechtliche Band« besitzt aber nicht eine der gemeinsamen Staatsangehörigkeit vergleichbare Dichte, wenngleich es dem bestehenden Maß existenzieller Gemeinsamkeit besonderen Ausdruck verleiht.[30] 59

V. Rechtsprechung

BVerfGE 22, 293 (Verfassungsbeschwerde gegen EWG-Verordnung); **E** 37, 271 (»Solange-Beschluß«); **E** 51, 222 (Europawahlgesetz); **E** 52, 187 (»Vielleicht-Beschluß«); **E** 58, 1 (»Eurocontrol I«); **E** 59, 63 (»Eurocontrol II«); **E** 73, 339 (»Solange II«); **E** 75, 223 (»Bindungswirkung von EuGH-Entscheidungen«); **E** 89, 155 (»Maastricht-Urteil«); **E** 102, 147 (Bananenmarktordnung). 60

VI. Literatur

Zu I.: B. Beutler/R. Bieber/J. Pipkorn/J. Streil, Die Europäische Union – Rechtsordnung und Politik – 5. Aufl. 2001; **M. Brenner/P. M. Huber**, Europarecht, und Europäisierung in den Jahren 2000/2001, DVBl. 2001, S. 1013; **A. Epiney/M. Abt/R. Mosters**, Der Vertrag von Nizza, DVBl. 2001, S. 941; **H. P. Ipsen**, Europäisches Gemeinschaftsrecht, 1972; **F. Montag**, Die Entwicklung des Gemeinschaftsrechts, NJW 2001, S. 1613; **T. Oppermann**, Vom Nizza-Vertrag 2001 zum Europäischen Verfassungskonvent 2002/2003, DVBl. 2003, 1 ff.; **N. K. Riedel**, Inkrafttreten des Vertrages von Amsterdam, BayVBl. 1999, S. 717; **I. Seidl-Hohenveldern/G. Loibl**, Das Recht der Internationalen Organisationen einschließlich der Supranationalen Gemeinschaften, 7. Aufl. 2000; **M. Stolleis**, Europa nach Nizza. Die historische Dimension, NJW 2002, S. 1022 ff. 61

Zu II.: A. Bleckmann, Das europäische Demokratieprinzip, JZ 2001, S. 53; **K. Brandt**, Der Europäische Gerichtshof (EuGH) und das Europäische Gericht erster Instanz (EuG) – Aufbau, Funktionen und Befugnisse, JuS 1994, S. 300; **J. Abr. Frowein**, Der europäische Grundrechtsschutz und die deutsche Rechtsordnung, NVwZ 2002, S. 29 ff.; **M. Hilf**, Solange II: Wie lange noch Solange?, EuGRZ 1987, S. 1; **C. Lenz/R. Zuck**, Verfassungsrechtlicher Rechtsschutz gegen Europa, NJW 1997, S. 1193; **S. Magiera**, Die Rechtsakte der EG-Organe, Jura 1989, S. 595; **H.-W. Rengeling**, Rechtsgrundsätze beim Verwaltungsvollzug des Europäischen Gemeinschaftsrechts, 1977; **H. Ress**, Beteiligung der deutschen Bundesländer am Rechtssetzungsprozeß der Europäischen Gemeinschaft – BVerfGE 92, 203, JuS 1998, S. 17; **A. Scherzberg**, Die innerstaatlichen Wirkungen von EG-Richtlinien, Jura 1993, S. 225; **T. Trautwein**, Zur Rechtsprechungskompetenz des BVerfG auf dem Gebiet des Europäischen Gemeinschaftsrechts, JuS 1997, S. 893; **A. Weber**, Rechtsfragen der Durchführung des Gemeinschaftsrechts in der Bundesrepublik, 1988; **M. Zuleeg/H.-W. Rengeling**, Deutsches und Europäisches Verwaltungsrecht – Wechselseitige Einwirkungen, VVDStRL 53 (1994) S. 154 ff., 202 ff.

---

29 BVerfGE 89, 155 (192 ff.).
30 BVerfGE 89, 155 (184).

Zu III.: U. Everling, Überlegungen zur Struktur der Europäischen Union und zum neuen Europa-Artikel des Grundgesetzes, DVBl. 1993, S. 936; **S. Magiera**, Die Grundgesetzänderung von 1992 und die Europäische Union, Jura 1994, S. 1; **M. Meier**, Die Europäische Währungsunion als Stabilitätsgemeinschaft und das Grundgesetz, NJW 1996, S. 1027; **G. Morgenthaler**, Der Euro – Zwischen Integration und Geldwertstabilität, JuS 1997, S. 1193; **T. Oppermann/C. D. Classen**, Die EG vor der Europäischen Union, NJW 1993, S. 5.

Zu IV.: M. Brenner, Der unitarische Bundesstaat in der Europäischen Union, DÖV 1992, S. 903; **B.-O. Bryde**, Das Maastricht-Urteil des Bundesverfassungsgerichts, 1993; **V. Götz**, Das Maastricht-Urteil des Bundesverfassungsgerichts, JZ 1993, S. 1081; **M. Hilf/E. Pache**, Der Vertrag von Amsterdam, NJW 1998, S. 705; **M. Hilf/T. Stein/M. Schweitzer/D. Schindler**, Europäische Union: Gefahr oder Chance für den Föderalismus in Deutschland, Österreich und der Schweiz?, VVDStRL 53 (1994), S. 1, 27, 48, 70; **P.-M. Huber**, Maastricht – Ein Staatsstreich?, 1993; **G. Hirsch**, Kompetenzverteilung zwischen EuGH und nationaler Gerichtsbarkeit, NJW 1998, S. 709; **K. M. Meessen**, Maastricht nach Karlsruhe, NJW 1994, S. 549; **W. Möschel**, An der Schwelle zur Europäischen Währungsunion, JZ 1998, S. 217; **D. Murswiek**, Maastricht und der Pouvoir Constituant, Der Staat 32 (1993), S. 161; **I. Pernice/P. M. Huber/G. Lübbe-Wolff/C. Grabenwarter**, Europäisches und nationales Verfassungsrecht, VVDStRL 60 (2001), S. 148, 194, 246, 290; **H. H. Rupp**, Ausschaltung des Bundesverfassungsgerichts durch den Amsterdamer Vertrag, JZ 1998, S. 213; **R. Scholz**, Europäische Union und deutscher Bundesstaat, NVwZ 1993, S. 817; **J. Schwarze**, Europapolitik unter deutschem Verfassungsrichtervorbehalt, NJ 1994, S. 1; **M. Schröder**, Das Bundesverfassungsgericht als Hüter des Staates im Prozeß der europäischen Integration, DVBl. 1994, S. 316; **R. Streinz**, Der Vertrag von Amsterdam, Jura 1998, S. 57; **A. Weber**, Die Wirtschafts- und Währungsunion nach dem Maastricht-Urteil des Bundesverfassungsgerichts, JZ 1994, S. 53.

B. Die Parlamentarische Demokratie

Nach Art. 20 Abs. 1 GG ist die Bundesrepublik Deutschland ein demokratischer 62
und sozialer Bundesstaat. Das in dieser Vorschrift niedergelegte und durch den Grundsatz der Volkssouveränität (Art. 20 Abs. 2 Satz 1 GG) bekräftigte Demokratieprinzip bildet eine der fundamentalen Bestimmungen des Grundgesetzes. Dieses Strukturprinzip ist der Verfassungsänderung entzogen und gehört damit zum unantastbaren Bestand des Verfassungsrechts (Art. 79 Abs. 3 GG). Gleichwohl wäre es verfehlt, das Demokratieprinzip als eine Art Generalklausel zu verstehen und mit – möglicherweise einander widersprechenden – »Demokratietheorien« anzureichern. In Art. 20 Abs. 1 GG ist nicht irgendein Regierungssystem demokratischen Zuschnitts gemeint, sondern der demokratische Rechtsstaat »im Sinne dieses Grundgesetzes« (Art. 28 Abs. 1 Satz 1 GG). Art. 20 Abs. 1 GG bringt insofern die im Grundgesetz verstreuten Bestimmungen über die Willensbildung des Volkes und das parlamentarische Regierungssystem auf eine Kurzformel, ohne selbst Detailregelungen zu enthalten. »Demokratie« im Sinne des Art. 20 Abs. 1 GG ist deshalb die durch das Grundgesetz in seinen einzelnen Vorschriften verfaßte parlamentarische Demokratie.

§ 4 Wahlen und Abstimmungen

I. Die Wahlsysteme

Bei **Parlamentswahlen**, also der Wahl einer größeren Zahl von Abgeordneten, stehen als Wahlsysteme die Mehrheitswahl und die Verhältniswahl zur Verfügung. Das **Mehrheitswahlrecht** setzt die Einteilung des Wahlgebietes in Wahlkreise voraus und ist in den Spielarten der absoluten und der relativen Mehrheitswahl denkbar. Von **»absoluter«** Mehrheitswahl spricht man, wenn der Gewählte mehr als die Hälfte der abgegebenen gültigen Stimmen auf sich vereinigt haben muß. Als *relativ* wird ein Mehrheitswahlrecht bezeichnet, wenn der erfolgreiche Bewerber mehr Stimmen als jeder andere Bewerber – also die »meisten« Stimmen – erhalten muß.[1] Das **Verhältniswahlrecht** macht lediglich eine mathematische Operation notwendig, nämlich die im Wahlgebiet für die kandidierenden Parteien abgegebenen Stimmen auf irgendeine Weise in eine Anzahl von Mandaten umzurechnen.[2] 63

1. Das Mehrheitswahlrecht

Das Mehrheitswahlrecht ist das historisch ältere Wahlrecht. Es ist in seiner Anlage eindeutig, neigt aber zur Ungleichheit. Unzutreffend ist die Annahme, das Mehrheitswahlrecht garantiere eine stabile Regierung. Die Stabilität oder Labilität von Regierungen ist nicht allein durch das Wahlrecht, sondern vor allem durch das **Parteiensystem** bedingt. Historisch ist nicht belegbar, daß ein Mehrheitswahlrecht geradlinig zu einem Zweiparteiensystem führt. 64

Ein Beispiel dafür, daß das Mehrheitswahlrecht keineswegs zu regierungsfähigen Mehrheiten führen muß, liefert das Deutsche Reich zwischen 1871 und 1918. Trotz des (absoluten) Mehrheitswahlrechts gab es eine Vielzahl von Parteien, von denen selbst die stärkste weit von der Mehrheit der Mandate entfernt war.[3] Bemerkenswert ist, daß das Parteiensystem des Kaiserreichs in der Weimarer Republik im wesentlichen erhalten blieb, obwohl mit der Weimarer Verfassung (Art. 22) das Verhältniswahlrecht eingeführt worden war. 64 a

Das Wahlrecht fördert oder hindert die Entstehung und Entwicklung von Parteien; kein Wahlsystem bedingt aber notwendig ein bestimmtes Parteiensystem. Das Parteiensystem ist von mehreren Faktoren, insbesondere der Bevölkerungsstruktur, abhängig. Eine bedeutsame Rolle spielt auch das **Regierungssystem**, bei dem es entscheidend darauf ankommt, ob der Regierungschef vom Parlament gewählt wird oder nicht.[4] 65

Dies war weder im »Bismarck-Reich« noch in der Weimarer Republik der Fall. Nach Art. 15 Abs. 1 RV war der Reichskanzler vom Kaiser zu ernennen, nach Art. 53 WRV 65 a

---

1 Unter den Mitgliedstaaten der Europäischen Union ist Großbritannien (House of Commons) ein Beispiel für ein *relatives* Mehrheitswahlrecht, Frankreich (Assemblée Nationale) ein solches für ein *absolutes* Mehrheitswahlrecht. Letzteres macht eine Stichwahl in den Fällen erforderlich, in denen im ersten Wahlgang ein Kandidat nicht die absolute Mehrheit erreicht (vgl. *W. Ismayr*, Die politischen Systeme Westeuropas, 2. Aufl. 1999, S. 232, 302).

2 Vgl. *P. Badura*, in: BK, GG, Anh. z. Art. 38 Rdnr. 46 ff.

3 Vgl. *E. R. Huber*, Deutsche Verfassungsgeschichte seit 1789, Bd. III, S. 876.

4 In Großbritannien wird der Parteivorsitzende der Mehrheitspartei von der Königin zum Premierminister ernannt. Auch der Premierminister Frankreichs wird vom Staatsprä-

wurde der Reichskanzler vom Reichspräsidenten ernannt und entlassen, ohne daß dem eine Wahl vorausgegangen wäre. Das Parlament war deshalb verfassungsrechtlich nicht gezwungen, aus sich heraus eine Regierung zu bilden.

66 Die Tendenz des Mehrheitswahlrechts zur Ungleichheit beruht zum einen auf der praktischen Unmöglichkeit, Wahlkreise mit exakt gleicher Zahl von Wahlberechtigten zu bilden. Die *relative* Mehrheitswahl birgt überdies die Gefahr, daß im gesamten Wahlgebiet die Mehrheit der Mandate nicht der Mehrheit der Stimmen entspricht. Eine solche Herrschaft der Minderheit über die Mehrheit ist nicht lediglich ein Zufall, sondern als Möglichkeit im Mehrheitswahlrecht angelegt.[5]

67 Für das Mehrheitswahlrecht ist kennzeichnend, daß schon geringe Schwankungen im Wählerverhalten die Mehrheitsverhältnisse nachhaltig verändern können. Der Zuwachs an Mandaten muß nicht notwendig einer allgemein zu beobachtenden Änderung des Wählerverhaltens – einem »Trend« – entsprechen; bei knappen Mehrheitsverhältnissen genügen schon wenige Stimmen für einen Umschwung. Das führt zu den bekannten »erdrutschartigen« Wahlsiegen in Ländern mit Mehrheitswahlrecht, die aus dem Wählerverhalten nicht vollständig erklärbar wären. Das Mehrheitswahlrecht zeitigt insofern überproportionale Gewinne und entsprechend überproportionale Verluste an Parlamentsmandaten.[6]

2. Das Verhältniswahlrecht

68 Dem Verhältniswahlrecht ist die Tendenz zur Zersplitterung eigen, denn die Gründung neuer und die Kandidatur kleiner Parteien wird durch die Aussicht begünstigt, bei Parlamentswahlen Mandate zu erringen.

69 Nimmt man als Beispiel das Ergebnis der Reichstagswahlen vom 20. 5. 1928, so zeigt sich eine für heutige Begriffe hohe Zahl von kandidierenden Parteien, die zum Teil lediglich partikuläre Anliegen verfolgten. Infolge des Verhältniswahlrechts errangen 13 Parteien

sidenten ernannt, ohne daß es eines Wahlakts der Nationalversammlung bedürfte (Art. 8 der Verfassung).

5 Hierzu *E. R. Huber*, Deutsche Verfassungsgeschichte seit 1789, Bd. III, S. 877.

6 Ein Vergleich der Wahlergebnisse zum britischen Unterhaus von 1992 und 1997 zeigt die Disproportionalität von Stimmenzahlen und Mandatszahlen in exemplarischer Weise:

	1992 (651 Sitze)		1997 (659 Sitze)	
Parteien	%	Mandate	%	Mandate
Labour	41,9	321	30,6	165
Konservative	34,4	272	43,1	418
Liberal-Demokraten	17,9	26	16,7	46
Sonstige	5,8	32	9,6	30

Quelle: Newsweek, 12. Mai 1997

Bei den Unterhauswahlen 2001 entfielen auf die Labour Party bei 40% der Stimmen 412 Mandate, auf die Konservativen bei 31,7% 166 Mandate, auf die Liberal-Demokraten bei 18,3% der Stimmen 52 Mandate und auf die Sonstigen bei 9,3% der Stimmen 29 Mandate. Bei einem Verhältniswahlrecht hätten die Stimmenanteile etwa folgenden Mandatszahlen entsprochen: Labour: 268, Konservative: 209, Liberal-Demokraten: 121, Sonstige: 61 Mandate.

Mandate, davon die Sozialdemokraten 153, die Deutschnationale Volkspartei 73, das Zentrum 62 und die Kommunistische Partei 54 Mandate. Die NSDAP war seinerzeit noch auf 12 Mandate beschränkt, hatte also eine ähnliche Größenordnung wie die Bayerische Volkspartei, das Deutsche Landvolk oder ähnliche Parteien. Von den insgesamt 491 Mandaten errang die stärkste Partei – die SPD – nicht einmal ein Drittel, so daß eine Regierungskoalition aus mehreren Parteien gebildet werden mußte.[7]

Mit Hilfe von **Sperrklauseln** läßt sich bei einem Verhältniswahlrecht verhindern, daß Parlamentsmandate auf Splitterparteien entfallen. Daß eine Partei die absolute Mehrheit der Mandate erringt, ist nach den Erfahrungen der Bundesrepublik die Ausnahme.[8] Insofern bedeutet das Verhältniswahlrecht in der Staatspraxis einen Zwang zur Koalition. Koalitionen aber bringen mit sich, daß die politischen Zielsetzungen mehrerer Parteien ausgeglichen werden müssen. Legt man das politische Spektrum des gegenwärtigen Parteiensystems zugrunde, so zeigt sich, daß abrupte Veränderungen in der Politik zu den Ausnahmen gehören. Das Verhältniswahlrecht tendiert insofern zu Kontinuität auch über den Regierungswechsel hinaus. 70

II. Die Wahlrechtsgrundsätze des Art. 38 Abs. 1 GG

Das Grundgesetz enthält kein **Wahlsystem**, sondern legt in Art. 38 Abs. 1 lediglich fünf Grundsätze fest, denen ein Wahlsystem genügen muß: Die Wahlen zum Deutschen Bundestag müssen **allgemein**, **unmittelbar**, **frei**, **gleich** und **geheim** sein. Diese Wahlrechtsgrundsätze bilden den Rahmen des durch (einfaches) **Bundesgesetz** festzulegenden Wahlrechts (Art. 38 Abs. 3 GG), bedeuten aber auch ein Stück Auseinandersetzung mit der Verfassungsgeschichte. 71

1. Grundsatz 1: Die Allgemeinheit der Wahl

Fall 1: 72

B ist wegen Wahlbetrugs auf dem Gebiet der ehemaligen DDR zu einer Freiheitsstrafe von einem Jahr verurteilt worden. Die Verurteilung wird auf § 107 a StGB als die »lex mitior« (§ 2 Abs. 3 StGB) gestützt. Das Gericht erkennt B gem. § 108 c StGB die Fähigkeit, Rechte aus öffentlichen Wahlen zu erlangen und das Recht, in öffentlichen Angelegenheiten zu wählen, für die Dauer von drei Jahren ab (§ 45 Abs. 2 und 5 StGB). B hält dies für unvereinbar mit dem Grundsatz der Allgemeinheit der Wahl.

»**Allgemein**« nennen wir Wahlen, an denen alle Staatsbürger ohne Unterschied ihrer Rasse, Religion, ihres Geschlechts oder ihrer politischen Anschauung teilnehmen dürfen.[9] Der erste Wahlrechtsgrundsatz ist in engem Zusammenhang mit Art. 3 Abs. 3 GG, den »**Diskriminierungsverboten**«, zu sehen. Niemand soll 73

---

7 Übersicht bei *H. Kaack*, Geschichte und Struktur des deutschen Parteiensystems, 1971, S. 103.

8 Bei den Bundestagswahlen 1957 errang die CDU/CSU 50,2 % der Stimmen (gegenüber SPD: 31,8 %, FDP: 7,7 %) und 270 (von 497) Mandate (SPD: 169, FDP: 41).

9 Vgl. BVerfGE 15, 165 (166 f.); 36, 139 (141); 58, 202 (205).

vom Wahlrecht ausgeschlossen sein, der gewisse Mindestbedingungen erfüllt, die Voraussetzung für die Ausübung des Wahlrechts sind. Das Alter für das (aktive) **Wahlrecht** wird durch die Verfassung selbst auf 18 Jahre festgelegt (Art. 38 Abs. 2 GG). Vom Wahlrecht ausgeschlossen ist darüber hinaus, »derjenige, für den zur Besorgung aller seiner Angelegenheiten« ein Betreuer bestellt ist (§ 13 Nr. 2 BWahlG)[10], weil hieraus auf eine weitgehende Handlungsunfähigkeit und damit Unfähigkeit zu einer bewußten Wahlentscheidung geschlossen wird. Der Ausschluß vom Wahlrecht wegen einer strafgerichtlichen Verurteilung – früher als »Entzug der bürgerlichen Ehrenrechte« bekannt[11] – ist engen Grenzen unterworfen: Die Aberkennung muß gesetzlich besonders vorgesehen sein und beträgt im Höchstfall fünf Jahre (§ 45 Abs. 5 StGB). Die Einzelheiten sind in §§ 45 a, b StGB niedergelegt. Nach § 45 a Abs. 2 Satz 1 wird die Dauer des Verlustes von dem Tag an gerechnet, an dem die Freiheitsstrafe verbüßt, verjährt oder erlassen ist. War die Vollstreckung der Strafe zur Bewährung ausgesetzt, so wird in die Frist die Bewährungszeit eingerechnet (§ 45 a Abs. 3 StGB).

74 B könnte sich auf eine Verletzung des Grundsatzes der Allgemeinheit der Wahl berufen, wenn für die Aberkennung des Wahlrechts bzw. seine Berechtigung keine hinreichenden Gründe vorlägen. Nach § 45 a Abs. 1 StGB wird der Verlust des Wahlrechts mit Rechtskraft des Urteils wirksam, wird aber erst von dem Tage an gerechnet, an dem die Freiheitsstrafe verbüßt ist (§ 45 a Abs. 2 Satz 1 StGB). Zu der für die Aberkennung festgesetzten Frist tritt also die Dauer der Freiheitsstrafe hinzu, obwohl das Wahlrecht von Strafgefangenen im übrigen erhalten bleibt. Wichtige Anzeichen sprechen dafür, daß es sich bei § 45 a StGB insofern um eine gesetzgeberische Fehlleistung handelt, als vorausgesetzt worden ist, daß das Wahlrecht von Strafgefangenen – allgemein – »ruht«, was bis 1956 der Fall war. Unter dieser Voraussetzung würde die Verlängerung der Dauer des Rechtsverlustes um die Dauer der Strafverbüßung einen Verstoß gegen den Grundsatz der Allgemeinheit der Wahl darstellen, weil *andere* Strafgefangene hiervon nicht betroffen sind.[12]

75 Das lange Zeit umstrittene Wahlrecht der sog. **»Auslandsdeutschen«** – also der deutschen Staatsangehörigen, die ständig im Ausland leben und in der Bundesrepublik keinen Wohnsitz haben – unterliegt seit 1985[13] nur noch geringen Einschränkungen. Angehörige des öffentlichen Dienstes (und die Angehörigen ihres »Hausstandes«) bleiben ohne Rücksicht auf ihren Dienstort wahlberechtigt (§ 12 Abs. 2 Nr. 1 BWahlG). Diese Regelung findet ihren Grund darin, daß die Angehörigen des öffentlichen (häufig: auswärtigen) Dienstes sich auf Anordnung ihres Dienstherrn im Ausland befinden. Ohne Einschränkungen sind auch jene Auslandsdeutschen wahlberechtigt, die sich ständig in einem Mitgliedstaat des Europarates aufhalten (§ 12 Abs. 2 Nr. 2 BWahlG). Diese Regelung beruht auf der Überlegung, daß der Kontakt zu den politischen Verhältnissen in der Bundesrepublik auch vom europäischen Ausland gewahrt werden kann. Einschränkungen unterworfen ist allein das Wahlrecht derjenigen Staatsangehörigen, die ihren Wohnsitz

---

10 *Sartorius* I, Nr. 30 = *Nomos Textausgaben* ÖffR Nr. 3.

11 Vgl. *J. Jekewitz*, Der Ausschluß vom aktiven und passiven Wahlrecht zum Deutschen Bundestag und zu den Volksvertretungen der Länder auf Grund richterlicher Entscheidung, GA 1977, S. 161 (165).

12 So *K.-H. Seifert*, Bundeswahlrecht, § 13 BWG Rdnr. 3; mißverständlich *W. Schreiber*, Handbuch des Wahlrechts, § 13 Rdnr. 7, der zu dem paradoxen Ergebnis gelangt, daß der Verurteilte während der Haft das aktive Wahlrecht besitzt, nach Verbüßung der Haft dagegen die Frist der Aberkennung zu laufen beginnt.

13 7. Gesetz zur Änderung des Bundeswahlgesetzes vom 8. 3. 1985 (BGBl. I, S. 521); dazu *W. Schreiber*, Novellierung des Bundestagswahlrechts, NJW 1985, S. 1433.

im **außereuropäischen Ausland** (bzw. in europäischen Staaten, die nicht dem Europarat angehören) haben. Sie verlieren ihr Wahlrecht nach 25 Jahren (§ 12 Abs. 2 Nr. 3 BWahlG). Die bis zum Jahr 1998 im Gesetz vorgeschriebene Frist von 10 Jahren wurde auf 25 Jahre verlängert, weil die ursprünglich zutreffende Annahme, die 10-Jahres-Frist sei ein tragfähiges Indiz für die Loslösung Auslandsdeutscher von der Bundesrepublik Deutschland, aufgrund der verbesserten Kommunikationsmöglichkeiten nicht mehr zeitgemäß war.[14]

Verfassungsgeschichtlich hat sich der Grundsatz der Allgemeinheit der Wahl erst mit der Einführung des Frauenstimmrechts durchgesetzt. Nach Art. 70 Abs. 1 PrVerfUrk war »jeder Preuße«, der das 25. Lebensjahr vollendet hatte, stimmberechtigter Urwähler, Frauen damit vom Wahlrecht ausgeschlossen. In Deutschland ist das Frauenstimmrecht erst 1918 eingeführt und in Art. 22 WRV verfassungsrechtlich garantiert worden. 76

2. Grundsatz 2: Die Unmittelbarkeit der Wahl

Fall 2: 77

D ist auf der Landesliste der ABC-Partei so günstig placiert, daß er als nächster Listenbewerber »nachrücken« würde. D liegt aber wegen verschiedener Äußerungen in der Öffentlichkeit mit seinem Parteivorstand über Kreuz, der ein Ausschlußverfahren gegen ihn einleitet, das mit seinem Ausschluß aus der Partei endet (§ 10 Abs. 4 PartG). Als ein Bundestagsmandat der ABC-Partei frei wird, fällt dieses nicht D, sondern dem auf der Liste hinter ihm stehenden G zu. D hält dies für einen Verstoß gegen den Grundsatz der Unmittelbarkeit der Wahl.

Unmittelbar sind Wahlen, wenn zwischen die Entscheidung des Wählers und die Wahl des Bewerbers kein weiterer Willensakt – etwa die Entscheidung eines »Wahlmännergremiums« – fällt.[15] 78

Nach Art. 71 Abs. 1 PrVerfUrk waren durch die »Urwähler« *Wahlmänner* zu wählen, die dann die Abgeordneten wählten (Art. 72 Abs. 1 PrVerfUrk). Die Wahlen zum preußischen Abgeordnetenhaus waren *mittelbar*, weil zwischen die Urwähler und die Abgeordneten die Willensentscheidung der *Wahlmänner* trat.[16] 79

Die nach § 6 BWahlG vorgesehene Listenwahl verstößt für sich genommen nicht gegen den Grundsatz der Unmittelbarkeit, weil die Entscheidung über die Liste der Wahl vorausgeht (§ 27 BWahlG) und die festgelegte Reihenfolge unabänderlich ist (§ 6 Abs. 4 Satz 2 BWahlG). Verfassungsrechtliche Bedenken könnten sich hingegen aus dem Umstand ergeben, daß eine Listenanwartschaft durch einen Beschluß von Parteigremien vernichtet werden kann. Ein solcher Vorgang ist jedoch durch § 48 Abs. 1 Satz 2 BWahlG gedeckt, denn diese Vorschrift knüpft die Listenanwartschaft an die Parteimitgliedschaft, gleichgültig, ob deren Verlust freiwillig oder zwangsweise eintritt.[17] Für den **Parteiaustritt** leuchtet diese Konsequenz ein: Listen können nur von Parteien aufgestellt werden, also können auch nur Parteien gewählt werden (sog. »Listenprivileg der Parteien«, § 27 Abs. 1 BWahlG). Wer sei- 80

14 Vgl. die Beschlußempfehlung und den Bericht des Innenausschusses, BT-Drucks. 13/9686, S. 1.

15 So BVerfGE 3, 45 (50); 47, 253 (279 f.).

16 Vgl. *E. R. Huber*, Deutsche Verfassungsgeschichte seit 1789, Bd. III, S. 86.

17 Vgl. *W. Schreiber*, Handbuch des Wahlrechts, § 48 Rdnr. 5.

ner Partei den Rücken kehrt, soll nicht durch ihre Wählerstimmen in den Bundestag kommen.

81 Beim **Parteiausschluß** könnten die Dinge anders liegen, denn hier bestünde die Gefahr, daß mißliebige Listenanwärter durch gezielten Parteiausschluß vom Parlament ferngehalten werden. Gleichwohl dürfte der Grundsatz der Unmittelbarkeit durch § 48 Abs. 1 Satz 2 BWahlG nicht verletzt sein.[18] Das Ausschlußverfahren ist formalisiert (§ 10 Abs. 5 PartG); gegen den Parteiausschluß können die (Zivil-)Gerichte angerufen werden.[19] Es kann deshalb keine Rede davon sein, daß Listenanwärter nur deshalb ausgeschlossen werden können, um anderen Platz zu schaffen. Rechtsstaatliche Garantien verhindern vielmehr, daß das Institut des Parteiausschlusses mißbraucht wird. Überdies wäre es widersinnig, wenn die Listenanwartschaft auch gegenüber parteischädigendem Verhalten (§ 10 Abs. 4 PartG) Bestand hätte und somit Abgeordnete in den Bundestag gelangten, die den Interessen ihrer Partei geschadet haben.

82 Im Ausgangsfall hat D aufgrund seines Parteiausschlusses die Listenanwartschaft gem. § 48 Abs. 1 Satz 2 BWahlG verloren. Ein Verstoß gegen die Unmittelbarkeit der Wahl ist in diesem Verlustgrund nicht zu sehen.

3. Grundsatz 3: Die Geheimheit der Wahl

83 **Fall 3:**

Parteien, die erstmalig für den Bundestag kandidieren, müssen, um mit ihrer Liste zugelassen zu werden, eine gewisse Anzahl von Unterschriften Wahlberechtigter beibringen, um nachzuweisen, daß jemand sie unterstützt (sog. »Quorum«, § 27 Abs. 1 BWahlG). Für kleine Parteien, nicht zuletzt für Parteien mit extremer politischer Zielsetzung, stellt dieses Quorum (2000 Wahlberechtigte für eine Landesliste) eine Hürde dar, die nicht leicht zu nehmen ist. Die Zulässigkeit der entsprechenden Vorschrift ist mit dem Argument in Frage gestellt worden, das Quorum verstoße gegen den Grundsatz der Geheimheit der Wahl.

84 Die Wahlen in einem demokratischen Staat sollen Auskunft darüber geben, was der Bürger wirklich denkt; deshalb ist es unabdingbare Voraussetzung jeder Wahl, die Stimme **geheim** abzugeben. Überall dort, wo Wahlen nicht geheim sind, steht ihr Charakter als Instrument demokratischer Legitimation in Frage.

85 Nach § 21 der Verordnung betreffend die Ausführung der Wahl der Abgeordneten zur Zweiten Kammer vom 30. Mai 1849 (PrGS S. 205) erfolgten die Wahlen zum Preußischen Abgeordnetenhaus »abtheilungsweise durch Stimmgebung zu Protokoll«. Die Öffentlichkeit der Wahl wurde zwar damit gerechtfertigt, der Wähler müsse den Mut haben, seine Meinung offen zu sagen[20], führte in der Realität aber zu einer massiven Wahlbeeinflussung.[21] Die Wahlen zum *Reichstag* waren demgegenüber geheim.[22]

---

18 BVerfGE 7, 63 (71 f.); ebenso *W. Schreiber*, Handbuch des Wahlrechts, § 48 Rdnr. 5; zweifelnd *H.-U. Erichsen*, Jura 1983, S. 640; kritisch ferner *H. Meyer*, in: Isensse/Kirchhof (Hrsg.), HdStR II, § 38 Rdnr. 12; *P. Kunig*, Politische Parteien im Grundgesetz, Jura 1991, S. 254 m. w. N.

19 Vgl. *J. Ipsen*, in: Sachs (Hrsg.), GG, Art. 21 Rdnr. 84.

20 Vgl. *E. R. Huber*, Deutsche Verfassungsgeschichte seit 1789, Bd. III, S. 87 f.

21 Vgl. die Nachweise bei *E. R. Huber*, Deutsche Verfassungsgeschichte seit 1789, Bd. III, S. 88.

22 § 10 RWG: Die Stimmabgabe erfolgte durch verdeckte, in eine Wahlurne niederzulegende Stimmzettel.

Das **Bundeswahlgesetz** und die **Bundeswahlordnung** treffen eine Fülle von Bestimmungen dafür, daß der Wahlvorgang geheim bleibt. Auch ein freiwilliger Verzicht auf das Wahlgeheimnis ist nicht statthaft, weil derartige Vorbilder dazu führen könnten, andere Wähler zur offenen Stimmabgabe zu nötigen. Niemand ist zwar gehindert, die Partei seiner Wahl zu nennen[23]; der **Wahlvorgang** aber muß geheim bleiben. Der Grundsatz der Geheimheit der Wahl bezieht sich dagegen nicht auf **Wahlvorbereitungen**[24] und schon gar nicht auf das Parteiwesen schlechthin. 86

Das vom BWahlG geforderte Quorum läßt also den Grundsatz der Geheimheit der Wahl unberührt[25], weil Stimmabgabe und Unterstützung des Listenvorschlags zwei verschiedene Größen sind. Das Quorum rechtfertigt sich daraus, daß nur solche Listen zugelassen werden sollen, die mit einem Minimum an Stimmen rechnen können.[26] 87

4. Grundsatz 4: Die Freiheit der Wahl

Fall 4: 88

Vor Bundestagswahlen wurden in den katholischen Kirchen sog. »Hirtenworte«, also vom zuständigen Bischof verfaßte Botschaften, verlesen. Obwohl in den Botschaften keine Partei direkt empfohlen wurde, war aus dem Zusammenhang ersichtlich, welche Stimmabgabe die Kirche empfahl.

Die **Freiheit der Wahl** ist in demokratischen Staaten eine Selbstverständlichkeit und begrifflich nahezu eine Tautologie; eine Wahl, die nicht frei ist, ist nach demokratischem Verständnis keine echte »Wahl«. Freiheit der Wahl bedeutet auch Freiheit vor **unzulässiger Einflußnahme** auf den Wähler. Eine Reihe von Strafvorschriften soll verhindern, daß der Wähler genötigt, getäuscht oder bestochen wird (§§ 108–108 b StGB). Diese Straftatbestände beziehen sich auf die konkrete Stimmabgabe, so daß die im Wahlkampf üblichen Ankündigungen und Versprechungen, die sich an die Wähler schlechthin richten, nicht erfaßt werden.[27] Die Freiheit der Wahl steht in engem Zusammenhang mit dem Grundsatz der Geheimheit der Wahl. 89

Aufgrund ihrer *Öffentlichkeit* waren die Wahlen zum Preußischen Abgeordnetenhaus nicht im eigentlichen Sinne »frei«. Die Regierung nahm unverhohlen Einfluß auf ihre Beamten, die Gutsherren auf ihre Gutsarbeiter und die Industrieunternehmen auf die bei ihnen beschäftigten Arbeiter. Die Wahlergebnisse wichen wegen der nicht gewährleisteten (Geheimheit und) Freiheit nicht selten im gleichen Bezirk von den Ergebnissen der (geheimen) Reichstagswahl ab.[28] 90

---

23 Derartige Angaben sind für die Wahlforschung von hohem Interesse und ermöglichen die nach Schluß der Wahllokale üblicherweise bekanntgegebenen Prognosen. Die »Hochrechnungen« beruhen demgegenüber auf der Auszählung von Stimmbezirken. Vgl. dazu *C. H. Dumrath*, Rechtsprobleme von Wahlprognosen kurz vor der Wahl, 1986, S. 5 f.

24 Anders BVerfGE 4, 375 (386 f.); 12, 33 (35 f.), wonach der Grundsatz der Geheimheit der Wahl einem in Art. 38 Abs. 1 Satz 1 GG nicht vorgesehenen Gesetzesvorbehalt untersteht.

25 BVerfGE 3, 383 (396); im Ergebnis ebenso BVerfGE 4, 375 (386 f.).

26 BVerfGE 24, 300 (341); 82, 353 (364 f.) m. w. N.

27 Vgl. *A. Eser*, in: Schönke/Schröder, StGB, 26. Aufl. 2001, § 108 a Rdnr. 2; *H.-J. Rudolphi*, in: Systematischer Kommentar zum Strafgesetzbuch, Stand: September 2002, § 108 a Rdnr. 2.

28 Vgl. *E. R. Huber*, Deutsche Verfassungsgeschichte seit 1789, Bd. III, S. 88.

91 Der Wähler ist im Vorfeld der Wahlen vielfältigen Einflüssen ausgesetzt. Der Wahlkampf und die ihn bestimmende Wahlpropaganda sind in einem demokratischen Staat ebenso typisch wie legitim.[29] Wenn verschiedene politische Richtungen um die Stimme des Wählers werben, kann es auch gesellschaftlichen Gruppierungen, Verbänden und Religionsgemeinschaften nicht verwehrt sein, ihre Auffassung kundzutun und dem Wähler die Wahl einer bestimmten Partei zu empfehlen. Es ist eher eine Frage des Stils, ob Religionsgemeinschaften oder gesellschaftliche Organisationen sich offen zu einer politischen Partei bekennen, weil sie durch solche Parteinahme an Integrationsfähigkeit für ihre Mitglieder, die regelmäßig verschiedener politischer Couleur sind, verlieren. Auf der anderen Seite soll der Wähler nicht in einem von Einflüssen, Stellungnahmen und Interessen freien politischen Vakuum entscheiden, sondern sich beeinflußt von den verschiedenen Stellungnahmen zu seiner Stimmabgabe durchringen.

92 Wahlempfehlungen von Kirchen verstoßen deshalb ebensowenig wie solche gesellschaftlicher Organisationen (Verbände, Gewerkschaften usw.) gegen den Grundsatz der Freiheit der Wahl. Sie müssen im Wahlkampf hingenommen werden.[30]

5. Grundsatz 5: Die Gleichheit der Wahl

93 **Fall 5:**

Der Bundestag beschließt eine Änderung des Bundeswahlgesetzes, nach der politische Parteien, die in keinem Bundesland miteinander konkurrieren, »Listenverbindungen« im Sinne von § 7 Abs. 1 BWahlG eingehen können. Die »verbundenen« Listen gelten bei der Sitzverteilung im Verhältnis zu den übrigen Listen als *eine* Liste (§ 7 Abs. 2 BWahlG). Die »5%-Sperrklausel« des § 6 Abs. 6 BWahlG findet nach der Neuregelung auf die von der Listenverbindung erreichten gültigen Zweitstimmen Anwendung. Bei der folgenden Bundestagswahl scheitert die X-Partei mit 4,2 % der Zweitstimmen an der »5 %-Hürde«. Auf die Listenverbindung der Y-Partei und der Z-Partei fallen demgegenüber 5,5 % der Zweitstimmen, wobei die Y-Partei ebenfalls 4,2 % und die Z-Partei 1,3 % der Stimmen erhielt. Beide Parteien ziehen mit mehreren Abgeordneten in den Bundestag ein.

94 Während die bislang behandelten Wahlrechtsgrundsätze unschwer zu erfassen sind, bereitet die **Wahlrechtsgleichheit** erhebliche dogmatische Schwierigkeiten. Es ist deshalb kein Zufall, daß die meisten zu Art. 38 GG ergangenen verfassungsgerichtlichen Entscheidungen sich mit dem Grundsatz der Gleichheit der Wahl beschäftigen. Das BVerfG prüft den Grundsatz der Gleichheit der Wahl anhand des Begriffspaars **»Zählwert«** und **»Erfolgswert«** der Stimmen.[31] Einen gleichen »Erfolgswert« vermag ein Wahlsystem aber nicht zu garantieren. Bei der Mehrheitswahl erlangen z. B. die für den unterlegenen Kandidaten abgegebenen Stimmen überhaupt keine Bedeutung, ihnen kommt deshalb kein »Erfolgswert« zu. Gleichwohl soll nach überwiegender Auffassung der Grundsatz der Wahlrechtsgleichheit kein Verhältniswahlrecht fordern.[32] Aber auch ein Verhältniswahlrecht ge-

---

29 Vgl. unten Rdnr. 173.

30 Vgl. dazu OVG Münster, JZ 1962, S. 767; BVerwGE 18, 14.

31 Vgl. BVerfGE 51, 222 (236); 85, 148 (157 f.); 95, 408 (417).

32 Vgl. BVerfGE 6, 84 (90); *K. Hesse*, Grundzüge, Rdnr. 147; *H.-P. Schneider*, in: AK-GG, Art. 38 Rdnr. 55; *S. Magiera*, in: Sachs (Hrsg.), GG, Art. 38 Rdnr. 109; skeptisch *M. Morlok*, in: Dreier (Hrsg.), GG, Bd. II, Art. 38 Rdnr. 95.

währleistet nicht in jedem Fall einen gleichen »Erfolgswert«, sofern eine Sperrklausel vorgesehen ist. Die Stimmen, die für eine unter die Sperrklausel fallende Partei abgegeben werden, führen nicht zu einem Parlamentsmandat und haben im Ergebnis keinen »Erfolg«. Der Grundsatz der Gleichheit der Wahl gebietet deshalb neben dem gleichen »Zählwert« der Stimmen nur eine gleiche **Erfolgschance**.

Ein historisches Beispiel für ein *ungleiches* Wahlrecht ist das Drei-Klassen-Wahlrecht, das in Preußen von 1849 bis 1918 galt (Art. 71 PrVerfUrk). Die »Urwähler« wurden in jedem »Urwahlbezirk« nach der Höhe der von ihnen entrichteten »direkten Staatssteuern« in drei Abteilungen eingeteilt, von denen jede ein Drittel der zu wählenden Wahlmänner wählten. Die unterschiedliche Zahl von Urwählern in den einzelnen Abteilungen führte in der Staatspraxis zu einer grotesken Ungleichheit im »Erfolgswert« der Wählerstimmen.[33] Das preußische Drei-Klassen-Wahlrecht ist schon zu Zeiten seines Bestehens nachhaltig kritisiert worden.[34] 95

Die Durchsetzung der Wahlsrechtsgleichheit stößt sowohl bei einem Mehrheitswahlrecht wie bei einem Verhältniswahlrecht auf Schwierigkeiten. Das Mehrheitswahlrecht erweist sich als anfällig für Manipulationen der Wahlkreise. Allein durch einen bestimmten Zuschnitt der Wahlkreise (»Wahlkreisgeometrie«) können bei einem Mehrheitswahlrecht Wahlergebnisse beeinflußt werden. 96

In Preußen führte auch die Wahlkreiseinteilung zu einer Ungleichheit des Wahlsystems. 1910 schwankte die Bevölkerungsquote pro Mandat um bis zu 200 %, so daß in den agrarischen Gebieten halb so viel Stimmen für ein Mandat erforderlich waren, wie in den industrialisierten Gebieten des Westens oder in Berlin.[35] 97

Auch bei einem Verhältniswahlrecht wie dem der Bundesrepublik ist die Durchsetzung der Wahlrechtsgleichheit nicht unproblematisch. Dieser Grundsatz ist nach ständiger Rechtsprechung des BVerfG im Sinne einer **strengen** und **formalen Gleichheit** zu verstehen.[36] Bei der Ordnung des Wahlrechts bleibt dem Gesetzgeber deshalb nur ein eng bemessener Spielraum für Differenzierungen, die stets eines zwingenden Grundes bedürfen.[37] Zwar haben nach dem im Bundeswahlgesetz geregelten Wahlsystem alle abgegebenen Stimmen den gleichen »Zählwert«. Den Stimmen, die für unter der 5 %-Grenze bleibende Parteien abgegeben werden, fehlt jedoch der »Erfolgswert«. Das BVerfG hat diese Ausnahme damit gerechtfer- 98

33 1903 wählten in der Klasse I 3,36 %, in der Klasse II 12,07 % und in der Klasse III 84,57 % der gesamten Wählerschaft. Aufgrund des Zuschnitts der Wahlbezirke konnte es geschehen, daß ein einzelner Wähler der Klasse I die Wahlmänner bestimmte und sein Stimmgewicht damit ein vielfaches der Wähler aus Klasse II und III betrug; vgl. *E. R. Huber*, Deutsche Verfassungsgeschichte seit 1789, Bd. III, S. 91 f.

34 Selbst Bismarck hat in einer Rede vor dem Reichstag festgestellt, ein »widersinnigeres, elenderes Wahlgesetz« als das Preußische sei in keinem Staat ausgedacht worden; vgl. *E. R. Huber*, Deutsche Verfassungsgeschichte seit 1789, Bd. III, S. 94.

35 Vgl. die Übersicht bei *E. R. Huber*, Deutsche Verfassungsgeschichte seit 1789, Bd. III, S. 89. Die unterschiedliche Wahlkreisgröße hat auch beim (unmittelbaren, geheimen) Wahlrecht zum Deutschen Reichstag (1871–1918) zu erheblichen Verzerrungen geführt. Im kleinsten Wahlkreis (Schaumburg-Lippe) waren 1912 rund 12.000 Bürger wahlberechtigt, im größten (Teltow-Charlottenburg) rund 300.000. Für ein Mandat reichten im ersten Fall (je nach Wahlbeteiligung) rund 6.000 Stimmen, im zweiten aber erst das 25 fache dieser Stimmenzahl; Nachweise bei *E. R. Huber*, Deutsche Verfassungsgeschichte seit 1789, Bd. III, S. 873 ff.

36 So BVerfGE 51, 222 (234); 78, 350 (357 f.); 99, 69 (77 f.).

37 Vgl. BVerfGE 82, 322 (338); 95, 408 (418).

tigt, daß Parlamentswahlen auch die **Regierungsbildung** ermöglichen sollen und die Bekämpfung von Splitterparteien deshalb ein legitimes Ziel sei.[38] Soweit es zur Sicherung der Handlungs- und Entscheidungsfähigkeit des Parlaments geboten ist, dürfe der Gesetzgeber den »Erfolgswert« der Stimmen unterschiedlich gewichten.[39] In der Sache allerdings wird den Stimmen, die für eine unter die Sperrklausel fallende Partei abgegeben werden, der Erfolgswert versagt. Es bleibt deshalb dabei, daß der Grundsatz der Wahlrechtsgleichheit neben dem gleichen Zählwert nur gleiche **Erfolgschancen**[40] zu gewährleisten vermag, während ein gleicher Erfolgswert gerade nicht garantiert wird.

99 Gelegentlich ist gegen die Rechtsprechung des Bundesverfassungsgerichts eingewandt worden, sie orientiere sich an tatsächlichen Verhältnissen, die nicht mehr bestünden.[41] Die Gefahr einer Zersplitterung des Parteiensystems sei nicht mehr gegeben, so daß die relativ hoch angesetzte Sperrklausel ihre Berechtigung verloren habe. Diese Kritik muß sich entgegenhalten lassen, daß das gegenwärtige Parteiensystem nicht zuletzt ein Resultat der Sperrklausel darstellt. Insofern sind die Folgen nicht absehbar, wenn die Sperrklausel von 5 % auf 3 % gesenkt würde.[42] Allerdings läßt sich aus Art. 38 Abs. 1 GG die konkrete Höhe der Sperrklausel nicht deduzieren. Ob sie bei 5 % (ca. 2,5 Millionen gültige Stimmen) oder 3 % (1,5 Millionen Stimmen) anzusiedeln ist, ist durch den Gesetzgeber zu entscheiden. Zu erwägen wäre jedoch eine Ergänzung des Grundgesetzes, mit der das Verhältniswahlrecht und die 5%-Sperrklausel zum Bestandteil der Verfassung gemacht werden. Einzelne Bundesländer haben diesen Weg bereits beschritten.[43]

100 Unzulässig war es demgegenüber nach Ansicht des BVerfG, daß der Gesetzgeber durch das Zustimmungsgesetz vom 29. 08. 1990 zum Wahlrechtsvertrag zwischen der Bundesrepublik und der DDR[44] bereits für die erste gesamtdeutsche Wahl am 2. 12. 1990 die 5 %-Grenze des § 6 Abs. 6 BWahlG auf das gesamte Wahlgebiet ausgedehnt hat. Die Regelung trug den besonderen »Startbedingungen«, mit denen sich insbesondere die vorwiegend auf dem Gebiet der früheren DDR tätigen und teilweise erst neu gegründeten Parteien konfrontiert sahen, nicht hinreichend Rechnung.[45] Hieran zeigt sich, daß die Zulässigkeit einer Differenzierung hinsichtlich der Erfolgschancen der Stimmabgabe nicht generell beurteilt werden kann, sondern auch von der jeweils gegebenen politischen und historischen Situation abhängig ist.[46]

101 Parteien, die unter die Sperrklausel fallen, nehmen nach § 6 Abs. 6 Satz 1 BWahlG an der Mandatsverteilung teil, wenn sie drei Direktmandate errungen haben (sog. »Grundmandate«). Das BVerfG hat die Vereinbarkeit der **»Grundmandats-Klausel«** mit Art. 38 Abs. 1 GG mit der Begründung bejaht, der Gesetzgeber sei nicht

---

38 So BVerfGE 6, 84 (92 f.); 82, 322 (338); 95, 408 (419, 421 f.).

39 So BVerfGE 82, 322 (338).

40 So auch BVerfGE 95, 335 (363): »Es wahrt gerade die Gleichheit der **Erfolgschancen** aller Stimmen.«

41 So insbes. *W. Frotscher*, Die parteienstaatliche Demokratie – Krisenzeichen und Zukunftsperspektiven, DVBl. 1985, S. 926 f.

42 So der Vorschlag von *W. Frotscher*, Die parteienstaatliche Demokratie – Krisenzeichen und Zukunftsperspektiven, DVBl. 1985, S. 927.

43 Art. 28 Bad.-Württ. Verf.; Art. 14 Bay.Verf.; Art. 39 Berl. Verf.; Art. 75 Brem.Verf.; Art. 75 Hess. Verf.; Art. 80 Rh.-Pf. Verf.

44 BGBl. I, S. 813.

45 So BVerfGE 82, 322 (340 f.).

46 So BVerfGE 82, 322 (338 f.).

gehindert, »Grundmandatsparteien« als politisch bedeutsam anzusehen und sie an der Verteilung der Listenmandate teilnehmen zu lassen.[47] Die Gesichtspunkte der Funktionsfähigkeit des Parlaments und des Gebots der gleichen Chancen für Wähler und Parteien bei der Mandatsverteilung nach den Zweitstimmen hätten deshalb vernachlässigt werden dürfen. Die Klausel unterlaufe auch nicht die mit der Sperrklausel verfolgte Sicherung der Funktionsfähigkeit des Parlaments.[48] Im Schrifttum wird die Vereinbarkeit der Grundmandatsklausel mit Art. 38 Abs. 1 GG dagegen überwiegend verneint.[49] In der Geschichte der Bundesrepublik sind unterschiedliche Parteien durch die Grundmandatsklausel begünstigt worden, wobei teilweise Wahlabsprachen getroffen worden sind (»Huckepack-Verfahren«).[50]

Dem Bild des »Huckepacknehmens«[51] entspricht auch die im Ausgangsfall getroffene Regelung, die eine – zusätzliche – ungleiche Gewichtung des Erfolgswerts von Wählerstimmen mit sich bringen kann: Die 5 %-Grenze des § 6 Abs. 6 Satz 1 BWahlG trifft zunächst alle Parteien in potentiell gleichem Maße. Diese gleichmäßige Wirkung der »Sperrklausel« wird jedoch durch die hier getroffene Regelung für jene Parteien wieder durchbrochen, die eine Listenverbindung eingegangen sind. Erreichen die an der Listenverbindung beteiligten Parteien insgesamt zumindest 5 % der Zweitstimmen, so werden sie an der Sitzverteilung auch dann berücksichtigt, wenn die Parteien jede für sich an der 5 %-Grenze gescheitert wären. Listenverbindungen haben deshalb nicht nur zur Folge, sondern auch zum *Ziel*, daß sie die Wirkung einer »Sperrklausel« und damit den »Erfolgswert« von Wählerstimmen in Abhängigkeit vom Vorhandensein einer Listenverbindung unterschiedlich gestalten. Dies widerspricht dem Grundsatz der Wahlgerechtigkeit und ist deshalb unzulässig.[52] 102

III. Das Wahlsystem des Bundeswahlgesetzes

Fall 6: 103

Bei den Wahlen zum 13. Deutschen Bundestag errang die CDU/CSU 294 und die SPD 252 Mandate. Aufgrund ihres Anteils an den gültigen Zweitstimmen wären auf die CDU/CSU 282 und auf die SPD 248 Mandate entfallen. Die Differenz erklärte sich daraus, daß CDU/CSU und SPD in unterschiedlichen Bundesländern eine größere Zahl von Direktmandaten errangen als ihnen nach dem Stimmenproporz zugestanden hätten. Diese

47 So BVerfGE 95, 408 (422).

48 So BVerfGE 95, 408 (424).

49 Vgl. *H.-U. Erichsen*, Jura 1984, S. 32; *J. A. Frowein*, Die Rechtsprechung des Bundesverfassungsgerichts zum Wahlrecht, AöR 99 (1974), S. 93; *H. Meyer*, Das parlamentarische Regierungssystem des Grundgesetzes, VVDStRL 33 (1975), S. 116; *W. Hoppe*, DVBl. 1995, S. 265; *G. Roth*, Mit drei Direktmandaten in den Bundestag?, NJW 1994, S. 3269; a. A. *W. Schreiber*, Handbuch des Wahlrechts, § 6 Rdnr. 19 f.; vgl. hierzu auch *W. Pauly*, AöR 123 (1998), S. 254 ff.

50 Die Deutsche Partei (DP) errang bei den Bundestagswahlen 1957 aufgrund einer Wahlabsprache mit der CDU 6 Direktmandate und war im Bundestag mit 17 Mandaten vertreten. Ihr Stimmenanteil betrug (mit 1.007.282 Zweitstimmen) 3,4%. Der gesamtdeutsche Block – Block der Heimatvertriebenen und Entrechteten – (GBBHE) gewann demgegenüber 4,6% (1.374.066) der Zweitstimmen, aber kein Direktmandat und zog demgemäß nicht in den Bundestag ein. Vgl. *H. Kaack*, Geschichte und Struktur des deutschen Parteiensystems, 1971, S. 239; *W. Schreiber*, Handbuch des Wahlrechts, § 6 Rdnr. 7 m. w. N.

51 Vgl. BVerfGE 82, 322 (344).

52 Vgl. BVerfGE 82, 322 (345 f.).

»Überhangmandate« (CDU: 12, SPD: 4) verblieben den Parteien, ohne daß eine erneute Berechnung stattfand (§ 6 Abs. 5 BWahlG). Nach Auffassung des Landes Niedersachsen verstößt § 6 Abs. 5 BWahlG gegen den Grundsatz der Wahlrechtsgleichheit.

(BVerfGE 95, 335)

104 Das im Bundeswahlgesetz geregelte Wahlsystem ist ein **Verhältniswahlrecht**. Um den schon erwähnten Nachteil – Splitterparteien im Parlament – zu vermeiden, ist es mit einer Sperrklausel versehen (§ 6 Abs. 6 Satz 1 BWahlG). Überdies enthält es Elemente der **Personenwahl**, so daß man von einem **»personalisierten Verhältniswahlrecht«** sprechen kann.[53] Das Verständnis dieses Wahlsystems wird erleichtert, wenn man es sich in folgenden gedanklichen Schritten vergegenwärtigt.[54]

105 **1. Schritt:**

Zu vergeben sind 598 Bundestagsmandate – die »gesetzliche Mitgliederzahl« (§ 1 Abs. 1 BWahlG)[55] –, um die sich politische Parteien mit **Landeslisten** bewerben. Die Landeslisten können gem. § 27 Abs. 1 Satz 1 BWahlG nur von politischen Parteien aufgestellt werden (sog. »Listenprivileg« der Parteien). Die Aufstellung folgt bestimmten, durch das Bundeswahlgesetz festgelegten Regeln, insbesondere müssen Delegiertenversammlungen über die Listen entscheiden (§ 27 Abs. 5 i. V. m. § 21 Abs. 1, 3, 5 u. 6 BWahlG). Die Landeslisten sind **starr**, d. h. die Reihenfolge der Bewerber wird vor der Wahl unveränderbar festgelegt (§ 27 Abs. 3 BWahlG).

106 **2. Schritt:**

Die Wähler wählen die in ihrem Land aufgestellte Landesliste einer Partei mit ihrer **»Zweitstimme«** (§ 4 BWahlG). Soweit wir das Wahlsystem bislang verfolgt haben, gibt es nach der Wahl von jeder Partei Landeslisten, auf die jeweils eine bestimmte Anzahl von (Zweit-)Stimmen entfallen sind.

107 **3. Schritt:**

Die Landeslisten einer Partei gelten im Bundesgebiet als untereinander verbunden (§ 7 Abs. 1 BWahlG), es sei denn, daß diese **»Listenverbindung«** ausdrücklich abgelehnt worden ist. Es gibt also nicht nebeneinanderstehende, unverbundene Landeslisten der einzelnen Parteien, sondern – soweit nicht Ausnahmen eingreifen – eine Listenverbindung, die bei der Mandatsverteilung gegenüber den anderen Listen(-verbindungen) als **eine Liste** »gilt« (§ 7 Abs. 2 BWahlG). Aufgrund dieser gesetzlichen Fiktion richtet sich die Mandatsverteilung (auf die Listenverbindungen) unmittelbar nach § 6 Abs. 2 BWahlG.

108 **4. Schritt:**

Diejenigen Parteien, die im Wahlgebiet nicht wenigstens **5 %** der gültigen **Zweitstimmen** auf ihre Landeslisten haben vereinigen können, bleiben bei der folgenden Verteilung der Sitze **unberücksichtigt** (§ 6 Abs. 6 BWahlG).[56] Sie nehmen gleichwohl an der Verteilung

---

53 Vgl. BVerfGE 16, 130 (140).

54 Vgl. auch *W. Schreiber*, in: Schneider/Zeh (Hrsg.), Parlamentsrecht und Parlamentspraxis, S. 432 ff.

55 Die gesetzliche Mitgliederzahl des Deutschen Bundestages betrug bis zur Vereinigung 496 Abgeordnete und wurde nach der Vereinigung auf 656 Abgeordnete erhöht (ohne Überhangmandate). Für die Wahlen zum 15. Deutschen Bundestag ist die gesetzliche Mitgliederzahl auf 598 Abgeordnete verringert worden (ÄndG zum BWahlG v. 15. 11. 1996 [BGBl. I, S. 1712]).

56 Für die Wahlen zum 12. Deutschen Bundestag (erste gesamtdeutsche Wahl) sah § 53 BWahlG a. F. aufgrund der Entscheidung des BVerfG vom 29. 9. 1990 (BVerfGE 82, 322) im Wahlrechtsvertragsgesetz eine Übergangsregelung vor, derzufolge zum Einzug in den

der Mandate teil, wenn sie **drei Direktmandate** (»Grundmandate«) errungen haben oder eine nationale Minderheit vertreten. In der Regel aber bleiben für die Verteilung der Bundestagsmandate nur die Parteien übrig, die die 5 %-Hürde übersprungen haben. Auf ihre Listenverbindungen (bzw. Listen) sind die Mandate nunmehr zu verteilen.

5. Schritt: 109

Für die Verteilung der 598 Mandate auf die Listenverbindungen (**»Bundesproporz«**) bedarf es einer mathematischen Operation. Das früher vorgeschriebene **Höchstzahlverfahren** nach *d'Hondt* ist durch das 7. Gesetz zur Änderung des Bundeswahlgesetzes vom 8. 3. 1985 (BGBl. I, S. 521) durch das **Proportionalverfahren** nach *Hare/Niemeyer* ersetzt worden. Die zu verteilende Mandatszahl wird mit den gültigen Zweitstimmen der Listenverbindung multipliziert und sodann durch die Gesamtzahl der Zweitstimmen aller am Verteilungsverfahren teilnehmenden Parteien *dividiert*. Das Ergebnis ist jeweils die Zahl der auf die jeweilige Listenverbindung entfallenden Bundestagsmandate. Da sich bei dem Proportionalverfahren auch Bruchteile ergeben können, Mandate aber nicht teilbar sind, werden eventuell verbleibende Sitze in der Reihenfolge der höchsten Zahlenbruchteile vergeben (§ 6 Abs. 2 Satz 4 i. V. m. § 7 Abs. 2 BWahlG). Bei gleichen Zahlenbruchteilen entscheidet das vom Bundeswahlleiter zu ziehende Los (§ 6 Abs. 2 Satz 5 BWahlG).[57]

6. Schritt: 110

Aufgrund des *Hare/Niemeyer*-Verfahrens steht jetzt zwar fest, wieviele Bundestagsmandate auf die einzelnen Parteien (Listenverbindungen) entfallen (**»Bundesproporz«**); unklar ist zu diesem Zeitpunkt jedoch noch, welchen Anteil die einzelnen Landeslisten an der auf die Partei entfallenden Mandatszahl haben (**»Landesproporz«**). Das Verfahren *Hare/Niemeyer* wird deshalb entsprechend auf die Listenverbindung und die in ihr zusammengeschlossenen Landeslisten angewandt (§ 7 Abs. 3 Satz 1 BWahlG). Die (für die Listenverbindung errechnete) **Mandatszahl** wird mit der für die jeweilige Landesliste abgegebenen Zweitstimmenzahl multipliziert und durch die auf die Partei im gesamten Wahlgebiet entfallende Zweitstimmenzahl dividiert. Damit steht der Anteil der einzelnen Landeslisten an der Mandatszahl der Partei (Landesproporz) fest.

7. Schritt: 111

Mit der sog. »Erststimme« (§ 4 BWahlG) werden in 299 Wahlkreisen Abgeordnete in **relativer Mehrheitswahl** gewählt, d. h. derjenige Bewerber ist erfolgreich, der die meisten Stimmen auf sich vereinigen kann (§ 1 Abs. 2 i. V. m. § 5 Satz 2 BWahlG). Wählbar sind nicht nur Parteibewerber, sondern auch parteiunabhängige Kandidaten (§ 18 Abs. 1 i. V. m. § 20 Abs. 3 BWahlG).

8. Schritt: 112

Von der auf eine Landesliste entfallenden Mandatszahl (6. Schritt) werden die in direkter Wahl errungenen (Wahlkreis-)Mandate **abgezogen** (§ 6 Abs. 4 Satz 1 BWahlG). Das Verfahren, die Verhältniswahl mit der Personenwahl zu harmonisieren, besteht folglich in

---

Bundestag das Erreichen von 5 % der Zweitstimmen *entweder* auf dem Gebiet der früheren Bundesrepublik *oder* auf dem Gebiet der früheren DDR ausreichend war (BGBl. I [1990], S. 2141). Diese Regelung hatte zur Folge, daß das Bündnis 90 mit 8 Mandaten im Bundestag vertreten war, während die Grünen, die auf dem Gebiet der »alten« Bundesrepublik nur 4,75 % der Zweitstimmen erhalten hatten, im 12. Deutschen Bundestag nicht vertreten waren.

57 Der Unterschied zwischen dem Proportionalverfahren nach *Hare/Niemeyer* und dem Höchstzahlverfahren nach *d'Hondt* ist gering. Das Proportionalverfahren begünstigt im Ergebnis die kleinen Parteien, während das d'Hondtsche Verfahren sich zugunsten der großen Parteien auswirkt. Zu den Unterschieden der Verfahren vgl. *W. Schreiber*, Novellierung des Bundestagswahlrechts, NJW 1985, S. 1436.

einer einfachen **Subtraktion**. »Über die Liste« sind deshalb nur die verbleibenden Mandate (in der dort festgelegten Reihenfolge) zu besetzen, wobei die direkt gewählten Listenbewerber unberücksichtigt bleiben (§ 6 Abs. 4 Satz 2 und 3 BWahlG). Das nach dem System *Hare/Niemeyer* bestimmte Stärkeverhältnis der Parteien untereinander bleibt aufgrund des § 6 Abs. 4 BWahlG von der Direktwahl unberührt; denn sofern eine Partei im Wahlkreis erfolgreich ist, wird ihr dieses Mandat von dem ihr nach der Listenwahl zustehenden Kontingent abgezogen. Durch die Erststimme hat der Wähler deshalb nur einen gewissen Einfluß auf die personelle Zusammensetzung des Bundestages, nicht jedoch auf die **Mandatszahl**, mit der eine Partei im Bundestag vertreten ist. Hieraus folgt, daß die **entscheidende Stimme** – diejenige nämlich, die über den »Wahlsieger« entscheidet – die **Zweitstimme** ist.

113 An dieser Stelle wird einsichtig, warum das geltende Wahlrecht als (personalisiertes) **Verhältniswahlrecht** zu qualifizieren ist, obwohl in 299 Wahlkreisen eine Direktwahl mit relativer Mehrheit stattfindet: da jedes bei der Direktwahl errungene Mandat der Partei von ihrem Mandatsanteil wieder abgezogen wird, hat die Direktwahl auf das Wahlergebnis keinen Einfluß, sondern stellt sich lediglich als Mittel der **Personenauswahl** dar.

114 Da Erst- und Zweitstimme verschiedenen Parteien zugutekommen können (sog. **»Stimmensplitting«**) und überdies die Wahlkreise in ihrer Größe beträchtlich differieren, ist es denkbar, daß eine Partei in einem Bundesland mehr Direktmandate erringt, als ihr nach dem Verhältnis der Zweitstimmen (»Landesproporz«) zustehen. Ein solches **»Überhangmandat«** (das über den nach der Zweitstimmenzahl errechneten Mandatsanteil der Landesliste hinausgeht) verbleibt der jeweiligen Partei; entsprechend erhöht sich die gesetzliche Mitgliederzahl des Bundestages (§ 6 Abs. 5 BWahlG).

115 Die Verfassungsmäßigkeit von Überhangmandaten ist seit jeher umstritten gewesen. Im Ausgangsfall hat das BVerfG § 6 Abs. 5 BWahlG für verfassungsmäßig erklärt[58], eine gleich große Zahl von Richtern hat die Bedenken gegen die Verfassungsmäßigkeit jedoch in einem abweichenden Votum bekräftigt. Letztere haben ihre Auffassung nicht zuletzt damit begründet, daß Parteien, die Überhangmandate erringen, unter Umständen signifikant weniger Stimmen pro Mandat aufbringen müssen. Damit ist bereits eine Verletzung der Wahlrechtsgleichheit im Sinne des Art. 38 Abs. 1 Satz 1 GG dargetan, die auch nicht durch die Besonderheit des Wahlsystems gerechtfertigt werden kann. Der Verstoß gegen Art. 38 Abs. 1 Satz 1 GG liegt nicht schon in dem Umstand, daß Überhangmandate der Partei, die sie erringt, verbleiben (§ 6 Abs. 5 Satz 1 BWahlG); verfassungswidrig ist vielmehr der Umstand, daß eine erneute Berechnung nicht stattfindet (§ 6 Abs. 5 Satz 2 BWahlG), mit anderen Worten kein *Ausgleich* für die Überhangmandate geschaffen wird.[59] Das im Ausgangsfall vom Land Niedersachsen angestrengte Normenkontrollverfahren hätte deshalb erfolgreich sein müssen.[60]

---

58 So BVerfGE 95, 335.

59 Nach § 36 Abs. 7 des Niedersächsischen Landeswahlgesetzes (NLWG) erhöht sich die gesetzliche Mitgliederzahl des Landtags um die doppelte Zahl der Überhangmandate (Mehrsitze). Die erhöhte Zahl der Abgeordnetensitze wird erneut verteilt. Die Sitze verbleiben bei der Partei, auf die sie entfallen. Durch die Ausgleichsmandate wird vermieden, daß sich aufgrund der Überhangmandate das Kräfteverhältnis der Parteien innerhalb des Parlaments verschiebt.

60 Überzeugend deshalb das Votum der vier dissentierenden Richter (BVerfGE 95, 335 [367 ff.]). Die verfassungsrechtlichen Bedenken werden durch den Umstand verstärkt, daß bei den Bundestagswahlen 1994 und 1998 die Überhangmandate eine entscheidende Voraussetzung für die jeweilige Koalitionsbildung waren:

Das BVerfG hat zwar die Regelung des § 6 Abs. 5 BWahlG für verfassungsmäßig erklärt, eine Mandatsnachfolge über die Landesliste (§ 48 Abs. 1 BWahlG) für unstatthaft gehalten, soweit Überhangmandate angefallen sind.[61] Die Begründung, die auf die Landeslisten entfallenen Zweitstimmen legitimierten nur die Anzahl von Mandaten, die auf sie entfielen (und nicht etwa darüber hinausgehende Überhangmandate), überzeugt nicht. Da die direktgewählten Abgeordneten ausschließlich durch die Erststimmen legitimiert sind, wäre es allein folgerichtig, bei Freiwerden eines Direktmandats Nachwahlen im Wahlkreis vorzusehen. Das »Abschmelzen« der Überhangmandate durch restriktive Auslegung des § 48 Abs. 1 BWahlG ist überdies nicht geeignet, den Verstoß gegen Art. 38 Abs. 1 Satz 1 GG zu kompensieren, weil es vollständig vom Zufall abhängt, ob Wahlkreismandate frei werden.[62] 116

Die dem Wahlsystem eigentümliche Subtraktion der Direktmandate vom Mandatsanteil einer Partei gibt auch Antwort auf die Frage nach dem Sinn der Vor- 117

---

14. Wahlperiode (1998)

	Mandatszahl **ohne** Überhangmandate	Mandatszahl **mit** Überhangmandaten
SPD	285	298
CDU/CSU	245	245
B90/GR	47	47
FDP	43	43
PDS	36	36
Abgeordnete insgesamt	656	669
Koalition aus SPD und B90/GR	332	345
Absolute Mehrheit	329	335

15. Wahlperiode (2002)

	Mandatszahl **ohne** Überhangmandate	Mandatszahl **mit** Überhangmandaten
SPD	247	251
CDU/CSU	247	248
B90/GR	55	55
FDP	47	47
PDS	2	2
Abgeordnete insgesamt	598	603
Koalition aus SPD und B90/GR	302	306
Absolute Mehrheit	300	302

Vgl. Datenhandbuch zur Geschichte des Deutschen Bundestages 1949–1999, Band I, S. 288 für die 14. WP; Der Bundeswahlleiter, Pressemitteilung vom 9. Oktober 2002, Online im Internet, URL: http://www.destatis.de/presse/deutsch/wahl2002/p2027211.htm (Stand: 5. Juni 2003) für die 15. WP.

61 So BVerfGE 97, 317 (328 ff.).

62 Vgl. *J. Ipsen*, JZ 2002, S. 472 f.

schrift, daß die Zweitstimmen bestimmter Wähler »unberücksichtigt« bleiben (§ 6 Abs. 1 Satz 2 BWahlG). Es sind dies Wähler, die ihre Erststimme für einen (erfolgreichen) parteiunabhängigen Bewerber oder für einen (erfolgreichen) Kandidaten abgegeben haben, dessen Partei in dem betreffenden Bundesland mit keiner Landesliste zugelassen ist. Beließe man diesen Wählern ihre (notwendig für die Landesliste einer *anderen Partei* abgegebene) Zweitstimme, so hätte die Stimmabgabe doppeltes Gewicht.[63] Die nach der Logik des Wahlsystems notwendige Harmonisierung von Direktwahl und Verhältniswahl über die Subtraktion der Direktmandate (»Verhältnisausgleich«) wäre bei dieser Konstellation nicht möglich, weil das von einem parteiunabhängigen Bewerber errungene Einzelmandat von keiner Liste abgezogen werden könnte. § 6 Abs. 1 Satz 2 BWahlG beschränkt sich seinem Wortlaut nach auf Einzelbewerber und solche Wahlkreiskandidaten, für deren Partei keine Landesliste zugelassen ist. Nicht erfaßt wird damit die – bei den Wahlen zum 15. Deutschen Bundestag eingetretene – Konstellation, daß eine mit Landeslisten zugelassene Partei (die PDS) zwei Direktmandate erringt, jedoch an der Sperrklausel scheitert. Auch deren Direktmandate können von keiner Liste abgezogen werden, weil Listenmandate nicht angefallen sind. Soweit Wähler mit ihrer Zweitstimme die Landesliste der Partei gewählt haben, die die (erfolgreichen) Wahlkreisbewerber aufgestellt hat, bleiben ihre Stimmen unberücksichtigt (§ 6 Abs. 6 Satz 1 i. V. m. Abs. 1 Satz 2 BWahlG). Liegt jedoch ein Stimmensplitting zugunsten *anderer* Landeslisten vor – wie dies bei den Wahlen zum 15. Deutschen Bundestag in den Wahlkreisen 86 und 87 gehäuft vorgekommen ist –, führt dies zu einem gegen den Grundsatz der Wahlrechtsgleichheit verstoßenden doppelten Stimmengewicht.[64]

118 Das personalisierte Verhältniswahlrecht hat sich im Grundsatz bewährt. Es vermeidet die dem Mehrheitswahlrecht eigene Ungleichheit, ohne eine Parteienzersplitterung zu begünstigen. Die mit dem Verhältniswahlrecht einhergehende Notwendigkeit, Regierungskoalitionen zu bilden, ist kein abstrakter »Nachteil«, sondern eine Konsequenz des Wählerverhaltens. Auch ein Verhältniswahlrecht ermöglicht – ein entsprechendes Parteiensystem vorausgesetzt – die absolute Mehrheit einer Partei. Im Gegensatz zum Mehrheitswahlrecht werden allerdings regierungsfähige Mehrheiten nicht durch planmäßige und gleichheitswidrige Ausschaltung von Minderheiten erreicht.[65]

119 Bedenken bestehen indes dagegen, daß der Wähler zwei Stimmen hat (§ 4 BWahlG) und ihm damit die Möglichkeit des »Stimmensplittings« eröffnet ist. Der hiermit vermeintlich verbundene Einfluß auf die Personenauswahl geht an der Realität heutiger Parlamentswahlen vorbei. Bundestagswahlen sind vorwiegend Partei- und Kanzlerwahlen, nicht Wahlen bestimmter Abgeordneten-Persönlichkeiten.[66] Überdies verleitet die Möglichkeit des »Stimmensplittings« zu Mißverständnissen und Mißbräuchen. In Wahlkämpfen wird nicht selten von kleineren Parteien gezielt um die Zweitstimme geworben (sog. »Zweitstimmenkampagne«), wobei einkalkuliert wird, daß der Wähler ihre im Wahlsystem ausschlaggebende Bedeutung verkennt. Obwohl sich bislang in den Wahlkämpfen noch keine Strategien zum

63 Vgl. BVerfGE 79, 161 (166).

64 Vgl. *J. Ipsen*, DVBl. 2003, S. 1013 f.; *R. Scholz/H. Hofmann*, ZRP 2003, S. 39.

65 Vgl. oben Rdnr. 94.

66 Vgl. zu der Frage der Persönlichkeitswahl und der Listenwahl *H. Maurer*, Staatsrecht, § 13 Rdnr. 20 ff.

planmäßigen Gewinn von Überhangmandaten gezeigt haben, weist deren theoretische Möglichkeit auf eine Schwäche des Wahlsystems hin. Das bewährte Verhältniswahlrecht würde deshalb einerseits vervollkommnet und andererseits vereinfacht, wenn der Wähler nur eine Stimme hätte, die dem Wahlkreiskandidaten und zugleich der Landesliste seiner Partei zuzurechnen wäre.[67]

IV. Wahlprüfung

Das Grundgesetz beschränkt sich darauf, die **Wahlprüfung** zur Sache des **Bundestages** zu erklären (Art. 41 Abs. 1 Satz 1 GG), gegen die Entscheidung des Bundestages die **Beschwerde** zum **BVerfG** zuzulassen (Art. 41 Abs. 2 GG) und das Nähere bundesgesetzlicher Regelung vorzubehalten (Art. 41 Abs. 3 GG). Das Wahlprüfungsgesetz vom 12. März 1951[68] beschränkt sich im wesentlichen auf prozedurale Vorschriften für die Wahlprüfung, so daß das materielle **Wahlprüfungsrecht** gesetzlich nicht geregelt ist. Insbesondere fehlt es an einer gesetzlichen Fixierung möglicher »**Wahlfehler**«, die gegebenenfalls die Ungültigerklärung einer Wahl bzw. die Feststellung des Mandatsverlustes zur Folge haben können.[69] 120

Das BVerfG hat 1993 festgestellt, daß Wahlfehler nicht nur von amtlichen **Wahlorganen**, sondern auch von **Dritten** begangen werden können, soweit diese unter Bindung an wahlgesetzliche Anforderungen kraft Gesetzes Aufgaben bei der Organisation einer Wahl erfüllen.[70] Das bedeutet konkret, daß auch die innerparteilichen Wahlverfahren für die Vertreterversammlung bzw. die Kandidatenaufstellung nach §§ 21 und 27 BWahlG durch die Wahlorgane auf Gesetzesverstöße zu prüfen sind. Damit ist der gesamte innerparteiliche Willensbildungsprozeß im Vorfeld der Bundestagswahlen der Nachprüfung durch die staatlichen Wahlorgane unterworfen. Ein in diesen Verfahren festgestellter Wahlfehler ist jedoch nur dann relevant, wenn er auf die Sitzverteilung von Einfluß ist oder sein könnte.[71] Im Gegensatz zu der vom Hamburger Verfassungsgericht vertretenen Auffassung[72] ist die Ungültigkeit der Wahl nicht als Sanktion für einen besonders schweren Wahlfehler mißzuverstehen; sie ist – wie die Erklärung des Sitzverlustes – auf den Fall zu beschränken, in dem bei fehlerfreiem Wahlverlauf das Wahlergebnis anders ausgefallen wäre. Zweifelhaft ist überdies, ob Wahlfehler, die allein dem internen Willensbildungsverfahren einer kandidierenden Partei zuzurechnen sind, Einfluß auf die Gültigkeit der gesamten Wahlen haben können.[73] In diesem Fall nämlich hätte eine Partei es in der Hand, durch vorsätzliche Wahlfehler und deren Rüge eine Wahlwiederholung zu erreichen. In seiner jüngsten Rechtsprechung betont das BVerfG zudem, daß ein Wahlfehler umso schwerer wiegen muß, je weiter die Wirkungen einer wahlprüfungsrechtlichen Entscheidung reichen, die an den 121

67 Vgl. *J. Ipsen*, JA 1987, S. 236.

68 *Sartorius* I, Nr. 32 = *Nomos Textausgaben* ÖffR Nr. 6.

69 Vgl. aber Art. 78 Abs. 2 Hess. Verf., wonach »Unregelmäßigkeiten im Wahlverfahren und strafbare oder gegen die guten Sitten verstoßende Handlungen, die das Wahlergebnis beeinflussen« eine Wahl ungültig machen. Vgl. dazu BVerfGE 103, 111 (125 ff.).

70 Vgl. BVerfGE 89, 243.

71 Vgl. BVerfGE 4, 370 (LS); 85, 148 (158 f.); 103, 111 (135).

72 HVerfG, DVBl. 1993, S. 1073 f.

73 Vgl. *J. Ipsen*, ZParl 1994, S. 239.

Wahlfehler geknüpft wird.[74] Dieses wahlprüfungsrechtliche **Proportionalitätsprinzip** führt zu einem weitgehenden Bestandsschutz von Wahlergebnissen.[75]

V. Abstimmungen

122 **Fall 7:**

Die Bundesregierung hat im Bundestag erneut den Entwurf eines »Zuwanderungsgesetzes« eingebracht, in dem geregelt ist, unter welchen Voraussetzungen ausländische Staatsangehörige in die Bundesrepublik einwandern dürfen und wie das Verfahren auszugestalten ist. Einzelne Landesregierungen lehnen das Gesetz grundsätzlich ab und planen, in ihren Bundesländern eine Volksbefragung zu den Zielen des Gesetzes abzuhalten.

123 Nach Art. 20 Abs. 2 Satz 2 GG hat das Volk unmittelbaren Anteil an der Staatsgewalt in Gestalt von »Wahlen und Abstimmungen«. Eine Beteiligung des Volkes an der staatlichen Willensbildung ist außerhalb von Wahlen in unterschiedlicher Form und mit unterschiedlicher Zielrichtung denkbar. Die **Volksbefragung** ist eine durch den Staat vorgenommene Erhebung der Meinung des Volkes zu einer genau formulierten Frage, die in einem förmlichen Verfahren durchgeführt wird. Das Ergebnis der Volksbefragung ist für die Staatsorgane nicht bindend; sie hat konsultativen Charakter. **Volksbegehren** ist die vom Volk ausgehende Initiative zur Erreichung eines Volksentscheides, ggf. auch einer Parlamentsentscheidung. Mit dem Volksbegehren wird folglich ein plebiszitäres oder parlamentarisches Abstimmungsverfahren in Gang gesetzt. Es muß regelmäßig von einem bestimmten Prozentsatz der Wahlberechtigten unterstützt werden. **Volksentscheid** bedeutet demgegenüber die bindende Entscheidung des Volkes über eine ihm vorgelegte Frage oder einen Gesetzentwurf.[76]

124 Alle drei Abstimmungsformen finden sich in Art. 29 GG, der die Neugliederung des Bundesgebietes und die Gebietsänderungen zwischen den Ländern regelt. Ein Neugliederungsgesetz bedarf der Bestätigung durch Volksentscheid (Art. 29 Abs. 2 Satz 1 GG). Durch **Volksbegehren** können unter bestimmten Voraussetzungen Neugliederungsmaßnahmen gefordert werden, die entweder zu einem Bundesgesetz, das wiederum der Bestätigung durch Volksentscheid bedarf, führen oder eine **Volksbefragung** zur Folge haben (Art. 29 Abs. 4 GG).

125 Art. 29 GG hat weder in seiner früheren Fassung, die eine Neugliederung des Bundesgebietes bindend vorschrieb, noch in seiner geltenden Formulierung praktische Bedeutung erlangt. Obwohl die Bundesländer sich nach »Größe und Leistungsfähigkeit« erheblich unterscheiden, haben die zahlreichen Neugliederungspläne keinerlei Aussicht auf Erfolg gehabt. Der Grund hierfür dürfte in erster Linie darin liegen, daß politische **Machtverhältnisse**, die sich regional etabliert haben, gegenüber Gebietsänderungen resistent sind. Hinzukommen dürfte ein in den vergangenen Jahrzehnten gewachsenes Bewußtsein der Landeszugehörigkeit, das die Schaffung größerer »Einheiten« – z. B. eines »Nordwest-Staates« – erschweren dürfte.

---

74 So BVerfGE 103, 111 (135).
75 Vgl. *T. Koch*, DVBl. 2000, S. 1093.
76 Vgl. *I. Pernice*, in: Dreier (Hrsg.), GG, Bd. II, Art. 29 Rdnr. 18.

126 Die Bundesländer können eine Neugliederung für das jeweils von ihnen umfaßte Gebiet oder für Teilgebiete abweichend von den Vorschriften des Art. 29 Abs. 2–7 GG durch **Staatsvertrag** regeln. Der Staatsvertrag bedarf der Bestätigung durch Volksentscheid in jedem beteiligten Land (Art. 29 Abs. 8 Satz 3 GG). Damit ist die ursprünglich nur für den Raum Berlin / Brandenburg vorgesehene Sonderregelung (Art. 5 EinigungsV) auf alle Bundesländer erstreckt worden.[77]

127 Art. 20 Abs. 2 Satz 2 GG wirft das Problem auf, ob die hier erwähnten **»Abstimmungen«** durch Art. 29 GG erschöpft oder ob daneben noch andere Formen des Plebiszits aufgrund einfachen Gesetzes zulässig sind.

128 Ein Blick auf die Weimarer Reichsverfassung zeigt ausgeprägte plebiszitäre Strukturen. Nach Art. 73 Abs. 1 WRV konnte der Reichspräsident jedes vom Reichstag beschlossene Gesetz »zum Volksentscheid bringen.« Eines Volksentscheides über ein Gesetz bedurfte es auch, wenn ein bestimmtes Quorum der Stimmenberechtigten es beantragte (Art. 73 Abs. 2 WRV). Schließlich konnte durch Volksbegehren auch ein eigener Gesetzentwurf zum Volksentscheid gebracht werden (Art. 73 Abs. 3 WRV).

129 Das Beispiel des Art. 73 WRV deutet zunächst darauf hin, daß die für ein Regierungssystem zentrale Frage der Beteiligung des Volkes an der Gesetzgebung in der Verfassung geregelt sein muß. Da das Grundgesetz einerseits die Volksbeteiligung im Rahmen des Art. 29 detailliert regelt, aber keine Aussagen über weitere »Abstimmung**en**« enthält, liegt der Schluß nahe, daß sich Art. 20 Abs. 2 Satz 2 GG in der Mitwirkung des Volkes bei Gebietsänderungen erschöpft. Dieser Befund wird dadurch erhärtet, daß die Problematik des Plebiszits bei der Verfassungsgebung keineswegs unbekannt war, weitere Bestimmungen aber nicht aufgenommen worden sind. Nach geltendem Verfassungsrecht sind Volksbegehren und Volksentscheid nur im Rahmen des Art. 29 GG zulässig. Zur Einführung weiterer Volksabstimmungen bedürfte es einer Verfassungsänderung.[78]

130 Die Bundesländer sind bei der Beteiligung des Volkes an der Ausübung der Staatsgewalt einen anderen Weg gegangen. Sämtliche Landesverfassungen sehen Volksentscheide vor, die zum Teil durch Volksbegehren, zum Teil durch die Regierung veranlaßt werden können.[79]

131 Im Ausgangsfall ist eine Volksbefragung auf Landesebene geplant, die sich in ihrer Zulässigkeit nach der Verfassung des jeweiligen Landes richten würde. Allerdings müssen sich die Länder bei *ihren* Plebisziten im Rahmen der Gesetzgebungsbefugnisse halten, die durch das Grundgesetz den Bundesländern zugewiesen worden sind.[80] Für das Gebiet der »Ein- und Auswanderung« steht jedoch dem Bund die ausschließliche Gesetzgebungskompetenz zu (Art. 73 Nr. 3 GG). Die Bundesländer wären deshalb gehindert, auf ihrem Gebiet Volksbefragungen über das geplante »Zuwanderungsgesetz« vorzusehen.

---

77 Vgl. *K.-G. Meyer-Teschendorf*, in: v. Mangoldt / Klein / Starck, GG, Bd. 2, Art. 29 Rdnr. 70.

78 So h. M. *K. Stern*, Staatsrecht I, S. 607; *R. Herzog*, in: Maunz / Dürig, GG, Art. 20 II Rdnr. 43; differenzierend *H. Dreier*, in: Dreier (Hrsg.), GG, Bd. II, Art. 20 (Demokratie), Rdnrn. 97 ff.

79 Vgl. Art. 43 Abs. 2, 59 f., 64 Abs. 3 Bad.-Württ. Verf.; Art. 18, 71–74, 75 Abs. 2 Bay. Verf.; Art. 62 f. Berl. Verf.; Art. 76–79 Bbg. Verf.; Art. 69–72, 76 Abs. 1 b, 2 Brem. Verf.; Art. 48, 50 Hamb. Verf.; Art. 123 f. Hess. Verf.; Art. 59 f. Meckl.-Vorp. Verf.; Art. 47–49 Nds. Verf.; Art. 68 f. Nordrh.-Westf. Verf.; Art. 108 f., 114 f., 129 Rh.-Pf. Verf.; Art. 99 f. Saarl. Verf.; Art. 71 f. 74 Sächs. Verf.; Art. 80 f. Sachs.-Anh. Verf.; Art. 41 f. Schl.-Holst. Verf.; Art. 82, 83 Abs. 2 Thür. Verf.

80 Dazu BVerfGE 8, 104 (115 ff.).

132 Aufgrund der Erfahrungen in den Bundesländern besteht kein Anlaß, die Gefahr eines Mißbrauchs von Plebisziten heraufzubeschwören. Zu Recht wird deshalb zunehmend die Aufnahme weiterer plebiszitärer Institute in das Grundgesetz gefordert.[81] Hierbei gilt es zu berücksichtigen, daß das Repräsentationsprinzip keinen absolut zu setzenden Wert darstellt, in der Spannung zu plebiszitären Elementen vielmehr beträchtliche Chancen für eine demokratische Willensbildung liegen. Grundfragen unserer Zivilisation und der zukünftigen Gestalt Europas könnten auf diese Weise einem Konsens zugeführt werden, der bei der Regierungs- oder Parlamentsentscheidung nicht erreicht ist

133 Zu berücksichtigen ist auch, daß Referenden in vielen Mitgliedstaaten der Europäischen Union selbstverständlicher Teil der jeweiligen Staatsverfassung sind und grundlegende politische Entscheidugen zur Volksabstimmung gestellt werden.[82] Der Vertrag von Nizza etwa konnte erst in Kraft treten, nachdem er durch eine zweite Volksabstimmung in Irland bestätigt worden ist.[83] Selbst im Vereinigten Königreich von Großbritannien, das als Ursprungsland der repräsentativen Demokratie gilt, würde ein Beitritt zur Währungsunion nur aufgrund einer Volksabstimmung denkbar sein. Die überzeugenderen Argumente sprechen deshalb dafür, durch Verfassungsänderung weitere Möglichkeiten der Beteiligung des Volks an der staatlichen Willensbildung zu schaffen.[84]

VI. Wahlen zum Europäischen Parlament

134 Auf Unionsebene wird das Europäische Parlament, das aus »Vertretern der Völker der in der Gemeinschaft zusammengeschlossenen Staaten« besteht (Art. 189 Abs. 1 EGV), in allgemeiner und unmittelbarer Wahl gewählt (Art. 190 Abs. 1 EGV). Die Zahl der in jedem Mitgliedstaat gewählten Abgeordneten ist durch Art. 190 Abs. 2 EGV festgelegt worden, wobei auf Deutschland 99 Abgeordnete entfallen. Die Abgeordneten werden auf fünf Jahre gewählt (Art. 190 Abs. 3 EGV).

135 Das Wahlverfahren wird durch die Wahlgesetze der Mitgliedstaaten der Union, in Deutschland durch das **Europawahlgesetz** vom 16. Juni 1978[85] geregelt. Die auf Deutschland entfallenden 99 Abgeordneten des Europäischen Parlaments werden in allgemeiner, unmittelbarer, freier, gleicher und geheimer Wahl gewählt (§ 1 Abs. 1 EuWG). Die Wahl erfolgt nach den Grundsätzen der **Verhältniswahl** mit Listenwahlvorschlägen, die für ein Land oder als gemeinsame Liste für alle Bundesländer aufgestellt werden können. Jeder Wähler hat eine Stimme (§ 2 Abs. 1 EuWG). Die Sitzverteilung erfolgt nach den gleichen Grundsätzen wie die des

---

81 *C. Degenhart*, Der Staat 31 (1992), S. 77 ff.; *H. Dreier*, Jura 1997, S. 249 ff.; *O. Jung*, ZRP 2000, S. 440 ff.

82 § 42 Abs. 2–8 Verf. Dänemark; § 53 GG Finnland; Art. 3, 89 Verf. Frankreich; Art. 27, 46 Abs 2, 47 Verf. Irland; Art. 71, 75, 138 Verf. Italien; Art. 41 Abs. 2, 43 ff. BV-G Österreich; Art. 108 Verf. Portugal; §§ 4, 15 Kap. VIII Verf. Schweden.

83 Referendum vom 7. Juni 2001: Nein (53,87%); Referendum vom 19. Oktober 2002: Ja (62,89%).

84 Vgl. *C. Degenhart*, Der Staat 31 (1992), S. 77.; *H. Dreier*, Jura 1997, S. 249 ff.; *O. Jung*, ZRP 2000, S. 440 ff.; *H. Maurer*, Staatsrecht, § 7 Rdnr. 50 m. w. N.; kritisch *J. Isensee*, Am Ende der Demokratie – oder am Anfang, 1995, S. 31 ff.; *R. Scholz*, Grundgesetz zwischen Reform und Bewahrung, 1993, S. 29 ff.

85 BGBl. I, S. 709 = *Nomos Textausgaben* ÖffR Nr. 4.

Bundestages. Die für jeden Wahlvorschlag abgegebenen Stimmen werden zusammengezählt, wobei die Listen für einzelne Länder als verbunden und im Verhältnis zu den übrigen Wahlvorschlägen als ein Wahlvorschlag gelten (§ 2 Abs. 2 EuWG). Die zu besetzenden Sitze werden nach dem Verfahren *Hare/Niemeyer* auf die Wahlvorschläge verteilt, wobei zunächst ein »Bundesproporz« erstellt wird (§ 2 Abs. 3 EuWG) und die auf die Listenverbindung entfallenden Sitze in einem zweiten Schritt auf die beteiligten Listen für die einzelnen Bundesländer verteilt werden (§ 2 Abs. 5 EuWG).

Das **aktive Wahlrecht** ist nach den gleichen Grundsätzen ausgestaltet wie das Wahlrecht zum Deutschen Bundestag (§ 6 Abs. 1 und 2 EuWG). Wahlberechtigt sind zusätzlich alle Staatsangehörigen der übrigen Mitgliedstaaten der Europäischen Gemeinschaft (»Unionsbürger«), die in der Bundesrepublik Deutschland eine Wohnung innehaben oder sich dort gewöhnlich aufhalten (§ 6 Abs. 3 EuWG). Das Wahlrecht darf allerdings nur einmal und nur persönlich ausgeübt werden (§ 6 Abs. 4 EuWG). Eine ähnliche Bestimmung ist hinsichtlich des **passiven Wahlrechts** getroffen worden. Wählbar sind außer Deutschen auch Unionsbürger, die in der Bundesrepublik Deutschland eine Wohnung innehaben oder sich dort gewöhnlich aufhalten und die übrigen Voraussetzungen für die Wahl in das Europäische Parlament erfüllen (§ 6b Abs. 2 EuWG). Allerdings kann sich niemand gleichzeitig in der Bundesrepublik Deutschland und in einem anderen Mitgliedstaat der Europäischen Gemeinschaft zur Wahl bewerben (§ 6c EuWG). 136

Das Europawahlgesetz selbst entspricht den Wahlrechtsgrundsätzen, wie sie in Art. 38 Abs. 1 Satz 1 GG für Bundestagswahlen vorgegeben sind. *Zwischen* den Mitgliedstaaten allerdings genügen die Wahlen zum Europäischen Parlament dem Grundsatz der Wahlrechtsgleichheit schon deshalb nicht, weil sich die Zahl der Abgeordneten nicht nach der Bevölkerungszahl richtet.[86] Dadurch hat der Wähler in einem kleinen Mitgliedstaat (etwa Luxemburg: 6 Abgeordnete) ein im Vergleich zu den in großen Mitgliedstaaten (etwa Großbritannien: 87 Abgeordnete) vielfaches Stimmgewicht. 137

VII. Rechtsprechung

BVerfGE 6, 84 (Sperrklausel); **E** 7, 63 (»Starre Liste«); **E** 16, 130 (Überhangmandate); **E** 21, 196 (»Wahlgeschenke«); **E** 36, 139 (Wahlrecht von Auslandsdeutschen); **E** 44, 125 (Öffentlichkeitsarbeit der Bundesregierung); **E** 51; 222 (Europawahl); **E** 58, 202 (Wahlrecht von Auslandsdeutschen); **E** 82, 322 (Wahlrechtsvertrag); **E** 82, 353 (Unterschriftenquorum); **E** 89, 243 (Wahlprüfung); **E** 92, 80 (Überhangmandate); **E** 95, 335 (Überhangmandate); **E** 95, 408 (Grundmandatsklausel); **E** 97, 317 (Nachfolge für ausgeschiedene Wahlkreisabgeordnete); **E** 103, 111 (Wahlprüfung in Hessen); **E** 105, 197 (Rechte der Minderheiten in Untersuchungsausschüssen) **BVerwGE** 18, 14 (»Hirtenwort«). 138

VIII. Literatur

H. H. v. Arnim, Wählen wir unsere Abgeordneten unmittelbar?, JZ 2002, S. 578; **P. Badura**, Über Wahlen, AöR 97 (1972), S. 1; **K. Engelken**, Plebiszitäre Instrumente auf Bundesebene? Volksinitiative als Einstieg in Volksbegehren und -entscheid oder bloß petitionsähnliche Re- 139

86 Vgl. *R. Streinz*, Europarecht, Rdnr. 306.

gelung?, BayVBl. 2002, S. 289; **H. Dreier**, Das Demokratieprinzip des Grundgesetzes, Jura 1997, S. 249; **H.-U. Erichsen**, Die Wahlrechtsgrundsätze des Grundgesetzes, Jura 1983, S. 635; **ders.**, Wahlsysteme, Jura 1984, S. 22; **B. J. Haftmann**, Volksgesetzgebung in Ländern und Kommunen, DVBl. 2001, S. 776; **H. K. Heußner/O. Jung (Hrsg.)**, Mehr Demokratie wagen – Volksbegehren und Volksentscheid, 1999; **W. Hoppe**, Die Verfassungswidrigkeit der Grundmandatsklausel (§ 6 Abs. 6 Bundeswahlgesetz), DVBl. 1995, S. 265; **H. P. Hufschlag**, Einführung plebiszitärer Komponenten in das Grundgesetz?, 1999; **J. Ipsen**, Das Zwei-Stimmen-System des Bundeswahlgesetzes – Reformbedürftig?, JA 1987, S. 232; **ders.**, Kandidatenaufstellung, innerparteiliche Demokratie und Wahlprüfungsrecht, ZParl 1994, S. 235; **ders.**, Wahlrecht im Umbruch, JZ 2002, S. 469; **ders.**, Wahlrechtsgleichheit im Zeichen knapper Mehrheiten, DVBl. 2003, S. 1013; **J. Ipsen/T. Koch**, Wahlkreisgröße und Wahlrechtsgleichheit, NdsVBl. 1996, S. 269; **J. Isensee**, Volksgesetzgebung – Vitalisierung oder Störung der parlamentarischen Demokratie?, DVBl. 2001, S. 1161; **O. Jung**, Aktuelle Probleme der direkten Demokratie in Deutschland, ZRP 2000, S. 440; **T. Koch**, »Bestandsschutz« für Parlamente? – Überlegungen zur Wahlfehlerfolgenlehre, DVBl. 2000, S. 1093; **M. Lechleitner**, Das Wahlsystem des Bundeswahlgesetzes, Jura 2002, S. 602; **J. Lege**, Überhangmandat und Grundmandatsklausel, Jura 1998, S. 462; **C. Lenz**, Grundmandatsklausel und Überhangmandate vor dem Bundesverfassungsgericht, NJW 1997, S. 1534; **ders.**, Neues aus Karlsruhe: Kein Nachrücken in den Überhang, NJW 1998, S. 2878; **U. Mager/R. Uerpmann**, Überhangmandate und Gleichheit der Wahl, DVBl. 1995, S. 273; **H. Meyer**, Wahlsystem und Verfassungsordnung, 1973; **H.-J. Papier**, Überhangmandate und Verfassungsrecht, JZ 1996, S. 265; **W. Pauly**, Das Wahlrecht in der neueren Rechtsprechung des Bundesverfassungsgerichts, AöR 123 (1998), S. 232; **G. Roth**, Zur Durchsetzung der Wahlrechtsgrundsätze vor dem Bundesverfassungsgericht, DVBl. 1998, S. 214; **W. Schmidt**, Wahlprüfungsrecht als Veranschaulichungsbeispiel öffentlich-rechtlicher Grundsatzfragen – BVerfG, NJW 2001, 1048, JuS 2001, S. 545; **R. Scholz/H. Hofmann**, Muß das Ergebnis der Bundestagswahl korrigiert werden?, ZRP 2003, S. 39; **W. Schreiber**, Handbuch des Wahlrechts zum Deutschen Bundestag, 7. Aufl. 2002; **ders.**, Reformbedarf im Bundestagswahlrecht? – Überlegungen zur Novellierung des Bundeswahlgesetzes, DVBl. 1999, S. 345; **ders.**, Die Neueinteilung der Wahlkreise für die Wahl zum 14. Deutschen Bundestag – verfassungswidrig?, ZRP 1997, S. 105; **ders.**, Novellierungen des Wahlrechts zum Deutschen Bundestag, NVwZ 2002, S. 1; **ders.**, Nachwahl am Tag der Hauptwahl und sonstige wahlrechtliche Auffälligkeiten – Rechtliche Nachbetrachtung zur Bundestagswahl 2002, S. 402; **K.-H. Seifert**, Bundeswahlrecht, 3. Aufl. 1976; **C. Tietje**, Die Wahlrechtsgleichheit im Verfassungsprozeßrecht – BVerfG, NJW 1999, 43 –, JuS 1999, S. 957; **U. Wenner**, Sperrklauseln im Wahlrecht der Bundesrepublik Deutschland, 1986; **D. Zacharias**, Das Prinzip der demokratischen Legitimation, Jura 2001, S. 446.

§ 5 Die politischen Parteien

I. Die Funktion der politischen Parteien in der parlamentarischen Demokratie

Fall 8: 140

Der Südschleswigsche Wählerverband (SSW), die politische Organisation der dänischen Minderheit in Schleswig-Holstein, hat sich an den Bundestagswahlen 1998 nicht beteiligt. Im schleswig-holsteinischen Landtag ist der SSW mit drei Mandaten vertreten. In einzelnen kommunalen Vertretungskörperschaften Südschleswigs besetzt der SSW mehrere Sitze. Welche Folgen hätte es, wenn der SSW bei den Landtagswahlen 2000 erfolglos geblieben wäre und sich an den Bundestagswahlen weiterhin nicht beteiligte?

1. Begriff der »politischen Partei«

Art. 21 GG, der im Gegensatz zur insoweit unergiebigen Weimarer Reichsverfas- 141
sung die politischen Parteien als für die Demokratie essentiell anerkennt und ihre Funktion bekräftigt[1], enthält selbst keine Definition des Parteienbegriffs, sondern setzt sie voraus. § 2 Abs. 1 PartG[2] definiert die politischen Parteien als

> »Vereinigungen von Bürgern, die dauernd oder für längere Zeit für den Bereich des Bundes oder eines Landes auf die politische Willensbildung Einfluß nehmen und an der Vertretung des Volkes im Deutschen Bundestag oder einem Landtag mitwirken wollen, wenn sie nach dem Gesamtbild der tatsächlichen Verhältnisse, insbesondere nach Umfang und Festigkeit ihrer Organisation, nach der Zahl ihrer Mitglieder und nach ihrem Hervortreten in der Öffentlichkeit eine ausreichende Gewähr für die Ernsthaftigkeit dieser Zielsetzung bieten.«

Die einfach-gesetzliche Definition des Parteibegriffs ist zwar nicht maßgeblich für 142
den in der Verfassung gebrauchten; das BVerfG hat jedoch die Auffassung vertreten, daß in Art. 21 Abs. 1 GG der Begriff der »politischen Parteien« mit eben diesem Inhalt verwandt worden ist.[3] Entscheidend kommt es dabei auf die **Dauerhaftigkeit** und die **Zielsetzung** an, in einem **Parlament** vertreten zu sein. Die Dauerhaftigkeit unterscheidet die politischen Parteien von Bürgerinitiativen oder ähnlichen politischen Bewegungen, die einen partikulären Zweck verfolgen, sich hierin aber auch erschöpfen. Die Dauerhaftigkeit allein soll andererseits dem Parteienbegriff des Art. 21 Abs. 1 GG nicht genügen, sofern nicht Macht oder Machtanteile auf **Bundes- oder Landesebene** angestrebt werden.[4] Folgerichtig fallen **Wählervereinigungen** auf **kommunaler Ebene** (»Rathausparteien«), deren Engagement sich in der »örtlichen Gemeinschaft« (Art. 28 Abs. 2 Satz 1 GG) erschöpft, *nicht* unter den Parteienbegriff. Diese – vom BVerfG gebilligte[5] – Verengung durch

1 Vgl. hierzu *J. Ipsen*, in: Sachs (Hrsg.), GG, Art. 21 Rdnr. 1 ff.

2 *Sartorius* I, Nr. 58 = *Nomos Textausgaben* ÖffR Nr. 9.

3 BVerfGE 24, 260 (263 f.); 24, 300 (361); 47, 198 (222); st. Rspr.

4 Krit. hierzu *J. Ipsen*, in: Sachs (Hrsg.), GG, Art. 21 Rdnr. 19 f.

5 Vgl. BVerfGE 69, 92 (104); 78, 350 (357 ff.).

§ 2 PartG bedarf erneuter Diskussion[6]. § 2 Abs. 1 PartG widerspricht überdies Art. 191 EGV, der politische Parteien auf **europäischer Ebene** als wichtigen Integrationsfaktor in der Union bezeichnet. Nach dem Wortlaut des § 2 Abs. 1 PartG würden politischen Gruppierungen, die nur für das Europäische Parlament kandidieren – »Europaparteien« – aus dem Parteienbegriff herausfallen.[7]

143 Entscheidendes Begriffsmerkmal des **verfassungsrechtlichen** Parteibegriffs ist die **Ernsthaftigkeit**. Nicht jede Gruppierung, die vorgibt, auf die politische Willensbildung in Bund oder Land Einfluß nehmen zu wollen, kann schon um dessentwillen als »politische Partei« angesehen werden. Ob der Parteibegriff des Art. 21 GG im Einzelfall erfüllt ist, läßt sich nur anhand weiterer Tatsachen entscheiden, die in § 2 Abs. 1 PartG beispielhaft aufgezählt sind. Nicht erforderlich ist es, daß die Parteien sich mit Landeslisten an der Bundestagswahl beteiligen. Das BVerfG sieht es zwar als wesentlich an, daß Parteien an Bundes- *oder* Landtagswahlen teilnehmen; für Bundestagswahlen soll es jedoch ausreichen, wenn **Kreiswahlvorschläge** gemacht werden.[8]

144 In unserem Ausgangsbeispiel nimmt der SSW weiterhin (wenn auch erfolglos) an den schleswig-holsteinischen Landtagswahlen teil. Seine Zielsetzung ist es folglich, in einem **Parlament** (und nicht nur in einer Gemeindevertretung) vertreten zu sein. Diese Beteiligung reicht aus; eine Beteiligung an den Bundestagswahlen ist nicht begriffsnotwendig. Der SSW würde nicht schon dann seinen Parteienstatus verlieren, wenn er nur vorübergehend auf die Beteiligung an Landtagswahlen verzichtete. Der Verzicht, in einem Parlament vertreten zu sein, muß definitiv sein. Nach § 2 Abs. 2 PartG verliert eine Vereinigung ihre Rechtsstellung als Partei, wenn sie sich sechs Jahre lang weder an Bundestags- noch an Landtagswahlen beteiligt hat.

2. Gründungsfreiheit und innere Ordnung der Parteien

145 Im Gegensatz zur Beteiligung an Wahlen, bei der die Landeslisten durch den Landeswahlausschuß zugelassen werden müssen (§ 28 BWahlG), gibt es bei der **Gründung** von Parteien keinerlei staatliche Mitwirkungsakte. Ein irgendwie geartetes Zulassungs- oder Genehmigungsverfahren für politische Parteien wäre in einem demokratischen Staat ein schwer erträglicher Widerspruch.

146 Die Gründung einer Partei ist zunächst ein Rechtsgeschäft des **bürgerlichen Rechts**. Parteien werden traditionell als **nichtrechtsfähige Vereine** gegründet. Ohne Rücksicht darauf, ob eine Partei als juristische Person des Privatrechts (eingetragener Verein) gegründet worden ist, kann sie unter ihrem Namen klagen und verklagt werden (§ 3 PartG).

147 Die Parteien sind in ihrer inneren Ordnung auf die demokratischen **Grundsätze** verpflichtet (Art. 21 Abs. 1 Satz 3 GG). Das Parteiengesetz enthält in den §§ 6 ff. eine Fülle von Vorschriften, die dieses Verfassungsgebot konkretisieren. Die Parteien sind in der Wahl ihrer Organisationsform insofern durch Verfassung und Ge-

---

6 Vgl. *R. Streinz*, in: v. Mangoldt/Klein/Starck, GG, Bd. 2, Art. 21 Rdnr. 47; *M. Morlok*, in: Dreier (Hrsg.), GG, Bd. II, Art. 21 Rdnr. 36 (»verfassungswidrig«).

7 Vgl. *J. Ipsen*, in: Sachs (Hrsg.), GG, Art. 21 Rdnr. 20; *M. Morlok*, in: Dreier (Hrsg.), GG, Bd. II, Art. 21 Rdnr. 36; *R. Streinz*, in: v. Mangoldt/Klein/Starck, GG, Bd. 2, Art. 21 Rdnr. 47, jew. m. w. N.

8 So BVerfGE 24, 260 (265).

setz eingeengt. Art. 21 Abs. 1 GG beugt dem Widerspruch vor, daß sich **undemokratisch** (etwa nach dem »Führerprinzip«) organisierte Parteien am Prozeß **demokratischer Willensbildung** beteiligen.[9]

Verfassung und Parteiengesetz können die **»innerparteiliche Demokratie«** nur in förmlicher Hinsicht gewährleisten. Wie sich die Willensbildung innerhalb von Parteien im einzelnen vollzieht, ist rechtlich nur begrenzt regelbar. Als Grundsatz hat zu gelten, daß die Willensbildung »von unten nach oben« und nicht »von oben nach unten« erfolgen muß. Gelegentlich ist die Frage aufgeworfen worden, ob das Parteiengesetz in seinen Bestimmungen hinter dem Verfassungsgebot des Art. 21 Abs. 1 Satz 3 GG zurückbleibt. Verstöße gegen das Verfassungsgebot demokratischer innerer Ordnung haben nicht zur Folge, daß eine politische Partei ihren Status verliert.[10] Die (tatsächlich praktizierte) innere Ordnung einer Partei ist aber wesentlich für die Frage, ob sie gegen die freiheitliche demokratische Grundordnung verstößt (Art. 21 Abs. 2 GG). 148

Detaillierterer Regelung und eingehenderer Überprüfung ist die parteiinterne Willensbildung im **Vorfeld** von **Wahlen** unterworfen. Das Aufstellungsverfahren für Vertreter und (Wahlkreis- und Listen-)Kandidaten ist in §§ 21 ff. BWahlG geregelt. Die Aufstellungsverfahren sind von den Wahlorganen bei der Zulassung von Wahlvorschlägen auf Mängel zu überprüfen und ggf. zurückzuweisen.[11] Gesetzes- (nicht aber Satzungs-)Verstöße sind grundsätzlich als »Wahlfehler« zu qualifizieren, die auch im **Wahlprüfungsverfahren** Bedeutung erlangen können. Das BVerfG hat in seiner Rechtsprechung die Voraussetzungen für einen wirksamen Minderheitenschutz bei der innerparteilichen Willensbildung geschaffen.[12] 149

3. Mitwirkung bei der »politischen Willensbildung des Volkes«

Fall 9: 150

K hat an seinem Briefkasten einen Zettel angebracht, der den Text trägt »Einwurf kommerzieller und politischer Werbung untersagt«. Gleichwohl muß er feststellen, daß insbesondere anläßlich von Wahlkämpfen wiederholt Werbeschriften von Parteien in den Briefkasten eingeworfen werden.

Das Grundgesetz erkennt durch Art. 21 Abs. 1 an, 151

> »daß die Parteien an der politischen Willensbildung des Volkes mitwirken, und hebt sie damit aus dem Bereich des Politisch-Soziologischen in den Rang einer verfassungsrechtlichen Institution.«[13]

Das BVerfG hat mit dieser Feststellung das für die Weimarer Verfassung beklagte Defizit »ausgeglichen« und den Parteien einen festen Standort innerhalb des Verfassungsrechts gesichert. Angesichts des (unumstrittenen) verfassungsrechtlichen **Status** der politischen Parteien stellt sich gegenwärtig in erster Linie die Frage, wo die Grenzen parteipolitischen Einflusses auf die Willensbildung im Staat zu suchen sind. Trotz der Anerkennung durch Art. 21 GG bleiben die politi- 152

---

9 Vgl. *J. Ipsen*, in: Sachs (Hrsg.), GG, Art. 21 Rdnr. 52.
10 Vgl. *R. Streinz*, in: v. Mangoldt/Klein/Starck, GG, Bd. 2, Art. 21 Rdnr. 170.
11 Vgl. BVerfGE 89, 243.
12 Vgl. *J. Ipsen*, ZParl 1994, S. 239 f.
13 So BVerfGE 2, 1 (73).

schen Parteien »frei gebildete, im gesellschaftlich-politischen Bereich wurzelnde Gruppen« und haben nicht die Qualität oberster Staatsorgane.[14]

153 Die Mitwirkung der Parteien an der Willensbildung des Volkes vollzieht sich naturgemäß am intensivsten bei Wahlen. Bundes-, Landtags- und Europawahlen sind (unbeschadet der Kandidatur einzelner parteiloser Bewerber bei ersteren) **Parteiwahlen**. Das Listenprivileg (§ 27 Abs. 1 BWahlG) bekräftigt diese nahezu monopolartige Stellung der Parteien im Bereich der Bundestagswahlen.

154 Dem Versuch, dieses Monopol auf die Kommunalwahlen auszudehnen und auch hier ein Listenmonopol für politische Parteien einzuführen, ist das BVerfG frühzeitig entgegengetreten.[15] Die »Angelegenheiten der örtlichen Gemeinschaft« (Art. 28 Abs. 2 Satz 1 GG) verlangen nach Organisationsformen und Möglichkeiten der Willensbildung auch außerhalb der politischen Parteien, weil das Eintreten für örtlich begrenzte Ziele nicht notwendig das Engagement für eine bestimmte politische Richtung bedeuten muß.

155 Die Einwirkung der politischen Parteien auf den Staat erschöpft sich nicht in der Teilnahme an Wahlen, sondern erstreckt sich auf alle denkbaren Bereiche und wirkt sich insbesondere bei der Vergabe von Ämtern aus. Die von den Parteien betriebene **»Ämterpatronage«** ist für eine parteienstaatliche Demokratie ebenso typisch wie ärgerlich.[16] Sieht man von den politischen Führungsämtern ab[17], so erweist sich der Parteieneinfluß bereits auf der darunterliegenden Ebene als problematisch. Aus der Sicht der in Bund oder Ländern jeweils regierenden Parteien mag es folgerichtig sein, möglichst viele Ämter mit Parteimitgliedern zu besetzen, weil dadurch die Durchsetzung politischer Programmatik erleichtert wird, andererseits die Partei für potentielles Führungspotential an Attraktivität gewinnt. Gleichwohl ist die Praxis der Vergabe von Staatsämtern nach Parteigesichtspunkten unterhalb der politischen Führungsebene mit dem Grundgesetz nicht zu vereinbaren (Art. 33 Abs. 2 GG).[18]

156 Die Allgegenwart und das Machtbewußtsein der Parteien werden im Begriff des **»Parteienstaates«** eingefangen.[19] Dieser Begriff trifft die verfassungsrechtliche Situation nur insoweit, als eine Willensbildung im demokratischen Staat ohne politische Parteien undenkbar ist.[20] Soweit mit diesem Begriff die Instrumentalisierung des Staates durch die Parteien angedeutet wird, handelt es sich um einen von Art. 21 GG **nicht gedeckten, verfassungswidrigen** Zustand.[21] Neben den Parteien gibt es eine Vielzahl gesellschaftlicher Gruppierungen, nicht zuletzt Presse und öffentliche Meinung, die ebenfalls an der politischen Willensbildung des Volkes **mitwirken**.[22] Es wäre an der Zeit, daß das BVerfG diese Grenzen bestimmt

---

14 So BVerfGE 20, 56 (101 f.).

15 Vgl. BVerfGE 11, 266; 11, 351.

16 Nachw. bei *M. Stolleis*, VVDStRL 44 (1986), S. 23; *R. Wassermann*, NJW 1999, S. 2330.

17 Vgl. § 36 BBG mit der Aufzählung der sog. »politischen« Beamten (Staatssekretäre, Ministerialdirektoren, Beamte des höheren auswärtigen Dienstes usw.).

18 Vgl. *R. Streinz*, in: v. Mangoldt/Klein/Starck, GG, Bd. 2, Art. 21 Rdnr. 92 ff.

19 So bereits BVerfGE 1, 208 (225) (»der moderne demokratische Parteienstaat«).

20 Vgl. *R. Streinz*, in: v. Mangoldt/Klein/Starck, GG, Bd. 2, Art. 21 Rdnr. 5; *J. Ipsen*, in: Sachs (Hrsg.), GG, Art. 21 Rdnr. 7.

21 So *J. Ipsen*, in: Sachs (Hrsg.), GG, Art. 21 Rdnr. 14.

22 Vgl. *R. Streinz*, in: v. Mangoldt/Klein/Starck, GG, Bd. 2, Art. 21 Rdnr. 76 ff.

und in seiner Rechtsprechung verdeutlicht, daß Staat und Parteien zwei einander bedingenden und ineinander verwobenen, letztlich aber zu trennenden Sphären angehören.

Die in Art. 21 Abs. 1 GG umschriebene Funktion der Parteien verpflichtet den Bürger 157
nicht, Erklärungen der Parteien zur Kenntnis zu nehmen.[23] Werbesendungen sind keine »Lebensäußerungen« der Parteien, die wie »liturgisches Glockengeläute« der Kirchen geduldet werden müßten.[24] K kann deshalb das Einwerfen von Werbematerialien der Parteien in seinem Briefkasten untersagen[25] und dieses Recht notfalls im Klagewege durchsetzen, zumal hierdurch weder Parteienwerbung als solche noch die besondere Methode der Briefkastenwerbung in Frage gestellt wird.

II. Die Chancengleichheit der Parteien

Fall 10: 158

Die Arbeitsgemeinschaft der Rundfunkanstalten Deutschlands (ARD) und das Zweite Deutsche Fernsehen (ZDF) beabsichtigten, am Abend des 8. September 2002 – zwei Wochen vor den Bundestagswahlen – eine Fernsehsendung »TV-Duell der Kanzlerkandidaten« auszustrahlen. In dieser Sendung sollten der Bundeskanzler und der Ministerpräsident des Freistaates Bayern als von ihren Parteien für das Amt des Bundeskanzlers nominierte Kandidaten von zwei Moderatorinnen für die Dauer von 75 Minuten zu Themen des Wahlkampfs befragt werden. Die FDP, die ihren Bundesvorsitzenden ebenfalls als »Kanzlerkandidaten« nominiert hatte, versuchte dessen Teilnahme durch eine einstweilige Anordnung zu erwirken. Nachdem entsprechende Anträge vor den Verwaltungsgerichten erfolglos blieben, erhob die FDP Verfassungsbeschwerde.

(BVerfG – 2. Kammer des Zweiten Senats –, NJW 2002, S. 2939)

1. Materialer und formaler Gleichheitssatz

Der **Grundsatz der Wahlrechtsgleichheit** (Art. 38 Abs. 1 GG) ist **»formal«** zu ver- 159
stehen, läßt also prinzipiell keine Ausnahmen zu.[26] Er steht damit im Gegensatz zum **allgemeinen Gleichheitssatz** (Art. 3 Abs. 1 GG), der nach dem vorherrschenden »materialen« (inhaltlichen) Verständnis die Gleichbehandlung ungleicher Tatbestände und die Ungleichbehandlung gleicher Tatbestände nur dann verbietet, wenn hierfür kein sachgerechter Grund vorliegt, sie also willkürlich wäre.[27] Ein formales Verständnis des Gleichheitssatzes schneidet derartige Differenzierungen schlechthin ab: Eine Ungleichbehandlung ist hiernach schon dann verboten, wenn äußerlich (der Form nach) gleiche Tatbestände vorliegen. Die Suche nach inhaltlichen (materialen) Differenzierungskriterien ist unstatthaft. Für den **Wettbewerb** der Parteien untereinander, im Ergebnis aber auch für das Parteiensystem (die »Parteienlandschaft«) ist die Frage schlechthin entscheidend, ob staatliche Maß-

23 Vgl. OLG Bremen, NJW 1990, S. 2140; *W. Fuchs/C. Simanski*, Briefkastenwerbung von Parteien, NJW 1990, S. 2983 f.

24 So aber *M. Löwisch*, Briefkastenwerbung von Parteien, NJW 1990, S. 438.

25 Str. ist, inwieweit dies auch für Postwurfsendungen gilt; vgl. BVerfG, NJW 1991, S. 910; OLG Bremen, NJW 1990, S. 2140; VGH Mannheim, NJW 1990, S. 2145; KG, NJW 1990, S. 2142.

26 Vgl. BVerfGE 11, 266 (272); 95, 408 (417); 99, 69 (77 f.); st. Rspr.

27 Vgl. BVerfGE 1, 14 (52); 83, 1 (23); 89, 132 (141); st. Rspr.

nahmen, die die Parteien betreffen, am formalen oder am materialen Gleichheitssatz zu messen sind.[28] Die Frage ist deshalb so prekär, weil die die Parlamentsmehrheit stellenden Parteien dazu tendieren, ihre Wettbewerbschancen durch gesetzliche Regelungen zu verbessern.[29] Ob solche »Prämien« auf den Besitz der Macht verfassungsrechtlich zulässig sind, ist ein Problem des – formalen oder materialen – Gleichheitsverständnisses.[30]

160 Das BVerfG hat in seiner Rechtsprechung die Chancengleichheit der Parteien nicht in Art. 3 Abs. 1 GG[31], auch nicht (außer bei Wahlen) in Art. 38 Abs. 1 GG, sondern in **Art. 21 Abs. 1 GG** angesiedelt.[32] Damit ist der Grundsatz der Chancengleichheit »zwischen« dem materialen Gleichheitssatz und der Wahlrechtsgleichheit zu verorten.[33] Art. 38 Abs. 1 GG wirkt sich insofern auf die Chancengleichheit der Parteien aus, als diese ebenfalls formal gleichbehandelt werden müssen, für eine Ungleichbehandlung also zwingende Gründe erforderlich sind.[34] Der Gesetzgeber ist jedoch nicht verpflichtet, vorgegebene und sich aus den tatsächlichen Verhältnissen ergebende Unterschiede in den Wettbewerbschancen der Parteien auszugleichen.[35] Eine Ausnahme besteht nur im Falle einer nachhaltigen **Veränderung** außerhalb der Einflußmöglichkeiten der Parteien liegender (insbesondere rechtlicher) Gegegebenheiten, die den Gesetzgeber zum Gegensteuern zwingen kann.[36]

161 Im Ausgangsfall kommt es zunächst darauf an, ob das »TV-Duell der Kanzlerkandidaten« überhaupt am Maßstab der »Chancengleichheit« zu prüfen ist. Sollte dies der Fall sein, wäre eine Verletzung dieses Grundsatzes jeweils dann ausgeschlossen, wenn »zwingende Gründe« für die Ungleichbehandlung der Parteien sprächen, die immerhin darin liegen könnten, daß es für einen »Kanzlerkandidaten« nicht auf die Nominierung durch die betreffende Partei, sondern auf die tatsächlichen Wahlchancen ankommt

2. Ausformung der Chancengleichheit durch das Parteiengesetz

162 Der Staat oder andere Träger öffentlicher Gewalt sind von Verfassungs wegen nicht verpflichtet, den Parteien öffentliche Einrichtungen zur Verfügung zu stellen oder Leistungen zu gewähren. Ansprüche auf Teilhabe an öffentlichen Gewährungen entstehen erst, wenn überhaupt Leistungen erbracht werden. Dieser Grundsatz wird in § 5 Abs. 1 Satz 1 PartG folgendermaßen umschrieben:

> »Wenn ein Träger öffentlicher Gewalt den Parteien Einrichtungen zur Verfügung stellt oder andere öffentliche Leistungen gewährt, sollen alle Parteien gleichbehandelt werden.«

163 Bliebe es bei diesem Grundsatz, so wäre auch einem **formalen Verständnis** der Chancengleichheit Genüge getan. Nach § 5 Abs. 1 Satz 2 PartG kann jedoch der

28 Vgl. *H. H. v. Arnim*, DÖV 1984, S. 85.
29 Dazu *M. Stolleis*, VVDStRL 44 (1986), S. 26 ff.
30 Vgl. *R. Streinz*, in: v. Mangoldt/Klein/Starck, GG, Bd. 2, Art. 21 Rdnr. 123 f.
31 Gelegentlich ist eine Verbindung zwischen Art. 3 I und Art. 21 I hergestellt worden: vgl. BVerfGE 7, 99 (107).
32 So BVerfGE 6, 273 (280); 73, 40 (65); 91, 262 (269); st. Rspr.
33 Vgl. *J. Ipsen*, JZ 1984, S. 1063; *ders.*, in: Sachs (Hrsg.), GG, Art. 21 Rdnr. 32.
34 Vgl. BVerfGE 8, 51 (64 f.); 82, 322 (337 f.); 85, 264 (297).
35 Vgl. BVerfGE 8, 51 (66 f.); 85, 264 (297).
36 So BVerfGE 82, 322 (341 f.).

Umfang der Gewährung »nach der Bedeutung der Parteien« bis zu dem für die Erreichung ihres Zweckes erforderlichen Mindestmaß »abgestuft werden«. Die Bedeutung der Parteien wird insbesondere auch nach den Ergebnissen vorangegangener Wahlen bemessen (§ 5 Abs. 1 Satz 3 PartG). Sofern eine Partei im Bundestag in Fraktionsstärke vertreten ist, muß der »Umfang der Gewährung« mindestens halb so groß wie für jede andere Partei sein (§ 5 Abs. 1 Satz 4 PartG).

§ 5 PartG findet vor allem Anwendung, wenn politischen Parteien **Sendezeiten** 164
von **öffentlich-rechtlichen Rundfunkanstalten** gewährt werden. Nach den Bestimmungen der Landesrundfunkgesetze sind auch die **privaten Veranstalter** von Rundfunksendungen verpflichtet, § 5 PartG entsprechend anzuwenden.[37] Auch soweit kommunale Einrichtungen zur Verfügung gestellt werden (Stadthallen, Marktplätze, Fußgängerzonen, Plakatwände), können sich die Parteien auf § 5 Abs. 1 PartG berufen.

Die in § 5 Abs. 1 Satz 2 PartG vorgenommene Differenzierung ist mit dem Prinzip 165
der Chancengleichheit **nicht** mehr **vereinbar**. Die vom BVerfG für die Ungleichbehandlung geforderten »zwingenden Gründe« könnten allenfalls darin liegen, daß Bundestagswahlen eine regierungsfähige Mehrheit erbringen sollen und die Bekämpfung von Splitterparteien deshalb ein legitimes Ziel ist. Dies bedeutet aber nur, daß Sperrklauseln in das Wahlrecht aufgenommen werden dürfen, nicht jedoch die Beeinflussung der Wähler durch die öffentlich-rechtlichen Medien.[38] Die unterschiedliche Bemessung von Sendezeiten zielt nämlich darauf ab, das **Wählerverhalten** zu beeinflussen und ist deshalb mit einem formalen Verständnis der Chancengleichheit unvereinbar.[39] Auch die Privilegierung der im Bundestag vertretenen Parteien durch § 5 Abs. 1 Satz 4 PartG stellt sich als verfassungsrechtlich unzulässige »Prämie« auf den Besitz der Macht dar.

Gegenüber der Veranstaltung von Fernsehsendungen nach einem bestimmten redaktio- 166
nellen Konzept muß der Anspruch aus § 5 Abs. 1 PartG versagen, weil hier keine »Einrichtungen« zur Verfügung gestellt werden. Da § 5 Abs. 1 PartG aber nur eine spezialgesetzliche Ausformung des verfassungsrechtlichen Grundsatzes der Chancengleichheit darstellt, konnte sich die FDP grundsätzlich auf Art. 21 Abs. 1 GG berufen. Die Kammer hat eine Verletzung des Grundsatzes der Chancengleichheit jedoch zutreffend verneint, weil der Vorsitzende der FDP keine ernsthafte Chance gehabt habe, nach der Wahl am 22. 9. 2002 das Amt des Bundeskanzlers zu übernehmen. Diese Tatsache sei von der Partei als Folge der bestehenden politischen Kräfteverhältnisse hinzunehmen und verstoße als solche nicht gegen ihr Recht auf Wahrung der Chancengleichheit. Die Kammer verneinte überdies, daß die Rundfunkanstalten durch ihr redaktionelles Konzept die Erfolgsaussichten der Partei nachhaltig gemindert hätten.[40]

---

37 Ausdrücklich auf das Parteiengesetz verweisen §§ 5 Abs. 4 LMedienG Bad.-Württ.; § 31 Abs. 1 Hamb. MedienG, § 30 Abs. 2 Hess. PRG; § 29 Abs. 1 LRG Nds.; § 19 Abs. 2, 3 LRG Nordrh.-Westf.; § 22 Abs. 1 Sächs. PRG, § 27 Abs. 1 LMedienG Sachs. Anh.; § 33 Abs. 1 LRG Schl. Holst.; § 26 Abs. 2 Thür. LMedienG. Vgl. ferner Art. 4 Bay. MedienG; § 19 Abs. 1 MStV Berl.-Bbg.; § 22 LRG Meckl.-Vorp.; § 16 Abs. 1 LRG Rh.-Pf.; § 14 Abs. 2 Saarl. LRG.

38 Vgl. *J. Ipsen*, in: Sachs (Hrsg.), GG, Art. 21 Rdnr. 40; *P. Kunig*, in: v. Münch/Kunig (Hrsg.), GG, Bd. 2, Art. 21 Rdnr. 35; *ders.*, in: Isensee/Kirchhof (Hrsg.), HdStR II, § 33 Rdnr. 67 m. w. N.

39 So *J. Ipsen*, in: Sachs (Hrsg.), GG, Art. 21 Rdnr. 41.

40 So BVerfG (2. Kammer des Zweiten Senats), NJW 2002, S. 2939 f.; vgl. auch *B. Hoefer*, NVwZ 2002, S. 695 f.

3. Gerichtliche Durchsetzung der Chancengleichheit

167 Sofern Verletzungen der Chancengleichheit seitens des **Gesetzgebers** oder der **Bundesregierung** durch eine Partei gerügt werden, ist nach Auffassung des BVerfG ein Antrag im **Organstreitverfahren** statthaft.[41] Gegenüber Beeinträchtigungen der Chancengleichheit durch Rundfunkanstalten, kommunale Gebietskörperschaften oder staatliche Behörden aber hilft die Organstreitigkeit nicht weiter, weil diese Stellen im Organstreitverfahren nicht parteifähig sind.[42] Gegen Beeinträchtigungen der Chancengleichheit durch andere als die in § 63 BVerfGG genannten Organe steht deshalb der **Verwaltungsrechtsweg** offen.[43]

168 Der gespaltene Rechtsschutz läßt sich nicht plausibel begründen.[44] Es ist keineswegs so, daß die politischen Parteien gegenüber dem Bundestag als gleichberechtigte »Verfassungsorgane«, gegenüber den Rundfunkanstalten hingegen als Verwaltungsunterworfene aufträten. In beiden Fällen handelt es sich um öffentlich-rechtliche Streitigkeiten nichtverfassungsrechtlicher Art (§ 40 Abs. 1 Satz 1 VwGO)[45], weil den politischen Parteien **keine** organ-ähnliche Stellung zukommt.[46] Der Weg zum BVerfG wäre gleichwohl nicht verschlossen, weil die politischen Parteien Verfassungsbeschwerde erheben[47] bzw. die Verwaltungsgerichte in einem anhängigen Rechtsstreit ein für verfassungswidrig gehaltenes Gesetz dem BVerfG zur Entscheidung vorlegen könnten (Art. 100 Abs. 1 GG).[48]

169 Im Ausgangsfall wäre ein Antrag der FDP im Organstreitverfahren schon deshalb unstatthaft gewesen, weil die Rundfunkanstalten in einem solchen Verfahren nicht parteifähig wären. Der FDP stand aber der Verwaltungsrechtsweg offen, um die Verletzung der Chancengleichheit zu rügen. Gegen die ablehndende Entscheidung des angerufenen Verwaltungsgerichts[49] hat die FDP Verfassungsbeschwerde zum BVerfG erhoben, die jedoch nicht zur Entscheidung angenommen worden ist.[50]

III. Die staatliche Parteienfinanzierung

170 **Fall 11:**

Der Bundestagspräsident teilte am 15. Februar 2000 der Presse mit, die CDU habe für das Jahr 1998 keinen den Vorschriften des Parteiengesetzes entsprechenden Rechenschaftsbericht vorgelegt und verliere damit den Anspruch auf den Teil der staatlichen Finanzie-

---

41 So BVerfGE 4, 27 (30 f.); 85, 264 (284); st. Rspr.

42 Vgl. unten Rdnr. 867 ff.

43 Vgl. BVerwGE 75, 67; 75, 79; 87, 270; OVG Bremen, DVBl. 1991, S. 1261; VGH München, NVwZ 1991, S. 581.

44 H. M., vgl. nur *W. Henke*, NVwZ 1985, S. 619; *P. Kunig*, in: Isensee/Kirchhof (Hrsg.), HdStR II, § 33 Rdnr. 84; *R. Streinz*, in: v. Mangoldt/Klein/Starck, GG, Bd. 2, Art. 21 Rdnr. 147 (»Die Kritik an der Rechtsprechung des BVerfG ist ebenso einhellig wie begründet wie – bislang – erfolglos«); *J. Ipsen*, in: Sachs (Hrsg.), GG, Art. 21 Rdnr. 49.

45 *Sartorius* I Nr. 600 = *Nomos Textausgaben* ÖffR Nr. 24.

46 Nachw. bei *J. Ipsen*, in: Sachs (Hrsg.), GG, Art. 21 Rdnr. 50.

47 Beispiele in BVerfGE 7, 99 (103); 47, 198 (223); 82, 54 (57).

48 Vgl. unten Rdnr. 915 ff.

49 Vgl. OVG Münster, JZ 2003, S. 362.

50 Vgl. BVerfG (2. Kammer des Zweiten Senats), NJW 2002, S. 2939 = JZ 2003, S. 365 mit Anm. U. Volkmann.

rung für 1999, der auf Spenden und Beiträge bezogen sei. Es handele sich hierbei um einen Betrag von 41.347.887,42 DM (21.140.839,14 €). Die am 15. Februar 2000 fällige Abschlagszahlung in Höhe von 5.499.850,53 DM (2.812.028,92 €) werde hiervon abgezogen, so daß ein Restbetrag von 35.848.036,89 DM (18.328.810,22 €) verbleibe, den die CDU bis zum 20. März 2000 zu erstatten habe.

(VG Berlin, NJW 2001, 1367; OVG Berlin, NJW 2002, 2896)

Staatliche Parteienfinanzierung wird zum einen **unmittelbar** durch **Zuweisungen** 171 aus dem Bundeshaushalt geleistet. Um **mittelbare** Parteienfinanzierung handelt es sich, wenn der Staat Beitragsleistungen oder Spenden Privater an politische Parteien steuerlich begünstigt und damit auf einen Teil seiner Steuereinnahmen verzichtet. Für beide Formen staatlicher Parteienfinanzierung hat das BVerfG in einer Reihe von Entscheidungen Grundsätze entwickelt, die die jeweilige gesetzliche Regelung entscheidend geprägt haben.[51] Insbesondere in diesem Bereich hat sich das Gericht als Gegengewicht zu den politischen Parteien im Verfassungssystem der Bundesrepublik erwiesen. Allerdings ist die Rechtsprechung des BVerfG erheblichen Schwankungen unterworfen gewesen, die sich jeweils in den gesetzlichen Regelungen wiederfanden.[52] In seiner (bisher) letzten Entscheidung zur Parteienfinanzierung hat das BVerfG die bis dahin vertretene Auffassung, nur eine staatliche Wahlkampfkostenerstattung sei zulässig[53], aufgegeben und es für zulässig erachtet, daß den Parteien unmittelbar staatliche Zuwendungen für die Finanzierung der ihnen nach dem Grundgesetz obliegenden Aufgaben gewährt werden.[54]

1. Unmittelbare Parteienfinanzierung

Der Staat gewährt den Parteien »Mittel zur Teilfinanzierung der allgemein ihnen 172 nach dem Grundgesetz obliegenden Tätigkeit«, für deren Verteilung der **Erfolg**, den eine Partei bei den Wählern bei Europa-, Bundestags- und Landtagswahlen erzielt, sowie die Summe der **Mitgliedsbeiträge** sowie der Umfang der von ihr eingeworbenen **Spenden** den Maßstab bilden (§ 18 Abs. 1 PartG). Das jährliche Gesamtvolumen der staatlichen Mittel – die sog. **»absolute Obergrenze«** – beträgt 133 Millionen Euro (§ 18 Abs. 2 PartG). Die Parteien erhalten jährlich im Rahmen der staatlichen Teilfinanzierung 0,70 Euro für jede für ihre jeweilige Liste abgegebene gültige Stimme oder 0,70 Euro für jede für sie in einem Wahl- oder Stimmkreis abgegebene gültige Stimme, wenn in einem Land eine Liste für diese Partei nicht zugelassen war (§ 18 Abs. 3 Satz 1 Nr. 1 und 2 PartG). Abweichend hiervon erhalten die Parteien für die ersten von ihnen jeweils erzielten 4 Millionen gültigen Stimmen 0,85 Euro je Stimme (§ 18 Abs. 3 Satz 2 PartG). Die Gewährung staatlicher Mittel für Wählerstimmen setzt voraus, daß die betreffende Partei nach dem endgültigen Wahlergebnis der jeweils letzten Europa- und Bundestagswahl mindestens 0,5 % oder bei einer Landtagswahl 1,0 % der für die Listen abgegebenen gültigen Stimmen erreicht hat (§ 18 Abs. 4 Satz 1 PartG). Staatliche Mittel für die **Zuwendungen** (§ 18 Abs. 3 Satz 1 Nr. 3 PartG) werden bereits gewährt, wenn

---

51 Vgl. BVerfGE 8, 51; 20, 56; 24, 300; 52, 63; 73, 40; 85, 264.

52 Vgl. hierzu *J. Ipsen*, JZ 1984, S. 1060; *ders.*, JZ 1992, S. 753; *ders.*, JZ 2000, S. 685; zusammenfassend *ders.*, in: Sachs (Hrsg.), GG, Art. 21 Rdnr. 113 ff.

53 Vgl. erstmals BVerfGE 20, 56 (113 ff.).

54 So BVerfGE 85, 264 (287).

diese Voraussetzungen hinsichtlich *einer* Wahl vorliegen.[55] Am 1. 1. 2005 tritt eine geänderte Fassung des § 18 Abs. 4 PartG in Kraft, der den Anspruch auf den Zuwendungsanteil davon abhängig macht, daß die Partei bei der jeweils letzten Europa- oder Bundestagswahl 0,5 % oder bei mindestens *drei* der jeweils letzten Landtagswahlen 1,0 % oder bei einer der jeweils letzten Landtagswahlen 5,0 % der gültigen Listenstimmen erreicht hat. Nach der Begründung des interfraktionellen Entwurfs soll das »Drei-Länder-Quorum« sicherstellen, daß eine Partei, die an der vollen staatlichen Teilfinanzierung unter Berücksichtigung ihrer bundesweit erlangten Zuwendungen teilnimmt, auch eine »wahrnehmbare bundespolitische Bedeutung« hat.[56] Es ist absehbar, daß diese Bestimmung zu einer Anrufung des Bundesverfassungsgerichts führen wird.

173 Der Gesetzgeber hat sich das Modell des **»Stimmenkontos«** zu eigen gemacht, aufgrund dessen alle für eine Partei abgegebenen Stimmen der jeweils letzten Europa-, Bundestags- und sämtlicher Landtagswahlen addiert werden und die Grundlage für die jährliche Auszahlung der **Globalzuschüsse** bilden (§ 19 a Abs. 2 Satz 2 PartG). Im Gegensatz zur früheren Regelung[57] ist die Höhe der Zuweisungen von der Wahlbeteiligung abhängig und spiegelt unmittelbar den **Wahlerfolg** der Parteien wider. Bedenken, daß der erhöhte Zuweisungsbetrag für die ersten 4 Mio. Stimmen einen verfassungswidrigen **»Sockelbetrag«**[58] darstellt, sind unbegründet. Auch hier handelt es sich um eine erfolgsabhängige Globalzuweisung, die lediglich dem Umstand Rechnung trägt, daß kleine Parteien ohne degressive Staffelung gegenüber großen Parteien wegen der alle Parteien betreffenden Grundkosten benachteiligt wären.[59]

174 Die vom BVerfG als *obiter dictum* vorgegebene Bezuschussung auch der **Beitrags- und Spendeneinnahmen** (Zuwendungen)[60] beträgt 0,38 Euro für jeden erhaltenen Euro, wobei jedoch nur Zuwendungen bis zu 3.300,00 Euro je natürliche Person berücksichtigt werden (§ 18 Abs. 3 Nr. 3 PartG). Aufgrund dieser – ebenfalls vom BVerfG vorgegebenen[61] – Begrenzung entspricht die Bezuschussung nicht notwendig dem tatsächlichen (Spenden- und Beitrags-)Erfolg der Parteien und fordert zu Umgehungspraktiken heraus.[62]

175 Die Summe der staatlichen Zuweisungen darf bei einer Partei die Summe ihrer jährlichen selbsterwirtschafteten Einnahmen nicht übersteigen (§ 18 Abs. 5 Satz 1 PartG). Diese **»relative Obergrenze«** sowie die Bestimmung, daß die Summe der Finanzierung aller Parteien die »absolute Obergrenze« nicht überschreiten darf (§ 18 Abs. 5 Satz 2 PartG), sollen nach Vorstellung des BVerfG den Charakter der

---

55 Vgl. *J. Ipsen*, in: Sachs (Hrsg.), GG, Art. 21 Rdnr. 136 ff.

56 BT-Drucks. 14/8778, S. 25.

57 § 18 PartG a. F. sah vor, daß jene Parteien, die mindestens 0,5 % der im Wahlgebiet abgegebenen gültigen Zweitstimmen (bzw. sofern keine Landesliste aufgestellt worden war, 10 % der in einem Wahlkreis abgegebenen Erststimmen) errungen hatten, einen Anspruch auf Erstattung der Wahlkampfkosten besaßen. Der Geamtbetrag der Wahlkampfkosten wurde zuletzt mit 5,00 DM je Wahlberechtigten (und nicht je abgegebener Stimme) pauschaliert und proportional dem Stimmenanteil auf die Parteien verteilt.

58 So *H. Sendler*, NJW 1994, S. 366; *T. Drysch*, NVwZ 1994, S. 221.

59 Vgl. *J. Ipsen*, ZParl 1994, S. 401 ff.

60 Vgl. BVerfGE 85, 264 (292).

61 Vgl. BVerfGE 85, 264 (293).

62 Vgl. *J. Ipsen*, JZ 1992, S. 760.

Parteien als »freigebildete, im gesellschaftlich-politischen Bereich wurzelnde Gruppen« bewahren.[63] Soweit die Summe der errechneten staatlichen Mittel die absolute Obergrenze (§ 18 Abs. 2 PartG) überschreitet, besteht der Anspruch der Parteien nur in der Höhe, der ihrem Anteil an dieser Summe entspricht (§ 19 a Abs. 5 Satz 2 PartG).

Im Ausgangsfall hätte die CDU für das Jahr 1998 nach § 18 Abs. 3 Nr. 1 PartG a. F. einen Anspruch auf 1,00 DM für jede für ihre Liste abgegebene gültige Stimme bei den (jeweils letzten) Europa-, Bundestags- und Landtagswahlen (§ 18 Abs. 3 Nr. 1 PartG a. F.), wobei sich die Zuschüsse für die ersten 5 Mio. gültigen Stimmen auf 1,30 DM je Stimme erhöhen würden (§ 18 Abs. 3 Satz 2 PartG a. F.). Hinzu käme ein Anspruch auf 50 % des Spendenaufkommens natürlicher Personen bis zur Höchstgrenze von 6.000,00 DM pro Person (§ 18 Abs. 3 Nr. 3 PartG a. F.). Da die Summe der Ansprüche aller Parteien im Jahr 1998 die seinerzeit geltende absolute Obergrenze von 230 Mio. DM überstieg, beschränkte sich der Anspruch der CDU gem. § 19 Abs. 6 Satz 2 PartG a. F. auf einen proportionalen Anteil an dieser Summe. 176

2. Rechenschaftspflicht und Festsetzungsverfahren

Nach Art. 21 Abs. 1 Satz 4 GG müssen die Parteien über die **Herkunft** und **Verwendung** ihrer **Mittel** sowie über ihr **Vermögen** öffentlich Rechenschaft geben. Das verfassungsrechtliche Transparenzgebot wird durch die §§ 23 ff. PartG konkretisiert. Der Vorstand der Partei hat über die Herkunft und die Verwendung der Mittel sowie über das Vermögen der Partei zum Ende des Kalenderjahres (Rechnungsjahr) in einem Rechenschaftsbericht öffentlich Rechenschaft zu geben (§ 23 Abs. 1 PartG). Der Rechenschaftsbericht muß von einem Wirtschaftsprüfer oder einer Wirtschaftsprüfungsgesellschaft geprüft werden (§ 23 Abs. 2 Satz 1 PartG) und bis zum 30. September des dem Rechnungsjahr folgenden Jahres beim Präsidenten des Deutschen Bundestages eingereicht werden (§ 19 a Abs. 3 Satz 1 PartG). Die Frist kann aus besonderen Gründen um bis zu 3 Monate verlängert werden (§ 19 a Abs. 3 Satz 2 PartG). Reicht eine Partei ihren Rechenschaftsbericht nicht fristgerecht ein, verliert sie endgültig den auf Zuwendungen bezogenen Anspruch auf staatliche Mittel (Verfall des Zuwendungsanteils, § 19 a Abs. 3 Satz 3 PartG). Hat eine Partei ihren Rechenschaftsbericht bis zum 31. Dezember des dem Anspruchsjahr folgenden Jahres nicht eingereicht, verliert sie endgültig den Anspruch auf staatliche Mittel für das Anspruchsjahr (Verfall des Wählerstimmenanteils, § 19 a Abs. 3 Satz 4 PartG). Ausdrücklich klargestellt ist in der neuen Fassung des Parteiengesetzes, daß die Fristen unabhängig von der inhaltlichen Richtigkeit gewahrt werden, wenn der Rechenschaftsbericht der in § 24 PartG vorgegebenen Gliederung entspricht und den Prüfungsvermerk des Wirtschaftsprüfers trägt (§ 19 a Abs. 3 Satz 5 PartG). 177

Am 1. Januar 2003 tritt ein novellierter § 23 a PartG in Kraft, der das Prüfungsverfahren der Rechenschaftsberichte durch den Präsidenten des Deutschen Bundestages detailliert regelt. Dieser darf staatliche Mittel für eine Partei nach §§ 18 und 19 a PartG nur auf Grund eines Rechenschaftsberichtes festsetzen und auszahlen, der den Vorschriften des Fünften Abschnittes entspricht (§ 19 a Abs. 1 Satz 2 PartG). 178

---

63 So BVerfGE 85, 264 (287).

179 In Fall 11 hat die CDU zwar vor dem 31. Dezember 1999 einen Rechenschaftsbericht vorgelegt; dieser ist vom Präsidenten des Deutschen Bundestages allerdings nicht als den »Vorschriften des 5. Abschnitts« entsprechend angesehen worden, weil Vermögensbestandteile eines Landesverbandes nicht aufgeführt waren. Nach der alten Gesetzeslage war umstritten, ob mit den §§ 19 Abs. 4, 23 Abs. 4 PartG a. F. die Abgabe von Rechenschaftsberichten bewirkt werden sollte oder ob es sich darüber hinaus um Sanktionen für fehlerhafte oder unvollständige Rechenschaftsberichte handelte. Für die Verschweigung bzw. Annahme rechtswidriger *Spenden* ist eine Sanktion in § 23 a PartG a. F. vorgesehen, die an die Höhe der verschwiegenen bzw. rechtswidrigen Spende anknüpft. Eine entsprechende Vorschrift für nicht angegebene Vermögensbestandteile fehlte. Überwiegend wird es deshalb abgelehnt, diese Gesetzeslücke durch Anwendung der §§ 19 Abs. 4, 23 Abs. 4 PartG a. F. zu schließen, zumal eine solche »Sanktion« sich nicht proportional zu dem Verstoß gegen das Transparenzgebot verhielte.[64]

3. Steuerliche Begünstigung von Mitgliedsbeiträgen und Parteispenden

180 Nach § 34 g EStG[65] mindern Zuwendungen an Parteien die Steuerschuld um 50 % des Betrages bis zu einer Höhe von 825 Euro jährlich (bei Zusammenveranlagung von Ehegatten 1.650 Euro). Die steuerliche Berücksichtigung dieses Betrages ist unabhängig davon, wie viel der Steuerpflichtige verdient und mit welchem Steuersatz sein Einkommen versteuert wird. Diese Regelung entspricht idealtypisch dem formalen Gleichheitssatz und trägt überdies dem vom Bundesverfassungsgericht aufgestellten Grundsatz Rechnung, daß steuerlich Spenden und Beiträge nur in der Höhe anerkannt werden können, die für den durchschnittlichen Einkommensempfänger erreichbar ist.[66]

181 Nach § 10 b Abs. 2 EStG sind Zuwendungen an politische Parteien bis zur Höhe von insgesamt 1.650 Euro und im Falle der Zusammenveranlagung von Ehegatten bis zur Höhe von insgesamt 3.300 Euro im Kalenderjahr abzugsfähig. Systematisch nicht einleuchtend ist die steuerliche Begünstigung durch zwei unterschiedliche Vorschriften. Überdies ist zweifelhaft, ob sich der steuerbegünstigte Betrag von 3.300,00 € (bei Zusammenveranlagung 6.600,00 €) noch in dem vom BVerfG gezogenen Rahmen hält. Weggefallen ist die steuerliche Begünstigung von Unternehmensspenden, die das BVerfG in Abänderung seiner früheren Rechtsprechung für verfassungswidrig erklärt hat.[67]

IV. Das Verbot verfassungswidriger Parteien (Art. 21 Abs. 2 GG)

182 **Fall 12:**

Bundesregierung, Bundestag und Bundesrat hatten beim Bundesverfassungsgericht den Antrag gestellt, die Nationaldemokratische Partei Deutschlands (NPD) für verfassungswidrig zu erklären. Am 1. 10. 2001 beschloß der Erste Senat, die Verhandlung über die Anträge durchzuführen. Die bereits anberaumten Termine zur mündlichen Verhandlung wurden mit Beschluß vom 22. 1. 2002 aufgehoben, nachdem bekannt geworden war, daß

---

64 Vgl. *O. Depenheuer/B. Grzeszick*, DVBl. 2000, S. 738; *J. Ipsen*, JZ 2000, S. 690; *T. Koch*, NJW 2000, S. 1005 f.; a. A. *M. Morlok*, NJW 2000, S. 766; vgl. auch *H. H. Klein*, NJW 2000, S. 1445 f.

65 *Steuergesetze* I Nr. 1 = *Nomos Textausgaben* SteuerR Nr. 40.

66 Vgl. BVerfGE 85, 264 (316).

67 So BVerfGE 85, 264 (315).

Funktionäre der NPD gleichzeitig als V-Leute für Verfassungsschutzbehörden arbeiteten. Am 18. 3. 2003 stellte das Bundesverfassungsgericht das Verfahren ein.

(BVerfGE 104, 63; 370; BVerfG, NJW 2003, S. 1577)

Nach Art. 21 Abs. 2 Satz 1 GG sind 183

»Parteien, die nach ihren Zielen oder nach dem Verhalten ihrer Anhänger darauf ausgehen, die freiheitliche demokratische Grundordnung zu beeinträchtigen oder zu beseitigen oder den Bestand der Bundesrepublik Deutschland zu gefährden«,

verfassungswidrig. Über die Frage der Verfassungswidrigkeit entscheidet das BVerfG (Art. 21 Abs. 2 Satz 2 GG). Das Parteiverbot nach Art. 21 Abs. 2 GG ist eine Ausprägung der »streitbaren Demokratie«, die den Gegnern des demokratischen Staates kämpferisch entgegentritt.[68]

1. Die »freiheitliche demokratische Grundordnung« als Schutzgut

Die begriffliche Bestimmung des Schutzguts »freiheitliche demokratische Grundordnung« muß dem Umstand Rechnung tragen, daß nicht die Verfassungsordnung schlechthin gegen Änderung geschützt werden soll, der von den politischen Parteien zu fordernde **Grundkonsens** sich vielmehr auf die fundamentalen **Prinzipien** der Verfassung beschränkt. Das BVerfG hat die »freiheitliche demokratische Grundordnung« als Ordnung definiert, 184

»die unter Ausschluß jeglicher Gewalt- und Willkürherrschaft eine rechtsstaatliche Herrschaftsordnung auf der Grundlage der Selbstbestimmung des Volkes nach dem Willen der jeweiligen Mehrheit und der Freiheit und Gleichheit darstellt. Zu den grundlegenden Prinzipien dieser Ordnung sind mindestens zu rechnen: die Achtung vor den im Grundgesetz konkretisierten Menschenrechten, vor allem vor dem Recht der Persönlichkeit auf Leben und freie Entfaltung, die Volkssouveränität, die Gewaltenteilung, die Verantwortlichkeit der Regierung, die Gesetzmäßigkeit der Verwaltung, die Unabhängigkeit der Gerichte, das Mehrparteienprinzip und die Chancengleichheit für alle politischen Parteien mit dem Recht auf verfassungsmäßige Bildung und Ausübung einer Opposition.«[69]

Die »freiheitliche demokratische Grundordnung« umfaßt damit nur einen Teilbereich der »in den Artikeln 1 und 20 niedergelegten Grundsätze«, die durch Art. 79 Abs. 3 GG der Verfassungsänderung entzogen sind.[70] Die Bundesstaatlichkeit ist der freiheitlich-demokratischen Grundordnung nicht zuzurechnen, wird aber von der Tatbestandsalternative (»Bestand der *Bundes*republik Deutschland«) erfaßt, so daß auch Parteien mit zentralstaatlicher Programmatik verfassungswidrig wären. 185

2. Das Verbotsverfahren (§§ 43 ff. BVerfGG)

Art. 21 Abs. 2 Satz 2 GG legt fest, daß das BVerfG über die Frage der Verfassungswidrigkeit entscheidet. **Bundestag**, **Bundesrat** und **Bundesregierung** sind berech- 186

68 So BVerfGE 5, 85 (139).
69 So BVerfGE 2, 1 (12 f.).
70 Vgl. unten Rdnr. 1023 ff.

tigt, den **Verbotsantrag** zu stellen (§ 43 Abs. 1 BVerfGG). Sofern sich eine Partei auf ein Bundesland beschränkt, ist auch die jeweilige **Landesregierung** antragsberechtigt (§ 43 Abs. 2 BVerfGG).

187 Der Verbotsantrag steht nach h. M. im Ermessen der antragsberechtigten Organe (»kann gestellt werden«).[71] Die in § 43 BVerfGG genannten Organe sollen *berechtigt*, aber nicht *verpflichtet* sein, einen Verbotsantrag zu stellen, wenn sich hinreichende Anhaltspunkte für die Verfassungswidrigkeit einer Partei ergeben. Ein nicht auflösbarer Widerspruch entsteht, wenn die antragberechtigten Organe eine Partei einerseits für »verfassungsfeindlich« erklären, andererseits aber von einem Vorgehen nach Art. 21 Abs. 2 GG absehen. Die Vorzüge einer »politischen Bekämpfung« des Radikalismus vermögen nur solange zu überzeugen, wie das Institut des Parteiverbots nicht umgangen wird. Der Schutzwirkung des Art. 21 Abs. 2 GG wird deshalb nur genügt, wenn eine Rechtspflicht zur Antragstellung angenommen wird.[72]

187 a Nach Eingang der Anträge gibt das Bundesverfassungsgericht den Vertretungsberechtigten Gelegenheit zur Äußerung binnen einer zu bestimmenden Frist und beschließt dann, ob der Antrag als unzulässig oder als nicht hinreichend begründet zurückzuweisen oder ob die Verhandlung durchzuführen ist (§ 45 BVerfGG). Dieses **Vorverfahren** dient dem Schutz der inkriminierten Partei und soll verhindern, daß gegen eine Partei ohne hinreichende Gründe ein Verbotsverfahren eingeleitet wird. Die Entscheidung des Bundesverfassungsgerichts bedarf, weil sie für die Partei »nachteilig« ist, einer Mehrheit von zwei Dritteln der Mitglieder des Senats (§ 15 Abs. 4 Satz 1 BVerfGG).

187 b Mit dem Beschluß vom 1. 10. 2001 hatte das BVerfG das Vorverfahren abgeschlossen und entschieden, daß eine mündliche Verhandlung durchzuführen sei.[73] Die bereits zur mündlichen Verhandlung angesetzten Termine wurden durch Beschluß vom 22. 1. 2002 aufgehoben, nachdem bekanntgeworden war, daß ein NPD-Mitglied, das zur mündlichen Verhandlung als Anhörungsperson geladen war, gleichzeitig als V-Mann für eine Verfassungsschutzbehörde arbeitete.[74] Die Einstellung des Verbotsverfahrens, die mit Beschluß vom 18. 3. 2003 erfolgte, wurde damit begründet, daß unmittelbar vor und während des Verbotsverfahrens die NPD hätte »staatsfrei« sein und die geheimdienstlichen Aktivitäten hätten eingestellt werden müssen.[75] Bemerkenswert ist, daß diese Auffassung nur von der Senats*minderheit* vertreten wurde, während die Senats*mehrheit* keine Hinderungsgründe für eine mündliche Verhandlung sah.[76] Das insoweit paradox erscheinende Ergebnis ist nur dadurch erklärbar, daß wegen der Position der Senats*minderheit* es letztlich nicht zu einer für die NPD nachteiligen Entscheidung, die nach § 15 Abs. 4 Satz 1 BVerfGG eine 2/3-Mehrheit erfordert hätte, hätte kommen können.

188 Sofern der Antrag begründet ist, stellt das BVerfG fest, daß die Partei **verfassungswidrig** ist (§ 46 Abs. 1 BVerfGG). Die Entscheidung ist konstitutiv, so daß niemand die Verfassungswidrigkeit einer Partei rechtlich geltend machen kann, bevor das

---

71 Vgl. BVerfGE 5, 85 (113); 39, 334 (360); *H. Maurer*, Das Verbot politischer Parteien, AöR 96 (1971), S. 225.

72 Vgl. *J. Ipsen*, in: Sachs (Hrsg.), GG, Art. 21 Rdnr. 175; *ders.*, in: Festschrift H. Maurer, S. 169; ebenso *R. Streinz*, in: v. Mangoldt/Klein/Starck, GG, Bd. 2, Art. 21 Rdnr. 245.

73 Vgl. BVerfGE 104, 63 (65).

74 Vgl. BVerfGE 104, 370 (372).

75 Vgl. BVerfG, NJW 2003, S. 1577.

76 Vgl. *J. Ipsen*, JZ 2003, S. 489 f.

BVerfG entsprechend erkannt hat.[77] Das sog. »Parteienprivileg« ist ein mißverständlicher Begriff, der ursprünglich nur auf den Unterschied zu den verfassungswidrigen **Vereinigungen** hinweisen sollte, die nach **Art. 9 Abs. 2 GG** verboten **sind** (und nicht erst verboten werden **können**). Die Zuständigkeit des BVerfG und die konstitutive Wirkung des Verbots rechtfertigen aber kaum den Begriff des »Privilegs«. Nach der Rechtsprechung des BVerfG ist es der Exekutive auch nicht schlechthin untersagt, Konsequenzen aus der vermeintlichen Verfassungsfeindlichkeit einer (nicht verbotenen) Partei zu ziehen. So soll das »Parteienprivileg« eine Einstellungsbehörde nicht daran hindern, die Parteimitgliedschaft eines Bewerbers für den öffentlichen Dienst zu berücksichtigen.[78] Auch ist eine Partei durch Art. 21 Abs. 2 GG nicht dagegen geschützt, in Publikationen der Regierung als »extremistisch« oder »radikal« bezeichnet zu werden.[79]

3. Rechtsfolgen des Parteiverbots

Sofern der Verbotsantrag begründet ist, stellt das BVerfG die **Verfassungswidrigkeit** der politischen Partei fest (§ 46 Abs. 1 BVerfGG). Mit dieser Feststellung muß die **Auflösung** der Partei und das Verbot, eine Ersatzorganisation zu gründen, verbunden werden (§ 46 Abs. 3 BVerfGG). Das BVerfG kann überdies die Einziehung des Parteivermögens zugunsten des Staates oder gemeinnütziger Zwecke anordnen (§ 46 Abs. 3 Satz 2 BVerfGG). 189

Der Vollzug des Parteiverbots richtet sich nach §§ 32, 33 PartG. Der Bundesinnenminister bzw. die Landesregierungen sind ermächtigt, alle Maßnahmen zu treffen, die erforderlich sind, um das Urteil zu vollstrecken (§ 32 Abs. 1 und 2 PartG). Das BVerfG ist befugt, die Vollstreckung abweichend zu regeln (§ 32 Abs. 3 PartG). Mögliche Rechtsbehelfe gegen Vollstreckungsmaßnahmen haben keine aufschiebende Wirkung (§ 32 Abs. 4 PartG). Sofern die verbotene Partei im Deutschen Bundestag mit Abgeordneten vertreten war, verlieren diese mit dem Urteil ihre Mandate und die Listennachfolger ihre Anwartschaft (§ 46 Abs. 4 Satz 1 BWahlG). Soweit es sich um Direktmandate handelte, findet in dem betreffenden Wahlkreis eine Wiederholungwahl statt (§ 46 Abs. 4 Satz 2 i. V. m. § 44 Abs. 2 bis 4 BWahlG). Soweit die Abgeordneten über eine Landesliste in den Bundestag gelangt sind, bleiben die Sitze unbesetzt (§ 46 Abs. 4 Satz 3 BWahlG). Die gleiche Rechtsfolge tritt für Abgeordnete im Europäischen Parlament bzw. Listennachfolger ein (§ 22 Abs. 4 Satz 1 EuWG). Die Sitze dieser Abgeordneten bleiben unbesetzt (§ 22 Abs. 4 Satz 2 EuWG). Entsprechende Vorschriften für Landtagsmandate finden sich in den Landeswahlgesetzen der Bundesländer.[80] Die Kommunalwahlgesetze der Bundesländer sehen überdies einen Mandatsverlust auch in den kommunalen Vertretungskörperschaften (Gemeinderat, Kreistag) vor.[81] 190

---

77 So BVerfGE 12, 296 (304); 40, 287 (291); st. Rspr.

78 Vgl. BVerfGE 39, 334 (359 f.).

79 So BVerfGE 40, 287; vgl. auch BVerfGE 57, 1.

80 Vgl. § 49 Bad.-Württ. LWahlG; § 45 Bbg. LWahlG; § 35 Brem. LWahlG; § 12 Bürg. WahlG (Hamburg); § 41 Hess. LWahlG; § 47 Meckl.-Vorp. LWahlG; § 8 Nds. LWahlG; § 38 Nordrh.-Westf. LWahlG; § 60 Rh.-Pf. LWahlG; § 39 Saarl. LWahlG; § 45 Sächs. LWahlG; §§ 7, 44 Sachs.-Anh. LWahlG; § 52 Schl.Holst. LWahlG; § 46 Abs. 4 Thür. LWahlG.

81 Vgl. Art. 49 Bay. KWG; § 62 Bbg. KWG; § 35 Hess. KWG; § 55 Meckl.-Vorp. KWG; § 50 Saarl. KWG; § 47 Abs. 2 Sachs.-Anh. KWG; § 45 Schl.-Holst. KWG; § 30 Thür. KWG.

191 Bedenken, die gegen diese Rechtsfolge des Parteiverbots aus dem Grundsatz des freien Mandats (Art. 38 Abs. 1 Satz 2 GG) erhoben worden sind, ist das BVerfG mit der Begründung entgegengetreten, daß die Exponenten einer verbotenen Partei keinerlei Anteil mehr an der parlamentarischen Willensbildung haben dürften.[82] Der Mandatsverlust ergibt sich nach Auffassung des BVerfG zwingend aus dem Institut des Parteiverbots, so daß für den Gesetzgeber keinerlei Gestaltungsspielraum verbleibe.[83] Eine solche Rechtsfolge hätte indes durch Art. 21 Abs. 2 GG selbst festgelegt werden müssen, zumal das Problem der Parlamentsmandate bei Parteiverbot seit der Weimarer Zeit bekannt war.[84] Zutreffend dürfte deshalb sein, daß der Mandatsverlust als Rechtsfolge des Parteiverbots durch den Gesetzgeber angeordnet werden *kann*.[85]

82 So BVerfGE 2, 1 (72 f.).

83 Vgl. BVerfGE 2, 1 (74).

84 Vgl. *E. R. Huber*, Deutsche Verfassungsgeschichte seit 1789, Bd. VI, S. 155 f. Obwohl in der Weimarer Zeit mehrfach Parteiverbote ergingen (vgl. dazu *K. Stein*, Parteiverbote in der Weimarer Republik, 1999) behielten die Abgeordneten ihre Parlamentsmandate und konnten im Reichstag weiterhin agieren. Die den Abgeordneten zustehende »Freifahrkarte« für die Reichsbahn (Art. 40 WRV) wurde damit zum Symbol für die Hilflosigkeit der Republik gegenüber ihren Feinden.

85 Vgl. *J. Ipsen*, in: Sachs (Hrsg.), GG, Art. 21 Rdnr. 191 ff., insbes. 196.

192

V. Übersicht: Einnahmen der im Bundestag vertretenen Parteien in DM (2001)

Partei	Mitglieds-Beiträge und andere regelmäßige Beiträge	Spenden von natürlichen Personen	Spenden von juristischen Personen	Einnahmen aus Vermögen	Einnahmen aus Parteitätigkeit (insbes. Veranstaltungen und Veröffentlichungen)	Staatliche Mittel	Sonstige Einnahmen	Gesamt
SPD	153.007.065 48,90 %	26.078.621 8,34 %	6.246.416 2,00 %	20.042.523 6,41 %	2.967.345 0,95 %	92.889.681 29,69 %	11.645.686 3,72 %	312.877.337 100 %
CDU	111.543.448 43,53 %	35.920.544 14,02 %	13.872.256 5,41 %	6.466.089 2,52 %	4.244.392 1,66 %	81.099.919 31,65 %	3.112.259 1,21 %	256.258.907 100 %
CSU	24.708.563 36,52 %	14.569.205 21,54 %	6.723.522 9,94 %	1.239.620 1,83 %	2.264.306 3,35 %	17.975.318 26,57 %	171.871 0,25 %	67.652.405 100 %
F. D. P.	11.107.313 22,08 %	16.837.501 33,47 %	4.282.540 8,51 %	2.049.411 4,07 %	624.089 1,24 %	14.024.690 27,88 %	1.374.150 2,73 %	50.299.694 100 %
BÜNDNIS 90/DIE GRÜNEN	17.855.222 38,29 %	8.858.616 19,00 %	1.156.532 2,48 %	760.266 1,63 %	1.505.083 3,23 %	15.274.307 32,76 %	1.221.554 2,62 %	46.631.580 100 %
PDS	17.458.137 43,56 %	7.110.820 17,74 %	123.533 0,31 %	868.130 2,17 %	194.993 0,49 %	14.179.125 35,38 %	124.508 0,36 %	40.077.246 100 %

Quelle: BT-Drucks. 15/700 vom 20. 03. 2002

VI. Politische Parteien in der Europäischen Union

193 Nach Art. 191 EGV sind politische Parteien auf **europäischer Ebene** ein wichtiger Faktor der Integration in der Union. Sie tragen dazu bei, ein europäisches Bewußtsein herauszubilden und den politischen Willen der Bürger der Union zum Ausdruck zu bringen (Art. 191 Satz 2 EGV). Diese Bestimmung enthält allerdings mehr eine Zukunftsvision als eine Beschreibung der Realität. Gegenwärtig gibt es (noch) keine Parteien auf europäischer Ebene, sondern nur **europäische Parteibünde**, in denen sich die Parteien der Mitgliedstaaten zusammengeschlossen haben und deren Abgeordnete im Europäischen Parlament Fraktionen bilden.[86] Es fehlt allerdings nicht an Versuchen, ein europäisches Parteiwesen durch Fördermaßnahmen zu initiieren.[87]

VII. Rechtsprechung

194 **BVerfGE** 2, 1 (SRP-Verbot); **E** 5, 85 (KPD-Verbot); **E** 8, 51 (Steuerliche Abzugsfähigkeit von Parteispenden); **E** 11, 266 (»Rathausparteien«); **E** 11, 351 (»Rathausparteien«); **E** 20, 56 (Staatliche Parteienfinanzierung); **E** 24, 300 (Parteiengesetz); **E** 34, 160 (Sendezeiten); **E** 40, 287 (Bezeichnung einer Partei als »verfassungsfeindlich«); **E** 41, 399 (Wahlkampfkostenerstattung für Einzelbewerber – Fall Daniels); **E** 47, 198 (Verfassungswidrige Wahlwerbung); **E** 52, 63 (Steuerliche Abzugsfähigkeit von Parteispenden – »Niedersachsen-Urteil«); **E** 69, 92 (Steuerliche Absetzbarkeit von Spenden an Wählervereinigungen); **E** 69, 257 (Zurückweisung von Wahlwerbespots); **E** 73, 1 (Globalzuschüsse an parteinahe Stiftungen); **E** 73, 40 (Steuerliche Abzugsfähigkeit von Parteispenden, Wahlkampfkostenerstattung); **E** 78, 350 (Ausschluß kommunaler Wählervereinigungen von steuerlichen Entlastungen); **E** 82, 54 (Teilnahme an Fernsehdiskussionen); **E** 85, 264 (Parteienfinanzierung); **E** 91, 262, **E** 91, 276 (Parteieigenschaft als Verbotsvoraussetzung); **E** 104, 63 (NPD-Verbot: Vorverfahren); **E** 104, 370 (NPD-Verbot: Terminaufhebung); **BVerfG**, NJW 2003, S. 1577 (NPD-Verbot: Einstellung des Verfahrens); **BVerwGE** 31, 368 (Öffentliche Einrichtungen für Parteien – »Stadthalle«); **VG Berlin**, NJW 2001, S. 1367 (CDU-Rechenschaftsbericht 1998); **OVG Berlin**, NJW 2002, S. 2896 (CDU-Rechenschaftsbericht – 1998).

VIII. Literatur

195 **H. H. v. Arnim**, Der strenge und der formale Gleichheitssatz, DÖV 1984, S. 85; **ders.**, Staatliche Fraktionsfinanzierung ohne Kontrolle?, 1987; **ders.**, Die Partei, der Abgeordnete und das Geld, 1996; **ders.**, Die neue Parteienfinanzierung, DVBl. 2002, S. 1065; **M. Cornils**, Das Sanktionensystem des Parteiengesetzes: verfassungsmäßige Grundlage einer Kürzung des Anspruchs auf staatliche Teilfinanzierung?, VerwArch 91 (2000), S. 327; **O. Depenheuer/B. Grzeszick**, Zwischen gesetzlicher Haftung und politischer Verantwortlichkeit, DVBl. 2000, S. 736; **T. Drysch**, Staatliche Parteienfinanzierung und kein Ende: das neue Parteienfinanzierungsgesetz, NVwZ 1994, S. 218; **H. M. Heinig/T. Streit**, Die direkte staatliche Parteienfinanzierung: Verfassungsrechtliche Grundlagen und parteiengesetzliche Rechtsfragen, Jura 2000, S. 393; **W. Henke**, Die Parteien und der Ämterstaat, NVwZ 1985, S. 616; **K. Hesse**, Die verfassungsrechtliche Stellung der politischen Parteien im modernen Staat, VVDStRL 17 (1959), S. 11; **B. Hoefer**, Recht der anderen Parteien auf Teilnahme am TV-Duell Schröder/Stoiber?, NVwZ 2003, S. 695; **P. M. Huber**, Der Parteienstaat als Kern des politischen Systems – Wie tragfähig ist das Grundgesetz?, JZ 1994, S. 689; **ders.**, Das parteienrechtliche Transpa-

86 Vgl. *R. Streinz*, in: v. Mangoldt/Klein/Starck, GG, Bd. 2, Art. 21 Rdnr. 42 m. w. N.
87 Vgl. *J. Ipsen*, in: Sachs (Hrsg.), GG, Art. 21 Rdnr. 209 f.

renzgebot und seine Sanktionierung, DÖV 2000, S. 745; **J. Ipsen**, Steuerbegünstigung und Chancenausgleich – Verfassungsrechtliche Überlegungen zur Neuordnung der Parteienfinanzierung, JZ 1984, S. 1060; **ders.**, Globalzuschüsse statt Wahlkampfkostenerstattung, JZ 1992, S. 753; **ders.**, Kandidatenaufstellung, innerparteiliche Demokratie und Wahlprüfungsrecht, ZParl 1994, S. 235; **ders.**, Verfassungsfragen degressiv gestaffelter Globalzuschüsse an politische Parteien, ZParl 1994, S. 401; **ders.**, Transparenzgebot und »Sanktionensystem« bei der staatlichen Parteienfinanzierung, JZ 2000, S. 685; **ders.**, Parteiverbot und »politisches« Ermessen, in: Festschrift H. Maurer, 2001, S. 163; **ders.**, Rechtsfragen des NPD-Verbots, NJW 2002, S. 866; **ders.**, Das neue Parteienrecht, NJW 2002, S. 1909; **ders.**, Abgeordnetenspenden – eine Regelungslücke des Parteiengesetzes?, NVwZ 2003, S. 38; **ders.**, Das Ende des NPD-Verbotsverfahrens, JZ 2003, S. 485; **H. H. Klein**, Die Rechenschaftspflicht der Parteien und ihre Kontrolle, NJW 2000, S. 1441; **T. Koch**, Verlust der Teilhabe an staatlicher Parteienfinanzierung bei fehlendem Rechenschaftsbericht?, NJW 2000, S. 761; **ders.**, Parteiverbote, Verhältnismäßigkeitsprinzip und EMRK, DVBl. 2002, S. 1388; **ders.**, Neutralitätspflicht und Chancengleichheit bei Leistungen an politische Parteien, ZParl. 2002, S. 694; **ders.**, Parteispenden – Abgeordnetenspenden – Nicht weitergeleitete Spenden, DÖV 2003, S. 451; **P. Kunig**, Politische Parteien im Grundgesetz, Jura 1991, S. 247; **C. Landfried**, Parteienfinanzen und politische Macht, 2. Aufl. 1994; **G. Leibholz**, Strukturprobleme der modernen Demokratie, 3. Aufl. 1967; **W. Leisner**, »Dienstleistungen an Parteien«, NJW 2000, S. 1998; **C. Lenz**, Staatliche Parteienfinanzierung und Bundesverfassungsgericht, NVwZ 2003, S. 49; **ders.**, Das neue Parteifinanzierungsrecht, NVwZ 2002, S. 769; **H.-R. Lipphardt**, Die Gleichheit der politischen Parteien vor der öffentlichen Gewalt, 1975; **J. Masing**, Auslegung oder Auslegungsverweigerung? Zum Parteienfinanzierungsurteil des VG Berlin, NJW 2001, S. 2353; **H. Maurer**, Die Rechtsstellung der politischen Parteien, JuS 1991, S. 881; **M. Morlok**, Sicherung der Rechtsstellung als politische Partei durch Teilnahme an den Wahlen zum Europäischen Parlament?, DVBl. 1989, S. 393; **ders.**, Spenden – Rechenschaft – Sanktionen: Aktuelle Rechtsfragen der Parteienfinanzierung, NJW 2000, S. 761; **ders.**, Parteiverbot als Verfassungsschutz – Ein unauflösbarer Widerspruch?, NJW 2001, S. 2931; **K.-H. Seifert**, Die politischen Parteien im Recht der Bundesrepublik Deutschland, 1975; **H. Sendler**, Verfassungsgemäße Parteienfinanzierung?, NJW 1994, S. 365; **M. Stolleis**, Parteienstaatlichkeit – Krisensymptome des demokratischen Verfassungsstaats, VVDStRL 44 (1986), S. 7; **U. Volkmann**, Parteispenden als Verfassungsproblem, JZ 2000, S. 539; **R. Wassermann**, Ämterpatronage durch politische Parteien, NJW 1999, S. 2330.

§ 6 Der Bundestag

I. Funktionen des Parlaments im parlamentarischen Regierungssystem

196 Im Mittelpunkt eines parlamentarischen Regierungssystems steht das volksgewählte Parlament. Seine Aufgaben stellen sich in der modernen Demokratie als so vielfältig dar, daß man sie in »**Funktionen**« – in Aufgabenbereiche – einteilt. Wichtigste Funktionen des Bundestages sind die **Wahl** anderer Staatsorgane, die **Kontrolle** der Exekutive, die **Gesetzgebung**, die **Mitwirkung** in Angelegenheiten der **Europäischen Union** und der **NATO** sowie die – nicht leicht zu bestimmende – **Repräsentativfunktion**.[1]

1. Wahlfunktion

197 Nur der **Bundeskanzler** (Art. 63 GG) und der **Wehrbeauftragte** des Bundestages (Art. 45 b GG) werden unmittelbar vom Bundestag gewählt. Die **Mitglieder des Bundesverfassungsgerichts**, deren Wahl zur Hälfte dem Bundestag obliegt (Art. 94 Abs. 1 GG), werden nicht direkt durch das Parlament, sondern durch einen »**Wahlausschuß**« gewählt, der sich aus Bundestagsabgeordneten aller Fraktionen im Verhältnis ihrer Stärke zusammensetzt (§ 6 BVerfGG).[2]

198 Der Wahlmodus der Bundesverfassungsrichter ist in seiner Verfassungsmäßigkeit nicht unumstritten, denn wenn Art. 94 Abs. 1 GG die Wahl durch den Bundestag vorschreibt, so mag man Zweifel daran haben, ob ein Wahlgremium diesem Erfordernis genügt.[3] Der Sache nach ist die Wahl der Mitglieder des BVerfG in der diskreten Atmosphäre des Beratungszimmers eine sinnvolle Regelung. Die – durch das Grundgesetz nicht vorgegebene – Zwei-Drittel-Mehrheit (§ 6 Abs. 5 BVerfGG) verhindert die Majorisierung von Minderheiten und wirkt dem Eindruck entgegen, daß die gewählten Bewerber nur Exponenten einer Partei sind. Auf der anderen Seite verzeichnet das BVerfG einen solchen Machtzuwachs, daß zunehmend eine öffentliche Diskussion über die Kandidaten und eine Wahl unmittelbar durch den Bundestag gefordert wird.[4]

199 Die Wahl des Bundestagspräsidenten, der Vizepräsidenten und der Schriftführer (Art. 40 Abs. 1 GG) fällt nicht unter die Wahlfunktion, sondern stellt sich als Teil des **parlamentarischen Selbstorganisationsrechts** dar.

---

1 Vgl. *K. Stern*, Staatsrecht II, S. 47; die Unterscheidung unterschiedlicher Parlamentsfunktionen geht auf *W. Bagehot*, The English Constitution, 1867, S. 165 ff. zurück, der die »elective«, »expressive«, »teaching«, »informing« und »function of legislation« des Parlaments unterscheidet.

2 *Sartorius* I Nr. 40 = *Nomos Textausgaben* ÖffR Nr. 8.

3 Vgl. *J. Wieland*, in: Dreier (Hrsg.), GG, Bd. III, Art. 94 Rdnr. 14 (»Praxis der indirekten Wahl verfassungswidrig«).

4 Nachw. bei *A. Voßkuhle*, in: v. Mangoldt/Klein/Starck, GG, Bd. 3, Art. 94 Rdnr. 15.

2. Kontrollfunktion

a) Zitier- und Interpellationsrecht (Art. 43 Abs. 1 GG)

Der Bundestag und seine Ausschüsse können jederzeit die **Anwesenheit** jedes Mitglieds der Bundesregierung verlangen (Art. 43 Abs. 1 GG); diese trifft eine verfassungsrechtliche Pflicht, der Aufforderung Folge zu leisten. Dem Zitierrecht entspricht nach allgemeiner Meinung nicht nur eine Anwesenheits-, sondern auch eine **Antwortpflicht** der Regierungsmitglieder. Auf Verlangen des Bundestages oder seiner Ausschüsse haben die herbeigerufenen Regierungsmitglieder deshalb »Rede und Antwort zu stehen«.[5] 200

Ob man die Beantwortungspflicht weitergehend als Pflicht zur vollständigen Beantwortung der Fragen verstehen kann, ist umstritten, aber eindeutig zu **bejahen**.[6] Keinem Staatsorgan darf es von Verfassungs wegen gestattet sein, das kontrollierende Organ zu täuschen. Die Frage hat jedoch nur geringe praktische Bedeutung, weil bei ausweichenden oder allgemein gehaltenen Antworten der Nachweis der Unwahrheit nur selten gelingt. Sofern ein Regierungsmitglied vor dem Bundestag allerdings nachweislich die Unwahrheit sagt, hat dies regelmäßig gravierende politische Konsequenzen.[7] 201

Eng verbunden mit dem Zitierrecht ist das **»Interpellationsrecht«**, also die Befugnis des Bundestages, **Anfragen** an die Regierung zu richten. Die Geschäftsordnung des Bundestages konkretisiert das Interpellationsrecht in Gestalt dreier Institute: 202

- Die sog. **»Große Anfrage«** (§§ 100 ff. GOBT)[8] betrifft wichtige Gegenstände der Politik und zieht eine Beratung, d. h. eine Debatte über die Antwort nach sich, von der regelmäßig eine gewisse Öffentlichkeitswirkung ausgeht. 203
- Die sog. **»Kleine Anfrage«** (§ 104 GOBT) unterscheidet sich von der Großen Anfrage dadurch, daß sie nicht als Verhandlungsgegenstand auf die Tagesordnung gesetzt werden kann, über die Antwort der Bundesregierung also keine Debatte stattfindet (§ 75 Abs. 3 GOBT). 204
- In der **Fragestunde** schließlich ist jeder Bundestagsabgeordnete berechtigt, kurze mündliche Anfragen an die Bundesregierung zu richten (§ 105 GOBT). Die Fragestunde ist durch besondere Richtlinien geregelt, um diese Einrichtung praktikabel zu machen. Die Fragestunde ist nicht zu verwechseln mit der »Aktuellen Stunde« (§ 106 GOBT), in der eine Debatte mit Kurzbeiträgen zu einem aktuellen Thema stattfindet. 205

Das Interpellationsrecht des Bundestages darf in seiner Wirksamkeit nicht unterschätzt werden. Abgesehen von der **Öffentlichkeitswirkung**, die namentlich Großen Anfragen zukommt, bewirken auch Kleine Anfragen und mündliche Fragen eine heilsame Unruhe, die der Kontrollfunktion des Bundestages dienlich ist. 206

---

5 So BVerfGE 67, 100 (129); *M. Morlok*, in: Dreier (Hrsg.), GG, Bd. II, Art. 43 Rdnr. 11; *H.-P. Schneider*, in: AK-GG, Art. 43 Rdnr. 3.

6 Wie hier: *H.-P. Schneider*, in: AK-GG, Art. 43 Rdnr. 3.

7 Das bekannteste Beispiel in der Geschichte der Bundesrepublik ist der Rücktritt des Bundesverteidigungsministers Franz Josef Strauß (1915–1988) in der sog. »Spiegel-Affäre«; vgl. dazu *H. A. Winkler*, Der lange Weg nach Westen, 2. Bd., 2000, S. 210 f.

8 *Sartorius* I Nr. 35 = *Nomos Textausgaben* ÖffR Nr. 13.

b) Einsetzung von Untersuchungsausschüssen (Art. 44 GG)

207 **Fall 12:**

Der Bundestag hat einen Untersuchungsausschuß eingesetzt, der den möglichen Zusammenhang zwischen Parteispenden eines Unternehmens und einer ihm gewährten Steuerbefreiung klären soll. Das Bundesfinanzministerium weigert sich, dem Untersuchungsausschuß volle Akteneinsicht zu gewähren und begründet dies mit dem Steuergeheimnis. Im Untersuchungsausschuß wiederum befürchtet man, sich ohne Akteneinsicht kein vollständiges Bild von der Sachlage machen zu können.

(nach BVerfGE 67, 100)

208 Die **Einsetzung** eines **Untersuchungsausschusses** ist ein traditionelles Mittel parlamentarischer Kontrolle, das zur Aufklärung ungeklärter Umstände eingesetzt wird. Auf Antrag eines **Viertels** der Mitglieder des Bundestages ist der Bundestag zur Einsetzung **verpflichtet**. Der Untersuchungsausschuß verfährt nach den Vorschriften der **Strafprozeßordnung** (Art. 44 Abs. 2 GG), d. h. er ermittelt von Amts wegen, vernimmt Zeugen und ist berechtigt, sie zu vereidigen.

209 Durch das **Untersuchungsausschußgesetz** (PUAG)[9] ist das Recht der Untersuchungsausschüsse und damit ihr Verfahren detailliert geregelt worden. Da die Frage der »sinngemäßen Anwendung« des Strafverfahrensrechts (Art. 44 Abs. 2 GG) in der Vergangenheit häufig umstritten war, enthält das Gesetz insoweit eine Klarstellung. Der Untersuchungsausschuß hat das Recht, einen **Ermittlungsbeauftragten** zu bestimmen (§ 10 Abs. 1 PUAG). Auf Antrag eines Viertels seiner Mitglieder ist er hierzu verpflichtet. Die Ermittlungsbeauftragten (»Sonderermittler«) sind im Rahmen ihres Auftrags unabhängig (§ 10 Abs. 4 Satz 1 PUAG), können jedoch jederzeit mit einer Mehrheit von zwei Dritteln der anwesenden Mitglieder des Untersuchungsausschusses abberufen werden (§ 10 Abs. 4 Satz 2 PUAG). Sie bereiten die Untersuchung durch den Untersuchungsausschuß vor, indem sie die erforderlichen Beweismittel beschaffen und sichten (§ 10 Abs. 3 PUAG).

210 Einer Klärung ist auch die umstrittene Frage des **Rechtswegs** zugeführt worden. Zuständiges Gericht für Streitigkeiten nach dem PUAG ist der **Bundesgerichtshof**, soweit nicht das **Bundesverfassungsgericht** zuständig ist (§ 36 Abs. 1 PUAG). Hält der Bundesgerichtshof den Einsetzungsbeschluß für verfassungswidrig und kommt es für die Entscheidung auf dessen Gültigkeit an, so ist das Verfahren auszusetzen und die Entscheidung des Bundesverfassungsgerichts einzuholen (§ 36 Abs. 2 Satz 1 PUAG).

211 Untersuchungsausschüsse sind regelmäßig mit **»Affären«** verbunden, ihre Einsetzung wird zumeist von den Oppositionsfraktionen beantragt.[10] Gelegentlich

---

9 Gesetz zur Regelung des Rechts der Untersuchungsausschüsse des Deutschen Bundestags (Untersuchungsausschußgesetz) vom 19. Juni 2001 (BGBl. I, S. 1142); *Sartorius* I Nr. 6.

10 Untersuchungsausschüsse 10.–15. Wahlperiode

Wahlperiode	Gegenstand der Untersuchung	Antragsteller/in	Ausschußbericht BT-Drucks.
10. (1983–1987)	»Flick-Spenden-Affäre«	SPD	10/5079
	Rechtmäßigkeit der vorzeitigen Zurruhesetzung des Generals a. D. Dr. Günter Kießling (Verteidigungsausschuß als Untersuchungsausschuß)	SPD, GRÜNE sowie CDU/CSU und F. D. P.	10/1604

schließen sich die Regierungsfraktionen dem Antrag an, um auf die Themenstellung des Untersuchungsausschusses Einfluß zu nehmen. Hiermit ist zugleich die spezifische Problematik der Untersuchungsausschüsse angedeutet: Die politische Rivalität von Regierungsmehrheit und Opposition führt nicht selten dazu, daß ein Untersuchungsausschuß paralysiert wird. Werden in derartigen Fällen parteipolitische Belange über eine wirksame Aufklärung des Untersuchungsgegenstandes gestellt, droht das Parlament an Kontrollfunktion zu verlieren.[11]

In unserem Beispielsfall setzt die Weigerung des Bundesfinanzministeriums voraus, daß 212
die Aufklärung des Sachverhalts ein »Interesse« darstellt, gegen das die Exekutive die Wahrung des Steuergeheimnisses abzuwägen hätte (§ 30 Abs. 4 AO). Schon diese Prämisse bedeutet eine Fehleinschätzung des Verhältnisses von Parlament und Exekutive. Würde die Exekutive nicht zur Gewährung voller Akteneinsicht und zur Auskunftserteilung verpflichtet sein, könnte sie den Gegenstand parlamentarischer Kontrolle selbst bestimmen. Das BVerfG ist dieser Verkehrung der Rollen im parlamentarischen Regierungssystem zu Recht entgegengetreten.[12] Wäre im Ausgangsfall das PUAG anwendbar (gewesen), so würde die Verpflichtung des Finanzministeriums aus § 18 Abs. 1 folgen. Auf Antrag des Untersuchungsausschusses oder eines Viertels seiner Mitglieder würde das BVerfG über die Rechtmäßigkeit der Ablehnung des Ersuchens entscheiden (§ 18 Abs. 3 PUAG).

Wahlperiode	Gegenstand der Untersuchung	Antragsteller/in	Ausschußbericht BT-Drucks.
	»Zimmermann/Spionageabwehr«	SPD	10/6584
	»Neue Heimat«	CDU/CSU/F. D. P.	10/6779
	»U-Boot-Ausschuß«	SPD	ohne
11. (1987–1990)	»Neue Heimat«	CDU/CSU/ F. D. P.	11/6689
	»Ramstein«	SPD	11/5354
	»Transnuklear«	CDU/CSU, F. D. P., SPD, GRÜNE	11/7800
	»U-Boot-Ausschuß«	SPD	11/8176 11/8109
12. (1990–1994)	»Kommerzielle Koordinierung« (»Schalck-Golodkowski«)	SPD sowie CDU/ CSU, F. D. P.	Erster Teilbericht 12/3462 Zweiter Teilbericht 12/3920 Dritter Teilbericht 12/4500 Erster Ergänzungsbericht 12/4832 Zweiter Ergänzungsbericht 12/4970 Schlußbericht 12/7600
	»Treuhandanstalt«	SPD	12/8404
	»HIV-Infektionsgefährdung durch Blut und Blutprodukte	CDU/CSU, F. D. P. sowie SPD	12/8591
13. (1994–1998)	»Plutonium« (Transport illegalen Nuklearmaterials)	BÜNDNIS 90/DIE GRÜNEN, SPD, CDU/ CSU sowie F. D. P.	13/10800
	»Kommerzielle Koordinierung II«	SPD	13/10900
	»Rechtsextremistische Vorfälle in der Bundeswehr« (Verteidigungsausschuß als Untersuchungsausschuß)	SPD	13/11005
14. (1998–2002)	»Parteispenden«	SPD, BÜNDNIS 90/DIE GRÜNEN	14/9300
15. (ab 2002)	»Wahlbetrug«	CDU/CSU	–

11 Krit. auch *K. Stern*, Staatsrecht II, S. 107.
12 Vgl. BVerfGE 67, 100; siehe auch BVerfGE 77, 1.

c) Schlichte Parlamentsbeschlüsse

213 **Fall 13:**

Am 8. 11. 1966 beschloß der Deutsche Bundestag auf Antrag der Fraktion der SPD (BT-Drucks. V/1070), Bundeskanzler Erhard (CDU) aufzufordern, die Vertrauensfrage (Art. 68 GG) zu stellen. Bundeskanzler Erhard lehnte die Aufforderung ab.

War der Beschluß des Deutschen Bundestages verfassungsmäßig?

214 Parlamentarische Kontrolle ist nicht nur in Gestalt förmlicher Institute des Parlamentsrechts denkbar, sondern vollzieht sich auch durch **»schlichte« Parlamentsbeschlüsse.**[13] Das Parlament bekundet in derartigen Entschließungen seine politischen Absichten, ohne Staatsorgane oder Bürger binden zu können. Gleichwohl sind die schlichten Parlamentsbeschlüsse bedeutsam, weil in ihnen die Mehrheitsauffassung des Bundestages zutage tritt.

215 Die schlichten Parlamentsbeschlüsse sind thematisch nicht begrenzt. Sofern der Bundestag sich im Rahmen der Bundeskompetenzen hält, kann er zu jedem Gegenstand seine Auffassung bekunden.[14] Er ist nicht auf Gegenstände beschränkt, die Inhalt eines Gesetzes sein könnten; auch zu **Regierungsakten** und anderen **exekutivischen Entscheidungen** kann der Bundestag seine Meinung äußern.

216 Nach h. M.[15] werden »schlichte« Mißtrauenskundgebungen gegenüber dem Bundeskanzler (oder einzelnen Bundesministern) durch Art. 67 GG nicht ausgeschlossen. Sie entfalten allerdings keine rechtliche Verbindlichkeit. Die entgegengesetzte Meinung[16] vermag nicht zu überzeugen, weil das Verfahren des konstruktiven Mißtrauensvotums (Art. 67 GG) nicht ausschließt, daß das Parlament seine Mehrheitsmeinung auch auf andere (freilich nicht verbindliche) Weise äußert. Gleiches muß für die Aufforderung an den Bundeskanzler gelten, die Vertrauensfrage nach Art. 68 GG zu stellen. Allerdings löst auch ein solcher Parlamentsbeschluß keine Rechtspflicht beim Bundeskanzler aus.[17] Mißbilligungsanträge gegen Regierungsmitglieder gehören seit jeher zum Repertoire parlamentarischer Opposition und entsprechen der ständigen Staatspraxis unter dem Grundgesetz.[18] Sie werden ebenso regelmäßig von der Parlamentsmehrheit abgelehnt. Der Beschluß des Bundestages vom 6. 11. 1966 war insofern ein Ausnahmefall, als Bundeskanzler Erhard die Parlamentsmehrheit bereits eingebüßt hatte. Er trat am 30. 11. 1966 zurück.

217 Die Mitwirkungsakte des Bundestages in Angelegenheiten der **Europäischen Union**, die nach Art. 23 Abs. 2 und 3 GG vorgesehen sind, sind *nicht* als »schlichte« Parlamentsbeschlüsse einzuordnen, sondern haben wegen der **Berücksichtigungspflicht** der Bundesregierung (Art. 23 Abs. 3 Satz 2 GG) eine besondere rechtliche Qualität. Eine Gesetzen vergleichbare strikte Bindung der Bundesregierung ist gleichwohl zu verneinen, weil die Stellungnahmen des Bundestages bei den Verhandlungen nur zu »berücksichtigen« sind.[19]

---

13 Vgl. *K. Stern*, Staatsrecht II, S. 48 f. m. w. N.

14 Vgl. *H. H. Klein*, in: Isensee/Kirchhof (Hrsg.), HdStR II, § 40 Rdnr. 12.

15 Nachw. bei *V. Epping*, in: v. Mangoldt/Klein/Starck, GG, Bd. 2, Art. 67 Rdnr. 29.

16 So *R. Herzog*, in: Maunz/Dürig, GG, Art. 67 Rdnr. 43; *U. Mager*, in: v. Münch/Kunig (Hrsg.), GG, Bd. 2, Art. 67 Rdnr. 13; *M. Oldiges*, in: Sachs (Hrsg.), GG, Art. 67 Rdnr. 29.

17 Vgl. *G. Hermes*, in: Dreier (Hrsg.), GG, Bd. II, Art. 67 Rdnr. 20 m. w. N.

18 Nachw. bei *U. Mager*, in: v. Münch/Kunig (Hrsg.), GG, Bd. 2, Art. 67 Rdnr. 15.

19 Vgl. *R. Streinz*, in: Sachs (Hrsg.), GG, Art. 23 Rdnr. 101 m. w. N.

3. Gesetzgebungsfunktion (Gesetzgebungsverfahren I)

a) Gesetzesinitiative (Art. 76 GG)

Fall 14: 218

Die Bundesregierung brachte im 8. Deutschen Bundestag einen Gesetzentwurf über das Staatshaftungsrecht ein[20], der vom Bundestag mit Mehrheit angenommen wurde, dem aber der Bundesrat nach erfolgloser Anrufung des Vermittlungsausschusses die Zustimmung versagte und vorsorglich Einspruch einlegte. Über den Einspruch wurde vor dem Ende der Wahlperiode nicht mehr entschieden. Zu Beginn der 9. Wahlperiode wurde die Gesetzesvorlage erneut, jetzt aber »aus der Mitte des Bundestages« eingebracht.[21]

Gesetzentwürfe können nach Art. 76 Abs. 1 GG von der **Bundesregierung**, »aus 219
der Mitte des **Bundestages**« oder vom **Bundesrat** eingebracht werden. Eine Übersicht über die in der 1. bis zur 14. Wahlperiode eingebrachten Gesetzentwürfe zeigt, daß die Gesetzesinitiative überwiegend von der Bundesregierung ausgeübt wird. Die Zahl der aus der Mitte des Bundestages stammenden Vorlagen ist deutlich geringer, während der Bundesrat als Initiativorgan kaum in Erscheinung tritt. Vergleicht man die Zahl der **Gesetzesbeschlüsse**, die auf die Initiativen folgen, so zeigt sich die dominierende Rolle der Bundesregierung bei Gesetzesinitiativen noch deutlicher. Von den 5.380 Regierungsvorlagen, die seit 1949 eingebracht worden sind, wurden 4.044 (= 75,2%) verabschiedet. Die entsprechenden Zahlen für Initiativen aus der Mitte des Bundestages sind erheblich geringer; sie liegen knapp über einem Drittel der Vorlagen. Der Bundesrat schneidet in dieser Statistik noch schlechter ab.[22]

Die Bundesregierung ist aufgrund ihres Beamtenapparates und ihres Rückhalts 220
im Parlament das **geborene Initiativorgan**; ihre Vorlagen haben deshalb eine beträchtliche Erfolgsaussicht. Die aus der Mitte des Bundestages eingebrachten Vorlagen stammen nicht selten von den **Oppositionsfraktionen**, die zu Regierungsvorlagen Alternativen vorlegen oder in bestimmten Sachbereichen selbst initiativ

20 BT-Drucks. 8/2079.
21 BT-Drucks. 9/25.
22

Initiativorgan (1.–15. WP)	Bundesregierung	Bundestag	Bundesrat	Vereinigung und Abspaltung von Initiativen
Zahl der Initiativen	5380	3290	1090	./.
Anteil an der Gesamtzahl der Initiativen	= 55,12 %	= 33,71 %	= 11,17 %	
Zahl der Gesetzesbeschlüsse	4044 (= 75,17 % der Initiativen)	1126 (= 34,22 %) der Initiativen)	230 (= 21,10 % der Initiativen)	187
Anteil an der Gesamtzahl der Gesetzesbeschlüsse	= 72,38 %	= 20,15 %	= 4,12 %	= 3,35 %

Quelle: Deutscher Bundestag/Bundesrat (Hrsg.), Stand der Gesetzgebung des Bundes, 1.–15. Wahlperiode (Stand: 6. 6. 2003)

werden wollen. Diese – stärker der politischen Optik dienenden – Vorlagen haben zumeist keine Aussicht auf eine parlamentarische Mehrheit. Dies ist der wesentliche Grund, warum Bundestagsvorlagen der Statistik nach nur selten erfolgreich sind.[23]

221 Bei der Zahl der aus dem Bundestag stammenden Vorlagen ist überdies zu bedenken, daß ein gewisser Teil nicht wirklich auf die Initiative der (Regierungs-)Fraktionen zurückgeht, sondern von der Regierung übernommen wird. Nach Art. 76 Abs. 2 GG sind Regierungsvorlagen zunächst dem **Bundesrat** zur Stellungnahme zuzuleiten. Diese Stellungnahme und gegebenenfalls eine Gegenäußerung der Bundesregierung sind der an den Bundestag gerichteten Vorlage hinzuzufügen. Dieser sog. **»erste Durchgang«** im Bundesrat kostet Zeit, läßt unter Umständen auch eine frühzeitige Festlegung des Bundesrates befürchten. Insbesondere bei unterschiedlichen Mehrheitsverhältnissen in Bundestag und Bundesrat ist deshalb häufig der Weg beschritten worden, eine originäre Regierungsvorlage »aus der Mitte des Bundestages« einzubringen, um den »ersten Durchgang« zu umgehen.[24] Gesetzesvorlagen aus den eigenen Reihen behandelt das Parlament, ohne daß vorher andere Verfassungsorgane eingeschaltet worden sind.

222 Im Ausgangsfall würden deshalb streng genommen die verfassungsrechtlichen Kompetenzen des Bundesrates verkürzt, denn obwohl es sich um eine Regierungsvorlage handelt, wird sie wie eine Parlamentsvorlage behandelt. Gleichwohl liegt hierin kein Verfassungsverstoß, weil Art. 76 GG von einer formalen Sicht bestimmt wird. Wenn eine Vorlage von einer Fraktion oder der notwendigen Zahl von Bundestagsabgeordneten (§ 76 GOBT) eingebracht wird, so handelt es sich hierbei um eine Vorlage »aus der Mitte des Bundestages«, ohne daß nach dem wirklichen Urheber geforscht wird. Das Vorgehen in unserem Ausgangsfall war insofern verfassungsrechtlich unbedenklich.[25] Es entspricht gängiger Staatspraxis.

b) Gesetzesberatung

223 **Fall 15:**

Für die interessierte Öffentlichkeit überraschend wurde am 17. 4. 2002 von den Bundestagsfraktionen der SPD, CDU/CSU, Bündnis 90/Die Grünen und FDP ein interfraktioneller »Entwurf eines Achten Gesetzes zur Änderung des Parteiengesetzes« im Bundestag eingebracht.[26] Nach Einbringung des Gesetzentwurfs und erster Lesung am 17. 4. 2002 fand die Beratung im Innenausschuß bereits am selben Tag statt und beanspruchte nur wenige Minuten. Bereits am 19.4. wurde das Gesetz in zweiter und dritter Lesung beraten und beschlossen. Wäre es verfassungsrechtlich zulässig gewesen, wenn die Vorlage in nur einer Sitzung beraten und sogleich über sie abgestimmt worden wäre?

224 Gesetzentwürfe werden im Bundestag gewöhnlich in drei **Beratungen** (Lesungen) behandelt. In der ersten Beratung findet nur ausnahmsweise eine Aussprache statt; regelmäßig werden die Vorlagen durch Beschluß an die zuständigen Ausschüsse überwiesen (§ 80 GOBT). Die zweite Beratung findet nach Abschluß der Ausschußberatungen und aufgrund der Empfehlungen der beteiligten Ausschüsse statt. In ihr können Änderungsanträge gestellt werden, über die abzustimmen ist (§§ 81 ff. GOBT). Sofern keine Änderungen beschlossen worden sind, folgt

23 Vgl. *H. Maurer*, Staatsrecht, § 17 Rdnr. 64.
24 Dazu *M. Schürmann*, AöR 115 (1990), S. 45 ff.
25 Str., vgl. *M. Schürmann*, AöR 115 (1990), S. 50 ff. m. w. N.
26 BT-Drucks. 14/8778.

die dritte Beratung im Anschluß an die zweite Beratung, im übrigen nachdem die beschlossenen Gesetzesänderungen zusammengestellt worden sind (§ 84 GOBT). Nach Schluß der dritten Beratung wird über den Gesetzentwurf abgestimmt (§ 86 GOBT).

Die Geschäftsordnung des Bundestages sieht jeweils Ausnahmen vor, die mit einer Mehrheit von zwei Dritteln der anwesenden Bundestagsabgeordneten beschlossen werden können. Nach § 126 GOBT kann mit einer derartigen Mehrheit generell von den Vorschriften der Geschäftsordnung abgewichen werden, sofern Vorschriften des Grundgesetzes nicht entgegenstehen. Das Gesetzgebungsverfahren ist durch die Verfassung nur in einigen Punkten bestimmt, im übrigen der Regelung durch die Geschäftsordnung des Bundestages überlassen. 225

Die Geschäftsordnung stellt ein aufgrund der Autonomie des Bundestages erlassenes Regelwerk des Innenrechts dar, das häufig als **Satzung** qualifiziert wird, in jedem Fall im Rang unterhalb des einfachen Gesetzes steht.[27] Das **Verfahrensrecht** der Geschäftsordnung ist also nur insoweit **Verfassungsrecht**, als es die Vorschriften des Grundgesetzes wiederholt. Daraus folgt, daß Beschlüsse, die **verfahrenswidrig** zustandekommen, nicht sogleich **verfassungswidrig** sind.[28] Selbstverständlich muß die Geschäftsordnung aber ihrerseits mit der Verfassung in Einklang stehen.[29] 226

Mit einer Mehrheit von **zwei Dritteln** der anwesenden Abgeordneten hat der Bundestag die Möglichkeit, von den Vorschriften der Geschäftsordnung abzuweichen. Im einzelnen sehen die §§ 78 ff. GOBT vor, daß mit einer Zwei-Drittel-Mehrheit beschlossen werden kann, ohne **Ausschußüberweisung** in die zweite Beratung einzutreten (§ 80 Abs. 2 GOBT) bzw. Fristen abzukürzen (§ 81 Abs. 1 Satz 2 GOBT). Sofern die notwendige Mehrheit erreicht wird, kann der Bundestag ein sog. **»Blitzgesetz«** erlassen, ohne daß überhaupt Vorschriften der Geschäftsordnung verletzt worden sind.[30] Es leuchtet ein, daß schnelles Handeln des Parlaments gelegentlich erforderlich ist. Auf der anderen Seite ist gegenüber derartigen Blitzgesetzen Skepsis geboten, weil die Gründe für ein überfallartiges parlamentarisches Vorgehen nicht unbedingt ehrenhaft sein müssen. 227

Im Ausgangsfall wäre die Beratung ohne Überweisung an einen Ausschuß in *einer* Sitzung möglich gewesen, wenn jeweils eine Mehrheit von zwei Dritteln der Anwesenden einem entsprechenden Antrag zugestimmt hätte. Daß ein derartiges Vorgehen verfassungspolitisch unerfreulich ist, weil es die Öffentlichkeit um ihre Teilhabe am Willensbildungsprozeß bringt, ist eine andere Frage. Die Verfassungswidrigkeit des Gesetzes kann allein aus diesem Umstand nicht hergeleitet werden. 228

c) Gesetzesbeschluß (Art. 77 Abs. 1 GG)

Fall 16: 229

Der Bundestag berät in dritter Lesung den Entwurf eines Waffengesetzes. Die Schlußabstimmung findet bei Anwesenheit von knapp 50 Abgeordneten statt; das Gesetz wird mit Mehrheit beschlossen. A, der wegen Verstoßes gegen das Waffengesetz verurteilt wird,

27 Vgl. BVerfGE 1, 144 (148).
28 So BVerfGE 1, 144 (151); 29, 221 (234); vgl. *H. Maurer*, Staatsrecht, § 17 Rdnr. 65.
29 Vgl. BVerfGE 44, 308 (315).
30 Vgl. BVerfGE 29, 221 (234).

hält das Gesetz für nichtig, weil der Bundestag bei seinem Beschluß nicht beschlußfähig gewesen sei.

(nach BVerfGE 44, 308)

230 Nach Art. 77 Abs. 1 GG werden die Bundesgesetze vom Bundestag »beschlossen«. Zum Beschluß des Bundestages ist die **Mehrheit** der abgegebenen **Stimmen** erforderlich, soweit das Grundgesetz – wie im Fall der Verfassungsänderung – nichts anderes bestimmt (Art. 42 Abs. 2 GG).

231 Genau genommen wären diese Voraussetzungen in unserem Ausgangsfall erfüllt, denn das Waffengesetz wurde mit der Mehrheit der abgegebenen Stimmen beschlossen.

232 Ein Beschluß des Bundestages setzt allerdings voraus, daß der Bundestag auch **»beschlußfähig«** ist, wozu die Anwesenheit von mehr als der **Hälfte** seiner **Mitglieder** erforderlich ist (§ 45 Abs. 1 GOBT).

233 Da bei der Abstimmung über das Waffengesetz nur knapp 50 Abgeordnete im Plenarsaal anwesend waren, war der Bundestag offenkundig nicht beschlußfähig, so daß an sich ein wirksamer Beschluß nicht hätte zustandekommen können.

234 Die Beschlußunfähigkeit des Bundestages ergibt sich jedoch nicht von selbst, sondern muß in einem besonderen Verfahren festgestellt werden. Voraussetzung hierfür ist, daß eine Fraktion oder 5 % der anwesenden Mitglieder des Bundestages die Beschlußfähigkeit bezweifeln und der Sitzungsvorstand sie nicht einmütig bejaht (§ 45 Abs. 2 Satz 1 GOBT). In diesem Fall muß festgestellt werden, wieviele Abgeordnete tatsächlich anwesend sind. Solange ein Antrag nach § 45 Abs. 2 GOBT nicht gestellt ist, **gilt** der Bundestag als **beschlußfähig**; sei es – etwa aufgrund von Fernsehaufnahmen – auch offenkundig, daß weniger als die Hälfte der Mitglieder anwesend war. Die Regelung der Geschäftsordnung läuft also darauf hinaus, die Beschlußfähigkeit zu fingieren, solange sie nicht bezweifelt wird. Das BVerfG hat diese Fiktion der Geschäftsordnungsautonomie des Bundestages zugerechnet und für verfassungsmäßig gehalten.[31]

235 Da im Ausgangsfall die Beschlußfähigkeit nicht angezweifelt worden ist, »galt« der Bundestag als beschlußfähig und konnte deshalb einen wirksamen Beschluß fassen.

236 Unabhängig von dem Verfahren nach § 45 Abs. 2 GOBT kann der **Sitzungsvorstand** von Amts wegen bezweifeln, daß 25 % der Mitglieder des Bundestages anwesend sind (§ 45 Abs. 4 Satz 1 GOBT). Im Einvernehmen mit den Fraktionen kann der Präsident die Sitzung unterbrechen und die Anwesenheit durch namentliche Abstimmung (§ 45 Abs. 4 Satz 2 i. V. m. § 52 GOBT) feststellen lassen. Das Fehlen bei der namentlichen Abstimmung hat eine Kürzung der Kostenpauschale zur Folge (§ 14 Abs. 2 Satz 1 AbgG). Ob diese Ergänzung der Geschäftsordnung zu einer höheren Präsenz bei (namentlich vom Fernsehen übertragenen) Plenardebatten führt, bleibt abzuwarten. Nicht einzuleuchten vermag, warum die Unterbrechung der Sitzung vom Einvernehmen der Fraktionen abhängt. Dies gilt insbesondere für den Fall, daß die Anwesenheitsquote unter 5 % sinkt und deshalb ohnehin nur die Fraktionen (durch den Vorsitzenden) den Antrag nach § 45 Abs. 2 GOBT stellen könnten.

31 Vgl. BVerfGE 44, 308 (320).

4. Mitwirkungsfunktion in Angelegenheiten der Europäischen Union und der NATO

Fall 17: 237

Nach dem Anschlag auf das World Trade Center am 11. September 2001 beschloß der NATO-Rat, daß die Vereinigten Staaten von Amerika Ziel eines bewaffneten Angriffs geworden seien (Art. 5 NATO-Vertrag). Die Bundesregierung erwog daraufhin, Einheiten der Bundeswehr nach Afghanistan zu entsenden, um die amerikanischen und britischen Streitkräfte zu unterstützen.

Die Mitgliedschaft der Bundesrepublik Deutschland in der **Europäischen Union** 238 hat umfangreiche Verlagerungen der Rechtssetzungsbefugnisse zur Folge. Da die Europäische Union gouvernemental strukturiert ist, würde mit dem fortschreitenden Integrationsprozeß eine **Kompetenzeinbuße** der nationalen Parlamente einhergehen. Bislang besitzt das (direktgewählte) Europaparlament keine eigenen Gesetzgebungsbefugnisse, so daß der Kompetenzverlust der nationalen Parlamente nicht ausgeglichen worden ist. Durch Art. 23 Abs. 2 und 3 GG werden dem Bundestag Einwirkungsmöglichkeiten auf die Bundesregierung bei den Rechtsetzungsaktivitäten der Europäischen Union eingeräumt. Da die Berücksichtigungspflicht nach Art. 23 Abs. 3 Satz 2 GG aber **keine Bindung** an die Stellungnahmen des Bundestages bedeutet, ist es zweifelhaft, ob der fortschreitende Kompetenzverlust des Parlaments kompensiert werden kann. Immerhin bewirkt Art. 23 Abs. 2 und 3 GG eine Einbindung des Parlaments in den nationalen Willensbildungsprozeß. Entscheidende Bedeutung kommt dem nach Art. 23 Abs. 3 Satz 3 GG erlassenen »Mitwirkungsgesetz« und dessen Handhabung in der Staatspraxis zu.[32]

Auch im Hinblick auf den Einsatz der Streitkräfte innerhalb der NATO kommen 239 dem Bundestag **Beschlußkompetenzen** zu. Die Feststellung, daß das Bundesgebiet mit Waffengewalt angegriffen wird oder ein solcher Angriff unmittelbar droht (Verteidigungsfall), trifft der **Bundestag** mit Zustimmung des Bundesrates (Art. 115 a Abs. 1 Satz 1 GG). Nicht geregelt sind hingegen die Kompetenzen des Bundestages bei dem Einsatz der Streitkräfte im Rahmen der NATO, insbesondere wenn der **»Bündnisfall«** (Art. 5 NATO-V) festgestellt worden ist. Das BVerfG hält die NATO für ein System gegenseitiger kollektiver Sicherheit im Sinne des Art. 24 Abs. 2 GG, so daß das Parlament bereits mit der Zustimmung zum NATO-Beitritt seine grundsätzliche Zustimmung auch zu einem entsprechenden Einsatz der Streitkräfte gegeben habe.[33]

Nach Auffassung des BVerfG steht aber auch jeder einzelne Truppeneinsatz unter 240 **Parlamentsvorbehalt**, so daß der Bundestag ihm zustimmen muß.[34] Die Zustimmung muß grundsätzlich vor dem Einsatz erfolgen. Nur bei Gefahr im Verzuge kann die Bundesregierung vorläufig den Einsatz beschließen, muß dann aber umgehend das Parlament mit der Angelegenheit befassen. Die Streitkräfte sind zu-

32 Gesetz über die Zusammenarbeit von Bundesregierung und Deutschem Bundestag in Angelegenheiten der Europäischen Union vom 12. 3. 1993 (BGBl. I, S. 311) i. V. m. der Bekanntmachung über das Inkrafttreten des Gesetzes vom 25. 10. 1993 (BGBl. I, S. 1780); dazu *R. Lang*, Die Mitwirkungsrechte des Bundesrates und des Bundestages in Angelegenheiten der Europäischen Union gem. Art. 23 Abs. 2–7 GG, 1997, S. 272 ff.

33 Offengeblieben in BVerfGE 68, 1 (80 f., 93 ff.); bejahend BVerfGE 90, 286 (347 ff., 350 ff.).

34 So BVerfGE 90, 286 (LS 3 a).

rückzurufen, wenn es der Bundestag verlangt.[35] Nicht der Zustimmung des Bundestages bedarf die Verwendung von Personal der Bundeswehr für Hilfsdienste und Hilfeleistungen im Ausland, sofern die Soldaten dabei nicht in bewaffnete Unternehmungen einbezogen sind.[36]

241 Der Anschlag auf das WTC vom 11. September 2001 bedeutete nicht den Verteidigungsfall, weil dieser voraussetzt, daß das *Bundesgebiet* mit Waffengewalt angegriffen wird (Art. 115 a Abs. 1 Satz 1 GG). Allerdings sah der NATO-Rat den »Bündnisfall« als gegeben an, stellte also fest, daß ein bewaffneter Angriff auf die Vereinigten Staaten von Amerika erfolgt sei. Nach Art. 5 Abs. 1 NATO-V wird ein solcher Angriff als Angriff gegen alle Mitgliedstaaten der NATO angesehen, wobei es jedem Staat überlassen bleibt, in welcher Weise er Beistand leistet. Die von der Bundesregierung beschlossene Entsendung deutscher Streitkräfte nach Afghanistan bedurfte aufgrund des – ungeschriebenen – Parlamentsvorbehalts der Zustimmung des Deutschen Bundestags.[37]

5. Repräsentationsfunktion

242 »Repräsentation« ist zum einen ein Gegenbegriff zu »Identität«. Wenn wir von einer »repräsentativen« Demokratie sprechen, bedeutet dies nicht die wirkliche Selbstherrschaft des Volkes – was »Demokratie« ja eigentlich heißen will –, sondern die Herrschaft über das Volk durch gewählte **Repräsentanten**. Die Identität von Herrschern und Beherrschten ist nur als Sozialutopie denkbar und hat mit der Realität des modernen Massenstaates nichts zu tun.

243 Repräsentation ist aber auch ein Gegenbegriff zu »Vertretung«, namentlich zu ständischer Vertretung. Wenn es in Art. 38 Abs. 1 Satz 2 GG heißt, die Abgeordneten seien »Vertreter des ganzen Volkes«, so ist hiermit keine Vertretung im Rechtssinne (Stellvertretung) gemeint, die für das ganze Volk denkunmöglich wäre. Art. 38 Abs. 1 Satz 2 GG gibt vielmehr die Idee der **Repräsentation** des Volkes durch seine Abgeordneten wieder.

244 Repräsentation bedeutet Verkörperung des Ganzen, wobei dieses »Ganze« real nicht existent zu sein braucht. Repräsentieren heißt,

> »daß etwas nicht real Präsentes wieder präsent, das heißt existentiell wird, etwas, was nicht gegenwärtig ist, wieder anwesend gemacht wird. Durch die Repräsentation wird somit etwas als abwesend und zugleich doch gegenwärtig gedacht. In diesem Vorgang liegt die spezifische Dialektik, die dem Begriff der Repräsentation eigen ist.«[38]

245 Der Repräsentationsbegriff *Gerhard Leibholz'*, der auf *Carl Schmitt* zurückgeht[39], trägt dem Umstand Rechnung, daß das **»Volk«** als solches nirgendwo anwesend und vor allem nicht handlungsfähig ist und dem Parlament deshalb die Funktion zukommt, das Volk zu verkörpern, es gleichsam anwesend werden zu lassen.

---

35 Vgl. BVerfGE 90, 286 (386 ff.).

36 So BVerfGE 90, 286 (388).

37 Die Bundesregierung hat einen entsprechenden Antrag am 7. 11. 2001 gestellt (BT-Drucks. 14/7296), der Bundeskanzler hat mit diesem Antrag am 13. 11. 2001 die Vertrauensfrage verbunden (BT-Drucks. 14/7440). Der Bundestag hat beide Anträge am 16. 11. 2001 mit 336 Ja-Stimmen zu 326 Nein-Stimmen beschlossen (Dt. BTag, PlenProt. 14/202, S. 19893).

38 So *G. Leibholz*, Die Repräsentation in der Demokratie, 3. Aufl. 1966, Nachdr. 1973, S. 26.

39 Vgl. *C. Schmitt*, Verfassungslehre, 5. Aufl. 1970, S. 208 ff.

Problematisch erscheint dieses Verständnis allerdings insoweit, als es sich zu einer Art »Repräsentations-Idealismus«[40] steigert, nach dem nur »Werte«, nicht aber »Interessen« der Repräsentation zugänglich sind. Wird zudem ein aristokratischer – geradezu mit einem »Heiligenschein« versehener[41] – Typ des Repräsentanten postuliert, so steht die Wirklichkeit des heutigen Parlamentarismus hierzu in sichtbarem Kontrast und erscheint fast notwendig als Niedergangsform der Repräsentation.[42]

Die Zweifel an der Repräsentationsfunktion des Parlaments verdichteten sich bei *Carl Schmitt* zu einer prinzipiellen **Kritik** am Parlamentarismus, dessen ideelle Voraussetzungen – Diskussion und Öffentlichkeit – er in der modernen Demokratie für entfallen hielt.[43] *Richard Thoma* hat demgegenüber darauf hingewiesen, daß man den Parlamentarismus nicht an idealisierenden Rechtfertigungen messen dürfe, die sich ggf. als trügerisch erwiesen hätten, sondern seine Strukturwandlungen in Rechnung ziehen müßte.[44] In diesem Sinne haben gerade Diskussion und Öffentlichkeit im Parlament angesichts der modernen Kommunikationstechnik besondere Chancen. Ob und welche Parlamente jemals Ort auch der materiellen politischen Entscheidungen waren, läßt sich nur aufgrund historischer Analyse feststellen. In dem hochkomplizierten System des modernen Staates ist es allerdings undenkbar, daß gesetzgeberische Entscheidungen allein aufgrund des Verlaufs der Parlamentsdebatte getroffen und nicht durch Partei- und Fraktionsbeschlüsse vorbereitet werden. Der formelle **Gesetzesbeschluß** ergeht demgegenüber stets in öffentlicher Parlamentssitzung. Die Debatte dient der **Begründung** und **Rechtfertigung** der von den politischen Parteien eingenommenen Positionen und bestimmt insofern ihren Standort im politischen Wettbewerb. 246

Damit sind kritische Einwände gegen die Entwicklung der parteienstaatlichen Demokratie und des gegenwärtigen Parlamentarismus nicht entkräftet. In der Tat mag der Abgeordnete heute eher als »Vertreter« einer Partei denn als Repräsentant des Volkes erscheinen. Aber auch das Volk ist nicht homogen, sondern besteht aus bestimmten Schichten und Interessengruppen, die von den politischen Parteien angesprochen und »repräsentiert« werden. 247

Die **Zusammensetzung** des **Bundestages** gibt allerdings zunehmend Anlaß zu der Befürchtung, der Anspruch, das »Ganze« zu repräsentieren, könne nicht eingelöst werden. Mittlerweile stammt nahezu jeder zweite Abgeordnete aus dem öffentlichen Dienst bzw. ihm nahestehender Organisationen. Bestimmte Berufe oder Wirtschaftszweige sind eindeutig »unterrepräsentiert«.[45] Obwohl der Gedanke der Repräsentation nicht bedeutet, daß das Parlament ein Spiegelbild der Bevölke- 248

40 So *H. Hofmann/H. Dreier*, in: Schneider/Zeh (Hrsg.), Parlamentsrecht und Parlamentspraxis, § 5 Rdnr. 10.

41 Vgl. *G. Leibholz*, Die Repräsentation der Demokratie, 3. Aufl. 1966, Nachdr. 1973, S. 175 f.

42 Vgl. dazu *H. Hofmann/H. Dreier*, in: Schneider/Zeh (Hrsg.), Parlamentsrecht und Parlamentspraxis, § 5 Rdnr. 10.

43 Vgl. *C. Schmitt*, Verfassungslehre, 5. Aufl. 1970, S. 319; grundlegend: *ders.*, Die geistesgeschichtliche Lage des heutigen Parlamentarismus, 2. Aufl. 1926, Nachdr. 1991, bes. S. 41 ff.

44 *R. Thoma*, Zur Ideologie des Parlamentarismus und der Diktatur, in: Archiv für Sozialwissenschaft und Sozialpolitik 53 (1924/25), S. 214.

45 Vgl. *P. Badura*, Staatsrecht, S. 398 ff.; vgl. *P. Schindler*, Datenhandbuch zur Geschichte des Deutschen Bundestages, 1949 bis 1999, Bd. I, 1999, S. 678 ff.

rung darstellen müßte, ist die »Verbeamtung« der Parlamente hiermit nur schwer vereinbar.[46]

II. Organisation und Arbeitsweise des Bundestages

1. Präsident, Präsidium, Ältestenrat

a) Bundestagspräsident (Art. 40 GG)

249 Der Präsident vertritt den Deutschen Bundestag, d. h. in allen **Rechtsangelegenheiten**, in denen der Bundestag (seiner Größe wegen) selbst nicht auftreten kann, fällt dem Präsidenten die Vertretung zu. Ein wichtiges Beispiel hierfür sind Streitigkeiten vor dem Bundesverfassungsgericht, in denen der Bundestag als Verfahrensbeteiligter auftritt.

250 Der Bundestagspräsident ist überdies **oberste Dienstbehörde** der Bundestagsbeamten. Hierbei ist zu bedenken, daß der Bundestag sich nicht im Plenum erschöpft, sondern zugleich eine große Behörde darstellt, die gegenwärtig 2.507 Mitarbeiter beschäftigt. Hierzu gehören die Wissenschaftlichen Dienste ebenso wie die Mitarbeiter von Ausschüssen und Abgeordneten, die Schreibkräfte ebenso wie die Parlamentsdiener und Fahrer. Leitender Beamter des Behördenapparats ist der »Direktor beim Deutschen Bundestag«.

251 Die in der Öffentlichkeit bekannteste Aufgabe des Bundestagspräsidenten ist die **Leitung der Verhandlungen**, die er im Wechsel mit den Vizepräsidenten wahrnimmt. In dieser Funktion kann er stilbildend wirken und für das Ansehen des Parlaments in der Öffentlichkeit entscheidend sein.

46

	13. WP 1994–1998		14. WP 1998–2002		15. WP 2002–2006	
Beamte	229	34,1 %	246	36,8 %	202	33,5 %
Angestellte des öffentlichen Dienstes	72	10,7 %	56	8,4 %	50	8,3 %
Angestellte von politischen und gesellschaftlichen Organisationen	89	13,2 %	86	12,9 %	72	11,9 %
Angestellte in der Wirtschaft	69	10,3 %	92	13,8 %	89	14,8 %
Selbständige	56	8,3 %	46	6,9 %	41	6,8 %
Angehörige freier Berufe	59	8,8 %	71	10,6 %	83	13,8 %
Hausfrauen	18	2,7 %	7	1,0 %	4	0,7 %
Arbeiter	10	1,5 %	9	1,3 %	3	0,5 %
Bedienstete der EG/EU	2	0,3 %	2	0,3 %	2	0,3 %
Pfarrer und Diakone	9	1,3 %	7	1,0 %	6	1,0 %
Sonstige (darunger Arbeitslose, in Ausbildung befindliche oder bisher ohne Berufsausbildung)	59	8,8 %	47	7,0 %	51	8,5 %
Abgeordnete insgesamt	672	100 %	669	100 %	603	100 %

Quelle: *F. Deutsch/S. Schüttemeyer*, ZParl. 34 (2003), S. 21 ff.

Nach Art. 40 Abs. 1 GG wählt der Bundestag seinen Präsidenten; eine Art. 67 GG vergleichbare Vorschrift fehlt. Auch die Geschäftsordnung sieht keine Abwahl des Präsidenten vor. Gleichwohl wird es für zulässig gehalten, einen amtierenden Bundestagspräsidenten durch die Wahl eines neuen Präsidenten abzuwählen.[47] Mit dem Grundgesetz wäre ein derartiges Verfahren vereinbar, weil auch die Neuwahl eine Wahl im Sinne des Art. 40 Abs. 1 GG wäre. Ohne Änderung der Geschäftsordnung allerdings dürfte ein solches Verfahren nicht zulässig sein, weil nach § 2 Abs. 1 GOBT der Bundestagspräsident »für die Dauer der Wahlperiode« gewählt wird. Ersichtlich geht die Geschäftsordnung davon aus, daß eine Abwahl nicht möglich ist. 252

b) Präsidium

Der Präsident des Deutschen Bundestages und seine Stellvertreter (Vizepräsidenten) bilden das **Präsidium**. Es darf nicht mit dem jeweiligen Sitzungsvorstand bei Plenarsitzungen verwechselt werden, der aus dem amtierenden Präsidenten und zwei Schriftführern besteht (§ 8 Abs. 1 GOBT). Dem Präsidium des Bundestages kommen nur eng begrenzte Befugnisse zu (§ 7 Abs. 4 Satz 4 GOBT); sie sind im Vergleich zu den Kompetenzen des Bundestagspräsidenten unbedeutend. 253

c) Ältestenrat

Der Ältestenrat des Bundestages besteht aus dem Präsidenten, den Vizepräsidenten und weiteren Mitgliedern, die von den Fraktionen im Verhältnis ihrer Stärke benannt werden. Dem Ältestenrat fällt nach § 6 Abs. 3 GOBT eine **Auffangkompetenz** zu, d. h. er beschließt über alle Angelegenheiten, die weder dem Präsidenten noch dem Präsidium zugewiesen sind. Für die parlamentarische Arbeit ist der Ältestenrat von hoher Bedeutung, weil er das Forum interfraktioneller Einigung bildet. Sinnvolle Parlamentsarbeit kann nur geleistet werden, wenn sich die Fraktionen über den äußeren Verlauf der Sitzungen einig sind. Hierzu gehört auch die Verteilung der Redezeiten, bei der freilich auch nicht fraktionsgebundene Abgeordnete zu berücksichtigen sind.[48] In der Staatspraxis gehören dem Ältestenrat die Geschäftsführer der Bundestagsfraktionen an. 254

2. Bundestagsausschüsse

Fall 18: 255

Im Haushaltsplan sind 5,1 Mrd. Euro für die Beschaffung des Großraumtransportflugzeuges FTA (Future Transport Aircraft) ausgewiesen. Da der Bund durch die Anschaffung des Transportflugzeuges zur Leistung von Ausgaben in künftigen Haushaltsjahren verpflichtet wird, ist der entsprechende Posten mit einer Verpflichtungsermächtigung versehen (§ 38 BHO), die »gesperrt« ist. Die Aufhebung der Sperre bedarf der Einwilligung des Haushaltsausschusses des Deutschen Bundestages.

Ist ein derartiger Sperrvermerk zulässig?

47 Str., vgl. *M. Morlok*, in: Dreier (Hrsg.), GG, Bd. II, Art. 40 Rdnr. 23; *L.-A. Versteyl*, in: v. Münch/Kunig (Hrsg.), GG, Bd. 2, Art. 40 Rdnr. 4.

48 So BVerfGE 84, 304 (323).

256 Ein Parlament von 598 Abgeordneten kann nicht alle Gegenstände im Plenum behandeln, insbesondere müssen seine Entscheidungen im parlamentarischen Raum vorbereitet werden, will es sich nicht in eine Abhängigkeit von der Regierung begeben. Bundestagsausschüsse sind deshalb für jeden wichtigen Geschäftsbereich vorgesehen, zum Teil kommt ihnen Verfassungsrang zu (Art. 45 a und c GG). Als **»vorbereitende Beschlußorgane«** des Bundestages ist es ihre Aufgabe, Beschlußempfehlungen für den Bundestag zu erarbeiten (§ 62 Abs. 1 Satz 2 GOBT). Neben den ihnen durch den Bundestag überwiesenen Vorlagen können sich die Ausschüsse auch mit anderen Fragen aus dem Geschäftsbereich befassen (§ 62 Abs. 1 Satz 3 GOBT).

257 Aufgrund ihrer Bedeutung müssen die Ausschüsse ein »verkleinertes Abbild des Plenums« sein.[49] Demgemäß bestimmt § 12 GOBT, daß die Fraktionen die Ausschüsse im Verhältnis zu ihrer Stärke besetzen. Der »Grundsatz der Spiegelbildlichkeit« bei der Verteilung der Ausschußsitze erfordert auch eine Berücksichtigung jener Abgeordneten, die keiner Fraktion angehören, sich aber zu einer Gruppe (§ 10 Abs. 4 GOBT) zusammengeschlossen haben. Sofern die nach Maßgabe des Stärkeverhältnisses der Fraktionen und Gruppen erfolgende Sitzverteilung zur Folge hat, daß auf eine Gruppe ein oder mehrere Ausschußsitze entfallen, haben deren Vertreter in den Ausschüssen keinen Status minderen Rechts, sondern Sitz und Stimme.[50] Anderes gilt für Abgeordnete, die weder einer Fraktion noch einer Gruppe angehören. Sie sind zwar Mitglieder in einem Ausschuß, haben aber kein Stimmrecht.[51] Ausschußvorsitze werden nach dem Verhältnis ihrer Stärke ausschließlich auf die Fraktionen verteilt.

258 Die Arbeitsweise der Ausschüsse ist nur teilweise in der Geschäftsordnung des Bundestages geregelt. Die Beratungen sind regelmäßig nicht öffentlich (§ 69 Abs. 1 GOBT). Ausnahmen bilden die Anhörungen (»Hearings«), in denen der Ausschuß Sachverständige und Interessenvertreter über Verhandlungsgegenstände anhört (§ 70 GOBT). Die Anhörungen erfreuen sich einer gewissen Beliebtheit, dürfen aber nicht darüber hinwegtäuschen, daß die politischen Entscheidungen zumeist gefallen sind und die jeweiligen politischen Richtungen ihre Positionen vor der Öffentlichkeit zu stärken versuchen.

259 Der Ausschuß bestellt für seine Verhandlungsgegenstände Berichterstatter, die dem Bundestag einen schriftlichen Bericht erstatten, der die Beschlußempfehlung enthalten muß (§ 66 GOBT). Sofern im Ausschuß unterschiedliche Auffassungen vertreten wurden, kann der Ausschußbericht einen Minderheitsbericht enthalten. Soweit der Ausschuß von der Vorlage abweicht, werden im Ausschußbericht zumeist Vorlagen und Beschlußempfehlungen einander gegenübergestellt. Die entsprechenden Bundestagsdrucksachen bilden eine wesentliche Quelle für die Entstehungsgeschichte von Gesetzen.

260 Als »vorbereitende Beschlußorgane« ist die Funktion der Ausschüsse noch nicht hinreichend beschrieben. In der Staatspraxis übernehmen sie zunehmend weitere Aufgaben, um einen drohenden Funktionsverlust des Parlaments auszugleichen. Es leuchtet ein, daß es erheblich einfacher ist, den Beschluß eines Ausschusses mit rund zwei Dutzend Mitgliedern herbeizuführen als den des gesamten Bundesta-

49 Vgl. BVerfGE 84, 304 (323 f.).
50 Vgl. BVerfGE 84, 304 (323 f.).
51 § 57 Abs. 2 Satz 2 GO BT; vgl. dazu BVerfGE 80, 188 (224) und unten Rdnr. 309 f.

ges. Hieran knüpft sich die verfassungsrechtliche Frage, wie weit der Bundestag in der Lage ist, eigene Entscheidungskompetenzen an einen Ausschuß zu delegieren.

Die sog. **»horizontale« Delegation** von Befugnissen zwischen Verfassungsorganen ist unzulässig.[52] Ihr steht das Prinzip der Funktionstrennung (»Gewaltenteilung«) entgegen, das nur in der Verfassung bestimmte Ausnahmen zuläßt. Der Bundestag könnte deshalb Gesetzgebungsbefugnisse nicht auf die Bundesregierung übertragen, die Regierung exekutivische Befugnisse nicht auf den Bundestag.[53] Fraglich ist dagegen, ob die **»vertikale« Delegation** auf ähnliche Bedenken stößt. Da die Kompetenzen hier prinzipiell dem zuständigen Organ verbleiben, lassen sich aus dem Gesichtspunkt der Gewaltenteilung keine Einwände herleiten.[54] Da die Sperrvermerke überdies voraussetzen, daß der Bundestag seine Billigung grundsätzlich ausgesprochen und nur an eine Bedingung geknüpft hat, erscheint die gegenwärtige Praxis der Zustimmungserfordernisse unbedenklich. Sie ist geeignet, dem viel beklagten Funktionsverlust des Parlaments entgegenzuwirken.[55] 261

In unserem Ausgangsfall bestehen keine verfassungsrechtlichen Bedenken dagegen, daß der Haushaltsausschuß seine Zustimmung erteilen muß, bevor der Sperrvermerk aufgehoben wird. Der Sperrvermerk bedeutet auch keine unzulässige Teilhabe des Parlaments am Haushaltsvollzug, denn soweit der Bundestag die Freigabe von Mitteln von derartigen Bedingungen abhängig macht, kann der Haushalt nicht vollzogen werden. 262

Eine ausdrückliche Ermächtigung, »Rechte des Bundestages« wahrzunehmen, enthält Art. 45 Satz 2 GG für den **»Ausschuß für die Angelegenheiten der Europäischen Union«**. Ebenso wie der Ausschuß für auswärtige Angelegenheiten und der Verteidigungsausschuß (Art. 45 a Abs. 1 GG) hat der Ausschuß für die Angelegenheiten der Europäischen Union Verfassungsrang, muß also bestellt werden. Die dem Bundestag eingeräumte Befugnis, den Ausschuß zur Wahrung der Rechte gem. Art. 23 GG gegenüber der Bundesregierung zu ermächtigen, stellt sich als verfassungsrechtlich zulässige vertikale Delegation dar. Die von dem Ausschuß im Rahmen der Delegation abgegebenen Stellungnahmen haben die gleiche rechtliche Qualität wie die des Bundestagsplenums.[56] Der Bundestag bleibt allerdings Herr des Verfahrens und kann die Ermächtigung jederzeit widerrufen.[57] 263

---

52 Vgl. *W. Kewenig*, Staatsrechtliche Probleme parlamentarischer Mitregierung am Beispiel der Bundestagsausschüsse, S. 33 ff.

53 Vgl. *H. Schulze-Fielitz*, in: Dreier (Hrsg.), GG, Bd. II, Art. 20 (Rechtsstaat) Rdnr. 65 ff.

54 Vgl. *W. Kewenig*, Staatsrechtliche Probleme parlamentarischer Mitregierung am Beispiel der Bundestagsausschüsse, S. 33 ff.

55 Vgl. *H. Siekmann*, in: Sachs (Hrsg.), GG, Art. 110 Rdnr. 91.

56 Vgl. *N. Achterberg/M. Schulte*, in: v. Mangoldt/Klein/Starck, GG, Bd. 2, Art. 45 Rdnr. 17 f.; *S. Magiera*, in: Sachs (Hrsg.), GG, Art. 45 Rdnr. 4 f.

57 Vgl. *N. Achterberg/M. Schulte*, in: v. Mangoldt/Klein/Starck, GG, Bd. 2, Art. 45 Rdnr. 18; *S. Magiera*, in: Sachs (Hrsg.), GG, Art. 45 Rdnr. 5.

3. Fraktionen

264 **Fall 19:**

Der Bundestag beschließt eine Änderung des § 10 seiner Geschäftsordnung, nach der Fraktionen nur von 6 % der Mitglieder des Deutschen Bundestags gebildet werden können. Die Fraktion der G-Partei, die bisher mit 35 Abgeordneten im Bundestag vertreten war, würde aufgrund dieser Änderung ihren Fraktionsstatus verlieren.

265 Nach § 45 Abs. 1 AbgG können sich Mitglieder des Bundestages zu Fraktionen zusammenschließen. Das Nähere regelt die Geschäftsordnung des Deutschen Bundestages (§ 45 Abs. 2 AbgG). Nach der Legaldefinition des § 10 Abs. 1 Satz 1 GOBT sind Fraktionen

»Vereinigungen von mindestens fünf vom Hundert der Mitglieder des Bundestages, die derselben Partei oder solchen Parteien angehören, die aufgrund gleichgerichteter politischer Ziele in keinem Land miteinander im Wettbewerb stehen.«

266 Die Fraktionen sind nach § 46 Abs. 1 AbgG rechtsfähige Vereinigungen von Abgeordneten im Deutschen Bundestag und können klagen und verklagt werden (Abs. 2). Da sie gem. § 46 Abs. 3 AbgG nicht Teil der öffentlichen Verwaltung sind und keine öffentliche Gewalt ausüben, sind sie kraft Gesetzes **juristische Personen** des **Zivilrechts**. Dies kann freilich nur im Hinblick auf die von den Fraktionen zu tätigenden Rechtsgeschäfte gelten, etwa den Abschluß von Arbeitsverträgen mit Fraktionsangestellten (vgl. etwa § 49 AbgG). Im übrigen bleibt die Funktion der Fraktionen als politische Untergliederungen und damit Organteile, die ihnen von Verfassungs wegen eingeräumt ist, unberührt.[58] Aufgrund des § 46 AbgG haben die Fraktionen folglich eine **rechtliche Doppelnatur**. Sie sind einerseits Teile des Organs Bundestag und andererseits rechtlich verselbständigte Vereinigungen.[59]

267 Das parlamentarische Leben ist vollständig auf die Fraktionen abgestellt. Deren Schlüsselstellung im Bundestag bedeutet gleichzeitig, daß Abgeordnete ohne Fraktionszugehörigkeit im Parlament Randfiguren bleiben müssen. Die Wahl der Präsidenten und der Stellvertreter vollzieht sich nach einem Proporz unter den Fraktionen. Der Ältestenrat wird von den Fraktionen beschickt (§ 6 Abs. 1 GOBT). Auch die Wahrnehmung zahlreicher parlamentarischer Befugnisse setzt nach der Geschäftsordnung des Bundestages die **Fraktionsmindeststärke** voraus. Hierzu zählen u. a. das Recht, Gesetzentwürfe einzubringen (§ 76 Abs. 1 i. V. m. § 75 Abs. 1 a) GOBT), die Anrufung des Vermittlungsausschusses zu beantragen (§ 89 GOBT), in dritter Lesung Änderungsanträge zu Gesetzentwürfen zu stellen (§ 85 Abs. 1 GOBT) sowie Kleine und Große Anfragen an die Bundesregierung zu richten (§ 76 Abs. 1 i. V. m. § 75 Abs. 1 f), § 75 Abs. 3 GOBT). Man hat diese Erscheinungen als »Proportionalisierung des parlamentarischen Lebens« (*Smend*) kritisiert, sie sind gleichwohl in einem modernen Parlament unvermeidlich.

---

58 Vgl. *H. Maurer*, Staatsrecht, § 13 Rdnr. 105; *W. Henke*, Das Recht der politischen Parteien, 2. Aufl. 1972, S. 146.

59 Vgl. *E. Schmidt-Jortzig/F. Hansen*, Neue Rechtsgrundlage für die Bundestagsfraktionen, NVwZ 1994, S. 1147; vgl. *B. Stevens*, Die Rechtsstellung der Bundestagsfraktionen, 2000, S. 78.

Für die G-Fraktion hatte die Änderung der Geschäftsordnung die Einbuße des Fraktionsstatus und damit den Verlust zahlreicher parlamentarischer Mitwirkungsbefugnisse zur Folge. Ihr bliebe nur die Anerkennung als »Gruppe« (§ 10 Abs. 4 GOBT). 268

Dem Bundestag steht es aufgrund seiner Geschäftsordnungsautonomie grundsätzlich frei, die Mindeststärke der Fraktionen festzulegen. Allerdings müssen derartige Regelungen sachgerecht sein. Die in § 10 Abs. 1 GOBT festgesetzte Mindeststärke spiegelt – wenngleich mit einer gewissen Unschärfe – die 5 %-Klausel des § 6 Abs. 6 BWahlG wider. Eine Partei, die bei Bundestagswahlen mehr als 5 % der gültigen Zweitstimmen errungen hat, besitzt im Bundestag regelmäßig auch Fraktionsstärke. Da § 10 Abs. 1 GOBT an die Zahl der Mitglieder des Bundestages, nicht aber an die Zahl der gem. § 1 Abs. 1 BWahlG zu wählenden Abgeordneten anknüpft, bleibt einer Partei nach Erreichen von 5 % Zweitstimmen der Fraktionsstatus unter Umständen vorenthalten, wenn die Zahl der Mitglieder des Bundestages durch Überhangmandate steigt. 269

Parteien nehmen allerdings auch dann an der Verteilung der Sitze auf die Landeslisten teil, wenn sie in mindestens drei Wahlkreisen ein Direktmandat (»Grundmandate«) errungen haben (§ 6 Abs. 6 Satz 1 BWahlG). Insofern kann es vorkommen, daß eine Partei, die erheblich unter der 5 %-Klausel bleibt, gleichwohl im Bundestag vertreten ist. Eine solche Partei erreicht nicht die Mindeststärke für Fraktionen; ihre Abgeordneten können im Bundestag deshalb nur als »Gruppe« auftreten. Das BVerfG hat einen weitergehenden Anspruch auf Einräumung des Fraktionsstatus verneint, zugleich aber ausgesprochen, daß auch »Gruppen« im Sinne von § 10 Abs. 4 GOBT Sitz und Stimme in den Bundestagsausschüssen nicht von vornherein vorenthalten werden kann.[60] 270

In unserem Ausgangsfall vermag sich die Änderung des § 10 GOBT nicht auf sachgerechte Erwägungen zu stützen. Wenn nach dem (ranghöheren) Bundeswahlgesetz eine Partei mit 5 % der gültigen Zweitstimmen im Bundestag vertreten sein soll, ist es willkürlich, wenn ihren Abgeordneten nicht gleichzeitig der Fraktionsstatus im Bundestag zugebilligt wird. Die Sperrklausel bildet deshalb gleichzeitig die obere Grenze für die in der Geschäftsordnung zu regelnde Mindeststärke von Fraktionen.[61] 271

Besondere Bedeutung kommt im Bundestag den Oppositionsfraktionen zu, die sich als eigentliche Träger der parlamentarischen Kontrollfunktion verstehen. Die Regierung und die sie stellenden Fraktionen sind im parlamentarischen Regierungssystem personell und sachlich so eng miteinander verwoben, daß man sie als **»Staatsleitung«** bezeichnet und ihnen die Opposition gegenüberstellt.[62] 272

Bestimmte Befugnisse, die das Grundgesetz vorsieht, sind geradezu auf die Oppositionsfraktionen zugeschnitten. So kann ein Drittel der Mitglieder des Bundestages eine **Sondersitzung** erzwingen (Art. 39 Abs. 3 Satz 3 GG). Ein Drittel der Mitglieder des Bundestages ist überdies in der Lage, ein Normenkontrollverfahren vor dem BVerfG in Gang zu setzen (Art. 93 Abs. 1 Nr. 2 GG). 273

60 Vgl. BVerfGE 84, 304 (323 ff.).
61 Offengelassen von BVerfGE 84, 304 (325).
62 Vgl. BVerfGE 102, 224 (236); *K. Stern*, Staatsrecht I, S. 956, 1023 ff. (»Neue Frontstellung«).

4. Wahlperiode des Bundestages (Art. 39 Abs. 1 GG)

274 **Fall 20:**

Im 9. Deutschen Bundestag ist der »Entwurf einer Verwaltungsprozeßordnung (VwPO)« (BT-Drucks. 9/1851) eingebracht, durch das vorzeitige Ende der Legislaturperiode aber nicht mehr verabschiedet worden.

Hätte der Rechtsausschuß des 10. Deutschen Bundestages sich des Entwurfs wieder annehmen können, um die Beratungen fortzusetzen?

275 Der »Deutsche Bundestag« als im Grundgesetz vorgesehenes Organ ist vom jeweiligen Bundestag gedanklich zu trennen. Während der Bundesrat trotz des Personenwechsels ein kontinuierlich vorhandenes Bundesorgan darstellt, endet mit jeder Wahlperiode auch ein »Bundestag« in einer bestimmten Zusammensetzung, wenngleich natürlich nicht der »Deutsche Bundestag«.

276 Am leichtesten verstehbar wird diese Besonderheit des Parlaments durch einen Blick in die Verfassungsgeschichte, in der uns »Reichstage« als an einem bestimmten Ort zusammengerufene Gesandtenkongresse gegenübertreten, die sich danach wieder auflösten. Durch die Änderung der Bestimmung über die Legislaturperiode (Art. 39 Abs. 1 GG) im Jahre 1976[63] ist das Parlament jedoch den anderen, permanent vorhandenen Verfassungsorganen insoweit angenähert worden, als es keine »parlamentslose« Zeit mehr gibt.[64]

277 Mit Ablauf einer Legislaturperiode, d.h. eines bestimmten – und in der Parlamentspraxis bezifferten – (z. B. 15.) Bundestages gelten die Vorlagen »als erledigt« (§ 125 GOBT). Die Vorlagen sind nicht wirklich erledigt, insbesondere bei einem vorzeitigen Ende der Legislaturperiode bleibt eine Fülle unerledigter Vorlagen zurück. Ihre Erledigung wird aber fingiert, so daß der »neue«, d.h. aufgrund des Wahlergebnisses verändert zusammengesetzte Bundestag nur Vorlagen behandelt, die erneut eingebracht werden.

278 In unserem Ausgangsfall könnte die Bundesregierung eine Behandlung des Gesetzentwurfs also nur dadurch erreichen, daß er zunächst dem Bundesrat zugeleitet wird (was im konkreten Fall geschehen ist – vgl. BR-Drucks. 148/83), um ihn dann erneut im Bundestag einzubringen.

279 Da der Bundesrat im Gegensatz zum Bundestag den **Grundsatz der sachlichen Diskontinuität** nicht kennt, kommt es gelegentlich zu überraschenden Konstellationen. Hat der Bundestag das Gesetzgebungsverfahren mit dem Beschluß eines Gesetzes abgeschlossen, so unterfällt der Gesetzesbeschluß nicht dem Grundsatz der Diskontinuität, wenn der Bundesrat ihm zustimmt bzw. keinen Einspruch einlegt; denn in diesem Fall ist keine weitere Behandlung durch den Bundestag notwendig. Die Vorlage ist tatsächlich »erledigt«. Sofern der Bundesrat nach vorangegangenem Vermittlungsverfahren Einspruch erhebt, muß der Bundestag hierüber nochmals entscheiden (Art. 77 Abs. 4 GG). Endet die Wahlperiode vor

63 BGBl. I, S. 2381.

64 Bis zur Änderung des Art. 39 GG bestellte der Bundestag einen »ständigen Ausschuß« der die Rechte des Bundestages gegenüber der Bundesregierung zwischen zwei Wahlperioden zu wahren hatte (Art. 45 Abs. 1 Satz 1 GG a. F.). Der Ständige Ausschuß hatte allerdings nicht das Recht der Gesetzgebung oder der Wahl des Bundeskanzlers (Art. 45 Abs. 2 GG a. F.).

dieser Entscheidung, muß das gesamte Verfahren im Bundestag wiederholt werden.[65]

280 Die Permanenz des Parlaments – der »nahtlose« Übergang von einer Wahlperiode in die andere – ist eine sinnvolle, dem parlamentarischen Regierungssystem adäquate Neuerung. In unsere Zeit paßt nicht mehr die Vorstellung, daß Parlamente »auseinandergejagt« werden, eine parlamentslose Zeit eintreten kann, um der Regierung endlich sinnvolle Arbeit zu ermöglichen. Gleichwohl ist fraglich, ob die Novellierung des Art. 39 GG in allen Konsequenzen bedacht worden ist, wie folgendes Beispiel zeigt:

281 **Fall 21:**

Der Bundeskanzler hat die Vertrauensfrage gestellt und nach erlittener Niederlage dem Bundespräsidenten gem. Art. 68 Abs. 1 GG vorgeschlagen, den Bundestag aufzulösen. Der Bundespräsident nimmt die Auflösung vor und ordnet Neuwahlen innerhalb von 60 Tagen an. Die Bundestagsmehrheit möchte dem Bundeskanzler die Möglichkeiten nehmen, den Wahlkampf als Amtsinhaber zu führen und stellt deshalb den Antrag nach Art. 67 GG.

Darf der Bundestagspräsident über diesen Antrag abstimmen lassen?

282 Da die Wahlperiode – und damit die Amtszeit des Bundestages – gem. Art. 39 Abs. 1 Satz 2 GG nicht mit der Auflösungsanordnung, sondern erst mit dem Zusammentritt des neuen Bundestages endet, bleibt der aufgelöste Bundestag im Besitz aller Kompetenzen. Er kann während der verbleibenden Amtszeit Gesetze beschließen, schlichte Parlamentbeschlüsse erlassen und Tadelsanträge behandeln. Im Gegensatz zu einer im Schrifttum vertretenen Meinung[66] gibt es keinen Grund, nach der Auflösung des Bundestages durch den Bundespräsidenten den Sturz des Kanzlers nach Art. 67 GG für unzulässig zu halten. Die vom Bundespräsidenten angeordnete Auflösung des Bundestages ist zwar irreversibel; indes spricht nichts dafür, dem Parlament in dem verbleibenden Vierteljahr seiner Wahlperiode (Art. 39 Abs. 1 Satz 4 = 60 Tage + Art. 39 Abs. 2 = 30 Tage) die Kompetenz zu entziehen, den Bundeskanzler durch einen anderen zu ersetzen. Sowohl die Zuweisung als auch der Entzug von Kompetenzen müssen ausdrücklich in der Verfassung erfolgen. Der Bundeskanzler hat folglich keine Garantie, im Falle der Auflösung bis zum Zusammentritt des neuen Bundestages Kanzler zu bleiben.

283 Aus heutiger Perspektive mag ein Kanzlersturz kurz vor Ablauf der Legislaturperiode widersinnig erscheinen. Unter anderen politischen Voraussetzungen kann es durchaus darauf ankommen, wer über einen Zeitraum von drei Monaten die Richtlinien der Politik bestimmt. Sofern der verfassungsändernde Gesetzgeber ein Mißtrauensvotum nach Auflösung des Bundestages hätte ausschließen wollen, hätte er dies im Wortlaut des Grundgesetzes zum Ausdruck bringen müssen. Die Unzulässigkeit eines solchen Antrags lediglich im Wege der Interpretation zu erreichen, erscheint als mit dem parlamentarischen Regierungssystem unvereinbar.

284 In Fall 21 wäre der Bundestag also nicht gehindert, den Bundeskanzler durch Wahl eines neuen Bundeskanzlers zu stürzen. Das (konstruktive) Mißtrauensvotum würde aber

65 Vgl. *J. Masing*, in: v. Mangoldt/Klein/Starck, GG, Bd. 2, Art. 77 Rdnr. 102.
66 Vgl. *H.-P. Schneider*, in: AK-GG, Art. 39 Rdnr. 15.

nichts an der Auflösung des Bundestages, d. h. den vom Bundespräsidenten gem. Art. 68 Abs. 1 GG angeordneten Neuwahlen ändern.

III. Die Rechtsstellung des Abgeordneten

1. Das parlamentarische Mandat (Art. 38 Abs. 1 GG)

285 **Fall 22:**

Im Bundestag wird ein Gesetzentwurf eingebracht, nach dem in § 46 Abs. 1 BWahlG eine neue Ziffer 4 a mit folgendem Wortlaut eingefügt werden soll: »Ausscheiden aus der Partei, für die er bei der Wahl aufgetreten ist«.

Wäre eine derartige Änderung mit dem Grundgesetz zu vereinbaren?

286 Nach Art. 38 Abs. 1 Satz 2 GG sind die Abgeordneten

»Vertreter des ganzen Volkes, an Aufträge und Weisungen nicht gebunden und nur ihrem Gewissen unterworfen.«

287 Das sog. **»freie Mandat«** ist ein Stück Überlieferung der Verfassungsgeschichte und hat sich mit gleichem oder ähnlichem Wortlaut in allen deutschen Verfassungen gefunden.[67] Eben diese Tradition hat Anlaß dazu gegeben, das freie Mandat prinzipiell in Frage zu stellen, weil seine historischen Bedingungen – »das Honoratiorenparlament« – im modernen Parteienstaat entfallen sind.[68] In der Tat erwerben Abgeordnete ihre Mandate ausnahmslos über die politischen Parteien; seit 1949 ist kein Einzelbewerber mehr in den Bundestag gelangt. Insofern ist es zutreffend, von einem »parteigebundenen Mandat« zu sprechen. Gleichwohl wäre es vorschnell, freies Mandat und Parteienstaat in einen prinzipiellen Gegensatz zueinander zu setzen, der nur auf Kosten des einen oder des anderen Prinzips lösbar sei.[69] Erst recht wäre es verfehlt, in Art. 38 und 21 GG den häufig beschworenen Gegensatz von »Verfassung« und »Verfassungswirklichkeit« zu erblicken. Nüchterne Analyse zeigt vielmehr, daß der Grundsatz des freien Mandats auch in der parteienstaatlichen Demokratie unentbehrlich ist.

288 Zunächst wird der **tatsächliche Willensbildungsprozeß** in den politischen Parteien durch Art. 38 Abs. 1 Satz 2 GG überhaupt nicht berührt. Es ist selbstverständlich, daß der einzelne Abgeordnete angesichts der Komplexität der dem Parlament gestellten Entscheidungsaufgaben nicht in jedem Fall eine eigene, »freie« Entscheidung trifft, sondern den in Partei und Fraktionen vorgeformten Willen »mitträgt«. Art. 38 Abs. 1 Satz 2 GG nötigt keineswegs dazu, diesen realen Befund zu leugnen und sich die Parlamentsentscheidung als von einer bestimmten Zahl »frei« abstimmender Abgeordneter getroffen vorzustellen. Der Grundsatz des freien Mandats tritt insofern in keine Konkurrenz zur Praxis der parlamentarischen Willensbildung, enthält auch keinerlei Fiktion über das Zustandekommen von Parlamentsentscheidungen, sondern umreißt allein eine **Rechtsstellung**.

---

67 § 96 PaulskirchenV; Art. 29 RV; Art. 21 WRV.

68 Vgl. dazu *P. Badura*, in: Schneider / Zeh (Hrsg.), Parlamentsrecht und Parlamentspraxis, § 15 Rdnr. 9 ff (17 ff.); *N. Achterberg*, Das rahmengebundene Mandat, 1976, S. 16 ff.; *H.-P. Schneider*, Das parlamentarische System, in: Benda / Maihofer / Vogel (Hrsg.), Handbuch des Verfassungsrechts, S. 553 f.

69 Vgl. *G. Leibholz*, Strukturprobleme der modernen Demokratie, 3. Aufl. 1967, S. 217 f.

Die tatsächliche Abhängigkeit der Mandatsträger von den Parteien ist – insbesondere, wenn man sich die Realität politischer Karrieren, von »Politik als Beruf« (*M. Weber*) vor Augen führt – so intensiv, daß es widersinnig wäre, ihr eine rechtliche Bindung an die Seite zu stellen. Parteioligarchien würden noch durchsetzungsfähiger als sie es ohnehin sind, wenn der einzelne Abgeordnete über keinen gesicherten rechtlichen Status verfügte. 289

Das freie Mandat ist im modernen Parteienstaat als Rechtsstellung des Abgeordneten zu begreifen, die er in die innerparteiliche Diskussion einbringen kann und die ihn davor schützt, wegen abweichenden Stimmverhaltens seiner politischen Existenz beraubt zu werden. Ein **»Spannungsverhältnis«**, wie es das BVerfG zwischen Art. 21 Abs. 1 und Art. 38 Abs. 1 Satz 1 GG entdeckt hat[70], dürfte nur insoweit bestehen, als die politischen Parteien zur **Instrumentalisierung** ihrer Abgeordneten neigen, in Art. 38 Abs. 1 GG aber auf eine äußerste rechtliche Grenze stoßen.[71] 290

Der Gesetzentwurf in unserem Ausgangsfall wäre offensichtlich verfassungswidrig, wenn auch ein Parteiausschluß zum Verlust des Mandats führen würde. In diesem Fall nämlich könnte die Partei selbst den Mandatsverlust herbeiführen; der Abgeordnete wäre vollkommen instrumentalisiert. Auch der Mandatsverlust bei Parteiaustritten wäre jedoch mit Art. 38 Abs. 1 GG unvereinbar, weil der Abgeordnete hier seiner Rechtsposition beraubt würde, die er gerade in Grenzfällen seiner Partei sollte entgegenhalten können. Im übrigen wäre auch eine Differenzierung zwischen Direktmandaten und über die Liste erworbenen Mandaten unzulässig; Art. 38 Abs. 1 Satz 2 GG kennt nur das einheitliche Abgeordnetenmandat. 291

2. Indemnität und Immunität (Art. 46 GG)

a) Indemnität (Art. 46 Abs. 1 GG)

Fall 23: 292

Bundestagsabgeordneter A richtet eine Anfrage an die Bundesregierung, in der es um die Beteiligung eines Bundesministers an einer Steuerhinterziehungsaffäre geht. Der Tenor der Frage läuft darauf hinaus, eine solche Entwicklung zu unterstellen, obwohl ein staatsanwaltschaftliches Ermittlungsverfahren noch nicht eingeleitet worden ist. Zugleich übergibt der Abgeordnete A seine Anfrage der Presse, die tags darauf darüber berichtet. Minister B beantragt gegen A eine einstweilige Verfügung, mit der A verboten werden soll, eine derartige Unterstellung zu wiederholen.

(nach BGHZ 75, 384)

»Indemnität« bedeutet nicht nur **Straffreiheit** für Äußerungen, die im Bundestagsplenum, in den Ausschüssen oder der Fraktion getan werden, sondern **Freistellung** von jeder gerichtlichen oder disziplinarrechtlichen **Verantwortung**. Der Grund für diese Privilegierung der im Parlament vertretenen Meinung leuchtet ein: Die freimütige Kritik soll nicht durch Drohung mit straf- oder zivilrechtlichen Konsequenzen behindert oder unterbunden werden. Eine Grenze ist bei der **Ver-** 293

---

70 Vgl. BVerfGE 2, 1 (72 f.).

71 Vgl. *P. Badura*, in: Schneider/Zeh (Hrsg.), Parlamentsrecht und Parlamentspraxis, § 15 Rdnr. 19; *ders.*, in: BK, GG, Art. 38 Rdnr. 70; *H. Hofmann/H. Dreier*, in: Schneider/Zeh (Hrsg.), Parlamentsrecht und Parlamentspraxis, § 5 Rdnr. 42 ff.

leumdung erreicht, die ausdrücklich von der Privilegierung ausgenommen ist (Art. 46 Abs. 1 Satz 2 GG).

294 Für Äußerungen außerhalb des Bundestages (Reden, Interviews oder Pressemitteilungen) bleibt die Verantwortlichkeit bestehen; hiergegen sind alle rechtlichen Schritte zulässig, soweit nicht die **Immunität** ein Verfolgungshindernis darstellt. Gelegentlich kann die Abgrenzung zwischen Äußerungen, die in der **Öffentlichkeit** und solchen, die im **Parlament** getan wurden, Schwierigkeiten bereiten. Die Rechtsprechung wertet eine Äußerung nicht schon dann als öffentlich, wenn der Presse lediglich Mitteilung von einer im Parlament getanen Äußerung gemacht wird.[72]

295 In unserem Beispielsfall geht es um die zivilrechtliche Verantwortlichkeit des A, die grundsätzlich von Art. 46 Abs. 1 GG erfaßt wird. Indemnität für seine Mitteilung gegenüber der Presse ist nicht von vornherein ausgeschlossen, auch wenn sie den gleichen Gegenstand berührt wie die Anfrage. Die Rechtsprechung fordert zusätzlich, daß der parlamentarische Raum vor Veröffentlichung der Pressemitteilung erreicht worden sein muß, mit anderen Worten, die Anfrage als Drucksache vorliegen muß. Dieser Schluß liegt in der Konsequenz des dem Abgeordneten durch Art. 46 Abs. 1 GG gewährten Privilegs: Die im Parlament getane Äußerung und der wahrheitsgemäße Bericht hierüber sollen von Verantwortung freigestellt werden, nicht aber eine in der Öffentlichkeit getane Äußerung, die im Parlament nur wiederholt wird.

b) Immunität (Art. 46 Abs. 2 GG)

296 **Fall 24:**

Die Staatsanwaltschaft in K teilte dem Bundestagspräsidenten am 17. 4. 2000 mit, es sei beabsichtigt, gegen den Bundestagsabgeordneten P ein Ermittlungsverfahren wegen Verdachts der Steuerhinterziehung einzuleiten. Auf Antrag der Staatsanwaltschaft ordnete das Amtsgericht K am 4. 5. 2000 die Durchsuchung der Wohn- und Büroräume des P an. Auf Antrag der Staatsanwaltschaft beschloß der Bundestag am 11. 5. 2000, die Durchsuchungen zu genehmigen, die noch am selben Tag stattfanden. Das Landgericht K stellte durch Beschluß vom 11. 8. 2000 rechtskräftig fest, daß die Durchsuchungs- und Beschlagnahmebeschlüsse des Amtsgerichts K rechtswidrig gewesen seien, weil das Gericht den Verdacht einer Steuerhinterziehung zu Unrecht angenommen habe.

(BVerfGE 104, 310)

297 Die Immunität unterscheidet sich von der Indemnität in dreifacher Hinsicht:

- Sie schützt den Abgeordneten **schlechthin**, d. h. in seinem gesamten Lebensbereich, nicht nur hinsichtlich seiner Tätigkeit im Bundestag.
- Sie schützt nur vor **Strafverfolgung**, umfaßt – anders als die Indemnität – also nicht zivilrechtliche Ansprüche.
- Sie stellt ein reines **Strafverfolgungshindernis** dar, gewährt also – auch dies im Gegensatz zur Indemnität – keine Straffreiheit.

298 Immunität ist in der Ära des Konstitutionalismus eine notwendige Voraussetzung parlamentarischer Arbeit gewesen. Beispiele aus jener Zeit zeigen, daß mißliebige Abgeordnete dadurch aus dem Parlament eliminiert wurden, daß man sie mit Gerichtsverfahren überzog.

---

72 BGHZ 75, 384 (387); dazu *H.-A. Roll*, Indemnität gegenüber zivilrechtlichen Ansprüchen, NJW 1980, S. 1439.

Der Nationalökonom *Friedrich List* gehörte ab 1820 der württembergischen Kammer an, sah sich aber alsbald einem Verfahren wegen Beleidigung des Beamtenstandes ausgesetzt, weil er in einem Wahlaufruf von einer »Schreiberkaste« gesprochen hatte. Nach der Verfassung verlor ein Abgeordneter sein Mandat, wenn gegen ihn eine »Kriminaluntersuchung« eingeleitet wurde. Auf diese Weise gelang es der württembergischen Regierung, den ihr unbequemen Abgeordneten aus dem politischen Leben zu entfernen.[73] 299

In der parlamentarischen Demokratie kann die Immunität für den Abgeordneten auch **Nachteile** haben, denn mit der Genehmigung der Strafverfolgung (Art. 46 Abs. 2 GG) ist unter Umständen unerwünschte Publizität verbunden. Nicht leicht zu beantworten ist überdies die Frage, wie eine Genehmigung zu erteilen ist, ohne daß der Abgeordnete hiervon – den Ermittlungserfolg möglicherweise gefährdende – Kenntnis erhält. 300

Die **Staatspraxis** hat sich weit von dem Immunitätsbild entfernt, das Art. 46 Abs. 2 GG vermittelt. Der Bundestag erteilt zu Beginn jeder Legislaturperiode generelle Genehmigungen bzw. delegiert diese an den Ausschuß für Immunität, so daß für **Plenarentscheidungen** nur geringer Raum bleibt.[74] 301

- Genehmigt sind im vorhinein **Ermittlungsverfahren** gegen Bundestagsabgeordnete. Der Präsident des Deutschen Bundestages ist hiervon in jedem Fall zu unterrichten, der betroffene Abgeordnete nur, sofern hierdurch das Ermittlungsverfahren nicht gefährdet ist. 302
- Die **Erhebung der öffentlichen Klage** bedarf der ausdrücklichen Genehmigung des Bundestages, wobei diese Entscheidung bei Verkehrsdelikten und Bagatellstrafsachen an den Immunitätsausschuß delegiert worden ist. Seine »Vorentscheidung« gilt als Entscheidung des Bundestages, sofern kein Widerspruch erhoben wird. Eine ähnliche Regelung ist für die Vollstreckung einer kurzzeitigen Freiheitsstrafe getroffen. 303
- Der Bundestag selbst – also das Plenum – entscheidet in Immunitätsangelegenheiten, wenn es um die **Anklage** wegen **schwerer Delikte** oder die **Vollstreckung** von **Freiheitsstrafen** von mehr als **drei Monaten** geht. 304

Im Ausgangsfall konnte die Staatsanwaltschaft gegen P ein Ermittlungsverfahren einleiten, ohne daß es der Genehmigung des Bundestages bedurfte, weil die Durchführung von Ermittlungsverfahren gegen Bundestagsabgeordnete – wie in den vorausgegangenen Legislaturperioden – vom 14. Deutschen Bundestag ausdrücklich genehmigt worden war.[75] Der Wortlaut des Beschlusses würde nahelegen, daß hiermit auch Durchsuchungsmaßnahmen genehmigt worden sind, weil diese nicht in den Ausnahmetatbeständen 305

---

73 Vgl. *E. R. Huber*, Deutsche Verfassungsgeschichte seit 1789, Bd. I, S. 384 f.

74 Vgl. insbes. § 107 Abs. 2 GOBT i. V. m. Anlage 6 (*Sartorius* I Nr. 35 = *Nomos Textausgaben* ÖffR Nr. 13): Grundsätze in Immunitätsangelegenheiten und in Fällen der Genehmigung gemäß § 50 Abs. 3 StPO und § 382 Abs. 3 ZPO sowie bei Ermächtigungen gem. § 90 b Abs. 2, § 194 Abs. 4 StGB.

75 Der Beschluß ist seit dem 5. Deutschen Bundestag (1965–69) mit folgendem Wortlaut gefaßt worden:
»1. Der Deutsche Bundestag genehmigt bis zum Ablauf dieser Wahlperiode die Durchführung von Ermittlungsverfahren gegen Mitglieder des Bundestages wegen Straftaten, es sei denn, daß es sich um Beleidigungen (§§ 185, 186, 187 a Abs. 1 StGB) politischen Charakters handelt. Das Ermittlungsverfahren darf im Einzelfall frühestens 48 Stunden nach Zugang der Mitteilung beim Präsidenten des Deutschen Bundestages eingeleitet werden.«

auftauchen.[76] In der Staatspraxis wird die Genehmigung einer (gerichtlich) angeordneten Durchsuchung beim Bundestag ausdrücklich beantragt und erteilt[77], was insofern folgerichtig ist, als auch *Büroräume* der Abgeordneten Gegenstand der Durchsuchung sein können. Der Bundestag hat die Durchsuchung jedoch genehmigt, so daß insoweit die Immunität des P aufgehoben war.

306 Die Immunität darf nicht als »Eigenschaft« des Abgeordneten mißverstanden werden, die mit dem Beschluß des Immunitätsausschusses oder Plenums verlorengeht. Der Bundestag genehmigt die Strafverfolgung bzw. Bestrafung nur **einzelner Taten**, während im übrigen der Abgeordnete weiterhin Immunität genießt.[78] Durch die Immunität soll der einzelne Abgeordnete allerdings nicht privilegiert, sondern die Funktionsfähigkeit des Parlaments gesichert werden, die in Frage gestellt wäre, wenn Abgeordnete ohne Mitwirkung des Parlaments der Strafverfolgung ausgesetzt wären.[79]

307 Im Ausgangsfall war zweifelhaft, ob der Bundestag die tatsächlichen Voraussetzungen der Durchsuchung der Wohn- und Büroräume des P, die letztlich nicht vorlagen, hätte prüfen müssen. Das BVerfG hat diese Frage verneint und den Bundestag lediglich als verpflichtet angesehen, die Maßnahmen auf sachfremde Erwägungen hin zu überprüfen.[80] Auch dem einzelnen Abgeordneten soll hiernach gegenüber Immunitätsbeschlüssen des Deutschen Bundestages nur ein Willkürschutz zukommen.[81] Der Antrag des P wurde im Ausgangsfall deshalb als unbegründet zurückgewiesen.[82]

3. Parlamentarische Rechte des Abgeordneten

308 **Fall 25:**

Abgeordneter B ist wegen politischer Meinungsverschiedenheiten aus seiner Partei ausgetreten und gehört dem Bundestag als fraktionsloser Abgeordneter an. Bei Debatten meldet er sich regelmäßig zu Wort, doch wird ihm vom Präsidenten das Wort nicht erteilt. Zur Begründung wird ihm jeweils mitgeteilt, es seien interfraktionelle Vereinbarungen über die Redezeitbegrenzung getroffen worden und keine Fraktion sei bereit gewesen, sich seine Redezeit anrechnen zu lassen.

(nach BVerfGE 10, 4)

309 Jeder einzelne Abgeordnete verfügt über einen **verfassungsrechtlichen Status**, den er im Wege der Organstreitigkeit vor dem BVerfG verteidigen kann.[83] Zu diesem Status gehört das **Rederecht** und das **Fragerecht**. Die parlamentarische Arbeit ist allerdings in erster Linie auf die **Fraktionen** zugeschnitten. Redezeitbegrenzungen, die die Fraktionen untereinander vereinbaren, sind zulässig. Derartige Ver-

---

76 Vgl. Abs. 2 des Beschlusses.

77 Vgl. umfassend zu Problemen der Immunität in der parlamentarischen Praxis *R. Wurbs*, Regelungsprobleme der Immunität und der Indemnität in der parlamentarischen Praxis, 1988, S. 29 ff.

78 Vgl. *H. Schulze-Fielitz*, in: Dreier (Hrsg.), GG, Bd. II, Art. 46 Rdnr. 36.

79 Vgl. *N. Achterberg/M. Schulte*, in: v. Mangoldt/Klein/Starck, GG, Bd. 2, Art. 46 Rdnr. 31; *S. Magiera*, in: Sachs (Hrsg.), GG, Art. 46 Rdnr. 11.

80 BVerfG, 104, 310 (332 f.).

81 BVerfG, 104, 310 (332).

82 BVerfG, 104, 310 (331 ff.).

83 Vgl. BVerfGE 2, 143 (166); 10, 4 (12); 62, 1 (32); 90, 286 (343); 94, 351 (365); 97, 407 (414); st. Rspr.

einbarungen dürfen aber nicht zu dem Ergebnis führen, daß fraktionslose Abgeordnete überhaupt nicht zu Wort kommen, denn die Rede im Plenum ist für sie eine der wenigen Möglichkeiten, ihrer Auffassung Gehör zu verschaffen. Da Art. 38 Abs. 1 Satz 2 GG überdies nicht nach fraktionsgebundenen und fraktionslosen Mandaten unterscheidet, ist es mit dem verfassungsrechtlichen Status des Abgeordneten unvereinbar, wenn ihm die parlamentarische Rede vorenthalten wird.[84] Daneben haben fraktionslose Abgeordnete Anspruch auf einen Ausschußsitz.[85] Stimmrecht kommt ihnen jedoch nicht zu, weil die Ausschüsse andernfalls die Mehrheiten im Bundestagsplenum nicht mehr widerspiegeln würden.[86]

In unserem Beispielsfall hätte der Abgeordnete einen vor dem BVerfG durchsetzbaren Anspruch, eine angemessene Redezeit eingeräumt zu bekommen.[87] 310

4. Anspruch auf angemessene Entschädigung (Art. 48 Abs. 3 GG)

Fall 26: 311

Der Bundestag fügt § 11 AbgG[88] einen vierten Absatz zu, nach dem die Fraktionsvorsitzenden und Ausschußvorsitzenden ebenfalls eine Amtszulage in Höhe der der Bundestagsvizepräsidenten erhalten.

(nach BVerfGE 40, 296; 102, 224)

Nach Art. 48 Abs. 3 Satz 1 GG haben die Abgeordneten »Anspruch auf eine angemessene, ihre Unabhängigkeit sichernde Entschädigung«. Dieser im Grundsatz unstreitige, weil für das Funktionieren des Parlamentarismus unentbehrliche Anspruch wird problematisch erst mit seiner konkreten Umsetzung in Beträge. Ein immer wieder die Kritik herausfordernder Umstand ist die Entscheidung in eigener Sache;[89] kraft seiner Gesetzgebungskompetenz bestimmt der Bundestag selbst, welche Entschädigung »angemessen« ist. Das BVerfG hat im **»Diätenurteil«**[90] versucht, hierfür Leitlinien zu entwickeln: 312

- Die nach früherem Recht bestehende **Steuerfreiheit** ist für verfassungswidrig erklärt worden, weil nach Auffassung des Gerichts die Diäten ihren Charakter als »Aufwandsentschädigungen« verloren haben.[91] 313
- Eine **»Diätenstaffelung«**, nämlich unterschiedliche Bezüge für Funktionsträger im Parlament hält das BVerfG ebenfalls mit dem (formalen) Gleichheitssatz für nicht vereinbar; Ausnahmen sollte es nur für den Präsidenten und die Vizepräsidenten geben.[92] 314

---

84 Vgl. BVerfGE 10, 4 (12 f.).
85 § 57 Abs. 2 Satz 2 GOBT.
86 Vgl. BVerfGE 80, 188 (224 f.).
87 Vgl. BVerfGE 80, 188.
88 *Sartorius* I Nr. 48 = *Nomos Textausgaben* ÖffR Nr. 9 a.
89 BVerfGE 40, 296 (327); vgl. auch BVerfGE 102, 224.
90 So BVerfGE 40, 296 (315).
91 Vgl. BVerfGE 40, 296 (327).
92 Vgl. BVerfGE 40, 296 (318); vgl. *C. C. Müller-York/C. Irrgang*, Zur Verfassungsmäßigkeit von gestaffelten Diäten und Funktionszulagen für Funktionsträger der Fraktionen, ZParl 29 (1998), S. 303 ff.; *V. Bahnsen*, Entschädigungszulagen für parlamentarische Funktionsträger, NJW 1998, S. 1041 ff.

315 – Ein Ende fand durch die Rechtsprechung des BVerfG auch das **»Beamtenprivileg«**, wonach Beamte, die ein Mandat übernahmen, neben den Abgeordnetendiäten ein Ruhegehalt bezogen.[93]

316 Ob die in §§ 11 ff. AbgG den im Diätenurteil aufgestellten Grundsätzen entsprechen, ist zweifelhaft.[94] Neben die (steuerpflichtige) Entschädigung in Höhe von derzeit 7.009 € tritt eine (nicht steuerpflichtige) **Aufwandsentschädigung** in Form einer »Kostenpauschale« von derzeit 3.503 €, ohne daß der Aufwand nachgewiesen werden muß. Der Präsident des Deutschen Bundestages und seine Stellvertreter erhalten eine Amtszulage (§ 11 Abs. 2 AbgG).

317 Im Ausgangsfall sind Zulagen auch für die Fraktions- und Ausschußvorsitzenden beabsichtigt, die nach der ursprünglich vom BVerfG vertretenen Auffassung gegen den formalen Gleichheitssatz verstoßen. In seiner neueren Rechtsprechung hat das BVerfG die Frakionsvorsitzenden von diesem Verbot ausgenommen, es demgegenüber für Ausschußvorsitzende bekräftigt.[95] Nach der Rechtsprechung des BVerfG wäre § 11 Abs. 4 AbgG deshalb nur im Hinblick auf die Fraktionsvorsitzenden verfassungsmäßig.

5. Pflichten der Abgeordneten

318 **Fall 27:**

Der Abgeordnete C tritt ohne eine entsprechende Anzeige an den Bundestagspräsidenten als freier Mitarbeiter in eine Rechtsanwaltskanzlei ein, die wiederum einen Beratervertrag mit einem Industrieunternehmen hat. C erstellt Berichte über die Entwicklung von Gesetzesvorhaben, die als »Entscheidungshilfen« an das Unternehmen weitergegeben werden.

319 Das Problem des **»Lobbyismus«** (von »lobby« [*engl.*] = Vorhalle, insbes. des britischen Unterhauses) entzieht sich einer glatten Lösung. In einem Parlament parteienstaatlicher Prägung ist es selbstverständlich, daß Abgeordnete (auch) soziale Gruppen, Verbände oder Berufe vertreten, die die jeweilige Partei ansprechen will. Problematisch erscheint es, wenn jenseits der sozialen oder beruflichen Zugehörigkeit Abgeordnete weitere Abhängigkeiten eingehen und dafür honoriert werden. Abgeordnete sind keine **Amtsträger** im Sinne der §§ 331 ff. i. V. m. § 11 Abs. 1 Nr. 2 StGB, so daß – anders als bei Ministern – strafrechtliche Sanktionen für die Annahme von Vorteilen nicht vorgesehen sind. Gleichwohl besteht ein verbreitetes Unbehagen daran, daß Abgeordnete in ihrer Position partikulare Interessen vertreten.[96]

320 Der Bundestag hat **Verhaltensregeln** für seine Mitglieder aufgestellt, die zugleich die gebräuchlichen Praktiken des Lobbyismus im Bundestag widerspiegeln.[97] Zunächst muß jeder Abgeordnete seinen Beruf und seine beruflichen Bindungen – auch soweit sie schon vor seiner Mitgliedschaft im Bundestag bestanden – genau angeben. Auch die Höhe der Einkünfte ist anzuzeigen, wenn sie

---

93 Vgl. BVerfGE 40, 296 (321 ff.).

94 Vgl. *H. H. Trute*, in: v. Münch/Kunig (Hrsg.), GG, Bd. 2, Art. 48 Rdnr. 33 f.; *H. H. Klein*, in: Maunz/Dürig, GG, Art. 48 Rdnr. 191.

95 Vgl. BVerfGE 102, 224 (242 ff.).

96 Vgl. *K. Stern*, Staatsrecht I, S. 1071 ff.; *M. Morlok*, in: Dreier (Hrsg.), GG, Bd. II, Art. 38 Rdnr. 123; *H. H. Trute*, in: v. Münch/Kunig (Hrsg.), GG, Bd. 2, Art. 38 Rdnr. 77.

97 Zur Aufstellung von Verhaltensregeln ist der Bundestag gem. § 44 a AbgG verpflichtet.

einen vom Bundestagspräsidenten festgelegten Mindestbetrag übersteigen. Die Mehrzahl dieser Angaben werden im Amtlichen Handbuch des Bundestages veröffentlicht.

Jeder Abgeordnete hat über alle **Spenden** und andere unentgeltliche Zuwendungen, die ihm für seine politische Tätigkeit zur Verfügung gestellt werden, gesondert Rechnung zu führen. Eine Spende, deren Wert in einem Kalenderjahr 5.000 € übersteigt, ist unter Angabe des Namens und der Anschrift des Spenders sowie der Gesamthöhe der Spende dem Bundestagspräsidenten anzuzeigen. Außerdem muß ein Abgeordneter eine Interessenverknüpfung offenlegen, wenn er beruflich oder auf Honorarbasis mit einem Gegenstand beschäftigt ist, der in einem Ausschuß des Bundestages zur Beratung ansteht. 321

Die Verletzung der Verhaltensregeln zieht keinerlei **rechtliche Konsequenzen** nach sich; äußerstenfalls kann das Präsidium eine entsprechende Feststellung veröffentlichen. Ob rechtliche Regelungen, die wiederum zur Umgehung herausfordern, überhaupt sinnvoll sind, mag dahingestellt sein. Im Grunde ist es eine Frage der **politischen** – hier parlamentarischen – **Kultur**, wieweit Abgeordnete ihr Mandat für eine weitere Erwerbstätigkeit ausnutzen. Ein gewisser Widerspruch ist freilich darin zu sehen, daß die Unabhängigkeit der Abgeordneten durch entsprechend hohe Diäten gewährleistet werden soll, andererseits der Lobbyismus im Bundestag ein Dauerproblem darstellt.[98] 322

In unserem Ausgangsbeispiel liegen Verstöße gegen §§ 1, 2 und 6 der Verhaltensregeln des Deutschen Bundestages nahe. Freilich würde auch bei nachgewiesenem Verstoß nur eine Veröffentlichung des Präsidiums in Betracht kommen, die keine unmittelbaren rechtlichen Konsequenzen hat. Zu prüfen wäre allerdings, ob ein entgegen den Verhaltensregeln abgeschlossener Vertrag »sittenwidrig« im Sinne des § 138 BGB ist. Ein Verstoß gegen ein gesetzliches Verbot (§ 134 BGB) liegt mangels Rechtsqualität der Verhaltensregeln nicht vor. 323

98 Vgl. oben Rdnr. 311 ff.

324 IV. Übersicht: Verfahren der Bundesgesetzgebung I (Initiative, Beratung, Gesetzesbeschluß)

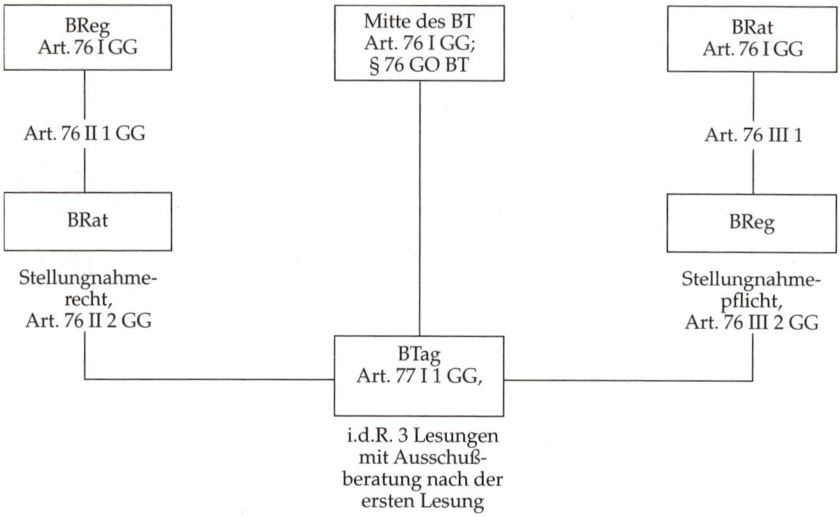

V. Das Europäische Parlament

325 Das Europäische Parlament besteht aus **Vertretern der Völker** der in der **Gemeinschaft** zusammengeschlossenen **Staaten**. Es übt die Befugnisse aus, die ihm nach dem EGV zustehen (Art. 189 Abs. 1 EGV). Die Abgeordneten der Mitgliedstaaten werden in **allgemeiner** und **unmittelbarer Wahl** gewählt (Art. 190 Abs. 1 EGV), wobei auf die einzelnen Mitgliedstaaten eine feste Anzahl von Abgeordneten entfällt (Deutschland: 99).[99]

326 Von den herkömmlichen Parlamenten eigenen »Funktionen«[100] kommt dem Europäischen Parlament nur die **Kontroll- und Repräsentationsfunktion** zu. Zwar hat das EP auch im Bereich der Wahlfunktion und der Gesetzgebungsfunktion einzelne Zuständigkeiten; sie sind jedoch weit von echten parlamentarischen Befugnissen entfernt.[101] Im Bereich der herkömmlich Parlamenten zustehenden **Wahlfunktion** ist das EP darauf beschränkt, der Benennung des Präsidenten und der übrigen Mitglieder der Kommission, die bei den Regierungen der Mitgliedstaaten liegt, **zuzustimmen** (Art. 214 Abs. 2 EGV). Eine Wahl durch das Europäische Parlament findet nicht statt.

327 Ausgeprägt sind die **Kontrollbefugnisse** des Europäischen Parlaments, die die Einsetzung eines Untersuchungsausschusses (Art. 193 EGV), die Entgegennahme von Petitionen (Art. 194 EGV), die Entgegennahme des jährlichen Gesamtberichts

99 Vgl. oben Rdnr. 134 ff.
100 Vgl. oben Rdnr. 196 ff.
101 Vgl. *R. Streinz*, Europarecht, Rdnr. 316 ff.

(Art. 200 EGV) sowie den Mißtrauensantrag gegen die Kommission (Art. 201 EGV) einschließen.[102]

Eine dem Bundestag vergleichbare **Gesetzgebungskompetenz** hat das Europäische Parlament nicht, insbesondere fehlt ihm die Befugnis der **Gesetzesinitiative**.[103] Im Haushaltsbereich ist das EP eine Art »Mitgesetzgeber« (Art. 272 Abs. 3–9 EGV) und kann ggf. den Haushalt der Gemeinschaft insgesamt ablehnen (Art. 272 Abs. 8 EGV). 328

Die **Repräsentationsfunktion** des Europäischen Parlaments ist von hoher Bedeutung, weil die Abgeordneten die **»Völker«** der in der Gemeinschaft vereinigten Staaten – also nicht allein die **Mitgliedstaaten** – repräsentieren.[104] Allerdings entsprechen dieser parlamentarischen Grundfunktion (noch) keine parlamentarischen Kompetenzen, insbesondere kein Gesetzgebungs- und Budgetrecht.[105] Die Struktur der Europäischen Union ist deshalb nach wie vor als **gouvernemental** und **nicht** als **parlamentarisch** zu bezeichnen.[106] 329

Das parlamentarische Regierungssystem hat sich allerdings auch in den Mitgliedstaaten erst in Gestalt eines längeren historischen Prozesses durchgesetzt. In Deutschland ist der Gedanke der Volkssouveränität erst mit der Weimarer Reichsverfassung (1919) zum Durchbruch gelangt, während der Konstitutionalismus des 19. Jahrhundert dadurch gekennzeichnet war, daß das Bürgertum den Monarchen Mitbestimmungsrechte zugunsten der Parlamente abrang.[107] Insofern befindet sich die Europäische Union gegenwärtig noch in einer Art »konstitutioneller« Phase, in der die Regierungen der Mitgliedstaaten (im Rat) und die von ihnen benannte Kommission dominieren, während das Europäische Parlament stetig an Kompetenzen zunimmt.[108] Am Ende dieser Entwicklung könnte ein »echtes« Parlament mit den herkömmlichen Parlamentsfunktionen stehen. 330

VI. Rechtsprechung

BVerfGE 1, 144 (Geschäftsordnungsautonomie des Deutschen Bundestages); **E** 10, 4 (Rechtsstellung des Abgeordneten); **E** 40, 296 (Diätenurteil); **E** 44, 308 (Beschlußfähigkeit des Bundestages); **E** 60, 374 (Rechtsnatur parlamentarischer Rügen); **E** 62, 1 (Auflösung des 9. Deutschen Bundestages); **E** 67, 100 (Untersuchungsausschuß; Aktenherausgabe); **E** 70, 324 (Besetzung von Ausschüssen durch Fraktionen); **E** 77, 1 (»Neue Heimat«, Beschlagnahme von Unterlagen privater Unternehmen); **E** 80, 188 (Fraktionslose Abgeordnete im Bundestag: »Wüppesahl«); **E** 84, 304 (Ausschußmitgliedschaft von »Gruppen-Abgeordneten«); **E** 94, 351 (Gysi I); **E** 96, 264 (Abgeordnete einer »Grundmandatsklausel-Partei«); **E** 97, 408 (Gysi II); **E** 102, 224 (Zulagen für parlamentarische Funktionsträger); **E** 103, 81 (Bund-Länder-Strei- 331

102 Vgl. *R. Streinz*, Europarecht, Rdnr. 314.

103 Vgl. zur Rechtssetzung in den Europäischen Gemeinschaften *R. Streinz*, Europarecht, Rdnr. 436 ff.; vgl. *T. Oppermann*, Europarecht, Rdnr. 265.

104 Vgl. *M. Herdegen*, Europarecht, Rdnr. 146.

105 Vgl. zur Entwicklung der Rechte des Europäischen Parlaments bei der Budgetgewalt *T. Oppermann*, Europarecht, Rdnr. 271.

106 Vgl. *A. Bleckmann*, Europarecht, Rdnr. 183.

107 Vgl. *J.-D. Kühne*, in: Schneider / Zeh (Hrsg.), Parlamentsrecht und Parlamentspraxis, § 2; *K. Kluxen*, Geschichte und Problematik des Parlamentarismus, 1983, S. 197 ff.

108 Vgl. *T. Oppermann*, Europarecht, Rdnr. 263; vgl. auch *A. Bleckmann*, Europarecht, Rdnr. 332 ff.; *M. Herdegen*, Europarecht, Rdnr. 146.

tigkeit; »Pofalla I«); **E** 104, 151 (Zustimmung der Bundesregierung zum neuen strategischen Konzept der NATO); **E** 104, 310 (Aufhebung der Immunität: »Pofalla II«); **E** 105, 197 (Rechte der Minderheit in Untersuchungsausschüssen des Bundestages); **BVerfG**, Urt. v. 30. 7. 2003 – 2 BvR 508/01; 2 BvE 1/01 – (Zeugnisverweigerungsrecht und Beschlagnahmeprivileg bei Abgeordneten).

VII. Literatur

332 **N. Achterberg**, Parlamentsrecht, 1984; **H. H. v. Arnim**, Das neue Abgeordnetengesetz, NJW 1996, S. 1233; **D. Birk**, Gleichheit im Parlament, NJW 1988, S. 2521; **H. Borgs-Maciejewski/A. Drescher**, Parlamentsorganisation. Institutionen des Bundestages und ihre Aufgaben, 4. Aufl. 1993, **M. Brenner**, Das Gesetz über die Zusammenarbeit von Bundesregierung und Deutschem Bundestag in Angelegenheiten der »Europäischen Union«, ThürVBl. 1993, S. 196; **J. Bücker**, Rechtliche Probleme und parlamentarische Praxis der Anhörung bei den Ausschüssen des Deutschen Bundestages, ZG 1989, S. 97; **H. Butzer**, Immunität im demokratischen Rechtsstaat, 1991; **H. Dreier**, Regelungsform und Regelungsinhalt des autonomen Parlamentsrechts, JZ 1990, S. 310; **U. Di Fabio**, Parlament und Parlamentsrecht, Der Staat 29 (1990), S. 599; **C. Gusy**, Demokratische Repräsentation, ZfP 1989, S. 264; **J. Jekewitz**, Parlamentsausschüsse und Ausschussberichterstattung, Der Staat 25 (1986), S. 399; **W. Kewenig**, Staatsrechtliche Probleme parlamentarischer Mitregierung am Beispiel der Arbeit der Bundestagsausschüsse, 1970; **G. Kisker**, Der Streit um den Fraktionsstatus, JuS 1980, S. 284; **J. Kürschner**, Die Statusrechte des fraktionslosen Abgeordneten, 1984; **R. Lang**, Die Mitwirkungsrechte des Bundesrates und des Bundestages in Angelegenheiten der Europäischen Union gemäß Art. 23 Abs. 2 bis 7 GG, 1997; **S. Magiera**, Die Grundgesetzänderung von 1992 und die Europäische Union, Jura 1994, S. 1; **W. Mößle**, Regierungsfunktionen des Parlaments, 1986; **M. Morlok**, Parlamentarisches Geschäftsordnungsrecht zwischen Abgeordnetenrechten und politischer Praxis, JZ 1989, S. 1035; **ders.**, Gesetzliche Regelung des Rechtsstatus und der Finanzierung der Bundestagsfraktionen, NJW 1995, S. 29; **S. Muckel**, Das ruhende Mandat, Jura 2001, S. 704; **S. Queng**, Das Zutritts- und Rederecht nach Art. 43 II GG, JuS 1998, S. 610; **M. Rau**, Parlamentarische Funktionszulagen und der verfassungsrechtliche Status der Abgeordneten – BVerfGE 102, 224, JuS 2001, S. 755; **E. C. Rautenberg**, Immune Abgeordnete, NJW 2002, S. 1090; **H. G. Ritzel/J. Bücker/H.-J. Schreiner**, Handbuch für die Parlamentarische Praxis mit Kommentar zur Geschäftsordnung des Deutschen Bundestages (Loseblatt, Stand: November 2002); **H.-P. Schneider**, Spielregeln für den investigativen Parlamentarismus: Das neue Untersuchungsausschuss-Gesetz des Bundestages, NJW 2001, S. 2604; **M. Schürmann**, Die Umgehung des Bundesrates im sog. »Ersten Durchgang« einer Gesetzesvorlage, AöR 115 (1990), S. 45; **H. Schulze-Fielitz**, Der Fraktionslose im Bundestag: Einer gegen alle?, DÖV 1989, S. 829; **K. A. Sellmann**, Der schlichte Parlamentsbeschluß; 1966; **K. Stein**, Die Besetzung der Sitze des Bundestages im Vermittlungsausschuss, NVwZ 2003, S. 557; **F. Thedieck**, Die Parlamentsfunktionen, JA 1988, S. 423; **J. Vetter**, Die Parlamentsausschüsse im Verfassungssystem der Bundesrepublik Deutschland, 1986; **K. Vogelsang**, Die Verpflichtung der Bundesregierung zur Antwort auf parlamentarische Anfragen, ZRP 1988, S. 5; **T. Walter**, Indemnität und Immunität (Art. 46 GG) im Überblick, Jura 2000, S. 496; **A. Weber/H. Eschmann**, Der eigenwillige Abgeordnete, JuS 1990, S. 659; **H. Weiß**, Parlamentarisches Fragerecht und Antwortpflicht der Regierung, DVBl. 1988, S. 268; **D. Wiefelspütz**, Die Immunität des Abgeordneten, DVBl. 2002, S. 1229; **ders.**, Die Immunität und Zwangsmaßnahmen gegen Abgeordnete, NVwZ 2003, S. 38; **ders.**, Das Untersuchungsausschussgesetz, 2003; **T. Wilrich**, Der Bundespräsident, DÖV 2002, S. 152; **O. Witt**, Das Immunitätsrecht im Grundgesetz, Jura 2001, S. 585; **J. Ziekow**, Der Status des fraktionslosen Abgeordneten – BVerfGE 80, 190 –, JuS 1991, S. 28.

§ 7 Der Bundesrat

Der **Bundesrat**, durch den die Länder an der **Gesetzgebung** und **Verwaltung** des Bundes mitwirken (Art. 50 GG), stellt ein Stück verfassungsgeschichtlicher Kontinuität dar. Die Paulskirchenverfassung (1849) hatte als Föderativorgan eine zweite Kammer – das »Staatenhaus« – vorgesehen, das zusammen mit dem »Volkshaus« den **Reichstag** bilden und diesem gleichberechtigt sein sollte. Der **»Bundesrat«** der Reichsverfassung von 1871 war ein aus ernannten Vertretern der einzelnen Bundesstaaten bestehender Gesandtenkongreß, der an Regierung und Verwaltung teilhatte (nicht jedoch als »zweite Kammer« neben dem Reichstag angesprochen werden konnte). Der **»Reichsrat«** der Weimarer Verfassung bestand notwendig aus Mitgliedern der Landesregierungen und wies insofern schon in die Richtung der vom Grundgesetz gewählten »Bundesratslösung«.[1] 333

I. Zusammensetzung und Arbeitsweise des Bundesrates

Fall 28: 334

Der Bundesrat beriet in seiner Sitzung vom 22. 3. 2002 über das vom Bundestag verabschiedete Zuwanderungsgesetz (BR-Drucks. 157/02). Für das Land Brandenburg stimmte der Arbeitsminister mit »Ja«, während der Innenminister mit »Nein« stimmte. Auf Nachfrage des Bundesratspräsidenten stimmte der Ministerpräsident mit »Ja«, während der Innenminister auf sein vorher abgegebenes Votum verwies. Auf die nochmalige Nachfrage des Bundesratspräsidenten erklärte der Ministerpräsident: »Als Ministerpräsident des Landes Brandenburg erkläre ich hiermit Ja.« Ist das Zuwanderungsgesetz verfassungsmäßig zustandegekommen?

(BVerfG, NJW 2003, 339)

Der Bundesrat ist keine gemeinsame Einrichtung der Länder, keine »Länderkammer«, sondern ein **oberstes Staatsorgan** des Bundes. Er wird aus dem Bundeshaushalt finanziert, die bei ihm tätigen Beamten sind Bundesbeamte. Der Bundesrat setzt sich in Abhängigkeit von der Einwohnerzahl der Bundesländer aus zwischen drei und sechs **Mitgliedern** der **Landesregierungen** zusammen und hat auf diese Weise **69** stimmberechtigte **Mitglieder** (Art. 51 Abs. 2 GG).[2] 335

Der Bundesrat kennt keine Mitgliedschaft von Ländern, sondern nur die einzelner Regierungsmitglieder (Art. 51 Abs. 1 Satz 1 GG). Eine Stellvertretung ist im 336

1 Zu der ebenfalls diskutierten »Senatslösung« (Wahl von Senatoren durch die Landtage entsprechend dem Stärkeverhältnis der Fraktionen) *K. Stern*, Staatsrecht II, S. 116 f.

2 Stimmen der Länder im Bundesrat

6 Stimmen	Nordrhein-Westfalen, Bayern, Baden-Württemberg, Niedersachsen
5 Stimmen	Hessen
4 Stimmen	Sachsen, Rheinland-Pfalz, Berlin, Sachsen-Anhalt, Thüringen, Brandenburg, Schleswig-Holstein
3 Stimmen	Mecklenburg-Vorpommern, Hamburg, Saarland, Bremen

Grundgesetz ausdrücklich vorgesehen (Art. 51 Abs. 1 Satz 2 GG). Trotz der persönlichen Mitgliedschaft im Bundesrat steht der Einfluß der einzelnen Bundesländer im Vordergrund. Das Grundgesetz unterscheidet sprachlich zwischen **»Mitgliedern«** – das sind die einzelnen Landesminister – und **»Stimmen«** der Länder (Art. 51 Abs. 3 Satz 1 GG). Aus dieser Unterscheidung ergeben sich für die Verfahrenspraxis zwei wichtige Konsequenzen:

337 – Die Beschlußfähigkeit des Bundesrates richtet sich – anders als im Bundestag – nicht danach, wieviele Mitglieder *anwesend*, sondern wieviele Stimmen *vertreten* sind. Ist von jedem stimmberechtigten Bundesland *ein* Mitglied anwesend, insgesamt also 16, so sind 69 Stimmen des Bundesrates »vertreten«. Beschlußfähig ist der Bundesrat also schon dann, wenn die Stimmenzahl der »vertretenen« Bundesländer die Mehrheit – nämlich 35 Stimmen – ausmacht (§ 28 Abs. 1 GOBR[3]).

338 – Was für die Feststellung der Beschlußfähigkeit zutrifft, gilt für jede Abstimmung. Sofern nur *ein* Mitglied eines Landes anwesend ist, kann es sämtliche Stimmen des Landes abgeben. Die Anwesenheit von 16 Bundesratsmitgliedern könnte deshalb unter Umständen dafür ausreichen, daß alle Stimmen vertreten sind. Die Anwesenheit zumindest eines Mitgliedes (eines jeden Bundeslandes) ist freilich auch erforderlich, weil die Vertretung eines Bundesratsmitgliedes durch Mitglieder *anderer* Landesregierungen nicht in Betracht kommt (Art. 51 Abs. 3 Satz 2 GG).

339 Die Stimmen eines Landes können nur **einheitlich** abgegeben werden (Art. 51 Abs. 3 Satz 2 GG), was zwanglos aus dem Grundsatz folgt, daß die persönliche Mitgliedschaft im Bundesrat die Repräsentation des jeweiligen Landes nicht überdecken soll. Gewöhnlich wird durch Beschluß der Landesregierung das Stimmverhalten im Bundesrat festgelegt. Derartige Weisungen binden die jeweiligen Mitglieder des Bundesrates jedoch nur im »Innenverhältnis«, also der Landesregierung gegenüber.[4] Im »Außenverhältnis« – gegenüber dem Bundesrat – sind sie unbeachtlich. Mitglieder des Bundesrates sind insofern nicht gehindert, entgegen getroffenen Weisungen abzustimmen, wobei sie allerdings riskieren, aus dem Bundesrat abberufen zu werden (Art. 51 Abs. 1 Satz 1 GG). Unzulässig ist dagegen eine unterschiedliche Stimmabgabe der Vertreter des gleichen Landes (Art. 51 Abs. 3 Satz 2 GG). Dieser Umstand macht deutlich, daß es sich bei der Abstimmung im Bundesrat nicht um die Wahrnehmung eines **freien Mandats** handelt, sondern die **Vertretung** der Landesinteressen im Vordergrund steht.[5]

340 Im Ausgangsfall lag wegen des unterschiedlichen Stimmverhaltens des Arbeits- und Innenministers ein gespaltenes Votum des Landes Brandenburg vor, das gegen Art. 51 Abs. 3 Satz 2 GG verstieß und die Ungültigkeit aller Stimmen des Landes zur Folge hatte. Die vereinzelt vertretene Auffassung, in diesem Fall müsse die Stimme des »Kabinettsvorsitzenden« ausschlaggebend sein[6], vermag schon deshalb nicht zu überzeugen, weil der Regierungschef nicht notwendig bei Bundesratssitzungen anwesend ist. Überdies würde mit einer derartigen Konstruktion ein Teil des *Landes*verfassungsrechts in das *Bundes*verfassungsrecht übertragen.[7]

---

3 *Sartorius* I Nr. 37 = *Nomos Textausgaben* ÖffR Nr. 14.

4 *K. Stern*, Staatsrecht II, S. 138 f.

5 Die auf *P. Laband* zurückgehende Begründung, ein Land könne keine einander widersprechende »Willen« bilden, ist dagegen in ihrer positivistischen Konstruktion nicht überzeugend.

6 So *K. Stern*, Staatsrecht II, S. 137.

7 Vgl. *J. Ipsen*, DVBl. 2002, S. 656; *W. Krebs*, in: v. Münch/Kunig (Hrsg.), GG, Bd. 2, Art. 51 Rdnr. 13.

Die – freilich in keiner Vorschrift niedergelegte – Verfahrenspraxis des Bundesrates trägt dem Erfordernis eines einheitlichen Stimmverhaltens der Länder dadurch Rechnung, daß für jedes Bundesland nur jeweils ein Mitglied – der sog. »Stimmführer« – abstimmt und auf diese Weise ein uneinheitliches Stimmverhalten vermieden wird.[8] 341

Offenbar hat der Ministerpräsident des Landes Brandenburg im Ausgangsfall die Funktion des »Stimmführers« für sich reklamiert und alle Stimmen des Landes Brandenburg abgeben wollen. Eine hervorgehobene Rechtsstellung der Regierungschefs der Länder kennt das Grundgesetz jedoch nicht; vielmehr haben alle Mitglieder des Bundesrats die gleichen Rechte. Die Rolle des »Stimmführers« ist informell und beruht auf einem Einvernehmen unter den Bundesratsmitgliedern des jeweiligen Landes. Das Bundesverfassungsgericht hat zu Recht entschieden, daß wegen der gespaltenen Stimmabgabe alle Stimmen des Landes Brandenburg ungültig waren und es deshalb an der erforderlichen Zustimmung des Bundesrates fehlte.[9] 342

Der Bundesrat ist ermächtigt, eine **Europakammer** zu bilden, deren Beschlüsse als Beschlüsse des Bundesrates gelten (Art. 52 Abs. 3 a GG), und hat hiervon inzwischen Gebrauch gemacht (§§ 45 b ff. GOBR). Mitglieder der Kammer können nur Bundesratsmitglieder sein. Jedes Land entsendet ein Mitglied oder ein stellvertretendes Mitglied des Bundesrates als Mitglied in die Europakammer (§ 45 b Abs. 2 Satz 1 GOBR). Seine weiteren Mitglieder und stellvertretenden Mitglieder des Bundesrates sind stellvertretende Mitglieder auch der Europakammer (§ 45 b Abs. 2 Satz 2 GOBR). Die Anzahl der »Stimmen« der Bundesländer in der Europakammer richtet sich nach der Stimmenzahl im Bundesrat (Art. 52 Abs. 3 a i. V. m. Art. 51 Abs. 2 GG). Auf diese Weise hat der Bundesrat ein (Sub-)Organ gebildet, das wegen seiner geringeren Mitgliederzahl (16!) rascher zusammentreten kann als das Bundesratsplenum, das Stärkeverhältnis der Länder untereinander aber unberührt läßt.[10] Die Beschlüsse der Europakammer »gelten« als Beschlüsse des Bundesrates (Art. 52 Abs. 3 a GG). Durch diese (verfassungsrechtliche) Fiktion unterscheidet sich die Europakammer von Ausschüssen, die lediglich vorbereitende Beschlüsse fassen, die Beschlußfassung des Bundesrates aber nicht ersetzen.[11] 343

Der Bundesrat wählt jährlich einen neuen Präsidenten (Art. 52 Abs. 1 GG). Nach dem **»Königsteiner Abkommen«** vom 30. August 1950[12] fällt die Wahl turnusmäßig auf die Ministerpräsidenten der Bundesländer in der Reihenfolge ihrer Größe (Bevölkerungszahl). Das Königsteiner Abkommen gilt mittlerweile als **Verfassungsgewohnheitsrecht**, so daß nicht nur die Amtsperiode des Bundesratspräsidenten, sondern auch die Reihenfolge der Länder als durch die Verfassung festgelegt anzusehen ist.[13] 344

---

8 Vgl. *K. Reuter*, Praxishandbuch Bundesrat, S. 236.

9 Vgl. BVerfG, NJW 2003, 339 (340 f.).

10 Vgl. *G. Robbers*, in: Sachs (Hrsg.), GG, Art. 52 Rdnr. 16 f.; *H. Bauer*, in: Dreier (Hrsg.), GG, Bd. II, Art. 52 Rdnr. 21.

11 Vgl. *S. Korioth*, in: v. Mangoldt / Klein / Starck, GG, Bd. 2, Art. 52 Rdnr. 20.

12 Eine schriftliche Fassung des Abkommens gibt es nicht. Sein Inhalt ergibt sich aus dem Stenographischen Bericht über die Ministerpräsidentenkonferenz.

13 A. A. *S. Korioth*, in: v. Mangoldt / Klein / Starck, GG, Bd. 2, Art. 52 Rdnr. 4.

II. Die Mitwirkung des Bundesrates an der Gesetzgebung des Bundes (Gesetzgebungsverfahren II)

1. Einspruchs- und Zustimmungsgesetze

345 **Fall 29:**

Das vom Bundestag beschlossene Ausbildungsplatzförderungsgesetz (APlFG) vom 7. 9. 1976 (BGBl. I, S. 2658) stieß seinerzeit auf den Widerstand des Bundesrates, der es für zustimmungsbedürftig hielt. Nach erfolglosem Vermittlungsverfahren fertigte der Bundespräsident das Gesetz aus. Das Gesetz sah vor, daß bestimmte Betriebe eine Sonderabgabe zur Schaffung von Ausbildungsplätzen zu entrichten hätten. Die – nach Landesrecht zu bestimmenden – »Einzugsstellen« waren befugt, Geschäftsbücher und sonstige Unterlagen der Betriebe einzusehen. Der zuständige Bundesminister wurde zum Erlaß einer Rechtsverordnung ermächtigt, die Form und Inhalt des Lohnnachweises regeln sollte.

(nach BVerfGE 55, 274)

346 Die wichtigste Kompetenz des Bundesrates ist die Mitwirkung an der Gesetzgebung des Bundes. Die Art der Beteiligung richtet sich danach, ob es sich um ein **Einspruchs**- oder **Zustimmungsgesetz** handelt.[14] Während ein Einspruch des Bundesrates gegen ein Gesetz durch eine qualifizierte Mehrheit des Bundestages überstimmt werden kann, ist ein Zustimmungsgesetz gescheitert, sofern es der Bundesrat nicht ausdrücklich billigt. Da in einer parlamentarisch-rechtsstaatlichen Demokratie die wesentlichen, den Bürger betreffenden Entscheidungen eines förmlichen Gesetzes bedürfen[15], ist für die Stellung des Bundesrates im Regierungssystem schlechthin ausschlaggebend, gegen welche Gesetze lediglich ein Einspruch möglich ist und welche Gesetze zustimmungsbedürftig sind. Erstere kann der Bundesrat nur **verzögern**, letztere aber **verhindern**. Sieht man dies unter dem Aspekt, welcher Anteil an der politischen **Macht** dem Bundesrat zukommt, so ist dieser umso größer, je mehr Gesetze zustimmungsbedürftig sind. Es ist deshalb nicht verwunderlich, daß die Zustimmungsbedürftigkeit zwischen Bundestag und Bundesrat nicht selten kontrovers ist und sich zu einer hochpolitischen Streitfrage entwickeln kann, wenn die Mehrheiten im Bundestag und Bundesrat auseinanderfallen.[16]

347 Damit der Bundestag überhaupt gesetzgeberisch tätig werden kann, muß dem Bund für die betreffende Materie ein **Kompetenztitel** zustehen. Dieser Titel mag sich im Abschnitt über die ausschließliche (Art. 73 GG), konkurrierende (Art. 74, 74 a GG) oder Rahmengesetzgebungszuständigkeit (Art. 75 GG) des Bundes finden. Von der Art der Bundeszuständigkeit unabhängig ist die Frage, welche

---

14 Mit der Differenzierung von Einspruchs- und Zustimmungsgesetzen werden die Mitwirkungsbefugnisse der Föderativorgane in der Deutschen Verfassungsgeschichte kombiniert. Während die Reichsgesetze nach der Bismarck-Verfassung sämtlich der Zustimmung des Bundesrates bedurften (Art. 5, 7 I Nr. 1 RV), gab es nach der Weimarer Reichsverfassung nur *Einspruchsgesetze*, so daß der Reichsrat auf den Einspruch beschränkt war (Art. 74 WRV). Vgl. *K. Stern*, Staatsrecht II, S. 115; *U. Scholl*, Der Bundesrat in der deutschen Verfassungsentwicklung, 1982, S. 104 ff.

15 Vgl. unten Rdnr. 784 ff.

16 Vgl. *K. Stern*, Staatsrecht II, S. 630.

Form der Mitwirkung dem Bundesrat zukommt. **Bundeszuständigkeit** und **Bundesratszuständigkeit** sind also deutlich zu unterscheiden.[17]

Generalklauselartig ließe sich die Abgrenzung zwischen Einspruchs- und Zustimmungsgesetzen in der Weise vornehmen, daß ein Gesetz immer dann zustimmungsbedürftig ist, wenn es die Länderinteressen nachhaltig berührt. In der Sache wäre eine solche Bestimmung nicht falsch, für die Staatspraxis aber untauglich, weil bei jedem einzelnen Gesetz die Frage auftauchen und zur Entscheidung anstehen würde, ob die Länderinteressen »nachhaltig« berührt wären. Da eine höhere Zahl von Zustimmungsgesetzen gleichzeitig einen Zugewinn an politischer Macht für den Bundesrat – und damit für die Länder – bedeutet, wären ständige Kompetenzstreitigkeiten vor dem BVerfG die Folge einer solchen Generalklausel.[18] 348

Im Grundgesetz sucht man deshalb vergeblich nach einer allgemeinen Bestimmung über die Abgrenzung von Zustimmungs- und Einspruchsgesetzen; nur die **Zustimmungsgesetze** sind **im einzelnen** aufgeführt. Die gewählte Regelungstechnik bedeutet, daß ein Bundesgesetz ein Einspruchsgesetz ist, sofern es im Grundgesetz nicht ausdrücklich für zustimmungsbedürftig erklärt wird. Dieses Regel-Ausnahme-Verhältnis zwischen Einspruchs- und Zustimmungsgesetzen (die **»Enumeration«** der Zustimmungsgesetze) ist regelungstechnischer, nicht statistischer Natur. In der **Staatspraxis** ist die Zahl der Zustimmungsgesetze deutlich höher als die der Einspruchsgesetze.[19] Hierzu bedarf es der genauen Lektüre des Grundgesetzes, wobei die folgenden Fallgruppen hilfreich sind: 349

- Zustimmungsbedürftig sind zunächst **Verfassungsänderungen** (Art. 79 Abs. 2 GG). Diese Bestimmung erweist sich fast als Selbstverständlichkeit, denn anderenfalls ließen sich die Kompetenzen der Länder beschneiden, ohne daß diese hiergegen etwas unternehmen könnten. 350
- Bei der Ausführung der Bundesgesetze (durch die Länder) nimmt der Bund nicht selten Einfluß auf das **Verwaltungsverfahren** und die Organisation der **Landesbehörden**. Derartige Gesetze bedürfen der Zustimmung des Bundesrates (Art. 84 Abs. 1, 85 Abs. 1 GG), weil Verfahren und Organisation der (Landes-)Behörden selbstverständlich Sache der Länder sind. Will der Bund hierauf Einfluß nehmen, soll dies nur mit Zustimmung des Bundesrates geschehen. Die *bundesgesetzliche* Regelung von Verfahren und Behördeneinrichtung wird jedoch stets als so dringlich empfunden, daß der Bund die Zustimmungsbedürftigkeit der Gesetze in Kauf nimmt. Art. 84 351

---

17 »Verbands-« und »Organzuständigkeit« sind prinzipiell zu trennen. Die Zuständigkeit eines Bundesorgans (z. B. des Bundesrates) setzt aber voraus, daß der Bund (als »Verband«) für die jeweilige Aufgabe (Gesetzgebung, Verwaltung) zuständig ist. Die »Verbandszuständigkeit« ist deshalb regelmäßig vor der »Organzuständigkeit« zu prüfen.

18 Vgl. *K. Stern*, Staatsrecht II, S. 144; *H. Maurer*, Staatsrecht, § 17 Rdnr. 70.

19 Anteil der Zustimmungs- und Einspruchsgesetze

	1. WP 1949 –53	2. WP 1953 –57	3. WP 1957 –61	4. WP 1961 –65	5. WP 1965 –69	6. WP 1969 –72	7. WP 1972 –76	8. WP 1976 –80	9. WP 1980 –83	10. WP 1983 –87	11. WP 1987 –90	12. WP 1990 –94	13. WP 1994 –98	14. WP 1998 –02
Anteil der														
– Zustimmungsgesetze (in %)	41,8	49,8	55,7	53,4	49,4	51,7	53,2	53,7	52,2	60,6	55,2	55,9	59,0	54,4
– Einspruchsgesetze (in %)	58,2	50,2	44,3	46,6	50,6	48,3	46,8	46,3	47,8	39,4	44,8	44,1	41,0	45,6

Quelle: Deutscher Bundestag / Bundesrat (Hrsg.), Stand der Gesetzgebung des Bundes, 1.–14. Wahlperiode

Abs. 1 und 85 Abs. 1 GG sind damit die großen Einfallstore für die Zustimmungsbedürftigkeit von Bundesgesetzen.[20] Immer wenn ein von den Ländern auszuführendes Bundesgesetz Verfahrensvorschriften oder Regelungen über die zuständigen Behörden enthält, besteht Anlaß zu einer genauen Prüfung der Zustimmungsbedürftigkeit.

352 – Ein dritter Bereich zustimmungsbedürftiger Gesetze findet sich in der **Finanzverfassung** (vgl. nur Art. 104 a Abs. 3 bis 5, 106 Abs. 3–6, 107 Abs. 1 GG). Auch hier leuchtet die Zustimmungsbedürftigkeit unmittelbar ein: neben den wechselseitigen Kompetenzen ist die finanzielle Ausstattung für das Verhältnis von Bund und Ländern von ausschlaggebender Bedeutung. Soweit sie nicht durch das Grundgesetz festgelegt ist, sondern eines Gesetzes bedarf, erfordert dieses die Zustimmung des Bundesrates, weil andernfalls für die Länder nachteilige Regelungen durchgesetzt werden könnten.

353 Die Faustregel, nach der **Verfassungsänderungen, Verwaltungs- und Finanzgesetze** regelmäßig der Zustimmung des Bundesrates bedürfen, bietet nur eine grobe Orientierung. In jedem Fall muß die die Zustimmungsbedürftigkeit begründende **Vorschrift** herausgefunden und benannt werden; eine Zustimmungsbedürftigkeit »aus der Natur der Sache« gibt es nicht.[21]

354 In unserem Ausgangsfall handelt es sich um ein Bundesgesetz, das – wie regelmäßig – durch die Länder ausgeführt wird (Art. 83 GG). Die Behördenzuständigkeit wird nicht bestimmt; im Gesetz ist jeweils nur von »Einzugsstellen« die Rede. Allerdings wird das **Verwaltungsverfahren** geregelt, also das »Wie« des Verwaltungshandelns. Sind nämlich die Abgabepflichtigen verpflichtet, Geschäftsbücher und Unterlagen vorzulegen, die Einzugsstellen berechtigt, diese einzusehen, so ergibt sich daraus, in welchem Verfahren die Abgabe erhoben wird. Das Gesetz war deshalb nach Art. 84 Abs. 1 GG zustimmungsbedürftig und, da der Bundesrat die Zustimmung versagt hatte, nicht verfassungsmäßig zustandegekommen.[22]

355 Umstritten ist nach wie vor die Auslegung des Begriffs **»Einrichtung der Behörden«** in Art. 84 Abs. 1 GG. Bei restriktiver Interpretation würden nur die Neuschaffung (»Errichtung«) von Behörden und ähnliche in die Behördenorganisation der Länder eingreifende Akte hierunter fallen. Legt man den Begriff der »Einrichtung« dagegen weit aus, so umfaßt er auch die Zuweisung von Aufgaben an eine (schon bestehende) Landesbehörde, weil auch eine reine Zuständigkeitsregelung organisatorische Konsequenzen hat[23], wie der folgende Fall belegt:

356 **Fall 30:**

Dem Bundestag liegt der Entwurf eines Änderungsgesetzes zum Bundesimmissionsschutzgesetz vor, nach dem in § 10 Abs. 10 BImSchG[24] die Bestimmung eingefügt werden soll: »Genehmigungsbehörde ist die durch Landesrecht zu bestimmende höhere Verwaltungsbehörde des Landes«. Die für den Entwurf verantwortliche Bundesregierung hält das Gesetz für nicht zustimmungsbedürftig, weil alle Bundesländer über »höhere Verwaltungsbehörden« verfügten, das Gesetz deshalb nicht zur »Einrichtung« von Behörden verpflichte. Der Bundesrat vertritt die gegenteilige Auffassung.

20 Art. 84 und 85 GG haben dazu geführt, daß die als Ausnahme konzipierte Zustimmungsbedürftigkeit von Gesetzen inzwischen überwiegt; vgl. Anm. 19.

21 Vgl. *H. Maurer*, Staatsrecht, § 17 Rdnr. 70; *R. Stettner*, in: Dreier (Hrsg.), GG, Bd. II, Art. 77 Rdnr. 11.

22 So BVerfGE 55, 274 (318 ff.).

23 Dazu *H. P. Bull*, in: AK-GG, Art. 84 Rdnr. 7; *A. Dittmann*, in: Sachs (Hrsg.), GG, Art. 84 Rdnr. 7 m. w. N.

24 *Sartorius* I Nr. 296 = *Nomos Textausgaben* ÖffR Nr. 40.

Das Beispiel zeigt, daß man bei der Auslegung des Begriffs »Einrichtung der Behörden« nicht darauf abstellen kann, ob eine Behörde nominell bereits besteht oder erst errichtet werden muß. Jede Behörde nämlich ist im Hinblick auf ihre Zuständigkeiten mit Personal- und Sachmitteln ausgestattet, auf ihre Kompetenzen also »eingerichtet«. Werden Änderungen in der Zuständigkeit vorgenommen, so bedarf es einer neuen »Einrichtung« der – bestehenden – Behörden, also einer Fülle von organisatorischen Maßnahmen, die ohne Änderung der Gesetzeslage nicht erforderlich gewesen wären.[25] 357

Sinn des Zustimmungserfordernisses in Art. 84 Abs. 1 und 85 Abs. 1 GG ist es, den in der bundesgesetzlichen Regelung liegenden **Eingriff** in die Verwaltungszuständigkeit und Organisationshoheit der Länder (Art. 30, 83 GG) zu kompensieren. Entgegen der Auffassung der Bundesregierung[26] wird deshalb auch durch Zuständigkeitsregelungen die Zustimmungsbedürftigkeit eines Gesetzes ausgelöst.[27] 358

In unserem Beispielsfall müßten die »höheren Verwaltungsbehörden« der Länder mehr Personal erhalten, während die bisher zuständigen infolge ihrer Einbuße an Zuständigkeiten Personal abgeben könnten. Hieran zeigt sich, daß jede Zuständigkeitsregelung in Bundesgesetzen einen Eingriff in das Organisationsrecht der Länder beinhaltet. 359

Das BVerfG hat im Grundsatz ebenfalls die Ansicht vertreten, daß ein Gesetz nicht nur dann die Einrichtung von Behörden im Sinne des Art. 84 Abs. 1 GG regele, wenn es neue Länderbehörden schaffe, sondern auch, wenn es den **näheren Aufgabenkreis** einer Behörde festlege.[28] Allerdings nimmt das Gericht insofern eine Einschränkung vor, als es die Festlegung des Aufgabenkreises einer Behörde **qualitativ** versteht. Rein **quantitative** Vermehrungen bereits bestehender Aufgaben seien dagegen kein Eingriff in den den Ländern vorbehaltenen Bereich, sondern dadurch bedingt, daß den Ländern die Ausführung der Bundesgesetze gem. Art. 83 GG obliege.[29] 360

Diese Einschränkung ist **abzulehnen**. Sie erscheint schon mit der vom BVerfG vertretenen Auffassung unvereinbar, daß Art. 84 Abs. 1 und Art. 85 Abs. 1 GG die Verwaltungszuständigkeit der Länder absichern und verhindern sollten, daß Verschiebungen im bundesstaatlichen Gefüge trotz Bedenken des Bundesrates herbeigeführt werden.[30] »Quantitative« und »qualitative« Aufgabenvermehrungen berühren die Verwaltungskompetenz der Bundesländer gleichermaßen, abgesehen davon, daß sie sich in der Staatspraxis kaum sachgerecht abgrenzen lassen. Nach der Rechtsprechung des BVerfG beinhalten zudem schon marginale Bestimmungen über das »Wie« des Verwaltungshandelns eine Regelung des Verwaltungsverfahrens im Sinne des Art. 84 Abs. 1 GG.[31] Der Begriff des »Verwaltungsverfahrens« wird also extensiv ausgelegt. Eine solche, lediglich das Verwaltungs- 361

---

25 Vgl. *G. Hermes*, in: Dreier (Hrsg.), GG, Bd. III, Art. 84 Rdnr. 25; *S. Broß*, in: v. Münch/Kunig, GG, Bd. 3, Art. 84 Rdnr. 11.

26 Vgl. BT-Drucks. V/352 S. 39 zu Nr. 1; demgegenüber hält der Bundesrat Zuständigkeitsregelungen ebenfalls für zustimmungsbedürftig, vgl. BT-Drucks. V/532, S. 31, I 1.

27 So *A. Dittmann*, in: Sachs (Hrsg.), GG, Art. 84 Rdnr. 7; *S. Broß*, in: v. Münch/Kunig (Hrsg.), GG, Bd. 3, Art. 84 Rdnr. 11.

28 So BVerfGE 75, 108 (150).

29 So BVerfGE 75, 108 (150 f.).

30 Vgl. BVerfGE 75, 108 (150).

31 Vgl. BVerfGE 37, 363 (390 f.); 55, 274 (321 f.).

handeln leitende Regelung greift aber sehr viel weniger in den Hoheitsbereich der Länder ein als eine **Zuständigkeitszuweisung**, die organisatorische Konsequenzen hat. Vor diesem Hintergrund erweist sich die Rechtsprechung des BVerfG als widersprüchlich. Aus der weiten Auslegung des Begriffs »Verwaltungsverfahren« folgt notwendig eine extensive Interpretation auch der »Einrichtung der Behörden«.[32]

2. Zustimmungsbedürftigkeit von Änderungsgesetzen

362 **Fall 31:**

Mit Gesetz vom 13. 7. 1977 (BGBl. I, S. 1229) wurde das Verfahren zur Anerkennung von Wehrdienstverweigerern geändert. Das bis dahin erforderliche Anerkennungsverfahren wurde im wesentlichen durch eine Mitteilung des Wehrpflichtigen an die zuständige Behörde ersetzt. Der Bundesrat verweigerte der Änderung des Wehrpflichtgesetzes, das seinerzeit mit Zustimmung des Bundesrats ergangen war, die Zustimmung.

(nach BVerfGE 48, 127)

363 Die eben behandelte Frage der Zustimmungsbedürftigkeit von Bundesgesetzen gestaltet sich noch schwieriger, wenn ursprünglich zustimmungsbedürftige Gesetze **geändert** werden. Die Änderungen sind ihrerseits **Gesetze** (»Gesetz zur Änderung des Gesetzes«) und werfen nicht selten das Problem auf, ob sie ebenfalls **zustimmungsbedürftig** sind. Vorweg ist zu bedenken, daß die Zustimmung des Bundesrates dem **ganzen Gesetz** gilt, nicht nur den einzelnen Vorschriften, die die Zustimmungsbedürftigkeit begründet haben.[33] Dieser Grundsatz leuchtet ein, weil ein Gesetz nicht in einzelne Teile zerlegt werden kann, sondern eine **gesetzgebungstechnische Einheit** bildet. Der Bundesrat übernimmt mit der Zustimmung ein Stück Verantwortung für das gesamte Gesetz und kann die Zustimmung deshalb auch aus Gründen versagen, die nicht das Verhältnis von Bund und Ländern betreffen.[34]

364 Es läge nahe, aus dem Gesichtspunkt der **»Gesamtverantwortung«** auch jedes **Änderungsgesetz** zu einem zustimmungsbedürftigen Bundesgesetz seinerseits für zustimmungsbedürftig zu halten. Ein solcher Grundsatz hätte den Vorzug großer Klarheit. Er würde zu keiner unangemessenen Ausweitung der Bundesratskompetenzen führen, denn im Bereich der »Verwaltungsgesetze« ist es eine freie Entscheidung des Parlaments, ob Behördenorganisation und Verwaltungsverfahren geregelt werden oder eine solche Regelung den Ländern überlassen bleibt. Das BVerfG hat sich dem Grundsatz, daß jedes Änderungsgesetz zu Zustimmungsgesetzen *ipso iure* zustimmungsbedürftig sei, allerdings nicht angeschlossen und dies im wesentlichen mit der Erwägung begründet, der Bundesrat sei keine **»zweite Kammer«**, sondern solle nur die Länderinteressen vertreten, wo diese berührt seien.[35] Hierdurch ist eine Unsicherheit in der Abgrenzung von Ein-

---

32 Vgl. *P. Lerche*, in: Maunz/Dürig, GG, Art. 84 Rdnr. 25; *G. Hermes*, in: Dreier (Hrsg.), GG, Bd. III, Art. 84 Rdnr. 24; für eine enge Auslegung des Begriffs »Einrichtung der Behörden« *S. Broß*, in: v. Münch/Kunig (Hrsg.), GG, Bd. 3, Art. 84 Rdnr. 11.

33 Vgl. BVerfGE 8, 274 (294 f.).

34 Vgl. *J. Masing*, in: v. Mangoldt/Klein/Starck, GG, Bd. 2, Art. 77 Rdnr. 51.

35 Vgl. BVerfGE 37, 363 (380 f.).

spruchs- und Zustimmungsgesetzen entstanden, die auch gegenwärtig noch anhält.

Einigkeit besteht darüber, daß ein Änderungsgesetz dann zustimmungsbedürftig ist, wenn es Vorschriften ändert, die die **Zustimmungsbedürftigkeit** ursprünglich **begründet** haben. Werden in einem Änderungsgesetz Vorschriften über das Verwaltungsverfahren oder die Behördeneinrichtung geändert, die nach Art. 84 Abs. 1 GG das Gesetz ursprünglich zustimmungsbedürftig gemacht haben, so ist auch das Änderungsgesetz zustimmungsbedürftig.[36] Ebenso einleuchtend ist es, daß Änderungsgesetze zustimmungsbedürftig sind, wenn sie neue Vorschriften enthalten, die schon für sich die **Zustimmungsbedürftigkeit** auslösen.[37] Werden einem Gesetz z. B. Vorschriften über das Verwaltungsverfahren oder die Behördeneinrichtung hinzugefügt, so bedarf das Änderungsgesetz der Zustimmung des Bundesrates, ohne daß es darauf ankäme, ob das (geänderte) Gesetz ursprünglich ein Zustimmungs- oder ein Einspruchsgesetz gewesen ist. 365

Das BVerfG hat es jedoch nicht genügen lassen, jedes Änderungsgesetz – gewissermaßen isoliert – anhand der Vorschriften des Grundgesetzes auf seine Zustimmungsbedürftigkeit zu überprüfen. Es hält ein Änderungsgesetz auch dann für zustimmungsbedürftig, wenn es – ohne selbst zustimmungsbedürftige Vorschriften zu ändern oder zu enthalten – eine **»Systemverschiebung«** eines ursprünglich zustimmungsbedürftigen Gesetzes bewirke.[38] Diese Formel klingt zunächst schwieriger als sie ist. Das BVerfG will damit ausschließen, daß der Gesetzgeber einem ursprünglich zustimmungsbedürftigen Gesetz einen im Vergleich zu seiner Entstehung **entgegengesetzten Sinn** gibt, ohne daß der Bundesrat dem zustimmen müßte. Die Rechtsprechung nähert sich hier wieder dem Gedanken der gesetzgeberischen Mitverantwortung des Bundesrates, den das Gericht in früheren Entscheidungen von sich gewiesen hatte.[39] Der Gesichtspunkt der »Systemverschiebung« will überdies in die Systematik des Grundgesetzes nicht passen. Da die zustimmungsbedürftigen Gesetze im Grundgesetz erschöpfend aufgeführt sind, ist für die Kategorie der »Systemverschiebung« von vornherein kein Raum. Es wäre der Überlegung wert, ob man dem Gedanken der legislatorischen **Mitverantwortung** des Bundesrates nicht breiteren Raum geben und jedes Änderungsgesetz zu einem zustimmungsbedürftigen Gesetz *per se* für zustimmungsbedürftig halten sollte. 366

Die Wehrpflichtnovelle wurde im Ausgangsfall vom BVerfG für zustimmungsbedürftig gehalten, weil sie dem Recht der Kriegsdienstverweigerung eine vollkommen neue Richtung gab (»Wehrdienstverweigerung per Postkarte«). In der Sache war diese Feststellung zutreffend, doch ist zu fragen, warum erst eine derartige »Systemverschiebung« die dem Bundesrat zugemessene Mitverantwortung für das Gesetz begründen soll. 367

Die vom BVerfG zur Zustimmungsbedürftigkeit von Änderungsgesetzen entwickelten Grundsätze verlangen in der Praxis der Fallbearbeitung eine Prüfung auf **drei** verschiedenen **Stufen**: 368

- Zunächst ist zu fragen, ob das Änderungsgesetz selbst zustimmungsbedürftige Vorschriften enthält – etwa solche über Verwaltungsverfahren oder Behördeneinrichtung. 369

36 Vgl. BVerfGE 37, 363 (382).
37 So BVerfGE 37, 363 (382).
38 Vgl. BVerfGE 48, 127 (180 f.).
39 Vgl. BVerfGE 37, 363 (380).

Ist dies der Fall, so ergibt sich schon aus diesem Gesichtspunkt die Zustimmungsbedürftigkeit; eine weitere Prüfung ist entbehrlich.

370 – Auf einer zweiten Stufe ist zu fragen, ob das Änderungsgesetz, ohne selbst die Zustimmungsbedürftigkeit auszulösen, Vorschriften – etwa das Verwaltungsverfahren – betrifft, die die Zustimmungsbedürftigkeit des Gesetzes bei seinem Erlaß begründet haben. Auch ein derartiges Änderungsgesetz ist nach der Rechtsprechung des BVerfG zustimmungsbedürftig.

371 – Auf einer dritten Stufe ist zu fragen, ob das Änderungsgesetz dem geänderten Gesetz materiell eine andere Bedeutung gibt, also eine »Systemverschiebung« bewirkt, die von der ursprünglichen Bestimmung des Bundesrates als nicht gedeckt angesehen werden kann.

3. Aufspaltung von Gesetzen

372 **Fall 32:**

Mit dem »Gesetz zur Beendigung der Diskriminierung gleichgeschlechtlicher Gemeinschaften: Lebenspartnerschaften« vom 16. Februar 2001 (BGBl. I, S. 266) sind die rechtlichen Voraussetzungen dafür geschaffen worden, daß Personen gleichen Geschlechts eine Lebenspartnerschaft eingehen können. Das Artikelgesetz bestimmt eine Vielzahl von Rechtsfolgen, die durch die Schließung einer Lebenspartnerschaft auf unterschiedlichen Gebieten eintreten sollen. Mit dem »Entwurf eines Gesetzes zur Ergänzung des Lebenspartnerschaftsgesetzes und anderer Gesetze« (Lebenspartnerschaftsgesetz-Ergänzungsgesetz – LPartGErgG), den die Bundesregierung beim Bundestag eingebracht hatte (BT-Drucks. 14/4545, S. 69 ff.), waren weitere Rechtsfolgen der Lebenspartnerschaft – insbesondere eine Ehegatten entsprechende steuerliche Begünstigung – vorgesehen, die der Zustimmung des Bundesrats bedurft hätten und im Bundestag nicht beschlossen worden sind.

(BVerfGE 105, 313)

373 Eine in der Staatspraxis vielfach angewandte Methode, den Einfluß des Bundesrates – und damit der Länder – auf das materielle Bundesrecht zu begrenzen, besteht darin, ein **Gesetz** in einen materiell-rechtlichen und einen verfahrensrechtlichen Teil **aufzuspalten**.[40] Da sich die Zustimmungsbedürftigkeit eines Gesetzes nicht aus seiner inhaltlichen Bedeutung oder politischen Relevanz, sondern aus dem Eingriff in die Organisationshoheit der Länder ergibt, wird in derartigen Fällen die politisch kontroverse Materie als Einspruchsgesetz, das Verfahrensgesetz als Zustimmungsgesetz ausgestaltet.

374 Im Beispielsfall ist in § 1 Abs. 1 Satz 3 LPartG von »der zuständigen Behörde« die Rede. Da das Gesetz von den Landesbehörden ausgeführt wird (Art. 84 Abs. 1 GG), bleibt es den Bundesländern überlassen, die »zuständige Behörde« zu bestimmen, so daß das Gesetz aus diesem Grunde nicht zustimmungsbedürftig ist. Nach dem Entwurf des »Lebenspartnerschaftsgesetz-Ergänzungsgesetzes« (Art. 1 Nr. 1 LPartGErgG) wurde demgegenüber der *Standesbeamte* für zuständig erklärt und dessen Verfahren geregelt, was die Zustimmungsbedürftigkeit nach Art. 84 Abs. 1 GG auslöste.

375 Verfassungsrechtlich bestehen gegen ein derartiges Vorgehen grundsätzlich keine Bedenken, weil es Sache des Gesetzgebers ist, welche Regelungstechnik er wählt. **Verfassungspolitisch** mag es bedenklich sein, durch derartige Kunstgriffe die

40 Vgl. BVerfGE 37, 363 (382 f.); *C. Pestalozza*, Ausschaltung des Bundesrates durch Einbringung von Gesetzesteilen als Teilgesetze?, ZRP 1976, S. 153.

Kompetenzen des Bundesrates zu umgehen. In der politischen Praxis wird der Bundesrat zu bedenken haben, ob er dem verfahrensrechtlichen Torso eines Gesetzes seine Zustimmung zu geben bereit ist.

Der Ausgangsfall unterscheidet sich von der in der Staatspraxis üblichen Trennung von materiellen und Verfahrensvorschriften jedoch darin, daß die (nicht erlassenen) zustimmungsbedürftigen Vorschriften erst die vollständige Gleichstellung der Lebenspartnerschaft mit der Ehe – insbesondere in steuerrechtlicher Hinsicht – vornahmen und die Regelung durch das LPartG deshalb auch *materiell* torsohaft blieb. Das BVerfG hat demgegenüber betont, daß die Aufteilung eine Gesetzesmaterie aus dem Recht des Bundestages zur Gesetzgebung folge und hierdurch die Mitwirkung der Länder an der Gesetzgebung des Bundes nicht in unzulässiger Weise eingeschränkt sei.[41] 376

4. Vermittlungsverfahren (Art. 77 Abs. 2 GG)

a) Vermittlungsverfahren bei Einspruchsgesetzen

Einspruchsgesetze unterscheiden sich von Zustimmungsgesetzen dadurch, daß zu ihrem Zustandekommen die ausdrückliche Zustimmung des Bundesrates **nicht erforderlich** ist (Art. 78 GG). Der **Einspruch** setzt voraus, daß das **Vermittlungsverfahren** nach Art. 77 Abs. 2 GG abgeschlossen worden ist (Art. 77 Abs. 3 Satz 1 GG: »Wenn das Verfahren nach Absatz 2 beendigt ist«). Der Bundesrat steht deshalb bei einem Einspruchsgesetz zunächst vor der Alternative, das Gesetz entweder passieren zu lassen oder den Vermittlungsausschuß anzurufen. 377

Der Vermittlungsausschuß setzt sich aus je 16 Mitgliedern des Bundestages und des Bundesrates zusammen, die allesamt nicht weisungsgebunden sind. Seine Arbeit vollzieht sich nach der »Gemeinsamen Geschäftsordnung des Bundestages und des Bundesrates für den Ausschuß nach Art. 77 des Grundgesetzes (Vermittlungsausschuß)« vom 19. 4. 1951.[42] 378

Ziel des Vermittlungsverfahrens ist es, einen für Bundestag und Bundesrat gleichermaßen tragbaren Vorschlag zu erarbeiten. Der durch Art. 77 Abs. 2 GG institutionalisierte **Zwang** zum **Kompromiß** hat sich in der Staatspraxis als äußerst hilfreich erwiesen. In der Abgeschiedenheit des Konferenzzimmers können Einigungen zustandekommen, die im Plenum der gesetzgebenden Körperschaften undenkbar wären. Dem Vermittlungsausschuß wird deshalb allenthalben bescheinigt, eine erfolgreiche Einrichtung zu sein.[43] 379

Im Ausgangsfall haben Anträge auf Anrufung des Vermittlungsausschusses im Bundesrat nicht die erforderliche Mehrheit von 35 Stimmen gefunden. Wären die entsprechenden Anträge erfolgreich gewesen, hätte vor Inkrafttreten des Gesetzes das Vermittlungsverfahren nach Art. 77 Abs. 2 GG stattfinden müssen. 380

Naturgemäß läßt sich eine Einigung auch im Vermittlungsausschuß nicht erzwingen, so daß das Verfahren nach Art. 77 Abs. 2 GG ohne Beschluß, dem ja Mitglieder beider Organe zustimmen müßten, zu Ende gehen kann. In diesem Fall ist die Beratungsgrundlage für den Bundesrat **unverändert** und er kann, da ja »das Ver- 381

41 So BVerfGE 105, 313 (338).
42 *Sartorius* I Nr. 36.
43 Vgl. *R. Stettner*, in: Dreier (Hrsg.), GG, Bd. II, Art. 77 Rdnr. 15 m. w. N.

fahren nach Absatz 2« beendigt ist, innerhalb von **zwei Wochen** Einspruch einlegen. Sofern der Vermittlungsausschuß dagegen einen **Einigungsvorschlag** beschließt, bedarf es einer erneuten Beschlußfassung des Bundestages nur, wenn er auf **Änderung** oder **Aufhebung** des Gesetzesbeschlusses lautet (Art. 77 Abs. 2 Satz 5 GG, § 10 Abs. 1 GO-VermA). Wird dagegen der Gesetzesbeschluß durch den Vermittlungsausschuß ohne Änderung bestätigt, braucht der Bundestag nicht erneut zu beschließen (§ 11 GO-VermA). Regelmäßig wird allerdings der Einigungsvorschlag des Vermittlungsausschusses auch **Änderungen** des Gesetzesbeschlusses enthalten und **eine neue Beschlußfassung** des Bundestages notwendig machen (§ 10 Abs. 2 und 3 GO-VermA).

382 Nach Abschluß des Vermittlungsverfahrens beschließt der Bundesrat, ob er gegen den Beschluß des Bundestages Einspruch einlegt (Art. 77 Abs. 3 Satz 1 GG). Die Einspruchsfrist beginnt entweder mit dem erneuten Beschluß des Bundestages oder mit der Mitteilung, daß das Vermittlungsverfahren abgeschlossen ist (Art. 77 Abs. 3 Satz 2 GG). Weder der Bundestag noch der Bundesrat werden also durch das Vermittlungsverfahren zu abweichender Beschlußfassung verpflichtet; das Vermittlungsverfahren bietet nur den institutionellen Rahmen für die Suche nach einem Kompromiß.

b) Vermittlungsverfahren bei Zustimmungsgesetzen

383 **Zustimmungsgesetze** unterscheiden sich von Einspruchsgesetzen dadurch, daß die Mitwirkung des **Bundesrates** der des Bundestages **gleichgeordnet** ist. Der Gleichordnung von Bundestag und Bundesrat entspricht es, daß das Vermittlungsverfahren bei Zustimmungsgesetzen nicht obligatorisch, sondern **fakultativ** ist (Rückschluß aus Art. 77 Abs. 3 Satz 1 GG). Der Bundesrat kann deshalb, wenn er Einwände gegen den Gesetzesbeschluß hat, wahlweise den Vermittlungsausschuß **anrufen** oder dem Gesetz die Zustimmung **versagen**. Verweigert der Bundesrat die Zustimmung, so ist das Gesetz nicht schon gescheitert; vielmehr haben der **Bundestag** und die **Bundesregierung** die Möglichkeit, ihrerseits den Vermittlungsausschuß anzurufen und das Vermittlungsverfahren in Gang zu setzen (Art. 77 Abs. 2 Satz 4 GG). Der Verlauf ist der gleiche wie bei Einspruchsgesetzen, d. h. ein Änderungsvorschlag muß auch vom **Bundestag** erneut beraten und beschlossen werden, während der Bundesrat auch über die unveränderte Vorlage Beschluß fassen muß.

384 Der Deutsche Bundestag hat in seiner 141. Sitzung am 8. Dezember 2000 den Antrag der Fraktionen SPD und Bündnis 90/Die Grünen (BT-Drucks. 14/4878) angenommen und den Vermittlungsausschuß zum Lebenspartnerschaftsergänzungsgesetz angerufen (BR-Drucks. 838/00).

5. Zustandekommen von Bundesgesetzen (Art. 78 GG)

385 Das Zustandekommen von Einspruchsgesetzen wird in Art. 78 GG vorwiegend negativ bestimmt, was wegen der besonderen Beteiligungsform des Bundesrates folgerichtig ist. Ein **Einspruchsgesetz** kommt zustande, wenn der Bundesrat innerhalb der Drei-Wochen-Frist des Art. 77 Abs. 2 Satz 1 GG **keinen Antrag** auf »Einberufung« des Vermittlungsausschusses stellt. Nach Ablauf des Vermittlungsverfahrens kommt ein Einspruchsgesetz zustande, wenn der Bundesrat da-

rauf **verzichtet**, gem. Art. 77 Abs. 3 GG Einspruch einzulegen. Legt der Bundesrat dagegen fristgerecht Einspruch ein, so ist das Gesetz gleichwohl noch nicht endgültig gescheitert, weil der Bundestag in der Lage ist, den **Einspruch zurückzuweisen** (Art. 77 Abs. 4 GG).

Die Zurückweisung des Einspruchs bedarf einer **qualifizierten Mehrheit**. In je- 386
dem Fall ist die Mehrheit der Mitglieder des Bundestages (Art. 121 GG) – die absolute Mehrheit – erforderlich, um einen vom Bundesrat eingelegten Einspruch zurückzuweisen. Die Formulierung des Art. 77 Abs. 4 Satz 1 GG könnte darauf hindeuten, daß eine Beschlußfassung des Bundestages auch mit einfacher Mehrheit in Betracht kommt. Da nach Art. 52 Abs. 3 Satz 1 GG der Bundesrat seine Beschlüsse jedoch stets »mit mindestens der Mehrheit seiner Stimmen«, d. h. seiner (gesetzlichen) Mitgliederzahl faßt, ist dieser Fall ausgeschlossen. Der Bundestag muß also in jedem Fall die **Mehrheit** seiner **gesetzlichen Mitgliederzahl** aufbieten, um einen Einspruch des Bundesrates zurückzuweisen.[44]

Beschließt der Bundesrat den Einspruch mit einer Mehrheit von zwei Dritteln sei- 387
ner Stimmen (Mitgliederzahl), so muß der Bundestag eine noch größere Zahl von Mitgliedern aufbieten, um den Einspruch zurückzuweisen. Art. 77 Abs. 4 Satz 2 GG schreibt hierfür eine »Mehrheit von zwei Dritteln« vor, die sich freilich auf die anwesenden Abgeordneten bezieht, die absolute Mehrheit aber nicht unterschreiten darf.[45]

Hätte der Bundesrat im Ausgangsfall zunächst den Vermittlungsausschuß angerufen, so 388
hätte er nach ergebnislosem Vermittlungsverfahren gegen das LPartG Einspruch einlegen können. Dieser Einspruch hätte von der Mehrheit der Mitglieder des Bundestages (Art. 121 GG) zurückgewiesen werden können.

Zustimmungsgesetze kommen dagegen zustande, wenn der **Bundesrat** ihnen 389
(ausdrücklich) **zustimmt**. Da die Beteiligung der gesetzgebenden Körperschaften bei diesem Gesetzestypus gleichgeordnet ist, reicht ein konkludentes Verhalten nicht aus. Der Bundesrat muß vielmehr den ihm vorgelegten Gesetzesbeschluß des Bundestages ausdrücklich **billigen**. Umdeutungen eines unterlassenen Einspruchs in eine Zustimmung, wie sie das BVerfG gelegentlich vorgenommen hat[46], sind unzulässig.[47]

In der Staatspraxis kommt es vor, daß die Rechtsauffassungen über den Gesetzes- 390
typus zwischen Bundestag und Bundesrat kontrovers sind. Regelmäßig wird der Bundestag dazu neigen, ein Gesetz als **Einspruchsgesetz** zu qualifizieren, während der Bundesrat ein Gesetz eher für zustimmungsbedürftig halten wird. Verweigert der Bundesrat in derartigen Fällen dem Gesetz die Zustimmung, läuft er Gefahr, daß der Bundespräsident das Gesetz gleichwohl ausfertigt, wenn dieser sich der Rechtsauffassung des Bundestages anschließt. Der ablehnende Beschluß nämlich kann nicht in einen **Einspruch** umgedeutet werden, weil diesem das Vermittlungsverfahren vorausgehen muß.[48] Für die Anrufung des Vermittlungsaus-

44 Vgl. *J. Masing*, in: v. Mangoldt/Klein/Starck, GG, Bd. 2, Art. 77 Rdnr. 103; *J. Lücke*, in: Sachs (Hrsg.), GG, Art. 77 Rdnr. 38.

45 Vgl. *R. Stettner*, in: Dreier (Hrsg.), GG, Bd. II, Art. 77 Rdnr. 31; *J. Masing*, in: v. Mangoldt/Klein/Starck, GG, Bd. 2, Art. 77 Rdnr. 103.

46 Vgl. BVerfGE 28, 66 (80 ff.).

47 *K. Stern*, Staatsrecht II, S. 629; *Jarass/Pieroth*, GG, Art. 78 Rdnr. 1.

48 Vgl. *J. Masing*, in: v. Mangoldt/Klein/Starck, GG, Bd. 2, Art. 77 Rdnr. 105.

schusses wiederum dürfte regelmäßig die Frist nach Art. 77 Abs. 2 GG verstrichen sein. In derart kontroversen Fällen kann es auch für den Bundesrat ratsam sein, den Vermittlungsausschuß anzurufen, wenn er ein Gesetz für zustimmungsbedürftig hält. Dem Bundesrat als solchem sowie den einzelnen Bundesländern verbleibt in jedem Fall die Möglichkeit, eine Klärung der Streitfrage vor dem BVerfG herbeizuführen.[49]

III. Beteiligung des Bundesrates an Regierung und Verwaltung des Bundes

1. Zustimmungsbedürftigkeit von Rechtsverordnungen (Art. 80 Abs. 2 GG)

391 **Fall 33:**

§ 54 Abs. 1 AtomG[50] regelt die Zuständigkeit für den Erlaß von Rechtsverordnungen aufgrund der Ermächtigungen des Atomgesetzes. Die Rechtsverordnungen bedürfen der Zustimmung des Bundesrates (§ 54 Abs. 2 Satz 1 AtomG). Ausgenommen hiervon sind Rechtsverordnungen, durch die die physikalischen, technischen und strahlenbiologischen Werte durch andere Werte ersetzt werden (§ 54 Abs. 2 Satz 2 AtomG). Könnte der Bundesgesetzgeber weitere Rechtsverordnungen von der Zustimmungsbedürftigkeit ausnehmen?

392 Die Kompetenzen des Bundesrates sind stets aus einer latenten bundesstaatlichen Spannung heraus zu erklären. Da die beiden staatlichen Ebenen – Bund und Länder – nicht unverbunden nebeneinanderstehen, sondern vielfach miteinander verwoben sind, bedarf es verfahrensmäßiger Vorkehrungen, um die Dominanz einer Seite zu verhindern.[51] Die Zustimmungsbedürftigkeit von Bundesgesetzen stellt eine solche Vorkehrung dar, wäre aber wirkungslos, hätte der Bundesrat nicht auch Einfluß auf die **untergesetzliche Rechtsetzung**. Verordnungen determinieren das praktische Verwaltungshandeln in noch höherem Maße als förmliche Gesetze, so daß es widersinnig wäre, wenn diese der Zustimmung des Bundesrates bedürften, jene aber nicht.

393 Die »**Zustimmungsverordnungen**« sind in drei Gruppen zu gliedern:

- Der Zustimmung des Bundesrates bedürfen die Rechtsverordnungen, die aufgrund eines **zustimmungsbedürftigen Gesetzes** erlassen werden (Art. 80 Abs. 2 3. Alt. GG). Das Zustimmungserfordernis rechtfertigt sich bei diesen Verordnungen aus dem Umstand, daß andernfalls den Ländern der Einfluß dort versagt wäre, wo sie nach der grundgesetzlichen Systematik (zustimmungsbedürftiges Gesetz!) in besonderer Weise betroffen sind. Rechtsverordnungen aufgrund eines solchen Gesetzes bedürfen der Zustimmung auch dann, wenn die Verordnungsermächtigung isoliert betrachtet **nicht** zustimmungsbedürftig gewesen wäre.[52]

---

49 Vgl. *K. Stern*, Staatsrecht II, S. 630.

50 Gesetz über die friedliche Verwendung der Kernenergie und den Schutz gegen ihre Gefahren (AtomG) i. d. F. v. 15. 7. 1985 (BGBl. I, S. 1565), zuletzt geändert durch Gesetz vom 21. 8. 2002 (BGBl. I, S. 3322) = *Sartorius* I Nr. 835.

51 Vgl. *H. Maurer*, Staatsrecht, § 16 Rdnr. 3; *H. Bauer*, in: Dreier (Hrsg.), GG, Bd. II, Art. 50 Rdnr. 15 f.

52 Vgl. BVerfGE 24, 184 (194 f.).

- Zustimmungsbedürftig sind weiterhin Verordnungen aufgrund von Gesetzen, die von den Ländern als **eigene Angelegenheit** oder im **Auftrag des Bundes** ausgeführt werden (Art. 80 Abs. 2 2. Alt. GG). Auch hier ist die *ratio* leicht zu begreifen: Wenn die Länder ihren Verwaltungsapparat für die Ausführung von Bundesrecht zur Verfügung stellen, so soll der Bund das Verwaltungshandeln nur mit Zustimmung der Länder (über den Bundesrat) reglementieren dürfen.

Die Zustimmungsbedürftigkeit beider Gruppen von Verordnungen findet ihren Grund im föderativen Aufbau der Bundesrepublik; sie werden deshalb auch **»Föderativverordnungen«** genannt. Weniger leicht ist die Zustimmungsbedürftigkeit der sog. **»Verkehrsverordnungen«** zu begründen: 394

- Rechtsverordnungen über die Eisenbahnen des Bundes und das Postwesen und die Telekommunikation bedürfen ebenfalls der Zustimmung des Bundesrates (Art. 80 Abs. 2 1. Alt. GG). Die Zustimmungsbedürftigkeit dieser Rechtsverordnungen läßt sich nur historisch erklären, denn bei Post und Bahn handelte es sich vor ihrer Privatisierung (Art. 143 a, b GG) um bundeseigene Verwaltung.[53]

Die Zustimmungsverordnungen stehen unter dem Vorbehalt des Gesetzes, die Zustimmungsbedürftigkeit kann also durch Bundesgesetz **ausgeschlossen** werden (»... vorbehaltlich anderweitiger bundesgesetzlicher Regelung ...«). Der Wortlaut des Art. 80 Abs. 2 Satz 1 GG erweckt freilich den Eindruck, als sei ein Ausschluß der Zustimmungsbedürftigkeit durch Einspruchsgesetz möglich; denn die Zustimmungsbedürftigkeit von Gesetzen muß im Grundgesetz ausdrücklich bestimmt sein.[54] Das BVerfG hat in der auf ein Einspruchsgesetz hindeutenden Formulierung des Art. 80 Abs. 2 Satz 1 GG ein **Redaktionsversehen** zu entdecken geglaubt und entschieden, daß die Zustimmungsbedürftigkeit von Verkehrsverordnungen nur durch Zustimmungsgesetz ausgeschlossen werden könne.[55] 395

Im Ausgangsfall liegt eine anderweitige bundesgesetzliche Regelung im Sinne von Art. 80 Abs. 1 GG vor, da das Zustimmungserfordernis für weitere Rechtsverordnungen ausgeschlossen würde. Der Bundesrat müßte dem Gesetz deshalb zustimmen, obwohl nicht jede Änderung des (ursprünglich zustimmungsbedürftigen) Atomgesetzes zustimmungsbedürftig ist. 396

2. Zustimmungsbedürftigkeit von Verwaltungsvorschriften (Art. 84 Abs. 2, 85 Abs. 2 Satz 1 GG)

Fall 34: 397

Um die Ahndung kleinerer Verkehrsordnungswidrigkeiten zu vereinfachen und zu vereinheitlichen, erließ der Bundesminister für Verkehr im Jahre 1975 einen »Verwarnungsgeld-Katalog«, der als »allgemeine Verwaltungsvorschrift« erging und im Bundesanzeiger[56] bekanntgemacht wurde.

Wenn die Länder Bundesrecht ausführen, besteht ein hohes Interesse des Bundes daran, die Gleichmäßigkeit der Rechtsanwendung zu garantieren. Das rechtstechnische Mittel hierzu sind die **»allgemeinen Verwaltungsvorschriften«**, die sich an 398

53 Vgl. *M. Brenner*, in: v. Mangoldt/Klein/Starck, GG, Bd. 3, Art. 80 Rdnr. 77 m. w. N.
54 Vgl. oben Rdnr. 349.
55 So BVerfGE 28, 66 (77 f.).
56 BAnz 1975, Nr. 109 = VkBl. 1975, S. 342.

die gesetzesanwendenden Behörden wenden und den von Gesetz oder Verordnung belassenen Interpretationsspielraum ausfüllen. Das Grundgesetz ermächtigt deshalb in Art. 84 Abs. 2 und Art. 85 Abs. 2 Satz 1 GG die **Bundesregierung**, allgemeine Verwaltungsvorschriften zu erlassen.

399 Mit derartigen Verwaltungsvorschriften greift der Bund notwendig in die Hoheitsgewalt der Länder ein. Ein solcher Eingriff verlangt – wie bei Gesetz und Rechtsverordnung – nach Kompensation. Art. 84 Abs. 2, 85 Abs. 2 Satz 1 GG treffen deshalb in zweifacher Weise Vorkehrungen zum Schutz der Eigenständigkeit der Landesverwaltungen: Die allgemeinen Verwaltungsvorschriften des Bundes bedürfen der **Zustimmung** des **Bundesrates** und ihr Erlaß ist ihrer Bedeutung wegen der **Bundesregierung** vorbehalten. Entsprechend der Legaldefinition in Art. 62 GG ist »Bundesregierung« im Sinne von Art. 84 Abs. 2, 85 Abs. 2 Satz 1 GG das aus dem Bundeskanzler und den Bundesministern bestehende Kollegialorgan, nicht jedoch ein einzelner Minister.[57] Eine Befugnis zum Erlaß von Verwaltungsvorschriften haben die Bundesminister deshalb nur für ihren eigenen Verwaltungsbereich, nämlich für die ihnen nachgeordneten (Bundes-)Behörden. Die Minister sind demgegenüber nicht befugt, allgemeine Verwaltungsvorschriften für die Verwaltung der **Bundesländer** zu erlassen.[58]

400 Unter Aufgabe seiner früheren Rechtsprechung[59] vertritt das Bundesverfassungsgericht nunmehr die Ansicht, daß ein Bundesminister auch **nicht** durch Bundesgesetz zum Erlaß allgemeiner Verwaltungsvorschriften für Landesbehörden **ermächtigt** werden könne.[60] Der (Bundes-)Gesetzgeber sei nicht frei, abweichend von der grundgesetzlichen Ausgestaltung des föderativen Prinzips einen anderen (als den vorgesehenen) Ermächtigungsadressaten auszuwählen und dafür die Zustimmung des Bundesrates einzuholen.[61] Verwaltungsvorschriften für den Vollzug der Bundesgesetze durch die Länder als eigene **Angelegenheit** (Art. 84 Abs. 2 GG) oder im **Auftrag des Bundes** (Art. 85 Abs. 2 Satz 1 GG) können deshalb ausschließlich von der Bundesregierung als **Kollegium** mit Zustimmung des Bundesrates erlassen werden.

401 Der Erlaß des »Verwarnungsgeldkatalogs« wäre dem Bundesminister für Verkehr nach der neueren Rechtsprechung des BVerfG nicht mehr möglich. Der (Bundes-)Gesetzgeber hat der Auffassung des BVerfG dadurch Rechnung getragen, daß die Ermächtigung des Bundesministers für Verkehr, mit Zustimmung des Bundesrates einen »Verwarnungsgeld-Katalog« als allgemeine Verwaltungsvorschrift zu erlassen (§ 27 StVG a. F.) gestrichen worden ist.[62] § 26 a Abs. 1 StVG enthält nunmehr eine Ermächtigung des Bundesministers für Verkehr, Bau- und Wohnungswesen, Vorschriften über die Erteilung einer **Verwarnung** wegen einer Ordnungswidrigkeit nach § 24 StVG durch **Rechtsverordnung** (mit Zustimmung des Bundesrates) zu erlassen. Mit der Verordnung, die am 1. Januar 2002 in Kraft getreten ist, werden der bisherige Verwarnungsgeldkatalog und der Bußgeldkatalog, der schon bislang als Verordnung ergangen war[63], zusammengefaßt.

---

57 Vgl. BVerfGE 26, 338 (395); 100, 249 (259).

58 Vgl. *G. Hermes*, in: Dreier (Hrsg.), GG, Bd. III, Art. 84 Rdnr. 65.

59 So BVerfGE 26, 338 (399).

60 Vgl. BVerfGE 100, 249 (261 f.).

61 So BVerfGE 100, 249 (261).

62 Gesetz zur Änderung der Straßenverkehrsgesetzes und anderer straßenverkehrsrechtlicher Vorschriften (StVRÄndG) v. 19. 3. 2001 (BGBl. I, S. 386).

63 Vgl. BGBl. I (1989), S. 1305.

IV. Mitwirkung des Bundesrates in Angelegenheiten der Europäischen Union

Die zunehmenden Rechtssetzungskompetenzen der Europäischen Union und die Zuständigkeit des Rates für Rechtsetzungsakte hätten innerstaatlich eine **Kompetenzeinbuße** des Bundestages und – über den Bundesrat – der Bundesländer zur Folge. Durch Art. 23 Abs. 4–6 GG soll einer integrationsbedingten Aushöhlung des Föderalismus vorgebeugt werden.[64] 402

Grundsätzlich ist der Bundesrat an der **Willensbildung** des **Bundes** zu beteiligen, soweit er an einer entsprechenden innerstaatlichen Maßnahme mitzuwirken hätte oder soweit die Länder innerstaatlich zuständig wären (Art. 23 Abs. 4 GG). Die Art der Mitwirkung richtet sich danach, in welchem Umfang die Interessen der Länder berührt bzw. ihre Gesetzgebungsbefugnisse betroffen sind. Soweit der **Bund** die Gesetzgebungszuständigkeit besitzt, wird die **Stellungnahme** des Bundesrates **berücksichtigt** (Art. 23 Abs. 5 Satz 1 GG). Wenn im Schwerpunkt Gesetzgebungsbefugnisse der **Länder**, die Einrichtung ihrer Behörden oder ihre Verwaltungsverfahren betroffen sind, ist die Auffassung des Bundesrates maßgeblich zu berücksichtigen (Art. 23 Abs. 5 Satz 2 GG). Sind im Schwerpunkt ausschließliche Gesetzgebungsbefugnisse der Länder betroffen, soll die Wahrnehmung der Rechte der Bundesrepublik Deutschland als Mitgliedstaat der Europäischen Union auf einen vom Bundesrat benannten **Vertreter** der **Länder** übertragen werden (Art. 23 Abs. 6 Satz 1 GG). Das Nähere zu den in Art. 23 Abs. 4–6 GG genannten Mitwirkungsakten regelt ein Gesetz, das mit Zustimmung des Bundesrates ergangen ist (Art. 23 Abs. 7 GG). 403

Mit Art. 23 Abs. 4–6 GG ist der Versuch unternommen worden, die innerstaatliche Kompetenzordnung auf die Rechtsetzungsakte der **Europäischen Union** zu projizieren und hieraus unterschiedliche Mitwirkungsformen des Bundesrates abzuleiten. Es bleibt abzuwarten, ob die für den Förderalismus abträglichen Folgen der zunehmenden europäischen Integration durch die Mitwirkungsbefugnisse nach Art. 23 GG aufgefangen werden können und sich das in Ausführung des Art. 23 Abs. 7 GG ergangene Gesetz bewährt.[65] 404

---

64 Vgl. *H. Maurer*, Staatsrecht, § 16 Rdnr. 28.

65 Vgl. Gesetz über die Zusammenarbeit von Bund und Länder in Angelegenheiten der »Europäischen Union« vom 12. 3. 1993 (BGBl. I, S. 313) und die Bekanntmachung über das Inkrafttreten des Gesetzes vom 25. 10. 1993 (BGBl. I, S. 1780).

V. Übersichten

405 **1. Die Beteiligung des Bundesrates an der Bundesgesetzgebung (Einspruchsgesetz)**

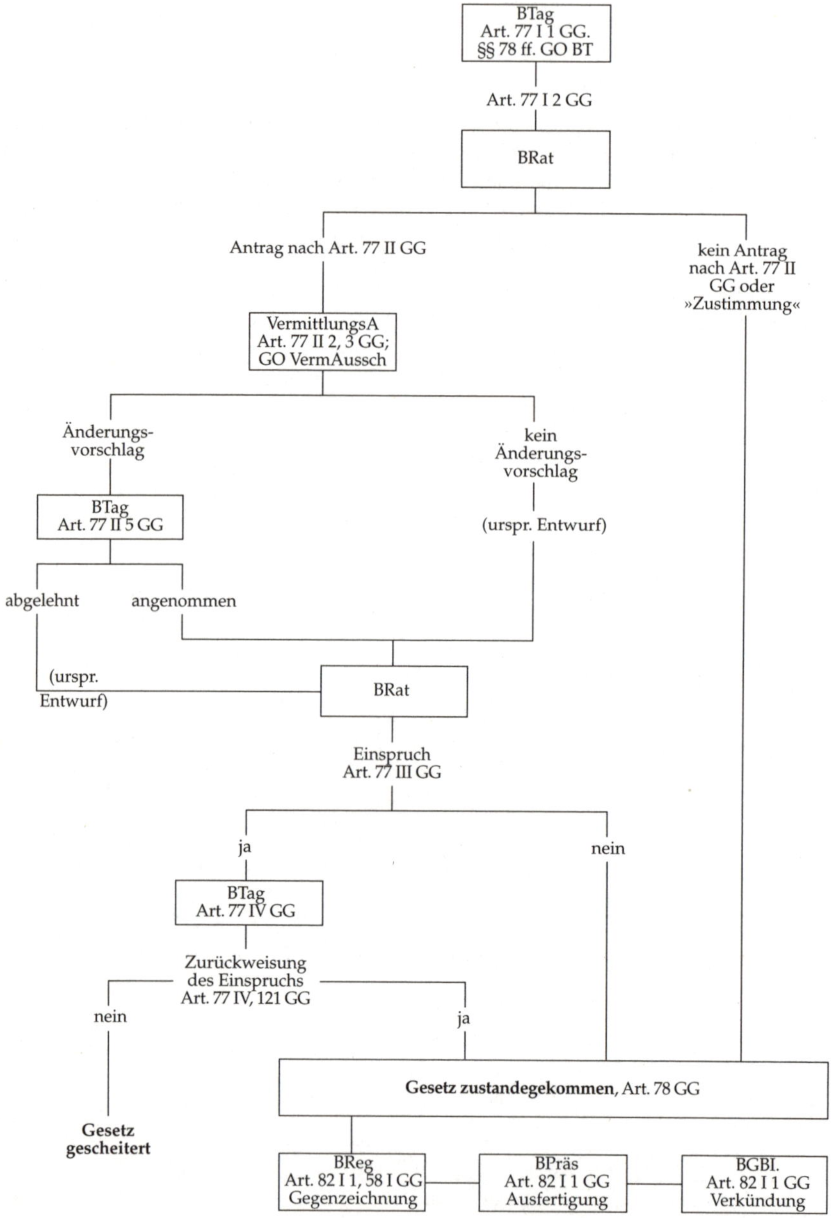

2. Die Beteiligung des Bundesrates an der Bundesgesetzgebung (Zustimmungsgesetz) 406

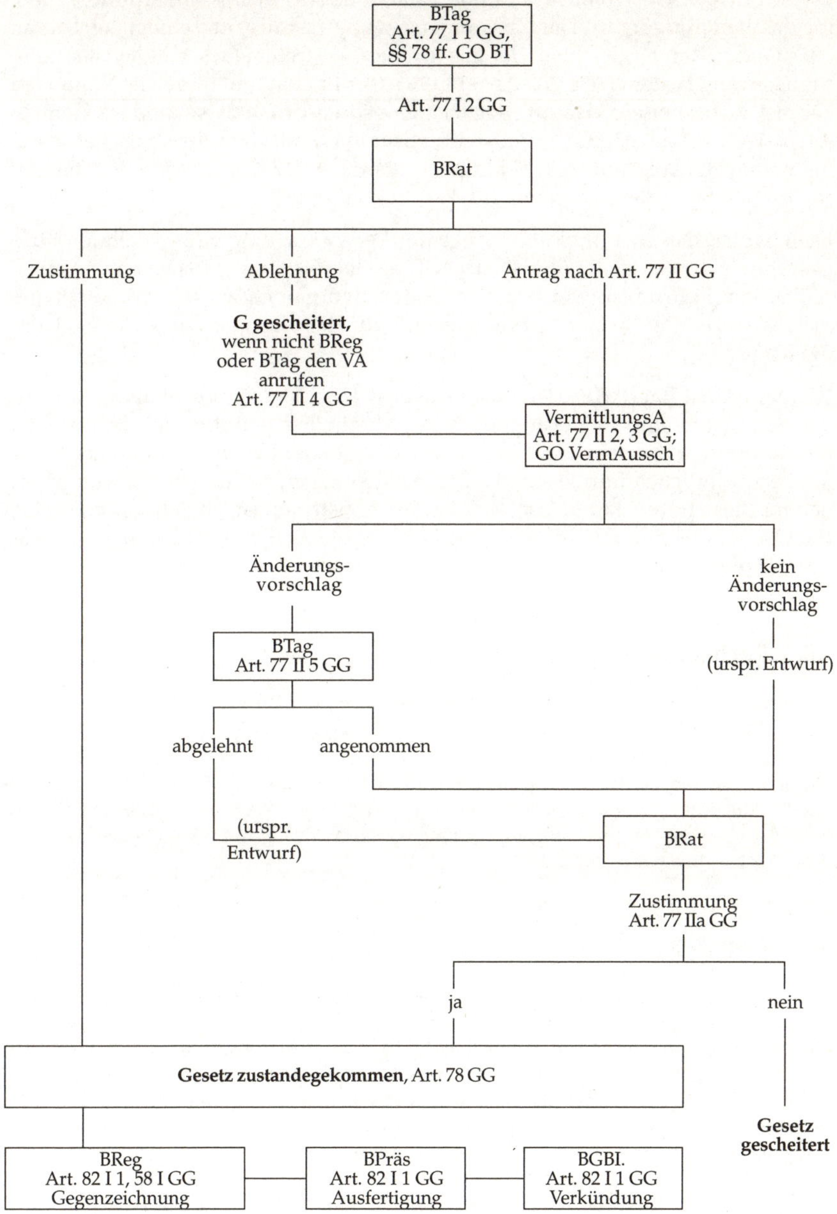

VI. Zum Vergleich: Die Europäische Union

407 Da die Europäische Union kein Bundesstaat, sondern ein **Staatenverbund** ist, fehlt ihr das Föderativorgan. Der Zusammensetzung nach ist mit einem solchen am ehesten der **Rat** vergleichbar, der aus je einem Vertreter jedes Mitgliedstaates im Ministerrang besteht (Art. 203 Abs. 1 EGV). Der Rat hat umfangreiche Kompetenzen, ist insbesondere (Haupt-)Rechtsetzungsorgan für das sekundäre Gemeinschaftsrecht (Art. 202 EGV) und stellt (zusammen mit dem Europäischen Parlament) den Haushalt auf (Art. 272 EGV). Gegenüber der Kommission und dem Europäischen Parlament kommen ihm Kontrollbefugnisse zu.[66]

408 Denkbar ist, daß sich der Rat im Zuge der Verwirklichung eines vereinten Europas, wie sie durch Art. 23 Abs. 1 Satz 1 GG als Staatsziel vorgegeben ist, von einem politischen **Führungsorgan** zu einem **Föderativorgan** entwickelt. Voraussetzung hierfür wäre eine Kompetenzverlagerung auf das Europäische Parlament und die Kommission.

409 Nicht mit dem **Rat** (Art. 202 ff. EGV) zu verwechseln ist der **Europäische Rat**, der aus den Staats- und Regierungschefs der Mitgliedstaaten und dem Präsidenten der Kommission besteht. Der Europäische Rat gibt der Union die für ihre Entwicklung erforderlichen Impulse und legt die allgemeinen politischen Zielvorstellungen für diese Entwicklung fest (Art. 4 EUV). Umstritten ist, ob dem Europäischen Rat überhaupt Organqualität – für die Europäische Union – zukommt[67], während der Rat (der EG) eines der (vier) Gemeinschaftsorgane ist.

VII. Rechtsprechung

410 **BVerfGE** 8, 274 (Zustimmungsgesetz: Preisgesetz); **E** 26, 338 (Zustimmung zu Verwaltungsvorschriften); **E** 28, 66 (Zustimmungsgesetz: Postverwaltungsgesetz); **E** 37, 363 (Änderungsgesetz zu Zustimmungsgesetzen: Rentenversicherungs-Änderungsgesetz); **E** 48, 127 (Änderungsgesetz zu Zustimmungsgesetzen: Wehrpflichtgesetz); **E** 55, 274 (Zustimmungsgesetz: Ausbildungsplatzförderungsgesetz); **E** 75, 108 (Künstlersozialversicherungsgesetz); **E** 105, 313 (Lebenspartnerschaftsgesetz); **BVerfG,** NJW 2003, S. 339 (Gespaltenes Votum im Bundesrat – Zuwanderungsgesetz).

VIII. Literatur

411 **M. Antoni**, Zustimmungsvorbehalte des Bundesrates zu Rechtsetzungsakten des Bundes – Die Zustimmungsbedürftigkeit von Bundesgesetzen, AöR 113 (1988), S. 329; **F. Becker**, Die uneinheitliche Stimmabgabe im Bundesrat. Zur Auslegung von Art. 51 III 2 GG, NVwZ 2002, S. 569; **W. Erbguth**, Bundesstaatliche Kompetenzverteilung im Bereich der Gesetzgebung, DVBl. 1988, S. 317; **R. Gröschner**, Das Zuwanderungsgesetz im Bundesrat, JZ 2002, S. 621; **W. Hoppe**, Das Schweigen von Innenminister Schönbohm im Bundesrat, DVBl. 2002, S. 725; **J. Ipsen**, Gespaltenes Votum bei Abstimmungen im Bundesrat (Art. 51 Abs. 3 Satz 2 GG), DVBl. 2002, S. 653; **W. Kewenig**, Bundesrat und auswärtige Gewalt, ZRP 1971, S. 238; **H. H. Klein**, Der Bundesrat der Bundesrepublik Deutschland – Die »Zweite Kammer«, AöR 108 (1983), S. 329; **W. Knies**, Der Bundesrat: Zusammensetzung und Aufgaben, DÖV

66 Vgl. *R. Streinz*, Europarecht, Rdnr. 256.
67 Vgl. *R. Streinz*, Europarecht, Rdnr. 279.

1977, S. 575; **T. Koch**, Der Erlaß von Verwaltungsvorschriften nach Art. 84 Abs. 2, 85 Abs. 2 Satz 1 GG, Jura 2000, S. 179; **D. Konow**, Zustimmungsbedürftigkeit von Änderungsgesetzen?, ZRP 1973, S. 158; **H. Krüger**, Rechtsfragen im Bereich der Zustimmungsbedürftigkeit von Rahmengesetzen, DVBl. 1998, S. 293; **H. Laufer/U. Muench**, Das föderative System der Bundesrepublik Deutschland, 1998; **M. Nolte/C. Tams**, Das Gesetzgebungsverfahren nach dem Grundgesetz, Jura 2000, S. 158; **K. Odendahl,** Das Erfordernis der einheitlichen Stimmabgabe im Bundesrat (Art. 51 III 2 GG): Der Fall des Zuwanderungsgesetzes, JuS 2002, S. 1049; **G.-B. Oschatz/H. Risse**, Bemerkungen zum Gesetzesinitiativrecht des Bundesrates, ZG 1989, S. 316; **F. Ossenbühl**, Die Zustimmung des Bundesrates beim Erlaß von Bundesrecht, AöR 99 (1974), S. 369; **C. Pestalozza**, Das Vetorecht des Bundesrates – BVerfGE 37, 363, JuS 1975, S. 366; **K. Reuter**, Praxishandbuch Bundesrat, 1991; **W.-R. Schenke**, Die verfassungswidrige Bundesratsabstimmung, NJW 2002, S. 1318; **R. Schmidt**, Die Zustimmungsbedürftigkeit von Bundesgesetzen, JuS 1999, S. 861; **S. Stüber**, Einflussnahme der Länder auf die Bundesgesetzgebung, Jura 2002, S. 749; **D. Wyduckel**, Der Bundesrat als Zweite Kammer, DÖV 1989, S. 181; **G. Ziller/G.-B. Oschatz**, Der Bundesrat, 10. Aufl. 1998.

§ 8 Die Bundesregierung

412 Die aus dem **Bundeskanzler** und den **Bundesministern** bestehende Bundesregierung (Art. 62 GG) ist das Organ der **politischen Führung**. Die Bundesregierung stellt keinen Ausschuß des Parlaments dar, der dessen Weisungen zu befolgen hätte; sie ist ein eigenständiges, oberstes Staatsorgan mit sehr ausgeprägten Kompetenzen.[1] Die Art. 62–69 GG spiegeln die tatsächliche Bedeutung der Bundesregierung im parlamentarischen Regierungssystem des Grundgesetzes nur unzureichend wider. Auch der in Art. 20 Abs. 2 Satz 2 GG als Oberbegriff für Regierung und Verwaltung verwandte Terminus »**vollziehende Gewalt**« verdunkelt eher den Tatbestand, den es festzuhalten gilt: In der parlamentarischen Demokratie verbleibt der Regierung ein weiter Bereich politischer Führung und eigenständiger Gestaltung, der den anderer Staatsorgane an Bedeutung regelmäßig übertrifft.[2]

413 Das Zentrum der Politik bildend und im Zentrum des politischen Interesses stehend, ist die Bundesregierung mit Rechtsbegriffen nicht vollständig beschreibbar und in rechtlichen Kategorien nicht hinreichend begreifbar. Zusammensetzung, Zuständigkeiten und Arbeitsweise der Regierung erschließen sich dem Betrachter nur, wenn er sie als Teil des politischen Kräftefeldes ansieht.[3]

I. Der Bundeskanzler (»Kanzlerprinzip«)

1. Wahl des Bundeskanzlers (Art. 63 GG)

414 Der Bundeskanzler wird vom Bundestag auf **Vorschlag des Bundespräsidenten** gewählt (Art. 63 Abs. 1 GG). Zu seiner Wahl bedarf er der **absoluten Mehrheit** (Art. 63 Abs. 2 Satz 1 GG), also der Mehrheit der **gesetzlichen Mitgliederzahl** des Bundestages (Art. 121 GG).

415 Die Parlamentswahl des Regierungschefs ist zwar der Normalfall, aber kein Wesensmerkmal des demokratischen Regierungssystems. Nach Art. 53 der Weimarer Reichsverfassung wurde der Reichskanzler »vom Reichspräsidenten ernannt und entlassen«. Zwar bedurfte er des Vertrauens des Reichstages (Art. 54 WRV); die Staatspraxis kannte jedoch weder eine Wahl noch eine Bestätigung durch die Parlamentsmehrheit.[4] Der Reichskanzler war deshalb vom Reichspräsidenten stärker abhängig als vom Parlament.[5]

---

1 Vgl. *G. Hermes*, in: Dreier (Hrsg.), GG, Bd. II, Art. 62 Rdnr. 7; *M. Oldiges*, in: Sachs (Hrsg.), GG, Art. 62 Rdnr. 41; *K. Stern*, Staatsrecht II, S. 274.

2 Vgl. hierzu *M. Schröder*, in: v. Mangoldt/Klein/Starck, GG, Bd. 2, Art. 62 Rdnr. 34 f.

3 Vgl. hierzu die politikwissenschaftlichen Darstellungen, insbes. *T. Stammen* (Hrsg.), Strukturwandel der modernen Regierung, 1967; *P. M. Stadler*, Die parlamentarische Kontrolle der Bundesregierung, 1984.

4 Nur in der Anfangszeit der Weimarer Republik haben die Kabinette ausdrücklich die »Vertrauensfrage« gestellt; vgl. *E. R. Huber*, Deutsche Verfassungsgeschichte seit 1789, Bd. VI, S. 330.

5 Von 1919 bis 1933 gab es 20 verschiedene Kabinette, die zum Teil nur wenige Monate amtierten. Vgl. die Übersicht bei *E. R. Huber*, Deutsche Verfassungsgeschichte seit 1789, Bd. VI, S. 328 f.

Der Bundespräsident hat trotz seines Vorschlagsrechts nicht die Möglichkeit, dem Bundestag einen Kandidaten aufzuzwingen, den dieser nicht will. Wird der vom Bundespräsident Vorgeschlagene nicht gewählt, so kann der Bundestag innerhalb von **zwei Wochen** mit absoluter Mehrheit einen Kandidaten wählen, ohne an den Vorschlag des Bundespräsidenten gebunden zu sein (Art. 63 Abs. 3 GG). Auch für diesen Fall gilt Art. 63 Abs. 2 GG, so daß der Gewählte vom Bundespräsidenten ernannt werden muß. Art. 63 Abs. 3 GG bestimmt zwar eine Frist, schreibt jedoch keinen »zweiten Wahlgang« vor. Innerhalb von zwei Wochen können deshalb mehrere Wahlgänge stattfinden; ebenso ist vorstellbar, daß die Frist verstreicht, ohne daß überhaupt ein Wahlgang stattgefunden hat.[6] 416

Wenn weder auf der **ersten** (Präsidentenvorschlag) noch auf der **zweiten** (Zwei-Wochen-Frist) **Stufe** des Verfahrens eine Kanzlerwahl erfolgt ist, kann die **dritte Stufe** betreten werden (Art. 63 Abs. 4 GG). Während es innerhalb der Zwei-Wochen-Frist des Art. 63 Abs. 3 GG dem Bundestag freisteht, ob er überhaupt weitere Wahlgänge durchführt, ist ein solcher nach Ablauf der Frist zwingend vorgeschrieben. Gewählt ist, »wer die meisten Stimmen erhält«; auf der dritten Stufe genügt folglich zur Wahl die **relative Mehrheit**. Dennoch ist nicht bedeutungslos, ob der Kandiat zugleich die absolute Mehrheit der Stimmen errungen hat. In diesem Fall nämlich ist der Bundespräsident **verpflichtet**, den Gewählten zu ernennen, während ihm bei einem nur mit relativer Mehrheit gewählten Kandidaten – der nur eine Minderheitsregierung bilden könnte – der Ausweg verbleibt, den Bundestag **aufzulösen** (Art. 63 Abs. 4 Satz 3 GG). 417

In der Staatspraxis ist der Bundeskanzler bislang jeweils im ersten Wahlgang – wenngleich gelegentlich mit knapper Mehrheit – gewählt worden. Das Vorschlagsrecht des Bundespräsidenten hat bei keiner Wahl eine eigenständige Rolle gespielt. Die Bundestagswahlen setzen als »Kanzlerwahlen« – als (tatsächliches) »Plebiszit« über die von den beiden großen Parteien präsentierten Kanzlerkandidaten – voraus, daß der jeweilige Kanzlerkandidat frühzeitig nominiert und in der Öffentlichkeit »aufgebaut« wird. Es wäre undenkbar, daß ein Kanzlerkandidat nach gewonnener Wahl auf die Unterstützung seiner eigenen Partei verzichten muß. Ebensowenig ist es vorstellbar, daß der Bundespräsident über Art. 63 Abs. 1 GG die im Vorfeld der Wahlen getroffenen Personalentscheidungen der Parteien zu korrigieren versucht. In der Staatspraxis treten die Vorsitzenden der Koalitionsfraktionen an den Bundespräsidenten heran und empfehlen ihm, ihren Kandidaten für die Wahl zum Bundeskanzler vorzuschlagen.[7] 418

2. Die persönliche Rechtsstellung des Bundeskanzlers

Die persönliche Rechtsstellung des Bundeskanzlers ist gemeinsam mit der der Bundesminister im **Bundesministergesetz**[8] geregelt. Der Bundeskanzler ist kein Beamter, aber **Träger eines öffentlichen Amtes**, so daß die strafgesetzlichen Vorschriften über Amtsdelikte[9] auf ihn anwendbar sind. Der Bundeskanzler darf nicht zugleich Mitglied einer Landesregierung sein (§ 4 BMinG); einer Mitglied- 419

6 So auch *G. Hermes*, in: Dreier (Hrsg.), GG, Bd. II, Art. 63 Rdnr. 29.

7 Vgl. dazu *M. Oldiges*, in: Sachs (Hrsg.), GG, Art. 63 Rdnr. 13 f.

8 *Sartorius* I Nr. 45.

9 §§ 331 ff. StGB; die Amtsträgereigenschaft ergibt sich aus § 11 Abs. 1 Nr. 2 b StGB.

schaft im Bundestag oder in einem Landesparlament steht demgegenüber nichts im Wege. In seinem Amt als Bundeskanzler genießt er weder **Immunität** noch **Indemnität**. Diese Privilegien kommen ihm nur zu, wenn er zugleich (Landtags- oder) Bundestagsabgeordneter ist.[10] Der Bundeskanzler bezieht ein Amtsgehalt, das zwei Drittel mehr beträgt als das eines Staatssekretärs.[11]

3. Kompetenzen

420 Die **politische Machtstellung** des Bundeskanzlers ist mit Rechtsbegriffen nicht hinreichend beschreibbar, weil sie nicht zuletzt darauf beruht, **wie** er seine Kompetenzen ausübt. Die Verfassung bietet insoweit nur einen rechtlichen Rahmen. Die wichtigsten dem Bundeskanzler zugewiesenen Kompetenzen sind die **Richtlinienkompetenz**, die **Organisationsgewalt** und die **Geschäftsleitungsbefugnis**.

a) Richtlinienkompetenz (Art. 65 Satz 1 GG)

421 **Fall 35:**

Im Rahmen der Haushaltsdebatte am 28. November 1989 trug Bundeskanzler Helmut Kohl dem Bundestag ein »Zehn-Punkte-Programm zur Deutschen Einheit« vor. In Punkt 10 hieß es: »Die Wiedervereinigung, d. h. die Wiedergewinnung der staatlichen Einheit Deutschlands, bleibt das politische Ziel der Bundesregierung.« Der Redetext war weder mit den Koalitionsfraktionen noch im Kabinett beraten worden.

422 Die Formulierung des Art. 65 Satz 1 GG stimmt nahezu wörtlich mit Art. 56 Satz 1 WRV überein, obwohl sich die Stellung des Bundeskanzlers von der des Reichskanzlers erheblich unterscheidet. Die starke Stellung des Bundeskanzlers kann deshalb nicht allein auf die **Richtlinienkompetenz** zurückgeführt werden, sondern ist gleichermaßen in seiner Wahl durch den **Bundestag** und der tatsächlichen **Legitimation** durch das **Volk** begründet. Versuche, die »Richtlinien der Politik« begrifflich zu bestimmen, haben bislang zu wenig konkreten Ergebnissen geführt. Gelegentlich ist von »Grundlinien«, »Leitlinien« oder »allgemeinen Zielen« der Politik die Rede. Hierbei handelt es sich jedoch nicht eigentlich um Definitionen, sondern um Paraphrasen, die einen unbestimmten Begriff durch den anderen ersetzen, ohne daß dadurch etwas gewonnen wäre.[12]

423 Daß die **grundlegenden politischen Entscheidungen** (formell) in die Kompetenz des Bundeskanzlers fallen, ist unstreitig. Insofern konnten die Westintegration, die Ostpolitik, die deutsche Vereinigung und der Ausbau der Europäischen Union zum Gegenstand von »Richtlinien« gemacht werden. Diese erschöpfen sich nicht im Bereich der Außenpolitik, sondern beziehen sich in gleicher Weise auf jedes andere Ressort. Diskutiert wird hingegen, ob die »Richtlinien der Politik« notwendig allgemeinen Inhalt haben müssen oder ob der Bundeskanzler auch zu **konkreten Weisungen** befugt ist.

---

10 Zur fehlenden Inkompatibilität zwischen Regierungsamt und Parlamentsmandat vgl. unten Rdnr. 747.

11 § 11 Abs. 1 Satz 1 Buchst. a) BMinG; das Grundgehalt eines Staatssekretärs (BesGr B 11) beträgt gegenwärtig 10.353,56 Euro im Monat.

12 Nachweise bei *H.-P. Schneider*, in: AK-GG, Art. 65 Rdnr. 3; *G. Hermes*, in: Dreier (Hrsg.), GG, Bd. II, Art. 65 Rdnr. 17 ff.; *K. Stern*, Staatsrecht II, S. 303.

Angesichts der politischen Konsequenzen, die einzelne »Affären« nach sich ziehen können, wäre es widersinnig, den Bundeskanzler in Krisensituationen auf das »Allgemeine« beschränken zu wollen. Heute ist deshalb anerkannt, daß »Richtlinien der Politik« auch Entscheidungen in **hochpolitischen Einzelfällen** sein können, die für den Bestand der Regierung von Bedeutung sind. Dem Bundeskanzler muß in derartigen Fällen die Möglichkeit gegeben sein, die Verantwortung an sich zu ziehen.[13] 424

Es würde an der Realität vorbeigehen, betrachtete man den Bundeskanzler als alleinigen Urheber der politischen Richtlinien. Die Politik wird zunächst von den Parteien vorgeformt, ist Gegenstand von Programmen, Deklarationen und Wahlkampfversprechungen. Parteiprogramme sind freilich keine Regierungsprogramme; letztere müssen häufig erst in langwierigen Koalitionsverhandlungen vereinbart werden. Trotz seiner Parteibindung kann es deshalb vorkommen, daß der Bundeskanzler eine von der Linie seiner Partei abweichende Richtlinie ausgibt. 425

Die Richtlinien der Politik haben gegenüber den Bundesministerien bindende Wirkung. Der Bundeskanzler hat das Recht und die Pflicht, auf die Durchführung der Richtlinien zu achten (§ 1 Abs. 2 GOBReg[14]). Da die Richtlinien nicht in Gestalt eines Katalogs verfügbar sind, sind die Bundesminister bei Zweifeln über ihren Inhalt verpflichtet, eine Entscheidung des Bundeskanzlers einzuholen (§ 1 Abs. 1 Satz 3 GOBReg). 426

Die **Durchsetzung** der Richtlinienkompetenz ist weniger eine rechtliche als eine **Machtfrage**. Der Erfolg eines Bundeskanzlers wird weithin davon abhängen, ob er sich gegenüber den zentrifugalen Bestrebungen der einzelnen Ressorts durchsetzen kann. Die verfassungsrechtliche Verpflichtung der Bundesminister auf die Richtlinien (Art. 65 Satz 2 GG) garantiert noch nicht ihre Umsetzung in praktische Politik. 427

Im Ausgangsbeispiel hat sich der Bundeskanzler im Rahmen seiner Richtlinienkompetenz gehalten. Eine Beteiligung des Kabinetts oder der Fraktionen ist verfassungsrechtlich nicht geboten gewesen. Das Zustandekommen des »Zehn-Punkte-Programms« mag ungewöhnlich sein, stößt aber auf keine verfassungsrechtlichen Bedenken. 428

b) Personalentscheidungen und Organisationsgewalt

Fall 36: 429

Der Bundeskanzler teilt nach seiner Wahl durch den Bundestag der Presse mit, es sei ein »Europaministerium« eingerichtet und die Bundestagsabgeordnete E zur »Bundesministerin für Europafragen« ernannt worden. Die entsprechenden Zuständigkeiten würden von den anderen Ministerien auf das »Europaministerium« verlagert und sollten dort »gebündelt« werden.

Nach Art. 64 GG werden die Bundesminister auf Vorschlag des Bundeskanzlers vom Bundespräsidenten ernannt und entlassen. Dem Bundeskanzler fällt damit die Kompetenz zu, über die Besetzung der Ministerämter zu entscheiden. In Koalitionsregierungen hat es sich eingebürgert, daß die kleineren Koalitionsparteien ihre Minister selbst nominieren und der Bundeskanzler diese Vorschläge über- 430

13 Vgl. *R. Herzog*, in: Maunz/Dürig, GG, Art. 65 Rdnr. 7 f.; *M. Oldiges*, in: Sachs (Hrsg.), GG, Art. 65 Rdnr. 14 f.; *G. Hermes*, in: Dreier (Hrsg.), GG, Bd. II, Art. 65 Rdnr. 20.

14 *Sartorius* I Nr. 38 = *Nomos Textausgaben* ÖffR Nr. 15.

nimmt. Das Vorschlagsrecht des Bundeskanzlers wird durch diese Übung nicht beeinträchtigt.

431 In der Staatspraxis ist der Bundeskanzler auch gegenüber der eigenen Fraktion und Partei nicht vollkommen frei, wenn er Personalentscheidungen trifft. »Flügel« von Partei und Fraktion wollen ebenso berücksichtigt sein wie Regionen oder gar Konfessionen. Der Bundeskanzler ist insofern ständiger Adressat personeller Wünsche und muß widerstreitende Interessen ausgleichen. Gerade hierin aber liegt ein Stück Macht: die Richtlinienkompetenz wäre eine Scheinbefugnis, hätte der Bundeskanzler nicht auch die Möglichkeit, sie durch **Personalentscheidungen** durchzusetzen. Nicht zuletzt an dieser Stelle offenbart sich ein Wechselspiel von rechtlicher Befugnis und politischer Macht.[15]

432 Neben die Personalentscheidungen im Zuge der Kabinettsbildung und dem durch §§ 18 f. GOBReg gesicherten Einfluß auf die Ernennung und Entlassung von Spitzenbeamten tritt die sog. **»Organisationsgewalt«** des Bundeskanzlers.[16] Die Organisationsgewalt wird definiert als

> »Kompetenz zur Bildung, Errichtung, Einrichtung, Änderung oder Aufhebung von Gliedern und Organen durch die Bestimmung ihrer Zuständigkeiten, ihrer Zusammenhänge und ihrer inneren Ordnung sowie durch ihre persönliche und sachliche Ausstattung.«[17]

433 Auf den Bundeskanzler bezogen bedeutet dies, daß er nicht auf **Personalentscheidungen** beschränkt ist, sondern weitgehende **organisatorische Maßnahmen** treffen kann, um eine erfolgreiche Regierungsarbeit zu gewährleisten. Dem Beobachter von Regierungsbildungen bleibt nicht verborgen, aus welchen Gründen neue Ministerien geschaffen, alte abgeschafft oder Abteilungen aus einem Ministerium in ein anderes verlagert werden. Diese nicht selten als »Straffung der Regierungsarbeit« gekennzeichneten Maßnahmen werden häufig *ad personam* bestimmter Politiker getroffen. Die Organisationskompetenz des Bundeskanzlers ist insofern nach geltendem Recht umfassend.[18] Sie wird nur durch die verfassungsrechtliche Garantie einzelner Ministerien begrenzt, ohne daß deren Zuständigkeiten allerdings unverändert bleiben müßten.[19]

434 Umstritten ist indes, inwieweit die Regierungsorganisation gesetzlich geregelt werden kann.[20] Eine verbreitete Auffassung gesteht dem Parlament einen »Zugriff« auf die Regierungsorganisation nur in engen Grenzen zu.[21] Diese Auffassung ist abzulehnen, weil sie zugleich eine Einschränkung des parlamentarischen

---

15 Vgl. *M. Schröder*, in: v. Mangoldt / Klein / Starck, GG, Bd. 2, Art. 64 Rdnr. 24; *K.-U. Heyn*, in: v. Münch / Kunig (Hrsg.), GG, Bd. 2, Art. 64 Rdnr. 1.

16 Grundlegend *E.-W. Böckenförde*, Die Organisationsgewalt im Bereich der Regierung, 1964; vgl. auch *M. Schröder*, in: v. Mangoldt / Klein / Starck, GG, Bd. 2, Art. 64 Rdnr. 9 ff.; *G. Hermes*, in: Dreier (Hrsg.), GG, Bd. II, Art. 64 Rdnr. 8 ff.

17 So *H. J. Wolff/O. Bachof*, Verwaltungsrecht II, 4. Aufl. 1976, § 78 I a.

18 Vgl. *G. Hermes*, in: Dreier (Hrsg.), GG, Bd. II, Art. 64 Rdnr. 7 ff.

19 Vgl. unten Rdnr. 454.

20 Vgl. *M. Schröder*, in: v. Mangoldt / Klein / Starck, GG, Bd. 2, Art. 64 Rdnr. 20 ff.; *M. Oldiges*, in: Sachs (Hrsg.), GG, Art. 64 Rdnr. 28 f.; *E.-W. Böckenförde*, Die Organisationsgewalt im Bereich der Regierung, 1964, S. 292; *H. Meyer*, in: Schneider / Zeh (Hrsg.), Parlamentsrecht und Parlamentspraxis, § 4 Rdnr. 57; *G. Hermes*, in: Dreier (Hrsg.), GG, Bd. II, Art. 64 Rdnr. 23.

21 Vgl. *H. Schröder*, in: v. Mangoldt / Klein / Starck, GG, Bd. 2, Art. 64 Rdnr. 22 f.; *M. Oldiges*, in: Sachs (Hrsg.), GG, Art. 64 Rdnr. 29.

Budgetrechts zur Folge hätte. Jedes Ressort bedarf der Zuweisung von Haushaltsmitteln, die in den »Einzelplänen« des Bundeshaushaltsplans enthalten sind.[22] Über den Haushaltsplan jedoch entscheidet der **Bundestag**, der deshalb befugt wäre, vorgesehene Mittel zu streichen, sofern diese nicht aus verfassungsrechtlichen Gründen notwendig sind.[23] Der Bundestag wäre deshalb auch in der Lage, durch Gesetz die Zahl und Zuständigkeiten der Ministerien festzulegen, ohne in den »Kernbereich« der Organisationsgewalt des Bundeskanzlers einzugreifen.[24] Eine gesetzliche Festlegung der Zahl und Zuständigkeitsbereiche der Ressorts wäre überdies verfassungspolitisch wünschenswert, um zu verhindern, daß die Bundesministerien zur Verteilungsmasse bei der Regierungsbildung denaturieren. Die notwendige »Flexibilität« der Regierungsbildung fällt demgegenüber weniger stark ins Gewicht.

Im Ausgangsfall wäre der Bundeskanzler nicht gehindert gewesen, durch Organisationsakt ein »Europaministerium« zu schaffen und ihm die bisher von anderen Ressorts wahrgenommenen Kompetenzen zu übertragen. Allerdings müßte der (folgende) Haushaltsplan einen entsprechenden Einzelplan aufweisen. An dieser Stelle zeigt sich wiederum die Abhängigkeit des Regierungschefs vom Parlament. 435

c) Geschäftsleitungsbefugnis

Die Bundesregierung ist ein Kollegialorgan, dem eine Fülle von Kompetenzen zufällt.[25] Die Geschäftsleitung dieses Kollegialorgans – des **Bundeskabinetts** – obliegt dem Bundeskanzler. Er beruft die Sitzungen ein, stellt die Tagesordnung auf und leitet die Sitzungen. Im Rahmen der Geschäftsleitung fällt dem Staatssekretär (oder Minister) im Bundeskanzleramt eine entscheidende Rolle zu. Er ist zugleich Staatssekretär der Bundesregierung und erfüllt wichtige Koordinationsaufgaben im Vorfeld der Kabinettssitzungen.[26] Der Staatssekretär (oder Minister) im Bundeskanzleramt hat damit eine der Schlüsselpositionen der deutschen Politik inne.[27] 436

4. Vertrauensfrage (Art. 68 GG)

Fall 37: 437

Am 13. November 2001 stellte Bundeskanzler Gerhard Schröder beim Bundestag den Antrag, er möge ihm das Vertrauen aussprechen. Er verband die Vertrauensfrage mit der Zustimmung des Bundestages zu einem Einsatz deutscher Streitkräfte in Afghanistan. Der Bundestag hat in namentlicher Abstimmung den Antrag mit 336 Ja-Stimmen gegen 326 Nein-Stimmen angenommen. Welches wären die Konsequenzen gewesen, wenn bei gleichbleibender Nein-Stimmenzahl nur 333 Abgeordnete mit »Ja« gestimmt hätten?

Nach Art. 68 Abs. 1 Satz 1 GG kann der Bundeskanzler den Antrag stellen, der Bundestag möge ihm das Vertrauen aussprechen. Die sog. **»Vertrauensfrage«**, die genau genommen ein »Vertrauensantrag« ist, stellt ein traditionelles Mittel 438

22 Vgl. § 13 BHO.
23 So auch *G. Hermes*, in: Dreier (Hrsg.), GG, Bd. II, Art. 64 Rdnr. 23.
24 So auch *G. Hermes*, in: Dreier (Hrsg.), GG, Bd. II, Art. 64 Rdnr. 23.
25 Vgl. unten Rdnr. 461 ff.
26 Vgl. nur §§ 7, 21 Abs. 1 GOBReg.
27 Vgl. hierzu *G. Hermes*, in: Dreier (Hrsg.), GG, Bd. II, Art. 62 Rdnr. 18 m. w. N.

des Regierungschefs in parlamentarischen Demokratien dar, sich der Mehrheit des Parlaments zu versichern. Die Vertrauensfrage kann mit einem anderen Antrag – etwa einer Gesetzesvorlage – verbunden werden. Aus Art. 81 Abs. 1 Satz 2 GG läßt sich nicht im Rückschluß folgern, daß die Vertrauensfrage nur mit einer Gesetzesvorlage verbunden werden kann.[28]

439 Da in Art. 68 Abs. 1 Satz 1 GG lediglich von einem »Antrag« die Rede ist, kann dieser grundsätzlich mit jedem Gegenstand verbunden werden, für den ein Parlamentsbeschluß erforderlich ist.

440 Im Ausgangsfall war die Verbindung der Vertrauensfrage mit dem Antrag auf Zustimmung zum Einsatz der Streitkräfte in Afghanistan deshalb statthaft. Der Parlamentsvorbehalt für den Einsatz von Streitkräften innerhalb der NATO im sog. »Bündnis-Fall« ist ungeschriebenes Verfassungsrecht.[29] Zur Durchsetzung einer entsprechenden Politik ist der Bundeskanzler auf einen Parlamentsbeschluß angewiesen und kann deshalb einen entsprechenden Antrag mit der Vertrauensfrage verbinden.

441 Ein Antrag nach Art. 68 Abs. 1 Satz 1 GG kann nur mit der Mehrheit der Mitglieder des Bundestages – also der absoluten Mehrheit (Art. 121 GG) – angenommen werden (Art. 68 Abs. 1 Satz 1 GG). Da (einfache) Gesetze und sonstige Beschlüsse des Bundestages nur der Mehrheit der **abgegebenen Stimmen** (einfache Mehrheit) bedürfen (Art. 42 Abs. 2 Satz 1 GG), stellt sich bei der Verbindung der Vertrauensfrage mit einer anderen Vorlage die Frage, welches Quorum für letztere entscheidend ist.[30]

442 Im Ausgangsfall hätte der Bundeskanzler zwar die absolute Mehrheit für die Vertrauensfrage verfehlt. Da aber die einfache Mehrheit der Abgeordneten für die Vorlage gestimmt hat, fragt es sich, ob ein dem Parlamentsvorbehalt entsprechender Beschluß des Bundestages zustandegekommen ist.

443 Die Verbindung der Vertrauensfrage mit einem anderen Antrag bewirkt eine **Antragseinheit**, mit der der Bundeskanzler bewußt sein politisches Schicksal verbindet. Es wäre deshalb widersinnig, die verbundenen Teile dieser Einheit je nach Ausgang der Abstimmung zu trennen und ihnen im nachhinein eine rechtliche Selbständigkeit zu verleihen, die sie nach dem Willen des Antragsstellers gerade nicht haben sollten. Daraus folgt, daß das höhere Quorum auch dann maßgebend sein muß, wenn die **Teilvorlage** an sich mit einer geringeren Mehrheit hätte beschlossen werden können.[31]

444 Im Ausgangsfall wäre nicht nur die Vertrauensfrage, sondern auch der mit ihr verbundene Antrag auf Zustimmung zum Streitkräfteeinsatz abgelehnt worden. Dieses Ergebnis ist sachgerecht, weil es Ziel des Bundeskanzlers gewesen ist, für den Streitkräfteeinsatz die **absolute Mehrheit** zu erzwingen. Gleiches gilt für Gesetzesvorlagen, die –

---

28 So aber *V. Epping*, in: v. Mangoldt/Klein/Starck, GG, Bd. 2, Art. 68 Rdnr. 11; wie hier *G. Hermes*, in: Dreier (Hrsg.), GG, Bd. II, Art. 68 Rdnr. 19.

29 So BVerfGE 90, 286 (LS 3); vgl. auch oben Rdnr. 238 ff.

30 Vgl. hierzu *V. Epping*, in: v. Mangoldt/Klein/Starck, GG, Bd. 2, Art. 68 Rdnr. 10 m. w. N.

31 So auch *G. Hermes*, in: Dreier (Hrsg.), GG, Bd. II, Art. 68 Rdnr. 19; a. A. *V. Epping*, in: v. Mangoldt/Klein/Starck, GG, Bd. 2, Art. 68 Rdnr. 10. Das Argument, bei einheitlicher Abstimmung würde bei der Verbindung zwischen Vertrauensfrage und Verfassungsänderung für Art. 68 GG das Quorum des Art. 79 Abs. 2 GG maßgeblich sein, spricht nicht dagegen. Dem Bundeskanzler wäre in einem solchen Fall allerdings abzuraten, die Vertrauensfrage mit einem verfassungsändernden Gesetz zu verbinden.

ebenso wie der Zustimmungsantrag – erneut im Bundestag eingebracht werden könnten und dann nur der einfachen Mehrheit bedürften.

Die Vertrauensfrage ist ein politisch wie verfassungsrechtlich heikles Instrument, weil im Hintergrund stets die **Auflösung** des **Bundestages** droht. Ein Bundestag, der einen Antrag nach Art. 68 GG ablehnt, muß sich bewußt sein, daß am Ende der politischen Entwicklung **Neuwahlen** stehen können. Nach der Konzeption des Grundgesetzes ist es zunächst Aufgabe des Parlaments, eine Regierungskrise zu lösen (vgl. Art. 63, 67 Abs. 1, 68 Abs. 1 GG). In der Staatspraxis hat die Vertrauensfrage gleichwohl dazu herhalten müssen, Neuwahlen herbeizuführen, die zwar allgemein als erwünscht angesehen wurden, verfassungsrechtlich jedoch nicht vorgesehen waren. Der Bundeskanzler ist zwar befugt, zu jeder Zeit die Vertrauensfrage zu stellen. Fraglich ist jedoch, ob der Bundespräsident einem Auflösungsvorschlag nach Art. 68 Abs. 1 Satz 2 GG auch dann folgen darf, wenn allein die **formellen Voraussetzungen** für die Auflösung des Bundestages geschaffen werden sollen.[32] 445

5. Konstruktives Mißtrauensvotum (Art. 67 GG)

Das Parlament kann umgekehrt (aus eigener Initiative) dem Bundeskanzler das Vertrauen nur dadurch entziehen, daß es einen **neuen Bundeskanzler** wählt (Art. 67 Abs. 1 GG). Auf diese Weise wird verhindert, daß sich die Parlamentsmehrheit auf den kleinsten Nenner des Regierungssturzes einigt, ohne die Bereitschaft zu zeigen, eine neue Regierung zu tragen. Die Weimarer Republik hat für derartige Konstellationen soviel Anschauung geliefert, daß schon zu jener Zeit eine Art »konstruktives« Mißtrauensvotum diskutiert wurde.[33] 446

Mißtrauensbekundung und Wahl des neuen Bundeskanzlers finden *uno actu* statt; die Neuwahl ist zugleich **Kundgebung des Mißtrauens**. Der Antrag lautet demgemäß, der Bundestag möge dem bisherigen Bundeskanzler das Mißtrauen aussprechen und einen (namentlich benannten) Kandidaten zum Bundeskanzler wählen. Erreichen die »Ja-Stimmen« die absolute Mehrheit, so ist der alte Bundeskanzler gestürzt und ein neuer gewählt. 447

In der Geschichte der Bundesrepublik hat es bislang zwei Mißtrauensanträge gegeben. Am 25. 4. 1972 stellte die Fraktion der CDU/CSU den Antrag, der Bundestag wolle beschließen, Bundeskanzler Willy Brandt das Mißtrauen auszusprechen und als seinen Nachfolger den Abgeordneten Dr. Rainer Barzel zum Bundeskanzler zu wählen. Die Abstimmung am 27. 4. 1972 ergab 247 Ja-Stimmen. Das Mißtrauensvotum war damit gescheitert. Das anschließende »Patt« im Bundestag (248 zu 248 Stimmen) führte dazu, daß Bundeskanzler Brandt am 20. 9. 1972 die Vertrauensfrage stellte und 248 Ja-Stimmen erhielt. Der Bundespräsident löste daraufhin den Bundestag auf und setzte für den 19. 11. 1972 Neuwahlen an. – Am 28. 9. 1982 stellten die Bundestagsfraktionen der CDU/CSU und FDP folgenden Antrag: »Der Bundestag wolle beschließen: Der Deutsche Bundestag spricht Bundeskanzler Helmut Schmidt das Mißtrauen aus und wählt als seinen Nachfolger den Abgeordneten Dr. Helmut Kohl zum Bundeskanzler der Bundesrepublik Deutschland. Der Bundespräsident wird ersucht, Bundeskanzler Helmut Schmidt zu 448

---

32 Vgl. hierzu *G. Hermes*, in: Dreier (Hrsg.), GG, Bd. II, Art. 68 Rdnr. 10 ff. m. w. N.

33 Vgl. *E. R. Huber*, Deutsche Verfassungsgeschichte seit 1789, Bd. VI, S. 335 f.

entlassen.«[34] Die Abstimmung ergab 256 Ja-Stimmen, so daß Dr. Helmut Kohl zum Bundeskanzler gewählt worden war.

II. Die Bundesminister (»Ressortprinzip«)

1. Selbständige Leitung des Geschäftsbereichs (Art. 65 Satz 2 GG)

449 **Fall 38:**

Der Bundesminister für Umwelt, Naturschutz und Reaktorsicherheit löst die »Reaktorsicherheitskommission« in ihrer bisherigen personellen Zusammensetzung auf und beruft neue Mitglieder in dieses Gremium. In öffentlichen Stellungnahmen wird kritisiert, daß die Neubesetzung der Kommission ohne Abstimmung mit dem Bundeskanzleramt geschehen sei.

450 Innerhalb der vom Bundeskanzler gegebenen Richtlinien »leitet jeder Bundesminister seinen Geschäftsbereich selbständig und unter eigener Verantwortung« (Art. 65 Satz 2 GG). Die Bundesminister sind keineswegs nur Gehilfen des Bundeskanzlers – den Staatssekretären des Bismarck-Reiches oder den »secretaries« des amerikanischen Präsidialsystems vergleichbar –, sondern selbst **Staatsorgane** mit weitreichenden Befugnissen. Nicht selten sind sie Parteivorsitzende oder Exponenten bestimmter Parteiflügel und verfügen auf diese Weise über eine eigene politische »Hausmacht«.

451 »Geschäftsbereich« oder »Ressort« des einzelnen Ministers ist das **Bundesministerium**, dessen Zuständigkeiten durch Organisationserlaß des Bundeskanzlers festgelegt wird. Der Minister ist also regelmäßig auch Chef eines großen Verwaltungsapparates, einer **»obersten« Bundesbehörde**, der häufig – man denke nur an die »klassischen« Ministerien – eine Vielzahl von Behörden nachgeordnet ist.

452 Der Geschäftsbereich wird »selbständig« geleitet; der Minister gibt **eigene Weisungen** für die zu verfolgende Politik aus.[35] Er darf sich dabei nicht in Gegensatz zu den **Richtlinien des Bundeskanzlers** setzen und muß ggf. hierüber eine Entscheidung einholen (§ 1 Abs. 1 Satz 3 GOBReg). Im übrigen ist er bei der Formulierung der Politik seines Ressorts frei, wobei zu bedenken bleibt, daß auch der einzelne Minister Rückhalt in Fraktion und Partei braucht. Die Minister sind ebenso wie der Bundeskanzler in ein politisches Kräftefeld eingebunden und jeder Versuch, sich hieraus zu lösen, wird auf die Dauer erfolglos sein. Das ändert jedoch nichts an seiner verfassungsrechtlichen Kompetenz, die Politik seines Geschäftsbereichs im Rahmen der Richtlinien des Bundeskanzlers zu bestimmen.

453 Aufgabe der Reaktorsicherheitskommission (RSK) ist es, das Bundesministerium für Umwelt, Naturschutz und Reaktorsicherheit in Angelegenheiten der Sicherheit kerntechnischer Anlagen zu beraten. Die Mitglieder der Kommission bekleiden ein persönliches Ehrenamt und sind an Weisungen nicht gebunden. Sie werden auf die Dauer von drei Jahren durch das Bundesministerium berufen. Der Bundesminister konnte deshalb in eigener Zuständigkeit über die Auflösung und neue personelle Zusammensetzung der RSK entscheiden, ohne vorher eine Entscheidung des Bundeskanzleramts einholen zu müssen. Die mögliche Publizität einer solchen Maßnahme rechtfertigt es nicht, sie als Gegenstand der Richtlinienkompetenz einzuordnen.

---

34 BT-Drucks. 9/2004.

35 Vgl. hierzu *G. Hermes*, in: Dreier (Hrsg.), GG, Bd. II, Art. 65 Rdnr. 28 ff.

2. Die einzelnen Ressorts

Die Zahl der Ressorts schwankt von Kabinett zu Kabinett[36], was gelegentlich den Eindruck aufkommen läßt, das eine oder andere Ressort sei entbehrlich. Es gibt allerdings einen **Kernbestand** von Bundesministerien, die – zum Teil mit einer Verfassungsgarantie versehen[37] – nicht zur Disposition stehen und deren Geschäftsbereich im allgemeinen unangetastet bleibt. Hierzu zählen die sog. »klassischen« Ministerien, nämlich das **Auswärtige Amt** und die **Bundesministerien** der **Finanzen**, der **Justiz**, des **Inneren** und der **Verteidigung**. Neben diesen (durch den Artikel »der« gekennzeichneten) Ministerien erweisen sich das Bundesministerium für Wirtschaft und Arbeit und das Bundesministerium für Verkehr-, Bau- und Wohnungswesen als ähnlich bedeutsam. 454

Dem **Bundesverteidigungsminister** ist durch Art. 65 a GG eine verfassungsrechtliche Stellung besonderer Art zugewiesen. Er ist Inhaber der **Befehls- und Kommandogewalt** über die Streitkräfte, die im Verteidigungsfall auf den **Bundeskanzler** übergeht (Art. 115 b GG). In vergleichbarer Weise wird nur der **Bundesfinanzminister** hervorgehoben, dem nach Art. 112 GG ein Zustimmungsrecht bei überplanmäßigen und außerplanmäßigen Ausgaben zukommt. Auch andere Ressorts – etwa das **Justizministerium** (Art. 96 Abs. 2 Satz 4 GG) – werden im Grundgesetz ausdrücklich erwähnt und stehen deshalb nicht zur Disposition des Bundeskanzlers. Verfassungspolitisch wäre es angezeigt, sämtliche Ressorts im Grundgesetz aufzuführen, um Neubildungen und Auflösungen aus Gründen parteipolitischer Opportunität auszuschließen. Auch der (einfache) Gesetzgeber wäre nicht gehindert, Zahl und Geschäftsbereiche der Bundesministerien festzulegen.[38] 455

3. Verantwortlichkeit der Bundesminister

Die Leitung der Ressorts ist den Bundesministern »selbständig und unter eigener Verantwortung« übertragen (Art. 65 Satz 2 GG). Diese Bestimmung steht in engem Zusammenhang mit Art. 65 Satz 1 GG und der hier konstatierten **Verantwortlichkeit** des **Bundeskanzlers** für die **Richtlinien** der **Politik**. Liest man den Satz aufmerksam, so kann kaum ein Zweifel daran entstehen, daß die Selbständigkeit gegenüber dem Bundeskanzler und die Verantwortung gegenüber dem Parlament gemeint ist. Jede andere Interpretation würde die Geschichte der Ministerverantwortlichkeit[39] verleugnen; denn daß ein auf Vorschlag des Bundeskanzlers ernannter und jederzeit absetzbarer Minister gegenüber dem Bundeskanzler für die Führung seines Ressorts verantwortlich ist, bedarf keiner Festlegung in der Verfassung.[40] 456

»Verantwortlich« sein bedeutet, zur Rechenschaft gezogen werden zu können.[41] 457
Die Bundesminister müssen – jeweils für ihren Geschäftsbereich – auf mündliche

36 Vgl. *P. Schindler*, Datenhandbuch zur Geschichte des Deutschen Bundestages 1949 bis 1999, Bd. I, 1999, S. 1030 ff.

37 Vgl. Art. 65 a, 96 Abs. 2 Satz 4, 114 Abs. 1 GG.

38 Vgl. oben Rdnr. 434.

39 Vgl. hierzu *E. R. Huber*, Deutsche Verfassungsgeschichte seit 1789, Bd. III, S. 65 f.

40 Ebenso *M. Oldiges*, in: Sachs (Hrsg.), GG, Art. 65 Rdnr. 22 f.; *G. Hermes*, in: Dreier (Hrsg.), GG, Bd. II, Art. 65 Rdnr. 40.

41 Vgl. *M. Oldiges*, in: Sachs (Hrsg.), GG, Art. 65 Rdnr. 22; *M. Schröder*, in: v. Mangoldt/Klein/Starck, GG, Bd. 2, Art. 65 Rdnr. 52.

Fragen, Kleine und Große Anfragen antworten und auf Beschluß des Parlaments im Bundestag bzw. seinen Ausschüssen erscheinen (Art. 43 Abs. 1 GG). Werden sie herbeigerufen, so müssen sie Rede und Antwort stehen und sich für die von ihnen ergriffenen Maßnahmen rechtfertigen.[42] Diese besondere, neben der generellen Verantwortung des Bundeskanzlers bestehende Ministerverantwortlichkeit trägt dem Umstand Rechnung, daß der Bundeskanzler nur für diejenigen Fehler verantwortlich gemacht werden kann, die in **seiner** Kompetenz liegen, also im Bereich der Richtlinien. Sofern unterhalb dieser Ebene Fehlentscheidungen getroffen werden, ist der zuständige **Minister** verantwortlich.

458 »Verantwortlichkeit« hat nichts mit persönlicher Schuld im Sinne von Vorsatz und Fahrlässigkeit zu tun. Es ist selbstverständlich, daß ein Minister, dem Tausende oder gar Hunderttausende von Bediensteten nachgeordnet sind, sich nicht um alles kümmern kann und ihm nicht alle Fehlentscheidungen als persönliches Versagen anzulasten sind. Gleichwohl trägt er für alle Vorgänge seines Geschäftsbereichs die **Verantwortung** nach Art. 65 Satz 2 GG. Er muß sich Fehlleistungen innerhalb seines Ressorts auch dann zurechnen lassen, wenn er persönlich an dem Vorgang nicht beteiligt war. Man mag in derartigen Fällen zu der Konstruktion mangelnder Dienstaufsicht oder mangelnder Vorkehrungen gegen Fehlverhalten der dem Minister unterstellten Beamten greifen[43]; der Kern der Ministerverantwortlichkeit wäre hiermit nicht getroffen. Bei den Ministerien heutiger Größenordnung ist der Weg einzelner Entscheidungen und die Genese von Fehlschlägen häufig nicht im einzelnen zu verfolgen. Derartige Bürokratien sind parlamentarischer Kontrolle nur zugänglich, wenn einem Amtsträger die gesamte Verantwortung zugewiesen wird. Die hiermit angesprochene **»politische« Verantwortung** ist nicht gleichbedeutend mit einer persönlichen (finanziellen) Haftung. Diese greift nur, wenn ein schuldhaftes Verhalten vorliegt. Politisch verantwortlich ist der Minister indessen auch für Vorgänge, von denen er nicht einmal Kenntnis zu haben braucht.

459 Rechtliche **Sanktionen** stehen dem Parlament gegenüber einem Minister nicht zu Gebote. Anders als der Reichstag der Weimarer Republik (Art. 54 Satz 2 WRV) kann der Bundestag einem Minister das Vertrauen nicht entziehen. Denkbar hingegen ist ein **Mißbilligungsbeschluß**, der als schlichter Parlamentsbeschluß jedoch keine Bindungswirkung entfaltet.[44] Gleichwohl wäre es vorschnell zu meinen, das Grundgesetz weise hier eine Lücke auf. Da das Amt des Bundesministers nach Art. 69 Abs. 2 GG mit »jeder Erledigung« des Amtes des Bundeskanzlers endet, hat das Parlament mit dem konstruktiven Mißtrauensvotum auch eine Möglichkeit, Minister aus dem Amt zu entfernen. Aus wohlverstandenem Eigeninteresse wird der Bundeskanzler einem solchen Schritt des Parlaments zuvorkommen und dem Bundespräsidenten die Entlassung des betreffenden Ministers vorschlagen (Art. 64 Abs. 1 GG).

460 Die Entlassung eines Ministers (ohne Rücktrittsangebot) oder der Sturz der Regierung sind freilich grobe Geschütze. Unterhalb dieser Ebene bietet sich vor allem

---

42 Vgl. oben Rdnr. 200 f.

43 Vgl. *K. Stern*, Staatsrecht II, S. 319 f.

44 Derartige Mißbilligungsanträge entsprechen der Staatspraxis; vgl. die Aufzählung bei *U. Mager*, in: v. Münch/Kunig (Hrsg.), GG, Bd. 2, Art. 67 Rdnr. 12 ff.; siehe auch oben Rdnr. 214.

der freiwillige Rücktritt an, der eine Art komplementäre Funktion zur Ministerverantwortlichkeit erfüllt. Die Neigung zum Rücktritt ist bei Mitgliedern der Bundesregierung allerdings nie sehr ausgeprägt gewesen. Ein Zwang zum Rücktritt ist aus dem Grundgesetz nicht abzuleiten. Letztlich ist es eine Frage der politischen Kultur, unter welchen Voraussetzungen und zu welchem Zeitpunkt ein Bundesminister sein Amt freiwillig aufgibt.

III. Die Bundesregierung als Kollegialorgan (»Kabinettsprinzip«)

Fall 39: 461

Das Außenwirtschaftsgesetz (AWG) ermächtigt dazu, den Wirtschaftsverkehr mit fremden Wirtschaftsgebieten Einschränkungen zu unterwerfen. Diese können durch Rechtsverordnung vorgesehen werden, die die Bundesregierung erläßt (§ 27 Abs. 1 Satz 1 AWG). Nachdem bekannt wird, daß deutsche Unternehmen Chemikalien, die zur Herstellung chemischer Waffen geeignet sind, ins Ausland geliefert haben, bereitet das Bundesministerium für Wirtschaft eine Rechtsverordnung vor, die Ausführungsbeschränkungen für derartige Stoffe vorsieht. Der Text der Verordnung wurde an einem Freitag den Ministerien per Fax zugesandt und die Umlauffrist bis zum darauf folgenden Montag, 17.00 Uhr, festgesetzt. Während dieser Zeit waren von den 17 Mitgliedern der Bundesregierung 6 am Dienstsitz anwesend. Die Verordnung wurde noch am gleichen Tag vom Bundeskanzler und vom Bundeswirtschaftsminister unterzeichnet und zwei Tage später im Bundesgesetzblatt veröffentlicht.

(BVerfGE 91, 148)

Dem in Art. 65 Satz 1 GG zum Ausdruck kommenden »Kanzlerprinzip« und dem in Art. 65 Satz 2 GG niedergelegten »Ressortprinzip« wird das sog. »Kabinettsprinzip« des Art. 65 Satz 3 GG gegenübergestellt. Die Bundesregierung als Kollegialorgan – das Bundeskabinett – ist allerdings weit davon entfernt, auf die Schlichtung von Streitigkeiten zwischen einzelnen Bundesministern beschränkt zu sein. Dem Kollegialorgan Bundesregierung ist vielmehr eine Fülle verfassungsrechtlicher Kompetenzen übertragen: 462

- Einbringung von **Gesetzentwürfen** beim Bundestag (Art. 76 Abs. 1 GG)
- Anrufung des **Vermittlungsausschusses** (Art. 77 Abs. 2 Satz 4 GG),
- Erlaß von **Verwaltungsvorschriften** und Wahrnehmung von Aufsichtsbefugnissen (Art. 84, 85 GG)
- Erlaß von **Rechtsverordnungen** (Art. 80 Abs. 1 Satz 1 GG)
- **Haushaltsrechtliche Beschlüsse** (Art. 110, 113, 114 GG)
- Entscheidung über den **Bundeszwang** (Art. 37 GG)
- Anrufung des **BVerfG** (Art. 93 Abs. 1 Nr. 2–4 GG)

Die hier vorgesehenen **Beschlüsse** der Bundesregierung werden mit Mehrheit gefaßt, bei Stimmengleichheit gibt die Stimme des Vorsitzenden den Ausschlag (§ 24 Abs. 2 GOBReg). Der Bundeskanzler kann einen Kabinettsbeschluß nicht unter Hinweis auf seine Richtlinienkompetenz ersetzen oder verändern, denn soweit der **»Bundesregierung«** Kompetenzen zugeordnet sind, tritt sie als Kollegialorgan in Erscheinung. Vorrang hat die Richtlinienkompetenz des Bundeskanzlers nur vor der in Art. 65 Satz 3 GG geregelten Zuständigkeit zur **Streitentscheidung**, weil diese gerade Meinungsverschiedenheiten auf der Ressortebene betrifft, Minister aber bei Leitung ihres Ressorts die Richtlinien beachten müssen. Ebensowenig kann der Bundeskanzler seine Minister (verfassungsrechtlich) zu einem be- 463 stimmten Stimmverhalten im Kabinett verpflichten, weil die im Grundgesetz vorgesehenen Kabinettsbeschlüsse in diesem Fall zur Farce gerieten. Allerdings hat der Bundeskanzler jederzeit die Möglichkeit, dissentierende Minister auszuwechseln und auf diese Weise dafür zu sorgen, daß das Kabinett in seinem Sinne abstimmt. Der Bundeskanzler ist insofern bei einem Widerstreit zwischen Kabinetts- und Kanzlerprinzip in der Lage, letzteres durchzusetzen.

464 Das BVerfG hat betont, daß Normsetzungsakte nur dann der Bundesregierung als Kollegium zugerechnet werden könnten, wenn alle Mitglieder Gelegenheit gehabt hätten, an der Entscheidung mitzuwirken und die Mehrheit der Vorlage zugestimmt habe.[45] Hierdurch soll ein Umlaufverfahren nicht grundsätzlich ausgeschlossen sein; die Fristen allerdings müßten eine Beteiligung der einzelnen Ressorts ermöglichen.[46]

465 Im Ausgangsfall hat das BVerfG die Verordnung zwar als wirksam angesehen, für die Zukunft jedoch ein Verfahren angemahnt, das dem Kollegialprinzip zu größerer Wirkung verhilft. Genaugenommen nämlich konnte von einer Verordnung der »Bundesregierung« nicht die Rede sein, wenn die – überwiegend ortsabwesenden – Minister lediglich an einem Arbeitstag Kenntnis von der Vorlage der Verordnung nehmen konnten.[47]

IV. Zum Vergleich: Die Europäische Union

466 Auf der Ebene der Europäischen Union ist mit einer (nationalen) Regierung am ehesten die **Kommission** vergleichbar. Sie besteht aus 20 Mitgliedern, die aufgrund ihrer allgemeinen Befähigung ausgewählt werden und volle Gewähr für ihre Unabhängigkeit bieten müssen (Art. 213 Abs. 1 EGV). Die Kommission hat weitgespannte Kompetenzen und wird als »Motor der Integration« angesehen.[48] Für Rechtsetzungsakte der EG kommt ihr ein Initiativrecht zu[49], das mit dem der Bundesregierung nach Art. 76 Abs. 1 GG vergleichbar ist. Die Kommission kontrolliert die Einhaltung des (primären und sekundären) Gemeinschaftsrechts und fungiert insofern als »Hüterin des Gemeinschaftsrechts« (Art. 211 EGV).[50] Die Kommission ist – auch hierin der Bundesregierung vergleichbar – **kollegial organisiert**. Die Kommissionsmitglieder sind zuständig für bestimmte Ressorts, die in Generaldirektionen, Direktionen und Referaten organisiert sind.[51] Auch in dieser Gliederung finden sich Anklänge an die Organisation einer nationalen Regierung.[52] Der Präsident der Kommission hat allerdings keine dem Bundeskanzler vergleichbaren Kompetenzen, soll allerdings zukünftig in seiner Rechtsstellung gestärkt werden.[53]

467 Die Kommissionsmitglieder werden im gegenseitigen Einvernehmen der Mitgliedstaaten benannt; die Benennung bedarf der Zustimmung des Europäischen

45 Vgl. BVerfGE 91, 148 (171 ff.).
46 Vgl. BVerfGE 91, 148 (172 f.).
47 So BVerfGE 91, 148 (172 ff.).
48 Vgl. *R. Streinz*, Europarecht, Rdnr. 292.
49 Vgl. *T. Oppermann*, Europarecht, Rdnr. 353; *R. Streinz*, Europarecht, Rdnr. 292.
50 Vgl. *T. Oppermann*, Europarecht, Rdnr. 365; *R. Streinz*, Europarecht, Rdnr. 296.
51 Vgl. *A. Bleckmann*, Europarecht, Rdnr. 63 ff.; *T. Oppermann*, Europarecht, Rdnr. 340 ff.
52 Vgl. *R. Streinz*, Europarecht, Rdnr. 303.
53 Vgl. *R. Streinz*, Europarecht, Rdnr. 303 a.

Parlaments (Art. 214 Abs. 2 UAbs. 1 EGV). Nach der »Benennung« müssen sich Präsident und Kommissionsmitglieder »als Kollegium« einem Zustimmungsvotum des Europäischen Parlaments stellen (Art. 214 Abs. 2 UAbs. 3 EGV). Erst danach werden sie von den Regierungen der Mitgliedstaaten »ernannt«.

V. Rechtsprechung

BVerfGE 27, 44 (Parlamentarisches Regierungssystem); **E** 44, 125 (Öffentlichkeitsarbeit der Bundesregierung); **E** 62, 1 (Auflösung des 9. Deutschen Bundestages); **E** 91, 148 (Bundesregierung als Kollegialorgan); **E** 100, 249 (Verwaltungsvorschriften für den Vollzug von Bundesgesetzen). 468

VI. Literatur

E.-W. Böckenförde, Die Organisationsgewalt im Bereich der Regierung, 1964; **C. Burkiczak,** Kanzlerwahl, Misstrauensvotum und Vertrauensfrage – Das Amt des Bundeskanzlers nach dem Grundgesetz und in der Staatspraxis, Jura 2002, S. 465; **J. Delbrück/R. Wolfrum**, Die Auflösung des 9. Deutschen Bundestages vor dem BVerfG – BVerfGE 62, 1, JuS 1983, S. 758; **V. Epping**, Die Willensbildung der Bundesregierung und das Einwendungsausschlußverfahren, NJW 1992, S. 2605; **H.-J. Friehe**, Die Organisationsgewalt des Bundeskanzlers, JuS 1983, S. 208; **W. Hennis**, Richtlinienkompetenz und Regierungstechnik, 1964; **E. U. Junker**, Die Richtlinienkompetenz des Bundeskanzlers, 1965; **F. Knöpfle**, Inhalt und Grenzen der »Richtlinien der Politik« des Regierungschefs, DVBl. 1965, S. 857, 925; **K. Kröger**, Die Ministerverantwortlichkeit in der Verfassungsordnung der Bundesrepublik Deutschland, 1972; **G. Lehnguth**, Die Organisationsgewalt des Bundeskanzlers und das parlamentarische Budgetrecht, DVBl. 1985, S. 1359; **H. Maurer**, Vorzeitige Auflösung des Bundestages, DÖV 1982, S. 1001; ders., Die Richtlinienkompetenz des Bundeskanzlers, in: Festschrift für W. Thieme, 1993, S. 123; **V. Mehde**, Die Ministerverantwortlichkeit nach dem Grundgesetz, DVBl. 2001, S. 13; **M. Oldiges**, Die Bundesregierung als Kollegium, 1983; **ders.**, Die interimistische Weiterführung der Amtsgeschäfte des Bundeskanzlers durch den Vizekanzler, DVBl. 1975, S. 79; **H.-E. Röttger**, Konstruktives Mißtrauensvotum gegen den geschäftsführenden Bundeskanzler?, JuS 1975, S. 358; **W.-R. Schenke**, Die Bildung der Bundesregierung, Jura 1982, S. 57; **ders.**, Die Aufgabenverteilung innerhalb der Bundesregierung, Jura 1982, S. 337; **ders.**, Die verfassungswidrige Bundestagsauflösung, NJW 1983, S. 150; **E. Schmidt-Jortzig**, Die Pflicht zur Geschlossenheit der kollegialen Regierung (Regierungszwang), 1973; **C. Schönberger**, Parlamentarische Autonomie unter Kanzlervorbehalt, JZ 2002, S. 211; **H. Weber**, Grenzen der Öffentlichkeitsarbeit der Bundesregierung vor Bundestagswahlen, JuS 1977, S. 403. 469

§ 9 Der Bundespräsident

I. Die Stellung des Staatsoberhauptes im Regierungssystem

470 Als »parlamentarisch« wird ein Regierungssystem bezeichnet, in dem die Regierung (allein) vom **Parlament** abhängig ist. Wenn eine solche Abhängigkeit (auch) gegenüber dem **Staatsoberhaupt** besteht, handelt es sich um ein »präsidentielles« Regierungssystem. Sofern die Regierung von einem monarchischen Staatsoberhaupt – also einem König oder Kaiser – abhängig ist, läßt sich das Regierungssystem als »konstitutionell« bezeichnen.[1] Das »präsidentielle« Regierungssystem ist ohne weiteres mit dem **Demokratieprinzip** vereinbar; der Präsident – etwa der französischen Republik[2] – wird vom Volk gewählt. Das konstitutionelle Regierungssystem kann sich hingegen in einer Demokratie nicht finden, weil hier Staatsgewalt auf dynastischer Grundlage ausgeübt wird. Der Konstitutionalismus wird deshalb zutreffend als Kompromiß zwischen monarchischem Prinzip und Volksrepräsentation angesehen.[3] In jedem Regierungssystem erweist sich das Verhältnis von Regierung zu Parlament und Staatsoberhaupt, verkürzt gesagt: die Stellung des Staatsoberhaupts, als kennzeichnend. Die verbreitete Auffassung, das Grundgesetz habe keine eigene Konzeption eines **»Staatsoberhaupts«** entwickelt[4], ist in ihrer Berechtigung zweifelhaft. Legt man einmal die Strukturen des Regierungssystems frei, so stellt sich – insbesondere im Vergleich zum Regierungssystem der Weimarer Verfassung – die Stellung des Bundespräsidenten als durchaus systemgerecht dar.

1. Die Stellung des Reichspräsidenten nach der Weimarer Reichsverfassung

471 Der Weimarer Verfassungsgeber war von tiefem Mißtrauen gegenüber Parteien und Parlament – dem »pluralistischen Klüngel« (*Max Weber*) – beseelt, der nur partikulare Interessen vertrete, nicht aber das »Gemeinwohl« verfolge. Den zentrifugalen Kräften des Parlaments wurde deshalb die zentrierende Gewalt des Reichspräsidenten gegenübergestellt, der nach der verfassungsrechtlichen Konzeption ein Gegengewicht zum Parlament bilden sollte. Diese Stellung wurde vielfach als »pouvoir neutre«[5] bezeichnet oder mit der Lehre vom »Hüter der Verfassung«[6] (*Carl Schmitt*) begründet.

---

1 Vgl. *E. R. Huber*, Deutsche Verfassungsgeschichte seit 1789, Bd. III, S. 5.

2 Art. 6 Verfassung der Republik Frankreich: »Der Präsident der Republik wird in allgemeiner und unmittelbarer Wahl für die Dauer von sieben Jahren gewählt.« Die Wahlperiode ist durch Verfassungsänderung vom 2. Oktober 2000, Loi constitutionelle No 2000–964, auf fünf Jahre verringert worden.

3 So *E. R. Huber*, Deutsche Verfassungsgeschichte seit 1789, Bd. III, S. 9 f.

4 Vgl. *O. Kiminich*, VVDStRL 25 (1967), S. 80 ff. m. w. N.

5 Vgl. *E. R. Huber*, Deutsche Verfassungsgeschichte seit 1789, Bd. VI, S. 310; *O. Kiminich*, VVDStRL 25 (1967), S. 13 ff. m. w. N.

6 Vgl. *C. Schmitt*, Das Reichsgericht als Hüter der Verfassung, in: Verfassungsrechtliche Aufsätze, 3. Aufl. 1985, S. 63.

Der volksgewählte (Art. 41 WRV) Reichspräsident ernannte und entließ den Reichskanzler (Art. 53 WRV), ohne daß es einer Wahl oder Bestätigung durch den Reichstag bedurfte. Er führte den Oberbefehl über die Wehrmacht (Art. 47 WRV), konnte vom Reichstag beschlossene Gesetze zur Volksabstimmung bringen (Art. 73 Abs. 1 WRV), also das Volk gegen das Parlament anrufen. Er besaß das Recht, den Reichstag aufzulösen (Art. 25 WRV) und hatte ausgedehnte Notstandsbefugnisse (Art. 48 WRV). 472

Das Regierungssystem der Weimarer Republik hatte auf diese Weise wesentliche Elemente des konstitutionellen Regierungssystems übernommen, wies andererseits aber eine folgenschwere Strukturschwäche auf. Reichspräsident und Parlament wurden gleichermaßen vom Volk gewählt, das Regierungssystem war also durch eine »doppelte Volkssouveränität« gekennzeichnet.[7] In den letzten Jahren der Weimarer Republik hat sich das Regierungssystem zu einer Präsidialdiktatur entwickelt, in der das Parlament nur noch eine Nebenrolle spielte.[8] Das folgende Beispiel illustriert diese Entwicklung: 473

Reichskanzler Brüning hatte am 16. 7. 1930 vergeblich versucht, vom Parlament die Zustimmung für einen Zuschlag zur Einkommensteuer zu erhalten. Am gleichen Tag wurde der Entwurf im Verordnungswege durchgesetzt (RGBl. I, S. 207). Als der Reichstag zwei Tage später die Aufhebung der Notverordnung verlangte, wurde er durch den Reichspräsidenten aufgelöst (RGBl. I, S. 299) und zwar mit der Begründung, er habe sein Recht aus Art. 48 WRV geltend gemacht. Die Notverordnung wurde erneut erlassen (RGBl. I, S. 311). 474

2. Die Parlamentarisierung des Regierungssystems durch das Grundgesetz

Während das Amt des Reichspräsidenten unverkennbare Züge des (monarchischen) Konstitutionalismus zeigte, hat das Grundgesetz dem **parlamentarischen System** zum Durchbruch verholfen. Die »Entmachtung« des Staatsoberhaupts ist keine isoliert zu sehende Maßnahme des Verfassungsgebers, sondern eine notwendige Konsequenz der Entscheidung für den **Parlamentarismus**. Dies ist auch der Grund, warum alle Vorschläge, das Amt des Bundespräsidenten »aufzuwerten«[9], am Kern der Sache vorbeigehen. Ein vom Volk gewählter Bundespräsident wäre kaum auf die Aufgabe der **Repräsentation** und **Integration** zu beschränken. Die ihm durch Wahl zuteil gewordene »überschießende Legitimation« würde geradezu zu weiterer politischer Aktivität herausfordern und somit einen latenten Gegensatz zu Parlament und Parteien bedeuten.[10] Auch der Oberbefehl über die Streitkräfte, deren parlamentarische Kontrolle im Grundgesetz besonders ausgeprägt ist (Art. 45 a Abs. 2, 45 b GG), ließe sich nicht ohne weitreichende Folgewirkungen aus dem parlamentarischen Regierungssystem herauslösen. 475

7 Vgl. *K. Stern*, Staatsrecht V, S. 746 f. m. w. N.

8 Vgl. *E. R. Huber*, Deutsche Verfassungsgeschichte seit 1789, Bd. VII, S. 731 ff.

9 So etwa *C. Pestalozza*, Der Popularvorbehalt – Direkte Demokratie in Deutschland, 1981, S. 30 f.

10 Vgl. Schlußbericht der Enquête-Kommission Verfassungsreform, BT-Drucks. 7/5924, S. 20 f.

II. Staatsrechtliche Kompetenzen des Bundespräsidenten

1. Die völkerrechtliche Vertretung des Bundes (Art. 59 Abs. 1 GG)

476 **Fall 40:**

Die Bundesregierung befindet sich in schwierigen Verhandlungen mit dem auswärtigen Staat X über die Rückführung von Asylanten. Könnte der Bundespräsident, der öffentlich mehrmals für die Integration von Ausländern eingetreten ist, von der Bundesregierung unter Hinweis auf Art. 59 Abs. 1 GG verlangen, daß das Bundespräsidialamt an den Verhandlungen beteiligt wird?

477 Die dem Bundespräsidenten in Art. 59 Abs. 1 GG zugewiesene **völkerrechtliche Vertretungsbefugnis** entspricht sowohl der Tradition des deutschen Staatsrechts (Art. 11 RV, 45 WRV) als auch der **völkerrechtlichen Praxis**. Staaten sind Völkerrechtssubjekte. Im völkerrechtlichen Verkehr muß gesichert sein, daß die für einen Staat auftretenden Unterhändler hierzu befugt sind und ihre Erklärungen den Staat binden. Da dem Staat nicht zuzumuten ist, sich über die innerstaatliche Kompetenzverteilung des jeweiligen Verhandlungspartners zu unterrichten, geht der Völkerrechtsverkehr seit jeher davon aus, daß das Staatsoberhaupt eine **allgemeine Vertretungsbefugnis** hat. Nach neueren Vereinbarungen gelten neben ihm der Regierungschef, der Außenminister und der Leiter der jeweiligen diplomatischen Mission als vertretungsbefugt.[11]

478 Die vom Völkerrecht vermutete Vertretungsbefugnis des Staatsoberhaupts wird durch Art. 59 Abs. 1 GG zu einer staatsrechtlichen Kompetenz umgeformt. Im **»Außenverhältnis«**, d. h. im Verkehr mit auswärtigen Staaten, kommt dem Bundespräsidenten eine umfassende Vertretungsbefugnis zu. Die gegenteilige Auffassung, die den Bundespräsidenten im Bereich der auswärtigen Beziehungen auf die **Ratifikation** völkerrechtlicher Verträge beschränken will[12], vermag nicht zu überzeugen. Die Ratifikation ist Voraussetzung für das Inkrafttreten eines Vertrages, der Verhandlungen und Unterzeichnung vorausgehen müssen.[13] Wenn es in Art. 59 Abs. 1 Satz 2 GG heißt, der Bundespräsident schließe »im Namen des Bundes die Verträge mit auswärtigen Staaten«, so ist hiermit ersichtlich mehr gemeint als die Ratifikation. Zutreffend werden die Rechtshandlungen in Art. 59 Abs. 1 Satz 2 und 3 GG deshalb als Beispiele einer umfassenden Vertretungsbefugnis angesehen.[14]

479 Art. 59 Abs. 1 GG ist dagegen nicht zu entnehmen, wie sich die **innerstaatliche Willensbildung** im Bereich der auswärtigen Beziehungen vollzieht. Die völkerrechtliche Vertretungsbefugnis bedeutet nicht, daß der Bundespräsident völkerrechtlich bedeutsame Entscheidungen selbst zu treffen hätte oder an ihrem Zustandekommen auch nur zu beteiligen wäre. Das rechtliche **»Können«** im Außenverhältnis unterscheidet sich insofern vom rechtlichen **»Dürfen«** im Verhältnis zu den anderen Staatsorganen.

---

11 Art. 7 Abs. 2 der Wiener Vertragsrechtskonvention v. 23. 5. 1969 (= *Sartorius* II Nr. 320).

12 So *K. Stern*, Staatsrecht II, S. 227.

13 Vgl. unten Rdnr. 1102.

14 Vgl. *B. Kempen*, in: v. Mangoldt/Klein/Starck, GG, Bd. 2, Art. 59 Rdnr. 15; *T. Maunz*, in: Maunz/Dürig, GG, Art. 59 Rdnr. 3.

Die Richtlinien der Politik werden nach Art. 65 Satz 1 GG durch den **Bundeskanzler** bestimmt. Es würde einen schwer begreiflichen Widerspruch innerhalb des Grundgesetzes bedeuten, wenn hiervon wichtige Aspekte der Außenpolitik ausgenommen und dem Bundespräsidenten zugewiesen wären. Zutreffend verneint die herrschende Meinung deshalb die Kompetenz des Bundespräsidenten zu eigener Außenpolitik.[15] Art. 59 Abs. 1 GG erweist sich somit als Ausprägung der dem Staatsoberhaupt eigenen **»Repräsentationsfunktion«**, die mit Befugnissen zu eigener Entscheidung oder gar tatsächlichen Machtverhältnissen nichts zu tun hat. 480

Im Ausgangsfall kann der Bundespräsident eine Beteiligung des Bundespräsidialamtes ebensowenig verlangen wie er überhaupt auf die Verhandlungen Einfluß nehmen kann. Art. 59 Abs. 1 GG besagt insoweit lediglich, daß die Vollmacht der Verhandlungsführer auf den Bundespräsidenten rückführbar sein muß, sofern nicht eine vom Völkerrecht vermutete Vertretungsbefugnis (z. B. des Bundeskanzlers) vorliegt. 481

Gerade wegen der das Völkerrecht kennzeichnenden Vermutung zugunsten einer Vertretungsbefugnis des Staatsoberhaupts hat sich der Bundespräsident im Bereich der auswärtigen Beziehungen besonderer Zurückhaltung zu befleißigen und Erklärungen nur im Benehmen mit dem Bundeskanzler bzw. dem Auswärtigen Amt abzugeben. Er artikuliert politischen Willen, bildet ihn aber nicht selbst. Der Bundespräsident rückt damit in die Nähe der Staatsoberhäupter in parlamentarischen Monarchien, die ebenfalls auf derartige repräsentative Aufgaben beschränkt sind. 482

2. Ernennung und Entlassung von Amtsträgern des Bundes (Art. 60 Abs. 1, 64 Abs. 1 GG)

Fall 41: 483

Nach Gegenzeichnung durch den Bundeskanzler und den Justizminister wird dem Bundespräsidenten die Ernennungsurkunde des C vorgelegt, der vom Richterwahlausschuß zum Richter am Bundesgerichtshof gewählt worden ist. Der Bundespräsident hat Vorbehalte gegenüber der Person des C, die auf dessen frühere Mitgliedschaft in einer als »extremistisch« angesehenen Partei zurückzuführen sind.

Könnte der Bundespräsident die Ernennung des C verweigern?

Auch mit Art. 60 Abs. 1, 64 Abs. 1 GG bewegt sich das Grundgesetz in der Tradition deutscher Verfassungen (Art. 18 RV, Art. 46 WRV). Das **Ernennungs- und Entlassungsrecht** ist traditionelles Hausgut des Staatsoberhauptes, besagt aber ebensowenig wie die völkerrechtliche Vertretungsbefugnis etwas darüber, wie der hier artikulierte Wille gebildet wird. Einigkeit besteht darin, daß der Bundespräsident durch Art. 60 Abs. 1, 64 Abs. 1 GG zu keiner eigenen Personalpolitik ermächtigt wird.[16] Mit den Bundesministern soll der Bundeskanzler regieren, die Bundesbeamten und Soldaten sind den einzelnen Ressorts unterstellt. Die Bundesrichter sind unabhängig, ihre Wahl fällt zum Teil besonderen Organen zu. In der Staatspra- 484

15 Vgl. *I. Pernice*, in: Dreier (Hrsg.), GG, Bd. II, Art. 59 Rdnr. 22; *B. Kempen*, in: v. Mangoldt/Klein/Starck, GG, Bd. 2, Art. 59 Rdnr. 11; *O. Rojahn*, in: v. Münch/Kunig (Hrsg.), GG, Bd. 2, Art. 59 Rdnr. 11; *D. Seidel*, Der Bundespräsident als Träger der auswärtigen Gewalt, 1972, S. 222.

16 Vgl. *H. Maurer*, Staatsrecht, § 15 Rdnr. 12; vgl. *K. Stern*, Staatsrecht II, S. 245 f.; *M. Oldiges*, in: Sachs (Hrsg.), GG, Art. 64 Rdnr. 15.

xis werden dem Bundespräsidenten die Ernennungsurkunden ohne Personalakten zur Unterschrift vorgelegt.[17] Es ist nicht leicht einzusehen, worin angesichts dieser Prämissen noch ein Entscheidungsspielraum für den Bundespräsidenten bestehen soll. Wenn gleichwohl die Frage einer »**Prüfungskompetenz**« auch bei der Ernennung von Amtsträgern diskutiert wird[18], so könnte es sich hier allenfalls um eine Prüfung der **Ernennungsvoraussetzungen** handeln.

485 Skepsis ist angebracht, wo jenseits einer – von den Personalreferaten ja ohnehin vorzunehmenden – **rechtlichen Prüfung** dem Bundespräsidenten eine Art **Notkompetenz** zur Verhinderung staatspolitisch unerwünschter Ernennungen eingeräumt wird.[19] In einem parlamentarischen Regierungssystem ist es Aufgabe des Parlaments, den Regierungschef bzw. den zuständigen Minister für unzuträgliche Ernennungsakte zur Verantwortung zu ziehen. Amtsinhaber mögen sich gelegentlich auf informellem Wege gegen Ernennungen gesperrt haben; im Konfliktsfall müßte der Bundespräsident aber unterliegen, denn wenn die Ernennungsvoraussetzungen des Beamten- oder Richterdienstrechts erfüllt sind, läßt sich kein staatspolitischer Vorbehalt »denken«, der ihn zur Verweigerung seiner Unterschrift berechtigte.[20]

486 Im Ausgangsfall wäre der Bundespräsident deshalb verpflichtet, die Ernennung vorzunehmen, sofern Bundeskanzler und Justizminister auf ihr bestehen.

3. Ausfertigung und Verkündung von Bundesgesetzen (Gesetzgebungsverfahren III)

487 **Fall 42:**

Der Bundestag verabschiedete am 6. November 1960 das »Gesetz gegen den Betriebs- und Belegschaftshandel«. Das Gesetz schrieb ein weitgehendes Verbot für den Handel innerhalb von Betrieben und Belegschaften vor, der wegen günstigerer Preise dem Einzelhandel erhebliche Konkurrenz machte. Nachdem der Entwurf von Bundestag und Bundesrat angenommen worden war, wurde er nach Gegenzeichnung durch den Bundeskanzler und die zuständigen Minister dem Bundespräsidenten zur Ausfertigung und Verkündung vorgelegt. Der Bundespräsident hatte Bedenken gegen die Verfassungsmäßigkeit des Gesetzentwurfs. Nachdem er ein Gutachten eingeholt hatte, das die Verfassungsmäßigkeit verneinte, weigerte er sich in einem Brief an Regierung und Parlament, das Gesetz auszufertigen und zu verkünden.

488 Nach Art. 82 Abs. 1 GG werden die nach den Vorschriften des Grundgesetzes zustandegekommenen Gesetze durch den Bundespräsidenten »ausgefertigt« und im Bundesgesetzblatt verkündet. Die **Ausfertigung**, die nichts anderes bedeutet als die Herstellung einer Urschrift des Gesetzes, umfaßt die Erklärung der »**Authentizität**« – Gesetzesbeschluß und Urkunde stimmen im Wortlaut überein – und der

17 Vgl. § 4 Abs. 1 der »Durchführungsbestimmungen zur Anordnung des Bundespräsidenten über die Ernennung und Entlassung der Bundesbeamten und Richter im Bundesdienst« des Bundesinnenministers v. 25. 9. 1969 (GMBl. S. 434), Bek. v. 5. 11. 1969 (BGBl. I, S. 2099).

18 Vgl. nur *K. Stern*, Staatsrecht II, S. 261; *K.-U. Meyn*, in: v. Münch / Kunig (Hrsg.), GG, Bd. 2, Art. 64 Rdnr. 3 ff.

19 Dagegen auch *R. Herzog*, in: Maunz / Dürig, GG, Art. 54 Rdnr. 87; *I. Pernice*, in: Dreier (Hrsg.), GG, Bd. II, Art. 60 Rdnr. 20 m. w. N.

20 Anders *K. Stern*, Staatsrecht II, S. 262.

»Legalität« – die Vorschriften des Grundgesetzes sind eingehalten worden.[21] Unstreitig ist die Befugnis des Bundespräsidenten, Gesetze auf ihr **verfassungsmäßiges Zustandekommen** zu überprüfen. Die sog. **»formelle Prüfungskompetenz«** muß sich nicht auf die Nachzeichnung des parlamentarischen Gesetzegebungsverfahrens beschränken; auch die Gesetzgebungskompetenz des Bundes und die Mitwirkung des Bundesrates gehören zum verfassungmäßigen »Zustandekommen« eines Gesetzes.[22] Es ist deshalb ganz unzutreffend, wenn gelegentlich der Eindruck erweckt wird, Verstöße gegen Zuständigkeitsvorschriften seien leichter feststellbar als Verletzungen des materiellen Rechts.[23] Gleichwohl besteht Einigkeit darüber, daß der Bundespräsident die formelle Seite eines Gesetzes in vollem Umfang zu prüfen befugt ist und die Ausfertigung verweigern kann, wenn er einen Verstoß gegen die Verfassung feststellt.[24]

Umstritten ist hingegen die Frage der **»materiellen« Prüfungskompetenz**, also 489
die Befugnis des Bundespräsidenten, ihm zur Ausfertigung vorgelegte Gesetze auch auf ihre inhaltliche Übereinstimmung mit dem Grundgesetz zu kontrollieren. Die geringe Zahl von Gesetzen, in denen die Prüfungskompetenz praktische Bedeutung gewonnen hat, würde für sich die breite Resonanz in der Literatur nicht rechtfertigen.[25] Im Kern geht es – wie nicht selten beim Amt des Bundespräsidenten – um **Kontinuität** oder **Diskontinuität** in der deutschen **Verfassungsgeschichte**, also um die Frage, ob das parlamentarische Regierungssystem eine neue Interpretation der Kompetenzen des Staatsoberhaupts erfordert.

Da das Problem der Prüfungskompetenz mittlerweile zum staatsrechtlichen 490
»Schulfall« geworden ist, sind nahezu alle Gesichtspunkte vorgetragen und endlos wiederholt worden. Der Wortlaut des Art. 82 Abs. 1 GG gibt keinen sicheren Aufschluß über die strittige Kompetenz; so erscheint es vertretbar, materiell verfassungswidrige Gesetze als *nicht* nach den Vorschriften des Grundgesetzes »zustandegekommen« zu betrachten.[26] Auch die »repräsentative Funktion« des Bundespräsidenten weist noch nicht den richtigen Weg, weil sie zum einen nur als zusammenfassende Kennzeichnung der Kompetenzen des Bundespräsidenten angesehen werden kann und Ausnahmen zuläßt, zum anderen aber offenbar mit einer eingehenden verfassungsrechtlichen Prüfung von Zuständigkeitsvorschriften vereinbar ist. Selbst das »Wesen« der Ausfertigung erweist sich als zu unbestimmt, als daß man hierauf rekurrieren könnte.[27]

Bemerkenswert, letztlich aber nicht überzeugend ist die Erwägung, formelle und 491
materielle Prüfung eines Gesetzes ließen sich nicht voneinander trennen, weil ein materiell verfassungswidriges Gesetz zugleich einen förmlichen Mangel aufweise, nämlich nicht als verfassungsänderndes Gesetz eingebracht worden zu sein.[28] Diese Position wirkt etwas konstruiert, vor allem aber geht sie an der Rea-

21 Vgl. nur *B.-O. Bryde*, in: v. Münch / Kunig (Hrsg.), GG, Bd. 3, Art. 82 Rdnr. 9.
22 Vgl. *K. Stern*, Staatsrecht II, S. 233.
23 So auch *K. Stern*, Staatsrecht II, S. 232.
24 Vgl. *T. Maunz*, in: Maunz / Dürig, GG, Art. 82 Rdnr. 2; *B.-O. Bryde*, in: v. Münch / Kunig (Hrsg.), GG, Bd. 3, Art. 82 Rdnr. 3; *K. H. Friauf*, in: Festschrift K. Carstens, S. 547.
25 Vgl. die Angaben zur Staatspraxis bei *B.-O. Bryde*, in: v. Münch / Kunig (Hrsg.), GG, Bd. 3, Art. 82 (Anhang); *K. Stern*, Staatsrecht II, S. 232.
26 Vgl. *T. Maunz*, in: Maunz / Dürig, GG, Art. 82 Rdnr. 2.
27 Vgl. *K. Stern*, Staatsrecht II, S. 233.
28 Nachweise bei *B.-O. Bryde*, in: v. Münch / Kunig (Hrsg.), GG, Bd. 3, Art. 82 Rdnr. 6.

lität verfassungswidriger Gesetze vorbei. Die gesetzgebenden Organe »wollen« ja gerade nicht die Verfassungs**änderung**, sondern halten ihre Gesetzesbeschlüsse für verfassungs**mäßig**. Aus dem strikten Verbot der sog. »Verfassungsdurchbrechung« (Art. 79 Abs. 1 Satz 1 GG) folgt im übrigen, daß die Verfassungsänderung dem einfachen Gesetz vorausgehen müßte. Das materiell verfassungswidrige – einfache – Gesetz kann also unter keinen Umständen in ein formell grundgesetzwidriges – gewissermaßen verhindertes – verfassungsänderndes Gesetz umgedeutet werden.[29]

492 Das Problem der materiellen Prüfungskompetenz spitzt sich deshalb zur Frage zu, ob ein Amtsträger verpflichtet sein kann, Handlungen vorzunehmen, die seiner Auffassung nach gegen das Grundgesetz verstoßen. Diese Frage ist für den Bundespräsidenten ebenso wie für jeden anderen Amtsträger im Hinblick auf Art. 20 Abs. 3 GG zu **verneinen**. Es handelt sich hier nicht um eine Kompetenz, die im Widerspruch zum parlamentarischen Regierungssystem steht, sondern um eine zusätzliche »Sicherung der Beachtung von Verfassungsrecht«.[30] Der Bundespräsident nimmt im Rahmen dieser Kompetenz auch keine dem BVerfG vergleichbare »Normenkontrolle« vor, sondern überprüft das Gesetz auf mehr oder minder **offenkundige Verstöße** gegen die Verfassung.[31] Die Staatspraxis hat gezeigt, daß für eine derartige Prüfung Bedarf besteht und das Amt des Bundespräsidenten hierfür hinreichend ausgestattet ist. Die vielfach gezogene Parallele zum Amt des Notars[32] spricht im übrigen mehr für als gegen die materielle Prüfungskompetenz. Nach § 14 Abs. 2 BNotO[33] hat der Notar

> »seine Amtstätigkeit zu versagen, wenn sie mit seinen Amtspflichten nicht vereinbar wäre, insbesondere wenn seine Mitwirkung bei Handlungen verlangt wird, mit denen erkennbar unerlaubte oder unredliche Zwecke verfolgt werden.«

Man würde an der Wirklichkeit vorbeigehen, hielte man derartige Konstellationen im parlamentarischen Regierungssystem für ausgeschlossen.

493 Durch die materielle Prüfungskompetenz bildet der Bundespräsident kein »Gegengewicht« zum Parlament, denn der Bundestag kann die Sache jederzeit vor das BVerfG bringen und dort (im Wege der Organstreitigkeit) eine bindende Entscheidung erwirken. Interessanterweise hat der Bundestag – oder auch der Bundesrat – diesen Weg in der **Staatspraxis** nicht beschritten. Es liegt deshalb nahe, die materielle Prüfungskompetenz des Bundespräsidenten nicht mehr als

29 So zutr. *E. Friesenhahn*, in: Festschrift G. Leibholz, Bd. II, S. 684; *K. H. Friauf*, in: Festschrift K. Carstens, S. 556; *B.-O. Bryde*, in: v. Münch/Kunig (Hrsg.), GG, Bd. 3, Art. 82 Rdnr. 6.

30 Vgl. *D. Rauschning*, Die Sicherung der Beachtung von Verfassungsrecht, 1969, S. 151 f.

31 Vgl. hierzu das Schreiben vom 22. 1. 1991, mit dem der damalige Bundespräsident Richard v. Weizsäcker die Ausfertigung des »10. Gesetzes zur Änderung des Luftverkehrsgesetzes« (BR-Drucks. 391/90) ablehnte:
»Wie meine Vorgänger prüfe ich ein Gesetz mit der Maßgabe, daß über Zweifel an seiner Verfassungsmäßigkeit mit verbindlicher Wirkung für alle nur das Bundesverfassungsgericht befinden kann. Muß aber der Bundespräsident nach eingehender Beratung und eigener Prüfung die Unvereinbarkeit eines Gesetzes mit dem Grundgesetz zweifelsfrei bejahen, kann er – der Verfassung verpflichet – das Gesetz nicht ausfertigen.« (Bulletin der Bundesregierung v. 26. 1. 1991, S. 46); vgl. hierzu *V. Epping*, JZ 1991, S. 1107 ff.

32 Vgl. *R. Herzog*, Allgemeine Staatslehre, 1971, S. 287.

33 *Schönfelder* Nr. 98 a.

umstritten, sondern als **verfassungsgewohnheitsrechtlich** verfestigt anzusehen.[34]

Im Ausgangsfall war der Bundespräsident folglich befugt, das Gesetz auch auf seine Übereinstimmung mit Art. 12 GG zu überprüfen. Da der Verstoß gegen Art. 12 GG eindeutig ist, durfte der Bundespräsident die Ausfertigung des Gesetzes verweigern. Der Ausgangsfall zeigt überdies die sachliche Berechtigung einer präsidentiellen Prüfungskompetenz am Ende des Gesetzgebungsverfahrens: Bei dem Gesetz handelte es sich um ein »Wahlgeschenk«, gegen das keine Bundestagsfraktion zu stimmen wagte. Eine auf offenkundige Verstöße beschränkte Prüfungskompetenz des Bundespräsidenten ist geeignet, derartige Fehlentscheidungen zu korrigieren, auf der anderen Seite aber mit dem parlamentarischen Regierungssystem durchaus vereinbar. 494

4. Auflösung des Bundestages (Art. 63 Abs. 4, 68 Abs. 1 GG)

Während sich die völkerrechtliche Vertretung des Bundes und die Ernennung von Amtsträgern als repräsentative Aufgaben des Bundespräsidenten herausgestellt haben, also nur fremder »Wille« artikuliert wird, fällt dem Bundespräsidenten bei der Ausfertigung von Gesetzen eine – wenn auch enge – Entscheidungsbefugnis zu, die eine Teilhabe am Gesetzgebungsverfahren bedeutet. Das Grundgesetz weist dem Bundespräsidenten weitere politische Entscheidungskompetenzen zu, aufgrund derer er an der **Staatsleitung** mitwirkt. Hierzu sind die beiden Fälle der **Auflösung des Bundestages** (Art. 63 Abs. 4 und 68 Abs. 1 GG) ebenso zu rechnen, wie die **Verkündung des Gesetzgebungsnotstandes** (Art. 81 GG). 495

Fall 43: 496

Nach dem erfolgreichen Mißtrauensvotum vom 1. Oktober 1982 stellte Bundeskanzler Kohl am 13. Dezember 1982 die Vertrauensfrage. Die Abstimmung vom 17. Dezember 1982 ergab bei 482 abgegebenen Stimmen 5 Ja-Stimmen, 218 Nein-Stimmen und 248 Enthaltungen. Der Bundeskanzler schlug daraufhin dem Bundespräsidenten die Auflösung des Bundestages vor, der am 6. Januar 1983 folgende Anordnung erließ:

»Gemäß Artikel 68 des Grundgesetzes löse ich hiermit auf Vorschlag des Bundeskanzlers den 9. Deutschen Bundestag auf.«

(nach BVerfGE 62, 1)

Die Entscheidung des Bundespräsidenten, den Bundestag aufzulösen, hat nach Art. 68 Abs. 1 GG drei Voraussetzungen: 497

- die Vertrauensfrage des Bundeskanzlers hat nicht die Mehrheit gefunden;
- der Bundeskanzler schlägt die Auflösung vor;
- die Frist von 21 Tagen ist noch nicht abgelaufen.

Während Vorschlag des Bundeskanzlers und Fristwahrung rechtlich unproblematisch sind, stellt sich bei der Abstimmung über den Vertrauensantrag ein fundamentales verfassungsrechtliches Problem: Die Frage ist nämlich, ob der Bundestag dem Bundeskanzler »wirklich« das Vertrauen versagt haben muß oder ob es ausreicht, daß die Abstimmung äußerlich einen negativen Ausgang aufweist. Mit anderen Worten fragt es sich, ob rechtliche Voraussetzung für die politische Ermes- 498

34 Str., vgl. *H. Biehl*, Die Gegenzeichnung im parlamentarischen Regierungssystem der Bundesrepublik Deutschland, 1971, S. 116; *N. K. Riedel/A. Schmidt*, DÖV 1991, S. 371.

sensentscheidung des Bundespräsidenten eine **»materielle«** oder **»formelle« Auflösungslage** ist.[35]

499 Die Entscheidung für die eine oder die andere Auslegungsmöglichkeit ist weitreichend. Läßt man eine »formelle« Auflösungslage genügen, so könnte die Bundestagsmehrheit zu jedem Zeitpunkt die Voraussetzungen für Neuwahlen schaffen. Eine »materielle« Auflösungslage würde hingegen eine tatsächliche Instabilität der Regierungsverhältnisse voraussetzen und Neuwahlen nur als »ultima ratio« zulassen.[36]

500 Die Entscheidung für eine »formelle« oder »materielle« Auflösungslage ist nicht leicht zu treffen. Die Verfassung als Regelwerk des politischen Prozesses läßt in vielen Fällen ein **formales Verständnis** zu. Insofern könnte man vertreten, daß es rechtlich unerheblich ist, warum eine Vertrauensfrage scheitert, wenn nur die Ja-Stimmen hinter der absoluten Mehrheit zurückbleiben. Gegen ein solch formales Verständnis der Verfassung ließe sich freilich einwenden, daß im Grundgesetz Vorkehrungen für ein **Höchstmaß** an **Stabilität** getroffen worden seien. Es gibt überhaupt nur zwei Konstellationen, unter denen der Bundestag aufgelöst werden kann, wobei Art. 63 Abs. 4 GG – keine absolute Mehrheit eines Kandidaten auf der dritten Stufe der Kanzlerwahl[37] – in die Richtung einer engen – materiell verstandenen – Auslegung des Art. 68 Abs. 1 GG weist.

501 Das BVerfG hat sich für eine materielle Auflösungslage als Voraussetzung einer Bundestagsauflösung nach Art. 68 Abs. 1 GG ausgesprochen.[38] Es hat sogar eine Befugnis des Bundeskanzlers, das Verfahren nach Art. 68 GG anzustreben, nur für den Fall für berechtigt gehalten, daß die »politischen Kräfteverhältnisse im Bundestag (...) seine Handlungsfähigkeit so beeinträchtigen oder lähmen, daß er eine vom stetigen Vertrauen der Mehrheit getragene Politik nicht sinnvoll zu verfolgen vermag«.[39] Allerdings kam es der Quadratur des Kreises gleich, diese Voraussetzungen auch an der Jahreswende 1982/83 als gegeben anzusehen. Wie aus den abweichenden Voten hervorgeht, war der gesamte Verfahrensablauf bis in alle Einzelheiten festgelegt worden, bevor überhaupt die Vertrauensfrage gestellt wurde.[40] Nach den vom BVerfG aufgestellten Maßstäben lag insofern ein allenthalben **verfassungswidriges Verhalten** vor.

502 Geht man im Ausgangsfall mit dem BVerfG vom Erfordernis einer »materiellen« Auflösungslage aus, so wäre der Bundespräsident *nicht* berechtigt gewesen, den Bundestag aufzulösen. Eine andere Lösung des Falles ist nur unter der Voraussetzung denkbar, daß Art. 68 GG im Gegensatz zur h. M. in formaler Weise verstanden wird.

---

35 Vgl. *H. Maurer*, Staatsrecht, § 13 Rdnr. 58; *V. Epping*, in: v. Mangoldt/Klein/Starck, GG, Bd. 2, Art. 68 Rdnr. 12 ff.

36 Vgl. *M. Oldiges*, in: Sachs (Hrsg.), GG, Art. 68 Rdnr. 9; *V. Epping*, in: v. Mangoldt/Klein/Starck, GG, Bd. 2, Art. 68 Rdnr. 15.

37 Vgl. oben Rdnr. 417.

38 So BVerfGE 62, 1 (42 f.).

39 So BVerfGE 62, 1 (44).

40 Vgl. das Sondervotum BVerfGE 62, 1 (113 ff.).

5. Begnadigungsrecht (Art. 60 Abs. 2 GG)

Fall 44: 503

B ist wegen Mitgliedschaft in einer terroristischen Vereinigung (§ 129 a StGB) vom OLG in D zu einer Freiheitsstrafe verurteilt worden, die er gegenwärtig verbüßt. Von B ist bekannt geworden, daß er sich vom Terrorismus distanziert hat.

Der Bundespräsident übt für den Bund im Einzelfalle das **Begnadigungsrecht** aus 504
(Art. 60 Abs. 2 GG). Diese traditionell Staatsoberhäuptern zufallende Befugnis (Art. 49 WRV) betrifft nicht nur strafgerichtlich Verurteilte, sondern umfaßt auch Disziplinarsachen und Bußgeldbescheide. Die Beschränkung auf den Bund bedeutet, daß die Gnadenakte des Bundespräsidenten nur gegenüber Verurteilungen durch Bundesgerichte gewährt werden dürfen. Nicht ausreichend ist es, wenn das Urteil eines Landesgerichts durch den Bundesgerichtshof (als Revisionsinstanz) bestätigt worden ist.[41]

Im Ausgangsfall ist B von einem **Oberlandesgericht**, also einem Gericht eines Bundes- 505
landes, verurteilt worden. In »Staatsschutzsachen« üben die Länder jedoch Gerichtsbarkeit des Bundes aus (Art. 96 Abs. 5 GG).[42] Das Begnadigungsrecht verbleibt deshalb beim Bundespräsidenten, der B folglich begnadigen kann.

Der Bundespräsident ist auf den Gnadenerweis »im Einzelfall« beschränkt, kann 506
also keine Strafbefreiung für Gruppen von Straftaten oder Straftätern aussprechen. Eine **Amnestie** (oder Abolition) bedarf eines Parlamentsgesetzes.[43]

Nach Art. 60 Abs. 3 GG kann der Bundespräsident das Begnadigungsrecht auf an- 507
dere Behörden übertragen, was durch **»Anordnungen«** geschehen ist.[44] Für minder wichtige Fallgruppen steht das Begnadigungsrecht den Ressortministern zu.

Das Begnadigungsrecht für die Bundesländer steht nach Maßgabe der einzelnen 508
Landesverfassungen den **Ministerpräsidenten** zu. Entscheidend für die Abgrenzung ist, ob in erster Instanz Landes- oder Bundesgerichtsbarkeit ausgeübt worden ist.[45] Die unterschiedliche Begnadigungspraxis ist eine Folge des föderativen Aufbaus der Bundesrepublik und läßt sich nicht dadurch verhindern, daß das Gnadenrecht des Bundespräsidenten ausgeweitet wird.[46]

---

41 Vgl. *R. Herzog*, in: Maunz/Dürig, GG, Art. 60 Rdnr. 29; *I. Pernice*, in: Dreier (Hrsg.), GG, Bd. II, Art. 60 Rdnr. 26.

42 Vgl. unten Rdnr. 687 f.

43 Vgl. BVerfGE 2, 213 (222); 10, 234 (239).

44 Anordnung des Bundespräsidenten über die Ausübung des Begnadigungsrechts des Bundes v. 5.10.1965 (BGBl. I, S. 1573) und v. 3.11.1970 (BGBl. I, S. 1513).

45 § 452 StPO: In Sachen, in denen im ersten Rechtszug in Ausübung von Gerichtsbarkeit des Bundes entschieden worden ist, steht das Begnadigungsrecht dem Bund zu. In allen anderen Sachen steht es den Ländern zu.

46 Vgl. den Vorschlag *O. Bachofs*, JZ 1983, S. 475, das Begnadigungsrecht des Bundespräsidenten durch Änderung des § 452 StPO zu erweitern.

III. Rechtsstellung des Bundespräsidenten

1. Wahl des Bundespräsidenten (Art. 54 GG)

509 Für die Wahl des Bundespräsidenten sieht das Grundgesetz ein eigenes oberstes Staatsorgan, die **Bundesversammlung**, vor, deren Kompetenzen sich im **Wahlakt** erschöpfen (Art. 54 Abs. 1 Satz 1 GG) und die deshalb nur alle **fünf Jahre** (Art. 54 Abs. 2 Satz 1 GG) zusammentritt. Die Bundesversammlung besteht aus den Mitgliedern des Bundestages und einer gleichen Anzahl von Mitgliedern, die von den Volksvertretungen der Länder **gewählt** werden (Art. 54 Abs. 3 GG). Zur Bundesversammlung wählbar ist, wer das passive Wahlrecht zum Bundestag besitzt (§ 3 BPWahlG[47]). In der Staatspraxis wählen die Landesparlamente auch solche – zumeist »prominente«[48] – Mitglieder in die Bundesversammlung, die kein **parlamentarisches Mandat** innehaben.

510 Für die Wahl in den ersten beiden Wahlgängen ist die absolute Mehrheit notwendig. Sofern keine Überhangmandate angefallen sind, sind dies 599 Stimmen (Art. 54 Abs. 6 Satz 1 GG). Erst im dritten Wahlgang reicht die **einfache Mehrheit** aus (Art. 54 Abs. 6 Satz 2 GG).[49] Trotz der Wahl durch ein eigenes, den parlamentarischen Raum überschreitendes Wahlorgan kann sich der Bundespräsident nicht auf eine unmittelbare demokratische Legitimation durch das Volk berufen. Die Wahl nach Art. 54 GG bedeutet insofern keine Durchbrechung des parlamentarischen Regierungssystems.

2. Inkompatibilität und Immunität (Art. 55, 60 GG)

511 Das Grundgesetz sieht für den Bundespräsidenten eine Reihe von Unvereinbarkeiten im öffentlichen wie im privaten Bereich vor. Der Bundespräsident darf we-

---

47 Gesetz über die Wahl des Bundespräsidenten durch die Bundesversammlung vom 25. April 1959 (BGBl. I, S. 230) = *Sartorius* I Nr. 33.

48 Mitglied der Bundesversammlung waren im Jahr 1999 z. B. Gunther Emmerlich, Otto Rehhagel und Christian Ude.

49 Bei der Bundespräsidentenwahl vom 23. Mai 1999 kam es in der Bundesversammlung im Verlauf von zwei Wahlgängen zu folgende Ergebnissen:

	1. Wahlgang*	**2. Wahlgang***
Abgegebene Stimmen	1333	1333
Gültige Stimmen	1331	1332
Ungültige Stimmen	2	1
Stimmenthaltungen	17	8
Johannes Rau (SPD)	657	690
Dagmar Schipanski (CDU)	588	572
Uta Ranke-Heinemann (PDS)	69	62

* Gemäß Art. 54 Abs. 6 Satz 1 GG i. V. m. Art. 121 GG wäre zum Gewinn der Bundespräsidentenwahl vom 23. Mai 1999 in den ersten beiden Wahlgängen eine absolute Mehrheit von 670 Stimmen erforderlich gewesen. Im dritten Wahlgang hätte die einfache Mehrheit ausgereicht (siehe Art. 54 Abs. 6 Satz 2 GG).

der der **Regierung** noch einer gesetzgebenden **Körperschaft** des Bundes oder eines Landes angehören (Art. 55 Abs. 1 GG). Eine Personalunion zwischen Bundeskanzler und Bundespräsident ist unzulässig. Auch ein Abgeordnetenmandat darf der Bundespräsident nicht ausüben. Die Unvereinbarkeit wird durch Art. 55 Abs. 2 GG auf den privaten Bereich ausgedehnt. Dem Bundespräsidenten ist schlechthin jede Förderung erwerbswirtschaftlicher Zwecke untersagt.[50] Das schließt nicht aus, daß er »Schirmherrschaften« übernimmt oder nichtkommerziellen Vereinigungen angehört.

Durch die etwas versteckte Verweisung in **Art. 60 Abs. 4 GG** wird der Bundespräsident hinsichtlich der **Immunität** den Bundestagsabgeordneten gleichgestellt. 512
Die von vornherein auf den Bereich des Parlamentsrechts begrenzte **Indemnität** fehlt folgerichtig, denn der Bundespräsident tritt im Parlament und seinen Ausschüssen nicht auf. Die vom Bundestag gefaßten Beschlüsse, die die Immunität heute weitgehend gegenstandslos werden lassen[51], sind auf den Bundespräsidenten nicht anzuwenden. Ermittlungsverfahren gegen den Bundespräsidenten bedürften deshalb der Genehmigung des Bundestages.

3. Gegenzeichnung (Art. 58 GG)

Fall 45: 513

Der Bundespräsident beabsichtigt, in eine Rede anläßlich des 100jährigen Bestehens einer Industrie- und Handelskammer kritische Anmerkungen zur Reform des Sozialstaates zu machen. Seine Rede enthält unter anderem die Sätze: »Man sollte sich aber keinen Illusionen hingeben: Der Umbau der Sozialsysteme ist dringend notwendig, er wird aber die Massenarbeitslosigkeit nicht entscheidend senken. Wer das behauptet, der führt die Öffentlichkeit wider besseres Wissen in die Irre.« Im Bundeskanzleramt wird die Passage als Kritik an der sog. »Agenda 2010« bewertet und die Auffassung vertreten, derartige Äußerungen des Bundespräsidenten bedürften im Hinblick auf Art. 58 GG der vorherigen Abstimmung mit dem Bundeskanzler.

Die **Gegenzeichnung** ist ein Relikt aus dem Konstitutionalismus und diente in 514
dieser Verfassungsepoche dazu, den machtpolitischen Kompromiß zwischen monarchischem Prinzip und Volksrepräsentation konstruktiv zu verwirklichen. Der Monarch war parlamentarisch nicht verantwortlich, seine Person unverletzlich. Seine Regierungshandlungen wurden jedoch – bestimmte Vorbehaltsbereiche ausgenommen – nur gültig, wenn sie durch den zuständigen Minister gegengezeichnet wurden, der mit diesem Akt (sog. »Contrasignatur«) die parlamentarische Verantwortung übernahm.[52] Das Institut der Gegenzeichnung diente dazu, monarchische Rechtsakte parlamentarischer Kontrolle zu unterwerfen, ohne den Monarchen selbst zur Verantwortung zu ziehen. Dem Minister wiederum stand mit der Befugnis zur Gegenzeichnung ein Instrument eigenständigen politischen Handelns zur Verfügung.[53]

Es liegt in der Logik des parlamentarischen Regierungssystems, alle exekutivi- 515
schen Handlungen **parlamentarischer Kontrolle** zugänglich zu machen. Da der

50 Vgl. *U. Hemmrich*, in: v. Münch/Kunig (Hrsg.), GG, Bd. 2, Art. 55 Rdnr. 10 ff.
51 Vgl. oben Rdnr. 301.
52 Vgl. *E. R. Huber*, Deutsche Verfassungsgeschichte seit 1789, Bd. III, S. 55 f.
53 Vgl. dazu *E. R. Huber*, Deutsche Verfassungsgeschichte seit 1789, Bd. III, S. 814 ff.

Bundespräsident vom Bundestag nicht zur Rechenschaft gezogen werden kann, behält der Grundgedanke der Gegenzeichnung auch im demokratischen Verfassungsstaat des 20. Jahrhunderts seine Berechtigung. Fraglich erscheint aber, ob auch alle **informellen Akte** der Gegenzeichnung unterliegen.[54]

516 Die Kompetenzen des Bundespräsidenten deuten in die Richtung verschiedener **»Funktionen«**. Ein gewichtiger Teil des Amtes ist der **Repräsentation** gewidmet, wozu insbesondere die völkerrechtliche Vertretung und die Ernennung von Amtsträgern gehört. Der Bundespräsident bildet hier nicht eigenen, sondern artikuliert fremden Willen.[55] Die **»Reservefunktion«**, zu der man die Kompetenzen aus Art. 63 Abs. 4, 68 Abs. 1, 69 Abs. 3 und 81 GG zusammenfassen könnte, läßt dem Bundespräsidenten Raum für eigene politische Entscheidungen; im Regelfall freilich nur im Einvernehmen mit dem **Bundeskanzler**. Die dritte Schicht des Amtes – die **»Integrationsfunktion«** – ist rechtlich nicht normiert und nicht normierbar.[56] Der Bundespräsident tritt hier – anders als im völkerrechtlichen Verkehr – nicht als Sprachrohr der Regierung, sondern als **eigenständiges Staatsorgan** auf. Er kann eigene Akzente setzen, Anstöße zu bestimmter Politik geben, ist also nicht darauf beschränkt, eine schon formulierte Politik der Bundesregierung lediglich zu wiederholen.

517 Es geht deshalb zu weit und ist ersichtlich am Bild des konstitutionellen Monarchen orientiert, wenn die im Schrifttum überwiegende Meinung sämtliche Handlungen des Bundespräsidenten der Gegenzeichnungspflicht unterwerfen und nur den privaten Bereich von der Regierungsverantwortlichkeit ausnehmen will.[57] Unberücksichtigt bleibt zudem, daß eine »Gegenzeichnung« informeller Akte (Reden, Interviews, öffentliche Auftritte) nicht der **Staatspraxis** entspricht. Im Ergebnis muß es darauf ankommen, ob der Bundespräsident lediglich den Willen anderer Staatsorgane artikuliert oder in dem ihm verbleibenden – bescheidenen – Bereich Anstöße zu **politischem Handeln** gibt.[58]

518 Da im Beispielsfall der Bereich der völkerrechtlichen Vertretung unberührt bleibt, überdies keine förmlichen Rechtsakte in Rede stehen, ist dem Bundespräsidenten einzuräumen, sozialpolitische Wertungen auch ohne Billigung der Regierung abzugeben. Der Bundesregierung bleibt unbenommen, sich im parlamentarischen Raum von einer derartigen Kritik zu distanzieren.

4. Präsidentenanklage (Art. 61 GG)

519 Anders als der Bundeskanzler kann der Bundespräsident durch das Parlament oder auch die Bundesversammlung **nicht abgewählt** werden. Um zu verhindern, daß ein Bundespräsident trotz schwerster Verfehlungen im Amt bleiben kann, sieht das Grundgesetz in Art. 61 GG vor, daß der Bundespräsident wegen vorsätzlicher **Verletzung** des **Grundgesetzes** oder eines anderen Bundesgesetzes vor dem

---

54 Vgl. unten Rdnr. 517 f.

55 Vgl. *B. Kempen*, in: v. Mangoldt/Klein/Starck, GG, Bd. 2, Art. 59 Rdnr. 10.

56 Vgl. zur Integrationsfunktion *U. Fink*, in: v. Mangoldt/Klein/Starck, GG, Bd. 2, Art. 54 Rdnr. 14; *I. Pernice*, in: Dreier (Hrsg.), GG, Bd. II, Art. 54 Rdnr. 28.

57 Vgl. *K. Stern*, Staatsrecht II, S. 213 f.; *U. Hemmrich*, in: v. Münch/Kunig (Hrsg.), GG, Bd. 2, Art. 58 Rdnr. 4; krit. hierzu *M. Nierhaus*, in: Sachs (Hrsg.), GG, Art. 58 Rdnr. 18 f.

58 Ähnlich *I. Pernice*, in: Dreier (Hrsg.), GG, Bd. II, Art. 58 Rdnr. 10.

BVerfG **angeklagt** werden kann. Die Anklage kann vom Bundestag oder vom Bundesrat erhoben werden, bedarf aber einer Mehrheit von **zwei Dritteln** der gesetzlichen Mitgliederzahl.

Die Anklage eines Amtsträgers durch das Parlament wegen Verfassungsverletzung (»Ministeranklage«) entstammt dem Konstitutionalismus und stellt den Ausgleich dafür dar, daß die Minister nicht vom Parlament abhängig waren.[59] Die Weimarer Reichsverfassung übernahm dieses Institut und dehnte es auf den Reichspräsidenten aus (Art. 59 WRV). Wegen seiner besonderen Modalitäten hat das Institut der Ministeranklage verfassungsgeschichtlich keine Bedeutung gewonnen. Auch unter dem Grundgesetz ist eine Anklage nach Art. 61 GG nicht erhoben worden. 520

IV. Zum Vergleich: Die Europäische Union

Da die Europäische Union ein **Staatenverbund** und **kein Staat** ist, fehlt ihr folgerichtig ein »Staatsoberhaupt«. Funktionale Anklänge an das Staatsoberhaupt finden sich allenfalls bei dem Staats- oder Regierungschef, der den Vorsitz im Europäischen Rat (Art. 4 EUV) innehat. Der Vorsitz wechselt allerdings alle sechs Monate (Art. 203 Abs. 2 EGV), so daß es an jeder personellen Verfestigung fehlt. Überdies kommt dem Europäischen Rat – und damit auch seinem Vorsitz – nach herrschender Meinung **keine Organqualität** zu, so daß es auch insoweit an der Vergleichbarkeit zu einer Staatsverfassung fehlt.[60] 521

V. Rechtsprechung

BVerfGE 62, 1 (Auflösung des 9. Deutschen Bundestages) 522

VI. Literatur

O. Bachof, Über Fragwürdigkeiten der Gnadenpraxis und der Gnadenkompetenz, JZ 1983, S. 469; **K. Carstens**, Die Auflösung des Deutschen Bundestages im Januar 1983, in: Festschrift Universität Köln, 1988, S. 661; **V. Epping**, Das Ausfertigungsverweigerungsrecht im Selbstverständnis der Bundespräsidenten, JZ 1991, S. 1102; **H.-U. Erichsen**, Der Bundespräsident, Jura 1985, S. 373, 424; **E. Friesenhahn**, Zum Prüfungsrecht des Bundespräsidenten, in: Festschrift G. Leibholz, Bd. 2, 1966, S. 679; **K. H. Friauf**, Zur Prüfungszuständigkeit des Bundespräsidenten bei der Ausfertigung der Bundesgesetze, in: Festschrift K. Carstens, Bd. 2, 1984, S. 545; **R. Herzog**, Entscheidung und Gegenzeichnung, in: Festschrift G. Müller, 1970, S. 117; **M. Kilian**, Der Bundespräsident als Verfassungsorgan, JuS 1988, S. L 33; **O. Kimminich**, Das Staatsoberhaupt in der parlamentarischen Demokratie, VVDStRL 25 (1967), S. 2; **P. Kunig**, Der Bundespräsident, Jura 1994, S. 217; **H. Maurer**, Hat der Bundespräsident ein politisches Mitspracherecht?, DÖV 1966, S. 665; **E. Menzel**, Ermessensfreiheit des Bundespräsidenten 523

59 Vgl. z. B. Art. 61 PrVerfUrk: »Die Minister können durch Beschluß einer Kammer wegen des Verbrechens der Verfassungsverletzung, der Bestechung und des Verrates angeklagt werden.« Das nach Art. 61 Abs. 2 PrVerfUrk erforderliche Gesetz ist jedoch nie erlassen und eine Anklage deshalb nie erhoben worden; vgl. hierzu *E. R. Huber*, Deutsche Verfassungsgeschichte seit 1789, Bd. III, S. 66.

60 Vgl. hierzu *I. Pernice*, in: Dreier (Hrsg.), GG, Bd. II, Art. 54 Rdnr. 7.

bei der Ernennung der Bundesminister?, DÖV 1965, S. 581; **W. Potthast**, Die Auflösung des Bundestages nach Artikel 68 des Grundgesetzes, 1986; **W.-R. Schenke**, Rechtsschutz gegen Gnadenakte, JA 1981, S. 588; **U. Scheuner**, Das Amt des Bundespräsidenten als Aufgabe verfassungsrechtlicher Gestaltung, 1966; **F. E. Schnapp**, Ist der Bundespräsident verpflichtet, verfassungsmäßige Gesetze auszufertigen?, JuS 1995, S. 286.

C. Der Bundesstaat

Während die Grundentscheidung für die Republik die **Staatsform** festlegt, das **Regierungssystem** der Bundesrepublik auf die parlamentarische Demokratie verpflichtet wird, betrifft das ebenfalls in Art. 20 Abs. 1 GG niedergelegte und der Verfassungsänderung entzogene (Art. 79 Abs. 3 GG) Bundesstaatsprinzip den Staatsaufbau. Das Grundgesetz folgt damit der Überlieferung deutscher Verfassungsgeschichte. Abgesehen von der Zeit zwischen 1933 und 1945 ist Deutschland – wenngleich in wechselnder Ausdehnung – immer Staatenbund oder Bundesstaat gewesen und weist eine historisch gewachsene föderative **Struktur** auf. Der 1815 gegründete **Deutsche Bund** war ein Staatenbund, ein Zusammenschluß mehrerer souveräner Staaten auf völkerrechtlicher Ebene. Die gescheiterte **Paulskirchenverfassung** von 1849 konzipierte einen **Bundesstaat**, also einen Zusammenschluß von Staaten zu einem souveränen Staat auf der Ebene des Staatsrechts. Der unter Führung Preußens 1866 gegründete **Norddeutsche Bund** und das **Deutsche Reich** von 1871[1] waren ebenso Bundesstaaten wie die **Weimarer Republik**.[2] 524

Es ist deshalb unzutreffend, wenn das bundesstaatliche Prinzip gelegentlich als besatzungsrechtliches Oktroi angesehen worden ist. Die Bundesstaatlichkeit ist in der deutschen Verfassungsgeschichte viel tiefer verankert als das republikanische oder demokratische Prinzip, die erst mit der Weimarer Verfassung zum Durchbruch gelangten.[3] 525

Die Bundesstaatlichkeit ist Gegenstand nicht nur staats**rechtlicher**, sondern auch staats**theoretischer** Bemühungen. Beide Disziplinen lassen sich nicht immer leicht auseinanderhalten. Aufgrund vergleichender Untersuchung existierender Bundesstaaten können gemeinsame Merkmale festgestellt werden, die möglicherweise auf einen **Begriff** des **Bundesstaates** hindeuten.[4] Solche Definitionsversuche sind von hohem Erkenntniswert für eine Theorie des Föderalismus. Sie enthalten freilich mehr deskriptive als normative Elemente, so daß sie für die bundesstaatliche Ordnung eines einzelnen Staates nur begrenzt verwendbar sind. 526

Das Grundgesetz selber enthält im zweiten Abschnitt eine Fülle von Vorschriften über das Verhältnis von **Bund** und **Ländern**. Sie werden ergänzt durch Vorschriften im Abschnitt über die **Gesetzgebung** des **Bundes** (Art. 70 ff. GG), die **Ausführung** der **Bundesgesetze** und die **Bundesverwaltung** (Art. 83 ff. GG) und die **Rechtsprechung** des **Bundes** (Art. 92 ff. GG). Wichtige Regelungen des bundesstaatlichen 527

1 Art. 1 RV: »Das Bundesgebiet besteht aus den Staaten Preußen mit Lauenburg, Bayern, Sachsen, Württemberg, Baden, Hessen, Mecklenburg-Schwerin, Sachsen-Weimar, Mecklenburg-Strelitz, Oldenburg, Braunschweig, Sachsen-Meiningen, Sachsen-Altenburg, Sachsen-Koburg-Gotha, Anhalt, Schwarzburg-Rudolfstadt, Schwarzburg-Sondershausen, Waldeck, Reuß ältere Linie, Reuß jüngere Linie, Schaumburg-Lippe, Lippe, Lübeck, Bremen und Hamburg.«

2 Art. 2 Satz 1 WRV: »Das Reichsgebiet besteht aus den Gebieten der deutschen Länder.«

3 Art. 1 WRV: »Das Deutsche Reich ist eine Republik. Die Staatsgewalt geht vom Volke aus.«

4 Vgl. etwa *C. Starck* (Hrsg.), Zusammenarbeit der Gliedstaaten im Bundesstaat, 1988; *R. Zippelius*, Allgemeine Staatslehre, 13. Aufl. 1999, S. 389 ff.

Verhältnisses finden sich überdies in der Finanzverfassung (Art. 104 a ff. GG). Angesichts dieser Fülle detaillierter Vorschriften läßt sich das in Art. 20 Abs. 1 GG niedergelegte **Bundesstaatsprinzip** als Zusammenfassung eines äußerst differenzierten Regelungssystems begreifen. Methodologisch bedeutet dies, daß die Lösung föderativer Konflikte zunächst in den speziellen Vorschriften des Grundgesetzes gesucht werden muß und nicht vorschnell auf das »Prinzip«, das ohnehin näherer Spezifizierung bedürfte, zurückgegriffen werden darf. Der in Art. 20 Abs. 1 GG genannte Bundesstaat ist der durch die Fülle der föderativen Vorschriften des Grundgesetzes **verfaßte** Bundesstaat.

528 Die Besonderheit des Bundesstaates besteht darin, daß (Glied-)Staaten sich zu einem (Zentral-)Staat verbinden, ohne ihre Staatsqualität einzubüßen. Dem Zentralstaat wächst hierbei eine eigentümliche **Doppelfunktion** zu: Zum einen ist er den Gliedstaaten gegenübergestellt (»Der Bund und die Länder«), zum anderen umschließt er sie (»Die Bundesrepublik Deutschland«). Man hat versucht, hieraus eine Theorie des dreigliedrigen Bundesstaates zu entwickeln, nach der die Gliedstaaten (Länder) und der Zentralstaat (Bund) von einem Gesamtstaat (Bundesrebpulik Deutschland) umschlossen werden.[5] Das BVerfG hat sich freilich zu Recht der Theorie des zweigliedrigen Bundesstaates angeschlossen, nach der der Zentralstaat zugleich den Gesamtstaat bildet.[6] Bei näherem Hinsehen stellt sich das Problem, ob der Zentralstaat den Ländern gegenübertritt oder die Länder umfaßt, lediglich als Frage der jeweils wahrgenommenen Kompetenzen heraus.

529 Die dem Bundesstaat eigene Teilung der Staatsgewalt zwischen zwei verschiedenen staatlichen Ebenen – einer Art **vertikaler Gewaltenteilung** – fordert eine genaue Bestimmung der jeweiligen Zuständigkeit. Eine Vielzahl von Vorschriften des Grundgesetzes dient deshalb allein dem Ziel, Bundes- und Landeskompetenzen voneinander abzuheben. Welche Bedeutung das Bundesstaatsprinzip im Grundgesetz hat, läßt sich leicht an der theoretischen Erwägung ermessen, wieviele Artikel des Grundgesetzes übrig blieben, wenn der Staat eine unitarische Struktur hätte.

530 Die Fülle der **Staatsgewalt** ist zwischen Bund und Ländern aufgeteilt. Herkömmlichen Gewaltenteilungsschemata folgend kennzeichnet das Grundgesetz sie als **Gesetzgebung, vollziehende Gewalt** und **Rechtsprechung** (Art. 20 Abs. 3 GG). Jede dieser »Gewalten« ist in sich also wiederum geteilt und dem Bund **oder** den Ländern zugewiesen. Die folgenden Abschnitte werden deutlich machen, um welche Gegenstände es sich im einzelnen handelt und welche Regelungstechnik im Grundgesetz gewählt worden ist.

531 Hierbei ist allerdings zu berücksichtigen, daß Bund und Länder nur die (verbliebenen) staatlichen Befugnisse ausüben, die Bundesrebublik Deutschland aber eine Vielzahl von Hoheitsrechten der **Europäischen Union** übertragen hat (Art. 23 Abs. 1 GG). **Öffentliche Gewalt** wird also keineswegs nur durch staatliche Organe, sondern auch durch Gemeinschaftsorgane ausgeübt. Zu den »Ebenen« von Bund und Ländern ist damit unwiderruflich die Ebene der Europäischen Union hinzugetreten, so daß von einem **Mehrebenensystem** gesprochen

5 Nachw. bei *K. Stern*, Staatsrecht I, S. 650.
6 Vgl. BVerfGE 13, 54 (57 f.).

werden kann.[7] Die stetig wachsenden Unionszuständigkeiten lassen deshalb ein Denken in ausschließlich staatlichen Kategorien als Anachronismus erscheinen. Allerdings enthält Art. 23 Abs. 2–7 GG Vorkehrungen dafür, die den Einfluß der Bundesorgane und der Bundesländer im Vorfeld von Rechtsakten der Union sichern sollen.[8]

7 Vgl. *K.-P. Sommermann*, in: v. Mangoldt / Klein / Starck, GG, Bd. 2, Art. 20 Rdnr. 57 m. w. N.
8 Vgl. oben Rdnr. 238.

§ 10 Die Verteilung der Gesetzgebungskompetenzen

I. Die Zuständigkeitsvermutung zugunsten der Länder (Art. 70 GG)

Fall 46: 532

Der Bundestag verabschiedete im Jahr 1981 ein »Staatshaftungsgesetz«, in dem die Haftung für Schäden aus hoheitlichem Handeln von Bund, Ländern und Gemeinden geregelt wurde. Mehrere Bundesländer bezweifelten, daß es eine Bundeskompetenz für eine derart umfassende Regelung gab.

(nach BVerfGE 61, 149)

Die Verteilung von Kompetenzen zwischen verschiedenen Organen oder – wie im 533
folgenden – zwischen Bund und Ländern stellt für den Verfassungsgeber zunächst ein **Regelungsproblem** dar. Da Staaten wie Staatsorgane danach trachten, ihre Kompetenzen auszudehen, weil sie ein Stück politischer Macht bedeuten, sind Generalklauseln zur Abgrenzung ungeeignet. Sie lassen einen gewissen Deutungsspielraum offen und würden vermutlich in jedem Einzelfall zur Anrufung des BVerfG führen. Sinnvoll erscheint deshalb eine möglichst genaue Regelung, die zugleich umfassend sein muß. Sie findet **sich in der Enumeration der Bundeszuständigkeiten**, der eine Zuständigkeitsvermutung zugunsten der Länder an die Seite gestellt ist.

Die Zuständigkeitsvermutung zugunsten der Länder darf nicht als Hinweis auf 534
einen bestimmten Kompetenzumfang mißverstanden werden; tatsächlich überwiegen die Gesetzgebungskompetenzen des Bundes die der Länder bei weitem. Die Kompetenzvermutung zugunsten der Länder bedeutet vielmehr, daß der Bund einen im Grundgesetz niedergelegten Kompetenztitel vorweisen muß, um ein Gesetz erlassen zu können. Ist dies nicht möglich, so kommt dem Bund keine Gesetzgebungszuständigkeit zu. Es bedarf dann nicht mehr des Nachweises, daß die Länder zuständig sind; denn die Landeskompetenzen sind nirgendwo niedergelegt, sondern folgen aus der **Zuständigkeitsvermutung**. Wenn beispielsweise von der »Kulturhoheit« der Länder die Rede ist, so bedeutet dies nicht, daß der Bereich des Kultus irgendwo als Kompetenz der Länder festgelegt wäre; sie ergibt sich zwanglos aus dem Umstand, daß der Bund im Kultusbereich nur geringe Gesetzgebungskompetenzen besitzt.[1]

Der Tradition deutscher Bundesverfassungen folgend[2], werden die dem Bund zu- 535
gewiesenen Gesetzgebungskompetenzen in »Katalogen« aufgeführt, wobei zwischen Gegenständen der »ausschließlichen«, der »konkurrierenden« und der »Rahmengesetzgebung« des Bundes zu unterscheiden ist. Sofern sich in einem der Kataloge (Art. 73, 74, 74 a und 75 GG) ein Kompetenztitel findet, hat der Bund prinzipiell die Gesetzgebungsbefugnis. Kann demgegenüber ein vom Bund geregelter Gegenstand keinem Kompetenztitel zugeordnet werden, so ist das Gesetz wegen Verstoßes gegen Art. 70 GG nichtig.

---

1 Vgl. *I. Pernice*, in: Dreier (Hrsg.), GG, Bd. II, Art. 30 Rdnr. 18.
2 Art. 4 RV, Art. 6 ff. WRV.

536 Im Ausgangsfall berief sich die Bundesregierung auf Art. 74 Nr. 1 GG a. F. und erklärte die Staatshaftung zur »traditionellen Materie« des Bürgerlichen Rechts.[3] Das BVerfG hat sich dieser Auffassung nicht anschließen können, weil es beim Staatshaftungsgesetz gerade darum ging, eine von ihrem zivilrechtlichen Ursprung (§ 839 BGB) losgelöste Haftung für hoheitliches Handeln zu entwickeln. Da auch andere Kompetenztitel das Staatshaftungsgesetz nicht trugen, wurde es wegen Verstoßes gegen Art. 70 GG für nichtig erklärt.[4] Seit Inkrafttreten des 42. ÄndG zum Grundgesetz kommt dem Bund eine (konkurriende) Zuständigkeit auch für das **Staatshaftungsrecht** zu (Art. 74 Abs. 1 Nr. 25 GG).

II. Ausschließliche Gesetzgebungskompetenz des Bundes

1. Bundeskompetenzen nach Art. 71, 73 GG

537 **Fall 47:**

Am 9. 5. 1958 erließ die Freie und Hansestadt Hamburg ein »Gesetz betreffend die Volksbefragung über Atomwaffen«. Danach sollten die Wahlberechtigten die Fragen beantworten, ob sie für eine Ausrüstung der Bundeswehr mit atomaren Waffen, für eine Lagerung von Atomwaffen und für die Errichtung von Abschußbasen für Atomraketen auf dem Gebiet der Bundesrepublik seien. Das BVerfG hat dieses Gesetz in seiner Entscheidung vom 30. 7. 1958 für nichtig erklärt, ohne überhaupt zu erörtern, ob derartige Volksbefragungen nach dem Grundgesetz zulässig sind.

(nach BVerfGE 8, 104)

538 Bestimmte Materien bedürfen im Bundesstaat zwingend **bundesrechtlicher Regelung**, weil sie entweder nur den Zentralstaat betreffen oder eine einheitliche Regelung im gesamten Bundesstaat unverzichtbar ist. Zur ersten Gruppe gehören etwa die Rechtsverhältnisse der Bundesbediensteten (Art. 73 Nr. 8 GG), die die Bundesländer überhaupt nicht berühren. Zur zweiten Gruppe ist das Währungs-, Geld- und Münzwesen zu zählen (Art. 73 Nr. 4 GG), das auch in einem Bundesstaat einheitlicher Regelung bedarf.

539 Im Bereich der ausschließlichen Gesetzgebungskompetenz des Bundes ist Landesgesetzgebung grundsätzlich **unzulässig**, es sei denn, die Länder würden hierzu durch Bundesgesetze ausdrücklich ermächtigt (Art. 71 GG). In der Staatspraxis kommen derartige Ermächtigungen nur selten vor.[5] Von atypischen Ausnahmen abgesehen[6], wird im Bereich der ausschließlichen Gesetzgebungskompetenz ausschließlich der **Bund** tätig.

540 Im Ausgangsfall wäre das Gesetz wegen Verstoßes gegen Art. 70 ff. GG jedenfalls dann nichtig, wenn dem Bund eine ausschließliche Gesetzgebungszuständigkeit zukäme und keine Ermächtigung nach Art. 71 GG vorläge. Nach Art. 73 Nr. 1 GG hat der Bund die ausschließliche Gesetzgebungszuständigkeit für die »auswärtigen Angelegenheiten sowie die Verteidigung einschließlich des Schutzes der Zivilbevölkerung«, die durch derartige Umfragen berührt sind und beeinflußt werden sollen. Die seinerzeit vertretene Auffassung, es gehe nur um statistische Erhebungen[7] (für Landeszwecke, denn die »Sta-

---

3 Vgl. BVerfGE 61, 149 (167 ff.).

4 Vgl. BVerfGE 61, 149.

5 Vgl. die Nachweise bei *M. Heintzen*, in: v. Mangoldt/Klein/Starck, GG, Bd. 2, Art. 71 Rdnr. 56.

6 § 22 PartG a. F. (Wahlkampfkostenerstattung bei Landtagswahlen).

7 Vgl. BVerfGE 8, 104 (109).

tistik für Bundeszwecke« fällt ebenfalls in die ausschließliche Bundeskompetenz, Art. 73 Nr. 11 GG), läßt sich nicht halten: Ziel der Umfrage war es, die öffentliche Meinung gegen die Stationierung von Atomwaffen zu mobilisieren und nicht allein, statistische Erhebungen zu veranlassen.[8]

2. Kompetenzzuweisungen durch den Begriff »Bundesgesetz«

Kompetenztitel für die ausschließliche Gesetzgebungskompetenz des Bundes finden sich nicht nur in Art. 73 GG, sondern sind über das ganze Grundgesetz verstreut. Überall dort, wo von einem **»Bundesgesetz«** die Rede ist, wird dem Bund eine ausschließliche Gesetzgebungskompetenz zugewiesen[9]; ein *Bundesgesetz* kann eben nicht durch ein *Landesgesetz* ersetzt werden. Es reicht folglich nicht aus, bei der Suche nach einer ausschließlichen Bundeskompetenz allein den Art. 73 GG zu durchforsten; der Blick muß auch auf jene Einzelvorschriften gerichtet sein, die den Begriff »Bundesgesetz« aufweisen oder mit ähnlicher Formulierung eine Bundeskompetenz begründen.[10] Eine genaue Prüfung zeigt, daß die Regelung des Grundgesetzes kaum Lücken aufweist. Eine (ungeschriebene) Gesetzgebungszuständigkeit des Bundes »aus der Natur der Sache« anzunehmen, ist nicht nur im Hinblick auf die Regelungstechnik der Art. 70 ff. GG bedenklich, sondern meist überflüssig. 541

Einen Kompetenztitel für die (bundes-)staatsrechtlichen Materien des Parteien- und Wahlrechts sucht man beispielsweise in Art. 73 GG vergeblich. Nach Art. 21 Abs. 3 bzw. Art. 38 Abs. 3 GG wird das »Nähere« durch »Bundesgesetz« bestimmt; in beiden Fällen ist dem Bund also eine ausschließliche Gesetzgebungskompetenz eingeräumt. Der Rückgriff auf die »Natur der Sache« ist überflüssig.[11] 542

III. Konkurrierende Gesetzgebungszuständigkeit des Bundes (Art. 72, 74, 74 a GG)

1. Zeitliche und sachliche Sperrwirkung

Fall 48: 543

Nach § 16 des Hamburger Wegegesetzes gehörte es nicht zum Gemeingebrauch einer Straße, wenn sie regelmäßig als Einstellplatz für ein Kraftfahrzeug in der Nähe der Wohnung des Halters benutzt wurde. Dies sollte vielmehr eine erlaubnispflichtige Sondernutzung sein, für die Gebühren erhoben werden konnten.

(nach BVerfGE 67, 299)

---

8 So BVerfGE 8, 104 (119 f.).

9 Art. 4 III; 21 III; 23 I, III, VII; 24 I; 26 II; 29 II, VI, VII; 38 III; 41 III; 45 b; 45 c II; 48 III; 54 VII; 84 I, V; 85 I; 87 I; 87 b I, 87 d II; 87 e I, II, III, IV; 87 f I, III; 93 II; 94 II; 95 III; 96 II, V; 98 I; 104 a III, IV, V; 106 III, IV, V, VI; 107 I; 108 I, II, IV, V, VI; 109 IV, 112; 114 II; 115 I, II GG (Notstands- sowie Übergangs- und Schlußbestimmungen bleiben unberücksichtigt).

10 Vgl. Art. 16 a II, III; 17 a; 79 I, II; 110 II GG.

11 Vgl. zur Bundeskompetenz kraft Natur der Sache *R. Stettner*, in: Dreier (Hrsg.), GG, Bd. II, Art. 70 Rdnr. 57 ff.; *J. Rozek*, in: v. Mangoldt/Klein/Starck, GG, Bd. 2, Art. 70 Rdnr. 38 ff.

544 Die »konkurrierende« Gesetzgebungszuständigkeit des Bundes bedeutet entgegen ihrer mißverständlichen Bezeichnung keineswegs, daß Bund und Länder **nebeneinander** zuständig sind, auf dem Gebiet der in Art. 74 GG bezeichneten Gegenstände der Gesetzgebung also »konkurrieren«. Die Zuständigkeiten bestehen vielmehr hintereinander, so daß man die **konkurrierende Bundes**zuständigkeit besser als **subsidiäre Länder**zuständigkeit bezeichnet.[12] Für die Länder bleibt nämlich in den von Art. 74 (und 74 a) GG erfaßten Materien überhaupt nur etwas zu regeln übrig, **solange** und **soweit** der Bund von seiner Gesetzgebungskompetenz keinen Gebrauch gemacht hat.

545 Die sog. »zeitliche Sperrwirkung« bedeutet nichts anderes, als daß bundesrechtliche Regelungen im Bereich der konkurrierenden Gesetzgebung für die Zukunft Landesgesetze auf dem gleichen Gebiet ausschließen.[13] Umgekehrt steht ein Gegenstand landesrechtlicher Regelung wieder offen, wenn das entsprechende Bundesgesetz aufgehoben worden ist. Aufgrund des nunmehr eindeutigen Wortlauts des Art. 72 Abs. 1 GG ist die Verkündung des betreffenden Bundesgesetzes maßgebend, um die zeitliche Sperrwirkung auszulösen. Eine Vorverlegung der Sperrwirkung – etwa auf den Beginn der parlamentarischen Beratungen[14] – ist nach dem geänderten Wortlaut des Art. 72 Abs. 1 GG nicht mehr begründbar.[15]

546 Im Ausgangsfall besteht eine konkurrierende Gesetzgebungszuständigkeit des Bundes nach Art. 74 Abs. 1 Nr. 22 GG für den »Straßenverkehr«. Aufgrund dieses Kompetenztitels ist das Straßenverkehrsgesetz (StVG) erlassen worden, das wiederum zum Erlaß der Straßenverkehrsordnung (StVO) ermächtigt. Seit 1961 regelt die Straßenverkehrsordnung auch das *Parken* von Kraftfahrzeugen (§ 16, jetzt § 12 StVO), das nach der Regelungstechnik auf Straßen erlaubt ist, soweit nicht die Straßenverkehrsordnung Verbote vorsieht. Jedenfalls seit 1961 entfalteten die bundesrechtlichen Regelungen also eine zeitliche Sperrwirkung, so daß für landesrechtliche Regelungen kein Raum mehr bestand.[16]

547 Neben die zeitliche tritt die **»sachliche« Sperrwirkung**, d. h. landesrechtliche Regelungen sind nur noch **»soweit«** zulässig, als der Bund ihnen sachlich Raum gelassen hat. Diese Frage ist häufig nicht einfach zu beantworten, weil Bundes- und Länderkompetenzen einerseits ineinandergreifen, andererseits aber scharf voneinander unterschieden werden müssen.

548 In unserem Beispielsfall hat das BVerfG Parkregelungen dem **Straßenverkehrs**recht zugeordnet (»ruhender Verkehr«), nicht dem **Straßenrecht**, das, soweit es sich um Landesstraßen handelt, in die Gesetzgebungskompetenz der Länder fällt.[17] Darüber kann man durchaus geteilter Meinung sein, weil das regelmäßige nächtliche Parken die Garage ersetzt und deshalb über die übliche Teilnahme am Verkehr hinausgeht.

549 Die sachliche Sperrwirkung wird auch dann zum Problem, wenn der abschließende Charakter einer bundesrechtlichen Regelung in Frage steht:

---

12 Vgl. zum Subsidiaritätsgedanken auch *S. Oeter*, in: v. Mangoldt/Klein/Starck, GG, Bd. 2, Art. 72 Rdnr. 2.

13 Vgl. *Jarass/Pieroth*, GG, Art. 72 Rdnr. 5; *R. Stettner*, in: Dreier (Hrsg.), GG, Bd. II, Art. 72 Rdnr. 22 ff.

14 Vgl. zur Vorverlagerung der Sperrwirkung unter der Geltung von Art. 72 I a. F. GG BVerfGE 34, 9 (29); 36, 342 (365); *K. Stern*, Staatsrecht II, S. 595 f.

15 *R. Stettner*, in: Dreier (Hrsg.), GG, Bd. II, Art. 72 Rdnr. 28; *C. Degenhart*, in: Sachs (Hrsg.), GG, Art. 72 Rdnr. 27.

16 Vgl. BVerfGE 67, 299 (325 f.).

17 So BVerfGE 67, 299 (314 ff.).

Fall 49: 550

Das Hamburgische Enteignungsgesetz vom 14. 6. 1963 (GVBl. I, S. 77) sah vor, daß auf den von U-Bahn-Bauten betroffenen Grundstücken eine »öffentliche Last« entstand, aufgrund derer die Freie und Hansestadt Hamburg berechtigt sein sollte, »eine unterirdische Verkehrsanlage zu bauen, dauernd innezuhaben und zu nutzen sowie die zur Unterhaltung erforderlichen Arbeiten auszuführen«.

(nach BVerfGE 45, 297)

Die großen Gesetzgebungswerke des Zivil- und Strafrechts treffen für ihr Sachgebiet eine **abschließende Regelung**, sofern die Einführungsgesetze keine Vorbehalte zugunsten des Landesrechts enthalten.[18] Sie sind **»kodifikatorisch«**, nämlich für ihren Sachbereich erschöpfend. Der Landesgesetzgeber könnte deshalb neben den im Strafgesetzbuch aufgeführten Straftatbeständen keine weiteren ersinnen, auch wenn Verhaltensweisen, die nicht im StGB aufgeführt sind, regional als strafwürdig erachtet würden. Ebensowenig sind die Länder befugt, abweichend von der Strafprozeßordnung strafprozessuale Rechtsbehelfe vorzusehen.[19] Ähnlich verhält es sich mit dem Bürgerlichen Gesetzbuch. Abgesehen von dem kodifikatorischen Charakter des gesamten Regelwerks gibt es einen *numerus clausus* der Sachenrechte, so daß auch aus diesem Grund für landesrechtliche Ergänzungen kein Raum bleibt. 551

Die »öffentliche Last« des Hamburgischen Enteignungsgesetzes fügte den bestehenden Sachenrechten (Eigentum, Grunddienstbarkeit, usw.) ein weiteres hinzu, das ersichtlich den Bau von U-Bahnen erleichtern sollte. Das BVerfG hat diese Vorschrift für nichtig erklärt, weil das BGB insoweit eine abschließende Regelung treffe, die auch nicht auf dem Umweg über das öffentliche Recht landesrechtlich ergänzt werden könne.[20] 552

2. »Recht der Wirtschaft« (Art. 74 Abs. 1 Nr. 11 GG)

Fall 50: 553

Die Bundesregierung erwägt, einen Entwurf zu einem »Spielbankengesetz« beim Deutschen Bundestag einzubringen. Bislang sind Spielbanken nach Maßgabe einzelner Landesgesetze zugelassen. Die Bundesregierung will mit ihrem Entwurf die Zulassungsbedingungen vereinheitlichen und die Voraussetzung dafür schaffen, daß zusätzliche Spielbanken eingerichtet werden können.

(nach BVerfGE 28, 119)

Da es bei der Auslegung der einzelnen Kompetenztitel des Art. 74 Abs. 1 GG auch immer um die **Machtbalance** zwischen **Bund** und **Ländern** geht, entstehen nicht selten Streitigkeiten, die vom BVerfG zu entscheiden sind. Mehrfach ist das »Recht der Wirtschaft« Gegenstand verfassungsrechtlicher Streitigkeiten gewesen.[21] 554

Der nach seiner Formulierung schon weiträumige Kompetenztitel des Art. 74 Abs. 1 Nr. 11 GG ist durch den Bundesgesetzgeber **extensiv** ausgelegt worden. Insbesondere ist versucht worden, ordnungsrechtliche Materien dem »Recht der Wirtschaft« zu subsumieren. Das BVerfG hat derartige Versuche zurückgewiesen, 555

18 Dazu BVerfGE 45, 297 (340 ff.).
19 Vgl. BVerfGE 48, 367 (zur StPO).
20 So BVerfGE 45, 297; anders BVerfGE 24, 367 und 42, 20 (»öffentliches Eigentum«).
21 Vgl. BVerfGE 8, 143; 28, 119.

insbesondere rein ordnungsrechtliche Materien nicht dem Wirtschaftsrecht zugeordnet.[22] Zum Recht der Wirtschaft gehört eine Materie also nicht schon deshalb, weil in irgendeiner Weise ein Gewinn angestrebt wird oder es sich überhaupt um die Erzielung von Einnahmen handelt.[23] Vielmehr muß ein darüber hinausgehender Zusammenhang mit der »Erzeugung, Herstellung und Verteilung von Gütern des wirtschaftlichen Bedarfs«[24] bestehen, wobei eine eindeutige Abgrenzung zum Recht der öffentlichen Sicherheit und Ordnung nicht möglich ist.

556 In unserem Beispielsfall liegt es nahe, daß lediglich gewerberechtliche Regelungen beabsichtigt sind. Beim Spielbankenrecht hat jedoch auch der Gedanke der Gefahrenabwehr eine Rolle gespielt. Nach Auffassung des BVerfG handelt es sich deshalb nicht um eine gewerberechtliche Materie, sondern um einen (in die Länderkompetenz fallenden) Gegenstand der Gefahrenabwehr.[25] Heute allerdings erscheint diese Prüderie gegenüber dem Glücksspiel wenig überzeugend, da es dem Staat insbesondere zur Erzielung von Einnahmen dient. Es wäre deshalb angemessener, auch das Spielbankenrecht dem Art. 74 Abs. 1 Nr. 11 GG zuzuordnen.

557 Art. 74 Abs. 1 Nr. 11 GG erfaßt nicht öffentlich-rechtliche Versicherungsmonopole. Das »privatrechtliche Versicherungswesen« ist durchaus wörtlich zu nehmen; die Gesetzgebungszuständigkeit erstreckt sich also nicht auf das »öffentlich-rechtliche Versicherungswesen«.[26] Die kraft Landesrecht bestehenden (öffentlich-rechtlichen) Gebäudeversicherungsanstalten bzw. ihre Monopole sind jedoch aufgrund Gemeinschaftsrechts in privatrechtliche Versicherungsverhältnisse übergeleitet worden.[27] Überdies stellen die Versicherungsmonopole ein Grundrechtsproblem dar, weil den privatrechtlichen Versicherungsunternehmen in diesem Bereich die Erwerbstätigkeit versagt und damit ihre Berufsfreiheit (Art. 12 Abs. 1 GG) eingeschränkt wurde.[28]

3. Erforderlichkeit bundesgesetzlicher Regelung (Art. 72 Abs. 2 GG)

558 **Fall 51:**

Das »Gesetz über den Ladenschluß« bestimmt in seiner seit dem 1. Juni 2003 geltenden Fassung, daß alle Verkaufsstellen von montags bis samstags bis 6.00 Uhr und ab 20.00 Uhr geschlossen sein müssen. Bereits zum Zeitpunkt des Gesetzeserlasses, als längere Ladenschlußzeiten vorgeschrieben waren (montags bis freitags bis 7.00 Uhr und ab 18.30 Uhr), bezweifelten einzelne Bundesländer, daß dem Bund für diese Materie eine Gesetzgebungszuständigkeit zukomme

(vgl. dazu BVerfGE 13, 230)

559 Die konkurrierende Gesetzgebungszuständigkeit des Bundes erfordert nicht nur einen **»Kompetenztitel«**, der im Katalog des Art. 74 Abs. 1 GG nachgewiesen werden muß, sie setzt nach Art. 72 Abs. 2 GG zusätzlich voraus, daß

22 Vgl. BVerfGE 13, 367 (371 f.); andererseits aber BVerfGE 8, 143 (148).
23 So BVerfGE 28, 119 (147).
24 Vgl. BVerfGE 8, 143 (149); 28, 119 (146).
25 So BVerfGE 28, 119 (149).
26 Vgl. BVerfGE 10, 141 (162 f.); 41, 205 (218 f.).
27 Vgl. *S. Oeter*, in: v. Mangoldt/Klein/Starck, GG, Bd. 2, Art. 74 Rdnr. 112; *R. Renger*, Gesetz zur Überleitung landesrechtlicher Gebäudeversicherungsverhältnisse, VersR 1993, S. 942.
28 Anders BVerfGE 41, 205 (228).

»die Herstellung gleichwertiger Lebensverhältnisse im Bundesgebiet oder die Wahrung der Rechts- oder Wirtschaftseinheit im gesamtstaatlichen Interesse eine bundesgesetzliche Regelung erforderlich macht«.

Mit dieser – auf eine Empfehlung der Verfassungskommission zurückgehenden – »Erforderlichkeitsklausel« sollte einer weiteren Verlagerung der Gesetzgebungskompetenzen auf den Bund entgegengewirkt werden, die nicht zuletzt auf eine bemerkenswerte Zurückhaltung des BVerfG bei der Überprüfung des Tatbestandsmerkmals des Art. 72 Abs. 2 GG a. F. zurückzuführen war.[29] 560

Das BVerfG hatte frühzeitig die Auffassung entwickelt, ob die »Wahrung der Einheitlichkeit der Lebensverhältnisse über das Gebiet eines Landes hinaus« – so die Formulierung in Art. 72 Abs. 2 Nr. 3 GG a. F. – eine bundesgesetzliche Regelung fordere, setze eine politische **Bewertung** voraus, die das Gericht zu respektieren habe.[30] Der Bundesgesetzgeber sei nicht darauf beschränkt, einer schon bestehenden Einheitlichkeit der Lebensverhältnisse zu folgen, sondern befugt, »auf das ihm erwünscht erscheinende Maß an Einheitlichkeit im Sozialleben hinzustreben«.[31] In der Staatspraxis spielte Art. 72 Abs. 2 GG als zusätzliche Voraussetzung der Inanspruchnahme konkurrierender Gesetzgebungszuständigkeit durch den Bund keine Rolle mehr.[32] 561

An sich wären schon bei Erlaß des Gesetzes Zweifel berechtigt gewesen, ob die Ladenschlußzeiten bundeseinheitlich festgelegt werden müssen. Daß die Länder diese Angelegenheiten wirksam regeln können, war niemals zweifelhaft. Das BVerfG hat jedoch seinerzeit die Frage, ob die »Einheitlichkeit der Lebensverhältnisse« eine bundesgesetzliche Regelung erfordere, gar nicht geprüft, sondern die Bejahung durch die politischen Instanzen schlicht übernommen.[33] 562

Die Rechtsprechung des BVerfG zu Art. 72 Abs. 2 GG wirkte sich auf das Bund-Länder-Verhältnis folgenschwer aus.[34] Der Bund hat die verfassungsgerichtliche Judikatur geradezu als Aufforderung empfunden, möglichst lückenlos bundesgesetzliche Regelungen zu erlassen. Die Länder sind hierdurch auf dem Gebiet der Gesetzgebung in den Hintergrund getreten.[35] 563

Der in der Rechtsprechung des BVerfG zutage tretende **Unitarismus** vermag sich weder am Grundgesetz noch an der vorgeblichen politischen Natur derartiger Entscheidungen zu legitimieren. Die Wahrnehmung der konkurrierenden Gesetzgebungszuständigkeit setzte auch nach früherer Rechtslage neben dem Kompetenztitel die **Erforderlichkeit** einer bundesgesetzlichen Regelung voraus. Nicht jede denkbare bundesgesetzliche Regelung ist aber erforderlich. Da über diese Frage unterschiedliche Auffassungen zwischen Bund und Ländern geradezu programmiert waren, wäre es Aufgabe des BVerfG gewesen, Grundsätze zur Erforderlichkeit bundesgesetzlicher Regelungen zu entwickeln. Auch dogmatisch ist die Begründung alles andere als überzeugend, denn die Erforderlichkeit bundesgesetzlicher Rege- 564

29 Vgl. *S. Oeter*, in: v. Mangoldt/Klein/Starck, GG, Bd. 2, Art. 72 Rdnr. 31 ff.
30 Vgl. BVerfGE 13, 230 (233); 26, 338 (382 f.); 78, 249 (270); st. Rspr.
31 So BVerfGE 13, 230 (233); ähnlich BVerfGE 26, 338 (382 f.).
32 Vgl. dazu *N. Achterberg*, Die Entscheidung über das Bedürfnis für die Bundesgesetzgebung (Art. 72 Abs. 2 GG), DVBl. 1967, S. 213; *R. Scholz*, in: Festgabe BVerfG II, S. 252.
33 So BVerfGE 13, 230 (233).
34 Ähnlich *R. Scholz*, in: Festgabe BVerfG II, S. 259: »Kompetenzielle Schaltstelle sozialer Bundesstaatlichkeit«.
35 Vgl. *Jarass/Pieroth*, GG, Art. 72 Rdnr. 1; *C. Degenhart*, in: Sachs (Hrsg.), GG, Art. 72 Rdnr. 3.

lungen ist eine verfassungsrechtliche, keine (ausschließlich) **politische** Frage. Das BVerfG hat sich auch in hochpolitischen Materien nie gescheut, Prüfungen vorzunehmen und Entscheidungen zu fällen.[36] Es muß als Versagen der Verfassungsgerichtsbarkeit angesehen werden, in dieser für den Bundesstaat existenziellen Frage dem Bund »plein pouvoir« für die Gesetzgebung gegeben zu haben.[37]

565 Die Neufassung des Art. 72 Abs. 2 GG beruht im wesentlichen auf Art. 72 Abs. 2 Nr. 3 GG a. F., ließ aber nicht länger zu, daß das BVerfG der Prüfung der Erforderlichkeit unter Berufung auf die vorgelagerte politische Entscheidung des Gesetzgebers ausweicht. Das BVerfG hat seine Rechtsprechung dementsprechend revidiert und die Voraussetzungen für eine Bundeskompetenz nach Art. 72 Abs. 2 GG neu gefaßt. Das Erfordernis der »Herstellung gleichwertiger Lebensverhältnisse« soll nicht schon dann erfüllt sein, wenn es nur um das Inkraftsetzen bundeseinheitlicher Regelungen geht. Das bundesstaatliche Rechtsgut »gleichwertiger Lebensverhältnisse« sei vielmehr erst dann bedroht und der Bund erst dann zum Eingreifen ermächtigt, wenn sich die Lebensverhältnisse in den Ländern der Bundesrepublik in erheblicher, das bundesstaatliche Sozialgefüge beeinträchtigender Weise auseinanderentwickelt hätten oder eine derartige Entwicklung sich konkret abzeichne. Die »Wahrung der Rechts- und Wirtschaftseinheit« betreffe unmittelbar institutionelle Voraussetzungen des Bundesstaates und erst mittelbar die Lebensverhältnisse der Bürger. Die Gesetzesvielfalt auf Länderebene erfülle die Voraussetzungen des Art. 72 Abs. 2 GG erst dann, wenn sie eine Rechtszersplitterung mit problematischen Folgen darstelle, die im Interesse sowohl des Bundes als auch der Länder nicht hingenommen werden könne. Die »Wahrung der Wirtschaftlichkeit« liege im gesamtstaatlichen Interesse, wenn es um die Erhaltung der Funktionsfähigkeit des Wirtschaftsraums der Bundesrepublik durch bundeseinheitliche Rechtssetzung gehe. Der Erlaß von Bundesgesetzen zur Wahrung der Wirtschaftseinheit stehe dann im gesamtstaatlichen, also im gemeinsamen Interesse von Bund und Ländern, wenn Landesregelungen oder das Untätigbleiben der Länder erhebliche Nachteile für die Gesamtwirtschaft mit sich brächten.[38]

566 Waren im Ausgangsfall die Voraussetzungen für die Inanspruchnahme der Bundeskompetenz bereits bei Erlaß des Gesetzes zweifelhaft, so dürfte die Erforderlichkeit im Sinne des Art. 72 Abs. 2 GG jedenfalls *weggefallen* sein. Es erscheint schwerlich vertretbar, daß die Herstellung »gleichwertiger Lebensverhältnisse« nach der Definition des Bundesverfassungsgerichts gleiche Ladenschlußzeiten im gesamten Bundesgebiet notwendig macht. Gerade wegen der erheblichen Strukturunterschiede zwischen und in den Bundesländern würde eine differenzierte Regelung durch die Landesgesetzgeber der Gleichwertigkeit der Lebensverhältnisse eher entsprechen als eine bundeseinheitliche Regelung. Auch die vom BVerfG in seiner jüngsten Rechtsprechung entwickelten Begriffsmerkmale der »Wahrung der Rechts- oder Wirtschaftseinheit« dürften nicht vorliegen. Ungeachtet dessen hat der Bundesgesetzgeber das Ladenschlußgesetz jedoch erneut novelliert und damit zu erkennen gegeben, daß er die Voraussetzungen des Art. 72 Abs. 2 GG für gegeben erhält.[39]

566a Soweit die Erforderlichkeit für eine bundesgesetzliche Regelung nicht mehr besteht, kann durch Bundesgesetz bestimmt werden, daß diese durch Landesrecht

36 Vgl. unten Rdnr. 846 ff.

37 Krit. auch *R. Stettner*, in: Dreier (Hrsg.), GG, Bd. II, Art. 72 Rdnr. 13 ff.; *M. Bothe*, in: AK-GG, Art. 72 Rdnr. 12.

38 So BVerfG, NJW 2003, S. 41 (LS 2).

39 Gesetz über den Ladenschluß i. d. F. der Bekanntmachung v. 2. Juni 2003 (BGBl. I, S. 744).

ersetzt werden kann (Art. 72 Abs. 3 GG). Die Rückübertragungsbefugnis trägt dem Umstand Rechnung, daß aufgrund gewandelter Verhältnisse die Voraussetzungen des Art. 72 Abs. 2 GG entfallen können und verhindert werden soll, daß eine einmal gegebene Bundeskompetenz auf Dauer erhalten bleibt.[40] Sofern es sich um Bundesgesetze handelt, die aufgrund des Art. 72 Abs. 2 GG in seiner früheren Fassung erlassen worden sind, gelten diese als Bundesrecht fort (Art. 123 a Abs. 2 Satz 1 GG). Durch Bundesgesetz kann bestimmt werden, daß es durch Landesrecht ersetzt werden kann (Art. 125 a Abs. 2 Satz 2 GG).

Das Beispiel der Ladenschlußzeiten, die stets im Spannungsfeld wirtschafts- und sozialpolitischer Gegensätze gestanden haben, läßt deutlich werden, daß es sich bei der Rückübertragung von Gesetzgebungszuständigkeiten vom Bund auf die Länder nach Art. 125 Abs. 2 Satz 2 GG – oder nach Art. 72 Abs. 3 GG – um eine Möglichkeit handelt, die in der Staatspraxis vermutlich keine Bedeutung entfalten wird. Da Bund und Länder erfahrungsgemäß dazu neigen, ihre Kompetenzen auszudehnen, durch die Rückübertragung von Gesetzgebungszuständigkeiten aber das Gegenteil gefordert wird, dürfte die Rückübertragung nach Art. 72 Abs. 3 GG ein theoretischer Fall bleiben. 566 b

Für die Prüfung, ob ein Gesetz den Voraussetzungen des Art. 72 GG entspricht, ist durch eine Ergänzung des Grundgesetzes eine besondere Form der **abstrakten Normenkontrolle** geschaffen worden, bei der der **Bundesrat**, eine **Landesregierung** oder die **Volksvertretung** eines Landes antragsberechtigt sind (Art. 93 Abs. 1 Nr. 2 a GG). Der Antragsberechtigung einer Landesregierung hätte es nicht bedurft, weil diese im Verfahren der abstrakten Normenkontrolle ohnehin antragsberechtigt ist (Art. 93 Abs. 1 Nr. 2 GG). Neuartig ist dagegen die Antragsberechtigung der **Volksvertretung** eines Bundeslandes. Da sich dieses Verfahren auf die Prüfung beschränkt, ob ein Gesetz den Voraussetzungen des Art. 72 Abs. 2 GG entspricht, ist es als **Kompetenzkontrollverfahren** zu bezeichnen.[41] 567

Sofern in einzelnen Bundesländern Zweifel daran bestehen sollten, daß für die Regelung der Ladenschlußzeiten durch Bundesgesetz die Voraussetzungen des Art. 72 Abs. 2 GG erfüllt sind, könnte ein Kompetenzkontrollverfahren nach Art. 93 Abs. 1 Nr. 2 a GG eingeleitet werden. In diesem Verfahren wären – neben den einzelnen Landesregierungen und im Gegensatz zu Art. 93 Abs. 1 Nr. 2 GG – auch der Bundesrat und die Vertretungen der Bundesländer antragsberechtigt. 567 a

IV. Rahmenkompetenz des Bundes (Art. 75 GG)

Fall 52: 568

Nach § 23 BJagdG umfaßt der Jagdschutz nach näherer Bestimmung durch die Länder den »Schutz des Wildes«, insbesondere vor Wilderern, Futternot, Wildseuchen, vor wildernden Hunden und Katzen. Nach Art. 34 des nds. LJagdG umfaßt der Jagdschutz die Befugnis, »Hunde und Katzen im Jagdbezirk zu töten, es sei denn, daß sich der Hund innerhalb der Einwirkung seines Herren und die Katze weniger als 300 Meter vom nächsten Haus entfernt befindet.«

(nach BVerfGE 18, 305)

---

40 Vgl. *S. Oeter*, in: v. Mangoldt/Klein/Starck, GG, Bd. 2, Art. 72 Rdnr. 118 f.
41 Vgl. zum Verfahren *J. Wieland*, in: Dreier (Hrsg.), GG, Bd. III, Art. 93 Rdnr. 60 f.; *A. Rinken*, in: AK-GG, Art. 93 Rdnr. 32 b.

1. Rahmenkompetenz als Unterfall der konkurrierenden Gesetzgebungskompetenz

569 Art. 70 Abs. 2 GG bestimmt, daß sich die Abgrenzung der Gesetzgebungszuständigkeiten von Bund und Ländern nach den Vorschriften über die »ausschließliche und konkurrierende Gesetzgebung« richtet. Die Rahmenkompetenz bleibt unerwähnt, weil diese Kompetenzart einen **Unterfall** der konkurrierenden Gesetzgebungszuständigkeit darstellt.[42] Die ausschließliche Bundeszuständigkeit unterscheidet sich von der konkurrierenden Gesetzgebungskompetenz dadurch, daß bei letzterer erst der Erlaß des Gesetzes die zeitliche und sachliche Sperrwirkung auslöst. Das gleiche gilt für die Rahmenkompetenz. Bevor ein Rahmengesetz des Bundes erlassen worden ist, bleibt die Zuständigkeit der Länder zur Gesetzgebung ungeschmälert. Der Unterschied zur konkurrierenden Gesetzgebungskompetenz besteht darin, daß ein Rahmengesetz des Bundes keine Sperrwirkung entfaltet, sondern die Landesgesetzgebung voraussetzt. Sie muß sich allerdings im »Rahmen« des Bundesgesetzes halten, darf ihm also nicht widersprechen.

570 Diese Frage stellt sich in unserem Beispielsfall: Während in § 23 BJagdG von »wildernden Hunden und Katzen« die Rede ist, stellt Art. 34 Nr. 2 nds. LJagdG schlechthin auf Hunde und Katzen ab, gleichgültig, ob diese wildern oder nicht. Es ist deshalb angezweifelt worden, daß sich das Landesjagdgesetz innerhalb des bundesrechtlichen Rahmens hält.

571 Der Bund darf aufgrund seiner Rahmenkompetenz den Sachbereich nicht abschließend regeln, sondern muß den Ländern Raum für **eigene Willensentscheidungen** belassen. Nach Art. 75 Abs. 2 GG, der auf einer Empfehlung der Gemeinsamen Verfassungskommission beruht, dürfen Rahmenvorschriften nur in Ausnahmefällen in Einzelheiten gehende oder unmittelbar geltende Regelungen enthalten. Die vom BVerfG geprägte Formel, Rahmengesetze müßten »ausfüllungsfähig und ausfüllungsbedürftig« sein[43], bedarf angesichts der geänderten Verfassung der Ergänzung. Auch die vom BVerfG gebilligte unmittelbare Geltung von Rahmenvorschriften[44] ist in Zukunft nur noch als Ausnahme zulässig. Ob die teilweise sehr detaillierten Regelungen z. B. des BRRG angesichts des Art. 75 Abs. 2 GG noch zulässig wären, ist zweifelhaft. Rahmenvorschriften, die nach Art. 75 Abs. 2 GG n. F. nicht mehr erlassen werden dürften, gelten allerdings als Bundesrecht fort (Art. 125 a Abs. 2 Satz 3 GG).

572 Für den **Kollisionsfall** zwischen Rahmengesetz und rahmenausfüllendem (Landes-)Gesetz findet Art. 31 GG Anwendung. Da im Bereich des Art. 75 GG die Länder die Kompetenz zur Gesetzgebung – innerhalb des bundesrechtlich gezogenen Rahmens – behalten, verstoßen sie mit einem inhaltlich dem Bundesgesetz widersprechenden Gesetz nicht gegen Art. 72, 75 GG. Der Normwiderspruch wird vielmehr durch Art. 31 GG (»Bundesrecht bricht Landesrecht«) gelöst.[45]

573 Im Ausgangsfall könnte ein solcher Normwiderspruch darin gesehen werden, daß das Rahmengesetz in seinen Tatbestandsvoraussetzungen enger ist (»wildernde Hunde und Katzen«) als das rahmenausfüllende Gesetz (»Hunde und Katzen«). Allerdings ent-

---

42 Die Frage ist umstritten, angesichts des Art. 70 II GG aber zu bejahen. Wie hier: *P. Kunig*, in: v. Münch/Kunig (Hrsg.), GG, Bd. 3, Art. 75 Rdnr. 2; *M. Bothe*, in: AK-GG, Art. 75 Rdnr. 1; dagegen z. B. *T. Maunz*, in: Maunz/Dürig, GG, Art. 75 Rdnr. 3.

43 So BVerfGE 4, 115 (129); 36, 193 (202); 38, 1 (10); st. Rspr.

44 Vgl. BVerfGE 43, 291 (343).

45 Str., vgl. unten Rdnr. 708 ff.

hält § 23 BJagdG den Auftrag für die Landesgesetzgebung, den Jagdschutz näher zu bestimmen. Die hier strittige Vorschrift des Landesjagdgesetzes läßt sich deshalb dahin auslegen, daß innerhalb des bundesgesetzlichen Rahmens festgelegt wird, wann Hunde und Katzen wildern (wenn sie sich nämlich außerhalb der Einwirkung ihres Herren bzw. in einer gewissen Entfernung vom nächsten Haus befinden). Das BVerfG hat mit dieser Begründung eine Normenkollision verneint.[46] Kommt man zum entgegengesetzten Ergebnis (was ebenfalls vertretbar ist), so wäre das Landesjagdgesetz nach Art. 31 GG nichtig, soweit es dem Bundesjagdgesetz wiederspricht.

2. Gegenstände der Rahmenkompetenz (Art. 75 GG)

574 Bis auf die »allgemeinen Rechtsverhältnisse der Presse« (Art. 75 Abs. 1 Nr. 2 GG) hat der Bund alle Rahmenkompetenzen ausgeschöpft. Zu Art. 75 Abs. 1 Nr. 1 GG ist das **Beamtenrechtsrahmengesetz (BRRG)**[47], zu Nr. 1 a das **Hochschulrahmengesetz (HRG)**[48], zu Nr. 3 das **Bundesjagdgesetz (BJagdG)**[49] und das **Bundesnaturschutzgesetz (BNatSchG)**[50], zu Nr. 4 das **Raumordnungsgesetz (ROG)**[51] und das **Wasserhaushaltsgesetz (WHG)**[52], zu Nr. 5 das **Personalausweisgesetz (PAuswG)**[53] und das **Melderechtsrahmengesetz (MRRG)**[54] ergangen. Die Rahmenkompetenz nach Art. 75 Abs. 1 Nr. 6 GG entspricht der konkurrierenden Gesetzgebungszuständigkeit nach Art. 74 Nr. 5 GG a. F. Das aufgrund dieses Kompetenztitels ergangene Bundesrecht gilt gem. Art. 125 a Abs. 2 Satz 3 GG unverändert als Bundesrecht fort.

3. Erforderlichkeit bundesgesetzlicher Regelung (Art. 75 Abs. 1 Satz 1 i. V. m. Art. 72 Abs. 2 GG)

575 Der Erlaß eines Rahmengesetzes ist – und auch hier erweist sich die Rahmenkompetenz als Unterfall der konkurrierenden Gesetzgebung – nur unter den Voraussetzungen des **Art. 72 GG** zulässig (Art. 75 Abs. 1 Satz 1 GG). Die bundesgesetzliche Regelung muß also zur Herstellung gleichwertiger Lebensverhältnisse im Bundesgebiet oder zur Wahrung der Rechts- oder Wirtschaftseinheit **erforderlich** sein (Art. 72 Abs. 2 GG). Bislang hat die Rahmenkompetenz das Schicksal der schon skizzierten Auslegung des Art. 72 Abs. 2 Nr. 3 GG a. F. durch das BVerfG[55] geteilt. Die aufgrund der Neufassung des Art. 72 Abs. 2 GG zu erwartende Änderung der Rechtsprechung des BVerfG wird sich folglich auch auf die Rahmenkompetenz des Bundes auswirken.

576 Die Rahmenkompetenzen belegen im übrigen, daß bundesrechtliche Regelungen keineswegs in jedem Fall erforderlich sind. Ein Rahmengesetz für die allgemeinen

46 Vgl. BVerfGE 18, 305 (309).
47 *Sartorius* I Nr. 150 = *Nomos Textausgaben* ÖffR Nr. 30.
48 *Sartorius* I Nr. 500 = *Nomos Textausgaben* ÖffR Nr. 87.
49 *Sartorius* I Nr. 890.
50 *Sartorius* I Nr. 880 = *Nomos Textausgaben* ÖffR Nr. 46.
51 *Sartorius* I Nr. 340 = *Nomos Textausgaben* ÖffR Nr. 63.
52 *Sartorius* I Nr. 845 = *Nomos Textausgaben* ÖffR Nr. 50.
53 *Sartorius* I Nr. 255.
54 *Sartorius* I Nr. 256 = *Nomos Textausgaben* ÖffR Nr. 78.
55 Vgl. BVerfGE 4, 115 (127 f.).

Verhältnisse der **Presse** (und des Films) ist nie erlassen worden. Frühere Versuche des Bundes, auf diesem Sachgebiet aktiv zu werden, sind am Widerstand der betroffenen Kreise gescheitert.[56] Es ist jedoch nicht feststellbar, daß die Landespressegesetze zur Regelung dieses Sachbereichs nicht ausreichend wären. Wenn man mehr als 50 Jahre ohne bundesgesetzliche Regelung ausgekommen ist, dürfte auch gegenwärtig die Erforderlichkeit eines Rahmengesetzes zu verneinen sein.

V. Grundsatzgesetzgebung des Bundes (Art. 91 a Abs. 2 Satz 2, 109 Abs. 3 GG)

577 Die dem Bund nach Art. 91 a Abs. 2 Satz 2 und 109 Abs. 3 GG eingeräumte »**Grundsatzgesetzgebung**« läßt sich in die Kompetenztrias von ausschließlicher, konkurrierender und Rahmengesetzgebung nicht einordnen. Es handelt sich in beiden Fällen nicht um ausschließliche Bundeszuständigkeiten im Sinne des Art. 71 GG, weil den Ländern das »Recht der Gesetzgebung« verbleibt, ohne hierzu ermächtigt werden zu müssen. Augenfällig ist dies bei den Landeshaushaltsordnungen, die zum Verfassungsrecht der Länder gehören. Auch als »Rahmengesetzgebung« lassen sich die Kompetenzen aus Art. 91 a Abs. 2 Satz 2, 109 Abs. 3 GG nicht qualifizieren, weil der Bund auf die Aufstellung von »Grundsätzen« beschränkt ist, während Rahmengesetze eine **höhere Regelungsdichte** aufweisen können. Überdies gilt die Grundsatzgesetzgebung für Bund und Länder gemeinsam, während die Rahmengesetze sich allein an die Landesgesetzgebung richten.[57]

578 Der Bund hat von der Ermächtigung in Art. 109 Abs. 3 GG durch das Haushaltsgrundsätzegesetz (HGrG)[58] und das Stabilitäts- und Wachstumsgesetz (StWG)[59] Gebrauch gemacht. Auch aufgrund des Art. 91 a Abs. 2 Satz 2 GG sind Bundesgesetze ergangen.[60]

VI. Ungeschriebene Gesetzgebungskompetenzen des Bundes?

579 **Fall 53:**

Im Bundestag wird ein »Gesetzentwurf betreffend die Organisation der Bundesregierung (Regierungsorganisationsgesetz)« eingebracht. In dem Gesetz sind 15 Bundesministerien aufgeführt und in ihren Zuständigkeiten abgegrenzt. Ziel der Entwurfsverfasser ist es, die Errichtung weiterer Bundesministerien bzw. ihre Umgliederung im Rahmen der anstehenden Regierungsbildung zu verhindern. Die Bundesregierung bezweifelt, daß ein solches Gesetz verfassungsmäßig wäre.

---

56 Vgl. *R. Stettner*, in: Dreier (Hrsg.), GG, Bd. II, Art. 75 Rdnr. 26; *P. Kunig*, in: v. Münch/Kunig (Hrsg.), GG, Bd. 3, Art. 75 Rdnr. 27.

57 Vgl. *J. Rozek*, in: v. Mangoldt/Klein/Starck, GG, Bd. 2, Art. 75 Rdnr. 3; *C. Degenhart*, in: Sachs (Hrsg.), GG, Art. 70 Rdnr. 10.

58 *Sartorius* I Nr. 699 = *Nomos Textausgaben* ÖffR Nr. 10.

59 *Sartorius* I Nr. 720 = *Nomos Textausgaben* ÖffR Nr. 12.

60 Vgl. Gesetz über die Gemeinschaftsaufgabe »Aufbau und Neubau von Hochschulen« vom 1. 9. 1969, BGBl. I, S. 1556; Gesetz über die Gemeinschaftsaufgabe »Verbesserung der regionalen Wirtschaftsstruktur« vom 6. 10. 1969, BGBl. I, S. 1861; Gesetz über die Gemeinschaftsaufgabe »Verbesserung der Agrarstruktur und des Küstenschutzes« vom. 3. 9. 1969, BGBl. I, S. 1573.

Trotz der eindeutigen Regelungstechnik in Art. 70 ff. GG ist die Frage lebhaft diskutiert worden, ob dem Bund über die im Grundgesetz niedergelegten Gesetzgebungszuständigkeiten hinaus auch **»ungeschriebene«** (oder auch: mitgeschriebene) **Zuständigkeiten** zukommen. Das BVerfG hat derartige Bundeskompetenzen in mehreren Fällen zugelassen.[61] In der Literatur sind drei Gruppen ungeschriebener Bundeskompetenzen ausgemacht worden, deren Abgrenzung voneinander allerdings nicht immer leicht fällt. 580

1. Bundeskompetenzen kraft Sachzusammenhangs

Nach einer frühen Formulierung des BVerfG läßt sich eine Kompetenz kraft **Sachzusammenhangs** bejahen, 581

> »wenn eine dem Bund ausdrücklich zugewiesene Materie verständigerweise nicht geregelt werden kann, ohne daß zugleich eine nicht ausdrücklich zugewiesene andere Materie mitgeregelt wird, wenn also ein Übergreifen in nicht ausdrücklich zugewiesene Materien unerläßliche Voraussetzung ist für die Regelung einer der Bundesgesetzgebung zugewiesenen Materie.«[62]

In der Judikatur des BVerfG finden sich mehrere Beispiele einer Zuständigkeit kraft Sachzusammenhangs. Es handelt sich vorwiegend um Gebühren-[63] oder Versorgungsregelungen[64] auf Gebieten, für die dem Bund die Gesetzgebungszuständigkeit zusteht. In dem praktisch überaus bedeutsamen Bereich des öffentlichen **Baurechts** hat das BVerfG eine Bundeskompetenz kraft Sachzusammenhangs (für das Bauordnungsrecht) verneint: Die »bloße Erwägung, es sei zweckmäßig, mit einer dem Bund ausdrücklich zugewiesenen Materie gleichzeitig auch eine verwandte Materie zu regeln«, reiche zur Begründung einer Gesetzgebungszuständigkeit nicht aus.[65] 582

2. »Annex-Kompetenz«

Ein der Kompetenz kraft Sachzusammenhangs verwandter Fall ist die sog. **»Annex-Kompetenz«**. Hier greift der Bund nicht in eine ihm nicht zugewiesene Materie über – so jedenfalls eine in der Literatur gegebene Definition[66] –; die (ungeschriebene) Bundeskompetenz soll sich vielmehr daraus ergeben, daß der Bund eine (geschriebene) Gesetzgebungskompetenz wahrnimmt. 583

In diesem Fall wird dem Bund die Befugnis eingeräumt, notwendige **ergänzende Vorschriften** (Annex-Regelungen) auch außerhalb des ihm (ausdrücklich) zugewiesenen Bereichs zu erlassen. Als Musterbeispiel werden gefahrenabwehrende Regelungen auf Gebieten genannt, die zur Gesetzgebungszuständigkeit des Bun- 584

---

61 Vgl. BVerfGE 1, 264 (272); 3, 407 (433); 8, 143 (149); 11, 192 (199); 22, 180 (213); 84, 133 (148); 98, 265 (302 ff.).

62 So BVerfGE 3, 407 (421).

63 Vgl. BVerfGE 11, 192 (199).

64 Vgl. BVerfGE 1, 264 (272).

65 So BVerfGE 3, 407 (421); weiterhin verneint in BVerfGE 12, 205 (237); 15, 1 (20); 26, 246 (256); 26, 281 (300).

66 Vgl. *I. v. Münch*, Staatsrecht I, Rdnr. 541.

des gehören.[67] Ferner hat das BVerfG dem Bund eine Kompetenz für »punktuelle« Annex-Regelungen zugebilligt, die es gestatten soll, mit dem Erlaß von Vollzugsvorschriften in die Landeszuständigkeit für das Kommunalrecht einzugreifen.[68] Die Grenzen zu der »Zuständigkeit kraft Sachzusammenhangs« sind dabei fließend. Auch die anderen für die Annex-Kompetenz genannten Beispiele[69] vermögen nicht recht zu überzeugen. Wenn die Vorbereitung oder Durchführung eines Gesetzgebungsvorhabens des Bundes den Übergriff in Landeskompetenzen fordert, so müssen die Länder die entsprechenden Regelungen erlassen. Soweit eine Rechtszersplitterung zu besorgen ist, muß die Verfassung geändert werden. Hierin liegt nämlich ein schwer zu begreifender innerer Widerspruch der Diskussion über die ungeschriebenen Bundeskompetenzen: sind sie tatsächlich unabdingbar, so wäre auch eine hinreichende Begründung für eine Verfassungsänderung gegeben.

3. Kompetenzen »aus der Natur der Sache«

585 Anders als die Kompetenz kraft Sachzusammenhangs oder die Annex-Kompetenz steht die Bundeskompetenz »aus der **Natur der Sache**« in keinem notwendigen Zusammenhang mit einer geschriebenen Bundeskompetenz. Nach einer Formulierung des BVerfG handelt es sich um Sachgebiete, die

> »ihrer Natur nach eine eigenste, der partikularen Gesetzgebungszuständigkeit a priori entrückte Angelegenheit des Bundes darstellen, vom Bund und nur von ihm geregelt werden können.«[70]

586 Man kann die Kompetenz derartiger Gesetzgebungsgegenstände nicht von vornherein leugnen, obwohl sie in gewisser Hinsicht der Systematik der Art. 70 ff. GG widersprechen. Die Zuständigkeitsvermutung zugunsten der Länder soll ja gerade ausschließen, daß Gegenstände der Gesetzgebung aus der Kompetenzzuordnung herausfallen.

587 In der Literatur finden sich als Beispiele Gesetze über die Bundeshauptstadt, Selbstdarstellung des Staates oder Verleihung von Orden.[71] Es handelt sich hierbei fraglos um Bundeszuständigkeiten »aus der Natur der Sache«, die allerdings nicht notwendig in Gesetzesform ausgeübt werden müßten. Denkbar wären in diesen Bereichen auch schlichte Parlamentsbeschlüsse oder Exekutivakte, die nach der – im Wortlaut ja nicht zufällig anders als Art. 70 Abs. 1 GG gefaßten – Zuständigkeitsvermutung des Art. 30 GG als Handeln des Bundes »zugelassen« wären. Auf der anderen Seite kann das Parlament grundsätzlich jeden Sachbereich, der gesetzlicher Regelung zugänglich ist, zum Gegenstand eines Gesetzes machen.[72] Soweit also die Bundeszuständigkeiten reichen, entsprechen ihnen grundsätzlich auch Gesetzgebungszuständigkeiten des Bundes.

588 Im Ausgangsfall kann kein Zweifel daran bestehen, daß die Einrichtung der Bundesministerien und die Festlegung ihrer Zuständigkeiten eine Bundesangelegenheit ist. Beides ist gesetzlicher Regelung zugänglich, so daß insoweit eine Gesetzgebungszuständigkeit

67 Vgl. BVerfGE 3, 407 (433); 8, 143 (150).
68 Vgl. BVerfGE 22, 180 (210); 77, 288 (299).
69 Z. B. *I. v. Münch*, Staatsrecht I, Rdnr. 541 f.
70 So BVerfGE 26, 246 (257).
71 Vgl. *I. v. Münch*, Staatsrecht I, Rdnr. 544.
72 Vgl. *R. Stettner*, in: Dreier (Hrsg.), GG, Bd. II, Art. 70 Rdnr. 42.

»aus der Natur der Sache« gegeben ist. Der Bundestag ist deshalb grundsätzlich nicht gehindert, ein »Regierungsorganistionsgesetz« zu erlassen. Ob das Parlament bei der Ausgestaltung der Regierungsorganistion Beschränkungen unterliegt, die aus der »Organisationsgewalt« des Bundeskanzlers folgen könnten[73], ist eine Frage des *Gesetzesinhalts*. Sie dürfte im Regelfall zu verneinen sein. Wenn schon für jede behördliche Zuständigkeit eine gesetzliche Regelung zu fordern ist[74], so wird man kaum verneinen können, daß die Zahl der Bundesministerien und die Festlegung ihrer Geschäftsbereiche sich dem gesetzgeberischen Zugriff entzieht.

589 Die Gesetzgebungskompetenzen des Bundes erweisen sich in der Gesamtschau als so umfassend, daß – entgegen dem durch Art. 70 GG vermittelten Eindruck – das **Schwergewicht** gesetzgeberischer Tätigkeit eindeutig beim **Bund** liegt.[75] Die Länder sind von der Gesetzgebung weithin ausgeschlossen. Dieses Übergewicht des Bundes ist im Grundgesetz angelegt, durch Verfassungsänderungen und – nicht zuletzt – die unitarisierende Rechtsprechung des BVerfG verstärkt worden.[76] Den Ländern verbleiben die Kernmaterien des **Kommunalrechts**, des **allgemeinen Gefahrenabwehrrechts** und des **Kultusbereichs**. Begreift man das Verhältnis von Bund und Ländern im Sinne einer vertikalen Gewaltenteilung als Machtbalance, so kann im Bereich der Gesetzgebung von einer »Balance« schwerlich die Rede sein.[77]

590 Offen ist gegenwärtig noch, ob durch die Änderung des Art. 72 Abs. 2 GG die unitarische Entwicklung auf dem Gebiet der Gesetzgebung unterbrochen wird. Zwar zeigt die jüngste Rechtsprechung des BVerfG Anzeichen, die in diese Richtung deuten[78]; ob das Gericht durch diese Neuorientierung eine Balance für das Verhältnis der Gesetzgebungszuständigkeiten von Bund und Ländern zu bewirken vermag, bleibt jedoch abzuwarten.

VII. Übersicht: Gesetzgebungskompetenzen des Bundes 591

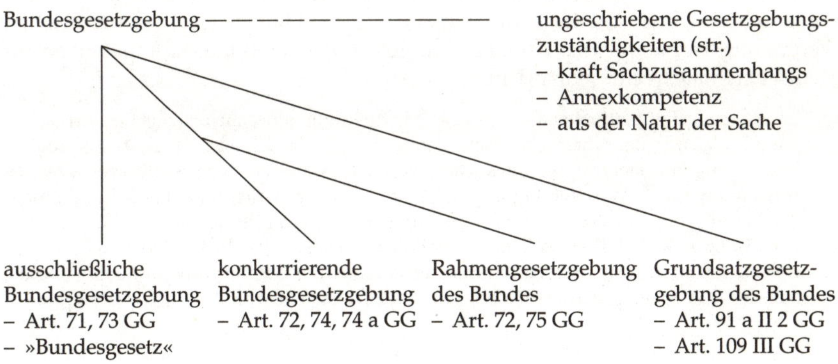

73 Vgl. oben Rdnr. 434.
74 Vgl. unten Rdnr. 605.
75 Vgl. *K. Stern*, Staatsrecht I, S. 677; *C. Degenhart*, in: Sachs (Hrsg.), GG, Art. 70 Rdnr. 2.
76 Vgl. *P. Kunig*, in: v. Münch/Kunig (Hrsg.), GG, Bd. 3, Art. 70 Rdnr. 2; vgl. *K. Stern*, Staatsrecht I, S. 674.
77 Vgl. *Jarass/Pieroth*, GG, Art. 70 Rdnr. 1.
78 Vgl. BVerfG, NJW 2003, S. 41.

VIII. Zum Vergleich: Die Europäische Union

592 **Fall 54:**

Mit der Richtlinie 98/43/EG, die das Europäische Parlament und der Rat am 6. 7. 1998 erlassen hatten, wurde in der Gemeinschaft jede Form der Werbung und des Sponsoring für Tabakerzeugnisse verboten. Die Bundesrepublik erhob vor dem Europäischen Gerichtshofs Klage auf Nichtigerklärung der Richtlinie, weil die Gemeinschaft für den Erlaß der Richtlinie keine Rechtsgrundlage gehabt habe.

(EuGH, NJW 2000, S. 3701)

593 Die Aufteilung der Gesetzgebungskompetenzen zwischen Bund und Ländern darf nicht den Blick dafür verstellen, daß **der Staat** – als Abbreviatur für Bund und Länder zusammen – grundsätzlich jeden Gegenstand gesetzlicher Regelung zuführen kann, solange hierdurch keine Grundrechte oder Grundprinzipien der Verfassung verletzt werden. Man hat dieses Zugriffsrecht als **»Kompetenz-Kompetenz«** bezeichnet, nämlich als Kompetenz, eine Kompetenz an sich zu ziehen und damit zu begründen. Ob dieser Begriff in einem **»Mehrebenensystem«**, wie es ein in die Europäische Union eingebetteter Bundesstaat darstellt, überhaupt noch aussagekräftig ist, mag dahinstehen. Zutreffend ist in jedem Falle, daß der Europäischen Union eine Kompetenz-Kompetenz *nicht* zukommt, sie also keine Zuständigkeiten an sich ziehen kann, die ihr nicht ausdrücklich durch die Verträge zugewiesen worden wären.[79] Das »Prinzip der begrenzten Ermächtigung«, das die Gründungsverträge beherrscht[80] und im **Grundsatz der Subsidiarität** (Art. 23 Abs. 1 Satz 1 GG) verfassungsrechtlich widergespiegelt wird, macht nach Auffassung des BVerfG den entscheidenden Unterschied zwischen einem Staat (wie der Bundesrepublik) und einem Staatenverbund (wie der Europäischen Union) aus.[81]

594 Allerdings sind die Rechtssetzungsbefugnisse der Gemeinschaft ausgeprägt und es fehlt nicht an Versuchen, sie weiter auszudehnen.[82] Insofern ist eine Entwicklung zu beobachten, die der Lehre von den »implied powers« im amerikanischen Verfassungsrecht und der Annahme ungeschriebener Bundeskompetenzen im deutschen Staatsrecht[83] entspricht.

595 Im Ausgangsfall bedurfte es zum Erlaß der Richtlinie einer ausdrücklichen Ermächtigung im Vertrag über die Europäische Gemeinschaft. Die EG ist zwar zuständig für die Beseitigung von Hemmnissen des freien Warenverkehrs und von Wettbewerbsverzerrungen. Das totale Werbeverbot in Art. 3 I der Tabakwerberichtlinie diente jedoch nicht der Beseitigung von Wettbewerbsverzerrungen, sondern gründete sich auf den Schutz der Gesundheit. Auf diesem Gebiet besitzt die Gemeinschaft jedoch keine Zuständigkeit. Der EuGH hat die Tabakwerberichtlinie deshalb mit der Begründung für nichtig erklärt, daß der EGV keine geeignete Rechtsgrundlage für sie enthalte.[84]

---

79 So BVerfGE 89, 155 (181 ff.).
80 Vgl. *R. Streinz*, Europarecht, Rdnr. 436 f. m. w. N.
81 So BVerfGE 89, 155 (209 f.) und passim.
82 Vgl. *A. Bleckmann*, Europarecht, Rdnr. 787 ff.; *T. Oppermann*, Europarecht, Rdnr. 527 ff.
83 Vgl. *R. Streinz*, Europarecht, Rdnr. 344, 365, 594.
84 So EuGH, NJW 2000, S. 3704.

IX. Rechtsprechung

BVerfGE 2, 213 (Straffreiheitsgesetz); **E** 3, 407 (Bundesbaugesetz); **E** 4, 115 (Beamtenbesoldung); **E** 8, 104 (Volksbefragung über Atomwaffen); **E** 13, 230 (Ladenschlußgesetz); **E** 18, 305 (Nds. LJagdG: wildernde Tiere); **E** 24, 367 (Hamb. Deichordnungsgesetz: öffentliches Eigentum); **E** 26, 246 (Ingenieurgesetz); **E** 26, 338 (Eisenbahnkreuzungsgesetz); **E** 28, 119 (Spielbankengesetz); **E** 34, 9 (Hess. Besoldungsgesetz); **E** 42, 20 (Hamb. Wegegesetz: öffentliches Eigentum); **E** 45, 297 (Hamb. Enteignungsgesetz: öffentliche Last); **E** 48, 367 (Hess. Pressegesetz: Rechtsbehelf gegen Beschlagnahme); **E** 61, 149 (Staatshaftungsgesetz); **E** 75, 108 (Künstlersozialversicherung); **E** 77, 288 (Annexregelung zur Bauleitplanung); **E** 78, 249 (Konkurrierende Gesetzgebung, Fehlbelegungsabgabe); **E** 102, 26 (Frischzellenherstellung); **E** 102, 99 (Abfallbeseitigung); **BVerfG**, NJW 2003, S. 41 (Neuregelung der Altenpflege; »Erforderlichkeit« i. S. v. Art. 72 II GG); **VerfGH NW**, NWVBl. 1987, S. 13 (Volksbegehren zur Stillegung von Kernkraftwerken und Atomgesetz). 596

X. Literatur

N. Achterberg, Zulässigkeit und Schranken stillschweigender Bundeszuständigkeiten im gegenwärtigen deutschen Verfassungsrecht, AöR 86 (1961), S. 63; **ders.**, Die Annex-Kompetenz, DÖV 1966, S. 695; **G. Beaucamp**, Gesetzgebungskompetenz im Hochschulbereich und die Erforderlichkeit von Bundesgesetzen (Art. 72 II GG), JA 1998, S. 54; **M. Bullinger**, Ungeschriebene Kompetenzen im Bundesstaat, AöR 96 (1971), S. 237; **W. Erbguth**, Bundesstaatliche Kompetenzverteilung im Bereich der Gesetzgebung, DVBl. 1988, S. 317; **H.-U. Erichsen**, Bund und Länder im Bundesstaat des Grundgesetzes, Jura 1986, S. 337; **K. Faßbender**, Eine Absichtserklärung aus Karlsruhe zur legislativen Kompetenzverteilung im Bundesstaat, JZ 2002, S. 332; **H. Hill**, Verteilung der Gesetzgebungskompetenzen zwischen Bund und Ländern, JuS 1989, Lernbogen S. L 9; **H. D. Jarass**, Regelungsspielräume des Landesgesetzgebers im Bereich der konkurrierenden Gesetzgebung und in anderen Bereichen, NVwZ 1996, S. 1041; **ders.**, Allgemeine Probleme der Gesetzgebungskompetenz des Bundes, NVwZ 2000, S. 1089; **M. Kenntner**, Normgeberwille und Verfassungsinterpretation – zur »historischen« Auslegung von Art. 72 Abs. 2 GG n. F.; VBlBW 1999, S. 289; **H. Krüger**, Rechtsfragen im Bereich der Zustimmungsbedürftigkeit von Rahmengesetzen, DVBl. 1998, S. 293; **P. Kunig**, Gesetzgebungsbefugnis von Bund und Ländern – Allgemeine Fragen, Jura 1996, S. 254; **D. Majer**, Ist die verfassungsgerichtliche Prüfung der Voraussetzungen der konkurrierenden Gesetzgebung des Bundes sinnvoll und möglich?, EuGRZ 1980, S. 98, 158; **A. v. Mutius**, »Ungeschriebene« Gesetzgebungskompetenzen des Bundes, Jura 1986, S. 498; **C. Neumeyer**, Der Weg zur neuen Erforderlichkeitklausel für die konkurrierende Gesetzgebung des Bundes (Art. 72 Abs. 2 GG) – Renaissance alliierter Verfassungspolitik, 1999; **M. Pechstein**, Die Gesetzgebungskompetenzen nach dem Grundgesetz, Jura 2003, S. 82; **W. Rudolf**, Die Ermächtigung der Länder zur Gesetzgebung im Bereich der ausschließlichen Gesetzgebung des Bundes, AöR 88 (1963), S. 159; **R. Scholz**, Ausschließliche und konkurrierende Gesetzgebungskompetenz von Bund und Ländern in der Rechtsprechung des Bundesverfassungsgerichts, in: Festgabe BVerfG II, 1976, S. 252; **C. Starck** (Hrsg.), Zusammenarbeit der Gliedstaaten im Bundesstaat, 1988; **R. Streinz**, Die Abgrenzung der Kompetenzen zwischen der Europäischen Union und den Mitgliedstaaten unter besonderer Berücksichtigung der Regionen, BayVBl. 2001, S. 481. 597

§ 11 Die Ausführung der Bundesgesetze durch Landes- und Bundesverwaltung

598 Das Kennzeichen des Bundesstaates – das Nebeneinander zweier staatlicher Ebenen – erfordert eine Verteilung nicht nur der Gesetzgebungskompetenzen, sondern auch der anderen Staatsfunktionen. Die Zuständigkeit für die **Ausführung der Gesetze** ist nicht weniger wichtig als die zu ihrem Erlaß. Der Vollzug eines Gesetzes eröffnet regelmäßig so viel Interpretations- und Handlungsspielraum, daß die **Verwaltungskompetenzen** für die Machtbalance zwischen den staatlichen Ebenen eine ähnliche Bedeutung besitzen wie die Gesetzgebungskompetenzen. Würden die Bundesgesetze allein durch den Bund ausgeführt, hätte dies eine Unitarisierung des Bundesstaates zur Folge. Das bei der Rechtssetzung festgestellte Übergewicht des Bundes würde sich im Bereich der Verwaltung fortsetzen. Wäre die Ausführung der Bundesgesetze allein den Ländern zugewiesen, so könnten sie umgekehrt den Bund (trotz seiner umfangreichen Gesetzgebungskomptenzen) dominieren; denn der Bund hätte keinen Einfluß auf die **Auslegung** der **Gesetze**.

599 Das Grundgesetz hat zwischen den beiden Denkmodellen der Ausführung von Bundesgesetzen allein durch den Bund oder allein durch die Länder ein überaus kunstvolles System verschiedener Verwaltungstypen geschaffen, das dem Bund ausreichenden Einfluß auf den Normvollzug sichert, andererseits aber die Ausführung der Bundesgesetze im Regelfall den Ländern überläßt.

I. Ausführung der Bundesgesetze durch die Länder

600 Die Betrauung der Bundesländer mit der **Ausführung** der **Bundesgesetze** darf – abgesehen von dem Gesichtspunkt der bundesstaatlichen Machtbalance – zunächst als Akt der Ökonomie angesehen werden. Die Länder verfügen, da sie ja ohnehin das **Landes**recht ausführen müssen, über entsprechend gegliederte Verwaltungsbehörden. Diese kann der Bund sich zunutze machen, ohne auf allen Ebenen selbst Behörden schaffen zu müssen. Das ganze System des bundesstaatlichen Verwaltungsaufbaus bleibt unverständlich, wenn man diesen – freilich vielfach durchbrochenen – Grundsatz **ökonomischer Verwaltung** unberücksichtigt läßt.[1]

601 Auf der anderen Seite bedarf der Normgeber auch der Ingerenzmöglichkeiten auf den Normvollzug. Die Grundfrage des Landesvollzugs von Bundesgesetzen ist deshalb die nach der Intensität des Bundeseinflusses. Die beiden Erscheinungsformen der Ausführung von Bundesgesetzen durch Landesverwaltung – als **landeseigene Angelegenheit** (Art. 84 GG) und im **Auftrage des Bundes** (Art. 85 GG) – unterscheiden sich deshalb in erster Linie darin, daß der Bund unterschiedlich starken Einfluß auf die Landesverwaltung nehmen kann.

---

1 Vgl. *G. Hermes*, in: Dreier (Hrsg.), GG, Bd. III, Art. 83 Rdnr. 19.

1. Ausführung der Bundesgesetze als landeseigene Angelegenheit (Art. 83, 84 GG)

Fall 55: 602

Der Bundesregierung wird bekannt, daß die Bauaufsichtsbehörden des Landes L § 35 BauGB[2] entgegen der Rechtsprechung des BVerwG großzügig auslegen und Baugenehmigungen nicht selten auch im sog. Außenbereich erteilen. Da durch diese Baugenehmigungen niemand beschwert ist, kommt es zu keinen verwaltungsgerichtlichen Verfahren. Im zuständigen Bundesministerium herrscht die Auffassung vor, man könne einer derartigen Genehmigungspraxis nicht tatenlos zusehen.

Ähnlich wie Art. 30 und Art. 70 GG enthält Art. 83 GG eine **Zuständigkeitsvermutung** zugunsten der Länder. Bundesgesetze werden von den Ländern als »eigene Angelegenheit« ausgeführt, soweit das Grundgesetz nichts anderes bestimmt oder zuläßt. Findet sich für eine Verwaltungsmaterie in den Art. 87 ff. GG keine besondere Regelung, so folgt daraus, daß die Verwaltungskompetenz den Ländern zufällt und diese das Bundesgesetz als eigene Angelegenheit ausführen. Der Begriff »eigene Angelegenheit« ist – richtig verstanden – von erheblicher Tragweite. Er bedeutet, daß die Länder das Bundesrecht so ausführen, als sei es Landesrecht. Von den Ländern als eigene Angelegenheit auszuführendes Bundesrecht unterscheidet sich vom Landesrecht also nur hinsichtlich des Normgebers; im übrigen folgt das Bundesrecht den für das Landesrecht geltenden Grundsätzen, sofern nicht besondere bundesrechtliche Regelungen getroffen sind. 603

Das BauGB wird – mangels Erwähnung der Bauverwaltung in den Art. 87 ff. GG – gem. Art. 83 GG von den Ländern als landeseigene Angelegenheit ausgeführt. Auch die Auslegung der einzelnen Vorschrift obliegt deshalb den Landesbehörden. Unser Ausgangsfall zeigt, wie gering der Unterschied zwischen Bundes- und Landesrecht in der Verwaltungspraxis ist: Die Bauaufsichtsbehörden wenden Bundesrecht (BauGB, BauNutzVO) in gleicher Weise an wie Landesrecht (Landesbauordnungen). 604

a) Behördenorganisation und Verwaltungsverfahren (Art. 84 Abs. 1 GG)

Wenn die Länder Bundesgesetze ausführen, so bedeutet dies schon für sich eine Verschränkung der beiden staatlichen Ebenen, weil das Handeln für Landesbehörden inhaltlich durch den Bund vorgegeben wird. Führen die Länder Bundesgesetze »als eigene Angelegenheit« aus, so soll es nach der Systematik des Art. 84 GG mit dieser Verschränkung sein Bewenden haben. Die Rechtssätze, die zum Normvollzug im übrigen erforderlich sind – das **Organisationsrecht** und das **Verwaltungsverfahrensrecht** –, bleiben Sache der Länder. Verkürzt läßt sich dieser, von Art. 84 GG vorausgesetzte Regeltatbestand dahin ausdrücken, daß der Bund das »**Was**« – also das materielle Recht – bestimmt, während die Länder das »**Wer**« – die Behördenorganisation – und das »**Wie**« – das Verwaltungsverfahren – regeln. 605

Sowohl das Organisations-[3] als auch das Verfahrensrecht[4] sind in einem umfassenden Sinne zu verstehen. Nicht nur die »Errichtung« neuer Behörden zählt zum Organisationsrecht, sondern alle organisatorischen Vorkehrungen zur Durchfüh- 606

2 *Sartorius* I Nr. 300 = *Nomos Textausgaben* ÖffR Nr. 60.
3 Vgl. hierzu BVerfGE 75, 108 (150 f.).
4 Vgl. dazu BVerfGE 37, 363 (390 f.); 55, 274 (322 f.).

rung eines Bundesgesetzes.[5] Auch das **»Verwaltungsverfahren«** ist in einem umfassenden Sinne zu verstehen, wobei die Abgrenzung zwischen materiellem Recht und Verfahrensrecht sich gelegentlich als problematisch erweist. Das BVerfG hat bereits die Verpflichtung des Normadressaten, Geschäftsbücher vorzulegen, als verfahrensrechtliche Regelung angesehen, weil dieser Verpflichtung eine Prüfungspflicht der zuständigen Behörde entspreche.[6]

607 Sinnvoller als die geläufige Differenzierung zwischen »materiellem« und »formellem« Recht ist die Unterscheidung zwischen (materiellem) **»Recht«** und **»Rechtsanwendungsrecht«**. Rechtssätze, die einen Normadressaten berechtigen, ermächtigen oder verpflichten, sind (materielles) »Recht«, während diejenigen Rechtssätze, die zur Durchführung dieser Rechtssätze erlassen werden – also insbesondere organisations- und verfahrensrechtliche Regelungen – sich als »Rechtsanwendungsrecht« bezeichnen lassen.[7] Auf eine Kurzformel gebracht, bleiben die Länder, wenn sie Bundesgesetze als eigene Angelegenheit ausführen, grundsätzlich für das **Rechtsanwendungsrecht** zuständig.

608 Art. 84 Abs. 1 GG enthält für das Rechtsanwendungsrecht einen Vorbehalt zugunsten von Bundesgesetzen, die jedoch der Zustimmung des Bundesrates bedürfen. Die sprachliche Fassung des Art. 84 Abs. 1 GG läßt die Bedeutung dieser Vorschrift nicht erkennen. In der Staatspraxis nimmt der Bund regelmäßig die Zustimmungsbedürftigkeit eines Bundesgesetzes in Kauf, um auch das Rechtsanwendungsrecht regeln zu können. Diese Praxis ist unbedenklich, weil der Bundesrat zu einer derartigen Zustimmung nicht verpflichtet ist.

609 Umstritten ist, ob aus der im Abschnitt über die »Ausführung der Bundesgesetze« angesiedelten Vorschrift des Art. 84 Abs. 1 GG eine **originäre Gesetzgebungskompetenz** des Bundes resultiert, die diesen zu einer umfassenden Kodifikation des Verwaltungsverfahrensrechts ermächtigt.[8] Art. 73 ff. GG enthalten **keinen Kompetenztitel** für das Verwaltungsverfahrensrecht (im Gegensatz dazu Art. 74 Abs. 1 Nr. 1 GG: »das gerichtliche Verfahren«). Es wurde deshalb vertreten, daß der Bund verfahrensrechtliche Regelungen nur als **Annex** zu materiell-rechtlichen Regelungen erlassen könne, für die ihm ein Kompetenztitel zugewiesen sei.[9] Art. 84 Abs. 1 GG hätte danach nur insoweit konstitutive (zuständigkeitsbegründende) Bedeutung, als verfahrensrechtliche Regelungen des Bundes die Zustimmung des Bundesrates erfordern. Der Bund wäre zum Erlaß verfahrensrechtlicher Bestimmungen nur punktuell und insoweit ermächtigt, als dies zur sachgemäßen Durchführung eines materiellen Gesetzes notwendig ist.[10] Demgegenüber entnimmt das BVerfG Art. 84 Abs. 1 GG unmittelbar eine Befugnis des Bundes zur Regelung des Verwaltungsverfahrens in bezug auf jene Materien, die in die Gesetzgebungskompetenz des Bundes fallen.[11] Dem ist aus der Erwägung heraus zu-

---

5 Siehe oben Rdnr. 354 ff.

6 So BVerfGE 55, 274 (322 f.).

7 Rechtstheoretisch läßt sich die Parallele zu den »Primary« und »Secundary Rules« ziehen: vgl. *H. L. A. Hart*, The Concept of Law, 1961, S. 77 ff.

8 Vgl. *G. Hermes*, in: Dreier (Hrsg.), GG, Bd. III, Art. 83 Rdnr. 20 ff.; *H.-H. Trute*, in: v. Mangoldt / Klein / Starck, GG, Bd. 3, Art. 83 Rdnr. 13 ff.

9 Vgl. die Nachweise bei *G. Hermes*, in: Dreier (Hrsg.), GG, Bd. III, Art. 83 Rdnr. 21.

10 Vgl. *K. A. Bettermann*, Das Verwaltungsverfahren, VVDStRL 17 (1959), S. 163.

11 Vgl. BVerfGE 77, 288 (298 f.); vgl. auch *P. Lerche*, in: Maunz / Dürig, GG, Art. 84 Rdnr. 14, 19.

zustimmen, daß der Bund nicht gehindert wäre, in die in seine Zuständigkeit fallenden Gesetze (mit Zustimmung des Bundesrates) gleichlautende Verfahrensvorschriften aufzunehmen.[12] Das **Verwaltungsverfahrensgesetz** vom 25. 5. 1976[13] ist deshalb als zusammenfassende Regelung zu begreifen und muß dementsprechend (mit Zustimmung des Bundesrates) jeweils für anwendbar erklärt werden (§ 1 Abs. 2 Satz 2 VwVfG).[14]

b) Erlaß von Verwaltungsvorschriften (Art. 84 Abs. 2 GG)

Gesetze vollziehen sich nicht von selbst. Eine Norm muß, um in einen Einzelakt umgesetzt werden zu können, konkretisiert werden. Da Gesetze gewöhnlich einen gewissen Konkretisierungsspielraum enthalten, wäre eine einheitliche Rechtsanwendung durch Behörden nahezu ausgeschlossen. Gesetze werden deshalb häufig von »Auslegungsrichtlinien« oder »Ermessensrichtlinien« begleitet, die selbst **keine Rechtsnormqualität** haben, von der Regierung oder einem Ministerium aber kraft ihrer Direktionsgewalt über die nachgeordneten Verwaltungsbehörden erlassen werden. Diese **»Verwaltungsvorschriften«**, die man im Unterschied zum »Rechtsanwendungsrecht« als »Rechtsanwendungsrichtlinien«[15] bezeichnen könnte, sind in der Machtbalance von Bund und Ländern durchaus von Bedeutung; wer sie erläßt, bestimmt den Gesetzesvollzug im Einzelfall. 610

Die Bundesregierung ist nach Art. 84 Abs. 2 GG befugt, für die Ausführung der Bundesgesetze durch die Bundesländer mit Zustimmung des Bundesrates allgemeine Verwaltungsvorschriften zu erlassen. Der damit verbundene Übergriff des Bundes in den Gesetzesvollzug durch die Länder wird durch das Zustimmungserfordernis kompensiert. Art. 84 Abs. 2 GG schafft damit eine Verwaltung »zur gesamten Hand« von Bund und Ländern. 611

In unserem Ausgangsbeispiel wäre es denkbar, daß die Bundesregierung mit Zustimmung des Bundesrates Richtlinien zur Auslegung des § 35 Abs. 2 BauGB erläßt. Ob derartige Verwaltungsvorschriften ergehen oder man die Rechtsvereinheitlichung den Gerichten überläßt, ist eine Frage der Praktikabilität. Soweit die Bundesregierung darauf verzichtet, von Art. 84 Abs. 2 GG Gebrauch zu machen, bleibt Raum für entsprechende »Erlasse« des zuständigen Landesministeriums. 612

c) Rechtsaufsicht des Bundes (Art. 84 Abs. 3 GG)

Nach Art. 84 Abs. 3 GG übt die Bundesregierung »die Aufsicht darüber aus, daß die Länder die Bundesgesetze dem geltenden Rechte gemäß ausführen«. Die **»Rechtsaufsicht«** des Bundes oder – wie verkürzt gesagt wird – die **»Bundesaufsicht«** beschränkt sich auf den Vollzug von Bundesgesetzen, ist also »gesetzesakzessorisch«. Eine »selbständige« Bundesaufsicht über die Länder gibt es nicht; sie 613

---

12 So *P. Lerche*, in: Maunz/Dürig, GG, Art. 84 Rdnr. 20.

13 BGBl. I, S. 1253, i. d. F. v. 21. 9. 1998 (BGBl. I, S. 3050) = *Sartorius* I Nr. 100 = *Nomos Textausgaben* ÖffR Nr. 20.

14 Vgl. *P. Lerche*, in: Maunz/Dürig, GG, Art. 84 Rdnr. 20 m. w. N.; vgl. *H.-H. Trute*, in: v. Mangoldt/Klein/Starck, GG, Bd. 3, Art. 83 Rdnr. 13.

15 Die als »Richtlinien« (z. B. »Steuerrichtlinien«) bezeichneten Verwaltungsvorschriften haben mit den Rechtsetzungsakten der Europäischen Gemeinschaft (Art. 249 Abs. 3 EGV) nur die Bezeichnung gemeinsam; vgl. unten Rdnr. 790.

wäre mit dem Bundesstaatsprinzip und der aus ihm folgenden Staatsqualität der Bundesländer nicht vereinbar.

614 Die Rechtsaufsicht des Bundes nach Art. 84 Abs. 3 GG, die im Gegensatz zur **Fachaufsicht** nach Art. 85 Abs. 4 GG steht, ist nicht leicht zu bestimmen, weil auch der Rechtsbegriff unbestimmt ist. Je enger man den Begriff des Rechts faßt, desto enger sind auch die Grenzen der Rechtsaufsicht. Eine **weite Auslegung** des Rechtsbegriffs hat demgegenüber eine Ausdehnung der Rechtsaufsicht zur Folge. Verfehlt wäre es allerdings, den Rechtsbegriff in Art. 84 Abs. 3 GG an der herkömmlichen Rechtsquellenlehre zu orientieren, für die sogar die Rechtsprechung als Rechtsquelle in Frage steht.[16] Ein Gesetz steht nicht als nackter Text da, der nach Belieben interpretierbar ist, sondern wird in ständiger Rechtsanwendung durch Behörden und Gerichte zu »Recht«. Für die Rechtsaufsicht ist deshalb die **höchstrichterliche Rechtsprechung** von entscheidender Bedeutung. Auch die ständige Behördenpraxis – ggf. angeleitet durch Auslegungsrichtlinien – bildet einen Anhaltspunkt für die Rechtsaufsicht. Die Grenze ist allerdings dort erreicht, wo reine Zweckmäßigkeitserwägungen eine Rolle spielen, namentlich im Bereich der Ermessensverwaltung.

615 In unserem Ausgangsbeispiel besteht eine gefestigte Rechtsprechung des BVerwG, nach der im Außenbereich die sog. »nicht privilegierten« Vorhaben nur in Ausnahmefällen zugelassen werden können.[17] Regelmäßig beeinträchtigen sie mehrere der in § 35 Abs. 3 BauGB genannten »öffentlichen Belange«. Eine deutlich großzügigere behördliche Genehmigungspraxis verstößt gegen »Recht«, nämlich gegen die durch die Rechtsprechung gefestigte Auslegung des § 35 BauGB. Ein solcher Vorgang unterläge grundsätzlich der Rechtsaufsicht des Bundes nach Art. 84 Abs. 3 GG.

d) Aufsichtsmaßnahmen (Art. 84 Abs. 3 und 4 GG)

616 Als vorbereitende Maßnahmen der Rechtsaufsicht stehen der Bundesregierung die **Bitte** um **Bericht** und die **Entsendung** von **Beauftragten** zur Verfügung. Das Informationsrecht ist in Art. 84 Abs. 3 GG nicht ausdrücklich erwähnt, dürfte aber als Minus gegenüber der Entsendung von Beauftragten eine Selbstverständlichkeit sein.[18] Der Information dient auch die Entsendung von Beauftragten, die regelmäßig zu den obersten Landesbehörden (den Landesministerien) und mit deren Zustimmung (ersatzweise des Bundesrates) auch zu den nachgeordneten Behörden statthaft ist (Art. 84 Abs. 3 Satz 2 GG).

617 Als repressive Aufsichtsmaßnahme steht der Bundesregierung zunächst die **»Mängelrüge«** zu Gebote, d. h. die Mitteilung an die betroffene Landesregierung, daß sie oder nachgeordnete Behörden bei der Ausführung von Bundesgesetzen das Recht verletzt hätten (Art. 84 Abs. 4 Satz 1 GG). In aller Regel dürfte auf eine derartige Mängelrüge, die in der Staatspraxis nur selten vorkommt, der Mangel abgestellt und das Bundesgesetz entsprechend den Vorstellungen der Bundesregierung vollzogen werden.

618 Im Beispielsfall hätte die Mitteilung der Bundesregierung an die betroffene Landesregierung, die Bauaufsichtsbehörden verletzten bei ihrer Genehmigungspraxis § 35 BauGB,

---

16 Vgl. *B. Rüthers*, Rechtstheorie, 1999, Rdnr. 236 ff.

17 Vgl. BVerwGE 28, 148; st. Rspr.

18 Vgl. *A. Dittmann*, in: Sachs (Hrsg.), GG, Art. 84 Rdnr. 28; *Jarass/Pieroth*, GG, Art. 84 Rdnr. 13.

mit großer Wahrscheinlichkeit zur Folge, daß die Behörden zu einer Änderung ihrer Praxis angewiesen würden.

Sofern die Mängelrüge ohne Erfolg bleibt, kann die Bundesregierung – oder die beschwerte Landesregierung – beantragen, daß der Bundesrat förmlich feststelle, ob das Land das Recht verletzt hat (Art. 84 Abs. 4 Satz 1 GG). Der Bundesrat wird gewissermaßen als Schiedsrichter zwischen der Bundesregierung und einer Landesregierung tätig. Gegen den Beschluß des Bundesrates kann das BVerfG angerufen werden (Art. 84 Abs. 4 Satz 2 GG). Die quasi-richterliche Funktion – Feststellung einer Rechtsverletzung – ist dem Bundesrat als exekutivisch geprägtem Organ an sich fremd.[19] Gleichwohl setzt die Anrufung des BVerfG die Feststellung des Bundesrates voraus. 619

Sofern das Verfahren bis zu diesem Punkt gediehen und die Rechtsverletzung manifest ist, kann das Land im Wege des **Bundeszwanges** (Art. 37 GG) zur Erfüllung seiner Pflichten angehalten werden.[20] In der Staatspraxis der Bundesrepublik hat es derartige Maßnahmen bislang nicht gegeben. 620

Aus dem Rahmen der Aufsichtsmaßnahmen fallen die in Art. 84 Abs. 5 GG vorgesehenen **Einzelweisungen** für besondere Fälle heraus. Der Gesetzgeber hat von der Möglichkeit, der Bundesregierung die Befugnis zu Einzelweisungen einzuräumen, nur vereinzelt Gebrauch gemacht.[21] In ihrer Konzeption aber bedeutet diese Bestimmung, daß mit Zustimmung des Bundesrates Materien der Aufsichtsverwaltung zu solchen der Auftragsverwaltung gemacht werden können, denn inhaltlich nicht beschränkte »Einzelweisungen« sind als Mittel der Rechtsaufsicht nicht denkbar. Diese Durchbrechung der Systematik wird in der Literatur zu Recht für bedenklich gehalten.[22] Die Länder wären gut beraten, derartigen Ermächtigungsgesetzen im Bundesrat die Zustimmung zu verweigern. 621

2. Ausführung der Bundesgesetze im Auftrag des Bundes (Art. 85 GG)

Fall 56: 622

Zwischen der Bundesregierung und der Regierung des Bundeslandes H bestehen Differenzen in der Energiepolitik. Die Bundesregierung verhandelt mit den Energieversorgungsunternehmen über einen sog. »Atomkonsens«, der den langfristigen »Ausstieg« aus der Kernenergienutzung zum Gegenstand hat. Das Bundesministerium für Umwelt, Naturschutz und Reaktorsicherheit erteilt dem zuständigen Landesministerium überdies die Weisung, Genehmigungen nach § 7 Abs. 1 des Atomgesetzes erst nach bundesaufsichtlicher Zustimmung zu erteilen. Die Landesregierung hält beide Maßnahmen für verfassungswidrig.

(vgl. BVerfGE 104, 249)

Die Ausführung der Bundesgesetze durch die Länder im Auftrag des Bundes – sprachlich ungenau **»Bundesauftragsverwaltung«** genannt, denn es handelt sich ja gerade nicht um »Bundesverwaltung« – ist in ihren Gegenständen im 623

19 Vgl. *A. Dittmann*, in: Sachs (Hrsg.), GG, Art. 84 Rdnr. 31; *P. Lerche*, in: Maunz / Dürig, GG, Art. 84 Rdnr. 130.
20 Vgl. unten Rdnr. 714.
21 Vgl. § 65 Abs. 2 AuslG = *Sartorius* I Nr. 565 = *Nomos Textausgaben* ÖffR Nr. 76.
22 Vgl. *P. Lerche*, in: Maunz / Dürig, GG, Art. 84 Rdnr. 89.

Grundgesetz erschöpfend aufgezählt. Die Enumeration ist folgerichtig, weil Art. 83 GG bereits eine Generalklausel für die landeseigene Verwaltung unter Bundesaufsicht enthält. Versucht man, die heterogenen Gegenstände der Auftragsverwaltung auf eine Gemeinsamkeit zurückzuführen, so liegt diese in der besonderen **Sach-** und **Ortsnähe** der Bundesländer. Das gilt für den Schutz der Zivilbevölkerung (Art. 87 b Abs. 2 Satz 2 GG), der »vor Ort« zu sichern ist, für Aufgaben der Luftverkehrsverwaltung (Art. 87 d Abs. 2 GG) sowie für die Verwaltung der Bundeswasser- (Art. 89 Abs. 2 GG) und Bundesfernstraßen (Art. 90 Abs. 2 GG). Auch die Ausführung des Atomgesetzes in Auftragsverwaltung (Art. 87 c GG) ist durch den Grundsatz der Ortsnähe erklärbar.

624 Trotz der erschöpfenden Aufzählung im Grundgesetz findet sich in **Art. 104 a Abs. 3 Satz 2** GG eine Möglichkeit, die Gegenstände der Auftragsverwaltung zu erweitern: Soweit der Bund bei Leistungsgesetzen mehr als die Hälfte der Ausgaben trägt, wird das entsprechende Gesetz im Auftrag des Bundes durchgeführt. Ein typisches Beispiel hierfür bildet die Ausführung des Bundesausbildungsförderungsgesetzes (BAföG)[23], dessen Mittel zu 65 % aus dem Bundeshaushalt stammen (§ 56 Abs. 1 BAföG) und das deshalb nach Art. 104 a Abs. 3 Satz 2 GG im Auftrag des Bundes von den Ländern ausgeführt wird.

625 Auch der wichtige Bereich der **Landesfinanzverwaltung** wird, soweit die Steuern ganz oder teilweise dem Bund zufließen, im Auftrag des Bundes ausgeführt (Art. 108 Abs. 3 Satz 1 GG). Da dies bei allen Bundes- und Gemeinschaftssteuern (Einkommensteuer, Körperschaftsteuer und Umsatzsteuer) der Fall ist (Art. 106 Abs. 1 und 3 GG), stellt der größere Teil der (Landes-)Finanzverwaltung Auftragsverwaltung des Bundes dar. Dem Bundesfinanzminister ist hierbei durch Art. 108 Abs. 3 Satz 2 GG eine besondere Stellung eingeräumt worden.

626 Für unser Ausgangsbeispiel läßt sich feststellen, daß die Länder das hier anzuwendende Atomgesetz[24] im Auftrag des Bundes ausführen (Art. 87 c GG). Die Einflußmöglichkeiten des Bundes im konkreten Fall hängen deshalb von der Ausgestaltung der Auftragsverwaltung nach Art. 85 GG ab.

a) Behördenorganisation und Verwaltungsverfahren; Verwaltungsvorschriften (Art. 85 Abs. 1 und 2 GG)

627 Das Organisations- und Verfahrensrecht bleibt bei der Auftragsverwaltung Sache der Länder; insoweit besteht kein Unterschied zur Ausführung der Bundesgesetze als landeseigener Angelegenheit. Über den Wortlaut von Art. 85 Abs. 1 GG hinaus ist der Bund auch bei der Auftragsverwaltung berechtigt, nicht nur die Einrichtung der Behörden, sondern auch das Verwaltungsverfahren zu regeln.[25] Es gibt keinen Grund, weshalb die Kompetenz des Bundes »bei der ihm näherstehenden Auftragsverwaltung weniger weit gehen sollte als bei der Ausführung von Bundesgesetzen in landeseigener Verwaltung«.[26] Erläßt der Bund Organisations- oder Verfahrensregelungen, wird der hiermit verbundene Eingriff in die Organisationshoheit der Länder ebenso wie bei der Aufsichtsverwaltung dadurch kompensiert, daß sie der **Zustimmung** des **Bundesrates** bedürfen. Auch die allgemei-

23 *Sartorius* I Nr. 420.
24 *Sartorius* I Nr. 835 = *Nomos Textausgaben* ÖffR Nr. 51.
25 Vgl. *A. Dittmann*, in: Sachs (Hrsg.), GG, Art. 85 Rdnr. 10.
26 So BVerfGE 26, 338 (385).

nen Verwaltungsvorschriften der Bundesregierung sind zustimmungsbedürftig. Darüber hinaus hat der Bund einen – der Aufsichtsverwaltung unbekannten – Einfluß auf die Personenwahl: die Leiter der Mittelbehörden sind im Einvernehmen mit der Bundesregierung zu bestellen (Art. 85 Abs. 2 Satz 3 GG).

b) Bund-Länder-Verhältnis bei der Auftragsverwaltung

Die Bundesaufsicht erstreckt sich nach Art. 85 Abs. 4 Satz 1 GG auf »Gesetzmäßigkeit und Zweckmäßigkeit der Ausführung«. Der Bund ist nicht darauf beschränkt, Rechtsverstöße festzustellen, sondern beaufsichtigt in vollem Umfang die **Zweckmäßigkeit** des **Gesetzesvollzugs**. Dem muß folgerichtig im Vergleich zur Aufsichtsverwaltung ein anderes Instrumentarium der Einflußnahme entsprechen. Während ein **Rechtsverstoß** – so schwierig die Abgrenzung im einzelnen sein mag – **objektivierbar** ist, entzieht sich die Zweckmäßigkeit objektiver Feststellung. Ein Verfahren wie das in Art. 84 Abs. 4 GG vorgesehene wäre deshalb unzweckmäßig: über Zweckmäßigkeitsfragen läßt sich keine Rechtsentscheidung herbeiführen; sie bedürfen allein der Entscheidung. Art. 85 Abs. 3 GG unterstellt die Landesbehörden im Bereich der Auftragsverwaltung aus diesem Grund den zuständigen **»obersten Bundesbehörden«** (Bundesministerien). Weisungen dürfen – außer im Dringlichkeitsfall – nur an die obersten Landesbehörden (Landesministerien) gerichtet werden, die den Vollzug sicherzustellen haben (Art. 85 Abs. 3 Satz 2, 3 GG). 628

Zu beachten ist allerdings, daß das Verhältnis zwischen Bund und Ländern von dem ungeschriebenen Verfassungsgrundsatz der wechselseitigen Pflicht zu **bundes-** bzw. **länderfreundlichem Verhalten** beherrscht wird.[27] Der Bund muß demgemäß bei der Wahrnehmung seiner Kompetenzen Rücksicht auf die Belange der Länder nehmen und darf von seiner Weisungsbefugnis erst Gebrauch machen, wenn er – außer bei Eilbedürftigkeit – dem Land zuvor Gelegenheit zur Stellungnahme gegeben und dessen Standpunkt in seine Erwägungen einbezogen hat.[28] Die Eigenart der Auftragsverwaltung besteht darin, daß **Wahrnehmungs-** und **Sachkompetenz** auseinanderfallen können.[29] Die Länder sind für die Wahrnehmung der Aufgaben zuständig, die zur Auftragsverwaltung gehören, d. h. sie (allein) handeln gegenüber Dritten. Auch die Sachbeurteilung und Sachentscheidung – die »Sachkompetenz« – liegt zunächst bei ihnen. Der Bund kann sie jedoch, ohne besonderer Rechtfertigung zu bedürfen, an sich ziehen und damit seine Gemeinwohlvorstellungen durchsetzen. Die Sachkompetenz der Länder steht bei der Auftragsverwaltung damit grundsätzlich unter dem Vorbehalt der Inanspruchnahme durch den Bund.[30] 629

Auch hinsichtlich des Informationsrechts ist die Auftragsverwaltung im Vergleich zur Aufsichtsverwaltung durch intensivere Bundesingerenzen gekennzeichnet. Der Bund kann Berichte und Aktenvorlagen verlangen und Beauftragte zu allen Landesbehörden entsenden, ohne daß es irgendwelcher Zustimmungsakte des Bundesrates bedarf (Art. 85 Abs. 4 Satz 2 GG). Bundes- und Landesbehörden sind im Bereich der Auftragsverwaltung insgesamt durch einen Weisungsstrang 630

27 Vgl. BVerfGE 104, 249 (269).
28 Vgl. BVerfGE 81, 310 (337); 104, 249 (270).
29 Vgl. BVerfGE 81, 310 (332); 104, 249 (269 f.).
30 So BVerfGE 81, 310 (333); dazu *K. Lange*, NVwZ 1990, S. 928 ff.

verbunden, wie er im übrigen nur innerhalb der jeweiligen staatlichen Ebene vorkommt. Allerdings ist es dem Bund versagt, die Wahrnehmungszuständigkeit selbst auszuüben und im Wege des Selbsteintrittsrechts nach außen wirkende Maßnahmen zu treffen.

631 Da es sich im Ausgangsfall um einen Gegenstand der Auftragsverwaltung handelt, unterstehen die Landesbehörden den Weisungen der (jeweils zuständigen) obersten Bundesbehörde, hier dem Bundesministerium für Umwelt, Naturschutz und Reaktorsicherheit. Der Bundesumweltminister ist daher nach Art. 85 Abs. 3 GG befugt, dem zuständigen Landesministerium nach vorheriger Anhörung Weisungen im Genehmigungsverfahren zu erteilen. Auch die an das Landesministerium gerichtete Weisung, atomrechtliche Genehmigungen nur nach vorheriger Zustimmung des BMU zu erteilen, sieht das BVerfG als von Art. 85 Abs. 3 GG gedeckt an.[31] Weitergehend hält das BVerfG den Bund im Bereich der Auftragsverwaltung auch zu »informalem Handeln« für befugt, das – wie im Ausgangsfall die »Konsensgespräche« – Kontakte zu Dritten einschließen soll.[32] Die Grenze zum nach Art. 85 Abs. 3 GG dem Bund *nicht* zustehenden Selbsteintrittsrecht ist bei »informalem Handeln« allerdings nicht leicht zu ziehen.[33]

II. Die Ausführung der Bundesgesetze durch bundeseigene Verwaltung

632 Nach der Regelungstechnik der Art. 83 ff. GG gilt für die Ausführung der Bundesgesetze durch bundeseigene Verwaltung – ebenso wie für die Landesverwaltung im Bundesauftrag – das **Enumerationsprinzip**; bundeseigene Verwaltung ist nur insoweit zulässig, als das Grundgesetz sie ausdrücklich vorsieht oder zuläßt. Bei der Verteilung der Verwaltungskompetenzen zwischen Bund und Ländern wird nicht nur die Machtbalance zwischen beiden staatlichen Ebenen berührt; zugleich stellt sich die Frage, ob sich der Bundesstaat auf beiden Ebenen durchgebildete Bürokratien leisten kann.[34]

633 Die Landesverwaltung ist überwiegend **dreistufig** organisiert, besteht also aus obersten Landesbehörden, Mittelbehörden und unteren Verwaltungsbehörden. Soweit die untere Verwaltungsstufe »kommunalisiert« ist, treten die kommunalen Gebietskörperschaften (Gemeinden und Landkreise) an die Stelle der Landesbehörden. Für die Ausführung der Bundesgesetze steht also – wie die Art. 84 und 85 GG gezeigt haben – eine leistungsfähige Verwaltung zur Verfügung. Die Zurückhaltung des Verfassungsgebers gegenüber bundeseigener Verwaltung erklärt sich nicht zuletzt aus dem Bestreben, parallele Verwaltungen in Bund und Ländern nur begrenzt zuzulassen.

634 Nach der Regelungstechnik des Grundgesetzes spricht die Vermutung für die Ausführung der Bundesgesetze durch die Länder (unter der Aufsicht des Bundes); jeder andere Verwaltungstyp muß durch das Grundgesetz bestimmt oder zugelassen sein (Art. 83 GG). Art. 86 GG, der für den Bereich der Bundesverwaltung der Bundesregierung die Kompetenz zum Erlaß der allgemeinen Verwaltungsvorschriften und der Behördeneinrichtung zuweist, trifft hierüber keine Bestimmung, sondern setzt die Verwaltungskompetenzen des Bundes voraus. Die Gegenstände

31 So BVerfGE 104, 249 (269).
32 Vgl. BVerfGE 104, 249 (271).
33 Vgl. hierzu das abw. Votum BVerfGE 104, 273 (274 ff.).
34 Vgl. *G. Hermes*, in: Dreier (Hrsg.), GG, Bd. III, Art. 83 Rdnr. 17.

der Bundesverwaltung finden sich – wenn auch wegen der späteren Novellierungen nicht abschließend – in **Art. 87 GG.**

Art. 87 GG regelt drei organisationsrechtliche Fragenkreise, die voneinander zu trennen sind, nämlich: 635

- welche Gegenstände zur **bundeseigenen Verwaltung** gehören, also durch die Behörden des Bundes verwaltet werden (Art. 87 Abs. 1 GG);
- welche Gegenstände durch **mittelbare Bundesverwaltung** ausgeführt werden (Art. 87 Abs. 2 GG);
- unter welchen Voraussetzungen und auf welche Weise die unmittelbare und mittelbare Bundesverwaltung **erweitert** werden kann (Art. 87 Abs. 3 GG).

Art. 87 Abs. 3 GG hat Gegenstände der »fakultativen« Bundesverwaltung zum Inhalt, denn die hier genannten Behörden *können* (müssen aber nicht) errichtet werden. Das gleiche gilt für die in Art. 87 Abs. 1 Satz 2 GG genannten Polizei- und Verfassungsschutzbehörden. Die in Art. 87 Abs. 1 Satz 1 und Abs. 2 GG genannten Behörden der unmittelbaren und mittelbaren Bundesverwaltung sind hingegen **obligatorisch** (»werden geführt«). 636

Das Grundgesetz unterscheidet überdies zwischen bundeseigener Verwaltung mit eigenem Verwaltungsunterbau (Art. 86 Satz 1 1. Alt., 87 Abs. 1 Satz 1, Abs. 3 Satz 2 GG), bundeseigener Verwaltung durch **selbständige Bundesoberbehörden** (Art. 86 Satz 1 1. Alt., 87 Abs. 3 Satz 1 1. Alt. GG) und mittelbarer Bundesverwaltung durch bundesunmittelbare Körperschaften und Anstalten des öffentlichen Rechts (Art. 86 Satz 1 2. Alt., 87 Abs. 2, Abs. 3 Satz 1 2. Alt. GG). Da diese verschiedenen Typen der Bundesverwaltung auch hinsichtlich ihrer (erstmaligen) Errichtung von unterschiedlichen Voraussetzungen abhängig sind, sollen sie der folgenden Übersicht zugrundegelegt werden. 637

1. Die Ausführung der Bundesgesetze durch bundeseigene Verwaltung mit eigenem Verwaltungsunterbau (Typ 1)

Fall 57: 638

Durch das Gesetz zur Ergänzung des Benzinbleigesetzes vom 25. 11. 1975 (BGBl. I, S. 2919) wurde eine Abgabe zum Ausgleich von Wettbewerbsvorteilen eingeführt, die diejenigen Hersteller von Otto-Kraftstoffen zu entrichten hatten, denen eine Ausnahmebewilligung nach dem Gesetz erteilt wurde. Die Abgabe betrug einen bzw. zwei Pfennige je Liter und war nach § 3 a Abs. 2 BBleiG an das zuständige Hauptzollamt zu entrichten. Handelte es sich um ein Zustimmungs- oder Einspruchsgesetz?

Welcher Mehrheit bedurfte das Gesetz im Bundestag?

Der **dreistufige Behördenaufbau** – Ministerialinstanz, Mittelbehörden und Unterbehörden – ist nur für wenige Sachgebiete der Bundesverwaltung vorgesehen. Geläufig ist dieser Aufbau bei der **Bundesfinanzverwaltung**, deren Unterbehörden die Hauptzollämter sind.[35] Der in Art. 87 Abs. 1 GG an erster Stelle genannte **Auswärtige Dienst** verfügt mit den Botschaften und Konsulaten über einen eigenen Verwaltungsunterbau. Gleiches gilt für den Bundesgrenzschutz und die Verwaltung der Bundeswasserstraßen, soweit sie nicht im Auftrag des Bundes von 639

35 § 1 des Gesetzes über die Finanzverwaltung (FVG = *Steuergesetze* I Nr. 803).

den Ländern verwaltet werden (Art. 89 Abs. 2 GG). Die **Bundeswehrverwaltung** wird ebenfalls mit einem eigenen Verwaltungsunterbau geführt (Art. 87b Abs. 1 GG).

640 Eine Verwaltungskompetenz nach Art. 87 Abs. 1 GG bestand für den Bund in unserem Ausgangsfall nicht. Zwar sind die Hauptzollämter untere Verwaltungsbehörden der Bundesfinanzverwaltung; von den Bundesfinanzbehörden werden jedoch nur Zölle, Finanzmonopole, bundesrechtliche Verbrauchsteuern und die Abgaben im Rahmen der Europäischen Gemeinschaften verwaltet (Art. 108 Abs. 1 Satz 1 GG). Da es sich bei der Abgabe nach § 3a BBleiG um eine Sonderabgabe handelte, ließ sich die Verwaltungskompetenz aus Art. 87 Abs. 1 i. V. m. Art. 108 Abs. 1 Satz 1 GG nicht ableiten.

641 Mit den in Art. 87 Abs. 1 bis 89 Abs. 2 GG genannten Materien sind die in bundeseigener Verwaltung mit **eigenem Verwaltungsunterbau** auszuführenden Gegenstände grundsätzlich erschöpft. Art. 87 Abs. 3 Satz 2 GG sieht unter besonderen Umständen vor, daß mit Zustimmung des Bundesrates und der Mehrheit der Mitglieder des Bundestages neue bundeseigene Mittel- und Unterbehörden geschaffen werden können. Es bedarf hierzu keines Gesetzes, sondern eines **Organisationsaktes**, der der Zustimmung beider gesetzgebender Körperschaften bedarf.[36] Materiell setzt die Neuschaffung von Mittel- und Unterbehörden voraus, daß dem Bund neue Aufgaben auf einem Gebiet erwachsen, für das ihm die Gesetzgebungskompetenz zusteht, und daß für den Verwaltungsunterbau ein dringender Bedarf besteht.

642 In der Staatspraxis ist die **Errichtung** von **Behörden** bislang nicht auf Art. 87 Abs. 3 Satz 2 GG gestützt worden. Der Bund hat stattdessen in reichem Maße von Art. 87 Abs. 3 Satz 1 GG Gebrauch gemacht.[37] Dieser Befund ist nicht ohne Folgerichtigkeit. Zum einen zeigt er, daß für einen zusätzlichen Verwaltungszweig des Bundes praktisch kein Bedarf besteht, zum anderen weist er auf einen schon beschrittenen Ausweg: wenn der Bund Verwaltungsaufgaben auch auf der mittleren und unteren Verwaltungsstufe wahrnehmen will, so liegt es viel näher, diese schon bestehenden Bundesbehörden zuzuweisen. Fraglich ist deshalb, ob eine derartige (gesetzliche) Übertragung von Verwaltungsaufgaben auf (vorhandene) Bundesbehörden der mittleren und unteren Verwaltungsstufe die gleichen Zustimmungsakte voraussetzt wie deren Errichtung.[38] In der Staatspraxis nimmt der Bund durch **zustimmungsbedürftiges** und mit **qualifizierter Mehrheit** beschlossenes **Gesetz** neue Verwaltungskompetenzen für sich in Anspruch und weist sie bundeseigenen Mittel- und Unterbehörden zu.[39]

643 Folgt man im Ausgangsfall der Staatspraxis und der im Schrifttum überwiegenden Meinung, so bedurfte es zur Übertragung der Befugnis an die Hauptzollämter, die Abgaben nach § 3a BBleiG einzuziehen, eines Gesetzes, das von der absoluten Mehrheit des Bundestages beschlossen sein mußte und die Zustimmung des Bundesrates benötigte.

---

36 Anders *P. Lerche*, in: Maunz/Dürig, GG, Art. 87 Rdnr. 212, der für die Fassung des Art. 87 Abs. 3 Satz 2 GG ein Redaktionsversehen verantwortlich macht und ein förmliches Gesetz fordert.

37 Vgl. zur Staatspraxis *G. Hermes*, in: Dreier (Hrsg.), GG, Bd. III, Art. 87 Rdnr. 90 f.

38 Vgl. dazu *P. Lerche*, in: Maunz/Dürig, GG, Art. 87 Rdnr. 212.

39 Vgl. das Benzinbleigesetz (BzBlG) v. 5. 8. 1971 (BGBl. I, S. 1234), zuletzt geändert durch Gesetz v. 29. 10. 2001 (BGBl. I, S. 2334); Bundeskindergeldgesetz (BKGG) v. 2. 1. 2002 (BGBl. I, S. 6), zuletzt geändert durch Gesetz v. 23. 12. 2002 (BGBl. I, S. 4621).

2. Die Ausführung der Bundesgesetze durch Bundesoberbehörden (Typ 2)

Fall 58: 644

In der Bundesregierung gibt es Pläne, ein »Bundeskulturamt« zu errichten. Zu dessen Aufgaben sollen die Aufnahme national wertvoller Kulturschätze in eine Liste, die Erteilung von Ausnahmegenehmigungen für die Ausfuhr sowie Nachforschungen über den Verbleib verschollenen Kulturguts gehören. Aus den Bundesländern ist Widerstand gegen die Errichtung einer derartigen Behörde zu erwarten.

Die Parallelität des Behördenaufbaus zwischen Bund und Ländern bei der bundeseigenen Verwaltung mit eigenem Verwaltungsunterbau ist verwaltungsökonomisch bedenklich und aus bundesstaatlicher Sicht – der Zentralstaat greift aus in den Raum der Länder – unerwünscht. Die verfassungsrechtliche Beurteilung ändert sich, wenn sich die Bundesverwaltung auf eine Instanz – genauer gesagt: auf eine Behörde – beschränkt. Soweit Behörden unterhalb der Ministerialinstanz für die gesamte Bundesrepublik zuständig sind, aber keine eigene Rechtsfähigkeit besitzen, sprechen wir von **»Bundesoberbehörden«**.[40] Bundesoberbehörden vermeiden die unerwünschte und unökonomische Parallelität der Verwaltungsbehörden von Bund und Ländern und sind unter erleichterten Voraussetzungen zulässig. Sofern dem Bund für das entsprechende Sachgebiet die **Gesetzgebungskompetenz** zusteht, kann er durch (nicht zustimmungsbedürftiges) Gesetz eine Bundesoberbehörde errichten (Art. 87 Abs. 3 Satz 1 GG). Es handelt sich hierbei um **bundeseigene**, also dem Verwaltungsträger »Bund« zuzuordnende **Verwaltung** (Art. 86 GG). 645

Der Bund hat von der Kompetenz aus Art. 87 Abs. 3 S. 1 GG ausgiebig Gebrauch gemacht und eine Vielzahl von Oberbehörden geschaffen, die nicht selten die Verwaltungskompetenzen der Länder empfindlich geschmälert haben. Auf der Grundlage des Art. 87 Abs. 3 Satz 1 GG sind z. B. die **Bundesprüfstelle für jugendgefährdende Medien**[41], das **Statistische Bundesamt**[42], das **Bundeskartellamt**[43] und andere obere Bundesbehörden[44] errichtet worden. 646

Neben der Gesetzgebungskompetenz ist Voraussetzung für die Errichtung einer Oberbehörde, daß die Materie für das ganze Bundesgebiet ohne Mittel- und Unterbehörden wahrgenommen werden kann. Das BVerfG verneint demgegenüber, daß darüber hinausgehend für die Errichtung einer Bundesoberbehörde ein **besonderes Bedürfnis** vorliegen müsse[45], etwa weil die Länder – entsprechend dem Grundgedanken des Art. 72 Abs. 2 GG – die Angelegenheit nicht wirksam »verwalten« könnten. Art. 72 Abs. 2 GG ist nicht anwendbar. Die Gesetzgebungs- 647

---

40 Vgl. *M. Burgi*, in: v. Mangoldt/Klein/Starck, GG, Bd. 3, Art. 86 Rdnr. 49; *G. Hermes*, in: Dreier (Hrsg.), GG, Bd. III, Art. 87 Rdnr. 79.

41 § 17 des Jugendschutzgesetzes (JuSchG) v. 23. 7. 2002 (BGBl. I, S. 2730) = *Sartorius* I Nr. 400.

42 § 2 Abs. 1 des Gesetzes über die Statistik für Bundeszwecke (BStatG) v. 22. 1. 1987 (BGBl. I, S. 462, 565), zuletzt geändert durch Gesetz v. 21. 8. 2002 (BGBl. I, S. 3322).

43 § 48 des Gesetzes über Wettbewerbsbeschränkungen (GWB) i. d. F. der Bekanntmachung v. 26. 8. 1998 (BGBl. I, S. 2546), zuletzt geändert durch Gesetz vom 2. 9. 2002 (BGBl. I, S. 3448) = *Schönfelder* Nr. 74 = *Nomos Textausgaben* ZivilR Nr. 25.

44 Vgl. die Übersichten bei *A. Dittmann*, Die Bundesverwaltung, 1983, S. 255 ff.; *K. Stern*, Staatsrecht II, S. 825 f.

45 So BVerfGE 14, 197 (213).

kompetenzen des Bundes folgen aus Art. 70 ff. GG, die Verwaltungskompetenzen aus Art. 83 ff. GG. Sofern die Inanspruchnahme einer Verwaltungskompetenz durch den Bund ein Gesetz voraussetzt, handelt es sich hierbei um eine ausschließliche Bundeskompetenz auf dem Gebiet des Organisationsrechts, die von der Sachkompetenz zu trennen ist. Wird ein Sachgebiet gesetzlich geregelt und *uno actu* eine neue Bundesoberbehörde gegründet, so nimmt der Bund genau genommen zwei verschiedene Gesetzgebungskompetenzen wahr. Auf die (aus Art. 87 Abs. 3 GG folgende) ausschließliche Bundeskompetenz aber ist Art. 72 Abs. 2 GG nicht anwendbar.[46]

648 In unserem Ausgangsbeispiel steht dem Bund eine Rahmenkompetenz für den »Schutz deutschen Kulturgutes gegen Abwanderung ins Ausland« nach Art. 75 Abs. 1 Nr. 6 GG n. F. zu. Bislang stand dem Bund ein Kompetenztitel nach Art. 74 Nr. 5 GG a. F. zu, von dem er durch Gesetz vom 6. 8. 1955 (BGBl. I, S. 501)[47] Gebrauch gemacht hat. Dieses Gesetz gilt gem. Art. 125 a Abs. 2 Satz 3 GG unverändert als Bundesrecht fort. Die Voraussetzungen für die Errichtung einer selbständigen Bundesoberbehörde nach Art. 87 Abs. 3 Satz 1 GG liegen deshalb grundsätzlich vor, da die Verwaltungsaufgaben von einer zentralen Behörde für das gesamte Bundesgebiet erfüllt werden können (und gegenwärtig auch – nämlich vom Bundesinnenministerium – erfüllt werden). Würde sich der Bund dagegen zukünftig auf Rahmenvorschriften beschränken, die nach Art. 75 Abs. 2 GG nur ausnahmsweise ins Einzelne gehen bzw. unmittelbar gelten dürfen, würde sich erneut die Frage stellen, ob die Voraussetzungen für die Errichtung einer selbständigen Bundesbehörde vorliegen.

3. Die Ausführung der Bundesgesetze durch bundesunmittelbare Körperschaften und Anstalten des öffentlichen Rechts (Typ 3)

649 **Fall 59:**

Durch Bundesgesetz werden die Angehörigen der freien Berufe bis zu einem Jahresgehalt von 36.000 Euro in die gesetzliche Rentenversicherung einbezogen. In demselben Gesetz wird eine »Bundesversicherungsanstalt für freie Berufe« gegründet.

Besitzt der Bund die Kompetenz zur Einrichtung dieser Bundesanstalt?

650 In Art. 86 Satz 1 GG findet sich bereits die Differenzierung zwischen »bundeseigener Verwaltung« und »bundesunmittelbaren Körperschaften oder Anstalten des öffentlichen Rechts«. Nach Art. 87 Abs. 2 Satz 1 GG werden die Sozialversicherungsträger, deren Zuständigkeit sich über das Gebiet eines Landes hinaus erstreckt, als »bundesunmittelbare Körperschaften des öffentlichen Rechts« geführt. Die in Art. 86, 87 GG geregelten **»verselbständigten Verwaltungseinheiten«** stellen einen besonderen Typ der Bundesverwaltung dar.[48]

651 Mit der rechtlichen Verselbständigung von Verwaltungseinheiten entstehen neue **juristische Personen** des **öffentlichen Rechts**, die keine »unmittelbare«, sondern nur noch »mittelbare« Bundesverwaltung darstellen, die Bundesverwaltung also gewissermaßen »vermitteln«.[49] Das nicht leicht verständliche Sprachungetüm der »mittelbaren Bundesverwaltung durch bundesunmittelbare Körperschaften und

46 Vgl. BVerfGE 14, 197 (213).
47 *Sartorius* I Nr. 510.
48 Vgl. *H. Maurer*, Staatsrecht, § 18 Rdnr. 19 ff.; *Jarass/Pieroth*, GG, Art. 86 Rdnr. 1 ff.
49 Vgl. *M. Sachs*, in: ders. (Hrsg.), GG, Art. 86 Rdnr. 14.

Anstalten des öffentlichen Rechts« bedeutet nichts anderes, als daß es sich hier um verselbständigte juristische Personen handelt, die unter der Rechtsaufsicht des Bundes stehen, also »bundesunmittelbar« sind.[50] Der Unterschied zu den bereits behandelten »Bundesoberbehörden« besteht darin, daß letztere keine eigene **Rechtspersönlichkeit** haben, also dem zuständigen Bundesministerium im Instanzenzug nachgeordnet sind.

Die rechtliche Verselbständigung von Verwaltungseinheiten findet sich auf Bundesebene vor allem im Bereich des **Sozialversicherungsrechts** (Art. 87 Abs. 2 GG). Die konkreten Bezeichnungen – etwa »Bundes**anstalt** für Arbeit«, »Bundesversicherungs**anstalt** für Angestellte« – dürfen dabei nicht verwirren; es handelt sich in der Sache um **Körperschaften des öffentlichen Rechts**, weil die Mitgliedschaft von Personen im Vordergrund steht und die Versicherungsträger eine körperschaftliche Struktur aufweisen.[51] Überhaupt dürfen im Bereich des Organisationsrechts die Bezeichnungen von Behörden, Verwaltungsstellen oder verselbständigten Verwaltungseinheiten nicht überbewertet werden; sie folgen meist einer Tradition oder eingeschliffenem Sprachgebrauch und stimmen nicht immer mit der rechtlichen Qualifikation überein. Die (bundesunmittelbaren) Körperschaften und Anstalten des öffentlichen Rechts stehen unter der **Rechtsaufsicht** des **Bundes**. Die für sie tätigen Beamten sind (mittelbare: § 2 Abs. 2 Satz 2 BBG) **Bundesbeamte**, weil diesen juristischen Personen die Dienstherrenfähigkeit (§ 121 BRRG) fehlt. Die Verwaltungsvorschriften werden von der Bundesregierung erlassen, soweit gesetzlich nichts anderes bestimmt ist (Art. 86 Satz 1 GG). 652

Neue Körperschaften und Anstalten des öffentlichen Rechts können unter den gleichen Voraussetzungen errichtet werden wie selbständige Bundesoberbehörden (Art. 87 Abs. 3 Satz 1 GG). Voraussetzung ist eine Gesetzgebungskompetenz des Bundes für den betreffenden Sachbereich. Ein weitergehendes Bedürfnis nach einer Bundesverwaltung ist nicht zu verlangen. 653

In unserem Beispielsfall würde die Sachkompetenz des Bundes aus Art. 74 Abs. 1 Nr. 12 GG, die Verwaltungskompetenz aus Art. 87 Abs. 3 Satz 1 GG folgen. Der Bund wäre deshalb verfassungsrechtlich nicht gehindert, für die Rentenversicherung der Freiberufler eine eigene Körperschaft des öffentlichen Rechts zu errichten.[52] 654

III. Verfassungsgrundsätze der Verwaltungsorganisation

1. Verbot der Mischverwaltung

Die Verteilung der Verwaltungskompetenzen zwischen Bund und Ländern folgt dem Grundsatz, daß Bundesrecht entweder von Landesbehörden oder von Bundesbehörden ausgeführt wird. Aus der Systematik des VIII. Abschnitts des Grundgesetzes hat man ein generelles Verbot der sog. »Mischverwaltung« gefolgert, d. h. die Unzulässigkeit einer Verwaltungsform, bei der Bundes- und Landesbehörden nebeneinander oder nacheinander tätig werden.[53] Ausnahmen vom Ver- 655

50 Vgl. *M. Burgi*, in: v. Mangoldt/Klein/Starck, GG, Bd. 3, Art. 86 Rdnr. 52.
51 Vgl. *M. Burgi*, in: v. Mangoldt/Klein/Starck, GG, Bd. 3, Art. 86 Rdnr. 53.
52 Vgl. dazu *G. Hermes*, in: Dreier (Hrsg.), GG, Bd. III, Art. 87 Rdnr. 57 f.
53 Vgl. zum Meinungsstand *H.-H. Trute*, in: v. Mangoldt/Klein/Starck, GG, Bd. 3, Art. 83 Rdnr. 28 ff.

bot der **Mischverwaltung** sollen nur insoweit zulässig sein, als das Grundgesetz sie selbst vorsieht.[54]

656 Es ist indes zweifelhaft, ob der Begriff der »Mischverwaltung« rechtlich ergiebig ist, denn das Grundgesetz selbst sieht Mischformen bei der Ausführung der Bundesgesetze vor.[55] Die Auftragsverwaltung zum Beispiel schafft eine so starke Abhängigkeit der Länder vom Bund, daß sie als Form der Mischverwaltung angesprochen werden könnte. Der verfassungsrechtlich zulässige Behördenaufbau in der Finanzverwaltung mit der Oberfinanzdirektion als Mittelbehörde (Art. 108 Abs. 2 GG), die gleichzeitig Bundes- und Landesbehörde ist, stellt eine klassische Erscheinungsform der Mischverwaltung dar. Im Bereich der Gemeinschaftsaufgaben finden sich weitere, vom Grundgesetz vorgesehene Formen der Mischverwaltung.[56]

657 Darüber hinaus hat das BVerfG ausgeführt, es gebe keinen allgemeinen verfassungsrechtlichen Grundsatz, wonach Verwaltungsaufgaben ausschließlich vom Bund oder von den Ländern wahrzunehmen sind, sofern nicht ausdrückliche verfassungsrechtliche Regelungen etwas anderes zulassen.[57] Zugleich wurde jedoch betont, daß die Verwaltungszuständigkeiten von Bund und Ländern in den Art. 83 ff. GG erschöpfend geregelt und grundsätzlich nicht abdingbar seien.[58] Da weder Bund noch Länder über ihre in der Verfassung festgelegten Kompetenzen verfügen können, Kompetenzverschiebungen zwischen Bund und Ländern deshalb auch mit Zustimmung der Beteiligten nicht zulässig sind, können Bund und Länder von der **»Verwaltungsordnung«** des Grundgesetzes nicht abweichen; sie müssen vielmehr die ihnen zugewiesenen Aufgaben durch eigene Verwaltungseinrichtungen wahrnehmen (»Grundsatz eigenverantwortlicher Aufgabenwahrnehmung«).[59]

658 Die Rechtsprechung des BVerfG wirft mehr Fragen auf als sie beantwortet. Über ihre Konsequenzen besteht demgemäß keine Einigkeit.[60] Dabei ist die Tendenz unverkennbar, über die (vorausgesetzte) Zulässigkeit einer Mischverwaltung die Kompetenzverteilung des Grundgesetzes im Bereich der Verwaltung zu Lasten der Länder zu verschieben[61], denn das BVerfG hat einen »föderativen Damm« niedergelegt, ohne einen neuen aufzubauen.[62] Aus Gründen der Verwaltungsökonomie wäre es verlockend, zur Ausführung von Bundesgesetzen auf der unteren und mittleren Ebene Landesbehörden einzusetzen, diese aber einer obersten Bundesbehörde zu unterstellen. Der gleiche Effekt würde eintreten, wenn die (ausschließlich zuständigen) Landesbehörden bei ihrem Verwaltungshandeln bundes-

---

54 Vgl. *S. Broß*, in: v. Münch/Kunig (Hrsg.), GG, Bd. 3, Art. 83 Rdnr. 16 ff.

55 Vgl. *W. Blümel*, in: Isensee/Kirchhof (Hrsg.), HdStR IV, § 101 Rdnr. 121; vgl. *H. Maurer*, Staatsrecht, § 18 Rdnr. 28.

56 Dazu *K. Stern*, Staatsrecht II, S. 832 f.

57 So BVerfGE 63, 1 (39).

58 So BVerfGE 63, 1 (39).

59 Vgl. BVerfGE 63, 1 (38 ff.); strenger die ältere Rspr.: vgl. BVerfGE 32, 145 (156); 39, 96 (120); 41, 291 (311).

60 Vgl. hierzu *P. Lerche*, in: Maunz/Dürig, GG, Art. 83 Rdnr. 85 ff.; *J. Isensee*, in: Isensee/Kirchhof (Hrsg.), HdStR IV, § 98 Rdnr. 179 ff.; *W. Blümel*, in: Isensee/Kirchhof (Hrsg.), HdStR IV, § 101 Rdnr. 120 ff.; *A. Dittmann*, in: Sachs (Hrsg.), GG, Art. 83 Rdnr. 4 f.

61 Vgl. *W. Blümel*, in: Isensee/Kirchhof (Hrsg.), HdStR IV, § 101 Rdnr. 122 f.

62 Vgl. *J. Isensee*, in: Isensee/Kirchhof (Hrsg.), HdStR IV, § 98 Rdnr. 183.

behördlicher Zustimmung bedürften. Die Mischverwaltung – sei es in Gestalt eines Instanzenzuges zwischen Bund und Ländern, sei es in Form von Zustimmungserfordernissen – birgt jedoch die Gefahr, daß die Bundesländer zu Verwaltungseinheiten absinken.[63]

2. Typenzwang für bundeseigene Verwaltung?

Die Bestimmungen über die Bundesverwaltung, insbesondere die abgestuften Voraussetzungen des Art. 87 Abs. 3 GG für die Schaffung neuer Bundesbehörden und bundesunmittelbarer juristischer Personen legen die Frage nahe, ob durch Art. 86 und 87 GG ein **Typenzwang** begründet wird. Die Folgen einer solchen Annahme wären weitreichend: die Bundesverwaltung könnte nur in Gestalt von Bundesoberbehörden oder juristischen Personen des öffentlichen Rechts – und das heißt: durch Bundesgesetz – erweitert werden. 659

In der Staatspraxis ist man nicht von einem Typenzwang ausgegangen. Eine Bestandsaufnahme der Bundesverwaltung zeigt eine Typenvielfalt, die die verfassungsrechtlichen Regelungen als nur rudimentär erscheinen läßt. Es finden sich neben den in Art. 87 Abs. 3 GG aufgeführten Organisationsformen sog. **Zentralstellen, nichtrechtsfähige Anstalten, »schlichte Bundesstellen«** sowie **dislozierte Außenstellen**.[64] Auch die Aufgaben dieser ganz unterschiedlichen Einrichtungen sind vielfältig. Die Beschaffung von Material, Dienstleistungen oder Informationen fällt ebenso darunter wie die Ausbildung des Nachwuchses in der Bundesverwaltung. Das zeitweise wahrhaft Parkinsonsche Wachstum in der Bundesverwaltung, dessen Vereinbarkeit mit Art. 87 GG zumindest fraglich erscheinen mußte, ist mittlerweile dem Leitbild einer »lean administration« gewichen.[65] 660

Soweit im Schrifttum die »zentrale nichtministerielle« Bundesverwaltung überhaupt diskutiert wird, herrscht eine apologetische Tendenz vor.[66] So findet sich der Vorschlag, den »Typenzwang« auf den Bereich der sog. »gesetzesakzessorischen Verwaltung« zu beschränken.[67] Auch wird aus Art. 87 Abs. 3 GG der Schluß gezogen, juristisch »schwächere« Organistionsformen als Bundesoberbehörden oder rechtsfähige Körperschaften (Anstalten) seien ebenfalls zugelassen.[68] 661

Diese Auffassungen vermögen nicht zu überzeugen. Verwaltung ist nicht durch den Erlaß von Verwaltungsakten (gegenüber dem Bürger), sondern durch die Erfüllung öffentlicher Aufgaben gekennzeichnet.[69] Art. 87 Abs. 3 GG bestimmt nicht die Form für die Verleihung eigener Rechtsfähigkeit, sondern legt die Voraussetzungen für die Inanspruchnahme weiterer Verwaltungskompetenzen durch den Bund fest. Von dem organisationsrechtlichen Gesetzesvorbehalt in Art. 87 Abs. 3 GG auf die Zulässigkeit schlichter Organisationsakte zu schließen, erscheint deshalb als problematisch. 662

---

63 Vgl. *G. Hermes*, in: Dreier (Hrsg.), GG, Bd. III, Art. 83 Rdnr. 50.
64 Vgl. die Zusammenstellung bei *B. Becker*, VerwArch 69 (1978), S. 180 ff.
65 Vgl. *H. Maurer*, Allgemeines Verwaltungsrecht, 14. Aufl. 2002, § 2 Rdnr. 6.
66 Vgl. *K. Stern*, Staatsrecht II, S. 830 f.
67 So *P. Lerche*, in: Maunz/Dürig, GG, Art. 83 Rdnr. 28 f., 84.
68 So *K. Stern*, Staatsrecht II, S. 831.
69 Vgl. *J. Ipsen*, Verwaltungsrecht, 3. Aufl. 2003, Rdnr. 46 ff.

3. Gesetzgebungskompetenzen als Grenze der Verwaltungskompetenzen

663 Die Gesetzgebungskompetenzen des Bundes bilden die **äußerste Grenze** seiner Verwaltungskompetenzen; Verwaltungskompetenzen des Bundes können also niemals dort bestehen, wo dem Bund keine Gesetzgebungskompetenz eingeräumt ist.[70] Diese Verknüpfung zeigt sich durchgehend in den Art. 86 ff. GG, insbesondere aber in Art. 87 Abs. 3 GG. An dieser Vorschrift sind deshalb alle zentralen Einrichtungen des Bundes zu messen, gleichgültig, ob ihnen eigene Rechtsfähigkeit zukommt oder nicht. Kritischer Aufmerksamkeit bedürfen insbesondere die Einrichtungen des Bundes, die »dislozierte Außenstellen« umfassen. Es mag zweckmäßig sein, den zentralen Einrichtungen Außenstellen mit unterschiedlicher örtlicher Zuständigkeit zuzuordnen. Eine solche Organisationsform läßt allerdings den Unterschied zur bundeseigenen Verwaltung mit eigenem Verwaltungsunterbau verschwimmen. Die erleichterten Voraussetzungen, unter denen eine Bundesoberbehörde errichtet werden kann (Art. 87 Abs. 3 Satz 1 GG), erklären sich gerade daraus, daß deren Aufgaben **zentraler Verwaltung** zugänglich sind und dieser Behördentypus dadurch eine **immanente Begrenzung** findet. Würden den Bundesoberbehörden jeweils unselbständige Außenstellen unterstellt, käme dies einer nach Art. 87 Abs. 3 GG unzulässigen Bundesverwaltung mit **eigenem Verwaltungsunterbau** gleich.

664 Die praeterkonstitutionellen Einrichtungen, unselbständigen Anstalten, Zentren und »Stellen« des Bundes verlangen nach rechtlicher Überprüfung.[71] Indes scheinen die Länder ihren Widerstand gegen diese Wucherungen der Bundesverwaltung angesichts mehrerer Niederlagen vor dem BVerfG[72] aufgegeben zu haben. Dies wiegt umso schwerer, als bis heute ungeklärt ist, inwieweit die nichtministerielle Zentralverwaltung außerhalb der in Art. 87 Abs. 3 GG genannten Formen überhaupt zulässig ist. Zwar sind nach Ansicht des BVerfG organisatorische Regelungen nicht abdingbar, so daß der Spielraum bei der organisatorischen Ausgestaltung der Verwaltung in den Kompetenz- und Organisationsnormen der Art. 83 ff. GG seine Grenze findet.[73] Andererseits soll von einer »starren Festlegung« durch das Grundgesetz nicht auszugehen sein, so daß den zuständigen Organen »allgemein und im Einzelfall« ein weiter Spielraum verbleibe.[74] Gleichwohl ist die Zulässigkeit dislozierter Außenstellen fraglich, namentlich wenn diese eine regional begrenzte Zuständigkeit haben.[75]

4. Flucht ins Privatrecht

665 **Fall 60:**

Am 25. 7. 1960 wurde von der Bundesrepublik Deutschland, vertreten durch den Bundeskanzler, und anderen Gesellschaftern die »Deutschland-Fernsehen-GmbH« mit Sitz in Köln gegründet. Aufgabe der Gesellschaft war nach der Satzung die Veranstaltung

---

70 Vgl. BVerfGE 12, 205 (229).

71 Vgl. BVerfGE 14, 197; 31, 113.

72 Vgl. BVerfGE 14, 197 (Bundesaufsichtsamt für das Kreditwesen); BVerfGE 31, 113 (Bundesprüfstelle für jugendgefährdende Schriften).

73 So BVerfGE 63, 1 (38 ff.).

74 Vgl. BVerfGE 63, 1 (38 ff.).

75 Vgl. *G. Hermes*, in: Dreier (Hrsg.), GG, Bd. III, Art. 87 Rdnr. 87.

von Fernsehsendungen, die den »Rundfunkteilnehmern in ganz Deutschland und im Ausland ein umfassendes Bild Deutschlands vermitteln« sollten. Mehrere Bundesländer waren der Auffassung, die Bundesregierung habe durch die Gründung der »Deutschland-Fernsehen-GmbH« das Grundgesetz verletzt. Die Bundesregierung verwies demgegenüber auf den privatrechtlichen Charakter dieser Einrichtung.

(nach BVerfGE 12, 205)

Verwaltung vollzieht sich regelmäßig in den Formen des **öffentlichen Rechts**. Mit 666
zunehmender Tendenz allerdings werden Organisationsformen des privaten Rechts (Gesellschaft mit beschränkter Haftung, Aktiengesellschaft, eingetragener Verein) gewählt, die vermeintlich flexibler sind als staatliche Behörden. Die »Flucht« des Staates in das Privatrecht erweist sich im Hinblick auf die Verteilung der Verwaltungskompetenzen zwischen Bund und Ländern als problematisch, weil Art. 83 ff. GG ausschließlich von öffentlich-rechtlichen Organisationsformen, insbesondere von Behörden, handeln. Es leuchtet ein, daß der Bund nicht durch Wahl einer privatrechtlichen Rechtsform von der Beachtung der Kompetenznormen dispensiert werden kann. **Verwaltung in privatrechtlicher Form** setzt deshalb im Bund voraus, daß ihm überhaupt eine Verwaltungskompetenz zusteht.[76]

Das BVerfG hat offengelassen, ob jede privatrechtliche Tätigkeit des Staates an 667
Art. 30 GG zu messen sei. Für die Teilnahme am wirtschaftlichen Wettbewerb (die freilich aus anderen Gründen nicht unproblematisch ist[77]) wird dies zu verneinen sein.[78] Soweit aber öffentliche Aufgaben vom Staat aufgegriffen und dadurch zu »staatlichen« Aufgaben werden[79], ist die **Zuständigkeitsvermutung** zugunsten der Länder nach Art. 30 GG einschlägig, unabhängig von der Rechtsform, in der die staatlichen Aufgaben erfüllt werden. Dieser Schluß ist zwingend: bevor sich überhaupt die Frage nach der Rechtsform stellt, muß die Bundeskompetenz bejaht worden sein. Unerheblich ist hierbei, ob es sich um staatliche Aufgaben handelt, deren Erfüllung gesetzlich normiert ist (»gesetzesakzessorische Verwaltung«) oder mehr Handlungsspielraum läßt (»gesetzesfreie Verwaltung«). Zum einen ist jede staatliche Tätigkeit an die Grundrechte (Art. 1 Abs. 3 GG), Verfassungsgrundsätze und staatliches Haushaltsrecht gebunden, so daß es »gesetzesfreie« Verwaltung genau genommen gar nicht gibt. Zum anderen trägt der **VIII. Abschnitt** des Grundgesetzes die Überschrift »Die Ausführung der Bundesgesetze **und** die Bundesverwaltung«, setzt also nicht voraus, daß der Schwerpunkt der Verwaltung in der Ausführung von Gesetzen liegt.[80]

Im Ausgangsfall war deshalb unabhängig von der privaten Rechtsform zu prüfen, ob 668
dem Bund eine Verwaltungskompetenz zustand. Da die frühere (Verwaltungs-)Kompetenz für die »Bundespost« (Art. 87 Abs. 1 Satz 1 a. F. GG) nur den fernmeldetechnischen Bereich umfaßte (Art. 73 Nr. 7 GG), war die Frage zu verneinen. Die Veranstaltung von Fernsehsendungen fällt folgerichtig, soweit sie vom Staat betrieben werden, in die Kompetenz der Länder[81] (Art. 30 GG). Art. 83 GG war in diesem Zusammenhang nicht ein-

76 Vgl. *H. Maurer*, Allgemeines Verwaltungsrecht, 14. Aufl. 2002, § 3 Rdnr. 9.
77 Sie kann sich als faktische Einwirkung auf die Berufsfreiheit (Art. 12 GG) darstellen; vgl. *J. Ipsen*, Staatsrecht II, 6. Aufl. 2003, Rdnr. 155 ff.
78 Vgl. *K. Stern*, Staatsrecht II, S. 831; *M. Gubelt*, in: v. Münch/Kunig (Hrsg.), GG, Bd. 2, Art. 30 Rdnr. 8.
79 Vgl. BVerfGE 12, 205 (246).
80 So BVerfGE 12, 205 (247).
81 Vgl. BVerfGE 12, 205 (247).

schlägig, weil er voraussetzt, daß ein »Bundesgesetz« ausgeführt wird, was bei der Gründung des »Adenauer-Fernsehens« gerade nicht der Fall war.

669 Nicht um eine »Flucht ins Privatrecht« handelt es sich dagegen bei der Privatisierung von **Bundesbahn** und **Bundespost**. Diese setzte Verfassungsänderungen voraus und entsprach der Einsicht, daß für die Erbringung von Dienstleistungen die überkommene Behördenstruktur unangemessen ist und in einem europäischen Binnenmarkt keine Zukunft haben würde.[82] Verfassungsrechtliche Bedenken können hiergegen nicht erhoben werden, weil das Grundgesetz selbst die Umwandlung von Bundesbahn und Bundespost in Wirtschaftsunternehmen vorsieht (Art. 143 a und b GG). Die Stellung des Bundes als Dienstherr der (Bundespost- und Bundesbahn-)Beamten ist unverändert geblieben. Die Beamten sind jedoch den neu gegründeten Unternehmen (Deutsche Bahn AG, Deutsche Post AG, Deutsche Telekom AG) zur Dienstleistung zugewiesen worden (Art. 143 a Abs. 1 Satz 3, 143 b Abs. 3 Satz 1 GG).

82 Vgl. für die Bundespost *H. Gersdorf*, in: v. Mangoldt/Klein/Starck, GG, Bd. 3, Art. 87 f. Rdnr. 1 ff.

IV. Übersicht: Ausführung der Bundesgesetze durch Bundes- und Landesverwaltung

1. Ausführung der Bundesgesetze durch Landesverwaltung 670

	als landeseigene Angelegenheit (»Bundesaufsichtsverwaltung«)	im Auftrage des Bundes (»Bundesauftragsverwaltung«)
Sachgebiete	Art. 83 (Generalklausel)	Art. 87 b II, 87 c, 87 d II, 87 e I 2, 89 II, 90 II, 104 a III 2, 108 III, 120 a (erschöpfende Aufzählung, aber über Art. 104 a III 2, 108 III 1 offen)
Behördenorganisation, Verwaltungsverfahren	Art. 84 I (durch zustimmungsbedürftiges Bundesgesetz möglich)	Art. 85 I (durch zustimmungsbedürftiges Bundesgesetz möglich)
Verwaltungsvorschriften	Art. 84 II (BReg mit Zustimmung des Bundesrates)	Art. 85 II (BReg mit Zustimmung des Bundesrates)
Einfluß des Bundes	Art. 84 III 1 (Rechtsaufsicht)	Art. 85 IV 1 (Rechts- und Fachaufsicht)
Aufsichtsmaßnahmen des Bundes	Art. 84 III 2 (Entsendung von Beauftragten) Art. 84 IV 1 (Mängelrüge) Art. 84 IV 1 (Beschluß des Bunderates auf Antrag der BReg) Art. 84 V (Einzelweisungen für bes. Fälle, sofern gesetzlich vorgesehen)	Art. 85 IV 2 (Bericht, Aktenvorlage, Entsendung von Beauftragten zu allen Behörden) Art. 85 III (Weisungsrecht gegenüber obersten Landesbehörden: im Dringlichkeitsfall gegenüber jeder mit der Sache befaßten Behörden)

671 2. Ausführung der Bundesgesetze durch bundeseigene Verwaltung

	Typ 1: mit eigenem Verwaltungsunterbau (Art. 86 S. 1 1. Alt.)	Typ 2: durch Bundesoberbehörden (Art. 86 S. 1 1. Alt.)	Typ 3: durch bundesunmittelbare Körperschaften und Anstalten des öffentlichen Rechts (Art. 86 S. 1 2. Alt.)	Typ 4: in privatrechtlicher Organisationsform (Art. 87 d I 2)
Sachgebiete	Art. 87 I 1, 87 b I, 87 b II 1, 87 e I 1, 87 f II 2, 89 II	Art. 87 III 1, 87 e I 1, 87 f II 2	Art. 87 II, III 1, 87 f III	Art. 87 d 1
Neuschaffung	Art. 87 III 2 (erschwerte Bedingungen) – Bundestagsbeschluß mit absoluter Mehrheit – Zustimmung des Bundesrates	Art. 87 III 1 (Bundesgesetz)	Art. 87 III 1 (Bundesgesetz)	nicht vorgesehen

V. Vollzug des Gemeinschaftsrechts

672 Die Organe der Europäischen Gemeinschaft sind zur Rechtsetzung zwar nur aufgrund einer ausdrücklichen Ermächtigung in den Verträgen befugt (Prinzip der begrenzten Ermächtigung[83]); diese Ermächtigungen sind jedoch mittlerweile so weiträumig, daß das Gemeinschaftsrecht in der praktischen Rechtsanwendung eine erhebliche Bedeutung hat, die stetig zunimmt.[84] Das Gemeinschaftsrecht wird zum einen durch die Gemeinschaftsorgane selbst ausgeführt (**»gemeinschaftsunmittelbarer Vollzug«**).[85] Er betrifft die Bereiche des **Wettbewerbsrechts** (Art. 85, 86 Abs. 3 EGV), des **Beihilfenrechts** (Art. 88 EGV), der **Handelspolitik** und der **Sozialpolitik** (Art. 147 EGV). Zuständig für den Vollzug des Gemeinschaftsrechts ist die Kommission, die unmittelbar gegenüber den Bürgern der Mitgliedstaaten handeln kann. Beispiele hierfür sind die spektakulären Entscheidungen der Kommission, aufgrund derer Beihilfen zurückgezahlt werden müssen oder Bußgelder wegen Verstoßes gegen das (gemeinschaftsrechtliche) Wettbewerbsrecht verhängt werden.[86] Organisation und Verfahren des gemeinschaftsunmittelbaren Vollzugs sind durch Gemeinschaftsrecht geregelt.[87]

83 Vgl. *T. Oppermann*, Europarecht, Rdnr. 513 ff.
84 Vgl. *R. Streinz*, Europarecht, Rdnr. 464 ff.
85 Vgl. *R. Streinz*, Europarecht, Rdnr. 464 ff.
86 Vgl. etwa EuGH, Slg. 1987, 901 (Deufil/Kommission); EuGH, Urteil vom 20. 3. 1998, NVwZ 1998, S. 45 (Land Rheinland-Pfalz/Alcan GmbH).
87 Vgl. *R. Streinz*, Europarecht, Rdnr. 477 f.

Überwiegend wird das Gemeinschaftsrecht von den **Mitgliedstaaten** vollzogen.[88] Hierbei wiederum ist zu unterscheiden, ob die Mitgliedstaaten das (primäre oder sekundäre) **Gemeinschaftsrecht** ausführen oder das in Umsetzung des Gemeinschaftsrechts ergangene **nationale Recht** vollziehen.[89] 673

Die Ausführung von nationalem Recht, mit dem gemeinschaftsrechtliche Rechtsakte (Richtlinien) umgesetzt worden sind, unterscheidet sich von der Ausführung anderen nationalen Rechts zunächst nicht. Für die Ausführung des **Bundesrechts** gelten folglich die Art. 83 ff. GG.[90] In Betracht kommt aber auch der Vollzug von Gemeinschaftsrecht durch Bund und Länder. Dies ist der Fall bei **Verordnungen** und **Richtlinien**, die unmittelbare Geltung entfalten.[91] 674

Für den mitgliedstaatlichen Vollzug des Gemeinschaftsrechts ergeben sich vergleichbare Probleme wie für die Ausführung des Bundesrechts durch die Länder. Wenn der Rechtsvollzug nicht nur – wie stets im gewaltenteilenden Staat – anderen **Organen**, sondern einem anderen **Verband** zugeordnet ist, bedarf es der **Ingerenzen**, um den Normvollzug sicherzustellen.[92] Soweit Bundesrecht ausgeführt wird, das gemeinschaftsrechtlichen Ursprungs ist, gelten die Art. 83 ff. GG mit ihren unterschiedlichen Ingerenzmöglichkeiten. Aber auch sofern Gemeinschaftsrecht ausgeführt wird, sind die Länder aufgrund des Grundsatzes der Bundestreue i. V. m. Art. 23 Abs. 1 GG verpflichtet, dieses ordnungsgemäß durchzuführen.[93] 675

VI. Rechtsprechung

BVerfGE 12, 205 (Deutschland-Fernsehen); **E** 14, 197 (Bundesaufsichtsamt für das Kreditwesen); **E** 21, 312 (Anwendung von Landesrecht durch Bundesbehörden); **E** 31, 113 (Bundesprüfstelle für jugendgefährdende Schriften); **E** 63, 1 (Versorgungsanstalt der deutschen Bezirksschornsteinfeger); **E** 75, 108 (Einrichtung der Behörden nach Art. 84 Abs. 1 GG); **E** 81, 310 (Weisungsrecht bei Bundesauftragsverwaltung – »schneller Brüter«); **E** 84, 25 (Weisungsrecht bei Bundesauftragsverwaltung – »Schacht Konrad«); **E** 102, 167 (Weisungsbefugnis bei Bundesauftragsverwaltung – Abstufung einer Bundesstraße); **E** 104, 249 (Kompetenz des Bundes zu »informalem« Handeln im Rahmen der Auftragsverwaltung). 676

VII. Literatur

G. Beaucamp, Der »Kalkar-Beschluss«, JA 2002, S. 854; **B. Becker**, Zentrale nichtministerielle Organisationseinheiten der unmittelbaren Bundesverwaltung, VerwArch 69 (1978), S. 149; **ders.**, Typische Eigenschaften der privatrechtlich organisierten Bundesverwaltung, Verw 1979, S. 161; **A. Benz**, Postreform II und Bahnreform – Ein Elastizitätstest für die Verfassung, DÖV 1995, S. 679; **P. Dieners**, Länderrechte in der Bundesauftragsverwaltung, DÖV 1991, S. 923; **A. Dittmann**, Die Bundesverwaltung, 1983; **W. Frenz**, Atomkonsens und Landesvollzugskompetenz, NVwZ 2002, S. 561; **T. Hebeler**, Die Ausführungen der Bundesgesetze 677

88 Vgl. *R. Streinz*, Europarecht, Rdnr. 470 ff.; *H.-H. Trute*, in: v. Mangoldt/Klein/Starck, GG, Bd. 3, Art. 83 Rdnr. 57 ff.

89 Vgl. *R. Streinz*, Europarecht, Rdnr. 479.

90 Vgl. *R. Streinz*, Europarecht, Rdnr. 471.

91 Vgl. *R. Streinz*, Europarecht, Rdnr. 467.

92 Vgl. *R. Streinz*, Europarecht, Rdnr. 482 ff.

93 Vgl. *R. Streinz*, Europarecht, Rdnr. 472.

(Art. 83 ff. GG), Jura 2002, S. 164; **N. Janz**, Art. 85 GG: Die Länder als ohnmächtige Werkzeuge des Bundeswillens?, JuS 2003, S. 126; **H. Jochum**, Die Bundesauftragsverwaltung im Umbruch, DÖV 2003, S. 16; **H. H. Klein**, Verwaltungskompetenz von Bund und Ländern in der Rechtsprechung des Bundesverfassungsgerichts, in: Festgabe BVerfG II, 1976, S. 277; **K. Lange**, Probleme des Bund-Länder-Verhältnisses im Atomrecht, NVwZ 1990, S. 928; **P. Lerche**, Zur Angreifbarkeit von Weisungen des Bundes im Rahmen der Bundesauftragsverwaltung, BayVBl. 1987, S. 321; **F. Ossenbühl**, Weisungen des Bundes in Bundesauftragsverwaltung, Der Staat 28 (1989), S. 31; **W. Pauly**, Weisungsabwehr in der Bundesauftragsverwaltung, DÖV 1989, S. 884; **E. Schmidt-Aßmann/H. C. Röhl**, Grundpositionen des neuen Eisenbahnverfassungsrechts (Art. 87 e GG), DÖV 1994, S. 577; **F. E. Schnapp**, Grundbegriffe des öffentlichen Organisationsrechts, Jura 1980, S. 68; **ders.**, Ausgewählte Probleme des öffentlichen Organisationsrechts, Jura 1980, S. 293; **M. Schulte**, Zur Rechtsnatur der Bundesauftragsverwaltung, VerwArch 81 (1990), S. 415; **K.-P. Sommermann**, Grundfragen der Bundesauftragsverwaltung, DVBl. 2001, S. 1549; **M. Winkler**, Bundesauftragsverwaltung im Kernenergierecht und »Atomkonsens«, JA 2002, S. 643; **B. Zimmermann**, Die Kontrolldichte gerichtlichen Rechtsschutzes gegen Weisungen in der Bundesauftragsverwaltung – Ein Problem der Zuständigkeitsverwaltung zwischen BVerfG und BVerwG?, DVBl. 1992, S. 93.

§ 12 Gerichtsorganisation und Rechtsprechung des Bundes

Gem. Art. 92 GG wird die **rechtsprechende Gewalt** durch das **Bundesverfassungsgericht**, die im Grundgesetz vorgesehenen **Bundesgerichte** und die **Gerichte** der **Länder** ausgeübt. Dem Bund fallen Rechtsprechungskompetenzen nur insoweit zu, als das Grundgesetz ausdrücklich Bundesgerichte vorsieht. Art. 92 GG enthält damit einen *numerus clausus* der Bundesgerichte und erweist sich als weitere Konkretisierung der in Art. 30 GG für sämtliche Staatsaufgaben enthaltenen Zuständigkeitsvermutung zugunsten der Länder.[1] 678

I. Gerichtsaufbau in der Bundesrepublik

Die Gerichtszweige, d. h. die für die einzelnen Sachgebiete zuständigen »Gerichtsbarkeiten«, sind in der Bundesrepublik regelmäßig **dreistufig** aufgebaut. In der allgemeinen **Verwaltungsgerichtsbarkeit** bilden die Verwaltungsgerichte die erste Instanz.[2] Berufungsinstanz sind die Oberverwaltungsgerichte (oder »Verwaltungsgerichtshöfe«)[3], Revisionsinstanz ist das Bundesverwaltungsgericht.[4] Ein vergleichbarer Aufbau findet sich in der **Sozialgerichtsbarkeit** (Sozialgerichte, Landessozialgerichte, Bundessozialgericht)[5] und der **Arbeitsgerichtsbarkeit** (Arbeitsgerichte, Landesarbeitsgerichte, Bundesarbeitsgericht).[6] Die **»ordentliche Gerichtsbarkeit«**, die begrifflich die Zivil- und Strafjustiz umschließt[7], verfügt über einen differenzierten Aufbau, nach dem neben den Amtsgerichten[8] in erster Instanz auch die Landgerichte[9] zuständig sein können. Die Abgrenzung folgt im einzelnen aus den Bestimmungen des Gerichtsverfassungsgesetzes[10]. Der Instanzenzug ist nicht ausnahmslos dreistufig, sondern gelegentlich – etwa bei der Rechtsprechung der Amtsgerichte in Zivilsachen – nur zwei- oder einstufig.[11] Soweit die Revision statthaft ist, ist in der Regel der Bundesgerichtshof zuständig.[12] Die Finanzgerichtsbarkeit ist demgegenüber durchgehend **zweistufig** aufgebaut. In erster Instanz entscheiden die Finanzgerichte[13]; Revisionsinstanz ist der Bundesfinanzhof.[14] 679

---

1 Vgl. *S. Detterbeck*, in: Sachs (Hrsg.), GG, Art. 92 Rdnr. 1; *H. Schulze-Fielitz*, in: Dreier (Hrsg.), GG, Bd. III, Art. 92 Rdnr. 18.
2 § 45 VwGO = *Sartorius* I Nr. 600 = *Nomos Textausgaben* ÖffR Nr. 24.
3 § 46 Nr. 1 VwGO.
4 § 49 Nr. 1 und 2 VwGO.
5 §§ 8, 29, 39 SGG = *Aichberger* Nr. 850.
6 §§ 14, 64, 72 ArbGG = *Schönfelder* Nr. 83.
7 § 13 GVG = *Schönfelder* Nr. 95 = *Nomos Textausgaben* ZivilR Nr. 30.
8 §§ 23 ff. GVG.
9 §§ 71 ff. GVG.
10 Vgl. §§ 23, 23 a, 23 b, 71 GVG.
11 Vgl. §§ 511, 542 Abs. 1 ZPO = *Schönfelder* Nr. 100 = *Nomos Textausgaben* ZivilR Nr. 33.
12 § 133 Nr. 1 GVG.
13 § 35 FGO = *Steuergesetze* I Nr. 802.
14 § 36 FGO.

680 Die Errichtung von **Bundesgerichten** – von »obersten Gerichtshöfen« des Bundes (Art. 95 Abs. 1 GG) – als **Revisionsgerichte** ist eine wesentliche Voraussetzung dafür, daß das Bundesrecht einheitlich angewandt wird.[15] Der Schwerpunkt der Gesetzgebung liegt beim Bund.[16] Nur ein Teil des Bundesrechts – die »Verwaltungsgesetze« – wird von Behörden ausgeführt, auf deren Handeln der Bund (die Bundesregierung) nach Art. 83 ff. GG Einfluß nehmen kann.[17] Der große Bereich des Bürgerlichen Rechts, des Arbeitsrechts und des (privaten) Wirtschaftsrechts ist dagegen nicht durch behördliches Handeln gekennzeichnet; dieses Recht findet vielmehr unter gleichgeordneten Rechtssubjekten Anwendung, die im Streitfall die **Gerichte** anrufen. Auf diesen Rechtsgebieten könnte es deshalb zu einer unerträglichen Rechtszersplitterung kommen, wenn das (Bundes-)Recht von verschiedenen Gerichten der Länder unterschiedlich ausgelegt würde. Ein den Ingerenzen der Art. 84 und 85 GG vergleichbarer Weg wäre nicht gangbar: die Unabhängigkeit der Richter (Art. 97 Abs. 1 GG) schützt vor jeder Einflußnahme. Die **Wahrung** der **Rechtseinheit** fällt deshalb den Revisionsgerichten zu.[18]

681 Die Bedeutung der **obersten Gerichtshöfe** des Bundes liegt folglich darin, daß sie das in ihre Zuständigkeit fallende Bundesrecht **letztinstanzlich** auslegen. Verbindlich ist eine solche Auslegung nur in dem jeweils anhängigen Fall; sie erlangt jedoch eine tatsächlich präjudizielle Wirkung und bestimmt damit die »Rechtslage« über den konkreten Fall hinaus. Die – im Vergleich zu den Gerichten der Länder – begrenzte Zahl von Streitfällen, die die obersten Gerichtshöfe entscheiden, besagt deshalb nichts über die Wirksamkeit der Rechtsprechung des Bundes. Als jeweils letzte Instanz sind sie praktisch in der Lage, die Rechtsanwendung aller anderen Gerichte zu steuern.

682 Treten innerhalb eines obersten Gerichtshofes des Bundes Differenzen zwischen verschiedenen Senaten auf, so entscheidet der jeweilige **»Große Senat«**, an dessen Entscheidung die anderen Senate gebunden sind.[19] Differieren zwei oberste Gerichtshöfe des Bundes in der Auslegung von Bundesrecht, so entscheidet der **»Gemeinsame Senat«**, der zur Wahrung der Einheitlichkeit der Rechtsprechung gebildet worden ist (Art. 95 Abs. 3 GG).[20] Ein ursprünglich hierfür vorgesehenes, über den Revisionsgerichten stehendes Bundesgericht hat sich wegen der geringen Zahl der Rechtsprechungsdivergenzen als überflüssig erwiesen.

II. Bundesgerichte als Instanzgerichte

683 Art. 96 GG erlaubt dem Bund zusätzlich, für bestimmte Rechtsgebiete eine **eigene Gerichtsbarkeit** zu errichten. Während die obersten Gerichtshöfe des Bundes nach Art. 95 Abs. 1 GG am Ende eines Instanzenzuges stehen, der mit Gerichten der Länder beginnt, ermöglicht Art. 96 GG dem Bund, auf allen Stufen Bundesgerichte zu bilden.

15 Vgl. *H. Schulze-Fielitz*, in: Dreier (Hrsg.), GG, Bd. III, Art. 95 Rdnr. 17.
16 Vgl. oben Rdnr. 534.
17 Vgl. oben Rdnr. 598 ff.
18 Vgl. *H. Schulze-Fielitz*, in: Dreier (Hrsg.), GG, Bd. III, Art. 95 Rdnr. 18.
19 §§ 132 GVG; 11 VwGO; 41 SGG; 45 ArbGG; 11 FGO.
20 Gesetz zur Wahrung der Einheitlichkeit der Rechtsprechung der obersten Gerichtshöfe des Bundes vom 19. 6. 1968 (BGBl. I, S. 661) = *Schönfelder* Nr. 95 b.

1. Bundespatentgericht

Nach Art. 96 Abs. 1 GG kann der Bund für Angelegenheiten des **gewerblichen Rechtsschutzes** ein Bundesgericht errichten. Es handelt sich um das **Bundespatentgericht** in München, das seiner Rechtsnatur nach ein besonderes Verwaltungsgericht ist.[21] Marken nämlich werden beim deutschen Patentamt, einer Bundesoberbehörde (Art. 87 Abs. 3 Satz 1 GG), angemeldet (§§ 32 ff. MarkenG).[22] Für Rechtsbehelfe ist das Bundespatentgericht zuständig (§§ 66 ff. MarkenG). Gegen die Entscheidung des Bundespatentgerichts können Rechtsmittel beim **Patentsenat** des **Bundesgerichtshofs** eingelegt werden, der gem. Art. 96 Abs. 3 GG »oberster Gerichtshof« für den Bereich des gewerblichen Rechtsschutzes ist. 684

2. Truppendienstgerichte (Art. 96 Abs. 4 GG)

Gerichte erster Instanz kann der Bund nach Art. 96 Abs. 4 GG auch für Disziplinar- und Beschwerdeverfahren über Bundesbeamte und Soldaten bilden. Das **Bundesdisziplinargericht** (für Bundesbeamte)[23] ist inzwischen aufgelöst und die Rechtsprechung den Verwaltungsgerichten der Länder übertragen worden (§ 45 BDG).[24] Nach wie vor bestehen die **Truppendienstgerichte** für Disziplinarangelegenheiten der Soldaten.[25] Berufungs- bzw. Revisionsinstanz ist das **Bundesverwaltungsgericht** mit seinen Disziplinar-[26] bzw. Wehrdisziplinarsenaten[27]. 685

Die in Art. 96 Abs. 2 GG enthaltene Ermächtigung zur Bildung von »**Wehrstrafgerichten**« aktualisiert sich im wesentlichen im Verteidigungsfall, wenn man von den Ausnahmen für Marineangehörige und im Ausland stationierte Soldaten absieht. Von dieser Ermächtigung hat der Bund bislang keinen Gebrauch gemacht, so daß gegenwärtig alle Soldaten der Bundeswehr – auch in bezug auf die besonderen Wehrstraftaten[28] – der Strafgerichtsbarkeit der Länder unterliegen. Art. 96 Abs. 2 GG enthält insofern eine Anerkennung des **Bürgerstatus** des Soldaten, der in strafrechtlicher Hinsicht nicht anders behandelt werden soll als andere Bürger. 686

3. Staatsschutzsachen (Art. 96 Abs. 5 GG)

Nach Art. 96 Abs. 5 GG können im **Bereich des Staatsschutzes** »Gerichte der Länder« Gerichtsbarkeit des Bundes ausüben.[29] Dieser Satz wird erst verständlich, wenn man ihn umkehrt: Staatsschutzsachen unterliegen der Gerichtsbarkeit des Bundes. Bis 1969 war für Strafverfahren, in denen die Bundesanwaltschaft ermittelte, der Bundesgerichtshof in erster und einziger Instanz zuständig. Seither liegt die Zuständigkeit beim Strafsenat eines **Oberlandesgerichts**[30], ohne daß sich ver- 687

---

21 Vgl. *S. Detterbeck*, in: Sachs (Hrsg.), GG, Art. 96 Rdnr. 7.
22 Markengesetz v. 25. 10. 1994 (BGBl. I, S. 3082) = *Schönfelder* Nr. 72.
23 § 42 BDO a. F.
24 BDG v. 9. 7. 2001 (BGBl. I, S. 1510) = *Sartorius* I Nr. 220.
25 § 69 WDO i. d. F. v. 16. 8. 2001 (BGBl. I, S. 2093).
26 §§ 64 ff. BDG.
27 §§ 109 f. WDO.
28 Vgl. *H. Schulze-Fielitz*, in: Dreier (Hrsg.), GG, Bd. III, Art. 96 Rdnr. 18 ff.
29 Vgl. oben Rdnr. 505.
30 § 120 GVG.

fassungsrechtlich etwas an der Bundeskompetenz geändert hätte. Art. 96 Abs. 5 GG ermächtigt insofern dazu, Rechtsprechungsaufgaben des Bundes an die Länder zu **delegieren**.[31] Die (durch Gesetz vorzunehmende) Delegation könnte jederzeit durch Gesetzesänderung zurückgenommen werden.[32]

688 Für das Verständnis der Rechtsprechung durch den Bund ist von entscheidender Bedeutung, daß »Bundesgerichte« nicht mit den »obersten Gerichtshöfen des Bundes« gleichgesetzt werden. »Bundesgerichte« sind alle Gerichte, durch die der Bund Rechtsprechung ausübt. Dies können Gerichte erster Instanz (Bundespatentgericht, Bundesdisziplinargericht, Truppendienstgericht) sein, aber auch die Revisionsgerichte nach Art. 95 Abs. 1 GG. Während beim **Bundesgerichtshof** und **Bundesfinanzhof** der Name einen Hinweis auf den Rang des Gerichts gibt, sind andere in ihrer Bezeichnung von Bundesgerichten erster Instanz nicht zu unterscheiden (Bundesarbeits-, Bundesverwaltungs- und Bundessozialgericht). Eine klare Trennung liefert nur die Systematik des Grundgesetzes: Art. 95 GG führt die »obersten Gerichtshöfe«, Art. 96 GG die übrigen Bundesgerichte auf.

III. Übersichten

689 1. Instanzenzug zwischen Länder- und Bundesgerichten

Gerichtszweig	Ordentliche Gerichtsbarkeit		Verwaltungsgerichtsbarkeit	Sozialgerichtsbarkeit	Arbeitsgerichtsbarkeit	Finanzgerichtsbarkeit
	Zivilsachen[1]	Strafsachen				
Ländergerichte	AG LG ↓ OLG	LG OLG	VG ↓ OVG (VGH)[2]	SG ↓ LSG	ArbG ↓ LAG	FG
Oberste Gerichtshöfe des Bundes (Art. 95 I GG)	↓ BGH (Z)	↓ BGH (St)	↓ BVerwG[3]	↓ BSG	↓ BAG	↓ BFH

1) Von den Amtsgerichten führte bislang nur in Kindschafts- und Familiensachen ein Instanzenzug zum BGH (§§ 23 a, 23 b, 119 I Nr. 1 u. 2, 133 GVG). Neu eingeführt ist die Möglichkeit, ein amtsgerichtliches Urteil, soweit gegen dieses die Berufung statthaft wäre, unmittelbar beim BGH anzufechten (vgl. § 566 ZPO).
2) Erstinstanzliche Zuständigkeit nach §§ 47, 48 VwGO.
3) Erstinstanzliche Zuständigkeit nach § 50 VwGO.

31 Vgl. *S. Detterbeck*, in: Sachs (Hrsg.), GG, Art. 96 Rdnr. 18.

32 Allerdings bestehen zumindest rechtspolitische Bedenken dagegen, für besonders schwere (Staatsschutz-)Delikte nur eine gerichtliche Instanz (ohne Rechtsmittelinstanz) vorzusehen.

2. Ausschließliche Gerichtsbarkeit des Bundes (Art. 96 GG)

Gewerblicher Rechtsschutz (Art. 96 I, III GG)	Disziplinarsachen (Art. 96 IV GG)	Staatsschutz (Art. 96 V GG)	690
BPatG	TrpDienstGer	OLG	
↓	↓	↓	
BGH (PatSen)	BVerwG (WehrDiszSen)	BGH (StrafSen)	

IV. Gerichte der Europäischen Union

Die Europäische Union verfügt über eine eigene Gerichtsbarkeit in Gestalt des **Europäischen Gerichtshofs** (Art. 220 EGV) und des **Europäischen Gerichts erster Instanz** (Art. 225 EGV). Der EuGH sichert die Wahrung des Rechts bei Auslegung und Anwendung des Vertrags (Art. 220 EGV). Er hat sich durch seine Rechtsprechung und Rechtsfortbildung als »Motor der Integration« erwiesen.[33] 691

Der EuGH besteht aus **15 Richtern** (Art. 221 Abs. 1 EGV), die von den Regierungen der Mitgliedstaaten im gegenseitigen Einvernehmen auf sechs Jahre ernannt werden (Art. 223 EGV). Unterstützt wird der Gerichtshof von acht **Generalanwälten**, die in »völliger Unparteilichkeit und Unabhängigkeit« Schlußanträge zu den dem Gerichtshof unterbreiteten Rechtssachen stellen (Art. 222 EGV). Die Zuständigkeitsabgrenzung zwischen dem EuGH und dem Gericht erster Instanz (EuG) ist Gegenstand unterschiedlicher vertraglicher Regelungen.[34] 692

V. Rechtsprechung

BVerfGE 8, 174 (Erstinstanzliche Zuständigkeit des BVerwG); **E** 26, 186 (Senat für Anwaltssachen beim BGH). 693

VI. Literatur

P. Kirchhof, Der Auftrag des Grundgesetzes an die rechtsprechende Gewalt, in: Festschrift Universität Heidelberg, 1986, S. 11; **O. R. Kissel**, Gerichtsverfassungsgesetz, Kommentar, 3. Aufl. 2001; **E. Schilken**, Gerichtsverfassungsrecht, 3. Aufl. 2001; **M. Wolff**, Gerichtsverfassungsrecht aller Verfahrenszweige, 6. Aufl. 1987; **W. Zeidler**, Gedanken zur Rolle der dritten Gewalt im Verfassungssystem, in: Festschrift Universität Heidelberg, 1986, S. 645. 694

33 Vgl. *R. Streinz*, Europarecht, Rdnr. 494.
34 Vgl. *R. Streinz*, Europarecht, Rdnr. 333 m. w. N.

§ 13 Das bundesstaatliche Rechtsverhältnis

695 Einer bundesstaatlichen Ordnung obliegt nicht nur die Verteilung der Kompetenzen zwischen Zentralstaat und Gliedstaaten, sie muß auch beide staatlichen Ebenen aufeinander beziehen. Die Abschichtung der Kompetenzen durch die Verfassung macht es nicht überflüssig, daß Bund und Länder kooperieren und ihre Aufgabenerfüllung miteinander abstimmen. Nicht zuletzt muß eine bundesstaatliche Verfassung Vorkehrungen gegen die Verletzung von Bundespflichten treffen. Der Grundgesetzgeber konnte hierbei auf Institute früherer Verfassungen zurückgreifen.

I. Homogenitätsprinzip (Art. 28 Abs. 1 Satz 1 GG)

696 **Fall 61:**

Im Freistaat B wird erwogen, durch Verfassungsänderung das Amt eines »Staatspräsidenten« einzuführen. Der Staatspräsident soll auf Repräsentationsaufgaben beschränkt sein. Man verspricht sich von der Verfassungsänderung eine Entlastung des Ministerpräsidenten.

697 Der Föderalismus ist die Idee der **Vielfalt** in der **Einheit**, die regionalen und landsmannschaftlichen Besonderheiten Rechnung trägt. Von solchen Besonderheiten können zentrifugale Tendenzen ausgehen, die den Bestand des Gesamtstaates in Frage stellen. Voraussetzung dafür, daß die bundesstaatliche Ordnung Bestand hat, ist ein Mindestmaß an Übereinstimmung der politischen Systeme von Zentralstaat und Gliedstaaten. Um dies zu erreichen, stellt die bundesstaatliche Verfassung Schranken auch für die Verfassungen der Gliedstaaten auf.

698 Nach Art. 28 Abs. 1 Satz 1 GG muß die verfassungsmäßige Ordnung in den Bundesländern den Grundsätzen des republikanischen, demokratischen und sozialen Rechtsstaates im Sinne des Grundgesetzes entsprechen. Das **»Homogenitätsprinzip«** fordert keine Identität der Verfassungen, sondern eine Übereinstimmung in den Grundsätzen. Art. 28 Abs. 1 Satz 1 GG wiederholt die zentralen Verfassungsprinzipien des Art. 20 Abs. 1 GG, die nach Art. 79 Abs. 3 GG der Verfassungsänderung entzogen sind. Gegenstand der Homogenität sind also jene **grundlegenden Strukturmerkmale** des Staates, die auch im Bund in verfassungsmäßiger Weise nicht verändert werden könnten.[1]

699 Die nach Art. 28 Abs. 1 GG gewährleistete strukturelle Gemeinsamkeit der verfassungsmäßigen Ordnung in Bund und Ländern schließt nicht aus, daß sich die Länderverfassungen gegenüber dem gegenwärtigen Rechtszustand wandeln, wenn in den Grundsätzen die Gemeinsamkeit bestehen bleibt.

700 Die Verfassungen der Bundesländer verzichten ausnahmslos auf ein besonderes Amt des »Staatsoberhaupts«. Würde ein Bundesland durch Verfassungsänderung neben den Ministerpräsidenten einen »Staatspräsidenten« stellen, so könnte hiergegen aus Art. 28 Abs. 1 Satz 1 GG kein Einwand erhoben werden, weil keiner der hier genannten Grund-

1 Vgl. unten Rdnr. 1023 ff.

sätze berührt würde. Anders verhielte es sich, wenn Bestrebungen verfolgt würden, ein Staatsoberhaupt auf Lebenszeit einzusetzen oder die Erblichkeit des Amtes festzulegen. In diesem Fall nämlich wäre das Bundesland nicht länger eine Republik und würde das von Art. 28 Abs. 1 Satz 1 GG geforderte Mindestmaß an Homogenität nicht mehr aufweisen.

Ein Bundesstaat gäbe sich auf, wenn seine Verfassung höchste Grundsätze postu- 701
lierte, die Gliedstaaten sich an diese Prinzipien aber nicht zu halten brauchten. Nach Art. 28 Abs. 3 GG gewährleistet deshalb der Bund, daß die verfassungsmäßige Ordnung der Länder den Grundsätzen des Art. 28 Abs. 1 GG entspricht. Die **Gewährleistungspflicht** räumt dem Bund keine besonderen Befugnisse ein, sondern verweist ihn auf die allgemeinen Bestimmungen, mit denen die Länder zur Einhaltung der Bundespflichten angehalten werden können.

II. Pflicht zum bundesfreundlichen Verhalten (Bundestreue)

Fall 62: 702

Das Bundesland N gehört beim horizontalen Finanzausgleich (Art. 107 Abs. 2 GG) seit jeher zu den ausgleichsberechtigten Ländern, während das Bundesland B ausgleichspflichtig ist. Das Land B bemängelt, daß bestimmte Einnahmen des Landes N beim Finanzausgleich nicht berücksichtigt werden. Da sich der Erlaß des vom Bundesverfassungsgericht geforderten Maßstabsgesetzes in die Länge zieht, beschließt die Landesregierung B, die vom Land B zu leistenden Ausgleichszahlungen um 25% zu kürzen. Durch den Verrechnungsmodus nach dem Finanzausgleichsgesetz (FAG) ergeben sich hierdurch Fehlbeträge im Bundeshaushalt.

In einem Bundesstaat können die Gliedstaaten nicht so handeln, als seien sie selb- 703
ständig; sie müssen Rücksicht auf den Bund nehmen. Ebensowenig darf der Bund die Existenz der Gliedstaaten vernachlässigen. Es besteht deshalb eine verfassungsrechtliche Pflicht der Gliedstaaten zum **bundesfreundlichen Verhalten** (Bundestreue), der eine Pflicht des Bundes zum länderfreundlichen Verhalten entspricht.[2] Stellt man beide Pflichten nebeneinander, so ergibt sich eine Verpflichtung zu gegenseitiger Rücksichtnahme im Bundesstaat, die auch das Verhältnis der **Bundesländer untereinander** einschließt.[3] Die Pflicht zum bundesfreundlichen Verhalten ist ein Satz des **ungeschriebenen Verfassungsrechts**.[4]

Auch unter den Verfassungen des Deutschen Reichs von 1871 und 1919 ist die »Bundes- 704
treue« als Rechtspflicht der Länder anerkannt worden.[5] Die in dem Begriff »Bundestreue« angedeutete Vermutung zuungunsten der Länder dürfte dadurch zu erklären sein, daß in einem neugegründeten Bundesstaat die zentrifugalen Tendenzen überwiegen, während in einem gefestigten Bundesstaat den zentralisierenden Tendenzen begegnet werden muß.

Der Grundsatz des bundes- bzw. länderfreundlichen Verhaltens ist in der Recht- 705
sprechung des BVerfG mehrfach konkretisiert worden.[6] Kompetenzen, die Bund oder Ländern zugewiesen sind, dürfen nur unter Beachtung des Gebots der Rück-

2 Vgl. BVerfGE 8, 122 (138); 81, 310 (337 f.); 92, 203 (230 f.).
3 Vgl. *H. Bauer*, Die Bundestreue, S. 303 ff.
4 Vgl. *K. Stern*, Staatsrecht I, S. 699 ff.; BVerfGE 12, 205 (254); 43, 291 (348).
5 Vgl. *E. R. Huber*, Deutsche Verfassungsgeschichte seit 1789, Bd. III, S. 796; Bd. VI, S. 80 f.
6 Vgl. BVerfGE 6, 309 (361); 12, 205 (254).

sichtnahme auf die jeweils andere Ebene ausgeübt werden.[7] Bei Verhandlungen zwischen Bund und Ländern müssen alle Länder in gleichem Maße beteiligt werden.[8] Eine Verweigerung von Pflichten mit der Begründung, der andere Teil sei ihnen auch nicht nachgekommen, ist nicht statthaft (Verbot des »*tu quoque*«).[9] Darüber hinaus gibt es Hilfs-, Tätigkeits- und Mitwirkungspflichten, die aus dem Grundsatz der Bundestreue (Ländertreue) folgen.[10] Ein Beispiel für die Verletzung der Pflicht zum länderfreundlichen Verhalten durch den Bund bietet der 1960 unternommene Versuch der Bundesregierung, eine privatrechtliche Fernsehanstalt des Bundes zu gründen.[11] Der Bund hatte für diese Gründung nicht nur keine Kompetenz (Art. 30, 83 ff. GG), er verstieß auch durch die Art der Gründung (Verhandlungsstil, Errichtung einer GmbH) gegen den Grundsatz des länderfreundlichen Verhaltens.[12]

706 Im Verhältnis zu den Kompetenzen, die das Grundgesetz Bund und Ländern ausdrücklich zuweist, wirkt der Grundsatz des bundes- bzw. länderfreundlichen Verhaltens ergänzend und verhindert ihren Mißbrauch. Das BVerfG hat in seiner Rechtsprechung entscheidend dazu beigetragen, daß es im bundesstaatlichen Rechtsverhältnis keine dramatischen Zuspitzungen gegeben hat.[13]

707 Im Aufgangsfall hat das Land B die Pflicht zum bundesfreundlichen Verhalten verletzt. Die Pfichtwidrigkeit liegt nicht allein darin, daß die Kürzung der Ausgleichsmittel rechnerisch zu Lasten des Bundes geht; sie ist schon dadurch gegeben, daß das Land B die durch das FAG begründeten (Bundes-)Pflichten nicht vollständig erfüllt. Soweit Zweifel an der Verfassungsmäßigkeit des FAG bestehen, ist der richtige Weg die (abstrakte) Normenkontrolle vor dem BVerfG.[14] Selbsthilfe der hier geübten Art ist in einem Bundesstaat unzulässig.

III. Vorrang des Bundesrechts (Art. 31 GG)

708 **Fall 63:**

Das am 1. 1. 1982 in Kraft getretene Staatshaftungsgesetz vom 26. 6. 1981 (BGBl. I, S. 553) regelte die Haftung für hoheitliches Handeln des Bundes und der Länder umfassend. Es wurde wegen fehlender Bundeskompetenz am 19. 10. 1982 vom BVerfG für nichtig erklärt (BVerfGE 61, 149).

Welches Recht war zwischen dem 1.1. und dem 19. 10. 1982 anzuwenden, soweit Ansprüche wegen rechtswidrig-schuldlosem Handeln von Landesbehörden geltend gemacht wurden?

709 Der kürzeste Artikel des Grundgesetzes – »**Bundesrecht bricht Landesrecht**« – verspricht mehr, als er bei näherem Hinsehen zu halten vermag. Art. 31 GG schreibt nicht vor, daß Bundesrecht in jedem Fall dem Landesrecht vorgeht. Es wäre widersinnig, die Gesetzgebungskompetenzen zwischen Bund und Ländern

7 Vgl. BVerfGE 1, 299 (315); 32, 199 (218); 43, 291 (348).
8 Vgl. BVerfGE 12, 205 (255 ff.).
9 So BVerfGE 8, 122 (140).
10 Vgl. BVerfGE 8, 122 (138 f.); 56, 296 (322); vgl. auch *K. Stern*, Staatsrecht I, S. 702 f.
11 Vgl. oben Rdnr. 665.
12 So BVerfGE 12, 205 (255 ff.).
13 Vgl. *H. Bauer*, in: Dreier (Hrsg.), GG, Bd. II, Art. 20 (Bundesstaat), Rdnr. 27.
14 Vgl. BVerfGE 72, 330; 86, 148; 101, 158.

zu verteilen, wenn der Bund mit der Rechtsfolge des Art. 31 GG auf die Gesetzgebungskompetenzen der Länder übergreifen könnte. Der Vorrang des Bundesrechts setzt voraus, daß dem Bund eine Gesetzgebungskompetenz eingeräumt ist.

Art. 31 GG ist mithin eine **Kollisionsnorm**, die anzuwenden ist, wenn **gültige** 710
Bundes- und Landesgesetze nebeneinander stehen, aber einander widersprechen.[15] Sofern dem Bund für die betreffende Materie keine Kompetenz zukommt oder umgekehrt keine Landeszuständigkeit gegeben ist, handelt es sich nicht um gültige, sondern um (formell) **verfassungswidrige Gesetze**, die den Vorrang des Bundesrechts ausschließen.

Mangels Bundeskompetenz für den gesamten Bereich der (auch Länder und Gemeinden 711
umfassenden) Staatshaftung war das Staatshaftungsgesetz nichtig.[16] Es konnte deshalb die landesrechtlichen Haftungsinstitute (enteignungsgleicher Eingriff) nicht über Art. 31 GG derogieren. Für die Zeit zwischen dem Inkrafttreten des Gesetzes und seiner Nichtigerklärung war deshalb das (richterrechtlich entwickelte) Institut des enteignungsgleichen Eingriffs (als Landesrecht) anzuwenden, weil Art. 31 GG nicht einschlägig war. Bei rechtswidrig schuldhaftem Handeln von Landesbehörden war Anspruchsgrundlage § 839 BGB / Art. 34 GG (Amtshaftungsanspruch). Inzwischen kommt dem Bund eine (konkurrierende) Gesetzgebungszuständigkeit für das gesamte Staatshaftungsrecht zu (Art. 74 Abs. 1 Nr. 25 GG).

Hauptsächlicher – wenngleich nicht unbestrittener[17] – Anwendungsfall des 712
Art. 31 GG ist die Wahrnehmung einer konkurrierenden Gesetzgebungszuständigkeit durch den Bund, nachdem zunächst die Länder den betreffenden Gegenstand geregelt hatten.[18] Auch im Bereich der Rahmengesetzgebungskompetenz des Bundes ist es denkbar, daß Normenkollisionen durch Art. 31 GG bereinigt werden.

Das BVerfG hatte in Fall 52 einen Widerspruch zwischen Bundesjagdgesetz und Nieder- 713
sächsischem Landesjagdgesetz in Bezug auf den Jagdschutz verneint.[19] Vertritt man die gegenteilige Auffassung, daß das LJagdG teilweise im Widerspruch zum BJagdG steht, wurde ersteres insoweit durch das Bundesgesetz »gebrochen« – also derogiert. Diese Rechtsfolge wäre ohne Art. 31 GG nicht selbstverständlich, weil (förmliche) Bundes- und Landesgesetze gleichrangig sind.

IV. Bundeszwang (Art. 37 GG)

Das Grundgesetz erlegt den Ländern eine Fülle von Pflichten auf, die sie dem 714
Bund gegenüber zu erfüllen haben. Für den Fall, daß die Länder diesen Pflichten nicht nachkommen, ermächtigt Art. 37 GG den Bund, **Zwangsmaßnahmen** gegen die Länder zu ergreifen.

Der Bundeszwang steht in der Tradition der sog. »Reichsexekution« (Art. 19 RV, 48 Abs. 1 715
WRV), die unter bestimmten Voraussetzungen zum Einschreiten gegen ein Reichsland

15 Vgl. BVerfGE 26, 116 (135); 36, 342 (363).

16 So BVerfGE 61, 149 (151).

17 Vgl. *K. Stern*, Staatsrecht I, S. 720 f.; *M. Gubelt*, in: v. Münch/Kunig (Hrsg.), GG, Bd. 2, Art. 31 Rdnr. 17 ff.

18 Vgl. *C. Pestalozza*, Thesen zur kompetenzrechtlichen Qualifikation von Gesetzen im Bundesstaat, DÖV 1972, S. 181 (190).

19 BVerfGE 18, 305; vgl. oben Rdnr. 568.

gegen dessen Willen ermächtigte.[20] Aus der Weimarer Epoche ist der sog. »Preußenschlag« bekannt, mit dem Reichskanzler *von Papen* die (sozialdemokratische) Staatsregierung Preußens absetzte.[21] Die Wurzeln des Bundeszwangs reichen bis zum Deutschen Bund zurück. Ein Vorgehen gegen einzelne Mitgliedstaaten war nach der Wiener Schlußakte zulässig, wenn diese gegen Bundespflichten verstießen.[22]

716 Die Voraussetzungen des Bundeszwangs sind nach Art. 37 Abs. 1 GG:

- **Verletzung** von **Pflichten** nach dem Grundgesetz oder einem Bundesgesetz durch ein Land;
- **Beschluß** der **Bundesregierung**;
- **Zustimmung** des **Bundesrates**.

717 Die einzelnen Mittel des Bundeszwangs sind in Art. 37 GG nicht genannt, die Ermächtigung ist vielmehr generalklauselartig und schließt alle »notwendigen Maßnahmen« ein.

718 Sie ähnelt damit **Art. 48** der Weimarer Reichsverfassung.[23] Der auf den ersten Blick weite **Ermessensspielraum** des **Bundes** ist freilich nicht nur verfahrensrechtlich – durch das Zustimmungserfordernis –, sondern auch durch das materielle Recht begrenzt. Der Einsatz der Bundeswehr ist im Rahmen des Art. 37 GG nicht statthaft, weil nach Art. 87 a Abs. 2 GG die Streitkräfte nur eingesetzt werden dürfen, wenn das Grundgesetz dies ausdrücklich zuläßt.[24] Darüber hinaus steht der Bundeszwang unter dem **Grundsatz der Verhältnismäßigkeit** (»notwendige Maßnahmen«). Das bedeutet nicht nur, daß das gewählte Mittel erforderlich sein muß, um den Zweck zu erfüllen; es muß sich auch zu dem angestrebten Ziel angemessen (proportional) verhalten. Im Streitfall kann das BVerfG angerufen werden, um über Maßnahmen des Bundeszwangs zu entscheiden.

719 Jenseits dieser Begrenzungen ist die Bundesregierung in der Wahl der Zwangsmittel frei, sofern der Bundesrat zustimmt. In Betracht kommen Weisungen an das betreffende Land, die Entsendung von **Beauftragten** (»Kommissaren«), die ggf. an die Stelle der Landesorgane treten können.[25] Ebenso vorstellbar ist der Einsatz von Behörden anderer Länder für das betroffene Land.[26] Denkbar ist auch die zeitweilige oder endgültige Absetzung eines renitenten Landesparlaments und die Zuweisung dieser Aufgaben an ein anderes Landesparlament.[27]

---

20 Vgl. *E.R. Huber*, Deutsche Verfassungsgeschichte seit 1789, Bd. III, S. 1034 f.; Bd. VI, S. 731 ff.

21 Vgl. hierzu und zu anderen Fällen der Reichsexekution *E. R. Huber*, Deutsche Verfassungsgeschichte seit 1789, Bd. VI, S. 743.

22 Art. 31 WSA; vgl. dazu *E.R. Huber*, Deutsche Verfassungsgeschichte seit 1789, Bd. I, S. 634 f.

23 Art. 48 Abs. 1 WRV: »Wenn ein Land die ihm nach der Reichsverfassung oder den Reichsgesetzen obliegenden Pflichten nicht erfüllt, kann der Reichspräsident es dazu mit Hilfe der bewaffneten Macht anhalten.«

24 Für den Einsatz innerhalb der NATO und der UNO hat das BVerfG einen Parlamentsvorbehalt aus unterschiedlichen Bestimmungen des Grundgesetzes hergeleitet: vgl. oben Rdnr. 237 ff.

25 Vgl. *M. Gubelt*, in: v. Münch/Kunig (Hrsg.), GG, Bd. 2, Art. 37 Rdnr. 13.

26 Vgl. *K. Stern*, Staatsrecht I, S. 716 f.

27 Vgl. *K. Stern*, Staatsrecht I, S. 716 f.; a. A. *W. Höfling*, Das Institut der Parlamentsauflösung in den deutschen Landesverfassungen, DÖV 1982, S. 889 (893 f.).

Alle diese Mittel können jedoch nur eingesetzt werden, wenn sie sich als **erforderlich** erweisen, also ein weniger einschneidendes Mittel keinen Erfolg verspricht. So muß das Land zunächst zur Erfüllung seiner Pflichten angehalten werden, ehe an die Einsetzung eines »Kommissars« gedacht werden kann. Auch die Ersatzvornahme ist nur verhältnismäßig, wenn andere Mittel versagen. 720

In Fall 62 (Kürzung von Ausgleichszahlungen) liegt fraglos eine Verletzung von Bundespflichten vor, gegen die der Bund prinzipiell im Wege des Bundeszwangs vorgehen könnte. Als mildestes Mittel käme die Weisung an die Landesregierung B in Betracht, die Ausgleichszahlungen im früheren Umfang wieder aufzunehmen. Erst wenn eine derartige Weisung nicht befolgt würde, wären andere Mittel in Erwägung zu ziehen. 721

Fälle des Bundeszwangs hat es in der Geschichte der Bundesrepublik bislang nicht gegeben. In normalen Zeiten werden die Voraussetzungen des Art. 37 GG auch kaum vorliegen. Überdies verhindert das BVerfG durch sein hohes Ansehen, daß es im Bund-Länder-Verhältnis zu nachhaltigen Friktionen kommt. 722

V. Moderne Gestaltungsformen bundesstaatlicher Zusammenarbeit

Die bisherigen Ausprägungen des Bundesstaatsprinzips ließen ein »entweder-oder« bei der Kompetenzverteilung erkennen: **Entweder** ist der Bund für eine Gesetzgebungsmaterie zuständig **oder** es sind die Länder; **entweder** besitzt der Bund eine Verwaltungskompetenz **oder** sie fällt den Länder zu; **entweder** wird die Rechtsprechung vom Bund ausgeübt **oder** sie liegt bei den Ländern. Der Föderalismus hat in der Bundesrepublik daneben **Kooperationsformen** von Bund und Ländern bzw. der Länder untereinander entwickelt, die nur teilweise Aufnahme in die Verfassung gefunden haben, für die Staatspraxis aber ungemein bedeutsam sind. Sie bieten lebendige Anschauung dafür, daß der Bundesstaat trotz Trennung der beiden staatlichen Ebenen auf Zusammenarbeit angelegt ist. 723

1. Gemeinschaftsaufgaben (Art. 91 a und b GG)

Als Gemeinschaftsaufgaben werden in Art. 91 a GG der Hochschulneubau, die Verbesserung der regionalen Wirtschaftsstruktur sowie die Verbesserung der Agrarstruktur und des Küstenschutzes bezeichnet. In allen Bereichen sind entsprechende Bundesgesetze ergangen, die die Gemeinschaftsaufgaben näher bestimmen und das Verfahren regeln.[28] Der gemeinsame Grundzug der Gemeinschaftsaufgaben besteht darin, daß der Bund an Rahmenplanung und Ausführung beteiligt ist und dafür zu einem wesentlichen Teil die Kosten trägt. Da den Ländern daran gelegen ist, die Kosten für Maßnahmen nach Art. 91 a Abs. 1 GG nicht allein zu tragen, ergibt sich eine Paralellität der Interessen von Bund und Ländern. 724

---

28 Hochschulbauförderungsgesetz vom 1. 9. 1969 (BGBl. I, S. 1556); Gesetz über die Gemeinschaftsaufgabe »Verbesserung der regionalen Wirtschaftsstruktur« v. 6.10.1969 (BGBl. I, S. 1861), zuletzt geändert durch Gesetz v. 24. 6. 1991 (BGBl. I, S. 1322/1336); Gesetz über die Gemeinschaftsaufgabe »Verbesserung der Agrarstruktur und des Küstenschutzes« v. 3. 9. 1969 (BGBl. I, S. 1573) i. d. F. der Bek. v. 21. 7. 1988 (BGBl. I, S. 1055); zuletzt geändert durch Gesetz v. 2. 5. 2002 (BGBl. I, S. 1527/1528).

725 Obwohl die – im Wege der Verfassungsänderung ins Grundgesetz aufgenommenen – Gemeinschaftsaufgaben **verfassungsmäßig** sind, erscheinen sie nach wie vor **systemfremd**.[29] Der Hochschulneubau – um nur ein naheliegendes Beispiel zu wählen – gehört zum gewachsenen Hausgut der Länder. Es bedarf und bedurfte keiner Einflußnahme von Seiten des Bundes, um die Wichtigkeit dieser Aufgabe zu erkennen. Über Anteile an der Finanzierung werden dem Bund Einflußmöglichkeiten geschaffen, die sogar in diesem Kernbereich Korrekturen an der bundesstaatlichen Kompetenzzuordnung bewirken. Der sog. »goldene Zügel« – eine auch im Verhältnis von Staat und kommunalen Gebietskörperschaften zu beobachtende Erscheinung – muß aufgrund seiner praktischen Auswirkungen auf Skepsis stoßen. Überdies sind Beteiligungsrechte des Bundes geeignet, Planung und Finanzierung von Aufgaben in die Länge zu ziehen.[30]

726 Art. 91 a und b GG sind als Experimente des verfassungsändernden Gesetzgebers zu werten, die die an sie geknüpften Erwartungen nicht erfüllt haben.[31] Die Erfahrung mit derartigen Kooperationsformen nötigt zu einer Warnung vor der verbreiteten Erscheinung, schon in der Einräumung neuer Bundeskompetenzen die Lösung der entsprechenden Sachprobleme zu sehen. Die anhaltend prekäre Haushaltslage und Überschuldung des Bundes dürfte sich auf diesem Gebiet allerdings als Korrektiv auswirken.

2. »Paktierender Föderalismus«

727 Auch jenseits der im Grundgesetz verfaßten Gemeinschaftsaufgaben gibt es zahlreiche Kooperationsformen zwischen Bund und Ländern, die aus der Praxis geboren sind, sich in der Praxis bewährt haben, gleichwohl verfassungsrechtlich nicht immer leicht einzuordnen sind.[32] Der **»paktierende Föderalismus«** ist solange unbedenklich, als dem Bund auf diesem Wege nicht weitere Ingerenzrechte eingeräumt werden. Die vielberufenen »Sachzwänge« sollten nicht überbewertet werden, weil die Einflußnahme des Bundes nicht notwendig zu sachlich besseren Ergebnissen führt.[33]

3. Selbstkoordination der Länder

728 Erhebliche Bedeutung hat in der Staatspraxis die **Selbstkoordination der Länder** erhalten. Nicht überall, wo es einer länderübergreifenden Zusammenarbeit bedarf, muß der Bund eingeschaltet werden. Eine näherliegende Möglichkeit ist, daß die Länder von sich aus zusammenwirken und hierüber Vereinbarungen treffen.

---

29 Vgl. *W. Heun*, in: Dreier (Hrsg.), GG, Bd. III, Art. 91 a Rdnr. 8.

30 Vgl. *R. Stober*, Zur wirtschaftlichen Bedeutung des Bundesstaatsprinzips, BayVBl. 1989, S. 97 (103).

31 Krit. auch *W. Löwer*, in: v. Münch / Kunig (Hrsg.), GG, Bd. 2, Art. 28 Rdnr. 21; *H. Krüger*, in: Sachs (Hrsg.), GG, Art. 91 a Rdnr. 6 ff.

32 Vgl. zu den Formen der Kooperation zwischen Bund und Ländern *W. Rudolf*, in: Isensee / Kirchhof (Hrsg.), HdStR IV, § 105 Rdnr. 29 ff.

33 Vgl. *W. Rudolf*, in: Isensee / Kirchhof (Hrsg.), HdStR IV, § 105 Rdnr. 17; *H. Maurer*, Staatsrecht, § 10 Rdnr. 55 f.

Beispiele für derartige Vereinbarungen gibt es in reicher Zahl. Die »Ständige Konferenz der Kultusminister« (KMK) hat sich als Forum der Länderkoordination bewährt.[34] Aufgrund eines zwischen den Ländern abgeschlossenen Staatsvertrages ist auch die »Zentrale Vergabestelle für Studienplätze« (ZVS) geschaffen worden.[35] Das Zweite Deutsche Fernsehen ist ebenfalls eine gemeinsame Einrichtung der Bundesländer und somit eine Erscheinungsform der Selbstkoordination der Länder.[36] 729

Die genannten Beispiele zeigen, daß der Ruf nach neuen Bundeskompetenzen keineswegs schon dann berechtigt ist, wenn sich eine Angelegenheit als länderübergreifend darstellt. Die Länder haben vielmehr die Möglichkeit, eigene **Koordinationsformen** zu entwickeln, die eine Einflußnahme des Bundes überflüssig machen. In der Staatspraxis zeigt sich überdies, daß der sich hier anbietende Formenreichtum des Bundesstaates bei weitem nicht ausgeschöpft ist. 730

Das Bundesstaatsprinzip hat sich in der Bundesrepublik Deutschland ohne Frage bewährt, und man spricht mit Recht von einem **»stabilen« Föderalismus**.[37] Die – auch vom BVerfG unterstützte – unitarische Tendenz ist freilich unübersehbar. Sie wird nur teilweise durch die wachsenden Zustimmungsbefugnisse des Bundesrates kompensiert. Gemessen an den Gesetzgebungs- und Verwaltungskompetenzen hat die Eigenständigkeit der Länder stetig abgenommen. Mitbestimmend hierfür war, daß der Bund sich vielfach finanziell engagierte und die Länder derartigen Verlockungen nicht widerstanden haben. Verfassungsrechtlich stellt sich die Frage, wo die Grenze erreicht ist, jenseits derer das Bundesstaatsprinzip selbst berührt ist (Art. 79 Abs. 3 GG). 731

VI. Zum Vergleich: Die Europäische Union

Obwohl die Europäische Union kein Bundesstaat, sondern nur ein Staatenverbund ist, ergeben sich im Verhältnis von Gemeinschaft und Mitgliedstaaten Probleme, die dem bundesstaatlichen Aufbau vergleichbar sind. Nach Art. 10 EGV treffen die Mitgliedstaaten alle geeigneten Maßnahmen allgemeiner oder besonderer Art zur Erfüllung der Verpflichtungen, die sich aus dem Vertrag oder aus Handlungen der Organe der Gemeinschaft ergeben. Sie erleichtern der Gemeinschaft die Erfüllung ihrer Aufgabe und unterlassen alle Maßnahmen, welche die Verwirklichung der Ziele des Vertrags gefährden können (Art. 10 Satz 2 u. 3 EGV). Mit diesen Vorschriften werden die Mitgliedstaaten zur **Gemeinschaftstreue** verpflichtet.[38] Nicht vollständig geklärt ist, ob vergleichbare Pflichten der Mitgliedstaaten auch im Verhältnis untereinander bestehen, wenn sie nicht im Rahmen des EGV, sondern des Unionsvertrages handeln. Bei Anlegung der Maßstäbe, die in Bundesstaaten entwickelt worden sind, dürften die Mitgliedstaaten der Union erheblichen Einschränkungen hinsichtlich von Boykottmaßnahmen und ähnlichem gegenüber anderen Mitgliedstaaten unterworfen sein.[39] 732

---

34 Vgl. *H. Maurer*, Staatsrecht, § 10 Rdnr. 59.

35 Vgl. Staatsvertrag über die Vergabe von Studienplätzen i. d. F. der Bek. v. 28. 12. 1999.

36 Vgl. ZDF-Staatsvertrag i. d. F. v. 31. 8. 1991, Nds. GVBl. 1991, S. 324, zuletzt geändert durch den 5. RundfunkÄndStaatsvertrag v. 15. 12. 2000, Nds. GVBl. 2000, S. 327/328.

37 Vgl. dazu *K. Stern*, Staatsrecht I, S. 663 m. w. N.

38 Vgl. *A. Bleckmann*, Europarecht, Rdnr. 697 ff.; skeptisch *R. Streinz*, Europarecht, Rdnr. 143.

39 Nicht zu verwechseln sind derartige Maßnahmen mit den Reaktionsmöglichkeiten der Gemeinschaft für den Fall der Verletzung fundamentaler Grundsätze durch einen Mit-

VII. Rechtsprechung

733 **BVerfGE** 1, 117 (Horizontaler Finanzausgleich); **E** 6, 309 (Reichskonkordat); **E** 8, 122 (Volksbefragungsurteil); **E** 12, 205 (Deutschland-Fernsehen); **E** 13, 54 (Neugliederungsurteil); **E** 36, 342 (Beamtenbesoldung); **E** 39, 96 (Städtebauförderungsgesetz); **E** 72, 330; **E** 86, 148 (Länderfinanzausgleich); **E** 98, 218 (Rechtschreibreform); **E** 101, 158 (Länderfinanzausgleich).

VIII. Literatur

734 **H. Bauer**, Die Bundestreue, 1992; **A. Bleckmann**, Zum Rechtsinstitut der Bundestreue – Zur Theorie der subjektiven Rechte im Bundesstaat, JZ 1991, S. 900; **M. Brenner**, Der unitarische Bundesstaat in der Europäischen Union, DÖV 1992, S. 903; **H.-U. Erichsen**, Bund und Länder im Bundesstaat des Grundgesetzes, Jura 1986, S. 337; **J. A. Frowein**, Gemeinschaftsaufgaben im Bundesstaat, VVDStRL 31 (1973), S. 13; **R. Grawert**, Zusammenarbeit und Steuerung im Bundesstaat, Der Staat 14 (1975), S. 229; **H.-G. Henneke**, Länderfinanzausgleich und Maßstäbegesetz, Jura 2001, S. 767; **K. Hesse**, Der unitarische Bundesstaat, 1962; **G. Kisker**, Kooperation im Bundesstaat, 1971; **H. Laufer/U. Muench**, Das föderative System der Bundesrepublik Deutschland, 1998; **I. v. Münch**, Gemeinschaftsaufgaben im Bundesstaat, VVDStRL 31 (1973), S. 51; **F. Ossenbühl**, Föderalismus nach 40 Jahren Grundgesetz, DVBl. 1989, S. 1230; **H. H. Rupp**, Länderfinanzausgleich – Verfassungsrechtliche und verfassungsprozessuale Aspekte des Urteils des BVerfG vom 11. 11. 1999, JZ 2000, S. 269; **E. Schmidt-Aßmann**, Thesen zum föderativen System der Bundesrepublik Deutschland, Jura 1987, S. 449; **H.-P. Schneider**, Die bundesstaatliche Ordnung im vereinigten Deutschland, NJW 1991, S. 2448; **W. Thieme**, 40 Jahre Bundesstaat, DÖV 1989, S. 499.

---

gliedstaat nach Art. 7 EUV. Die dort vorgesehenen Maßnahmen zeigen *in nuce* einen gegen den Willen des Mitgliedstaats möglichen »Gemeinschaftszwang«.

D. Der Rechtsstaat

Die dogmatische Bedeutung des **Rechtsstaatsprinzips**, das ausdrücklich nur in Art. 28 Abs. 1 Satz 1 GG genannt wird, aber schon in Art. 20 Abs. 3 GG niedergelegt ist, besteht in erster Linie darin, die rechtsstaatlichen Institute des Grundgesetzes zusammenzufassen und auf einen Begriff zu bringen. Ähnlich wie das Bundesstaatsprinzip in Art. 20 Abs. 1 GG keinen beliebigen, sondern den durch das Grundgesetz verfaßten Bundesstaat meint, ist das Rechtsstaatsprinzip kein abstrakter, verschiedenartiger Konkretisierung zugänglicher Rechtsgrundsatz, sondern eine **zusammenfassende** strukturelle **Festlegung**. 735

Aus dieser Sicht ist der Streit um den »formalen« oder »materialen« Rechtsstaatsbegriff in die Staatstheorie zu verweisen. Offenkundig ist, daß die **unmittelbare** – also nicht erst durch den Gesetzgeber vermittelte – **Geltung** der **Grundrechte** (Art. 1 Abs. 3 GG) die **Bindung** aller Staatsorgane an **Gesetz** und **Recht** (Art. 20 Abs. 3 GG) material determiniert. Durch das Grundgesetz wird folglich ein Rechtsstaat konzipiert, in dem sich rechtsstaatliche Verfahren und Verfahrensgarantien mit materialen **Gerechtigkeitsgehalten** verbinden. Ob die dichotomische Fragestellung – formaler **oder** materialer Rechtsstaat – die Realität eines Staates überhaupt treffen kann, bleibe dahingestellt. 736

Das Rechtsstaatsprinzip ist trotz seines zusammenfassenden Charakters mehr als die Summe seiner Teile. Das materiale Element nämlich – die **Gerechtigkeit** – besteht nicht ein für allemal, sondern muß »täglich erobert« werden. Rechtsstaatlichkeit ist deshalb – und diese Eigenart teilt sie mit den übrigen Strukturprinzipien des Art. 20 GG – zugleich **Zustand** und **Staatsziel**. 737

Im folgenden Abschnitt werden die wichtigsten Institute und Verfahren, über deren Zuordnung zum Rechtsstaatsprinzip im Schrifttum Einigkeit herrscht, dargestellt. In diesen Zusammenhang gehört auch das Bundesverfassungsgericht, das zwar Verbindung zu jedem Strukturprinzip des Grundgesetzes aufweist, gleichwohl die entscheidende **rechtsstaatliche** – nämlich den Vorrang der Verfassung sichernde – **Institution** des Grundgesetzes darstellt. 738

§ 14 Trennung und Zuordnung der Staatsfunktionen

In dem 1748 erschienen Buch des französischen Grafen *Charles de Montesquieu* »De l'Esprit des Lois« (Vom Geist der Gesetze) heißt es in dem Kapitel über die Verfassung Englands: 739

> »Es gibt in jedem Staat drei Arten von Vollmacht: Die legislative Befugnis, die exekutive Befugnis in Sachen, die vom Völkerrecht abhängen, und die exekutive Befugnis in Sachen, die vom Zivilrecht abhängen.
> Auf Grund der ersteren schafft der Herrscher oder Magistrat Gesetze auf Zeit oder für die Dauer, ändert geltende Gesetze oder schafft sie ab. Aufgrund der zweiten stiftet er Frieden oder Krieg, sendet oder empfängt Botschaften, stellt die Sicherheit her, sorgt gegen Einfälle vor. Aufgrund der dritten bestraft er Verbrechen oder sitzt zu Gericht über die Streitfälle der einzelnen Personen. Diese letztere soll richterliche Befugnis heißen, und die andere schlechtweg exekutive Befugnis des Staates.
> Politische Freiheit für jeden Bürger ist jene geistige Beruhigung, die aus der Überzeugung hervorgeht, die jedermann von seiner Sicherheit hat. Damit man diese Freiheit genieße, muß die Regierung so beschaffen sein, daß kein Bürger einen anderen zu fürchten braucht.
> Sobald in ein und derselben Person oder derselben Beamtenschaft die legislative Befugnis mit der exekutiven verbunden ist, gibt es keine Freiheit. Es wäre nämlich zu befürchten, daß derselbe Monarch oder derselbe Senat tyrannische Gesetze erließe und dann tyrannisch durchführte.
> Freiheit gibt es auch nicht, wenn die richterliche Befugnis nicht von der legislativen und von der exekutiven Befugnis geschieden sind. Die Macht über Leben und Freiheit der Bürger würde unumschränkt sein, wenn jene mit der legislativen Befugnis gekoppelt wäre, denn der Richter wäre Gesetzgeber. Der Richter hätte die Zwangsgewalt eines Unterdrückers, wenn jene mit der exekutiven Gewalt gekoppelt wäre.
> Alles wäre verloren, wenn ein und derselbe Mann bzw. die gleiche Körperschaft entweder der Mächtigsten oder der Adeligen oder des Volkes folgende drei Machtvollkommenheiten ausübte: Gesetze erlassen, öffentliche Beschlüsse in die Tat umsetzen, Verbrechen und private Streitfälle aburteilen.«[1]

Montesquieu hat die Gewaltenteilung also nicht als Idee entwickelt oder zur Durchführung empfohlen; er betrieb vielmehr das, was man heute »vergleichende Regimelehre« nennt. *Montesquieu* prüfte die Staaten Europas auf das von ihnen verwirklichte Maß an Gewaltenteilung und gelangte zum Schluß, daß überall dort, wo dieser Grundsatz nicht verwirklicht sei, Despotismus herrsche und es um die Freiheit des Bürgers schlecht bestellt sei. Seine These läßt sich dahin zusammenfassen, daß die Gewaltenteilung eine notwendige Bedingung bürgerlicher Freiheit darstellt. *Montesquieus* Analyse hilft uns auch heute noch beim Verständnis des mit »Gewaltenteilung« eher unscharf bezeichneten Strukturmerkmals moderner Staaten. 740

---

1 Dt. Übersetzung von *K. Weigand*, 1965, S. 212 f.; ein Überblick über die historische Entwicklung der »Gewaltenteilung« gibt *G.-C. v. Unruh*, JA 1990, S. 290.

I. Trennung der Staatsfunktionen

741 Ausgangspunkt zum Verständnis des Gewaltenteilungsprinzips müssen die materiellen Staatsfunktionen sein oder – wie *Konrad Hesse* sie nennt – die »Grundtypen« staatlicher Aufgabenerfüllung.[2] Als solche bezeichnet *Montesquieu* die Gesetzgebung, die exekutive und die richterliche »Gewalt«. Gemeint ist hiermit – und diese Beobachtung behält bis heute ihre Gültigkeit –, daß sich diese Funktionen des Staates grundsätzlich voneinander unterscheiden. Zwar stand bei der exekutiven Befugnis für *Montesquieu* vor allem die Pflege der Beziehung zu auswärtigen Staaten – nach heutigem Sprachgebrauch also die »Auswärtige Gewalt«[3] – und die Kriegsführung im Vordergrund. Der moderne Sozialstaat des 20. Jahrhunderts hat demgegenüber sein Aufgabenfeld verlagert und zugleich beträchtlich erweitert; gleichwohl läßt sich auch hier von einer besonderen Funktion der »Vollziehung« sprechen. »Staatsfunktionen« sind also begrifflich die Formen, in denen der Staat seine **Aufgaben** erfüllt.[4]

1. Gesetzgebung (Rechtsetzung)

742 Die **Gesetzgebung** besteht aus der **Aufstellung genereller Regeln**, die für Bürger und Behörden ein *Sollen* enthalten. Normen beschreiben nicht gegenwärtige oder zukünftige Zustände, sondern schreiben etwas *vor*, richten also Gebote oder Verbote an Bürger und rechtsanwendende Instanzen.[5] Ihre Eigenart ist, generell zu sein, sich also an eine unbestimmte Zahl von Bürgern zu richten und darüber hinaus zeitlich und örtlich nicht festgelegt zu sein.[6] Es gibt zwar Normen, die nur einen bestimmten Fall betreffen – »Einzelfallgesetze«[7] – gleichwohl sind es *Normen*, sofern ihre sprachliche Fassung sich nicht auf den Einzelfall beschränkt. Für die Normqualität ist es gleichgültig, ob das Gebot oder Verbot vom Parlament ausgesprochen wird (förmliches Gesetz oder »Parlamentsgesetz«) oder von der hierzu ermächtigten Verwaltung (Verordnung). Die rechtstheoretische Struktur ist in beiden Fällen die gleiche, so daß man besser den Begriff der »Gesetzgebung« für die hier in Rede stehende Staatsfunktion vermeidet und von **»Rechtssetzung«** oder **»Normgebung«** spricht.[8]

2. Vollziehung

743 Unter »vollziehender Gewalt« (Art. 20 Abs. 2 und 3 GG) versteht man **Regierung** und **Verwaltung**.[9] Der Begriff ist also bewußt weiter gewählt als der der »Verwal-

2 *K. Hesse*, Grundzüge, Rdnr. 487.
3 Vgl. unten Rdnr. 1060 ff.
4 Vgl. hierzu *K. Stern*, Staatsrecht II, S. 521 ff. m. w. N.
5 Vgl. *B. Rüthers*, Rechtstheorie, 1999, Rdnr. 92 ff.
6 Vgl. *K. F. Röhl*, Allgemeine Rechtslehre, 2. Aufl. 2001, S. 106 f., 176 ff.
7 Vgl. hierzu BVerfGE 25, 371 (398), das auch die Regelung von Einzelfällen durch Gesetz für grundsätzlich zulässig hält. Derartige, auf Einzelfälle beschränkte gesetzliche Regelungen sind Einzelakte in Gesetzesform, aber keine *Normen*.
8 Vgl. *K. Stern*, Staatsrecht II, S. 560 ff.
9 Vgl. hierzu *K. Hesse*, Grundzüge, Rdnr. 530 ff.

tung«, gibt aber nicht wieder, daß diese Funktion keineswegs nur darin besteht, zu vollziehen, was andernorts festgelegt ist, sondern alles **staatliche Handeln** umfaßt, daß nicht Gesetzgebung oder Rechtsprechung ist.[10] Typischerweise besteht exekutivisches Handeln in der **Einzelentscheidung**, durch die Normen konkretisiert werden; doch ist auch alles andere – schlichte – exekutivische Handeln der »Vollziehung« zuzuordnen.[11]

3. Rechtsprechung

Rechtsprechung ist die durch einen unbeteiligten (und unabhängigen) Dritten am 744
Maßstab des Rechts in einem förmlichen Verfahren getroffene **Rechtsentscheidung.**[12] Jedes dieser Definitionsmerkmale erfüllt eine besondere Abgrenzungsaufgabe. Streitentscheidung allein bedeutet noch nicht, daß es sich um Rechtsprechung handelt. Auch der Ausgleich von Interessen im Verwaltungsverfahren kann sich als Streitentscheidung darstellen. Hinzutreten müssen das förmliche Verfahren sowie die Neutralität und Unabhängigkeit des Entscheidenden.[13]

II. Konstitutierung »besonderer« Organe

Mit der Kennzeichnung unterschiedlicher Staatsfunktionen wären wir über *Mon-* 745
tesquieus Analyse kaum hinausgekommen, denn die Differenzierung zwischen Gesetzgebung, »exekutiver« und »richterlicher« Befugnis war sein Ausgangspunkt. Entscheidend ist deshalb für die Sicherung bürgerlicher Freiheit, **welche Organe** diese Funktionen wahrnehmen.

Nach Art. 20 Abs. 2 Satz 2 GG wird die Staatsgewalt »durch besondere Organe der 746
Gesetzgebung, der vollziehenden Gewalt und der Rechtsprechung ausgeübt«. Das Grundgesetz schreibt also vor, daß die Staatsfunktionen von **unterschiedlichen** Organen wahrgenommen werden müssen. Damit ist eine **sachliche Funktionentrennung** erreicht, die den ihr zugedachten freiheitssichernden Zweck aber nur erreichen kann, wenn ihr eine **personelle Funktionentrennung** zur Seite gestellt wird. Anderenfalls bestünde die Gefahr, daß die unterschiedlichen Organe mit den gleichen **Organwaltern** besetzt werden, letztlich also die gleichen Amtswalter die Gesetze erlassen und ausführen. Die in Art. 20 Abs. 2 Satz 2 GG vorgeschriebenen »besonderen« Organe entsprechen dem Grundsatz der Funktionentrennung deshalb nur, wenn sie sachlich und personell von den anderen getrennt sind.[14]

Das Rechtsinstitut, das die personelle Funktionentrennung sichern soll, wird als 747
»Inkompatibilität« bezeichnet. Zwischen der Zugehörigkeit zur Legislative und zur vollziehenden Gewalt besteht zwar eine weitgehende, aber nicht absolute Inkompatibilität. Der Bundespräsident darf keiner gesetzgebenden Körperschaft angehören (Art. 55 Abs. 1 GG). Der Beamten-(Soldaten-)Status und die Mitglied-

---

10 Vgl. *J. Ipsen*, Allgemeines Verwaltungsrecht, 3. Aufl. 2003, Rdnr. 46 ff.
11 Vgl. *J. Ipsen*, Allgemeines Verwaltungsrecht, Rdnr. 285 ff.
12 Vgl. *K. Hesse*, Grundzüge, Rdnr. 547 ff.
13 Vgl. *K. Hesse*, Grundzüge, Rdnr. 530 f.; *H. Maurer*, Staatsrecht, § 19 Rdnr. 1 ff.
14 Vgl. *H. Schulze-Fielitz*, in: Dreier (Hrsg.), GG, Bd. II, Art. 20 (Rechtsstaat) Rdnr. 64.

schaft im Bundestag sind ebenfalls unvereinbar (§§ 5 und 8 AbgG[15]). Gleiches gilt für Angestellte des öffentlichen Dienstes (§ 8 Abs. 3 AbgG). Nicht unvereinbar ist hingegen das Amt des Bundeskanzlers oder eines Bundesministers und die Mitgliedschaft im Bundestag.

748 Die in §§ 5 und 8 AbgG vorgesehene Inkompatibilität läßt sich nicht allein aus einer konsequenten Durchführung des Prinzips der Funktionentrennung erklären. Es sollen auch Konfliktsituationen vermieden werden, in die ein Abgeordneter geriete, der als Beamter den Weisungen seiner Vorgesetzten unterliegt. Die fehlende Inkompatiblität zwischen dem Amt des Bundeskanzlers bzw. dem Ministeramt und dem Parlamentsmandat zeigt überdies, daß eine Gegenüberstellung von Parlament und Regierung überholtem Verfassungsdenken entspringt. Regierung und Parlamentsmehrheit stehen heute als »Staatsleitung« der Opposition gegenüber.[16]

749 Die personelle Trennung zwischen Legislative und Rechtsprechung ist lückenlos. Nach §§ 8 Abs. 1, 5 Abs. 1 AbgG ruhen die Rechte eines Richters, der ins Parlament gewählt wird. Umgekehrt verliert ein Abgeordneter sein Mandat, wenn er zum Richter am BVerfG gewählt wird (§ 3 Abs. 3 BVerfGG[17]). Inkompatibilitätsvorschriften gibt es auch für das Verhältnis von rechtsprechender und vollziehender Gewalt. Nach § 4 DRiG[18] darf ein Richter nicht zugleich Aufgaben beider Staatsfunktionen wahrnehmen.

750 Bislang läßt sich das Fazit ziehen, daß aufgrund des Art. 20 Abs. 2 Satz 2 GG die verschiedenen Staatsfunktionen unterschiedlichen Organen zugewiesen sind, zwischen denen im wesentlichen Inkompatibilität besteht, so daß die Funktionentrennung nicht nur in sachlicher, sondern auch in personeller Hinsicht gewährleistet ist.

III. Zuweisung der Funktionen an die verschiedenen Staatsorgane

751 Die »Gewaltenteilung« wäre idealtypisch, wenn die drei Staatsfunktionen den jeweiligen »besonderen« Organen in der Weise zugewiesen wären, daß für die **Rechtsetzung** ausschließlich die **Parlamente**, für die **Vollziehung** nur **Regierung** und **Verwaltung**, für die **Rechtsprechung** ausnahmslos die **Gerichte** zuständig wären. Der Zuständigkeitsbereich der Organe würde sich dann mit der jeweiligen materiellen Staatsfunktion decken.

752 Die Zuständigkeiten der Staatsorgane beschränken sich nicht notwendig auf die ihnen entsprechende materielle Staatsfunktion, sondern reichen in andere hinüber. Die Rechtsetzung zum Beispiel wird nicht allein von den Parlamenten ausgeübt, sondern ist als Verordnungsgebung Aufgabe auch der Exekutive. Gerichten obliegen außer der Rechtsprechungstätigkeit auch unterschiedliche exekutivische

15 *Sartorius* I Nr. 48.

16 Vgl. hierzu *K. Stern*, Staatsrecht I, S. 1032 ff.; BVerfGE 102, 224 (236): »Regierung und die sie unterstützende Parlamentsmehrheit bilden gegenüber der Opposition politisch eine Einheit.«

17 *Sartorius* I Nr. 40 = *Nomos Textausgaben* ÖffR Nr. 8.

18 *Schönfelder* Nr. 97 = *Nomos Textausgaben* ZivilR Nr. 31.

Aufgaben.[19] Das Parlament schließlich übt eine Reihe von Regierungsfunktionen aus.[20]

Die Überschneidungen von Organ und Funktion werden vom BVerfG insoweit für verfassungsmäßig gehalten, als eine Gewalt nicht in den »**Kernbereich**« der anderen übergreift.[21] Welches der Kernbereich ist, läßt sich nicht leicht beantworten. Eine glatte Formel hat sich bislang nicht gefunden.[22] Der Kernbereich ist dahin umschrieben worden, daß seine Verletzung ein **Übergewicht** der einen über die anderen Gewalten bedeuten würde.[23] Dies ist freilich nur der eine Aspekt; die Funktionentrennung gewährleistet zudem eine spezifische Rationalität staatlicher Aufgabenerfüllung.[24] Neben der Rationalität spielt der Gesichtspunkt demokratischer Legitimation eine Rolle. Obwohl alle Staatsgewalt vom Volke ausgeht (Art. 20 Abs. 2 Satz 1 GG), sind die verschiedenen Staatsorgane in unterschiedlicher Weise demokratisch legitimiert. Auch hieraus lassen sich Rückschlüsse ziehen.[25] 753

Da das Prinzip der **Funktionentrennung** im Grundgesetz selbst angelegt und jede Funktion verfassungsrechtlich legitimiert ist, läßt sich aus dem Demokratieprinzip kein »allumfassender Parlamentsvorbehalt« ableiten.[26] Das BVerfG hat jedoch in Gestalt der »**Wesentlichkeitstheorie**« einen Parlamentsvorbehalt entwickelt, der ein Ausgreifen exekutivischer Regelungsbefugnisse verhindern soll.[27] Grundlegende, für das Gemeinwohl wichtige – und regelmäßig grundrechtsberührende – Fragen muß das Parlament selbst regeln. Im parlamentarischen Gesetzgebungsverfahren ist Öffentlichkeit und Einflußnahme gewährleistet, die der Verwaltungsentscheidung – wie dem Gerichtsurteil – fremd sind.[28] Der Parlamentsvorbehalt stellt deshalb ein wichtiges Institut zur Sicherung der im Grundgesetz vorgesehen Verfahren dar. Ließen sich – wegen Untätigkeit des Gesetzgebers – die Zuständigkeiten beliebig vertauschen, so würden auch die im Grundgesetz vorgesehenen Verfahren ihre Bedeutung verlieren. 754

IV. Einrichtung von Kontrollen

Das Bild der **Trennung** und **Zuordnung** der **Staatsfunktionen** bliebe unvollständig, vernachlässigte man ihre **wechselseitige Kontrolle**. Die Kontrolle von Regierung und Verwaltung ist im parlamentarischen Regierungssystem eine essentielle 755

19 Vgl. etwa die Aufgaben des Registergerichts (§§ 8 ff. HGB) und Grundbuchamts (§§ 1 ff. GBO); vgl. ferner *H. Schulze-Fielitz*, in: Dreier (Hrsg.), GG, Bd. II, Art. 20 (Rechtsstaat) Rdnr. 70; *K.-P. Sommermann*, in: v. Mangoldt/Klein/Starck, GG, Bd. 2, Art. 20 Rdnr. 211.

20 Grundlegend *W. Mößle*, Regierungsfunktionen des Parlaments, 1986.

21 Vgl. BVerfGE 9, 268 (280); 95, 1 (15).

22 Vgl. *K. Stern*, Staatsrecht II, S. 542.

23 Vgl. BVerfGE 9, 268 (279); 95, 1 (15); vgl. auch BVerfGE 49, 89 (125 f.); *K. Stern*, Staatsrecht II, S. 542; krit. zur »Kernbereichsthese« *N. Achterberg*, Probleme der Funktionenlehre, S. 189 f.

24 Vgl. *K. Hesse*, Grundzüge, Rdnr. 494; *K. Stern*, Staatsrecht II, S. 525.

25 Vgl. *J. Ipsen*, Richterrecht und Verfassung, S. 196 ff.

26 Vgl. BVerfGE 49, 89 (125 f.); 68, 1 (87).

27 Vgl. BVerfGE 40, 237 (248 ff.); 84, 212 (226); 88, 103 (116); vgl. zum Ganzen *J. Ipsen*, DVBl. 1984, S. 1105; *K. Stern*, Staatsrecht I, S. 811 ff.

28 Dazu *J. Ipsen*, Richterrecht und Verfassung, S. 138 ff.

Aufgabe des Parlaments. Als Kontrollinstrumente dienen die bekannten parlamentarischen Institute von der mündlichen Frage bis zur Einrichtung eines Untersuchungsausschusses.[29] In der Staatspraxis ist allerdings die Kontrolle der Verwaltung durch die Rechtsprechung von größerer Bedeutung, denn alles Verwaltungshandeln unterliegt richterlicher Nachprüfung[30], gleichgültig, ob diese durch die allgemeinen Verwaltungsgerichte oder andere Gerichte vorgenommen wird.

756 Auch die Gesetzgebungsorgane unterliegen einer begrenzten Kontrolle durch die Rechtsprechung. Das vom Grundgesetz vorausgesetzte richterliche Prüfungsrecht ermächtigt den Richter, jedes von ihm anzuwendende Gesetz auf seine Verfassungsmäßigkeit zu überprüfen.[31] Gelangt er zur Auffassung, daß ein entscheidungserhebliches Gesetz gegen das Grundgesetz verstößt, so ist er verpflichtet, es dem BVerfG zur Entscheidung vorzulegen (Art. 100 Abs. 1 GG).

757 Umgekehrt gibt es eine gewisse Kontrolle der Rechtsprechung durch die Parlamente. Soweit nämlich die Gerichte zu Ergebnissen gelangen, die der Gesetzgeber mißbilligt, kann durch Gesetzeskorrektur eine Änderung der Rechtslage herbeigeführt werden.[32]

V. Gewaltenteilung in der Europäischen Union

758 Die Europäische Union beruht auf den Grundsätzen der Freiheit, der Demokratie, der Achtung der Menschenrechte und Grundfreiheiten sowie der Rechtsstaatlichkeit (Art. 6 Abs. 1 EUV). An diese Grundsätze werden auch alle deutschen Staatsorgane bei der Verwirklichung eines vereinten Europas gebunden (Art. 23 Abs. 1 Satz 1 GG). Zur Rechtsstaatlichkeit gehört untrennbar auch der Grundsatz der Gewaltenteilung.[33] Allerdings hat die Europäische Union noch zu keiner Form der Gewaltenteilung – Trennung und Zuordnung von Funktionen – gefunden, die den Verfassungen der Mitgliedstaaten vergleichbar wäre. Es bleibt vielmehr bei einer spezifisch **gemeinschaftsrechtlichen Funktionsordnung**. Der Grund hierfür liegt in erster Linie in dem Umstand, daß das Europäische Parlament keine den staatlichen Parlamenten vergleichbare Gesetzgebungs- und Kontrollbefugnisse besitzt, Hauptrechtsetzungsorgan vielmehr der Rat ist.[34] Da der Rat – und durch ihn die Mitgliedstaaten – die Gemeinschaft gegenwärtig noch dominieren, kann auch von einem System der »checks and balances«, das der Gewaltenteilung ebenfalls eigen ist, noch nicht die Rede sein.[35] Die Gerichtsbarkeit der Gemeinschaft (EuGH, EuG) entspricht allerdings in vollem Umfang den Anforderungen des Gewaltenteilungsprinzips.[36] Auch die Kommission zeigt die für eine Exekutive typischen Kennzeichen und Zuständigkeiten.

759 Daß die Funktionsordnung innerhalb der Gemeinschaft dem klassischen Gewaltenteilungsprinzip nicht entspricht, ist auf ihre **mangelnde Staatsqualität** zurück-

29 Vgl. oben Rdnr. 200 ff.
30 Vgl. unten Rdnr. 795 ff.
31 Vgl. unten Rdnr. 916 ff.
32 Vgl. *H. Maurer*, Staatsrecht, § 12 Rdnr. 15.
33 Vgl. *H. Schulze-Fielitz*, in: Dreier (Hrsg.), GG, Bd. II, Art. 20 (Rechtsstaat) Rdnr. 37.
34 Vgl. oben Rdnr. 407.
35 A. A. *T. Oppermann*, Europarecht, Rdnr. 243.
36 Vgl. unten Rdnr. 854 f.

zuführen und wird sich vermutlich erst ändern, wenn die Europäische Union zu einem **Bundesstaat** zusammengewachsen ist. Solange nämlich die »Gemeinschaftsgewalt« nicht unmittelbar auf ein europäisches Volk zurückzuführen ist, sondern durch die Mitgliedstaaten legitimiert wird, stehen der zentralen Stellung des Parlaments strukturelle Hemmnisse im Wege. Nicht ausgeschlossen ist allerdings, dem Demokratieprinzip dadurch eine stärkere Betonung zu geben, daß dem Europäischen Parlament weitere Rechtsetzungs- und Kontrollbefugnisse eingeräumt werden.

VI. Übersicht: Trennung und Zuordnung der Staatsfunktionen 760

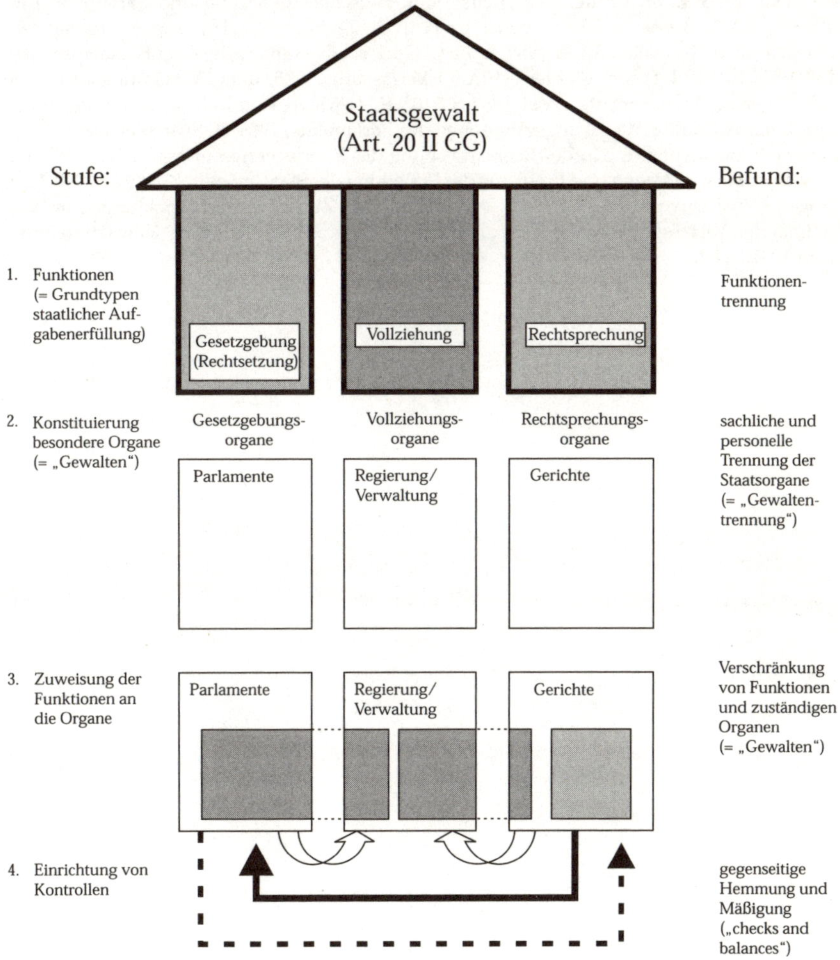

VII. Rechtsprechung

761 **BVerfGE** 18, 172 (Inkompatibilität von Amt und Mandat); **E** 22, 106 (Steuerausschüsse); **E** 25, 371 (Maßnahmegesetz: »Lex Rheinstahl«); **E** 34, 269 (Richterrecht: »Soraya«); **E** 54, 159 (Inkompatiblität von [Richter-] Amt und Mandat); **E** 68, 1 (NATO-Doppelbeschluß); **E** 75, 329 (Bindung des Strafrichters an Verwaltungsentscheidungen); **E** 77, 1 (Untersuchungsausschüsse).

VIII. Literatur

762 **N. Achterberg**, Probleme der Funktionenlehre, 1970; **J. Becker**, Gewaltenteilung im Gruppenstaat, 1986; **B.-O. Bryde**, Sicherheitspolitik zwischen Regierung und Parlament, Jura 1986, S. 363; **V. Busse**, Der Kernbereich exekutiver Eigenverantwortung im Spannungsfeld der staatlichen Gewalten, DÖV 1989, S. 45; **C. Görisch**, Die Inhalte des Rechtsstaatsprinzips, JuS 1997, S. 988; **J. Ipsen**, Richterrecht und Verfassung, 1975; **ders.**, Verfassungsrechtliche Schranken des Richterrechts, DVBl. 1984, S. 1102; **K.-U. Meyn**, Kontrolle als Verfassungsprinzip, 1982; **W. Mößle**, Regierungsfunktionen des Parlaments, 1986; **B. Sinemus**, Der Grundsatz der Gewaltenteilung in der Rechtsprechung des Bundesverfassungsgerichts, 1982; **G.-C. v. Unruh**, Grundlagen und Probleme der Verteilung der Staatsgewalt, JA 1990, S. 290; **H.-J. Vogel**, Gewaltenvermischung statt Gewaltenteilung? Zu neueren Entwicklungen im Verhältnis der Verfassungsorgane zueinander, NJW 1996, S. 1505; **R. Wank**, Gewaltenteilung, Jura 1991, S. 622.

§ 15 Die Rechtsgebundenheit der Staatsorgane

I. Dichotomie von »Gesetz und Recht« (Art. 20 Abs. 3 GG)

Nach Art. 20 Abs. 3 GG ist die **Gesetzgebung** an die **verfassungsmäßige Ordnung**, die **vollziehende Gewalt** und die **Rechtsprechung** sind an **»Gesetz und Recht«** gebunden. Das Grundgesetz geht davon aus, daß zwischen Gesetz und Recht ein Spannungsverhältnis möglich ist und verpflichtet die Staatsorgane gleichermaßen auf das »Recht«. Hierin liegt eine Abkehr von der für positivistisches Denken kennzeichnenden Gleichsetzung von Gesetz und Recht und eine Klarstellung, daß die Gesetzesform allein eine Bindung der Staatsorgane nicht zu erzeugen vermag, ein Gesetz vielmehr auch inhaltlich »Recht« sein muß.[1] 763

Die Möglichkeit **gesetzlichen Unrechts** bedeutet nicht, daß Exekutivorgane und Gerichte ihre Bindung an das einfache Gesetz beliebig überspielen könnten. Durch Art. 20 Abs. 3 GG sind die Staatsorgane vielmehr aufgerufen, alles Recht zu beachten und ggf. die Geltung der Verfassung gegenüber Gesetzen und untergesetzlichen Rechtsnormen durchzusetzen. Sofern Gesetz und Verfassung auseinanderzufallen drohen, sind Verfahren vorgesehen, um eine verbindliche Entscheidung herbeizuführen.[2] 764

II. Rechtsstaatliche Normenhierarchie

Die Rechtsordnung besteht aus verschiedenen Arten von Rechtsnormen, die als abstrakt-generelle Sollens-Vorschriften zwar eine gleiche Struktur aufweisen, aber einen verschiedenen Rang einnehmen. Die **Rangverschiedenheit** der **Rechtsnormen** bedeutet, daß rangniedere Vorschriften mit den ranghöheren übereinstimmen müssen.[3] Unzutreffend ist demgegenüber die Vorstellung, die höherrangigen umfaßten inhaltlich die niederrangigen Normen und würden von diesen lediglich konkretisiert. Aus diesem Grunde ist auch das vielfach verwandte Bild einer »Normenpyramide«[4] zweifelhaft, denn es geht von einer geschlossenen Rechtsordnung aus, die auf den einzelnen Stufen räumlich zunimmt. Vor allem das Verhältnis von Verfassung und einfachem Gesetz läßt sich jedoch nicht allein als Prozeß der Konkretisierung begreifen, weil die Verfassung nur punktuelle Regelungen trifft und nicht als unerschöpflicher Quell detaillierter Inhalte mißverstanden werden sollte. 765

Ein Widerspruch zwischen einer höherrangigen und einer niederrangigen Norm hat die **Nichtigkeit** letzterer zur Folge. In dieser Rechtsfolge liegt eine wesentliche Voraussetzung für die Durchsetzung der **Verfassung** gegenüber dem einfachen Gesetz bzw. des einfachen Gesetzes gegenüber der untergesetzlichen Rechtsnorm: *lex superior derogat legi inferiori.* 766

---

1 Vgl. BVerfGE 34, 269 (386 f.).

2 Siehe unten Rdnr. 859 ff.

3 Vgl. *K. F. Röhl*, Allgemeine Rechtslehre, 2. Aufl. 2001, S. 571 f.

4 Vgl. *U. Kramer*, JuS 2001, S. 962.

1. Verfassung

767 Die **Verfassung** ist **Gesetz**, unterscheidet sich aber von allen anderen Gesetzen durch ihren besonderen Entstehungsmodus. Verfassungen bilden regelmäßig den Neuanfang in historisch einmaligen Situationen. Sie sind Schöpfungen besonderer verfassungsgebender Versammlungen – des *»pouvoir constituant«* –, der über eine besondere, historisch häufig einzigartige Legitimation verfügt.

768 In der deutschen Verfassungsgeschichte sind die Frankfurter Nationalversammlung, die 1848/49 die Paulskirchenverfassung ausarbeitete[5], die Weimarer Nationalversammlung[6] und der Parlamentarische Rat[7] von besonderer Bedeutung gewesen. Im Gegensatz zur Frankfurter und Weimarer Nationalversammlung wurden die Mitglieder des Parlamentarischen Rates nicht unmittelbar vom Volk, sondern von den Landtagen der Bundesländer auf der Grundlage gleichlautender Landesgesetze gewählt. Die Verfassung des Norddeutschen Bundes (1866) und die Reichsverfassung von 1871 beruhten auf Verträgen zwischen den bis dahin souveränen deutschen Staaten und erfuhren die Zustimmung der jeweiligen Kammern.[8]

769 Verfassungen regeln die Einsetzung und die Kompetenzen der Staatsorgane, Verfahren der Rechtsetzung, nicht zuletzt – in Gestalt der Grundrechte – das Verhältnis von Bürger und Staat. Verfassungen enthalten nicht selten grundlegende Entscheidungen für das Gemeinwesen – »Staatszielbestimmungen« oder Strukturprinzipien –, aber auch punktuelle Regelungen, die in die Verfassung nur wegen ihres besonderen Geltungsmodus aufgenommen werden.

770 Kennzeichen der Verfassung ist die erschwerte **Abänderbarkeit**. Im Gegensatz zu einer unter der Weimarer Reichsverfassung verbreiteten Lehre stellt die erschwerte Abänderbarkeit nicht nur ein formales Kennzeichen der Verfassung dar, sie sichert vielmehr ihren Inhalt gegen Änderungen durch den einfachen Gesetzgeber.[9]

771 Die Besonderheiten der unterschiedlichen Rechtsnormen lassen sich am besten exemplarisch zeigen. Nimmt man als Beispiel den für unsere Zivilisation überaus wichtigen Bereich des **Straßenverkehrs**, so findet sich auf der Verfassungsebene nur eine Kompetenzzuweisung. Nach Art. 74 Abs. 1 Nr. 22 GG fällt dem Bund die Gesetzgebungskompetenz für »den Straßenverkehr« zu. Die Verfassung begnügt sich also mit einer punktuellen Regelung und überläßt die Ausgestaltung dieses Gegenstandes im übrigen dem einfachen Gesetz.

2. Parlamentsgesetz

772 Das **einfache Gesetz** ist ein vom Parlament in einem besonderen Verfahren beschlossener Rechtssatz, der in der Regel wichtige sozialgestaltende Entscheidungen enthält.[10] Der gegenständliche Bereich der Parlamentsgesetze ist praktisch un-

5 Vgl. *E. R. Huber*, Deutsche Verfassungsgeschichte seit 1789, Bd. II, S. 587 ff.
6 Vgl. *E. R. Huber*, Deutsche Verfassungsgeschichte seit 1789, Bd. V, S. 1066 ff.
7 Vgl. *K. Stern*, Staatsrecht V, S. 1247 f., 1277 ff.
8 Vgl. *E. R. Huber*, Deutsche Verfassungsgeschichte seit 1789, S. 644 ff.; 742 ff.
9 Siehe unten Rdnr. 1010 ff.
10 Vgl. *H. Maurer*, Staatsrecht, § 17 Rdnr. 7 ff.

begrenzt; die Aufteilung der Gesetzgebung zwischen Bund und Ländern darf nicht den Blick dafür verstellen, daß grundsätzlich **alle** sozial relevanten **Sachverhalte** gesetzlicher Regelung zugänglich sind. Der Gesetzgeber ist hierbei nur durch die Verfassung – namentlich die Grundrechte – eingeschränkt.

Für den hier beispielhaft gewählten Bereich des Straßenverkehrs gibt es als einfachgesetzliche Regelung das Straßenverkehrsgesetz[11], das keine »Verbesonderung« der Verfassung darstellt, sondern aufgrund der Kompetenzzuweisung aus Art. 74 Abs. 1 Nr. 22 GG die grundlegenden Gegenstände des Straßenverkehrs regelt. Hierzu gehören die Fahrerlaubnis (§ 2 StVG) ebenso wie die – vom BGB abweichende – Haftpflicht (§ 7 StVG) sowie Straf- und Bußgeldvorschriften (§§ 21 ff. StVG). 773

3. Rechtsverordnungen

Rechtsverordnungen sind Rechtssätze, die die Exekutive aufgrund einer **gesetzlichen Ermächtigung** erläßt. Wenn der Gesetzgeber die wesentlichen Fragen eines Lebensbereichs geregelt hat, entsteht – vor allem im Bereich der Verwaltung – häufig das Bedürfnis nach detaillierter Regelung. Für die Rechtsanwendung im Einzelfall fällt der Rechtsverordnung deshalb erhebliche Bedeutung zu. Statistisch gesehen beträgt die Zahl der (bundesrechtlichen) Rechtsverordnungen ein Mehrfaches von der der einfachen (Bundes-)Gesetze.[12] 774

Die abgeleitete Rechtssetzung birgt **Gefahren** für das parlamentarische Regierungssystem. Das Parlament könnte geneigt sein, durch weiträumige Ermächtigungen die eigentlichen Entscheidungen auf die Exekutive zu übertragen und ihr damit einen Einbruch in den parlamentarischen »Kernbereich« zu gestatten. Eine so weitgehende Verschränkung von Funktionen und Organen wäre mit der Stellung der volksgewählten Legislative und mit den im Grundgesetz verankerten Verfahren unvereinbar. Das Gesetzgebungsverfahren mit seinen Garantien für die Diskussion und Öffentlichkeit ist auch mit Zustimmung des Parlaments nicht durch das ganz anders geartete Verfahren der Verordnungsgebung ersetzbar. Art. 80 Abs. 1 GG fällt die Aufgabe zu, den Bereich exekutivischer Rechtssetzung zu begrenzen. 775

Durch Parlamentsgesetz können die **Bundesregierung**, ein **Bundesminister** oder die **Landesregierungen** zum Erlaß von Rechtsverordnungen ermächtigt werden (Art. 80 Abs. 1 Satz 1 GG). Die gesetzliche Ermächtigung muß nach **Inhalt**, **Zweck** und **Ausmaß** bestimmt sein (Art. 80 Abs. 1 Satz 2 GG). Die Rechtsverordnungen wiederum müssen die gesetzliche Ermächtigung angeben (Art. 80 Abs. 1 Satz 3 GG). 776

Im Bereich des Straßenverkehrsrechts ermächtigt § 6 StVG zum Erlaß von Rechtsverordnungen mit näher bestimmten Inhalt. Aufgrund des § 6 Abs. 1 StVG ist die Straßenverkehrsordnung (StVO) vom 16. 11. 1970[13] erlassen worden, die den Straßenverkehr in seinen Einzelheiten regelt. 777

---

11 *Schönfelder* Nr. 35 = *Nomos Textausgaben* StrafR Nr. 9.

12 Bundesgesetze (1.–13. WP) = 5.456; RVOen des Bundes (1.–13. WP) = 17.417; Quelle: Statistisches Bundesamt (Hrsg.), Statistische Jahrbücher 1959–2002.

13 *Schönfelder* Nr. 35 a = *Nomos Textausgaben* StrafR Nr. 10.

778 Das **Gebot** der **Bestimmtheit** (Art. 80 Abs. 1 Satz 2 GG) bezieht sich auf die gesetzliche Ermächtigung; daß auch die Rechtsverordnung selbst hinreichend bestimmt sein muß, ergibt sich aus allgemeinen rechtsstaatlichen Grundsätzen. Das BVerfG hat die Anforderungen an die Bestimmtheit der Verordnungsermächtigung nicht überspannt[14] und nur selten Verordnungsermächtigungen für nichtig erklärt.[15] Ist dies allerdings der Fall, sind auch die auf die Ermächtigung gestützten Rechtsverordnungen nichtig. Selbst wenn eine Verordnung für sich genommen keinerlei Rechtsverstoß enthält, teilt sie das Schicksal der Verordnungsermächtigung, weil sie als abgeleitete Rechtssetzung für sich allein nicht bestehen kann.[16] Nach Art. 80 Abs. 2 GG bedürfen bestimmte Typen von Rechtsverordnungen der Zustimmung des Bundesrates, der auf diese Weise an der Verwaltung des Bundes mitwirkt (Art. 50 GG).[17] Die erste Gruppe der zustimmungsbedürftigen Rechtsverordnungen ist die der sog. **»Verkehrsverordnungen«**, nämlich der Rechtsverordnungen auf dem Gebiet der Eisenbahn und des Post- und Fernmeldewesens. Die Zustimmungsbedürftigkeit kann hier durch (zustimmungsbedürftiges) Bundesgesetz **ausgeschlossen** werden.[18] Eine zweite Gruppe von Zustimmungsverordnungen bilden die Rechtsverordnungen, die aufgrund eines **zustimmungsbedürftigen Gesetzes** erlassen worden sind oder von den Ländern im Auftrag des Bundes oder als eigene Angelegenheit ausgeführt werden (sog. **»Föderativverordnungen«**).[19]

779 Nur Rechtsverordnungen der Bundesregierung bzw. eines Bundesministers sind nach Art. 80 Abs. 2 GG zustimmungsbedürftig. Werden die **Landesregierungen** ermächtigt, so bedürfen die von ihnen erlassenen Rechtsverordnungen **nicht** der Zustimmung des Bundesrates. Diese auf den ersten Blick wenig einleuchtende Differenzierung erklärt sich aus der Unterscheidung zwischen Bundesrecht und Landesrecht. Sofern ein Bundesorgan (Bundesregierung, Bundesminister) eine Rechtsverordnung erläßt, stellt diese **Bundesrecht** dar. Die Zustimmungsbedürftigkeit bedeutet also die Zustimmung eines Bundesorgans (des Bundesrates) zu einer bundesrechtlichen Regelung. Sofern Landesregierungen aufgrund einer bundesrechtlichen Verordnungsermächtigung Rechtsverordnungen erlassen, gehören diese zum **Landesrecht**. Maßgeblich für die Qualifizierung als Bundes- oder Landesrecht ist folglich nicht die Eigenart der Ermächtigung, sondern die Stellung des verordnungsgebenden Organs.[20] Die Zustimmung des Bundesrates zu Rechtsverordnungen der Landesregierungen würde deshalb bedeuten, daß ein Bundesorgan bei der Setzung von Landesrecht mitwirkt. Eine solche, die Eigenstaatlichkeit der Länder berührende Mitwirkung wird durch die Art. 80 Abs. 2 GG immanente **»föderative Sperre«** ausgeschlossen.[21]

---

14 Vgl. BVerfGE 58, 257 (277 f.) m. w. N.; zur Entwicklung der Rechtsprechung vgl. *U. Ramsauer*, in: AK-GG, Art. 80 Rdnr. 65 ff.

15 Vgl. BVerfGE 23, 208 (224 ff.); demgegenüber hat die Rechtsprechung wiederholt beanstandet, daß Rechtsverordnungen den von der Ermächtigung gezogenen Rahmen überschritten, vgl. BVerfGE 51, 166 (173); 58, 283 (290); 65, 248 (259).

16 Vgl. *J. Ipsen*, Allgemeines Verwaltungsrecht, 3. Aufl. 2003, Rdnr. 294.

17 Siehe oben Rdnr. 391 ff.

18 Vgl. oben Rdnr. 395.

19 Vgl. oben Rdnr. 393 f.

20 So BVerfGE 18, 407 (414).

21 Vgl. *Jarass/Pieroth*, GG, Art. 80 Rdnr. 18; *J. Lücke*, in: Sachs (Hrsg.), GG, Art. 80 Rdnr. 34; *B.-O. Bryde*, in: v. Münch/Kunig (Hrsg.), GG, Bd. 3, Art. 80 Rdnr. 29.

Art. 80 GG gilt nur für **bundesgesetzliche Ermächtigungen**, nicht für landesrechtliche Verordnungsermächtigungen. Sofern die Bestimmtheit einer landesrechtlichen Ermächtigung in Frage steht, ist die entsprechende Vorschrift des Landesverfassungsrechts heranzuziehen, die häufig mit der Fassung des Art. 80 Abs. 1 GG übereinstimmen wird.[22] Auch kommt eine entsprechende Anwendung des Art. 80 Abs. 1 Satz 2 GG in Betracht.[23] 780

III. Vorrang und Vorbehalt des Gesetzes

1. Vorrang der Verfassung

Nicht eine rechtstheoretische Lehrmeinung von der »Stufenordnung der Rechtsnormen«[24], sondern das **Grundgesetz** selbst bestimmt den Vorrang der Verfassung vor dem einfachen Gesetz und allen anderen staatlichen Willensäußerungen. Der Gedanke, daß der Verfassung ein erhöhter Rang zukommt und verfassungswidrige Normen nichtig sind, erscheint heute als Selbstverständlichkeit, weil er vielen Bestimmungen des Grundgesetzes zugrundeliegt. 781

Die Anerkennung des Geltungsvorrangs der Verfassung gegenüber dem einfachen Gesetz hat sich in der deutschen Staatsrechtslehre erst mit dem Grundgesetz durchgesetzt.[25] Noch unter der **Weimarer Verfassung** ist die Lehre »herrschend« gewesen, die Verfassung sei grundsätzlich ein Gesetz wie jedes andere, unterscheide sich von jenen aber durch ihre erschwerte Abänderbarkeit.[26] Die Besonderheit der Verfassung wurde also nicht darin gesehen, daß sie fundamentale, für das Gemeinwohl wichtige und den politischen Prozeß bestimmende Regeln festlegt, sondern daß es zu ihrer Änderung einer qualifizierten Mehrheit bedurfte.[27] Damit wurden – was für eine positivistische Denkweise bezeichnend ist – Form und Inhalt verkehrt: Nach zutreffender Auffassung sind Verfassungsänderungen nur deshalb unter erschwerten Voraussetzungen möglich, weil man den Inhalt der Verfassung bewahren und vor dem leichtfertigen Zugriff des Gesetzgebers schützen will. Überdies beging die Lehre von der Gleichordnung von Gesetz und Verfassung einen Denkfehler. Zumindest den Bestimmungen über die **Verfassungsänderung** müßte ein höherer Rang als dem einfachen Gesetz zukommen, weil diese andernfalls mit einfacher Parlamentsmehrheit hätten geändert werden können.[28] 782

22 Vgl. Art. 61 Bad.-Württ. Verf.; 55 Bay. Verf.; 47 Berl. Verf.; 80 Brand. Verf.; 124 Brem. Verf.; 53 Hamb. Verf.; 181 Hess. Verf.; 57 Meckl.-Vorp. Verf.; 43 Nds. Verf.; 70 Nordrh.-Westf. Verf.; 110 Rh.-Pf. Verf.; 75 Sächs. Verf.; 79 Sachs.-Anh. Verf.; 38 Schl.-Holst. Verf.; 84 Thür. Verf.

23 So BVerfGE 58, 257 (277) m. w. N.

24 Grundlegend hierzu *H. Kelsen*, Reine Rechtslehre, 2. Aufl. 1960, S. 228 ff.

25 Vgl. zur geschichtlichen Entwicklung *R. Wahl*, Der Staat 20 (1981), 485 (488 ff.); vgl. *U. Scheuner*, in: Festgabe BVerfG I (1976), S. 40 f.

26 Vgl. unten Rdnr. 1010.

27 Vgl. hierzu *G.-F. Schau*, Das Verhältnis von Verfassung und einfachem Recht in der Staatsrechtslehre der Weimarer Republik, 2002.

28 Nachw. bei *J. Ipsen*, Rechtsfolgen der Verfassungswidrigkeit von Norm und Einzelakt, 1980, S. 57 ff.

783 Der Geltungsvorrang der Verfassung ist dem neuzeitlichen Verfassungsbegriff immanent und wird in anderen Verfassungsstaaten vorausgesetzt. Sowie der Geltungsvorrang bestritten wird, wird im Grunde bereits die **Geltung** der **Verfassung** in Frage gestellt.[29]

2. Vorrang und Vorbehalt des Gesetzes

784 Unterhalb der Verfassung kommt dem **Parlamentsgesetz** der höchste Rang zu. Er geht allen anderen Staatsakten vor. Soweit eine untergesetzliche Rechtsnorm gegen ein einfaches Gesetz verstößt, ist sie nichtig. Der rechtswidrige Verwaltungsakt ist fehlerhaft, das gesetzwidrige Urteil im Rechtsmittelverfahren angreifbar.[30]

785 Der **»Vorbehalt des Gesetzes«** bedeutet nichts anderes, als daß bestimmte Regelungen – insbesondere Einschränkungen von Grundrechten – dem Parlamentsgesetz **»vorbehalten«** sind. Weitergehende Lehren, die das Verwaltungshandeln schlechthin von gesetzlicher Ermächtigung abhängig machen wollten[31], haben sich nicht durchsetzen können. Gleichwohl darf die Frage, ob dem parlamentarischen Regierungssystem des Grundgesetzes ein solcher **»Totalvorbehalt«** entspricht, noch als offen bezeichnet werden. Der Totalvorbehalt würde sich vor allem im Bereich der Subventionsvergabe auswirken, für die gegenwärtig häufig die Verwaltungsvorschrift als Rechtsgrundlage genügen muß.[32]

786 Das BVerfG hat in seiner jüngeren Rechtsprechung überdies eine Verpflichtung des parlamentarischen Gesetzgebers angenommen, in grundrechtssensiblen Bereichen die wesentlichen Fragen durch förmliches Gesetz zu regeln.[33] Die als **»Wesentlichkeitstheorie«** apostrophierte Judikatur besagt, daß auch jenseits der Gesetzesvorbehalte des Grundrechtsteils der Gesetzgeber zu eigener Normierung verpflichtet sein kann. Die vom BVerfG entschiedene Fälle wiesen jeweils »Grundrechtsberührung« auf, ohne daß notwendig in Grundrechte **eingegriffen** wurde.[34] Die Verpflichtung des Gesetzgebers zur Regelung der »wesentlichen« Fragen verringert die Entscheidungskompetenzen der Verwaltung, die bei Untätigkeit des Gesetzgebers durch das Medium der Verwaltungsvorschriften tätig wird.[35]

IV. Rechtsetzung in der Europäischen Union

787 Durch die Gründungsverträge der Europäischen Gemeinschaften – das **»primäre Gemeinschaftsrecht«**[36] – werden die Gemeinschaftsorgane (Parlament, Rat, Kommission) entweder gemeinsam oder einzeln zur Rechtssetzung ermächtigt. Es gilt das Prinzip der **begrenzten Einzelermächtigung**, mit anderen Worten muß für je-

---

29 Vgl. *R. Wahl*, Der Staat 20 (1981), S. 485.

30 Vgl. *J. Ipsen*, Rechtsfolgen der Verfassungswidrigkeit von Norm und Einzelakt, S. 209 ff.

31 Grundlegend *D. Jesch*, Gesetz und Verwaltung, 2. Aufl. 1968; *H. H. Rupp*, Grundfragen der heutigen Verwaltungsrechtslehre, 2. Aufl. 1991, S. 113 ff.

32 Vgl. *J. Ipsen*, Allgemeine Verwaltungsrecht, Rdnr. 446.

33 Vgl. oben Rdnr. 754.

34 Vgl. BVerfGE 40, 237 (249); 47, 46 (78 f.); 49, 89 (126); *J. Ipsen*, DVBl. 1984, S. 1105.

35 Dazu *K. Stern*, Staatsrecht II, S. 654 ff.

36 Vgl. oben Rdnr. 50.

den Rechtssetzungsakt eine primärrechtliche Ermächtigung nachgewiesen werden.[37]

Die Rechtsakte der Europäischen Gemeinschaft werden als **»sekundäres Gemeinschaftsrecht«** bezeichnet. Die Verträge führen spezifizierte Rechtsakte auf, die nicht unerhebliche Differenzen zu den Normkategorien des mitgliedstaatlichen Verfassungsrechts aufweisen: 788

- Die **Verordnung** hat allgemeine Geltung, ist in allen ihren Teilen verbindlich und gilt unmittelbar in jedem Mitgliedstaat (Art. 249 Abs. 2 EGV). Sie läßt sich am ehesten mit einem **einfachen Bundesgesetz** vergleichen, das in Ausübung der ausschließlichen oder konkurrierenden Gesetzgebungszuständigkeit[38] ergangen ist. Sie ist nicht mit der **Rechtsverordnung** nach Art. 80 GG zu verwechseln (oder zu vergleichen), weil die Rechtssetzungsorgane der Gemeinschaft (Rat, Kommission) keine vom Europäischen Parlament abgeleiteteten, sondern originäre Rechtssetzungsbefugnisse haben. Es handelt sich deshalb allein um eine *begriffliche* Identität. 789
- Die **Richtlinie** ist für jeden Mitgliedstaat, an den sie gerichtet wird, hinsichtlich des zu erreichenden Ziels verbindlich, überläßt jedoch den innerstaatlichen Stellen die Wahl der Form und der Mittel (Art. 249 Abs. 3 EGV). Sie ist am ehesten mit einem **Rahmengesetz** zu vergleichen, das durch die Bundesländer ausgefüllt werden muß.[39] Sofern die Richtlinien der Gemeinschaft von den Mitgliedstaaten nicht innerhalb der vorgesehenen Frist umgesetzt werden, entwickeln sie unter Umständen **unmittelbare Geltung** und müssen von Behörden und Gerichten der Mitgliedstaaten angewandt werden.[40] Die »EG-Richtlinien« haben nichts mit den ebenfalls häufig als »Richtlinien« (»Steuerrichtlinien«) bezeichneten Verwaltungsvorschriften des deutschen Rechts zu tun, bei denen es sich nicht um »Recht« im Sinne des Art. 97 Abs. 1 GG handelt.[41] 790
- Die **Entscheidung** ist in allen ihren Teilen für diejenigen verbindlich, die sie bezeichnet (Art. 249 Abs. 4 EGV). Hier ist umstritten, ob die Entscheidung überhaupt Normcharakter besitzt.[42] 791

Ob das Primärrecht der Gemeinschaft darüber hinaus als **Verfassung** der **Europäischen Union** angesprochen werden kann, ist umstritten.[43] Letztlich hängt die Beantwortung dieser Frage von der Definition des Verfassungsbegriffs ab. Da die Europäische Union keinen Bundesstaat darstellt, ist die Frage nach dem Verfassungscharakter jedenfalls zu verneinen, wenn man unter »Verfassung« eine **Staatsverfassung** versteht. Zweifelsfrei bildet das Primärrecht jedoch für die Europäische Union die rechtliche Grundordnung, die in den Mitgliedstaaten als Verfassungen bezeichnet werden. 792

37 Vgl. *R. Streinz*, Europarecht, Rdnr. 436 ff.
38 Vgl. oben Rdnr. 538 ff.
39 Vgl. oben Rdnr. 568 f.
40 Vgl. *R. Streinz*, Europarecht, Rdnr. 402 ff.
41 Vgl. *J. Ipsen*, Allgemeines Verwaltungsrecht, Rdnr. 142 ff.
42 Vgl. *R. Streinz*, Europarecht, Rdnr. 413 f.
43 Vgl. *A. Bleckmann*, Europarecht, Rdnr. 532 ff.; vgl. *D. Grimm*, Braucht Europa eine Verfassung, JZ 1995, S. 581; *J. Schwarze*, Auf dem Wege zu einer europäischen Verfassung, DVBl. 1999, S. 1677.

V. Rechtsprechung

793 **BVerfGE** 34, 165 (Hessische Förderstufe); **E** 38, 348 (Zweckentfremdung von Wohnraum); **E** 40, 237 (Vollzugsordnung); **E** 41, 251 (Speyer-Colleg); **E** 42, 191 (Personenbeförderungsgesetz); **E** 45, 400 (Oberstufenneuordnung); **E** 47, 46 (Sexualkunde); **E** 49, 89 (Kalkar); **E** 57, 295 (Rundfunkordnung); **E** 58, 257 (Schulentlassung); **E** 58, 283 (Architektenhonorare); **E** 68, 1 (NATO-Doppelbeschluß); **E** 76, 1 (Familiennachzug); **E** 77, 170 (C-Waffen); **E** 77, 381 (Zwischenlager Gorleben).

VI. Literatur

794 **H. H. v. Arnim**, Zur »Wesentlichkeitstheorie« des Bundesverfassungsgerichts, DVBl. 1987, S. 1241; **H. Bauer**, Der Gesetzesvorbehalt im Subventionsrecht, DÖV 1983, S. 53; **R. Dreier**, Rechtsstaat im Spannungsverhältnis zwischen Gesetz und Recht, JZ 1985, S. 353; **ders.**, Der Begriff des Rechts, NJW 1986, S. 890; **S. Detterbeck**, Vorrang und Vorbehalt des Gesetzes, Jura 2002, S. 235; **C.-E. Eberle**, Gesetzesvorbehalt und Parlamentsvorbehalt, DÖV 1984, S. 485; **J. Ipsen**, Gefahren für den Rechtsstaat, NdsVBl. 1999, S. 225; **H. D. Jarass**, Der Vorbehalt des Gesetzes bei Subventionen, NVwZ 1984, S. 473; **D. Jesch**, Gesetz und Verwaltung, 2. Aufl. 1968; **M. Kloepfer**, Der Vorbehalt des Gesetzes im Wandel, JZ 1984, S. 685; **W. Krebs**, Vorbehalt des Gesetzes und Grundrechte, 1975; **ders.**, Zum aktuellen Stand der Lehre vom Vorbehalt des Gesetzes, Jura 1979, S. 304; **P. Kunig**, Das Rechtsstaatsprinzip, 1986; **A. Leisner**, Geeignetheit als Rechtsbegriff – Ein Beitrag zur Dogmatik des Rechtsstaatsprinzips, DÖV 1999, S. 807; **F. Ossenbühl**, Rechtsquellen und Rechtsbindungen in der Verwaltung, in: H.-U. Erichsen (Hrsg.), Allgemeines Verwaltungsrecht, 12. Aufl. 2002, S. 111; **J. Pietzcker**, Vorrang und Vorbehalt des Gesetzes, JuS 1979, S. 710; **F. Rottmann**, Der Vorbehalt des Gesetzes und die grundrechtlichen Gesetzesvorbehalte, EuGRZ 1985, S. 277; **F. E. Schnapp**, Die Grundrechtsbindung der Staatsgewalt, JuS 1989, S. 1; **P. Selmer**, Der Vorbehalt des Gesetzes, JuS 1968, S. 489; **K.-P. Sommermann**, Verordnungsermächtigung und Demokratieprinzip, JZ 1997, S. 434; **C. Starck**, Der Gesetzesbegriff des Grundgesetzes, 1970; **ders.**, Vorrang der Verfassung und Verfassungsgerichtsbarkeit, in: C. Starck/A. Weber (Hrsg.), Verfassungsgerichtsbarkeit in Westeuropa, Bd. 1, 1986, S. 11; **A. Ule**, Verordnungsänderung durch Gesetz und Gesetzesänderung durch Verordnung? – Anmerkungen zur Staatspraxis der Gegenwart –, DÖV 2001, S. 241; **R. Wahl**, Der Vorrang der Verfassung, Der Staat 20 (1981), S. 485; **ders.**, Grundrechte und Staatszielbestimmungen im Bundesstaat, AöR 112 (1987), S. 26; **M. Wehr**, Grundfälle zu Vorrang und Vorbehalt des Gesetzes, JuS 1997, S. 231, 419; **D. Wilke**, Bundesverfassungsgericht und Rechtsverordnungen, AöR 98 (1973), S. 196.

§ 16 Der Rechtsschutz durch unabhängige Gerichte

I. Rechtsweggarantie (Art. 19 Abs. 4 GG)

Die als Grundrecht ausgestaltete Rechtsweggarantie ist im Schrifttum als »formelles Hauptgrundrecht«[1], als Schlußstein im Gewölbe des Rechtsstaates[2] gewürdigt worden. Ihre Tragweite ist außerordentlich, weil nahezu jedes exekutivische Handeln **richterlicher Kontrolle** zugeführt werden kann. Dadurch findet die Rechtsgebundenheit der Verwaltung ihre institutionelle Entsprechung. Zugleich wird ein Strukturmerkmal des durch das Grundgesetz verfaßten Rechtsstaates festgelegt: die **Letztentscheidungskompetenz** soll, soweit subjektive Rechte berührt sind, dem **Richter** zufallen. 795

1. Begriff der »öffentlichen Gewalt«

Fall 64: 796

Bebauungspläne werden als Satzung beschlossen (§ 10 BauGB) und unterliegen damit der Normenkontrolle durch die Oberverwaltungsgerichte (§ 47 Abs. 1 VwGO). § 246 Abs. 2 Satz 1 BauGB ermächtigt Hamburg (und Berlin), die Rechtsform der Bebauungspläne selbst zu bestimmen. In Hamburg sind Bebauungspläne als förmliche Gesetze erlassen worden.

Welchen Rechtsschutz gibt es gegen Bebauungspläne in Gesetzesform?

(nach BVerfGE 70, 35)

Für den Begriff der **»öffentlichen Gewalt«** im Sinne des Art. 19 Abs. 4 Satz 1 GG gibt es zwei Auslegungsmöglichkeiten. Als Synonym zur »staatlichen Gewalt« (Art. 1 Abs. 1 Satz 2 GG) würde er Legislative, Exekutive und rechtsprechende Gewalt umfassen. Setzt man die öffentliche Gewalt hingegen mit der »vollziehenden Gewalt« (Art. 20 Abs. 3 GG) gleich, so ergibt sich ein engeres Anwendungsfeld der Rechtsweggarantie. 797

Eine extensive Auslegung des Begriffs »öffentliche Gewalt« hätte eine Reihe von Ungereimtheiten zur Folge. Würde Rechtsschutz nicht nur gegen Akte der **vollziehenden Gewalt**, sondern auch gegen solche der **Rechtsprechung** gewährt, so bedeutete dies die Garantie eines unendlichen Instanzenzuges. Das BVerfG hat sich zu Recht auf den Standpunkt gestellt, Art. 19 Abs. 4 GG gewähre »Schutz durch den Richter, nicht gegen den Richter«[3] und interpretiert den Begriff der »öffentlichen Gewalt« demgemäß restriktiv.[4] 798

Auch die (Parlaments-)**Gesetzgebung** kann nur um den Preis systematischer Widersprüche zur »öffentlichen Gewalt« im Sinne des Art. 19 Abs. 4 GG gerechnet 799

---

1 Vgl. *F. Klein*, VVDStRL 8 (1950), S. 88.

2 So *R. Thoma*, in: H. Wandersleb (Hrsg.), Recht – Staat – Wirtschaft III (1951), S. 9.

3 So BVerfGE 15, 275 (280); 92, 158 (185); st. Rspr.

4 Vgl. dazu die Ausführungen von *H.-J. Papier*, in: Isensee/Kirchhof (Hrsg.), HdStR, Bd. IV, § 154 Rdnr. 22 ff.

werden. Das Grundgesetz sieht mit der Verfassungsbeschwerde (Art. 93 Abs. 1 Nr. 4 a GG) sowie der abstrakten (Art. 93 Abs. 1 Nr. 2 GG) und der konkreten Normenkontrolle (Art. 100 Abs. 1 GG) Verfahren vor, in denen das BVerfG über die Vereinbarkeit förmlicher Gesetze mit dem Grundgesetz entscheidet. Diese Verfahren regeln die richterliche Prüfung von Parlamentsgesetzen abschließend und dürfen nicht als »Rechtsweg« im Sinne des Art. 19 Abs. 4 GG mißverstanden werden. Der (Nichtverfassungs-) Richter wäre nach der grundgesetzlichen Systematik darauf beschränkt, ein Parlamentsgesetz auf seine Vereinbarkeit mit dem Grundgesetz zu prüfen, müßte es aber dem BVerfG vorlegen, sofern er es für verfassungswidrig hält (Art. 100 Abs. 1 GG). Ein gegen Gesetzgebungsakte durch Art. 19 Abs. 4 GG gewährter Rechtsschutz könnte folglich keine Letztentscheidungsbefugnis bedeuten. Das **richterliche Prüfungsrecht** indes wird bereits durch Art. 100 Abs. 1 GG vorausgesetzt. Das BVerfG hat deshalb zu Recht Gesetzgebungsakte nicht zur »öffentlichen Gewalt« im Sinne des Art. 19 Abs. 4 GG gerechnet[5], sondern diesen Begriff mit der **»vollziehenden Gewalt«** im Sinne des Art. 20 Abs. 3 gleichgesetzt.[6]

800 Im Ausgangsfall wäre nach den bisher dargelegten Grundsätzen ein »Rechtsweg« gegen die als förmliche Gesetze erlassenen Bebauungspläne nicht gegeben. Allerdings hätten die Bebauungspläne im Verwaltungsstreitverfahren inzidenter auf ihre Verfassungsmäßigkeit überprüft und ggf. dem BVerfG nach Art. 100 Abs. 1 GG vorgelegt werden können. Das BVerfG hat diesen Weg nicht beschritten und stattdessen unter Berufung auf Art. 19 Abs. 4 i. V. m. Art. 3 Abs. 1 GG eine »verfassungskonforme Auslegung« des § 47 Abs. 1 VwGO vorgenommen. Bebauungspläne sollen auch dann der Normenkontrolle nach § 47 Abs. 1 VwGO unterliegen, wenn sie als förmliche Gesetze erlassen worden sind.[7] Damit allerdings hat das BVerfG sowohl gegen den eindeutigen Wortlaut des § 47 VwGO verstoßen, als auch den Rang des förmlichen Gesetzes mißachtet. Es gibt zu denken, daß nunmehr (freilich in einem Ausnahmefall) einem Verwaltungsgericht die Letztentscheidungskompetenz über die Gültigkeit eines (nachkonstitutionellen) Parlamentsgesetzes zufällt. Gleichwohl wird man dieser Entscheidung keine Neubestimmung des Begriffs der »öffentlichen Gewalt« entnehmen können.

2. Behauptung der Verletzung subjektiver Rechte

801 **Fall 65:**

B ist rechtskräftig zu einer sechsmonatigen Freiheitsstrafe verurteilt worden. Das Gericht setzte die Strafe nicht zur Bewährung aus, weil es nicht annahm, B werde zukünftig keine Straftaten mehr begehen (§ 56 Abs. 1 StGB). B reicht bei der zuständigen Behörde ein Gnadengesuch ein, das zurückgewiesen wird. Gegen die Ablehnung des Gnadenerweises ruft B gem. § 23 EGGVG[8] das Oberlandesgericht an, dessen zuständiger Strafsenat seinen Antrag als unzulässig verwirft. In der Begründung heißt es, B könne nicht geltend machen, durch die Ablehnung des Gnadenerweises »in seinen Rechten« verletzt zu sein (§ 24 Abs. 1 EGGVG), weil es einen Anspruch auf Begnadigung nicht gebe.

(nach BVerfGE 25, 352)

5 So BVerfGE 24, 33 (49).
6 Vgl. BVerfGE 10, 264 (267).
7 So BVerfGE 70, 35 (57).
8 *Schönfelder* Nr. 95 a = *Nomos Textausgaben* ZivilR Nr. 30 a.

Der Wortlaut des Art. 19 Abs. 4 GG erweckt den Eindruck, der Rechtsweg stehe nur demjenigen offen, der definitiv in seinen Rechten verletzt ist. Über die Frage der Rechtsverletzung sollen die Gerichte aber erst entscheiden. Art. 19 Abs. 4 Satz 1 GG muß deshalb dahin ausgelegt werden, daß der Rechtsweg für denjenigen eröffnet ist, der *behauptet*, durch einen Exekutivakt in seinen Rechten **verletzt** zu sein.[9] 802

In Art. 19 Abs. 4 Satz 1 GG ist ausdrücklich von **Rechten** die Rede, nicht von Grundrechten. Die Rechtsweggarantie ist selbst ein (Verfahrens-)**Grundrecht**. Sie beschränkt sich nicht auf den Schutz der Grundrechte, sondern erstreckt sich auf alle subjektiven Rechte und rechtlich geschützten Interessen, die durch hoheitliches Handeln beeinträchtigt werden können.[10] 803

Da die Rechtsweggarantie voraussetzt, daß **eigene Rechte** des Klägers (potentiell) verletzt sind, sind **Popularklagen** verfassungsrechtlich **nicht** garantiert.[11] Auf Art. 19 Abs. 4 GG können sich also diejenigen Bürger nicht berufen, die, ohne in eigenen Rechten verletzt zu sein, sich zum Anwalt der Allgemeininteressen machen. Das bedeutet nicht, daß der einfache Gesetzgeber weitergehende Rechtsschutzformen (etwa die Verbandsklage) nicht vorsehen **dürfte**[12]; verfassungsrechtlich geboten sind sie indes nicht. 804

Im Beispielsfall ist fraglich, ob B geltend machen kann, in »seinen Rechten« verletzt zu sein. Herkömmlich wird angenommen, daß es kein Recht auf Gnade geben könne, der Gnadenakt sich vielmehr außerhalb des Rechts oder über dem Recht bewege.[13] Diese Auffassung ist insoweit zutreffend, als es einen **Anspruch** auf Begnadigung nicht gibt. Dies bedeutet aber nicht, daß die Gnadenpraxis willkürlich gehandhabt werden dürfte. Art. 3 Abs. 1 GG fordert vielmehr eine gleichmäßige Handhabung, die von sachfremden Erwägungen frei sein muß. Dem einzelnen muß deshalb ein Anspruch auf willkürfreie Entscheidung zuerkannt werden, der den Voraussetzungen des Art. 19 Abs. 4 GG genügt.[14] Diese Konsequenz hat das BVerfG bislang noch nicht gezogen[15], immerhin ist aber der Widerruf einer Begnadigung unter Hinweis auf Art. 19 Abs. 4 GG gerichtlicher Kontrolle unterworfen worden.[16] Es erscheint jedoch nicht sachgerecht, im Fall der erstmaligen Entscheidung über einen Gnadenakt anders zu verfahren.[17] 805

3. Rechtsweg als Weg zu Gerichten

Der »**Rechtsweg**« nach Art. 19 Abs. 4 Satz 1 GG ist der Weg zu Gerichten. Rechtsbehelfe, die eine Nachprüfung des Exekutivaktes lediglich durch vorgesetzte Behörden oder nichtrichterliche Spruchkörper vorsehen, genügen den Anforderun- 806

9 Vgl. BVerfGE 13, 132 (151); 27, 297 (305).
10 Vgl. *P. M. Huber*, in: v. Mangoldt/Klein/Starck, GG, Bd. 1, Art. 19 Rdnr. 396 ff.; *W. Krebs*, in: v. Münch/Kunig (Hrsg.), GG, Bd. 1, Art. 19 Rdnr. 59.
11 Vgl. *W. Krebs*, in: v. Münch/Kunig (Hrsg.), GG, Bd. 1, Art. 19 Rdnr. 58.
12 Vgl. *P. M. Huber*, in: v. Mangoldt/Klein/Starck, GG, Bd. 1, Art. 19 Rdnr. 358 f.; BVerfGE 22, 106 (110 f.).
13 Vgl. BVerfGE 25, 352 (358 ff.), ebenso BVerwG, DVBl. 1982, S. 1148 = BVerwG, NJW 1983, S. 188.
14 So die abw. Meinung in BVerfGE 25, 352 (363 ff.).
15 Vgl. BVerfG, NJW 1978, S. 2591.
16 So BVerfGE 30, 108 (111).
17 Wie hier *W. Krebs*, in: v. Münch/Kunig (Hrsg.), GG, Bd. 1, Art. 19 Rdnr. 55.

gen des Art. 19 Abs. 4 GG nicht. Die Rechtsweggarantie gewährleistet hingegen nicht, daß über alle öffentlich-rechtlichen Streitfragen die **Verwaltungsgerichte** entscheiden. Dies geht bereits aus der subsidiären Zuständigkeit der ordentlichen Gerichte hervor (Art. 19 Abs. 4 Satz 2 GG). Auch wird durch Art. 19 Abs. 4 GG kein Instanzenzug gewährleistet[18], der im übrigen mit dem Grundsatz der Rechtsschutzeffektivität kollidieren kann.

4. Grundsatz der »Rechtsschutzeffektivität«

807 Das BVerfG entnimmt Art. 19 Abs. 4 GG nicht nur eine Garantie des Rechtswegs, sondern sieht durch dieses Grundrecht auch die **Effektivität** des **Rechtsschutzes** gewährleistet.[19] Das bedeutet zum einen, daß der von den Gerichten gewährte Schutz wirksam sein, insbesondere die Aufhebung der angegriffenen Exekutivakte ermöglichen muß. Zum anderen kann von einem »effektiven« Rechtsschutz nur die Rede sein, wenn er innerhalb angemessener Zeit gewährt wird.[20]

808 Die verschiedenen Aspekte der Rechtsweggarantie bergen einen Zielkonflikt in sich und können deshalb je für sich keinen Vorrang beanspruchen. Eine besonders intensive rechtliche Prüfung, die möglicherweise mehrere Instanzen umfaßt, kann sich als ineffektiv erweisen, weil sie mehrere Jahre in Anspruch nimmt. Auf der anderen Seite genügt eine summarische Prüfung, wie sie für den einstweiligen Rechtsschutz typisch ist, dem Grundsatz der Rechtsschutzeffektivität unter Umständen deshalb nicht, weil sie es an Intensität fehlen läßt.

II. Richterliche Unabhängigkeit (Art. 97 GG)

1. Sachliche Unabhängigkeit des Richters (Art. 97 Abs. 1 GG)

809 **Fall 66:**

Der Illustriertenverlag B-GmbH ist auf Klage der Schauspielerin S vom Landgericht A wegen Verletzung des allgemeinen Persönlichkeitsrechts zu einem Schadensersatz von 125.000,00 DM verurteilt worden. Der Verlag hatte in einer seiner Illustrierten eine erfundene »Lebensbeichte« der S veröffentlicht, die zahlreiche (ebenfalls erfundene) Details aus ihrem Intimleben enthielt. In der Begründung führte das Landgericht aus, der Anspruch auf Ersatz des immateriellen Schadens bei Verletzung des Persönlichkeitsrechts entspreche »gesicherter Rechtsprechung des Bundesgerichtshofs«. Auf die Berufung der Beklagten (GmbH) hebt das Oberlandesgericht das erstinstanzliche Urteil auf und weist die Klage ab. Der Senat führt aus, daß er sich der Rechtsprechung des BGH zum Ersatz des immateriellen Schadens nicht anschließen könne, weil sie gegen das Gesetz verstoße. Nach § 253 BGB dürfe Schadensersatz für immateriellen Schaden nur in den im Gesetz ausdrücklich aufgeführten Fällen gewährt werden. Das BGB sehe für Verletzungen des Persönlichkeitsrechts einen derartigen Schadensersatz nicht vor. Die Revision wird nach § 543 Abs. 1 Nr. 2 ZPO zugelassen.

810 Die in Art. 97 Abs. 1 GG garantierte **sachliche Unabhängigkeit** bedeutet, daß der Richter bei seiner rechtsprechenden Tätigkeit **keinen Weisungen** unterworfen ist.

18 Vgl. BVerfGE 65, 76 (90).
19 So BVerfGE 35, 382 (401).
20 Vgl. BVerfGE 55, 349 (369).

Entgegen der Auffassung des BVerfG[21] richtet sich die Unabhängigkeit nicht nur gegen Einflußnahme aus dem Bereich der Exekutive; sie besteht grundsätzlich auch gegenüber Weisungen aus dem Bereich der rechtsprechenden Gewalt. Das schließt nicht aus, daß durch Gesetz im Einzelfall eine Bindung des Gerichts an die Entscheidung eines anderen festgelegt werden kann.

Die richterliche Unabhängigkeit ist eine wesentliche institutionelle Voraussetzung 811
für die Verwirklichung materieller Gerechtigkeit. Sie ist deshalb nicht als Privileg des Richters mißzuverstehen. Gerade weil der Richter an das **Gesetz** (und das nichtgesetzliche Recht) **gebunden** ist, soll er im übrigen von Weisungen frei sein. Erst wenn man Rechtsgebundenheit und Unabhängigkeit des Richters im Zusammenhang sieht, wird deutlich, daß in Art. 97 Abs. 1 GG letztlich die Rechtsidee ihren Niederschlag gefunden hat. Das (verfassungsmäßige) Gesetz kann nur solange beanspruchen, »Recht« zu sein, wie seine Konkretisierung durch den Richter im Einzelfall von sachfremden Einflüssen frei bleibt.

Die Rechtsbindung des Richters bildet den Grund für seine Unabhängigkeit, sie ist 812
nicht etwa als Einschränkung der richterlichen Unabhängigkeit zu begreifen. Der Richter ist insofern unabhängig, *weil* er an das Gesetz gebunden ist, nicht *obwohl* er dem Gesetz unterworfen ist. Nur scheinbar wird das Begriffspaar »Gesetz und Recht« (Art. 20 Abs. 3 GG) in Art. 97 Abs. 1 GG verengt. Unter »Gesetz« ist jede Rechtsnorm zu verstehen; Art. 97 Abs. 1 GG umfaßt also auch das nichtförmliche Recht. Freilich ist die Bindung des Richters auf Normen mit Rechtsqualität beschränkt; nicht-rechtsförmliche Normen oder Rechtsprechungsakte vermögen ihn nicht zu binden.[22]

Die entscheidende Frage in unserem Ausgangsfall ist deshalb, ob die bekannte Recht- 813
sprechung des Bundesgerichtshofs zum Ersatz des immateriellen Schadens bei Verletzungen des Persönlichkeitsrechts als »Gesetz« (Recht) im Sinne des Art. 97 Abs. 1 GG anzusehen ist. Es handelt sich hierbei um eine *contra legem* (§ 253 BGB!) vollzogene Richterrechtsbildung.[23] Rechtscharakter im Sinne des Art. 97 Abs. 1 GG wird ihr erst zugesprochen werden können, wenn sie sich zu **Gewohnheitsrecht** verdichtet hat; eine ständige höchstrichterliche Judikatur allein vermag die Rechtsbindung anderer Gerichte nicht auszulösen. Allerdings spricht vieles dafür, daß sich der Schadensersatz bei Persönlichkeitsrechtsverletzungen inzwischen zu Gewohnheitsrecht verdichtet hat. In diesem Fall hätte das OLG Art. 97 Abs. 1 GG verletzt, als es sich über die Rechtsprechung des BGH hinwegsetzte.

Durch Gesetz kann der Richter auch an Rechtsprechungs- und Exekutivakte ge- 814
bunden werden. Die Prozeßordnungen sehen vor, daß das Gericht an die Rechtsauffassung des Revisionsgerichts gebunden ist, sofern eine Sache zurückverwiesen wird.

Das Oberlandesgericht wäre in jedem Fall an die Rechtsauffassung des BGH gebunden, 815
wenn die Sache zurückverwiesen würde (§ 563 Abs. 2 ZPO).

Da die Bindung aber durch Gesetz vorgeschrieben ist, ist die richterliche Unab- 816
hängigkeit gleichwohl nicht eingeschränkt.

21 Vgl. BVerfGE 12, 67 (71); 31, 137 (140).
22 Vgl. BVerfGE 78, 214 (214); 87, 273 (278); 98, 17 (48).
23 Vgl. aber BVerfGE 34, 269; dazu *J. Ipsen*, DVBl. 1984, S. 1104.

2. Persönliche Unabhängigkeit (Art. 97 Abs. 2 GG)

817 **Fall 67:**

R ist (planmäßiger) Richter am Landessozialgericht. Er gilt als »schwierig«; überdies ist seine juristische Qualifikation umstritten. Durch Änderung des Geschäftsverteilungsplans des Gerichts wird R praktisch beschäftigungslos. In drei Jahren wird ihm nur eine Sache als Berichterstatter anvertraut. Auf seine Gegenvorstellungen wird R vom Präsidenten des Gerichts geantwortet, er (R) sei »im Interesse der Rechtspflege und des Ansehens des Landessozialgerichts sowie im Hinblick auf die Gesundheit der Senatskollegen praktisch von jeder richterlichen Tätigkeit fernzuhalten«.

(nach BVerfGE 17, 252)

818 Die sachliche Unabhängigkeit des Richters wäre wenig wert, wenn der Richter gegen seinen Willen versetzt oder entlassen werden könnte. Die in Art. 97 Abs. 2 GG garantierte **»persönliche« Unabhängigkeit** ist deshalb die notwendige Voraussetzung dafür, daß die sachliche Unabhängigkeit des Richters keine theoretische Position hat.

819 Die prinzipielle **Unabsetzbarkeit** und **Unversetzbarkeit** des Richters muß freilich mit den Notwendigkeiten des Richterdienstrechts in Einklang gebracht werden. Zunächst ist die persönliche Unabhängigkeit nur für »hauptamtlich und planmäßig endgültig« angestellte Richter gewährleistet. Richter auf Probe (»Assessoren«) können also, da sie keine Planstelle innehaben, »auch gegen ihren Willen abgeordnet werden«. Auch muß das Recht Möglichkeiten vorsehen, einen Richter wegen Straftaten oder Dienstpflichtverletzungen aus dem Amt zu entfernen (§§ 63 ff. DRiG).

820 Im Beispielsfall sind förmliche Maßnahmen gegen R nicht getroffen worden, insbesondere ist kein Disziplinarverfahren eingeleitet worden. Durch Änderung des Geschäftsverteilungsplans sollte R vielmehr »kaltgestellt« werden. Eine solche Maßnahme, durch die dem Betroffenen praktisch das Amt genommen wird, ist durch kein Gesetz gedeckt. Das BVerfG hat deshalb zu Recht festgestellt, daß sie gegen Art. 97 Abs. 2 GG verstoßen hat.[24]

821 Art. 97 Abs. 2 Satz 3 GG trifft Vorkehrungen für die Auflösung von Gerichten und die Veränderung ihrer Bezirke. Es leuchtet ein, daß notwendige Änderungen der Gerichtsorganisation nicht durch die Unabsetzbarkeit von Richtern behindert werden dürfen.

III. Der gesetzliche Richter (Art. 101 Abs. 1 Satz 2 GG)

822 **Fall 68:**

A ist wegen Landesverrats zu einer mehrjährigen Freiheitsstrafe verurteilt worden. Ein Antrag auf Wiederaufnahme des Verfahrens (§ 359 StPO) wird von dem zuständigen Gericht abgelehnt. Bei der Entscheidung wirkt ein Richter mit, der im früheren Strafverfahren als Ergänzungsrichter (§ 192 Abs. 2 GVG) eingesetzt war. A vertritt die Auffassung, daß dieser Richter nach § 23 Abs. 2 StPO ausgeschlossen sei und über seinen Wiederaufnahmeantrag insofern nicht der »gesetzliche« Richter entschieden habe.

(nach BVerfGE 30, 149)

---

24 So BVerfGE 17, 252 (259 ff.).

Der mit grundrechtsähnlichem Rang (»Justizgrundrecht«) ausgestattete Anspruch auf den **gesetzlichen Richter** ist eine institutionelle Sicherung rechtsstaatlichen Verfahrens. Die Rechtsweggarantie und die richterliche Unabhängigkeit würden für sich genommen noch nicht ausschließen, daß durch Manipulation der Zuständigkeit Richter mit der Sache befaßt werden, von denen man eine bestimmte Entscheidung erwartet. Das Gebot des gesetzlichen Richters bedeutet deshalb in erster Linie, daß die **Gerichtszuständigkeiten** im vorhinein durch **Gesetz** festgelegt werden.[25] 823

Die **sachliche Zuständigkeit** der Gerichtszweige ist durch das Gerichtsverfassungsgesetz (GVG) und die Prozeßordnungen (VwGO, FGO, ArbGG, SGG) festgelegt. Die **Verwaltungsgerichte** sind hiernach für »öffentlich-rechtliche Streitigkeiten nichtverfassungsrechtlicher Art« zuständig (§ 40 Abs. 1 VwGO), während vor die ordentlichen Gerichte alle »bürgerlich rechtlichen Streitigkeiten« gehören (§ 13 GVG). Die **Arbeitsgerichte** sind für bestimmte bürgerlich-rechtliche Streitigkeiten zwischen Arbeitgebern und Arbeitnehmern zuständig (§ 2 ArbGG), während die **Sozialgerichte** und die **Finanzgerichte** als besondere Verwaltungsgerichte für bestimmte öffentlich-rechtliche Streitigkeiten zuständig sind (§§ 51 SGG, 33 FGO). Die **instanzielle Zuständigkeit**, die eine Sonderform der sachlichen Zuständigkeit darstellt, wird ebenfalls durch das GVG und die Prozeßordnungen geregelt. 824

Auch die **örtliche Zuständigkeit** der Gerichte – die sog. »Gerichtsbezirke« – ist durch **Gesetz** festgelegt. Diese Gesetze ermächtigen gelegentlich zum Erlaß von Rechtsverordnungen, die freilich den allgemeinen Voraussetzungen genügen müssen, die an Rechtsverordnungen zu stellen sind. Unterhalb der Ebene der sachlichen und örtlichen Zuständigkeit der Gerichte werden die speziellen Zuständigkeiten der einzelnen Spruchkörper durch **Geschäftsverteilungspläne** bestimmt. Auch diese müssen im vorhinein festgelegt und dürfen nicht aus Anlaß eines bestimmten Verfahrens geändert werden. Das BVerfG hat in einer Vielzahl von Entscheidungen hierfür Grundsätze aufgestellt.[26] 825

Der »gesetzliche Richter« wird zudem (negativ) dadurch bestimmt, daß **Richter** unter bestimmten Voraussetzungen von der Mitwirkung am Verfahren **ausgeschlossen** sind. Ein einzelner Richter, der dem sachlich und örtlich zuständigen Gericht und dem nach dem Geschäftsverteilungsplan zuständigen Spruchkörper angehört, ist gleichwohl nicht der »gesetzliche Richter«, wenn er kraft Gesetzes an einer speziellen Rechtssache nicht mitwirken darf. Sofern er entgegen dem gesetzlichen Ausschluß mitwirkt, liegt nicht nur ein Verfahrensfehler, sondern auch ein Verstoß gegen Art. 101 Abs. 1 Satz 2 GG vor, der mit der Verfassungsbeschwerde gerügt werden kann (Art. 93 Abs. 1 Nr. 4 a GG).[27] 826

Nach § 23 Abs. 2 StPO sind diejenigen Richter von der Entscheidung über einen Wiederaufnahmeantrag ausgeschlossen, die an der angefochtenen Entscheidung bzw. an der Entscheidung über ein Rechtsmittel mitgewirkt haben. Unser Beispielsfall warf die Frage auf, ob ein Ergänzungsrichter, der gerade nicht an der Entscheidung »mitgewirkt«, aber das gesamte Verfahren verfolgt hat, nach § 23 Abs. 2 StPO ausgeschlossen ist. Das BVerfG hat diese Frage verneint, freilich mit der wenig überzeugenden Begründung, daß ein 827

---

25 Vgl. BVerfGE 19, 52 (59 f.); 95, 322 (327 f.); st. Rspr.
26 Vgl. BVerfGE 17, 294 (299 f.); 69, 112 (121 f.); 95, 322.
27 Vgl. BVerfGE 30, 165 (167).

Richter auch an einen ihm schon bekannten Sachverhalt unvoreingenommen herantrete.[28] Zutreffend dürfte demgegenüber die auch im Minderheitsvotum vertretene Auffassung sein, daß die Funktion des Ergänzungsrichters als »Mitwirkung« im Sinne der Strafprozeßordnung zu werten ist, im konkreten Fall also der Richter kraft Gesetzes ausgeschlossen war.

IV. Rechtsschutz in der Europäischen Union

828 Auch die Europäische Union stellt ein Rechtsschutzsystem zur Verfügung, das dem der nationalen Gerichtsbarkeit vergleichbar ist. Die Richter des Europäischen Gerichtshofs sind persönlich und sachlich unabhängig und werden von den Regierungen der Mitgliedstaaten im gegenseitigen Einvernehmen auf sechs Jahre ernannt (Art. 223 Abs. 1 EGV). Für das Gericht erster Instanz gelten die gleichen Grundsätze (Art. 225 Abs. 3 EGV). Die Abgrenzung der Zuständigkeiten zwischen dem EuGH und dem EuG wird einstimmig durch den Rat festgelegt (Art. 225 Abs. 2 EGV).

V. Rechtsprechung

829 **BVerfGE** 14, 56 (Gemeindegerichtsbarkeit); **E** 17, 252 (Ausschluß von richterlicher Tätigkeit durch Geschäftsverteilungsplan); **E** 21, 139 (Ablehnung eines Nachlaßrichters); **E** 24, 33 (Verfassungsbeschwerde gegen Vertragsgesetz); **E** 25, 352 (Gnadenentscheidung); **E** 30, 108 (Widerruf einer Gnadenentscheidung); **E** 30, 149 (unzulässige Mitwirkung eines Richters); **E** 34, 269 (»Soraya«); **E** 40, 272 (Rechtsschutzeffektivität); **E** 40, 356 (Erneute Wahl eines Bundesverfassungsrichters: »Fall Zeidler«); **E** 65, 76 (Asylverfahrensgesetz); **E** 65, 182 (Vorrang von Sozialplänen im Konkurs); **E** 70, 35 (Normenkontrolle von Bebauungsplänen in Gesetzesform); **E** 103, 44 (Fernseh-Rundfunkaufnahmen in Gerichtsverhandlungen); **BVerwG**, DVBl. 1982, S. 1147 = **BVerwG**, NJW 1983, S. 187 (Gnadenentscheidung).

VI. Literatur

830 **O. Bachof**, Über Fragwürdigkeiten der Gnadenpraxis und der Gnadenkompetenz, JZ 1983, S. 469; **R. Grawert**, Verfassungsmäßigkeit der Rechtsprechung, JuS 1986, S. 753; **W. Henckel**, Richter im demokratischen und sozialen Rechtsstaat, JZ 1987, S. 209; **H. Huba**, Gnade im Rechtsstaat?, Der Staat 29 (1990), S. 117; **J. Ipsen**, Richterrecht und Verfassung, 1975, **ders.**, Verfassungsrechtliche Schranken des Richterrechts, DVBl. 1984, S. 1102; **O. R. Kissel**, Die Novelle 1999 zur Präsidialverfassung, NJW 2000, S. 460; **F. Klein**, Tragweite der Generalklausel im Art. 19 Abs. 4 des Bonner Grundgesetzes, VVDStRL 8 (1950), S. 67; **R. Lippold**, »Richterrecht« und die Prüfung seiner Verfassungsmäßigkeit, DVBl. 1989, S. 140; **H.-J. Papier**, Die richterliche Unabhängigkeit und ihre Schranken, NJW 2001, S. 1089; **T. Raiser**, Richterrecht heute, ZRP 1985, S. 111; **G. Roellecke**, Die Bindung des Richters an Gesetz und Verfassung, VVDStRL 34 (1976), S, 7; **B. Rüthers**, Demokratischer Rechtsstaat oder oligarchischer Richterstaat, JZ 2002, S. 365; **W.-R. Schenke**, Rechtsschutz gegen Gnadenakte, JA 1981, S. 588; **ders.**, Rechtsschutz gegen Normen, JuS 1981, S. 81; **D. Simon**, Die Unabhängigkeit des Richters, 1975; **C. Starck**, Die Bindung des Richters an Gesetz und Verfassung, VVDStRL 34 (1976), S. 43; **A. Voßkuhle/G. Sydow**, Die demokratische Legitimation des Richters, JZ 2002, S. 673.

---

28 So BVerfGE 30, 149 (156).

§ 17 Das Bundesverfassungsgericht

I. Der Rechtsstatus des Bundesverfassungsgerichts

Nach Art. 92 GG wird die rechtsprechende Gewalt durch das **Bundesverfassungsgericht**, die Bundesgerichte und die Gerichte der Länder ausgeübt. Mit dieser Vorschrift ist verfassungskräftig entschieden, daß das Bundesverfassungsgericht (institutionell) Teil der rechtsprechenden Gewalt ist und (materiell) Rechtsprechung ausübt. Der Umstand, daß sich die eingehenden Regelungen über die Zusammensetzung und Zuständigkeit des BVerfG im Abschnitt über die Rechtsprechung finden und ihm nicht etwa ein eigener Abschnitt gewidmet ist, deutet auf den rechtsstaatlichen Ursprung des Gerichts hin. 831

Eine verbreitete Auffassung spricht dem BVerfG darüber hinaus die Qualität eines **»obersten Verfassungsorgans«** zu und zieht hieraus rechtliche Konsequenzen.[1] In § 1 Abs. 1 BVerfGG wird das BVerfG als ein »allen übrigen Verfassungsorganen gegenüber selbständiger und unabhängiger Gerichtshof des Bundes« gekennzeichnet. Die hierin angedeutete Doppelnatur des Gerichts – Gerichtshof und Verfassungsorgan – setzt freilich voraus, daß der Begriff des »Verfassungsorgans« verfassungsrechtlich überhaupt belangvoll ist. Untersucht man diese Frage, so fällt als erstes auf, daß die Begriffsschöpfung »Verfassungsorgan« in der Verfassung selbst nicht auftaucht und sprachlich überdies verunglückt ist. Organe sind **Werkzeuge** von **Personengesamtheiten**, die als solche nicht handlungsfähig sind.[2] Insofern ist es folgerichtig, von »Staatsorganen« zu sprechen und für die durch die Verfassung besonders hervorgehobenen Staatsorgane den Begriff der **»obersten Staatsorgane«** zu wählen. Für den Bund (im Gegensatz zu den Ländern) würde sich der Begriff **»oberstes Bundesorgan«** empfehlen, den das Grundgesetz selbst nennt (Art. 93 Abs. 1 Nr. 1 GG). Unter diesen – gleichzeitig die Parteifähigkeit im Organstreitverfahren kennzeichnenden – Begriff würde das BVerfG naturgemäß nicht fallen. 832

Beginnend mit dem sog. **»Statusbericht«**, einer Denkschrift des BVerfG über die eigene Rechtsstellung aus dem Jahre 1952[3], ist eine Diskussion darüber geführt worden, ob dem BVerfG die Qualität eines »obersten Verfassungsorgans« zukomme. Der Gesetzgeber hat in § 1 Abs. 1 BVerfGG im Grunde nur das nachvollzogen, was das BVerfG zur eigenen Rechtsstellung entwickelt hat. Obwohl die herrschende Lehre dem Statusbericht inhaltlich im wesentlichen gefolgt ist[4], muß nach wie vor bezweifelt werden, daß der Begriff »Verfassungsorgan« oder »oberstes Verfassungsorgan« rechtlich ergiebig ist.[5] 833

Abgesehen davon, daß der Begriff selbst ein Fehlgriff ist, ließe er sich dahin deuten, daß alle Staatsorgane, die in der Verfassung genannt werden, als »Verfas- 834

---

1 Vgl. kritisch *K. Schlaich/S. Korioth*, Das Bundesverfassungsgericht, Rdnr. 30 ff.
2 Vgl. *H. Brox*, Allgemeiner Teil des BGB, 26. Aufl. 2002, Rdnr. 729.
3 Abgedr. in: JöR 6 (1957), S. 144.
4 Vgl. *K. Stern*, Staatsrecht II, S. 345 m. w. N.
5 Skeptisch auch *K. Schlaich/S. Korioth*, Das Bundesverfassungsgericht, Rdnr. 30 f.

sungsorgane« anzusprechen sind, demgemäß die obersten Staatsorgane als »oberste Verfassungsorgane« zu qualifizieren wären. Will man bei dieser Qualifikation nicht von dem **tatsächlichen Anteil** an der Staatsleitung[6] ausgehen, der das BVerfG ohne Zweifel in die erste Reihe rücken würde, so müßten Kriterien für diesen Begriff des Verfassungsorgans genannt werden. Die Erwähnung in der Verfassung allein reicht zur Definition des »obersten Verfassungsorgans« nicht aus, weil auch **Bundesbank** (Art. 88) und **Bundesrechnungshof** (Art. 114 Abs. 2) im Grundgesetz erwähnt sind, die nach übereinstimmender Auffassung im Schrifttum nicht zu den »obersten« Verfassungsorganen gehören.[7] Soweit die Unabhängigkeit von anderen Verfassungsorganen als Definitionsmerkmal postuliert wird, würden allein **Bundestag** und **Bundesrat** übrigbleiben. Der **Bundespräsident** und die **Bundesregierung** (in Gestalt des Bundeskanzlers) werden bekanntlich von **anderen Staatsorganen** gewählt. Sieht man vom Kreationsakt, bei dem das BVerfG auch von anderen Staatsorganen (Bundestag und Bundesrat) abhängig ist, ab, so ließe sich als Definitionsmerkmal die Verfassungsunmittelbarkeit postulieren. Als verfassungsunmittelbar können diejenigen Staatsorgane bezeichnet werden, die (den Kreationsakt vorausgesetzt) unmittelbar aufgrund der Verfassung tätig werden können, weil ihre Kompetenzen dort niedergelegt und untereinander abgegrenzt sind.[8]

835 In diesem Sinne verfassungsunmittelbar wären **Bundestag**, **Bundesrat**, **Bundespräsident** und **Bundesregierung**, deren Kompetenzen sämtlich im Grundgesetz (und nicht etwa in einem einfachen Gesetz) zu finden sind. Für das BVerfG trifft diese Voraussetzung nur mit Einschränkungen zu. Zwar sind die wesentlichen Verfahrensarten in Art. 93 GG niedergelegt; Art. 94 Abs. 2 GG schreibt indes ein **Bundesgesetz** für Verfassung, Verfahren und Entscheidungsmodalitäten vor. Im Gegensatz zu den genannten Staatsorganen regelt das BVerfG folglich sein Verfahren nicht autonom, sondern prozediert nach einer (einfach-gesetzlichen) **Prozeßordnung**. An dieser Stelle zeigt sich, daß Gerichts- und Verfassungsorganqualität im Kern unvereinbar sind: dem (staatlichen) Gericht ist die rechtssatzförmige Prozeßordnung eigen, während das (oberste) »Verfassungsorgan« – terminologische Bedenken einmal zurückgestellt – nach einer autonom gesetzten Geschäftsordnung verfährt. Die Geschäftsordnung des BVerfG wiederum ist mit der des Bundestages oder Bundesrates nicht vergleichbar. Zum einen fehlt hierfür die Ermächtigung in der Verfassung, zum anderen aber bestimmt das BVerfGG die Zusammensetzung des Gerichts und sein Procedere: Die Geschäftsordnung vermag nur Lücken zu füllen. Eine Bundestag, Bundesrat oder Bundesregierung vergleichbare Geschäftsordnungsautonomie kommt dem BVerfG nicht zu.[9]

836 Legt man die hier vertretene Definition des Begriffs »Verfassungsorgan« zugrunde, so läßt sich dem BVerfG nur eine »verfassungsorganähnliche« Rechtsstellung zuerkennen. Damit erscheint ausgeschlossen, daß das BVerfG aus einer vermeintlichen Organstellung **rechtliche Konsequenzen** zieht.[10] Die Kompetenzen des BVerfG sind in Gestalt der Verfahrensarten nach Art. 93 GG umschrieben und lassen sich nicht unter Rückgriff auf den Status erweitern. Die Zugehörigkeit zur

6 Vgl. *K. Hesse*, Grundzüge, Rdnr. 669.
7 Vgl. nur *K. Stern*, Staatsrecht II, S. 344 f.
8 Vgl. *K. Stern*, Staatsrecht II, S. 344.
9 Kritisch auch *K. Schlaich/S. Korioth*, Das Bundesverfassungsgericht, Rdnr. 27.
10 Anders *K. Stern*, Staatsrecht II, S. 345 f.

rechtsprechenden Gewalt schließt es aus, daß das BVerfG auf dem Umweg über den Oberbegriff »oberstes Verfassungsorgan« politische Handlungskompetenzen für sich in Anspruch nimmt, wie sie für Bundestag, Bundesrat oder Bundesregierung selbstverständlich und typisch sind.[11]

Nicht berührt wird hierdurch die **protokollarische Stellung** des Präsidenten des BVerfG, der als oberster Repräsentant der rechtsprechenden Gewalt seinen Platz neben Bundespräsident, Bundestagspräsident, Bundesratspräsident und Bundeskanzler findet. Auch die Ministerialfreiheit des BVerfG wird durch die hier vorgenommene Qualifizierung nicht in Frage gestellt. Die mit dem Statusbericht verfolgten (und erreichten) Ziele sind wesentliche Voraussetzungen für die Entwicklung der Verfassungsgerichtsbarkeit in der Bundesrepublik gewesen. Gleichwohl besteht Anlaß zu betonen, daß allein die **Verfassung**, nicht eine vermeintliche Verfassungsorganqualität dem BVerfG die Legitimation für sein Handeln vermittelt. 837

II. Zur Organisation des Bundesverfassungsgerichts

1. Richterwahl (Art. 94 Abs. 1 GG)

Das Grundgesetz legt in Art. 94 Abs. 1 Satz 2 fest, daß die Mitglieder des BVerfG je zur Hälfte vom **Bundestag** und vom **Bundesrat** gewählt werden. Angesichts der entscheidenden Bedeutung, die das BVerfG für die Auslegung des Grundgesetzes und damit für das Verhältnis von Bund und Ländern hat, war es sachgerecht, den Bundesrat als eigenständiges Kreationsorgan zu installieren und nicht auf die Zustimmung zu den Wahlakten des Bundestages zu beschränken. Das Grundgesetz bestimmt dagegen weder die Zahl der zu wählenden Richter noch die Mehrheiten, die zur Wahl erforderlich sind. In Ausfüllung des Gesetzesvorbehalts (Art. 94 Abs. 2 GG) ist das **Bundesverfassungsgerichtsgesetz** (BVerfGG) ergangen, das in § 2 bestimmt, daß das BVerfG aus zwei Senaten mit je acht Richtern besteht. 838

Die vom Bundestag zu wählenden Richter werden in einem indirekten Wahlverfahren gewählt (§ 6 BVerfGG). Der Bundestag wählt nach den Regeln der Verhältniswahl einen Wahlausschuß, der aus 12 seiner Mitglieder besteht (§ 6 Abs. 2 BVerfGG). Der **Wahlausschuß** (nicht zu verwechseln mit dem »Richterwahlausschuß«, der nach Art. 95 Abs. 2 GG bei der Berufung der Richter an den obersten Gerichtshöfen des Bundes tätig wird), spiegelt das Stärkeverhältnis der Fraktionen im Parlament wider; wegen der geringen Zahl seiner Mitglieder ist aber nicht gewährleistet, daß jede Fraktion einen Vertreter in das Gremium entsendet. 839

Zur Wahl sind 8 der 12 Stimmen des Wahlausschusses notwendig (§ 6 Abs. 5 BVerfGG). Das ungewöhnlich **hohe Quorum**, das im Parlament der verfassungsändernden Mehrheit (Art. 79 Abs. 2 GG) entspricht, erweist sich als überaus wichtige Vorkehrung dagegen, daß die herrschende politische Richtung durch Personalentscheidungen die Rechtsprechung des BVerfG zu beeinflussen sucht. Auch im Bundesrat sind bei der (direkten) Wahl zwei Drittel der Stimmen erforderlich (§ 7 BVerfGG). Das Erfordernis einer qualifizierten Mehrheit für die Wahl zum Bundesverfassungsrichter ist nicht durch das Grundgesetz vorgegeben, sondern eine Schöpfung des **einfachen Gesetzgebers**. Durch Änderungen des BVerfGG 840

11 Ebenso *K. Schlaich/S. Korioth*, Das Bundesverfassungsgericht, Rdnr. 34.

könnte es deshalb beseitigt werden. Entsprechende Versuche sind jedoch erfolglos geblieben.[12]

841 Art. 94 Abs. 1 GG ordnet in einer nicht sogleich verständlichen Formulierung (»das Bundesverfassungsgericht besteht aus Bundesrichten und anderen Mitgliedern«) an, daß ein Teil des Gerichts sich aus den Richtern an den **obersten Gerichtshöfen** des Bundes rekrutieren soll. Diese Bestimmung wird durch § 2 Abs. 3 BVerfGG dahin konkretisiert, daß **drei Richter** jedes Senats aus der Zahl der Richter an den obersten Gerichtshöfen des Bundes ausgewählt werden. Angesichts der Besonderheiten des Verfassungsrechts und der Verfassungsgerichtsbarkeit mögen Zweifel an der Berechtigung einer solchen »Quote« erhoben werden. Der Verfassungsrang der Grundsatzentscheidung läßt demgegenüber nur die Frage zu, ob die obersten Gerichtshöfe des Bundes mit drei Richtern in jedem Senat angemessen repräsentiert sind.

2. Wahlvoraussetzungen und Rechtsstellung der Richter

842 Gewählt werden kann, wer 40 Jahre alt ist und die Befähigung zum Richteramt nach dem Deutschen Richtergesetz besitzt (§ 3 Abs. 1 und 2 BVerfGG). Für das Amt des Bundesverfassungsrichters besteht eine strenge **Inkompatibilitätsregelung**. Mit der Ernennung scheiden die Richter aus dem gesetzgebenden Organ bzw. der Regierung von Bund oder Ländern aus (§ 3 Abs. 3 BVerfGG). Eine andere berufliche Tätigkeit als die eines Hochschullehrers ist mit der richterlichen Tätigkeit unvereinbar (§ 3 Abs. 4 BVerfGG).

843 Die **Amtszeit** der Richter dauert **12 Jahre** (§ 4 Abs. 1 BVerfGG), eine anschließende oder spätere Wiederwahl der Richter ist ausgeschlossen (§ 4 Abs. 2 BVerfGG). Diese ursprünglich nicht im BVerfGG enthaltene Vorschrift soll verhindern, daß die richterliche Tätigkeit in irgendeiner Weise von den Aussichten auf eine Wiederwahl beeinflußt wird. Sofern die Richter das 68. Lebenjahr vollendet haben, scheiden sie aus dem Amt aus, auch wenn die Amtszeit von 12 Jahren noch nicht abgelaufen ist (§ 4 Abs. 1 i. V. m. Abs. 3 BVerfGG). Die Richter am BVerfG sind Richter im Sinne des Art. 97 GG, also unabhängig und nur dem Gesetz unterworfen. Die Vorschriften des Deutschen Richtergesetzes gelten für die Richter des Bundesverfassungsgerichts jedoch nur insoweit, als sie mit der »besonderen Rechtsstellung dieser Richter« nach Grundgesetz und BVerfGG vereinbar sind (§ 69 DRiG).

844 Die den Bundesverfassungsrichtern zukommende **persönliche Unabhängigkeit** (Art. 97 Abs. 2 GG) schließt es ein, daß sie nur in einem gesetzlich bestimmten förmlichen Verfahren aus dem Amt entfernt werden können. Nach § 105 Abs. 1 BVerfGG kann das BVerfG den Bundespräsidenten in besonderen Fällen ermächtigen, einen Richter des Bundesverfassungsgerichts zu entlassen. Voraussetzung ist eine rechtskräftige Verurteilung wegen einer strafbaren Handlung oder eine grobe Pflichtverletzung; überdies muß das Plenum die Einleitung eines solchen Verfahrens, das der Präsidentenanklage (Art. 61 GG) nachgebildet ist, beschließen (§ 105 Abs. 2 BVerfGG).

12 Vgl. *A. Baring*, Außenpolitik in Adenauers Kanzlerdemokratie, Bd. 2, 1971, S. 156 f.

Die einzelnen Rechtsvorschriften des BVerfGG lassen die tatsächliche Stellung der Richter im Verfassungsleben nur in groben Umrissen erkennen. Hier entfaltet sich ein Bereich, in dem die vermeintliche Qualität des Bundesverfassungsgerichts als »oberstes Verfassungsorgan« eine Rolle spielt. Soweit durch protokollarische Maßnahmen das Ansehen des BVerfG erhöht wird, sind sie auch verfassungspolitisch wünschenswert. Rechtliche Privilegien allerdings sind nicht sachgerecht und dürften in einer parlamentarischen Demokratie keinen Platz haben. 845

III. Das Bundesverfassungsgericht im Spannungsverhältnis von Recht und Politik

Der zentrale Einwand, der gegen die Verfassungsgerichtsbarkeit im allgemeinen, insbesondere aber die Rechtsprechung des BVerfG erhoben wird, lautet, daß Politik im Gewand des Rechts betrieben werde.[13] Der Vorwurf eines *»gouvernement des juges«* ist nicht von vornherein zurückzuweisen, angesichts einer Verfassung wie dem Grundgesetz aber zu pauschal. 846

Zunächst muß berücksichtigt werden, daß Verfassungsrecht seinem Wesen nach **politisches Recht** ist, d. h. sein Gegenstand allemal politisch bedeutsame Fragen sind. Wird die Verfassungsmäßigkeit eines Gesetzes angezweifelt, das politisch umstritten war, oder streiten Verfassungsorgane über Kompetenzen – etwa die Auflösung des Bundestages –, so hat der Rechtsstreit von vornherein eine politische Dimension. Damit ist aber nicht gesagt, daß der Richter **parteiisch** oder **parteipolitisch** entscheidet. Die politische Relevanz eines Rechtsstreits hat zunächst mit der Art der Entscheidungsfindung nichts zu tun. 847

Der gegen die Verfassungsgerichtsbarkeit erhobene Einwand, Politik im Mantel des Rechts zu betreiben, stützt sich zugleich auf das Verfassungsrecht als solches, das vorgeblich Interpretationsspielräume enthalte, die politische Wertungen notwendig mache. Soweit dieser kritischen Haltung die Vorstellung einer Dichotomie von Recht und Politik zugrundeliegt, darf sie als widerlegt gelten. Recht und Politik sind vielfach verwoben. Das Recht stellt sich als Zweck, Produkt, Rahmen und Maßstab der Politik dar.[14] Ein ganz wesentliches Ziel aller Politik ist es, durch das Medium des Gesetzes Politik zu Recht »gerinnen« zu lassen. Der politische Prozeß wäre ohne die im Grundgesetz und anderen Gesetzen enthaltenen Verfahrensregeln nicht zu domestizieren. Letztlich liefert das Recht den Maßstab, an dem alle Politik zu prüfen ist, scheidet also politische Zielvorstellungen, die mit der Verfassung zu vereinbaren sind, von jenen, die im Gegensatz zur Verfassung stehen.[15] Angesichts dieser vielfältigen Verwobenheit lassen sich Recht und Politik nicht als wesensmäßige Gegensätze, sondern als verschiedene Pole der Sozialgestaltung begreifen.[16] Zu weit geht allerdings die Auffassung, es ließe sich nur kritisieren, *welche Politik* das BVerfG betreibe, weil Politik für die Verfassungsge- 848

---

13 Vgl. hierzu *H. Simon*, in: Benda / Maihofer / Vogel, HdVerfR, § 34 Rdnr. 46 f. m. w. N.; *K. Stern*, Verfassungsgerichtsbarkeit zwischen Recht und Politik, 1980.

14 Vgl. *D. Grimm*, JuS 1969, S. 502.

15 Vgl. *D. Grimm*, JuS 1969, S. 502 f.

16 Vgl. *J. Ipsen*, Rechtsfolgen der Verfassungswidrigkeit von Norm und Einzelakt, S. 198.

richtsbarkeit unausweichlich sei.[17] Politik ist freie Sozialgestaltung im Rahmen des Rechts, also **zweckgerichtet** und **normbegrenzt**. Rechtsentscheidungen sind hingegen in erster Linie normbestimmt, weisen also ganz andere Legitimationsgrundlagen auf.[18] Die politische Entscheidung will richtig, d. h. erfolgreich, zukunftsweisend sein; die Rechtsentscheidung dagegen beansprucht, **gerecht** zu sein, d. h. mit dem Recht übereinzustimmen. Wenn hiergegen der Einwand erhoben wird, daß die (politische) Motivation verfassungsrechtlicher Entscheidungen nicht immer zutage träte, angesichts der Dehnbarkeit verfassungsrechtlicher Begriffe vielmehr jede Entscheidung in Anspruch nehmen könne, am Maßstab des Rechts ausgerichtet zu sein, so ist darauf zu entgegnen, daß derartige Entscheidungen im Einzelfall **falsch** sein mögen, die Möglichkeit von Rechtsentscheidungen im Verfassungsrecht aber nicht schlechthin in Frage stellen.

849 Dieser Befund wird am Beispiel von Kompetenzvorschriften des Grundgesetzes besonders augenfällig. Die Art. 73, 74, 74 a und 75 GG enthalten ebenso wie die Art. 83 ff. oder 92 ff. GG sehr genaue Abgrenzungen für die jeweiligen Kompetenzen von Bund und Ländern. Derartige Vorschriften ermöglichen Rechtsentscheidungen in gleichem Maße, wie sie in jedem anderen Rechtsgebiet getroffen werden.

850 Zuzugeben ist, daß die **Grundrechte** nicht immer die gleiche rechtliche Eindeutigkeit wie andere Verfassungsbestimmungen besitzen und deshalb der Konkretisierung bedürfen. Gleichwohl wäre es verfehlt, die Grundrechte als Generalklauseln zu bezeichnen, deren Ausfüllung in das **Belieben** des Verfassungsrichters gestellt ist. Jedes Grundrecht steht in einer bestimmten verfassungsgeschichtlichen Tradition, soll spezifischen Gefährdungen begegnen und in Gestalt seiner Schranken wiederum bestimmte staatliche Handlungen zulassen.[19] Es bedarf großer – vom BVerfG in mehr als fünf Jahrzehnten hervorragend geleisteter – Präzisionsbemühungen, um die Grundrechte zu konkretisieren; derartige Entscheidungen aber sind ohne Zweifel »**Rechtsentscheidungen**«.

851 Die Eigenart des Verfassungsrechts ist zwar in ihrer Verwobenheit mit der Politik zu sehen, sie führt aber nicht notwendig dazu, daß Verfassungsgerichte Anteil an politischen **Grundentscheidungen** haben. Hinzukommen muß – und hier mag die Kritik am Bundesverfassungsgericht eher berechtigt sein – der Wille zu aktiver Sozialgestaltung durch das Medium des Richterspruchs.[20] Hierin darf nicht sogleich die Usurpation organfremder Kompetenzen gesehen werden. Die rechtsstaatliche Tradition ist in Deutschland im Vergleich zur demokratischen soviel älter, daß Rechtsentscheidungen (oder solche, die vorgeben, durch das Recht determiniert zu sein) häufig auf **größeren Konsens** stoßen als im politischen Prozeß getroffene Mehrheitsentscheidungen.[21] Beleg hierfür liefern die vielfachen Versuche der jeweils unterlegenen Seite, die parlamentarische Niederlage im Bundestag

17 So *P. Häberle*, in: ders. (Hrsg.), Verfassungsgerichtsbarkeit, S. 4.

18 Vgl. *J. Ipsen*, Rechtsfolgen der Verfassungswidrigkeit von Norm und Einzelakt, S. 198 ff.

19 Vgl. *J. Ipsen*, Staatsrecht II, 6. Aufl. 2003, Rdnr. 42 ff.

20 Vgl. zu der vergleichsweise zurückhaltenden Praxis des österreichischen Verfassungsgerichtshofs *K. Korinek*, VVDStRL 39 (1981), S. 31 f.

21 Vgl. *K. Schlaich*, VVDStRL 39 (1981), S. 115 f., andererseits hat sich das BVerfG seine Position im Gefüge der Staatsfunktionen erst erkämpfen müssen. Vgl. die aufschlußreiche Darstellung bei *A. Baring*, Außenpolitik in Adenauers Kanzlerdemokratie, Bd. 2, 1971, S. 110 ff.

durch einen Sieg in Karlsruhe auszugleichen. Aufgrund dieser Übung kann der Eindruck entstehen, daß Gesetze oder andere Grundsatzentscheidungen erst »wirksam« werden, wenn sie verfassungsrichterliche Bestätigung gefunden haben. Diese Gewohnheit mag auch zum richterlichen Selbstbewußtsein beigetragen haben, in Angelegenheiten von politischer Relevanz jeweils die Letztentscheidungskompetenz zu besitzen. Die Einfügung des BVerfG in die übrigen Staatsfunktionen, die Verbindung von rechtsstaatlichem und demokratischem Prinzip wird im Ergebnis nur gelingen, wenn das Bundesverfassungsgericht sich seiner **Gerichtsqualität** und damit verbunden seiner **Rechtsgebundenheit** bewußt bleibt. Die Überzeugungskraft seiner Urteile beruht darauf, daß die Verfassung ausgelegt wird, nicht darauf, daß freie Abwägungen vorgenommen oder salomonische Urteile gefällt werden. Je weiter sich das BVerfG in das politische Terrain vorwagt – möge es hierzu auch geradezu gedrängt werden –, desto eher verliert es seine spezifische Legitimation, die nicht in der Kompetenz seiner Entscheidung überhaupt, sondern in der zur **Rechtsentscheidung** liegt.

Die dem BVerfG vielfach angeratene **richterliche Selbstbeschränkung** (*»judicial self-restraint«*)[22] vermag das Spannungsverhältnis zwischen den Institutionen allein nicht aufzulösen. Beispiele aus der Verfassungsgeschichte zeigen, daß Gerichte sich der Zurückhaltung befleißigt haben, als Rechtsschutz dringlich gewesen wäre. Zurückhaltung ist freilich geboten, soweit es sich um Prognosen[23] handelt, denn der Richter vermag in die Zukunft ebenso wenig zu schauen wie der Gesetzgeber. Zurückhaltung ist besonders auf Gebieten erforderlich, die – wie das Feld der Außenpolitik[24] – nur in geringem Maße normativ bestimmt sind. Es wäre eine verfassungsrichterliche Anmaßung, eine bestimmte Politik aus der Verfassung »abzuleiten«, um sie den hierfür zuständigen Organen sodann als mit dem Vorrang der Verfassung versehen zu präsentieren. 852

Jenseits kritischer Einwände gegen einzelne Entscheidungen ist insgesamt festzustellen, daß dem BVerfG ein überragender Anteil am Aufbau der parlamentarischen Demokratie in der Bundesrepublik zukommt. Die Grundsatzentscheidungen haben je auf ihrem Gebiet zur Konsensbildung beigetragen und sind regelmäßig in ihrer juristischen Qualität (und ihrem ethischen Anspruch) bis heute von hohem Wert. Das BVerfG bildet überdies gegenüber den **politischen Parteien** ein gewisses **Gegengewicht**, so daß deren Dominanz in Grenzen gehalten worden ist. Trotz der historischen Leistung und der nicht wegzudenkenden Stellung im politischen System der Bundesrepublik wird das BVerfG seine integrierende Wirkung nur dann weiterhin erfolgreich entfalten können, wenn (institutionell) die Gerichtsqualität und (materiell) die Normgebundenheit seine Tätigkeit bestimmen. Aus der Letztentscheidungsbefugnis in vielen Verfassungskonflikten darf sich nicht ein Bewußtsein der Souveränität – der Innehabung oberster Gewalt – entwickeln, die in einer Demokratie nur beim Volk liegen kann (Art. 20 Abs. 2 Satz 1 GG). 853

22 Vgl. *K. Stern*, Staatsrecht II, S. 958 ff.
23 Vgl. *F. Ossenbühl*, Festgabe BVerfG I, 1976, S. 484; BVerfGE 16, 147 (181); 30, 250 (263).
24 Vgl. *G. F. Schuppert*, Die verfassungsgerichtliche Kontrolle der Auswärtigen Gewalt, insbes. S. 207 ff. und unten Rdnr. 1107.

IV. Der Europäische Gerichtshof als Verfassungsgericht der Europäischen Union

854 Dem **Europäischen Gerichtshof** ist die Aufgabe zugewiesen, die Wahrung des Rechts bei der Auslegung und Anwendung des Vertrages zur Gründung der Europäischen Gemeinschaft zu sichern (Art. 220 EGV). Unbeschadet der Frage, wieweit das **Primärrecht** als **Verfassung** der Europäischen Gemeinschaft anzusehen ist, kommt dem Europäischen Gerichtshof die Funktion eines **Verfassungsgerichts** zu, d. h. er entscheidet Rechtsstreitigkeiten **zwischen** den Gemeinschaftsorganen, zwischen Gemeinschaftsorganen und Mitgliedstaaten und zwischen den Mitgliedstaaten.[25]

855 Obwohl es gegenwärtig noch keinen primärrechtlichen Grundrechtskatalog gibt, hat der Europäische Gerichtshof in seiner Rechtsprechung die in den Verfassungen der Mitgliedstaaten gemeinsamen Grundrechte bzw. die Menschenrechte der Europäischen Menschenrechtskonvention angewandt; entsprechend werden die in der Europäischen Grundrechtscharta aufgeführten Grundrechte herangezogen werden.[26] Der Europäische Gerichtshof erfüllt auch insofern die Aufgaben eines Verfassungsgerichts.

856 Der Europäische Gerichtshof wird als »**Motor der Integration**« bezeichnet.[27] Die Rechtsprechung des EuGH darf jedoch nicht dazu führen, daß die Gemeinschaftskompetenzen entgegen dem Grundsatz der begrenzten Ermächtigung ausgedehnt werden.[28] Über die Frage, ob dies im Einzelfall geschehen ist, hat jedoch der EuGH und nicht die nationale Verfassungsgerichtsbarkeit zu entscheiden.

V. Rechtsprechung

857 **BVerfGE** 20, 1 (Ablehnung des Richters Leibholz); **E** 72, 296 (Selbstablehnung des Richters Herzog); **E** 73, 330 (Ablehnung des Richters Simon); **E** 102, 192 (Selbstablehnung des Richters Jentsch); **BVerfG**, Beschl. v. 18. 6. 2003 – 2 BVR 283/03 – (Selbstablehnung des Richters Jentsch).

VI. Literatur

858 **R. Alexy**, Verfassungsrecht und einfaches Recht – Verfassungsgerichtsbarkeit und Fachgerichtsbarkeit, in: VVDStRL 61 (2002), S. 7; **E. Benda/E. Klein**, Verfassungsprozeßrecht, 2. Aufl. 2001; **H. Bethge**, Verfassungsstreitigkeiten als Rechtsbegriff, Jura 1998, S. 529; **E.-W. Böckenförde**, Die Methoden der Verfassungsinterpretation – Bestandsaufnahme und Kritik, NJW 1976, S. 2089; **ders.**, Verfassungsgerichtsbarkeit: Strukturfragen, Organisation, Legitimation, NJW 1999, S. 9; **A. Bleckmann**, Zu den Methoden der Gesetzesauslegung in der Rechtsprechung des BVerfG, JuS 2002, S. 942; **W. Brohm**, Die Funktion des BVerfG – Oligarchie in der Demokratie?, NJW 2001, S. 1; **R. Dreier/F. Schwegmann** (Hrsg.), Probleme der

25 Vgl. *R. Streinz*, Europarecht, Rdnr. 330 ff.

26 Vgl. *R. Streinz*, Europarecht, Rdnr. 372.

27 *T. Oppermann*, Europarecht, Rdnr. 384; *I. Pernice*, Die Dritte Gewalt im europäischen Verfassungsverbund, EuR 1996, 27 ff.

28 Vgl. zum Grundsatz der begrenzten Einzelermächtigung *T. Oppermann*, Europarecht, Rdnr. 380 ff.

Verfassungsinterpretation, 1976; **C. Enders**, Die neue Subsidiarität des Bundesverfassungsgerichts, JuS 2001, S. 462; **D. Grimm**, Recht und Politik, JuS 1969, S. 501; **ders.**, Verfassungsgerichtsbarkeit im demokratischen System, JZ 1976, S. 697; **P. Häberle** (Hrsg.), Verfassungsgerichtsbarkeit, 1976; **ders.**, Verfassungsgerichtsbarkeit zwischen Politik und Rechtswissenschaft, 1980; **G. Hermes**, Verfassungsrecht und einfaches Recht – Verfassungsgerichtsbarkeit und Fachgerichtsbarkeit, in: VVDStRL 61 (2002), S. 119; **R. Herzog**, Offene Fragen zwischen Verfassungsgericht und Gesetzgeber, ZG 1987, S. 290; **W. Heun**, VVDStRL 61 (2002), S. 80; **O. Höffe**, Das Grundgesetz nur auslegen – Wieviel Politik ist dem Verfassungsgericht erlaubt?, JZ 1996, S. 83; **J. Ipsen**, Rechtsfolgen der Verfassungswidrigkeit von Norm und Einzelakt, 1980; **J. Isensee**, Bundesverfassungsgericht – quo vadis?, JZ 1996, S. 1085; **M. Jestaedt**, Verfassungsrecht und einfaches Recht – Verfassungsgerichtsbarkeit und Fachgerichtsbarkeit, DVBl. 2001, S. 1309; **P. Kunig**, Verfassungsrecht und einfaches Recht – Verfassungsgerichtsbarkeit und Fachgerichtsbarkeit, in: VVDStRL 61 (2002), S. 34; **P. Kirchhof**, Die Aufgaben des Bundesverfassungsgerichts in Zeiten des Umbruchs, NJW 1996, S. 1497; **M. Kriele**, Recht und Politik in der Verfassungsrechtsprechung, NJW 1976, S. 777; **J. Limbach**, Das Bundesverfassungsgericht und der Grundrechtsschutz in Europa, NJW 2001, S. 2913; **I. v. Münch**, Das Bundesverfassungsgericht als Teil des Rechtsstaates, Jura 1992, S. 505; **R. Nikkel**, Zur Zukunft des Bundesverfassungsgerichts im Zeitalter der Europäisierung, JZ 2001, S. 625; **N. Niehues**, Die Bindungswirkung und Umsetzung verfassungsgerichtlicher Entscheidungen, NJW 1997, S. 557; **U. K. Preuß**, Die Wahl der Mitglieder des BVerfG als verfassungsrechtliches und -politisches Problem, ZRP 1988, S. 389; **G. Roellecke**, Zum Problem einer Reform der Verfassungsgerichtsbarkeit, JZ 2001, S. 114; **ders.**; Roma locuta – Zum 50-jährigen Bestehen des BVerfG, NJW 2001, S. 2924; **W.-R. Schenke**, Verfassungsgerichtsbarkeit und Fachgerichtsbarkeit, 1987; **K. Schlaich**, Die Verfassungsgerichtsbarkeit im Gefüge der Staatsfunktion, VVDStRL 39 (1981), S. 99; **ders./S. Korioth**, Das Bundesverfassungsgericht, 5. Aufl. 2001; **H.-P. Schneider**, Verfassungsgerichtsbarkeit und Gewaltenteilung, NJW 1980, S. 2103; **M. Schulte**, Zur Lage und Entwicklung der Verfassungsgerichtsbarkeit, DVBl. 1996, S. 1009; **G. F. Schuppert**, Die verfassungsrechtliche Kontrolle der Auswärtigen Gewalt, 1973; **ders.**, Funktionell-rechtliche Grenzen der Verfassungsgerichtsbarkeit, 1980; **C. Starck**, Das Bundesverfassungsgericht im politischen Prozeß der Bundesrepublik, 1976; **ders.**, Verfassungsgerichtsbarkeit und Fachgerichte, JZ 1996, S. 1033; **K. Stern**, Verfassungsgerichtsbarkeit zwischen Recht und Politik, 1980; **R. Wassermann**, Richterlicher Selbstschutz bei der Ablehnung von Richtern des BVerfG?, NJW 1987, S. 418.

§ 18 Verfassungsgerichtliche Verfahrensarten

859 Die **Zuständigkeiten** des **Bundesverfassungsgerichts** werden nicht durch eine Generalklausel umschrieben, sie sind vielmehr im Grundgesetz und im Bundesverfassungsgerichtsgesetz **erschöpfend** aufgezählt. Im Gegensatz zu den Zivil- und Verwaltungsgerichten, deren Zuständigkeit durch die rechtliche Eigenart der Streitigkeit (bürgerlich-rechtliche – § 13 GVG – oder öffentlich-rechtliche Streitigkeit nichtverfassungsrechtlicher Art – § 40 Abs. 1 VwGO) begründet wird, wird der Zugang zum BVerfG durch eine **Enumeration** von Verfahrensarten bestimmt. Es genügt folglich nicht, daß eine Rechtsstreitigkeit ihrer Natur nach »verfassungsrechtlich« ist, das BVerfG ist zur Entscheidung nur befugt, wenn eine Verfahrensart zur Verfügung steht. Das durch Art. 93 GG festgelegte Enumerationssystem der Verfahrensarten (oder auch: »Aktionensystem«) macht es notwendig, in jedem Fall eigens zu prüfen, ob eine Entscheidungszuständigkeit des BVerfG (in Gestalt einer der Verfahrensarten) gegeben ist. Der verfassungsprozessuale Anteil verfassungsrechtlicher Aufgabenstellungen entfällt deshalb im wesentlichen auf die Frage, ob eine Verfahrensart gegeben ist und ihre besonderen Zulässigkeitsvoraussetzungen im Einzelfall vorliegen.

860 Entgegen dem von einer Enumeration der Verfahrensarten vermittelten Eindruck sind die **Entscheidungskompetenzen** des BVerfG **umfassend**. Das BVerfG hat durch seine Interpretation der Verfahrensvorschriften und des materiellen Rechts (insbesondere der Grundrechte) dafür gesorgt, daß ein vor dieses Forum getragener Rechtsstreit verfassungsrechtlich umfassend geprüft und abschließend entschieden wird.

861 Die einzelnen Verfahrensarten unterscheiden sich voneinander nicht nur im Hinblick auf den jeweiligen Gegenstand, der in ihnen behandelt wird; sie legen das BVerfG auch bei der zu treffenden Entscheidung (dem »Entscheidungstenor«) fest. Die Nichtigkeit einer Norm kann zum Beispiel im Normenkontrollverfahren und im Verfassungsbeschwerdeverfahren, nicht aber im Organstreitverfahren festgestellt werden, obwohl die verfassungsrechtliche Prüfung einer Norm auch im Rahmen einer Organstreitigkeit möglich ist. Die Verfahrensarten bestimmen insofern nicht nur den Zugang zum BVerfG, sondern legen auch fest, wie die **Entscheidung** des **BVerfG** in den einzelnen Verfahren lauten kann. Insofern wird durch das Enumerationssystem die Verfassungsgerichtsbarkeit in ihrem Verhältnis zu den anderen Staatsfunktionen bestimmt und abgegrenzt.

862 Die wichtigsten Verfahrensarten werden in Art. 93 Abs. 1 GG aufgezählt. Art. 93 Abs. 1 Nr. 5 GG verweist auf die »übrigen in diesem Grundgesetz vorgesehen« Fälle. Damit sind jene Verfahrensarten gemeint, die sich verstreut über das ganze Grundgesetz finden und nicht noch einmal in Art. 93 Abs. 1 GG wiederholt werden. Gemeinsam ist den Art. 93 Abs. 1 GG unterfallenden Verfahrensarten der Verfassungsrang, was nichts anderes bedeutet, als daß sie nur durch Verfassungsänderung verändert oder beseitigt werden können. Art. 93 Abs. 2 GG räumt demgegenüber auch dem **einfachen Gesetzgeber** die Möglichkeit ein, weitere Entscheidungszuständigkeiten des BVerfG zu **begründen**. Von dieser Möglichkeit

ist aber nur vereinzelt Gebrauch gemacht worden.[1] Die Entscheidungszuständigkeiten des BVerfG werden gegenwärtig zum weitaus größten Teil durch das Grundgesetz bestimmt.

Die im Grundgesetz verstreuten und in Art. 93 Abs. 1 GG genannten Entscheidungszuständigkeiten des BVerfG werden in § 13 BVerfGG zusammengefaßt. Die Aufzählung folgt dem Aufbau des Grundgesetzes, beginnt also mit der ersten im Grundgesetz genannten Entscheidungskompetenz (Art. 18 GG) und endet mit der letzten dem BVerfG übertragenen Zuständigkeit (Art. 126 GG). Mit der Aufzählung in § 13 BVerfGG werden nicht nur die Entscheidungszuständigkeiten des BVerfG zusammengefaßt, sie bietet auch einen Schlüssel für die in der Verfahrenspraxis verwandten Aktenzeichen.[2] 863

Jeder der in § 13 BVerfGG genannten Verfahrensarten sind im dritten Teil des BVerfGG »besondere Verfahrensvorschriften« zugeordnet. Die Frage, ob eine Verfahrensart im konkreten Fall statthaft ist, läßt sich deshalb erst aus einer Zusammenschau der grundgesetzlichen und der einfachgesetzlichen Vorschriften beantworten. 864

I. Organstreitverfahren (Art. 93 Abs. 1 Nr. 1 GG, §§ 13 Nr. 5, 63 ff. BVerfGG)

Fall 69: 865

Am 6. Januar 1983 löste der Bundespräsident auf Vorschlag des Bundeskanzlers den 9. Deutschen Bundestag auf und setzte für den 6. März 1983 Neuwahlen an. Mehrere Bundestagsabgeordnete, die aufgrund der vorzeitigen Beendigung der Legislaturperiode ihr Mandat verloren und keine Aussicht hatten, wiederum in den Bundestag gewählt zu werden, vertraten die Auffassung, die Bundestagsauflösung sei verfassungswidrig, weil die Voraussetzungen des Art. 68 Abs. 1 GG nicht vorgelegen hätten.

(nach BVerfGE 62, 1)

1. Rechtsnatur der Organstreitigkeit

Die Organstreitigkeit ist ein kontradiktorisches Verfahren zwischen **obersten Bundesorganen** über die ihnen durch das Grundgesetz zugewiesenen **Kompetenzen**. Obgleich der in Art. 93 Abs. 1 Nr. 1 GG verwandte Begriff »Rechte und Pflichten« eine andere Deutung zuließe, bilden nicht subjektive Berechtigungen, 866

1 Zu nennen sind insbesondere folgende Zuständigkeiten: § 105 BVerfGG; § 33 II PartG; § 50 III VwGO; § 39 II 2, 3 SGG; § 26 III EuropawahlG; § 24 V 3 des Gesetzes über das Verfahren bei Volksbescheid, Volksbegehren und Volksbefragung nach Art. 29 VI GG (vom 30. 7. 1979; BGBl. I, S. 1317).

2 Den in § 13 BVerfGG aufgeführten Verfahrensarten werden Buchstaben in alphabetischer Reihenfolge zugeordnet (§ 13 Nr. 1 = A; § 13 Nr. 2 = B; § 13 Nr. 3 = C usw.). Nur die im Wege der Novellierung in § 13 BVerfGG aufgenommene Verfassungsbeschwerde (§ 13 Nr. 8 a = R) fällt aus diesem System heraus. Der jeweils zuständige Senat des Bundesverfassungsgerichts wird mit einer arabischen Ziffer bezeichnet, so daß auf diese Weise die Aktenzeichen des Bundesverfassungsgerichts neben der Senatszuständigkeit auch die Verfahrensart bezeichnen, in der das BVerfG entschieden hat.

sondern objektive Zuständigkeiten den Gegenstand des Verfahrens. Ihre Verletzungen können das betroffene Bundesorgan oder Teile desselben geltend machen. Die Organstreitigkeit bietet eine wesentliche Voraussetzung dafür, daß Kompetenzkonflikte nicht durch schlichte Machtausübung, sondern durch **Rechtsentscheidung** beendet werden. Sie ist gleichzeitig ein Verfahren zur Sicherung des Verfassungsrechts, denn in ihr wird aus Anlaß von Streitigkeiten über Organkompetenzen auch »über die Auslegung dieses Grundgesetzes« entschieden.

2. Zulässigkeitsvoraussetzungen

a) Parteifähigkeit (§ 63 BVerfGG)

867 Art. 93 Abs. 1 Nr. 1 GG nennt als parteifähig nur die **»obersten Bundesorgane«** oder andere Beteiligte, die durch das Grundgesetz oder in einer Geschäftsordnung eines obersten Bundesorgans mit eigenen Rechten ausgestattet sind. Die notwendige Konkretisierung der Parteifähigkeit wird durch § 63 BVerfGG vorgenommen. Hiernach können Antragsteller und Antragsgegner (Parteien) nur der **Bundespräsident**, der **Bundestag**, der **Bundesrat**, die **Bundesregierung** »und die im Grundgesetz oder in den Geschäftsordnungen des Bundestages und des Bundesrates mit eigenen Rechten ausgestatteten **Teile** dieser Organe« sein. Als solche Organteile kommen im Falle des Bundestages vor allem **Fraktionen** und **Ausschüsse** in Betracht. Das gleiche gilt für anerkannte Gruppen (§ 10 Abs. 4 GOBT).[3]

868 Untersuchungsausschüsse des Bundestages haben einen eigenen verfassungsrechtlichen Status (Art. 44 GG). Wird dieser Status durch Maßnahmen anderer Bundesorgane beeinträchtigt, ist der Untersuchungsausschuß nach § 63 BVerfGG parteifähig. Das BVerfG gesteht darüber hinaus den im Untersuchungsausschuß vertretenen Fraktionen die Parteifähigkeit im Organstreitverfahren zu.[4]

869 Teile der Bundesregierung sind die **Bundesminister**, die ebenfalls im Organstreitverfahren parteifähig sind, sofern ihnen ein eigener verfassungsrechtlicher Status eingeräumt ist (Art. 43 Abs. 2; 53 Satz 1 und 2, 58 Satz 1, 65 Satz 2 GG). Eine besonders herausgehobene verfassungsrechtliche Stellung hat zudem der **Bundesminister der Finanzen** bei der Bewilligung überplanmäßiger und außerplanmäßiger Ausgaben (Art. 112 GG). Die Art und Weise, in der er von dieser Kompetenz Gebrauch macht, kann Gegenstand eines Organstreitverfahrens sein.[5]

870 **Abgeordnete** des Deutschen Bundestages sind im Organstreit **parteifähig**, soweit sie den ihnen eingeräumten Abgeordnetenstatus verteidigen. Art. 38 Abs. 1 GG erschöpft sich nicht in der Regelung der Wahlrechtsgrundsätze, sondern räumt den Abgeordneten eine eigene Rechtsstellung ein.[6] Hierzu gehört das Rederecht im Bundestag und ein begrenztes Mitwirkungsrecht.[7] Im einzelnen ist zu prüfen, ob eine Rechtsstellung dem einzelnen Abgeordneten oder nur den Abgeordneten als Mitgliedern einer Fraktion eingeräumt ist.

---

3 So BVerfGE 84, 304 (318).
4 So BVerfGE 67, 100 (124).
5 BVerfGE 45, 1 (3).
6 So BVerfGE 2, 143 (164); 84, 304 (321); 96, 264 (278); 99, 19 (29).
7 Vgl. BVerfGE 10, 4 (10 f.).

Im Ausgangsfall ging es um den Abgeordnetenstatus schlechthin, der bei regulärer Beendigung der Wahlperiode den Antragstellern noch erhalten geblieben wäre. Insofern ist die den Abgeordneten durch Art. 38 Abs. 1 GG eingeräumte verfassungsrechtliche Stellung betroffen. Das BVerfG hat zu Recht angenommen, daß Abgeordnete zur Verteidigung dieser Rechtsstellung im Organstreit parteifähig sind. 871

Entgegen dem klaren Wortlaut des § 63 BVerfGG hält das BVerfG auch **politische Parteien** im Organstreitverfahren für parteifähig.[8] Den Hintergrund dieser Rechtsprechung bildet die besonders von *Gerhard Leibholz* vertretene Auffassung, das Recht müsse den Besonderheiten des »Parteienstaates« Rechnung tragen.[9] Abgesehen davon, daß das Parteienstaatsdogma in seiner Rigidität zweifelhaft ist, gibt es für die Parteifähigkeit politischer Parteien im Organstreitverfahren keinen hinreichenden Grund. Parteien sind keine Staatsorgane, sondern – wie das BVerfG an anderer Stelle hervorgehoben hat[10] – in der Gesellschaft wurzelnde politische Gruppierungen. Soweit sie im Bundestag vertreten sind, sind ihre Fraktionen parteifähig und können ggf. sogar Anträge im Organstreitverfahren in Prozeßstandschaft für den ganzen Bundestag stellen. Im übrigen sind politische Parteien als gesellschaftliche Gruppierungen berechtigt, bei Beeinträchtigung ihrer Rechtsstellung durch hoheitliche Gewalt Verfassungsbeschwerde zu erheben. Es besteht kein Anlaß, die Rechtsschutzmöglichkeiten *contra legem* auszuweiten und die politischen Parteien (gleichgültig, ob sie im Bundestag vertreten sind oder nicht) durch Zuerkennung der Parteifähigkeit im Organstreitverfahren auf die Ebene oberster Bundesorgane zu heben.[11] Das BVerfG wäre gut beraten, seine Judikatur zu § 63 BVerfGG zu überprüfen und ggf. zu revidieren. 872

b) Antragsbefugnis (§ 64 Abs. 1, 2 BVerfGG)

Der konkrete Antrag eines parteifähigen Organs ist nach § 64 Abs. 1 BVerfGG nur zulässig, wenn geltend gemacht wird, daß es durch eine »**Maßnahme oder Unterlassung**« des Antragsgegners in seiner verfassungsrechtlichen Rechtsstellung verletzt oder unmittelbar gefährdet ist. Diese von der Antragsberechtigung (Parteifähigkeit) zu unterscheidende »**Antragsbefugnis**« setzt voraus, daß es sich überhaupt um ein rechtlich erhebliches Verhalten handelt und eine Verletzung der Rechte des Antragstellers durch dieses Verhalten **möglich** ist.[12] 873

Das BVerfG hat bei einer Äußerung der Bundesregierung über die verfassungsfeindliche Zielsetzung einer Partei die Rechtserheblichkeit verneint.[13] Auch der Rüge eines Abgeordneten durch den Präsidenten des Deutschen Bundestages maß es keine Rechtserheblichkeit bei.[14] 874

---

8 BVerfGE 4, 27 (30 f.); 82, 322 (335); 85, 264 (284); st. Rspr.

9 Vgl. *G. Leibholz*, Strukturprobleme der modernen Demokratie, 3. Aufl. 1967, S. 93 ff.

10 Vgl. BVerfGE 20, 56 (101).

11 Vgl. *J. Ipsen*, in: Sachs (Hrsg.), GG, Art. 21 Rdnr. 49 ff.; *R. Streinz*, in: v. Mangoldt/Klein/Starck, GG, Bd. 2, Art. 21 Rdnr. 147.

12 Vgl. *Benda/Klein*, Verfassungsprozeßrecht, Rdnr. 1013.

13 Vgl. BVerfGE 13, 123 (125); 40, 287 (293 f.); 57, 1 (6 f.).

14 So BVerfGE 60, 374 (381 ff.).

875 Im Ausgangsfall steht die Rechtserheblichkeit der Auflösung des Bundestages nach Art. 68 GG außer Frage. Möglich erscheint es auch, daß der Abgeordnetenstatus durch diese Maßnahme verletzt ist. Die Abgeordneten waren folglich antragsbefugt.[15]

876 »Maßnahme« im Sinne des § 64 Abs. 1 BVerfGG kann auch ein **Gesetz** sein.[16] Im Organstreitverfahren können deshalb grundsätzlich Gesetze auf ihre Verfassungsmäßigkeit überprüft werden. Voraussetzung ist allerdings, daß sie den **Antragsteller** in seiner verfassungsrechtlichen Rechtsstellung verletzen können (und nicht etwa nur – objektiv – verfassungswidrig sind).

877 Sofern nach § 64 Abs. 1 BVerfGG eine **Prozeßstandschaft** gegeben ist, braucht nur geltend gemacht zu werden, daß das Organ selber durch die Maßnahme in seinen Kompetenzen verletzt ist. Die Prozeßstandschaft erweist sich damit als Institut des **Minderheitenschutzes.**[17] Eine mögliche Rechtsverletzung soll auch dann verfassungsgerichtlicher Klärung zugeführt werden können, wenn die Mehrheit des Organs – etwa des Bundestages – auf eine solche Klärung verzichtet.

878 Denkbar wäre im Ausgangsfall auch der Antrag einer Bundestagsfraktion mit der Begründung gewesen, die verfassungsrechtliche Rechtsstellung des Bundestages als solchem sei durch die Auflösung verletzt worden. Ein solcher Antrag wäre zulässig gewesen, weil die Fraktionen im eigenen Namen auch die Rechtsstellung des Bundestages verteidigen können (Prozeßstandschaft). Der Antrag wäre selbst dann zulässig gewesen, wenn die Mehrheit des Bundestages ein verfassungsgerichtliches Vorgehen ausdrücklich abgelehnt hätte.

879 Im Antrag muß die Bestimmung des Grundgesetzes bezeichnet werden, gegen die die Maßnahme oder Unterlassung des Antragsgegners verstoßen haben soll (§ 64 Abs. 2 BVerfGG). Der Antrag muß innerhalb von sechs Monaten, nachdem die Maßnahme oder Unterlassung bekannt geworden ist, gestellt worden sein (§ 64 Abs. 3 BVerfGG).

c) Entscheidung (§ 67 BVerfGG)

880 Das BVerfG stellt in seiner Entscheidung fest, ob die beanstandete Maßnahme oder Unterlassung gegen das Grundgesetz verstößt. Das Gericht ist also nicht in der Lage, eine Maßnahme aufzuheben bzw. den Antragsgegner zu einer Aufhebung zu verurteilen. Das Feststellungsurteil aber bindet alle Staatsorgane (§ 31 Abs. 1 BVerfGG), so daß eine weitere Vollziehung verfassungswidriger Maßnahmen nicht in Betracht kommt. Der Antragsgegner ist verpflichtet, die getroffenen Maßnahmen wieder rückgängig zu machen.

881 Im Ausgangsfall hätte das BVerfG bei Begründetheit der Anträge nur entschieden, daß der Bundespräsident durch die Auflösung des Bundestages gegen Art. 68 (bzw. 38 Abs. 1) GG verstoßen hat. Der Bundespräsident hätte hingegen nicht zur Aufhebung seiner Maßnahme verurteilt werden können. Wegen der Verbindlichkeit der Entscheidung des BVerfG (§ 31 Abs. 1 BVerfGG) wäre der Bundespräsident verpflichtet gewesen, die Auflösung des Bundestages rückgängig zu machen.

---

15 So BVerfGE 62, 1 (31); zur Antragsbefugnis von Abgeordneten vgl. ferner BVerfGE 70, 324 (350); 80, 188 (209).

16 Vgl. *Benda/Klein*, Verfassungsprozeßrecht, Rdnr. 1025 m. w. N.

17 Vgl. *Benda/Klein*, Verfassungsprozeßrecht, Rdnr. 1015 ff.

II. Bund-Länder-Streitigkeit (Art. 93 Abs. 1 Nr. 3 GG, §§ 13 Nr. 7, 68 ff. BVerfGG)

Fall 70: 882

In der Öffentlichkeit wird die Frage kontrovers diskutiert, ob atomare Mittelstreckenraketen auf dem Territorium der Bundesrepublik stationiert werden sollen. Mehrere Gemeinden erklären sich zu »atomwaffenfreien Zonen«. Andere bereiten eine Volksbefragung vor, bei der die wahlberechtigten Bürger über ihre Auffassung zur Waffenstationierung befragt werden sollen. Für das Verfahren sollen die Vorschriften des Kommunalwahlgesetzes entsprechend gelten.

(nach BVerfGE 8, 122)

1. Rechtsnatur und Ausgestaltung des Verfahrens

Wie das Organstreitverfahren ist die **Bund-Länder-Streitigkeit** ein kontradiktorisches Verfahren, setzt also einen zwischen den (Prozeß-)Parteien streitigen Gegenstand voraus. Ergeben sich derartige Streitigkeiten zwischen Bund und Ländern, so ist der Weg zur Organstreitigkeit versperrt, weil auf der einen Seite die **Bundesrepublik** als solche (nicht nur ihre Organe) und auf der anderen Seite die **Länder**, also auf beiden Seiten **Staaten** stehen. Neben der Organstreitigkeit bedurfte es deshalb einer besonderen Verfahrensart, um Streitigkeiten zwischen Bund und Ländern zu entscheiden. 883

Parteifähig sind der Bund (die Bundesrepublik Deutschland) und die Länder (§ 68 BVerfGG). Für den Bund kann nur die **Bundesregierung**, für die Länder nur die jeweilige **Landesregierung** den Antrag stellen (§ 68 BVerfGG). Die Parlamente sind folglich nicht antragsbefugt und können auf Bund-Länder-Streitigkeiten allenfalls hinwirken. 884

Da es sich bei der Bund-Länder-Streitigkeit um ein der Organstreitigkeit nachgebildetes kontradiktorisches Verfahren handelt, werden die Vorschriften der §§ 64–67 BVerfGG für entsprechend anwendbar erklärt (§ 69 BVerfGG). Dies bedeutet: Der Antragsteller muß unter Nennung der verletzten Verfassungsvorschrift darlegen, daß ein ihm gerade gegenüber dem Antragsgegner tatsächlich zustehendes Recht durch ein Handeln oder Unterlassen des Antragsgegners möglicherweise verletzt oder unmittelbar gefährdet wird.[18] Ferner muß der Antrag binnen sechs Monaten nach Kenntnis von der Maßnahme gestellt werden (§ 64 Abs. 3 BVerfGG). Abweichend von dieser Frist setzt § 70 BVerfGG für die Anfechtung eines Bundesratsbeschlusses nach Art. 84 Abs. 4 Satz 2 GG (Feststellung der Rechtsverletzung durch ein Land bei der Aufsichtsverwaltung) eine **Monatsfrist** fest. 885

Im Ausgangsfall erscheint die Antragsbefugnis der Bundesregierung zunächst fraglich, weil überhaupt keine (Maßnahme) eines Landes, sondern allein Maßnahmen von Gemeinden, die selbst Körperschaften des öffentlichen Rechts sind, vorlagen. Allerdings stehen die kommunalen Selbstverwaltungskörperschaften unter der Rechtsaufsicht der Länder. Das Bundesland, in dem die hier aktiv gewordenen Gemeinden liegen, könnte es insofern unterlassen haben, durch rechtsaufsichtliche Maßnahmen die Gemeinden an der Durchführung einer solchen Volksbefragung zu hindern. Das BVerfG hat in einem 886

---

18 So BVerfGE 81, 310 (329) m. w. N.

parallelen Fall entschieden, daß den Ländern keinerlei Kompetenz auf dem fraglichen Gebiet zukommt und sie gegen den Grundsatz des bundesfreundlichen Verhaltens verstoßen, wenn sie rechtsaufsichtliche Maßnahmen gegenüber ihren Gemeinden unterlassen.[19] Im Ausgangsfall wäre deshalb ein Antrag der Bundesregierung, einen Verstoß des betreffenden Landes gegen Art. 73 Nr. 1 GG und den Grundsatz des bundesfreundlichen Verhaltens (wegen Unterlassens rechtsaufsichtlicher Maßnahmen) festzustellen, nach §§ 68, 64 BVerfGG zulässig (und begründet).

2. Zur gegenwärtigen Bedeutung der Bund-Länder-Streitigkeit

887 Obwohl die föderativen Streitigkeiten eine der Wurzeln der Verfassungsgerichtsbarkeit schlechthin darstellen, hat die Bund-Länder-Streitigkeit keine wesentliche Bedeutung gewinnen können.[20] Dies ist zunächst darauf zurückzuführen, daß förmliche Aufsichtsmaßnahmen im Bereich der Art. 84 und 85 GG, für die das Bund-Länder-Streitverfahren gedacht ist (Art. 93 Abs. 1 Nr. 3: »... insbesondere bei der Ausführung von Bundesrecht durch die Länder und bei der Ausübung der Bundesaufsicht«), kaum getroffen worden sind. Das BVerfG mußte sich erstmals 1990 mit einer auf Art. 85 Abs. 3 GG gestützten Weisung beschäftigen[21], nachdem der energiepolitische Konsens zwischen den großen Parteien zerbrochen war.

888 Soweit die **Verfassungsmäßigkeit** von **Normen** im Streit steht, stellt die **abstrakte Normenkontrolle** die geeignetere Verfahrensart dar. Die Normenkontrolle kennt keine Fristen; der Antrag in der Bund-Länder-Streitigkeit muß dagegen innerhalb von sechs Monaten nach Bekanntwerden der »Maßnahme« (Inkrafttreten der Norm) gestellt werden (§ 64 Abs. 3 i. V. m. § 69 BVerfGG). Überdies kann ein Gesetz im Bund-Länder-Streitverfahren (ebenso wie im Organstreitverfahren) nicht für nichtig erklärt werden. Das BVerfG ist vielmehr darauf beschränkt, den **Verstoß** gegen das Grundgesetz **festzustellen**.[22]

889 Letztlich aber dürfte die geringe Bedeutung der Bund-Länder-Streitigkeit dafür sprechen, daß der Föderalismus in der Bundesrepublik stabil und keinen wesentlichen Belastungen ausgesetzt ist.

III. Abstrakte Normenkontrolle (Art. 93 Abs. 1 Nr. 2 GG, §§ 13 Nr. 6, 76 ff. BVerfGG)

890 **Fall 71:**

Mit dem 5. Gesetz zur Reform des Strafrechts vom 18. Juni 1974 (BGBl. I, S. 1297) wurde die Strafbarkeit des Schwangerschaftsabbruchs neu geregelt. Kern der Neuregelung war § 218 a StGB, demzufolge ein Schwangerschaftsabbruch nicht strafbar sein sollte, wenn seit der Empfängnis nicht mehr als 12 Wochen verstrichen seien. Eine große Zahl von

19 Vgl. BVerfGE 8, 122 (124).

20 Vgl. *K. Schlaich/S. Korioth*, Das Bundesverfassungsgericht, Rdnr. 94 ff.

21 Vgl. BVerfGE 81, 310 (»Schneller Brüter«); dazu *W. Pauly*, Weisungsabwehr in der Bundesauftragsverwaltung, DÖV 1989, S. 884; *F. Ossenbühl*, Weisungen des Bundes in der Bundesauftragsverwaltung, Der Staat 28 (1989), S. 31; vgl. ferner BVerfGE 84, 25 (»Schacht Konrad«).

22 Vgl. BVerfGE 24, 300 (351).

Bundestagsabgeordneten sowie die Regierungen mehrerer Bundesländer hielten diese sog. »Fristenlösung« für mit dem Grundgesetz unvereinbar.

(nach BVerfGE 39, 1)

1. Rechtsnatur der abstrakten Normenkontrolle

Unter »**Normenkontrolle**« ist die Prüfung eines Rechtssatzes auf seine Überein- 891
stimmung mit höherrangigem Recht – insbesondere mit dem Grundgesetz – zu verstehen. Als »abstrakt« wird eine Normenkontrolle bezeichnet, die nicht durch einen bei einem Gericht anhängigen, »konkreten« Rechtsstreit veranlaßt worden ist.

Die abstrakte Normenkontrolle stellt nach Auffassung des BVerfG ein **objektives** 892
Verfahren zum Schutze der Verfassung dar.[23] Anders als bei den kontradiktorischen Verfahren gibt es im Normenkontrollverfahren keine »Parteien« (und keine »Parteifähigkeit«). Obwohl Kompetenzverletzungen den Anlaß zu einem Normenkontrollverfahren geben können, streiten die antragsberechtigten Organe nicht für »ihre« Kompetenzen, sondern geben lediglich den Anlaß zur Prüfung der Norm. Im Rubrum der Entscheidungen erscheinen deshalb nur die »Antragsteller«; im Gegensatz zur Organstreitigkeit fehlt es an einem »Antragsgegner«.

Aus der Rechtsnatur des Normenkontrollverfahrens hat das BVerfG gefolgert, daß 893
der Verfahrensgegenstand dem Antragsteller nach Antragstellung entzogen sei. Das Gericht hält sich auch nach Rücknahme des Antrags für befugt, über die Verfassungsmäßigkeit der betreffenden Norm zu entscheiden, sofern ein »öffentliches Interesse« hierfür bestehe.[24] Damit erweist sich der Normenkontrollantrag als zweischneidige Angelegenheit. Sofern er gestellt wird, um einen politischen Erfolg zu erringen, ist zu bedenken, daß das BVerfG unter Umständen auch dann entscheidet, wenn der Antragsteller den Antrag aus Gründen politischer Opportunität zurücknimmt. Fraglich bleibt, ob es mit der Gerichtsqualität des BVerfG vereinbar ist, dem Antragsteller die Verfügung über den Streitgegenstand zu entziehen.

2. Zulässigkeitsvoraussetzungen

a) Antragsberechtigung

Der Kreis der Antragsberechtigten ist durch Art. 93 Abs. 1 Nr. 2 GG festgelegt und 894
durch einfaches Gesetz nicht erweiterbar. Antragsberechtigt sind die **Bundesregierung**, eine **Landesregierung** oder ein Drittel der **Mitglieder** des **Deutschen Bundestages**. Die Begrenzung der antragsberechtigten Organe – in deutlichem Gegensatz etwa zur Parteifähigkeit bei Organstreitverfahren – zeigt den »objektiven« Charakter der abstrakten Normenkontrolle.

Der Umstand, daß der **Bundesrat** nicht zum Kreis der antragsberechtigten Organe 895
gehört, erstaunt angesichts der Antragsberechtigung der **Landesregierungen**

23 Vgl. BVerfGE 1, 396 (407).
24 Vgl. BVerfGE 1, 396 (414); 8, 183 (184); 25, 308 (309).

nicht. Soweit Normenkontrollverfahren aufgrund von Verletzungen der Landeskompetenzen eingeleitet werden, sind die Landesregierungen hierfür die geeigneten Organe.[25]

896 Der Bundestag ist nicht als solcher antragsberechtigt, die Antragsberechtigung fällt vielmehr einem Drittel seiner Mitglieder zu. Art. 93 Abs. 1 Nr. 2 GG dient insofern dem **Minderheitenschutz**, denn im Regelfall wird die **parlamentarische Opposition** ein Normenkontrollverfahren beantragen.

897 Im Ausgangsfall ist das 5. Strafrechtsreformgesetz vom Bundestag verabschiedet worden. Die Abgeordneten der in der Opposition stehenden CDU / CSU-Fraktion beantragten die Normenkontrolle. Entsprechende Anträge wurden von mehreren Landesregierungen gestellt.[26]

b) Prüfungsgegenstand

898 Art. 93 Abs. 1 Nr. 2 GG ist im Hinblick auf den Prüfungsgegenstand wörtlich zu nehmen; es geht um die Prüfung von **Bundesrecht** bzw. **Landesrecht**, nicht allein um die Kontrolle von Bundesgesetzen oder Landesgesetzen. Prüfungsgegenstand kann deshalb jede Rechtsnorm sein, die vom Bund oder den Ländern erlassen worden bzw. ihnen zuzurechnen ist.[27]

899 Auf Bundesebene sind dies:

- förmliche **Bundesgesetze**
- von Bundesorganen erlassene **Rechtsverordnungen**
- von bundesunmittelbaren Körperschaften oder Anstalten des öffentlichen Rechts erlassene **Satzungen**.

900 Auf Landesebene sind dies:

- förmliche **Landesgesetze**
- von Landesorganen erlassene **Rechtsverordnungen**
- von landesunmittelbaren Körperschaften oder Anstalten des öffentlichen Rechts erlassene **Satzungen**
- **Satzungen** der kommunalen Gebietskörperschaften.

901 Die weite Fassung des Prüfungsgegenstandes (Recht = jede Rechtsnorm) erklärt sich aus der föderalen Struktur der Bundesrepublik. Die Rechtssetzung der Länder ist grundsätzlich von der des Bundes getrennt, die Bundesorgane sind deshalb nicht befugt, landesrechtliche Bestimmungen oder Satzungen »aufzuheben«. Die Länder wiederum können die Rechtssetzung des Bundes nur über den Bundesrat beeinflussen. Die abstrakte Normenkontrolle schafft insofern die Möglichkeit, jede Rechtsnorm der jeweils anderen staatlichen Ebene zur verfassungsgerichtlichen Überprüfung zu stellen.

902 Der Begriff »Recht« setzt voraus, daß die betreffende Rechtsnorm bereits in Kraft getreten ist. Aus guten Gründen hat das BVerfG eine **vorbeugende Normenkontrolle** für **unzulässig** erklärt.[28] Sie wäre schon deshalb zu verneinen, weil auch

25 Vgl. aber unten Rdnr. 914.
26 Vgl. BVerfGE 39, 1 (2).
27 Vgl. *Benda/Klein*, Verfassungsprozeßrecht, Rdnr. 718 f.
28 So BVerfGE 1, 396; 79, 311 (327); st. Rspr.

das Rechtssetzungsverfahren die Verfassungsmäßigkeit von Normen gewährleistet. Diese Verfahrensgarantien würden bei vorzeitiger Anrufung des BVerfG gegenstandslos. Allerdings soll es ausreichen, wenn der betreffende Rechtssatz verkündet, aber noch nicht in Kraft getreten ist.[29] Genau genommen liegt in diesem Fall noch kein »Recht« vor, denn dies entsteht erst mit dem Inkrafttreten der Norm. Es wäre gleichwohl eine überflüssige Förmlichkeit, lediglich den Zeitpunkt des Inkrafttretens abzuwarten, um den Antrag auf Normenkontrolle stellen zu können.

Eine Ausnahme von dem Grundsatz, daß eine vorbeugende Normenkontrolle nicht statthaft ist, wird im Bereich der völkerrechtlichen Verträge gemacht.[30] Da die Wirksamkeit derartiger Verträge sich nach den Normen des Völkerrechts richtet, also nicht vom innerstaatlichen Verfahren abhängig ist, könnte der Fall eintreten, daß sich die Bundesrepublik völkerrechtlich verpflichtet, obwohl der Vertrag **verfassungswidrig** ist. Um diese aufgrund der Verschiedenheit der Rechtsordnungen denkbare Konstellation zu vermeiden, hält das BVerfG einen Antrag auf Prüfung von Vertragsgesetzen (Art. 59 Abs. 2 GG) für zulässig, bevor der Bundespräsident sie **ausfertigt** und **verkündet**.[31] Das parlamentarische Verfahren muß jedoch abgeschlossen sein. Das BVerfG hält die Bundesregierung für verpflichtet, das Inkrafttreten eines völkerrechtlichen Vertrages solange hinauszuzögern, bis dem Gericht Gelegenheit zu einer Entscheidung gegeben worden ist.[32] 903

c) Antragsbefugnis (§ 76 Abs. 1 BVerfGG)

Nach § 76 Abs. 1 Nr. 1 BVerfGG ist ein Antrag auf abstrakte Normenkontrolle nur **zulässig**, wenn ein antragsberechtigtes Organ eine Norm (wegen ihrer Unvereinbarkeit mit dem Grundgesetz oder sonstigem Bundesrecht) für nichtig hält. § 76 Abs. 1 Nr. 1 BVerfGG geht damit im Wortlaut über Art. 93 Abs. 1 Nr. 2 GG hinaus, der »Meinungsverschiedenheiten oder Zweifel« über die Vereinbarkeit einer Norm mit dem Grundgesetz oder sonstigem Bundesrecht genügen läßt. § 76 Abs. 1 BVerfGG wird daher in der Literatur teilweise für verfassungswidrig gehalten[33] bzw. verfassungskonform eingeschränkt.[34] Das BVerfG sieht jedoch in § 76 BVerfGG eine verfassungskonforme Konkretisierung des Art. 93 Abs. 1 Nr. 2 GG[35] und erkennt damit dem Gesetzgeber aufgrund von Art. 94 Abs. 2 Satz 1 GG die Befugnis zu, die Zulässigkeitsvoraussetzungen auch abweichend vom unmittelbaren Normgehalt des GG einengend festzulegen.[36] 904

Viel zu wenig Beachtung wird der Konstellation geschenkt, daß ein antragsberechtigtes Organ eine Norm für gültig hält, nachdem sie durch ein **Gericht**, eine **Verwaltungsbehörde** oder ein **anderes Organ** wegen vorgeblicher Verfassungswidrigkeit nicht angewendet worden ist (§ 76 Abs. 1 Nr. 2 BVerfGG). Die Vorschrift setzt damit die **Prüfungskompetenz** der entsprechenden Organe und Behörden 905

29 So BVerfGE 1, 396 (410).
30 Vgl. unten Rdnr. 1107 ff.
31 So BVerfGE 1, 396 (413).
32 So BVerfGE 36, 1 (15).
33 Vgl. *K. Stern*, Staatsrecht II, S. 986.
34 Vgl. *G. Robbers*, JuS 1994, S. 397 f.; *K. Grupp*, JA 1998, S. 673.
35 Vgl. BVerfGE 96, 133 (137).
36 Vgl. hierzu *M. Sachs*, JuS 1998, S. 756.

voraus. Sie hat in der Praxis keine große Bedeutung erlangt, weil Behörden kaum je zu selbständiger Normenkontrolle neigen bzw. die Anwendung gesetzlicher Vorschriften von übergeordneten Behörden (Ministerien) angeordnet werden kann. Gerichte müssen nachkonstitutionelle Gesetze dem BVerfG zur Entscheidung vorlegen, sofern sie diese für verfassungswidrig halten (Art. 100 Abs. 1 GG). Es bleibt aber der Bereich vorkonstitutioneller Gesetze und untergesetzlicher Rechtsnormen, deren Geltung auf diese Weise zum Gegenstand der abstrakten Normenkontrolle gemacht werden kann.

906 Über die in ihrer Verfassungsmäßigkeit nicht unumstrittenen Zulässigkeitsvoraussetzungen nach § 76 Abs. 1 BVerfGG hinaus ist kein **Rechtsschutzbedürfnis** oder sonstiges spezifisches Interesse an der Klärung der Rechtsfrage erforderlich.[37] Die Eigenart der abstrakten Normenkontrolle als objektives Verfahren zum Schutz der Verfassung und die geringe Zahl von antragsberechtigten Organen machen eine weitere »Subjektivierung« überflüssig. Auch der vielfach verwendete Begriff des **»Klarstellungsinteresses«** erscheint nicht unproblematisch.[38]

3. Prüfungsmaßstab und Entscheidung

907 Förmliche Bundesgesetze können nur am **Grundgesetz** gemessen werden, förmliche Landesgesetze am Grundgesetz und an förmlichen Bundesgesetzen (Art. 31 GG). Untergesetzliches Landesrecht läßt sich sowohl am Maßstab des Grundgesetzes wie an dem anderen Bundesrechts prüfen. Offen bleibt, ob **untergesetzliches Bundesrecht** nur am Maßstab des Grundgesetzes oder auch am Maßstab förmlicher **Bundesgesetze** zu messen ist.[39] Art. 93 Abs. 1 Nr. 2 GG läßt kaum einen Auslegungsspielraum, denn es ist nur von der Vereinbarkeit von »Bundesrecht« mit »diesem Grundgesetze« die Rede. § 76 Abs. 1 Nr. 1 BVerfGG geht auch hier über die Verfassung hinaus, ließe sich aber in diesem Fall (verfassungskonform) restriktiv auslegen, so daß im Ergebnis untergesetzliches Bundesrecht allein auf seine Übereinstimmung mit dem Grundgesetz zu prüfen wäre.

908 Das BVerfG prüft in seiner neueren Rechtsprechung im Normenkontrollverfahren vorab die Vereinbarkeit einer **Rechtsverordnung** – also einer untergesetzlichen Rechtsnorm – mit einem (einfachen) **Bundesgesetz** und begründet dies damit, daß sich nur so feststellen lasse, ob für die Prüfung einer Übereinstimmung der Verordnung mit dem Grundgesetz überhaupt ein tauglicher Gegenstand – nämlich eine gültige Rechtsnorm – gegeben sei.[40] Allerdings bleibt festzustellen, daß es für den Erlaß untergesetzlicher Rechtsnorm gem. Art. 80 Abs. 1 GG einer Ermächtigung bedarf, so daß eine hiervon nicht mehr gedeckte Vorschrift zugleich auch verfassungswidrig ist.[41] Im Normenkontrollverfahren kann daher auch über-

---

37 So BVerfGE 52, 63 (80).

38 Vgl. *C. Pestalozza*, Verfassungsprozeßrecht, § 8 II Rdnr. 14; wie hier: *Benda/Klein*, Verfassungsprozeßrecht, Rdnr. 735.

39 Verneinend: *Benda/Klein*, Verfassungsprozeßrecht, Rdnr. 733; *C. Pestalozza*, Verfassungsprozeßrecht, § 8 II Rdnr. 11.

40 So BVerfGE 101, 1 (30 f.).

41 Vgl. BVerfGE 51, 166 (173).

prüft werden, ob sich eine untergesetzliche Rechtsnorm in dem von der Ermächtigungsgrundlage gezogenen Rahmen bewegt.[42]

In seiner Entscheidung stellt das BVerfG fest, ob die zur Prüfung gestellte Norm mit dem Grundgesetz (oder im Falle des Landesrechts mit übrigen Bundesrecht) vereinbar ist oder nicht. Gelangt das Gericht zur Auffassung, die Norm sei verfassungs-(bundesrechts-)widrig, so erklärt es sie für **nichtig** (§ 78 BVerfGG). Das BVerfG ist in der Entscheidungspraxis allerdings zunehmend dazu übergegangen, Normen lediglich für »**verfassungswidrig**« zu erklären, wenn die Folgen einer Nichtigerklärung nicht absehbar oder zu weittragend erscheinen.[43] Damit sind Entscheidungsvarianten und Gestaltungsspielräume eröffnet worden, die die Rechtsnatur des Normenkontrollverfahrens und die Gerichtsqualität des BVerfG in Frage stellen. Die »Verfassungswidrigerklärung« hat sich überdies als zweifelhafter Entscheidungsmodus herausgestellt, denn sie soll allenthalben dazu führen, daß die Norm nicht mehr anwendbar ist.[44] In den schwierigen, sog. »Chaosfällen« nützt dies allerdings wenig. Inzwischen ist das BVerfG in Einzelfällen dazu übergegangen, das Außerkrafttreten von Gesetzen *pro futuro* anzuordnen und damit den Zeitpunkt zu bestimmen, bis zu dem eine gesetzliche Neuregelung vorliegen muß.[45] 909

Die Auswirkungen einer Verwerfungsentscheidung auf Hoheitsakte sind beschränkt. Nicht mehr anfechtbare Entscheidungen bleiben von der Nichtigerklärung einer Norm grundsätzlich unberührt (§ 79 Abs. 2 Satz 1 BVerfGG). Sofern eine derartige Entscheidung allerdings noch Folgewirkungen zeitigt – etwa in Gestalt der Zwangsvollstreckung –, sind diese unzulässig (§ 79 Abs. 2 Satz 2 BVerfGG). Eine Ausnahme bilden rechtskräftige **Strafurteile**, gegen die ein Wiederaufnahmeverfahren zulässig ist, sofern sie auf einer für nichtig erklärten Norm beruhen (§ 79 Abs. 1 BVerfGG). 910

§ 79 BVerfGG läßt zwar einige Zweifelsfragen offen, stellt insgesamt aber einen tragfähigen Kompromiß zwischen den Grundsätzen der **Gerechtigkeit** und der **Rechtssicherheit** dar. Sofern eine Norm für nichtig erklärt wird, ist sie zwar *ex tunc* (von Anfang an) unwirksam; sie ist aber solange als gültig angesehen worden, daß man ihre (tatsächlichen) Wirkungen im Rechtsverkehr nicht schlechthin austilgen kann. Der Gesetzgeber bedient sich hierbei des Kunstgriffs, die **Einzelakte** gegenüber der (nichtigen) **Norm** zu verselbständigen und deren Bestand (sofern sie unanfechtbar sind) zu sichern.[46] Durch diese Regelung sind auch die Betroffenen keineswegs benachteiligt: Sie hätten, als die betreffenden Hoheitsakte noch 911

42 Vgl. *K. Schlaich/S. Korioth*, Das Bundesverfassungsgericht, Rdnr. 123; *K. Stern*, in: BK, GG, Art. 93 Rdnr. 264; *G. Ulsamer*, in: Maunz/Schmidt-Bleibtreu/Klein/Ulsamer, BVerfGG, § 76 Rdnr. 41.

43 Vgl. *J. Ipsen*, Rechtsfolgen der Verfassungswidrigkeit von Norm und Einzelakt, S. 107 ff.; *K. Schlaich/S. Korioth*, Das Bundesverfassungsgericht, Rdnr. 366 ff.; vgl. auch *J. Blüggel*, Unvereinbarerklärung statt Normkassation durch das BVerfG, 1998; *P. E. Hein*, Die Unvereinbarerklärung verfassungswidriger Gesetze durch das BVerfG, 1988, jew. m. w. N.

44 Vgl. BVerfGE 37, 217 (262); *K. Schlaich/S. Korioth*, Das Bundesverfassungsgericht, Rdnr. 385 m. w. N.

45 Nachw. bei *J. Blüggel*, Unvereinbarerklärung statt Normkassation durch das BVerfG, S. 96 ff.

46 Vgl. *J. Ipsen*, Rechtsfolgen der Verfassungswidrigkeit von Norm und Einzelakt, S. 276 f.

anfechtbar waren, ihrerseits Rechtsbehelfe einlegen und damit selber zur Klärung der verfassungsrechtlichen Situation beitragen können.[47]

912 Die Entscheidung des BVerfG im Normenkontrollverfahren hat **Gesetzeskraft** (§ 31 Abs. 2 Satz 1 BVerfGG). Für alle rechtsanwendenden Organe ist bindend entschieden, ob die betreffende Norm mit der Verfassung (oder sonstigem Bundesrecht) übereinstimmt oder nicht. Die entsprechende Entscheidungsformel ist im Bundesgesetzblatt zu veröffentlichen (§ 31 Abs. 2 Satz 3 BVerfGG). Eine Bindung auch der Wissenschaft vermag § 31 Abs. 2 BVerfGG demgegenüber nicht zu erzeugen.[48] Insofern wird man gelegentlich auf die Auffassung stoßen, ein Gesetz sei »an sich« verfassungswidrig, obwohl das BVerfG es für verfassungsmäßig gehalten habe. Diese Positionen trotz gegenteiliger Judikatur des BVerfG zu behaupten, liegt im Interesse der wissenschaftlichen Auseinandersetzung, von der auch das BVerfG profitieren kann. Nicht vertretbar ist es demgegenüber, die Rechtsgeltung eines vom BVerfG für nichtig erklärten Gesetzes anzunehmen. Die Gesetzeskraft der Entscheidung hat vielmehr zur Folge, daß das Gesetz nicht (mehr) zur Rechtsordnung zählt. Vertreten läßt sich deshalb nur, die Entscheidung des BVerfG sei inhaltlich »falsch« gewesen. § 31 Abs. 2 BVerfGG steht indes auch der wissenschaftlichen Annahme entgegen, ein für nichtig erklärtes Gesetz sei weiterhin in Geltung.

913 Im Ausgangsfall hat das BVerfG § 218 a StGB für teilnichtig erklärt.[49] Im Wege der einstweiligen Anordnung (§ 35 BVerfGG) ist die Indikation zum Schwangerschaftsabbruch nach 12 Wochen (§ 218 b StGB a. F.) auf Schwangerschaftsabbrüche in den ersten zwölf Wochen für anwendbar erklärt und erweitert worden.[50] Der Schwangerschaftsabbruch ist seit jeher Gegenstand einer verfassungsrechtlichen Kontroverse mit entgegengesetzten wissenschaftlichen (und ethischen) Positionen. Auch die Entscheidungen des BVerfG sind nachdrücklich kritisiert worden.[51] *Nicht* vertretbar ist indes die Annahme, § 218 a StGB habe auch nach dem Urteil des BVerfG gegolten.

914 Ein spezielles Normenkontrollverfahren ist nach **Art. 93 Abs. 1 Nr. 2 a GG** für den Fall vorgesehen, daß Meinungsverschiedenheiten darüber bestehen, ob ein Bundesgesetz den Voraussetzungen des Art. 72 Abs. 2 GG entspricht. Außer den bereits nach Art. 93 Abs. 1 Nr. 2 GG Antragsberechtigten können der Bundesrat oder die Volksvertretung eines Landes den Antrag stellen. Mit der gegenüber Art. 93 Abs. 1 Nr. 2 GG erweiterten Antragsberechtigung soll die Justiziabilität des Art. 72 Abs. 2 GG verbessert werden.[52] Die Antragsberechtigung auch der Landesregierungen ist überflüssig, weil diese bereits nach Art. 93 Abs. 1 Nr. 2 GG antragsberechtigt sind und es sich auch bei Art. 93 Abs. 1 Nr. 2 a GG um ein Verfahren der abstrakten Normenkontrolle – freilich mit eingeschränktem Prüfungsgegenstand und Prüfungsmaßstab – handelt.[53]

47 Vgl. *Benda/Klein*, Verfassungsprozeßrecht, Rdnr. 1261.
48 So zu Recht *K. Schlaich*, VVDStRL 39 (1981), S. 141.
49 Vgl. BVerfGE 39, 1 (2).
50 So BVerfGE 39, 1 (3).
51 Vgl. *C. Starck*, in: v. Mangoldt/Klein/Starck, GG, Bd. 1, Art. 1 Rdnr. 86; *H. Dreier*, in: Dreier (Hrsg.), GG, Bd. I, Art. 1 I Rdnr. 47 ff. m. w. N.
52 Vgl. den Bericht der gemeinsamen Verfassungskommission, BT-Drucks. 12/6000, S. 33.
53 Vgl. *G. Sturm*, in: Sachs (Hrsg.), GG, Art. 93 Rdnr. 51; *J. Wieland*, in: Dreier (Hrsg.), GG, Bd. III, Art. 93 Rdnr. 61; *Benda/Klein*, Verfassungsprozeßrecht, Rdnr. 748 f.

IV. Konkrete Normenkontrolle (Art. 100 Abs. 1 GG, §§ 13 Nr. 11, 80ff. BVerfGG)

Fall 72: 915

Vor dem Landgericht – Schwurgericht – V ist der Polizeibeamte R angeklagt, den rauschgiftsüchtigen L mit drei Schüssen getötet zu haben. Das Schwurgericht wertete diesen Vorgang als heimtückische Tötung zur Verdeckung einer anderen Straftat und damit als Mord gem. § 211 StGB. Es hält die obligatorische lebenslange Freiheitsstrafe für Mord allerdings für mit Art. 1, Art. 2 Abs. 2 Satz 2 i. V. m. Art. 19 Abs. 2 und Art. 3 Abs. 1 GG für unvereinbar.

(BVerfGE 45, 187)

1. Richterliche Kompetenz zur Prüfung der Verfassungsmäßigkeit von Gesetzen

Art. 100 Abs. 1 GG ist nur verstehbar vor dem Hintergrund des sog. **»richterlichen Prüfungsrechts«**, das den Gegenstand der beherrschenden rechtlichen Kontroverse des konstitutionellen Staatsrechts bildete.[54] Rund ein Jahrhundert wurde mit nicht nachlassendem Eifer die Frage diskutiert, ob der Richter berechtigt sei, aus Anlaß eines Rechtsstreits Gesetze auf ihre Verfassungsmäßigkeit zu überprüfen und ggf. nicht anzuwenden, wenn er von ihrer Verfassungswidrigkeit überzeugt war.[55] Während die Meinungen hierüber im Zeitalter des Konstitutionalismus noch geteilt waren, wurde dem Richter diese Kompetenz unter der Weimarer Reichsverfassung von der Rechtsprechung zugestanden.[56] Art. 100 Abs. 1 GG setzt diese historische Kontroverse und ihr Ergebnis voraus; es kann deshalb unter dem Grundgesetz keinem Zweifel mehr unterliegen, daß jeder Richter befugt ist, Gesetze auf ihre Verfassungsmäßigkeit zu überprüfen.[57] Während unter der Weimarer Reichsverfassung noch Bedenken aus dem Umstand hergeleitet wurden, daß ein solches »diffuses Prüfungsrecht« der Rechtssicherheit abträglich sei[58], unternimmt es Art. 100 Abs. 1 GG, das »Prüfungsrecht« des Richters in ein **verfassungsgerichtliches Normenkontrollverfahren** überzuleiten. 916

Der Richter hat hiernach zu prüfen, ob ein von ihm anzuwendendes Gesetz (formell und materiell) mit der Verfassung vereinbar ist. Gelangt er zu der Auffassung, daß dies nicht der Fall ist, darf er das Gesetz – anders als dies im Konstitutionalismus postuliert wurde – nicht seiner vermeintlichen Nichtigkeit wegen unangewendet lassen, sondern muß es dem BVerfG zur autoritiven Entscheidung vorlegen. Die **Normprüfungskompetenz** fällt folglich jedem Richter zu, während die **Normverwerfungskompetenz** beim BVerfG **monopolisiert** ist. 917

54 Vgl. *E. R. Huber*, Deutsche Verfassungsgeschichte seit 1789, Bd. III, S. 1055ff.

55 Vgl. die Darstellung bei *J. Ipsen*, Rechtsfolgen der Verfassungswidrigkeit von Norm und Einzelakt, S. 23f.

56 Vgl. RGZ 111, 320 (322f.); vgl. *H. Maurer*, Das richterliche Prüfungsrecht zur Zeit der Weimarer Verfassung, DÖV 1963, S. 683.

57 Unstr.; vgl. nur BVerfGE 2, 406 (410f.); 34, 320 (323).

58 Vgl. *E. R. Huber*, Deutsche Verfassungsgeschichte seit 1789, Bd. VI, S. 560ff.; *J. Ipsen*, Rechtsfolgen der Verfassungswidrigkeit von Norm und Einzelakt, S. 57ff.

2. Zulässigkeitsvoraussetzungen

a) Vorlageberechtigung

918 Vorlageberechtigt ist jeder **Richter**, für dessen Entscheidung es auf die Gültigkeit der betreffenden Norm ankommt. Es muß sich nicht notwendig um ein »erkennendes« (also in einer Streitsache urteilendes) Gericht handeln. Auch im Bereich der Freiwilligen Gerichtsbarkeit oder anderer gerichtlicher Tätigkeit (einschließlich der Strafverfolgung) kann es zu einem Vorlagebeschluß kommen. Das Gericht wendet sich unmittelbar an das BVerfG, braucht also nicht Entscheidungen höherer Instanzen abzuwarten.

919 Im Ausgangsfall findet ein Strafverfahren vor der Schwurgerichtskammer des Landgerichts statt, die zur Vorlage berechtigt wäre.

b) Vorlagefähige Norm

920 Nur förmliche (Bundes- oder Landes-)Gesetze können nach Art. 100 Abs. 1 GG dem BVerfG zur Entscheidung vorgelegt werden. Der in Art. 100 Abs. 1 Satz 1 GG gebrauchte Gesetzesbegriff ist als **»förmliches Gesetz«** zu interpretieren.[59]

921 Die richterliche Prüfungskompetenz erstreckt sich auch (*a maiore ad minus*) auf **untergesetzliches Recht**.[60] Soweit der Richter zur Überzeugung gelangt, daß eine derartige Rechtsnorm (Verordnung, Satzung) verfassungswidrig ist, kann er sie im konkreten Rechtsstreit (wegen ihrer Nichtigkeit) unangewendet lassen.[61] An der förmlichen Nichtigerklärung ist er (soweit es sich nicht um ein verwaltungsgerichtliches Normenkontrollverfahren handelt) allerdings gehindert, weil die Verfassungsmäßigkeit einer Norm in normalen Gerichtsverfahren nicht Streitgegenstand sein kann.[62] Auch kann eine höhere Instanz zur Auffassung gelangen, die (untergesetzliche) Norm sei **verfassungsmäßig** und damit **anzuwenden**. Eine solche Divergenz in der Rechtsprechung ist insofern unschädlich, als den Gerichtsentscheidungen in diesen Fällen keine Gesetzeskraft zukommt.

922 Der Grund für die Differenzierung zwischen förmlichen Gesetzen und untergesetzlichen Rechtsnormen liegt darin, daß man nur den parlamentarischen Gesetzgeber (und nicht etwa den Verordnungs- oder Satzungsgeber) vor einer »diffusen« Prüfungskompetenz schützen zu müssen glaubte. Soweit Gerichte untergesetzliches Recht unangewendet lassen, kann der fragliche Rechtssatz von den antragsberechtigten Organen zum Gegenstand der abstrakten Normenkontrolle gemacht werden (§ 76 Abs. 1 Nr. 2 BVerfGG), so daß letztlich eine Entscheidung des BVerfG herbeigeführt werden kann.[63]

923 Das BVerfG hat die Vorlagepflicht auf nachkonstitutionelles **Recht**, also auf Gesetze, die nach dem **Inkrafttreten** des **Grundgesetzes** am 24. Mai 1949 (Art. 145 Abs. 2 GG) erlassen worden sind, beschränkt.[64] Es hat diese, in Art. 100 Abs. 1

59 So BVerfGE 17, 208 (210); st. Rspr.
60 Vgl. BVerfGE 48, 29 (35).
61 Vgl. BVerfGE 1, 184 (197 ff.); 48, 29 (35); *Benda/Klein*, Verfassungsprozeßrecht, Rdnr. 791.
62 Vgl. *Benda/Klein*, Verfassungsprozeßrecht, Rdnr. 767.
63 Vgl. oben Rdnr. 890 ff.
64 So BVerfGE 2, 124 (128 ff.); 70, 126 (129); 97, 117 (122 f.); st. Rspr.

GG nicht angelegte Einschränkung damit begründet, der vorkonstitutionelle Gesetzgeber brauche gegen den Zugriff des Richters nicht »geschützt« zu werden.[65]

Im Ausgangsfall könnte die Vorlagepflicht, weil es sich um eine Vorschrift des vorkonstitutionellen StGB (15. Mai 1871!) handelt, zweifelhaft sein. Soweit eine Vorlagepflicht nicht besteht, kann der Richter das (für nichtig gehaltene) Gesetz bei seiner Entscheidung unberücksichtigt lassen, was bei § 211 Abs. 1 StGB bedeutet haben würde, daß die lebenslange Freiheitsstrafe nicht zwingend gewesen wäre. 924

Die durch das BVerfG vorgenommene Einschränkung der Vorlagepflicht läßt sich nur aus der einzigartigen Situation in der Anfangszeit der Bundesrepublik erklären, in der weite Bereiche vorkonstitutionellen Rechts auf ihre Übereinstimmung mit dem Grundgesetz zu prüfen waren. Ein Verwerfungsmonopol des BVerfG für diese Rechtsmassen hätte in vielen Bereichen zum Stillstand der Rechtspflege geführt. Die Judikatur des BVerfG läßt sich also **pragmatisch** rechtfertigen, **dogmatisch** aber nicht begründen. Ein förmliches Gesetz erlangt seine Dignität nicht durch den nachkonstititutionellen Gesetzgeber, der in seiner konkreten Zusammensetzung ja gleichfalls der Geschichte angehört, es nimmt seinen Rang in der Normenhierarchie vielmehr aufgrund seines besonderen Verfahrens und der Wichtigkeit seines Gegenstandes ein. Das vorkonstitutionelle Recht ist, soweit es mit der Verfassung übereinstimmt, ausdrücklich übernommen worden (Art. 123 GG). 925

Das BVerfG hat sich alsbald veranlaßt gesehen, seine restriktive Judikatur zur Vorlagepflicht zu revidieren. Soweit nämlich der (nachkonstitutionelle) Gesetzgeber ein vorkonstitutionelles Gesetz **»in seinen Willen aufgenommen«** habe, soll es der Vorlagepflicht unterfallen.[66] Wenn man den Ausgangspunkt der Rechtsprechung für zutreffend hält, ist dieser Gedanke folgerichtig. Gesetzgeberische Akte wie Novellierungen, Änderungen oder Neuverkündungen eines Gesetzes machen ein vorkonstitutionelles Gesetz (oder einzelne Normen) zu nachkonstitutionellem Recht.[67] 926

Im Ausgangsfall ist § 211 StGB, der in seiner Ursprungsfassung die Todesstrafe vorsah, durch das 3. StrÄndG vom 4. 8. 1953 (BGBl. I, S. 735) geändert worden und hat seine geltende Fassung durch das 1. StrRG vom 25. 6. 1969 (BGBl. I, S. 645) erhalten. Es kann deshalb keinen Zweifel daran geben, daß nach den vom BVerfG entwickelten Grundsätzen diese Strafnorm (wie das StGB insgesamt) vom nachkonstitutionellen Gesetzgeber »in seinen Willen aufgenommen« worden ist. Das Landgericht war deshalb zur Vorlage nach Art. 100 Abs. 1 GG verpflichtet. 927

c) Entscheidungserheblichkeit

Nach Art. 100 Abs. 1 GG muß es auf die »Gültigkeit« des Gesetzes bei der Entscheidung »ankommen«. Die hiermit umschriebene **Entscheidungserheblichkeit** der in ihrer Verfassungsmäßigkeit angezweifelten Norm wird durch § 80 Abs. 2 BVerfGG dahin konkretisiert, daß eine Vorlage in ihrer Begründung angeben muß, »inwiefern von der Gültigkeit der Rechtsvorschrift die Entscheidung des Gerichts abhängt«. Das Gericht muß deshalb im Vorlagebeschluß darlegen, daß es 928

65 So BVerfGE 2, 124 (129).
66 So BVerfGE 6, 55 (65); st. Rspr.
67 Vgl. als Beispiel aus der Judikatur BVerfGE 7, 282 (290); 11, 126 (131 f.); 13, 290 (294).

»bei Gültigkeit der Vorschrift zu einem anderen Ergebnis kommen würde als im Falle ihrer Ungültigkeit und wie es dieses Ergebnis begründen würde«.[68]

929 In der Entscheidungserheblichkeit offenbart sich der prinzipielle Unterschied zwischen konkreter und abstrakter Normenkontrolle. Während die abstrakte Normenkontrolle ein objektives Verfahren zum Schutz der Verfassung ist, soll die konkrete Normenkontrolle nur dem anhängigen Rechtsstreit dienen.[69] Kommt es für dessen Entscheidung überhaupt nicht darauf an, ob die betreffende Norm verfassungsmäßig ist oder nicht (was nichts anderes bedeutet als: ob sie **gültig** oder **nichtig** ist), so kann ihre Verfassungsmäßigkeit dahingestellt bleiben. Die konkrete Normenkontrolle bietet insofern keine Möglichkeit, aus Anlaß eines Rechtsstreits verfassungsrechtlich interessante Fragen durch das BVerfG entscheiden zu lassen.

930 Im Ausgangsfall war die Frage, ob § 211 Abs. 1 StGB verfassungsmäßig ist, zweifellos entscheidungserheblich. Da nach Auffassung der Schwurgerichtskammer die Mordmerkmale zu bejahen waren, hätte das Gericht den P zu lebenslanger Freiheitsstrafe verurteilen müssen. Würde die (ausnahmslose) lebenslange Freiheitsstrafe dagegen gegen Grundrechte verstoßen und damit nichtig sein, hätte das Gericht eine zeitige Freiheitsstrafe verhängen können. Das BVerfG hat § 211 Abs. 1 StGB für verfassungsmäßig erklärt, freilich mit der Maßgabe, daß dem Verurteilten die Chance verbleiben muß, der Freiheit wieder teilhaftig zu werden.[70] Aufgrund dieser Entscheidung ist § 57 a StGB ergangen, demzufolge eine lebenslange Freiheitsstrafe nach 15 Jahren unter besonderen Voraussetzungen zur Bewährung ausgesetzt werden kann.

d) Überzeugung von der Verfassungswidrigkeit der Norm

931 Die Vorlage nach Art. 100 Abs. 1 GG ist nur zulässig, wenn der Richter von der Verfassungswidrigkeit der Norm **überzeugt** ist. Diese Überzeugung muß im Vorlagebeschluß ausdrücklich begründet werden (§ 80 Abs. 2 BVerfGG). Idealtypisch setzt die Vorlage voraus, daß der Richter das Gesetz »an sich« wegen seiner Nichtigkeit unangewendet lassen würde. In der **Verfahrenspraxis** erweist sie sich allerdings nicht selten als Versuch, auf kurzem Wege eine verfassungsgerichtliche Entscheidung in einer strittigen Rechtsfrage zu erlangen. Das BVerfG versucht, der großen Zahl von Vorlagen durch strenge Anforderungen an den Begriff der Entscheidungserheblichkeit Herr zu werden.[71] Die Unzulässigkeit der Vorlage kann überdies durch einstimmigen Beschluß der Kammer festgestellt werden (§ 81 a Satz 1 BVerfGG).

3. Normenkontrollentscheidung

932 Soweit der Vorlagebeschluß zulässig ist, handelt es sich um ein reguläres Normenkontrollverfahren. Die Vorschriften über die abstrakte Normenkontrolle (§§ 77–79 BVerfGG) sind anwendbar (§ 82 Abs. 1 BVerfGG). Die Entscheidung hat **Gesetzeskraft** (§ 31 Abs. 2 BVerfGG). Die Regelung der Rechtsfolgen bestimmt sich nach § 79 BVerfGG.

---

68 So BVerfGE 35, 303 (306); vgl. ferner BVerfGE 65, 308 (314 f.); 84, 233 (236 f.); st. Rspr.

69 So BVerfGE 42, 42 (49): »Teil eines einheitlichen Prozesses, ein Zwischenverfahren«.

70 So BVerfGE 45, 187 (LS 3).

71 Beispiele in: BVerfGE 51, 161 (164); 77, 259 (261); 77, 340 (342 ff.); 88, 187 (194); 92, 277 (312 f.).

Im Ausgangsfall hat das BVerfG § 211 StGB »nach Maßgabe der Entscheidungsgründe« mit dem Grundgesetz für vereinbar erklärt. Da die Entscheidungsgründe darauf hinausliefen, einem zu lebenslanger Freiheitsstrafe Verurteilten die Chance zur Erlangung der Freiheit einzuräumen, standen sie der Verurteilung des R zu lebenslanger Freiheitsstrafe nicht im Wege. Vielmehr mußte der Gesetzgeber tätig werden, um die Aussetzung einer lebenslangen Freiheitsstrafe zur Bewährung zu ermöglichen (§ 57 a StGB). 933

V. Verfassungsbeschwerde (Art. 93 Abs. 1 Nr. 4 a GG, §§ 13 Nr. 8 a, 90 ff. BVerfGG)

Fall 73: 934

Aufgrund des Runderlasses des Ministeriums für Bildung, Wissenschaft, Forschung und Kultur des Landes Schleswig-Holstein vom 5. 11. 1996 sollten die Kinder an den Schulen Schleswig-Holsteins nach den neuen Rechtschreibregeln unterrichtet werden. Bis zum 31. Juli 1998 sollte eine Übergangsregelung gelten. E_1 und E_2, deren Kinder schulpflichtig sind, haben vor dem zuständigen Verwaltungsgericht eine einstweilige Anordnung beantragt, die aber abgelehnt worden ist. Die Beschwerde zum Oberverwaltungsgericht bleibt ebenfalls erfolglos.

(BVerfGE 98, 218)

1. Rechtsnatur der Verfassungsbeschwerde

Die **Verfassungsbeschwerde** ist ein »dem Staatsbürger eingeräumter außerordentlicher Rechtsbehelf, mit dem er Eingriffe der öffentlichen Gewalt in seine Grundrechte abwehren kann.«[72] Sie bildet also keinen »Rechtsweg« im Sinne des Art. 19 Abs. 4 GG, der den Rechtsweg gegen alle Rechtsbeeinträchtigungen durch die öffentliche Gewalt garantiert. Mit Hilfe der Verfassungsbeschwerde lassen sich hingegen nur **Grundrechtsverletzungen** geltend machen. Auf der anderen Seite greift die Verfassungsbeschwerde weiter als die Rechtsweggarantie, denn sie ist – im Gegensatz zu Art. 19 Abs. 4 GG – nicht allein gegen exekutivische Akte gerichtet, sondern kann auch gegen Urteile oder – unter bestimmten Voraussetzungen – unmittelbar gegen Gesetze erhoben werden. 935

Das »Außerordentliche« der Verfassungsbeschwerde wird nicht allein in den dogmatischen Unterschieden zum Verwaltungs- oder ordentlichen Rechtsweg, sondern vor allem daran deutlich, daß aufgrund des Annahmeverfahrens (§§ 93 a–d BVerfGG) nur ein geringer Prozentsatz von Verfassungsbeschwerden überhaupt vom BVerfG (d. h. einem der beiden Senate) entschieden wird. Die Hauptschwierigkeit der Verfassungsbeschwerde ist aus der Sicht des Beschwerdeführers deshalb die **Annahme** zur **Entscheidung**. Ein solches – abgestuftes – Vorprüfungsverfahren gibt es bei keinem anderen Rechtsbehelf. 936

72 So BVerfGE 18, 315 (325). Eine Verfassungsbeschwerde kann nicht nur von (deutschen) Staatsangehörigen, sondern von »jedermann« (Art. 93 Abs. 1 Nr. 4 a GG) erhoben werden, soweit dieser Träger von Grundrechten ist.

2. Zulässigkeitsvoraussetzungen

a) Beschwerdefähigkeit (Antragsberechtigung)

937 Nach Art. 93 Abs. 1 Nr. 4 a GG, § 90 Abs. 1 BVerfGG ist »**Jedermann**« berechtigt, Verfassungsbeschwerde zu erheben. Damit sind alle **natürlichen Personen** und **juristischen Personen** des **Privatrechts** erfaßt; letztere freilich nur insoweit, als ihnen Grundrechte »ihrem Wesen nach« zustehen können (Art. 19 Abs. 3 GG). Juristische Personen des öffentlichen Rechts sind grundsätzlich nicht beschwerdefähig, weil die Verfassungsbeschwerde ein gegen die öffentliche Gewalt gerichteter Rechtsbehelf ist, juristische Personen des öffentlichen Rechts aber gerade einen Teil dieser öffentlichen Gewalt bilden.[73] Ausnahmen werden für solche juristischen Personen gemacht, denen spezifische Grundrechte – wie die Rundfunkfreiheit oder Wissenschaftsfreiheit – zustehen.[74]

b) Akt der »öffentlichen Gewalt«

938 Der Begriff »öffentliche Gewalt« in Art. 93 Abs. 1 Nr. 4 a GG umfaßt – anders als in Art. 19 Abs. 4 GG – die **vollziehende Gewalt**, die **Rechtsprechung** und die **Gesetzgebung**. Grundsätzlich ist gegen jeden Akt einer der drei Gewalten die Verfassungsbeschwerde **statthaft**. Ob sie im Einzelfall **zulässig** ist, ist anhand der weiteren Zulässigkeitsvoraussetzungen zu entscheiden.

939 Im Ausgangsfall wird der Beschluß eines Oberverwaltungsgerichts und damit eine gerichtliche Entscheidung angegriffen. Gegen gerichtliche Entscheidungen gerichtete Verfassungsbeschwerden (»Urteilsverfassungsbeschwerden«) sind der häufigste Fall dieser Rechtsschutzform.

c) Beschwerdebefugnis

940 Ähnlich wie die Antragsberechtigten im Organstreit (§ 64 BVerfGG) muß der Beschwerdeführer behaupten, in einem seiner Grundrechte bzw. grundrechtsähnlichen Rechte verletzt zu sein. Die bloße Behauptung reicht freilich ebensowenig wie bei vergleichbaren Zulässigkeitsvoraussetzungen (Antragsbefugnis, Klagebefugnis) aus. Die Rechtsverletzung muß vielmehr nach dem Sachvortrag des Klägers als **möglich** erscheinen. Das wird bei Exekutivakten und gerichtlichen Entscheidungen verhältnismäßig leicht zu entscheiden sein; bei Rechtsnormen ist die Möglichkeit einer (aktuellen) Rechtsverletzung schwieriger zu beurteilen.

941 Das BVerfG sieht die Beschwerdebefugnis nur als gegeben an, wenn der Beschwerdeführer in seinen Rechten »**selbst, gegenwärtig und unmittelbar**« verletzt ist.[75] Diese Prüfung gewinnt vor allem bei der Rechtssatzverfassungsbeschwerde Gewicht. Ebensowenig wie andere Rechtsbehelfe soll die Verfassungsbeschwerde die Möglichkeit eröffnen, **ohne** eigene **Betroffenheit** das Verfassungsgericht anzurufen.[76] Problematisch ist die »Selbstbetroffenheit« allerdings, wenn eine Vor-

73 So BVerfGE 45, 63 (78 ff.) – Stadt Hameln –; 61, 82 (100 ff.) – Gemeinde Sasbach –; 68, 193 (205 ff.) – Innungen –; 75, 192 (195 ff.) – Kreissparkasse.

74 So BVerfGE 31, 314 (321 f.); 59, 231 (254 f.); 64, 256 (259).

75 Vgl. BVerfGE 64, 301 (319); 72, 1 (5 f.); 89, 155 (171); st. Rspr.

76 Vgl. BVerfGE 49, 1 (8).

schrift Auswirkungen auf einen Beschwerdeführer hat, der nicht selbst zu den Adressaten der Norm gehört.[77] Die Rechtsprechung des BVerfG verläuft hier nicht geradlinig.[78] »Gegenwärtig« (»aktuell«, nicht nur »virtuell«) ist eine Rechtsverletzung nur dann, wenn sie nicht erst in der Zukunft eintritt.[79] Das »Außerordentliche« der Verfassungsbeschwerde zeigt sich wiederum in dem Umstand, daß die Rechtsverletzung **unmittelbar** sein muß, also kein weiteres Dazwischentreten eines Hoheitsaktes erfordert.[80]

Im Ausgangsfall haben E_1 und E_2 geltend gemacht, sie seien durch die Einführung der neuen Rechtschreibregeln in den Schulen in ihrem Elternrecht nach Art. 6 Abs. 2 Satz 1 GG verletzt. Weil eine solche Rechtsverletzung als möglich erschien, war die Verfassungsbeschwerde zulässig.[81] Die Beschwerdeführer konnten auch geltend machen, selbst, gegenwärtig und unmittelbar in ihrem (Eltern-)Recht verletzt zu sein. *Selbst* hätten sie verletzt sein können, weil nicht etwa die Verletzung von Grundrechten der Kinder, sondern eigene Grundrechte (Art. 6 Abs. 2 Satz 1 GG) als verletzt behauptet worden sind. *Gegenwärtig* war die behauptete Rechtsverletzung, weil die Einführung der neuen Rechtschreibregeln alsbald nach dem Erlaß erfolgte. *Unmittelbar* war die behauptete Rechtsverletzung, weil es nicht noch eines weiteren Umsetzungsaktes bedurfte, um die Rechtschreibregeln einzuführen. 942

d) Frist

Die Verfassungsbeschwerde muß nach § 93 Abs. 1 Satz 1 BVerfGG binnen eines Monats erhoben werden. Gegen ein Gesetz ist die Verfassungsbeschwerde binnen eines Jahres nach Inkrafttreten statthaft (§ 93 Abs. 3 BVerfGG).[82] Diese Fristen sind sehr genau zu nehmen, insbesondere müssen innerhalb der Frist alle Zulässigkeitsvoraussetzungen erfüllt sein. Es reicht nicht aus, zunächst nur »Verfassungsbeschwerde« zu erheben, um sie dann nach Verstreichen der Frist zu begründen. Nach Fristablauf kann die Verfassungsbeschwerde nur noch in tatsächlicher oder rechtlicher Hinsicht ergänzt werden.[83] 943

e) Erschöpfung des Rechtswegs (§ 90 Abs. 2 BVerfGG)

Soweit gegen die Akte der öffentlichen Gewalt der **Rechtsweg** eröffnet ist, muß dieser grundsätzlich **erschöpft** sein, bevor eine Verfassungsbeschwerde zulässig ist (§ 90 Abs. 2 Satz 1 BVerfGG). Gegen Exekutivmaßnahmen ist zum Beispiel regelmäßig der **Verwaltungsrechtsweg** gegeben (§ 40 Abs. 1 VwGO). Da es Aufgabe der Verwaltungsgerichte ist, hoheitliche Maßnahmen auch auf ihre Übereinstimmung mit der Verfassung (insbesondere den Grundrechten) zu überprüfen, wäre es widersinnig, alternativ die Verfassungsbeschwerde zuzulassen. 944

Im Ausgangsfall ist gegen die Einführung der neuen Rechtschreibregeln durch ministeriellen Erlaß deshalb zutreffend das Verwaltungsgericht angerufen worden, weil es sich 945

77 Grundlegend *T. Koch*, Der Grundrechtsschutz des Drittbetroffenen, 2000.
78 Vgl. BVerfGE 13, 230 (232 f.); 34, 338 (340); 46, 120 (137); 53, 1 (14); 77, 84 (100).
79 Vgl. BVerfGE 60, 360 (371); 72, 1 (5 f.); 97, 157 (164).
80 Vgl. BVerfGE 53, 1 (14); 97, 157 (164); 100, 313 (354).
81 So BVerfGE 98, 218 (243 f.).
82 Bei rückwirkenden Gesetzen beginnt die Frist ab Verkündung des Gesetzes zu laufen, vgl. BVerfGE 32, 157 (162); 62, 374 (382); 64, 367 (376); st. Rspr.
83 Vgl. *G. Robbers*, Verfassungsprozessuale Probleme, S. 31.

um eine öffentlich-rechtliche Streitigkeit nichtverfassungsrechtlicher Art handelte (§ 40 Abs. 1 Satz 1 VwGO).

946 Das gleiche gilt für Gerichtsentscheidungen, gegen die noch ein Rechtsmittel möglich ist. Diese bieten jeweils die Chance, daß die angegriffene Entscheidung in der nächsten Instanz korrigiert wird. Auch soweit verwaltungsgerichtliche Normenkontrollverfahren statthaft sind (§ 47 VwGO), ist die Verfassungsbeschwerde (vorerst) unzulässig.

947 Im Ausgangsfall ist gegen den ablehnenden Beschluß des Verwaltungsgerichts Beschwerde zum zuständigen Oberverwaltungsgericht erhoben worden (§ 146 VwGO). Das Verfahren des vorläufigen Rechtsschutzes nach der VwGO endet in der Beschwerdeinstanz; gegen den Beschluß über die Beschwerde ist kein (ordentlicher) Rechtsbehelf mehr gegeben (§ 152 Abs. 1 VwGO). Der Rechtsweg war im Ausgangsfall somit erschöpft.[84]

3. Das Annahmeverfahren (§§ 93 a–d BVerfGG)

948 Nach Art. 94 Abs. 2 Satz 2 GG kann durch Bundesgesetz ein besonderes **»Annahmeverfahren«** für Verfassungsbeschwerden vorgeschrieben werden. Dieses Annahmeverfahren ist in §§ 93 a-d BVerfGG geregelt. Verfassungsbeschwerden sind hiernach einer besonderen Vorprüfung durch eine beim zuständigen Senat gebildete **»Kammer«** (§ 15 a BVerfGG) unterworfen (§§ 93 b, c BVerfGG). Dem Annahmeverfahren ist in der Verfahrenspraxis eine allein in der Geschäftsordnung des BVerfG geregelte erste Beurteilung der Verfassungsbeschwerde durch die **Präsidialräte**, also am BVerfG tätige Beamte, vorgeschaltet (§§ 60 Abs. 2, 61 GOBVerfG). Sofern bei einer Verfassungsbeschwerde die Annahme zur Entscheidung nicht in Betracht kommt, weil sie offensichtlich unzulässig ist oder unter Berücksichtigung der Rechtsprechung des BVerfG offensichtlich keinen Erfolg haben kann, wird sie ins **allgemeine Register** eingetragen (§ 60 Abs. 2 a GOBVerfG) und der Beschwerdeführer durch ein **»Belehrungsschreiben«** des Präsidialrats über die Rechtslage unterrichtet. Sofern er richterliche Entscheidung begehrt, wird der Vorgang in das Verfahrensregister übertragen und eine Kammerentscheidung herbeigeführt (§ 61 Abs. 2 GOBVerfG). Da in der Verfahrenspraxis regelmäßig eine richterliche Entscheidung begehrt wird, dürften sich die gegen diese »Zugangshürde« erhobenen Bedenken[85] mittlerweile erledigt haben.

949 Die aus jeweils drei Richtern bestehenden Kammern haben Verfassungsbeschwerden gem. § 93 a Abs. 2 BVerfGG zur Entscheidung anzunehmen,

- sofern ihnen **grundsätzliche** verfassungsrechtliche **Bedeutung** zukommt oder
- wenn es zur **Durchsetzung** der in § 90 Abs. 1 BVerfGG genannten **Rechte** angezeigt ist; dies kann auch der Fall sein, wenn dem Beschwerdeführer durch die Versagung der Entscheidung zur Sache ein besonders schwerer Nachteil entsteht.[86]

---

84 So BVerfGE 98, 218 (244).

85 Vgl. *B. Schlink*, NJW 1984, S. 90 f.; *K. Schlaich/S. Korioth*, Das Bundesverfassungsgericht, Rdnr. 253.

86 Vgl. im einzelnen *K. Schlaich/S. Korioth*, Das Bundesverfassungsgericht, Rdnr. 254 ff. m. w. N.

Im Ausgangsfall hat das BVerfG die Verfassungsbeschwerde wegen ihrer grundsätzlichen verfassungsrechtlichen Bedeutung zur Entscheidung angenommen und über sie in der Sache entschieden, obwohl die Beschwerdeführer sie vor der Entscheidung des BVerfG zurückgenommen hatten.[87] 950

Im übrigen kann die Kammer die Annahme der Verfassungsbeschwerde **ablehnen** (§ 93 b Satz 1 BVerfGG). 951

Bereits gegen den Beschluß der Kultusministerkonferenz (KMK) vom 1. 12. 1995, dessen Gegenstand die Einführung der neuen Rechtschreibregelungen war, waren Verfassungsbeschwerden erhoben worden. Die 3. Kammer des Ersten Senats nahm die Verfassungsbeschwerden nicht zur Entscheidung an, weil die Beschwerdeführer nicht geltend machen konnten, in ihrem Elternrecht *unmittelbar* betroffen zu sein.[88] Der Beschluß der KMK nämlich mußte von den einzelnen Bundesländern erst umgesetzt werden, so daß erst die Umsetzungsakte geeignet waren, die Beschwerdeführer in ihren Rechten zu verletzen. 952

Nach § 93 c Abs. 1 Satz 1 BVerfGG kann die Kammer der Verfassungsbeschwerde auch **stattgeben**, wenn die Voraussetzungen der Annahme in Gestalt der zweiten Alternative (Durchsetzung der Grundrechte) vorliegen und sie offensichtlich **begründet** ist. Die Nichtig- oder Unvereinbarerklärung eines Gesetzes bleibt dem Senat vorbehalten (§ 93 c Abs. 1 Satz 3 BVerfGG). 953

Die Entscheidungen der Kammer ergehen durch einstimmigen Beschluß (§ 93 d Abs. 3 Satz 1 BVerfGG). Erzielt die Kammer weder über die Ablehnung noch über die Stattgabe die notwendige Einstimmigkeit, entscheidet der **Senat** über die Annahme (§ 93 b Satz 2 BVerfGG), die beschlossen ist, wenn wenigstens **drei Richter** ihr zustimmen (§ 93 d Abs. 3 Satz 2 BVerfGG). 954

Die Zugangshürden haben die (erwünschte) Folge, daß der Senat nur bei einem geringen Prozentsatz der Verfassungsbeschwerden eine Entscheidung in der Sache trifft (und nicht nur die Annahme der Verfassungsbeschwerde ablehnt). Dieses Ergebnis ist seit jeher kritisiert worden.[89] Auf der anderen Seite erscheint es offensichtlich, daß das BVerfG nicht in der Lage ist, auch nur einen wesentlichen Teil der jährlich eingehenden Verfassungsbeschwerden[90] in der Sache zu entscheiden. Allerdings zeigt die jüngste Umgestaltung des Annahmeverfahrens eine mit dem Gedanken des **Individualrechtsschutzes** nur schwer zu vereinbarende Funktion der Verfassungsbeschwerde: der individuelle Rechtsschutz steht nur bei **schweren Grundrechtsbeeinträchtigungen** im Vordergrund. Im übrigen wird die Grundrechtsbeeinträchtigung instrumentalisiert, bietet dem BVerfG also nur den **Anlaß** zur Klärung einer **verfassungsrechtlichen Frage**. 955

Im Ausgangsfall hatten die Beschwerdeführer ihre Verfassungsbeschwerde am 6. 7. 1998, also nach der mündlichen Verhandlung am 12. 5. 1998, zurückgenommen. Das BVerfG hielt die Rücknahme für unwirksam, weil das öffentliche Interesse einer Entscheidung den verfassungsgerichtlichen Individualrechtsschutz (auf den die Beschwerdeführer hätten verzichten können) bei weitem überwogen habe.[91] Auch an dieser Entscheidung läßt sich ablesen, daß die Verfassungsbeschwerde sich zunehmend zum Anlaß entwickelt hat, grundlegende verfassungsrechtliche Probleme verfassungsgerichtlicher Entscheidung zuzuführen. 956

87 Vgl. BVerfGE 98, 218 (242 f.).
88 Vgl. BVerfG (3. Kammer des Ersten Senats), NJW 1996, S. 2221.
89 Vgl. *K. Schlaich/S. Korioth*, Das Bundesverfassungsgericht, Rdnr. 260 ff. m. w. N.
90 Vgl. unten Rdnr. 958.
91 So BVerfGE 98, 218 (242 f.).

957

VI. Übersichten

1. Verfassungsgerichtliche Verfahrensarten

Verfahrensarten	Gesetzliche Regelung	Antragsberechtigung	Gegenstand des Verfahrens	Entscheidung / Wirkung
Organstreitigkeit (BvE)	Art. 93 I Nr. 1 GG §§ 13 Nr. 5, 63–67 BVerfGG	– Bundespräsident – Bundestag – Bundesrat – Bundesregierung – Teile dieser Organe (§ 63 BVerfGG) – Parteien (BVerfGE 4, 27)	Kompetenzverletzung oder Gefährdung durch – Maßnahmen – Unterlassungen der in § 63 BVerfGG genannten Organe (§ 64 I BVerfGG)	Feststellung, ob Maßnahme oder Unterlassung gegen GG verstößt (§ 67 BVerfGG) Bindungswirkung der Entscheidung (§ 31 I BVerfGG)
Bund- Länder-Streitigkeit (BvG)	Art. 93 I Nr. 3 GG §§ 13 Nr. 7, 68–70 BVerfGG	– Bundesregierung – Landesregierung (§ 68 BVerfGG)	Entsprechende Geltung des § 64 BVerfGG (§ 69 BVerfGG)	Entsprechende Geltung des § 67 BVerfGG (§ 69 BVerfGG)
Abstrakte Normenkontrolle (BvF)	Art. 93 I Nr. 2 GG §§ 13 Nr. 6, 76–79 BVerfGG	– Bundesregierung – Landesregierung – Bundestag (1/3 der Mitglieder) (§ 76 BVerfGG)	Prüfung der Vereinbarkeit von Bundesrecht und Landesrecht (förmliche Gesetze und RVOen) mit dem – Grundgesetz – sonstigem Bundesrecht (§ 76 BVerfGG)	Feststellung der – Vereinbarkeit – Nichtigkeit des entsprechenden Rechtssatzes (§ 78 BVerfGG) Entscheidung hat Gesetzeskraft (§ 31 II BVerfGG)

Verfahrensarten	Gesetzliche Regelung	Antragsberechtigung	Gegenstand des Verfahrens	Entscheidung / Wirkung
Konkrete Normenkontrolle (BvL)	Art. 100 I GG §§ 13 Nr. 11, 80–82 BVerfGG	Jedes Gericht (Aussetzungs- und Vorlagebeschluß) Art. 100 I GG	Prüfung der Vereinbarkeit förmlicher Gesetze (nicht RVO-en) mit dem GG, vorkonstitutionelle Gesetze jedoch nur, wenn Gesetzgeber sie »in seinem Willen aufgenommen hat« (BVerfGE 6, 55, st. Rspr.)	Entsprechende Geltung der §§ 77–79 BVerfGG (§ 82 I BVerfGG) Entscheidung hat Gesetzeskraft (§ 31 II BVerfGG)
Verfassungsbeschwerde (BvR)	Art. 93 I Nr. 4 a GG §§ 13 Nr. 8 a, 90–96 BVerfGG	»Jedermann« (§ 90 I BVerfGG)	Verletzung von Grundrechten (grundrechtsähnlichen Rechten) durch die öffentliche Gewalt (§ 90 I BVerfGG)	– Feststellung der Verletzung durch Maßnahme oder Unterlassung – Aufhebung entspr. Entscheidungen (Gericht) – Nichtigkeitserklärung des entsprechenden Gesetzes (§ 95 BVerfGG) Bindungswirkung (§ 31 I BVerfGG) bzw. Gesetzeskraft der Entscheidung (§ 31 II BVerfGG)

958 2. Entscheidungen des BVerfG gegliedert nach Verfahrensarten

Verfahrensart	2002	1951–2002
Organstreitigkeiten	4	72
Bund-Länder-Streitigkeiten	3	24
Abstrakte Normenkontrollen	6	89
Konkrete Normenkontrollen	19	1.119
davon		
– Senatsentscheidungen	8	988
– Beschlüsse der Kammern (seit 11. 08. 1993)	11	131
Verfassungsbeschwerden*	4.348	117.460
davon		
– Senatsentscheidungen	13	3.879
– Beschlüsse der Kammern	4.335	113.581
Wahl- und Mandatsprüfungen	–	120
Weitere Verfahrensarten	–	99
Einstweilige Anordnungen	97	982
	4.477	1195.965

* Von allen Verfassungsbeschwerden (insgesamt: 133.833) waren 3.368 erfolgreich (= 2,5 %)

Quelle: Gesamtstatistik des BVerfG, Stand: 31. 12. 2002

VII. Verfahrensarten vor dem Europäischen Gerichtshof

1. Vertragsverletzungsklage (Art. 226 EGV)

959 Hat nach Auffassung der Kommission ein Mitgliedstaat gegen eine Verpflichtung aus dem EG-Vertrag verstoßen, so gibt sie eine mit Gründen versehene Stellungnahme hierzu ab; sie hat dem Staat zuvor Gelegenheit zur Äußerung zu geben (Art. 226 Abs. 1 EGV). Kommt der Staat dieser Stellungnahme innerhalb der von der Kommission gesetzten Frist nicht nach, so kann die Kommission den Gerichtshof anrufen (Art. 226 Abs. 2 EGV). Die **Vertragsverletzungsklage** wird auch als »Aufsichtsklage« bezeichnet.[92] Das **Vorverfahren** dient der außergerichtlichen Beilegung der Streitigkeit.

960 Mit der Vertragsverletzungsklage wird ein kontradiktorisches Verfahren eingeleitet, daß gleichzeitig dazu dient, die Gemeinschaftsrechtsordnung zu wahren.[93] Stellt der Gerichtshof fest, daß ein Mitgliedstaat gegen eine Verpflichtung aus diesem Vertrag verstoßen hat, so hat dieser Staat die Maßnahmen zu ergreifen, die sich aus dem Urteil des Gerichtshofes ergeben (Art. 228 Abs. 1 EGV). Das Urteil ist mithin ein **Feststellungsurteil**, das die Möglichkeit einschließt, daß der verurteilte Mitgliedstaat seinen Vertragspflichten wiederum nicht nachkommt. In diesem Fall ist erneut eine Vertragsverletzungsklage statthaft, die allerdings nicht nur auf die Feststellung der Vertragsverletzung gerichtet ist, sondern mit der auch die Verurteilung des Mitgliedstaats zur Zahlung eines Pauschalbetrags oder Zwangsgelds beantragt werden kann (Art. 228 Abs. 2 UAbs. 2 EGV).

---

92 Vgl. *R. Streinz*, Europarecht, Rdnr. 505.
93 Vgl. *M. Herdegen*, Europarecht, Rdnr. 205.

Die Vertragsverletzungsklage (Aufsichtsklage) weist deutliche Parallelen zur Bund-Länder-Streitigkeit (Art. 93 Abs. 1 Nr. 3 GG) auf. Die nach Art. 226 Abs. 1 EGV im Vorverfahren abzugebende Stellungnahme ist mit der staatsrechtlichen »Mängelrüge« (Art. 84 Abs. 4 Satz 1 GG) vergleichbar. 961

Trotz der auf die Strukturgemeinsamkeiten zwischen Gemeinschaft und Bundesstaat zurückzuführenden Ähnlichkeiten der Verfahren darf nicht übersehen werden, daß Antragsteller nach Art. 226 EGV nur die **Kommission** sein kann, während bei der Bund-Länder-Streitigkeit auch ein Bundesland antragsberechtigt ist (§ 68 BVerfGG). 962

2. Nichtigkeitsklage (Art. 230 EGV)

Der EuGH ist für Klagen zuständig, die ein Mitgliedstaat, der Rat oder die Kommission wegen Unzuständigkeit, Verletzung wesentlicher Formvorschriften, Verletzung des Vertrags oder einer bei seiner Durchführung anzuwendenden Rechtsnorm oder wegen Ermessensmißbrauchs erhebt (Art. 230 Abs. 2 EGV). Die Klage kann erhoben werden wegen gemeinsamer Handlungen des **Europäischen Parlaments** und des **Rates** sowie der Handlungen des **Rates**, der **Kommission** und der **EZB**, soweit es sich nicht um Empfehlungen oder Stellungnahmen handelt (Art. 230 Abs. 1 EGV). Klagen des Europäischen Parlaments, des Rechnungshofes und der EZB sind nur zur Wahrung ihrer Rechte statthaft (Art. 230 Abs. 3 EGV). 963

Klagegegenstand können demnach **alle Maßnahmen** sein, die dazu bestimmt sind, Rechtswirkungen zu erzeugen.[94] Unzulässig sind Klagen gegen Primärrecht, weil dieses nicht durch das Handeln von Gemeinschaftsorganen erzeugt worden ist.[95] 964

Soweit die Klage begründet ist, erklärt der EuGH die angefochtene Handlung für nichtig (Art. 231 Abs. 1 EGV). Erklärt der Gerichtshof eine Verordnung für nichtig, so bezeichnet er, falls er dies für notwendig hält, diejenigen ihrer Wirkungen, die als fortgeltend zu betrachten sind (Art. 231 Abs. 2 EGV). 965

Die Nichtigkeitsklage weist Ähnlichkeiten mit der Organstreitigkeit auf, weil alle Gemeinschaftsorgane – ggf. unter Einschränkungen – Beteiligte des Verfahrens sein können. Da auch die Mitgliedstaaten den EuGH im Wege der Nichtigkeitsklage anrufen können, ist insoweit die Paralelle zur Bund-Länder-Streitigkeit zu ziehen. 966

Die Nichtigkeitsklage enthält aber auch Elemente des abstrakten Normenkontrollverfahrens, weil die angefochtenen Handlungen für nichtig erklärt werden, soweit die Klage begründet ist (Art. 231 Abs. 1 EGV). Die Nichtigerklärung ist mit der Entscheidung nach § 78 BVerfGG zu vergleichen und zeitigt vergleichbare Folgeprobleme.[96] Als Beispiel für die Nichtigerklärung einer Richtlinie ist das Urteil des EuGH vom 5. 10. 2000 zu nennen, in dem auf (Nichtigkeits-)Klage der Bundesrepublik Deutschland die Tabakwerberichtlinie (98/43/EG) für nichtig erklärt worden ist.[97] 967

94 Vgl. *R. Streinz*, Europarecht, Rdnr. 517.
95 Vgl. *R. Streinz*, Europarecht, Rdnr. 519 m. w. N.
96 Vgl. oben Rdnr. 907 ff.
97 Vgl. EuGH, NJW 2000, S. 3701.

3. Untätigkeitsklage (Art. 232 EGV)

968 Unterläßt es das **Europäische Parlament**, der **Rat** oder die **Kommission** unter Verletzung des Vertrags, einen **Beschluß** zu fassen, so können die Mitgliedstaaten und die anderen Organe der Gemeinschaft beim Gerichtshof Klage auf Feststellung einer Vertragsverletzung erheben (Art. 232 Abs. 1 EGV). Die Klage ist nur zulässig, wenn das in Frage stehende Organ zuvor aufgefordert worden ist, tätig zu werden. Hat es binnen zwei Monaten nach dieser Aufforderung nicht Stellung genommen, so kann die Klage innerhalb einer weiteren Frist von zwei Monaten erhoben werden (Art. 232 Abs. 2 EGV). Der EuGH entscheidet im Wege des Feststellungsurteils (Art. 232 Abs. 1 EGV). Im Falle der Verurteilung haben die Organe die Pflicht, die im Urteil des EuGH bezeichneten Maßnahmen zu ergreifen (Art. 233 Abs. 1 EGV). Soweit durch die Unterlassung ein Schaden entstanden ist, kann ein Schadensersatzanspruch geltend gemacht werden (Art. 233 Abs. 2 i. V. m. Art. 288 Abs. 2 EGV).

969 Auch die Untätigkeitsklage weist Parallelen zur Organstreitigkeit nach Art. 93 Abs. 1 Nr. 1 GG auf, die auch mit der Behauptung angestrengt werden kann, der Antragsgegner habe durch **Unterlassung** einer Maßnahme die Rechte des Antragstellers verletzt (§ 64 Abs. 1 BVerfGG). Da gem. Art. 232 Abs. 1 EGV auch die Mitgliedstaaten klageberechtigt sind, weist die Untätigkeitsklage insoweit Gemeinsamkeiten auch mit der Bund-Länder-Streitigkeit (Art. 93 Abs. 1 Nr. 3 GG) auf, auf die § 64 BVerfGG entsprechend anzuwenden ist (§ 69 BVerfGG).

4. Vorabentscheidungsverfahren

970 Eine praktische bedeutsame Verfahrensart stellt das Vorabentscheidungsverfahren (Art. 234 EGV) dar. Der Gerichtshof entscheidet im Wege der Vorabentscheidung

- über die Auslegung des Vertrags,
- über die Gültigkeit und die Auslegung der Handlungen der Organe der Gemeinschaft und der EZB,
- über die Auslegung der Satzungen der durch den Rat geschaffenen Einrichtungen, soweit diese Satzungen dies vorsehen.

auf Vorlage des Gerichts eines Mitgliedstaates (Art. 234 Abs. 1 EGV). Der Europäische Gerichtshof entscheidet im Vorabentscheidungsverfahren über die Übereinstimmung von Sekundärrecht mit dem EGV, nicht jedoch über die Auslegung nationalen Rechts bzw. die Übereinstimmung nationalen Rechts mit dem Gemeinschaftsrecht.[98] Die Frage muß für den Rechtsstreit entscheidungserheblich sein.

971 Die Vorlageberechtigung der Gerichte der Mitgliedstaaten verdichtet sich zur Vorlageverpflichtung, wenn ein einzelstaatliches Gericht zu entscheiden hat, dessen Entscheidungen nicht mehr mit Rechtsmitteln des innerstaatlichen Rechts angefochten werden können (Art. 234 Abs. 3 EGV).

972 Das Vorabentscheidungsverfahren weist Parallelen zur konkreten Normenkontrolle nach Art. 100 GG auf, weil auch dieses ein Verfahren auf Vorlage eines Ge-

---

98 Vgl. *R. Streinz*, Europarecht, Rdnr. 558 f.

richts ist.[99] Im einzelnen allerdings gibt es wesentliche Unterschiede, insbesondere im Hinblick auf die Entscheidungserheblichkeit. Im Unterschied zum Verfahren der konkreten Normenkontrolle, für die die Vorschriften der abstrakten Normenkontrolle entsprechend gelten (§ 82 Abs. 1 BVerfGG), sind die Wirkungen der Vorabentscheidung primärrechtlich nicht geregelt. In der Rechtsprechungspraxis stellt der EuGH allerdings die Ungültigkeit oder Gültigkeit eines Sekundärrechtssatzes fest.[100]

VIII. Rechtsprechung

1. Organstreitverfahren: BVerfGE 10, 4 (Rederecht des Abg.); **E** 24, 300 (Wahlkampfkostenerstattung); **E** 44, 125 (Öffentlichkeitsarbeit der Bundesregierung); **E** 45, 1 (Über- und außerplanmäßige Ausgaben); **E** 62, 1 (Auflösung des Bundestages); **E** 68, 1 (Raketenstationierung); **E** 70, 324 (Antragsbefugnis von Abgeordneten und Fraktionen); **E** 71, 299 (Antragsfrist); **E** 74, 44 (Parteifähigkeit politischer Parteien); **E** 80, 188 (Rechtsstellung fraktionsloser Abgeordneter – »Wüppesahl«); **E** 90, 286 (AWACS-UNOSOM); **E** 94, 351 (Überprüfung von Abgeordneten); **E** 100, 266 (Kosovo-Einsatz der Bundeswehr); **E** 104, 310 (Aufhebung der Immunität eines Bundestagsabgeordneten); **E** 104, 151 (Zustimmung der Bundesregierung zum neuen strategischen Konzept der NATO); **E** 104, 197 (Rechte der Minderheit in Untersuchungsausschüssen). 973

2. Bund-Länder-Streitigkeit: BVerfGE 1, 14 (Südweststaat); **E** 6, 309 (Reichskonkordat); **E** 8, 122 (Volksbefragung über Atomwaffen); **E** 12, 205 (»Deutschland-Fernsehen-GmbH«); **E** 41, 291 (Finanzhilfen des Bundes); **E** 81, 310 (Weisungsrecht bei Bundesauftragsverwaltung – »Schneller Brüter«); **E** 84, 25 (Weisungsrecht bei Bundesauftragsverwaltung – »Schacht Konrad«); **E** 102, 167 (Abstufung einer Bundesstraße); **E** 104, 249 (Informales Handeln bei Auftragsverwaltung).

3. Abstrakte Normenkontrolle: BVerfGE 10, 20 (Stiftung »Preußischer Kulturbesitz«); **E** 36, 1 (Grundlagenvertrag); **E** 39, 1 (§ 218 a StGB); **E** 48, 127 (Kriegsdienstverweigerung); **E** 52, 63 (Parteispenden); **E** 55, 274 (Ausbildungsplatzförderungsgesetz); **E** 61, 149 (Staatshaftungsgesetz); **E** 69, 1 (Kriegsdienstverweigungers-Neuordnungsgesetz); **E** 88, 203 (Schwangerschaftsabbruch); **E** 95, 335 (Überhangmandate); **E** 101, 1 (Hennenhaltungsverordnung); **E** 101, 158 (Länderfinanzausgleich); **E** 105, 315 (Lebenspartnerschaftsgesetz).

4. Konkrete Normenkontrolle: BVerfGE 6, 55 (Besteuerung von Ehegatten); **E** 37, 271 (Gemeinschaftsrecht / Grundrechte – »Solange-Beschluß«); **E** 39, 334 (Extremisten-Beschluß); **E** 45, 187 (§ 211 StGB – Lebenslange Freiheitsstrafe); **E** 49, 89 (§ 7 AtomG – »Kalkar«); **E** 52, 1 (Art. 14 GG – »Kleingarten«); **E** 53, 257 (Versorgungsausgleich); **E** 58, 300 (Art. 14 GG – »Naßauskiesung«); **E** 70, 134 (Entscheidungserheblichkeit); **E** 104, 373 (Ausschluß von Familiendoppelnamen); **E** 105, 61 (Wehrpflicht); **E** 105, 73 (Besteuerung von Beamtenpensionen und Renten).

5. Verfassungsbeschwerde: BVerfGE 6, 32 (»Elfes-Urteil«); **E** 7, 198 (»Lüth-Urteil«); **E** 7, 377 (Apothekenurteil); **E** 20, 162 (»Spiegel-Urteil«); **E** 25, 256 (»Blinkfüer«-Entscheidung); **E** 30, 1 (»Abhör-Urteil«); **E** 30, 173 (»Mephisto-Beschluß); **E** 34, 165 (Hessische Förderstufe); **E** 35, 79 (»Hochschul-Urteil«); **E** 35, 202 (»Fall Lebach«); **E** 43, 291 (»Numerus-clausus-Urteil«); **E** 50, 290 (Mitbestimmungsgesetz); **E** 51, 222 (»Europawahlgesetz«); **E** 53, 30 (»Mülheim-Kärlich-Beschluß«); **E** 56, 54 (»Fluglärm«-Entscheidung); **E** 65, 1 (Volkszählungs-Urteil); **E** 69, 315 (»Brockdorf-Beschluß«); **E** 75, 192 (»Sparkassen-Beschluß«); **E** 93, 1 (»Kreuz im Klassenzimmer«); **E** 94, 49 (Asylrecht; Sichere Drittstaaten); **E** 94, 115 (Asylrecht; Sichere Herkunftsstaa-

99 Vgl. oben Rdnr. 915.
100 Vgl. hierzu *M. Herdegen*, Europarecht, Rdnr. 223; *R. Streinz*, Europarecht, Rdnr. 566.

ten); **E** 94, 166 (Asylrecht; Flughafenverfahren); **E** 94, 372 (Werbeverbot für Apotheker); **E** 98, 218 (Rechtschreibreform); **E** 100, 313 (Überwachung des Fernmeldeverkehrs); **E** 102, 26 (Frischzellen-Therapie); **E** 102, 447 (Benneton-Werbung); **E** 102, 370 (Zeugen Jehovas); **E** 103, 1 (Singularzulassung von Rechtsanwälten bei Oberlandesgerichten); **E** 103, 44 (Fernsehaufnahmen in Gerichtsverhandlungen); **E** 103, 142 (Durchsuchung eine Wohnung); **E** 104, 337 (Ausnahme vom Schächtverbot für Muslime); **E** 104, 357 (Verkaufsoffene Sonntage für Apotheken).

IX. Literatur

974 **E. Benda/E. Klein**, Verfassungsprozeßrecht, 2. Aufl. 2001; **J. Berkemann**, Das »verdeckte« summarische Verfahren der einstweiligen Anordnung des Bundesverfassungsgerichts, JZ 1993, S. 161; **C. Enders**, Die neue Subsidiarität des Bundesverfassungsgerichts, JuS 2001, S. 462; **H.-U. Erichsen**, Die konkrete Normenkontrolle, Jura 1982, S. 88; **ders.**, Das Organstreitverfahren vor dem Bundesverfassungsgericht nach Art. 93 Abs. 1 Nr. 1 GG, §§ 13 Nr. 5, 63 ff. BVerfGG, Jura 1990, S. 670; **ders.**, Die Verfassungsbeschwerde, Jura 1991, S. 585, 638; 1992, S. 142; **C. Gusy**, Die Verfassungsbeschwerde, 1988; **J. Ipsen**, Rechtsfolgen der Verfassungswidrigkeit von Norm und Einzelakt, 1980; **T. Kender**, Praxisfragen zur Zulässigkeit der Verfassungsbeschwerde, NJW 2001, S. 1243; **H. Kube**, Verfassungsbeschwerde gegen Gemeinschaftsrecht und Vorlagepflicht des BVerwG nach Art. 234 III EGV – BVerfG, NJW 2001, 1267, JuS 2001, S. 858; **V. Lipp**, Europäische Justizreform, NJW 2001, S. 2657; **H. Lechner/R. Zuck**, Bundesverfassungsgerichtsgesetz, 4. Aufl. 1996; **D. Majer**, Verfassungsgerichtsbarkeit und Bund-Länder-Konflikt, 1981; **M. Nettenstein**, Die Zulässigkeit von Verfassungsbeschwerden und Richtervorlagen nach Art. 23 GG, NVwZ 2002, S. 932; **G. Nicolaysen/C. Nowak**, Teilrückzug des BVerfG aus der Kontrolle der Rechtmäßigkeit gemeinschaftlicher Rechtsakte: Neuere Entwicklungen und Perspektiven, NJW 2001, S. 1233; **C. Pestalozza**, Verfassungsprozeßrecht, 3. Aufl. 1991; **G. Robbers**, Verfassungsprozessuale Probleme in der öffentlich-rechtlichen Arbeit, JuS 1994, S. 397; **ders.**, Verfassungsprozessuale Probleme in der öffentlich-rechtlichen Arbeit, 1996; **J. Rozek**, Abschied von der Verfassungsbeschwerde auf Raten? – Der Zweite Senat des Bundesverfassungsgerichts, die Verfassungsbeschwerde und der individuelle Rechtsschutz, DVBl. 1997, S. 517; **W.-R. Schenke**, Die Subsidiarität der Verfassungsbeschwerde gegen Gesetze, NJW 1986, S. 1451; **K. Schlaich**, Die Verfassungsgerichtsbarkeit im Gefüge der Staatsfunktionen, VVDStRL 39 (1981), S. 99; **ders./S. Korioth**, Das Bundesverfassungsgericht, 5. Aufl. 2001; **B. Schlink**, Zugangshürden im Verfassungsbeschwerdeverfahren, NJW 1984, S. 89; **R. Seegmüller**, Praktische Probleme des Verfassungsbeschwerdeverfahrens, DVBl. 1999, S. 738; **H. Sodan**, Der Grundsatz der Subsidiarität der Verfassungsbeschwerde, DÖV 2002, S. 925; **K. Stein**, Die Parteifähigkeit der Untergliederungen politischer Parteien im verfassungsgerichtlichen Bundesorganstreitverfahren, DÖV 2002, S. 713; **U. Steiner**, Der Richter als Ersatzgesetzgeber: Richterliche Normenkontrolle – Erfahrungen und Erkenntnisse, NJW 2001, S. 2919; **H. Wollweber**, Aktuelle Aspekte der konkreten Normenkontrolle durch das Bundesverfassungsgericht, DÖV 1999, S. 413; **R. Zuck**, Das Recht der Verfassungsbeschwerde, 2. Aufl. 1988.

E. Das Sozialstaatsprinzip

Nach Art. 20 Abs. 1 GG ist die Bundesrepublik Deutschland ein »demokratischer und sozialer Bundesstaat«. In Art. 28 Abs. 1 GG ist von den Grundsätzen des »republikanischen, demokratischen und sozialen Rechtsstaates« die Rede. Neben die bereits behandelten Strukturprinzipien der **Demokratie**, des **Föderalismus** und der **Rechtsstaatlichkeit** tritt damit eine vierte Größe, die dem Staat der Gegenwart sein unverwechselbares Gepräge gibt. Der Umstand, daß das **»Sozialstaatsprinzip«** in beiden Vorschriften nur als Adjektiv erscheint, ändert an seiner grundlegenden Bedeutung nichts; auch die fundamentalen Prinzipien der Republik und Demokratie erscheinen sprachlich als Attribute des Rechtsstaats. 975

Der Begriff des »Sozialstaats« oder des »sozialen Rechtsstaats« läßt sich nur vor dem Hintergrund der Geschichte der letzten 100 Jahre verstehen. Der Sozialstaat stellte eine Fortentwicklung, aber auch partielle Überwindung des bürgerlichen Rechtsstaats des 19. Jahrhunderts angesichts der Herausforderungen der »sozialen Frage« dar. Mit der Entwicklung des bürgerlichen zum sozialen Rechtsstaat haben sich auch die Legitimationsgrundlagen des Staates verschoben. Der Staat sichert nicht nur »Freiheit und Eigentum«, sondern er schafft zwischen Freiheit und Gleichheit einen Ausgleich.[1] 976

Der moderne Sozialstaat ist notwendig ein **Interventionsstaat**, der die Grenzen zwischen Staat und Gesellschaft als fließend erscheinen läßt, wenn nicht gar aufhebt. Die Legitimation seines Handelns liegt nicht zuletzt darin, wieweit der soziale Ausgleich gelingt, während der bürgerliche Rechtsstaat am Maß der Freiheitssicherung bzw. seinen außenpolitischen (nicht selten kriegerischen) Erfolgen gemessen wurde. 977

Die – auch in anderen Ländern Europas zu beobachtende – Entwicklung vom bürgerlichen zum sozialen Rechtsstaat ist durch das Sozialstaatsprinzip des Art. 20 Abs. 1 GG zum verfassungsrechtlichen Gebot geworden. Der in Art. 20 Abs. 1 GG verwandte Indikativ stellt keineswegs eine Beschreibung des Zustands dar, sondern enthält ein rechtliches Sollen. Alle Versuche, die verpflichtende Wirkung des Sozialstaatsprinzips auf dem Wege der Interpretation zu umgehen oder zu relativieren, indem man es allein als »Programm« ansieht[2], müssen an dem eindeutigen Wortlaut des Art. 20 Abs. 1 GG scheitern. Auch der Vorschlag, wegen der vermeintlichen Unvereinbarkeit von Sozialstaatlichkeit und Rechtsstaatlichkeit im Zweifel dem rechtsstaatlichen Prinzip den Vorrang einzuräumen[3], hat sich zu Recht nicht durchgesetzt.[4] 978

Die Einigkeit über die normative Geltung des Sozialstaatsprinzips darf aber nicht darüber hinwegtäuschen, daß im einzelnen durchaus Unsicherheit über seine inhaltliche Tragweite herrscht. Die unterschiedlichen Meinungen, die hierzu in der 979

---

1 Vgl. die grundsätzlichen Ausführungen in BVerfGE 5, 85 (198).

2 Vgl. *E. Forsthoff*, VVDStRL 12 (1954), S. 8 ff.

3 So *E. Forsthoff*, VVDStRL 12 (1954), S. 14 f.

4 Vgl. schon *O. Bachof*, VVDStRL 12 (1954), S. 39 ff.; heute h. M., vgl. die Nachw. bei *K. Stern*, Staatsrecht I, S. 887.

Literatur vorgetragen werden, spiegeln zugleich das Spektrum politisch-weltanschaulicher Positionen wider. Schon dieser Umstand muß skeptisch stimmen. Die Strukturprinzipien des Art. 20 Abs. 1 GG erschienen uns bisher in erster Linie als zusammenfassende Umschreibung von Verfassungsinstituten, die zwar über die Summe ihrer Teile hinausweisen, aber keine isolierten Generalklauseln darstellen. Das Demokratieprinzip des Art. 20 Abs. 1 GG ist nicht beliebiger Interpretation zugänglich, sondern verstehbar nur im Zusammenhang mit Art. 38 GG und den demokratischen Institutionen. Aufgrund seiner prinzipiellen Bedeutung weist es wiederum über diese hinaus, ist von diesen aber doch auch nicht zu trennen. Für das Bundesstaats- und das Rechtsstaatsprinzip gilt ähnliches. Es wäre deshalb schon systematisch überraschend, wenn sich das Sozialstaatsprinzip von den übrigen Strukturprinzipien des Art. 20 Abs. 1 GG prinzipiell unterschiede.

980 Art. 20 Abs. 1 GG enthält **keine** Antizipation einer bestimmten **Sozialutopie**, die von Verfassungs wegen verfolgt werden müßte und deren Ablehnung folgerichtig »verfassungswidrig« wäre. Der Rechtsnatur der Sozialstaatsklausel als Strukturprinzip dürfte es deshalb eher entsprechen, einen Mindestbestand an sozialer Sicherheit zu **garantieren**, darüber hinaus aber weitere Bestrebungen nach sozialer Gerechtigkeit zu **legitimieren**. Die Sozialstaatsklausel stellt insofern zugleich ein Strukturmerkmal des (existierenden) Staates und eine (noch zu verwirklichende) Staatszielbestimmung dar.

981 Folgerichtig genügen verschiedene sozialstaatliche Konzeptionen gleichermaßen den verfassungsrechtlichen Anforderungen, wenn sie das Mindestmaß sozialen Ausgleichs garantieren. Da das Sozialstaatsprinzip unausweichlich im Spannungsfeld zwischen Freiheit und Gleichheit, Individuum und Gemeinschaft steht, wird dem Grundgesetz nicht gleichzeitig ein präexistentes Sozialmodell zur Aufhebung dieser Spannung unterstellt werden können.[5]

982 Zwei tatsächliche Rahmenbedingungen sprechen entschieden für das hier angedeutete Verständnis des Sozialstaatsprinzips. Zum einen sind sozialstaatliche Einrichtungen abhängig von den zur Verfügung stehenden **Finanzmitteln**, letztlich also vom Steueraufkommen. Die staatliche Sozialgesetzgebung der letzten fünf Jahrzehnte belegt die Konjunkturabhängigkeit sozialstaatlicher Aktivitäten auf das deutlichste. Sozialstaatliche Errungenschaften lassen sich deshalb auf dem jeweils höchsten Niveau, das sie erreicht haben, verfassungsrechtlich *nicht* garantieren, weil folglich auch der Konjunktureinbruch nach sozialstaatlichem Ausgleich verlangt. Hinzu kommt, daß gerade sozialstaatliche Einrichtungen ständig den Stoff politischer Auseinandersetzungen bilden – ein von Parteien zur politischen Profilierung bevorzugtes Feld. Die Entscheidung über Präferenzen oberhalb eines als verfassungsrechtlich garantiert anzusehenden Standards ist dem **demokratischen Willensbildungsprozeß** anheim gestellt, in dem wiederum die Verantwortlichkeit entweder des Einzelnen oder der Gemeinschaft betont werden kann. Die Annahme, dieses Potential politischer Kontroversen sei von Verfassungs wegen überflüssig, weil die Sozialstaatsklausel für jede konjunkturelle Situation pas-

5 Bezeichnend *M. Kittner*, in: AK-GG, 2. Aufl. 1989, Art. 20 Abs. 1–3 IV Rdnr. 42: »Freiheit für die vielen ist nur möglich durch die Beschränkung der Freiheit weniger.« Ein solcher Satz kann als verfassungsrechtliche Norm aus dem Sozialstaatsprinzip nicht hergeleitet werden.

sende Handlungsanweisungen enthalte, erscheint wenig überzeugend.[6] Die Sanktion gegen gesetzliche Einschränkungen von Sozialleistungen dürfte in Gestalt schrumpfender Stimmenanteile bei Wahlen überdies empfindlicher sein als das rechtlich kaum zu begründende Verdikt der Verfassungswidrigkeit.

6 Vgl. BVerfGE 65, 182 (193 f.).

§ 19 Die Bundesrepublik als Sozialstaat

983 Die Erscheinungsformen des Sozialstaates sind so vielfältig, daß sie sich einer knappen Darstellung entziehen. Sie lassen sich überdies nicht allgemein über das Medium des Gesetzes erschließen. Soziale Rechte im engeren Sinne unterliegen zwar dem **Gesetzesvorbehalt** und können nur insoweit geltend gemacht werden, als ihre Voraussetzungen und ihr Inhalt durch die **Vorschriften** des **Sozialgesetzbuchs** im einzelnen bestimmt sind (§ 2 Abs. 1 SGB I). Ausdrücklich wird durch **§ 31 SGB I** bestimmt, daß Rechte und Pflichten in den Sozialleistungsbereichen des Gesetzbuchs nur begründet, festgestellt, geändert oder aufgehoben werden dürfen, soweit ein Gesetz es vorschreibt oder zuläßt. Sozialstaatliches Handeln in einem weiteren Sinne unterliegt damit nicht notwendig dem Gesetzesvorbehalt und ist überdies von der – auf kommunaler Ebene geleisteten – **»Daseinsvorsorge«** nicht scharf zu trennen. Unserem Grundgedanken folgend, das Sozialstaatsprinzip in erster Linie als zusammenfassende Beschreibung verfassungsrechtlicher Institute zu sehen, wird man zunächst das Grundgesetz selber in den Blick nehmen müssen. Daß die Sozialstaatsklausel als Staatszielbestimmung notwendig über den Bestand hinausweist und es folglich keinen verfassungsrechtlichen *numerus clausus* sozialstaatlicher Einrichtungen geben kann, sei dabei vorausgesetzt.

I. Grundgesetzliche Ausformungen des Sozialstaatsprinzips

1. Bewältigung der Kriegsfolgen

984 Die Bewältigung der Kriegsfolgen war zur Zeit der Entstehung des Grundgesetzes das vordringliche, nahezu alle Bürger betreffende Problem. Hierzu waren staatliche Maßnahmen eines solchen Umfangs notwendig, wie sie herkömmliche Vorstellungen vom liberalen Rechtsstaat zu sprengen geeignet waren. Die Versorgung der Kriegsbeschädigten und Kriegshinterbliebenen bzw. Kriegsgefangenen, die Wiedereingliederung der Flüchtlinge und Vertriebenen, die Schaffungen neuen Wohnraums sowie der Lastenausgleich waren die Aufgaben, die von der Bundesrepublik bewältigt werden mußten und deren Bewältigung bis heute noch nicht vollständig abgeschlossen ist.

2. Sozialversicherung

985 Das Grundgesetz weist in Art. 74 Abs. 1 Nr. 12 dem Bund die konkurrierende Gesetzgebungszuständigkeit für die Bereiche der Sozialversicherung einschließlich der Arbeitslosenversicherung zu. In Art. 87 Abs. 2 GG heißt es, daß diejenigen »sozialen Versicherungsträger«, deren Zuständigkeitsbereich sich über das Gebiet eines Landes hinaus erstreckt, als bundesunmittelbare Körperschaften des öffentlichen Rechts geführt werden. Der umfassende, für den modernen Sozialstaat schlechthin prägende Bereich der **Sozialversicherung** erscheint im Grundgesetz nur in der nüchternen Form der Gesetzgebungs- und Verwaltungskompetenz.

Gleichwohl kann nicht zweifelhaft sein, daß das Sozialstaatsprinzip eine öffentliche Renten-, Kranken-, Arbeitslosen- und Unfallversicherung garantiert. Das heißt nicht, daß ein einmal erreichtes Niveau der Versicherungsleistungen ohne Rücksicht auf veränderte Rahmenbedingungen gewährleistet ist; es bedeutet vielmehr, daß die Verfassung die staatliche Zuständigkeit für die Sozialversicherung anerkennt und billigt. Wenn in Art. 20 Abs. 1 GG von einem »sozialen« Bundesstaat die Rede ist, so ist damit notwendig ein Staat gemeint, der sich der Sozialversicherung als eigener Aufgabe annimmt bzw. sie auf staatsunmittelbare Verwaltungseinheiten überträgt. Der Sozialstaatsgrundsatz umfaßt deshalb zweifelsfrei eine Form öffentlicher Sozialversicherung; ein Staat, der sich diesem Bereich verschließen würde, könnte nicht als »Sozialstaat« bezeichnet werden.[1]

3. Sozialhilfe

986 Art. 74 Abs. 1 Nr. 7 GG weist dem Bund die konkurrierende Gesetzgebungszuständigkeit für die »öffentliche Fürsorge« zu. Im Gegensatz zum Bereich der Sozialversicherung, in dem prinzipiell ein Gegenseitigkeitsverhältnis von Versicherungsbeiträgen und -leistungen steht, handelt es sich bei der **»öffentlichen Fürsorge«** um Hilfe für Bedürftige. Was im Laufe der Geschichte privater Initiative (Armenpflege) oder kirchlichem Wirken (Caritas) überlassen war, ist als legitimer Bereich staatlichen Handelns anerkannt und stellt für eine wachsende Zahl von Menschen die unentbehrliche Lebensgrundlage dar.

4. Arbeitsrecht, inbesondere Arbeitsschutz

987 Die dem Bund in Art. 74 Abs. 1 Nr. 12 GG zugewiesene Kompetenz für das »Arbeitsrecht« einschließlich der Betriebsverfassung, des Arbeitsschutzes und der Arbeitsvermittlung läßt ein bedeutsames Feld sozialstaatlicher Tätigkeit erkennen. Der gesamte Produktionsprozeß ist, soweit er nicht allein durch tarifvertragliche Regelungen bestimmt ist, von sozialstaatlicher Gesetzgebung geprägt. Die Vielzahl der Gesetze, die in Ausfüllung dieser Gesetzgebungskompetenz ergangen ist, kann hier nicht aufgezählt werden. Zu vermerken bleibt jedoch, daß Art. 74 Abs. 1 Nr. 12 GG die Eigenständigkeit des Arbeitsrechts gegenüber dem bürgerlichen Recht und damit ein **»Sonderrecht** der **Arbeitnehmer«** als der sozial abhängigen Beschäftigten voraussetzt.

5. Ausbildungsförderung

988 Am Beispiel der **»Ausbildungsbeihilfen«** (Art. 74 Abs. 1 Nr. 13 GG) läßt sich illustrieren, wie der Sozialstaat binnen weniger Jahre fortschreitet. Was zunächst als in seiner Verfassungsmäßigkeit nicht unbestrittene staatliche Gewährung (»Honnefer Modell«) erschien, ist mittlerweile eine als selbstverständlich anerkannte Einrichtung des Sozialstaats.[2] Am Beispiel der Ausbildungsbeihilfen läßt sich gleichzeitig erkennen, daß ein einmal gewährtes Anspruchsniveau keineswegs verfas-

---

1 Ebenso *K. Stern*, Staatsrecht I, S. 895.

2 Vgl. *E. A. Blanke/R. Deves*, Ausbildungsförderungsrecht, 30. Aufl. 2002.

sungsrechtlich abgesichert, die Art und Weise der Ausbildungsförderung vielmehr gesetzgeberischem Ermessen anheimgestellt ist.

II. Das Sozialstaatsprinzip in der Rechtsprechung des Bundesverfassungsgerichts

Das BVerfG hat sich in einer Fülle von Entscheidungen mit dem Sozialstaatsprinzip befaßt und ihm in seiner Rechtsprechung in behutsamer Weise Konturen verliehen. Wenn es in der Regel darauf verzichtet hat, dem Sozialstaatsprinzip spezielle Regelungsgehalte zu substituieren oder gar konkrete Ansprüche aus ihm abzuleiten, so entspricht das seinem hier betonten zusammenfassenden Charakter. Überdies *ist* die Bundesrepublik ein Sozialstaat, d. h. daß das einfache Gesetz das Sozialstaatsprinzip ausformt. Im Vordergrund der Rechtsprechung des BVerfG stand deshalb jeweils die Prüfung, ob Gesetze verschiedener Sachbereiche den Anforderungen des Sozialstaatsprinzips genügen. 989

1. Allgemeine Bedeutung des Sozialstaatsprinzips

Das BVerfG betont sehr früh, daß das Sozialstaatsprinzip bei der Auslegung von Gesetzen eine Bedeutung haben kann.[3] Es enthalte die Forderung nach »sozialer Gerechtigkeit« staatlicher Maßnahmen und schreibe eine gleichmäßige Verteilung der Lasten vor: 990

> »Wenn als ein leitendes Prinzip aller staatlichen Maßnahmen der Fortschritt zu ›sozialer Gerechtigkeit‹ aufgestellt wird, eine Forderung, die im Grundgesetz mit seiner starken Betonung des ›Sozialstaats‹ noch einen besonderen Akzent erhalten hat, so ist auch das ein der konkreten Ausgestaltung in hohem Maße fähiges und bedürftiges Prinzip. Was jeweils praktisch zu geschehen hat, wird also in ständiger Auseinandersetzung aller an der Gestaltung des sozialen Lebens beteiligten Menschen und Gruppen ermittelt. Dieses Ringen spitzt sich zu einem Kampf um die politische Macht im Staat zu. Aber es erschöpft sich nicht darin. Im Ringen um die Macht spielt sich gleichzeitig ein Prozeß der Klärung und Wandlung dieser Vorstellung ab. Die schließlich erreichten Entscheidungen werden gewiß stets mehr den Wünschen und Interessen der einen oder anderen Gruppe oder sozialen Schicht entsprechen; die Tendenz der Ordnung und die in ihr angelegte Möglichkeit der freien Auseinandersetzung zwischen allen realen und geistigen Kräften wirkt aber ... in Richtung auf Ausgleich und Schonung der Interessen aller.«[4]

Auf der anderen Seite hebt das BVerfG den **Spielraum des Gesetzgebers** zu eigener Gestaltung zwischen der Freiheit des einzelnen und den Anforderungen der sozialstaatlichen Ordnung[5] hervor. Das Sozialstaatsprinzip verpflichte den Staat zwar, für eine gerechte Sozialordnung zu sorgen, es beschränke ihn jedoch nicht auf ausschließlich staatliche Maßnahmen.[6] 991

Die **Fürsorge** für **Hilfsbedürftige** wird als selbstverständliche Verpflichtung des Sozialstaats angesehen.[7] Auf der anderen Seite soll die Fürsorge nicht so weit ge- 992

---

3 So BVerfGE 1, 97 (105).
4 So BVerfGE 5, 85 (198).
5 So BVerfGE 1, 97 (105); 59, 231 (263); 97, 169 (185); st. Rspr.
6 So BVerfGE 22, 180 (204).
7 Vgl. BVerfGE 40, 121 (133); 43, 13 (19).

hen, den Bürger durch Zwang davon abzuhalten, Risiken einzugehen.[8] Die Sozialversicherung wird als »prägnanter Ausdruck« des Sozialstaatsprinzips angesehen.[9] Allerdings hält das BVerfG das System der Sozialversicherung in seiner derzeit bestehenden Form **nicht** für verfassungsrechtlich **garantiert**.[10]

993 Dem Sozialstaatsprinzip kommt eine besondere Bedeutung bei der Auslegung von Grundrechten und grundrechtseinschränkenden Gesetzen zu; es kann nach Auffassung des BVerfG jedoch nicht seinerseits Grundrechte beschränken.[11] Wenngleich das Sozialstaatsprinzip die Pflicht des Staates begründet, für eine gerechte Sozialordnung zu sorgen, besagt es nichts darüber, wie diese Aufgabe im einzelnen zu verwirklichen ist. Wegen seiner »Weite und Unbestimmtheit« enthält es nach Auffassung des BVerfG regelmäßig keine »unmittelbaren Handlungsanweisungen«, die durch die Gerichte ohne gesetzliche Grundlage in einfaches Recht umgesetzt werden könnten.[12] In erster Linie sei es Aufgabe des Gesetzgebers, das Sozialstaatsprinzip zu verwirklichen.[13]

2. Sozialstaatsprinzip und »Daseinsfürsorge«

994 Nach Auffassung des BVerfG entspricht es dem Sozialstaatsprinzip am meisten, soziale Ausgleichsleistungen nur dort zu gewähren, wo ein Bedarf besteht.[14] Es sei geradezu ein Ausfluß des Sozialstaatsprinzips, nur dem zu helfen, der zur Selbsthilfe nicht in der Lage sei.[15] Umgekehrt soll es dem Sozialstaatsprinzip widersprechen, wenn Mittel der Allgemeinheit auch in Anspruch genommen werden können, ohne daß eine wirkliche Bedürftigkeit vorliegt.[16]

3. Sozialstaatsprinzip und Sozialversicherung

995 Der Schwerpunkt der verfassungsrechtlichen Judikatur lag bei der Prüfung von Gesetzen der sozialen Sicherung am Maßstab des Sozialstaatsprinzips. Das BVerfG hat hier jeweils die gesetzgeberische Gestaltungsfreiheit betont und demgemäß regelmäßig keine Verstöße gegen das Sozialstaatsprinzip feststellen können.[17] Gelegentlich allerdings – so bei dem Ausschluß eines durch eine Berufskrankheit der Mutter vor der Geburt geschädigten Kindes von der gesetzlichen Unfallversicherung – hat es das Sozialstaatsprinzip als verletzt angesehen.[18]

---

8 So BVerfGE 59, 172 (213).
9 Vgl. BVerfGE 28, 324 (348).
10 So BVerfGE 39, 302 (314 f.).
11 BVerfGE 59, 231 (262 f.).
12 So BVerfGE 65, 182 (193).
13 Vgl. BVerfGE 1, 97 (105); 65, 182 (193); 75, 348 (359 f.); st. Rspr.
14 Vgl. BVerfGE 17, 1 (11).
15 So BVerfGE 17, 38 (56).
16 So BVerfGE 9, 20 (35).
17 BVerfGE 16, 286 (304); 18, 257 (267); 23, 135 (144 f.); 24, 220 (235); 36, 73 (84); 36, 237 (245); 39, 316 (326); 40, 121 (133); 43, 13 (19 ff.); 43, 213 (226 f.); 51, 115 (121 ff.); 62, 323 (332 f.); 75, 348 (359 f.); 98, 169 (204); 102, 254 (314).
18 Vgl. BVerfGE 45, 376 (385 ff.); dazu auch BVerfGE 75, 348 (359 f.).

III. Schranken des Sozialstaates?

Der Sozialstaat ist notwendig **Verteilungs-** und **Umverteilungsstaat**. Die gewaltigen Finanzmassen, die der moderne Sozialstaat benötigt, müssen zunächst durch Steuern oder andere Abgaben erhoben werden: der Leistungsstaat, der den einen begünstigt, erscheint dem anderen als klassischer Eingriffsstaat, der um seiner Sozialleistungen willen die Steuern ständig erhöhen muß. Der Sozialstaat kann deshalb nicht allein aus einer Perspektive, nämlich der Gewährung von Leistungen, gesehen werden. Er erschließt sich in seiner Komplexität nur, wenn man den gesamten Vorgang der Umverteilung im Blick hat.[19] 996

Entscheidend ist für die Frage, wieweit die Verfassung selbst für den Sozialstaat Beschränkungen enthält, daß auch der Sozialstaat **Staat** ist, und deshalb alle staatsgerichteten, rechtsstaatlichen Sicherungen anwendbar bleiben. Der Rechtsstaat tritt hierbei freilich mit dem Sozialstaat nicht in eine Art Konkurrenz, die auf Verfassungsebene letztlich nur durch eine »Abwägung« aufzulösen wäre. Die rechtsstaatlichen Grundsätze – Vorrang und Vorbehalt des Gesetzes, Übermaßverbot und Rechtsweggarantie – werden durch den Sozialstaatsgedanken nicht relativiert. Gegenüber dem Zugriff des Steuergesetzes können insofern alle Grundrechte und alle rechtsstaatlichen Sicherungen in Anspruch genommen werden, die das Grundgesetz enthält. 997

Von »Schranken des Sozialstaats« zu sprechen[20], bedeutet insofern etwas anderes, als der Begriff zunächst nahelegt. Da das in Art. 20 Abs. 1 GG niedergelegte Sozialstaatsprinzip keine unmittelbaren Anspruchspositionen vermittelt, bedarf es auch nicht der – dem Gesetzesvorbehalt der Grundrechte vergleichbaren – Beschränkung. Dem Gesetzgeber ist vielmehr die **Gestaltungsaufgabe** gestellt, individuelle Freiheit mit sozialer Gerechtigkeit zu vermitteln. Das geschieht notwendig auf einer abstrakten, womöglich nur ideologischen Ebene, denn was (sozialstaatlich) **geleistet** wird, ist mit dem, was (eingriffsstaatlich) **gefordert** wird, nicht identisch. Dem Staat ist deshalb die Aufgabe gestellt, die verschiedenen Strukturprinzipien des Art. 20 Abs. 1 GG zu entfalten, ohne daß das eine das andere von vornherein zu beschränken geeignet wäre. 998

Im Ergebnis wird man sozialstaatlicher Dynamik die gleichen Grenzen setzen müssen wie staatlicher Dynamik überhaupt. Durch das Sozialstaatsprinzip wird zum einen anerkannt, daß die staatlichen Aufgaben in kaum vorstellbarem Maße zugenommen haben.[21] Gegenüber diesem nahezu allzuständigen Staat bedarf es ähnlicher rechtsstaatlicher Sicherungen individueller Freiheit und ähnlicher Wachsamkeit wie gegenüber dem bürgerlichen Rechtsstaat des 19. Jahrhunderts. Dies gilt besonders zu einem Zeitpunkt, in dem die sozialen Sicherungssysteme die Grenzen ihrer Finanzierbarkeit überschritten haben und erhebliche Zuschüsse der Staatshaushalte erfordern. Der allenthalben postulierte »Umbau des Sozialstaates« bedeutet deshalb auf verfassungsrechtlicher Ebene, daß das Sozialstaatsprinzip mit anderen Verfasasungsprinzipien in Einklang gebracht wird. 999

---

19 Vgl. hierzu *P. Kirchhof*, JZ 1982, S. 305.

20 Vgl. hierzu *K. Stern*, Staatsrecht I, S. 918.

21 Das Ausmaß staatlichen Engagements in diesem Bereich läßt sich nicht zuletzt daran ablesen, daß die Aufwendungen für die soziale Sicherung mehr als 40 % der Ausgaben im Bundeshaushalt ausmachen; vgl. Rdnr. 1000.

IV. Übersicht: Der Bundeshaushalt

1000 Volumen des Bundeshaushalts 2003 = 247,9 Mrd. €

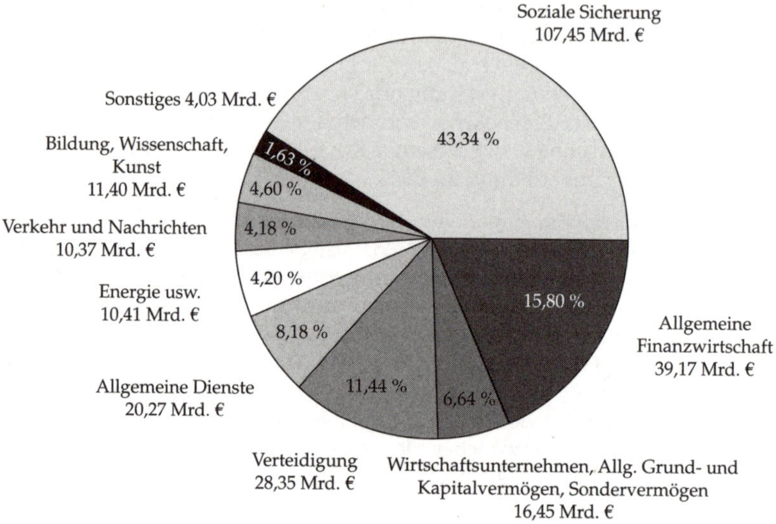

Quelle: Entwurf eines Gesetzes über die Feststellung des Bundeshaushaltsplans für das Haushaltsjahr 2003 (Haushaltsgesetz 2003) BT-Drucks. 15/150 vom 29. Nov. 2002.

V. Sozialpolitik in der Europäischen Union

1001 Nach Art. 2 EGV gehört es zur Aufgabe der Gemeinschaft, »ein hohes Beschäftigungsniveau und ein hohes Maß an sozialem Schutz« zu fördern. Zu den Tätigkeiten der Gemeinschaft gehört eine **Sozialpolitik** mit einem **Europäischen Sozialfond** (Art. 3 Abs. 1 j EGV). Zur Erfüllung dieser Aufgaben werden dem Rat weitgehende Ermächtigungen zur Setzung von Sekundärrecht eingeräumt (Art. 137 Abs. 2 und 3 EGV). Die Kommission fördert die Zusammenarbeit zwischen den Mitgliedstaaten in allen Bereichen der Sozialpolitik (Art. 140 Abs. 1 EGV). Ausdrücklich besteht eine Verpflichtung jedes Mitgliedstaats, für Männer und Frauen gleiches Entgelt bei gleicher oder gleichwertiger Arbeit sicherzustellen (Art. 141 Abs. 1 EGV).

1002 Um die Beschäftigungsmöglichkeiten der Arbeitskräfte im Binnenmarkt zu verbessern und damit zur Hebung der Lebenshaltung beizutragen, ist ein Europäischer Sozialfond (ESF) errichtet worden, dessen Ziel es ist, innerhalb der Gemeinschaft die berufliche Verwendbarkeit und die örtliche und berufliche Mobilität der Arbeitskräfte zu fördern sowie die Anpassung an die industriellen Handlungsprozesse und an Veränderungen der Produktionssysteme insbesondere durch be-

* Die Sozialleistungen insgesamt (Sozialbudget) betragen jedoch ein Mehrfaches und hatten bereits 2000 den Betrag von 0,65 Billionen € erreicht. Rund ein Drittel des Bruttosozialprodukts (2000 = 2,018 Billionen €) wird damit für Sozialleistungen aufgewendet (Quelle: Statistisches Jahrbuch für die Bundesrepublik Deutschland 2002).

rufliche Bildung und Umschulung zu erleichtern (Art. 146 EGV). Der Fonds wird durch die Kommission verwaltet (Art. 147 Abs. 1 EGV).

Die Gemeinschaft trägt überdies zur Entwicklung einer qualitativ hochstehenden 1003
Bildung dadurch bei, daß sie die Zusammenarbeit zwischen den Mitgliedstaaten fördert und die Tätigkeit der Mitgliedstaaten erforderlichenfalls unterstützt und ergänzt (Art. 149 Abs. 1 EGV). In diesem Rahmen sind die Programme ERASMUS, SOKRATES und TEMPUS aufgelegt worden, die zu einem Netzwerk der Universitätspartnerschaften in der Europäischen Union und einem breiten Austausch von Studierenden geführt haben.[22]

VI. Rechtsprechung

BVerfGE 1, 97 (Hinterbliebenenrente); **E** 5, 85 (197 f.) (KPD-Urteil); **E** 9, 124 (Armenrecht); **E** 1004
18, 257 (Sozialversicherung); **E** 22, 180 (Bundessozialhilfegesetz); **E** 40, 65 (Krankenversicherung); **E** 65, 182 (Sozialplan im Konkurs); **E** 102, 254 (Wiedergutmachung von DDR-Enteignungsunrecht).

VII. Literatur

O. Bachof, Begriff und Wesen des sozialen Rechtsstaats, VVDStRL 12 (1954), S. 37; **P. Badura**, 1005
Das Prinzip der sozialen Grundrechte und seine Verwirklichung im Recht der Bundesrepublik Deutschland, Der Staat 14 (1975), S. 17; **K.-J. Bieback**, Inhalt und Funktion des Sozialstaatsprinzips, Jura 1987, S. 229; **J. Denck**, Sozialstaatsprinzip und Grundrechte im Sozialstaat, MDR 1990, S. 281; **E. Eichenhofer**, Internationales Sozialrecht, 1994; **ders.**, Sozialrecht, 3. Aufl. 2000; **E. Forsthoff**, Begriff und Wesen des Sozialen Rechtsstaats, VVDStRL 12 (1954), S. 8; **P. Kirchhof**, Steuergerechtigkeit und sozialstaatliche Geldleistungen, JZ 1982, S. 305; **P. Krause**, Sozialstaat und Sozialrecht, JuS 1986, S. 349; **W. Leisner**, Darf der Staat gütig sein? – Förderung und Hilfe zwischen Sozialstaat und Rechtsstaat, NJW 2001, S. 1329; **G. Metzler**, Der deutsche Sozialstaat. Vom bismarckschen Erfolgsmodell zum Pflegefall, 2003; **F. E. Schnapp**, Was können wir über das Sozialstaatsprinzip wissen?, JuS 1998, S. 873; **W. Weber**, Die verfassungsrechtlichen Grenzen sozialstaatlicher Forderungen, Der Staat 4 (1965), S. 409; **H. F. Zacher**, Soziale Gleichheit: Zur Rechtsprechung des Bundesverfassungsgerichts, AöR 93 (1968), S. 341.

22 *T. Oppermann*, Europarecht, Rdnr. 1927 ff.

F. Der Schutz der Verfassung

Die Verfassung als **Grundordnung** des Staates, des politischen Prozesses und damit der gesellschaftlichen Kräfte ist ständiger Bedrohung ausgesetzt. Der Basiskonsens, der eine Verfassung wie das Grundgesetz trägt, hat keine unbegrenzte Reichweite. Veränderte ökonomische und soziale Bedingungen mögen ein übriges tun, um die gegenwärtige politische Ordnung als angreifbar oder ungerecht erscheinen zu lassen. Ein Kardinalproblem jeder Verfassung ist es deshalb, wie sie ihren eigenen **Schutz** garantieren kann. Freiheitlich-demokratische Verfassungen wie das Grundgesetz sehen sich hierbei der Herausforderung ausgesetzt, die Freiheit zu schützen, ohne sie zu stark einschränken zu müssen. 1006

Neben die Sicherung der Verfassung gegen Übergriffe von Staatsorganen oder Angriffe von dritter Seite tritt die Notwendigkeit, Vorkehrungen für Ausnahmesituationen zu treffen. Auch das Notstandsrecht dient insofern dem »Schutz der Verfassung«, als es die Außerkraftsetzung der ganzen Verfassung oder einzelner Teile verhindert, die staatliche Willensbildung aber den Bedingungen des Ausnahmezustands anpaßt. Insoweit sei auf die 9. Aufl. dieses Lehrbuchs und die dort nachgewiesene Kommentarliteratur verwiesen. 1007

§ 20 Institute zur Sicherung der Verfassung

I. Der Bestandsschutz des Grundgesetzes

Fall 74: 1008

Durch das Gesetz vom 24. Juni 1968 wurde das Grundgesetz an zahlreichen Stellen geändert und ergänzt. Unter anderem wurde Art. 10 Abs. 2 GG die Bestimmung hinzugefügt, daß Einschränkungen des Post- und Fernmeldegeheimnisses den Betroffenen nicht notwendig mitgeteilt zu werden brauchten und daß an die Stelle des Rechtswegs die Nachprüfung durch Organe der Volksvertretung treten könne. Art. 10 Abs. 2 Satz 2 GG ist vielfach als »verfassungswidrig« bezeichnet worden. Worauf kann sich eine derartige Auffassung rechtlich stützen?

(nach BVerfGE 30, 1)

Aufgrund der Erfahrungen der **Weimarer Epoche**, die mit der scheinbar legalen Errichtung einer Führerdiktatur zu Ende ging, steht das Grundgesetz unter dem Zeichen besonders starker Sicherungen gegen substantielle Änderungen. Hierzu gehören die **erschwerte Abänderbarkeit** (1.), das **Verbot** der **Verfassungsdurchbrechung** (2.) und die **»Ewigkeitsgarantie«**, also die Bestimmung eines änderungsfesten Bestands an Verfassungsgrundsätzen (4.). 1009

1. Erschwerte Abänderbarkeit der Verfassung (Art. 79 Abs. 2 GG)

Das Grundgesetz kann nur durch ein Gesetz geändert werden, das eine Mehrheit von zwei Dritteln der Mitglieder des Bundestages und des Bundesrates findet. Anders als bei einfachen Gesetzen, für die die Mehrheit der anwesenden Bundestagsmitglieder ausreicht (Art. 77 Abs. 1 i. V. m. Art. 42 Abs. 2 GG), erfordert die **Verfassungsänderung** einen Konsens, der unter normalen politischen Verhältnissen die Opposition umschließen muß und dem die (meisten) Bundesländer (durch den Bundesrat) zustimmen. 1010

Der Grund für die erschwerte Abänderbarkeit ist in der deutschen Verfassungsdoktrin mittlerweile unumstritten.[1] Die Verfassung unterliegt erschwerten Abänderungsbedingungen, weil sie besonders wichtige und grundlegende Normen enthält, denen ihrer Bedeutung wegen eine erhöhte Bestandskraft eingeräumt worden ist. Diese Erkenntnis mag uns selbstverständlich erscheinen, mußte sich aber erst durchsetzen. Der staatsrechtliche **Positivismus** sah es genau umgekehrt: Die Verfassung wurde dadurch definiert, daß sie nur unter erschwerten Bedingungen abgeändert werden konnte.[2] Hierbei blieb unberücksichtigt, daß die erschwerten Abänderungsbedingungen den Zweck haben (und hatten), dem – fundamentalen, inhaltlich gewichtigen – Gesetz eine gewisse Dauer zu verleihen.[3] 1011

---

1 Vgl. *H. Dreier*, in: Dreier (Hrsg.), GG, Bd. II, Art. 79 II Rdnr. 10 ff.; *K.-E. Hain*, in: v. Mangoldt/Klein/Starck, GG, Bd. 3, Art. 79 Rdnr. 24 f.

2 Vgl. *G. Jellinek*, Allgemeine Staatslehre, 3. Aufl. 1914, Neudr. 1928, S. 534.

3 So *C. Schmitt*, Verfassungslehre, 5. Aufl. 1970, S. 18, 20.

1012 Die erschwerte Abänderbarkeit ist ein Kennzeichen nahezu jeder Verfassung. Die Voraussetzungen für die Verfassungsänderungen sind verschieden hoch angesetzt. Zum Teil reichen mit qualifizierter Mehrheit gefaßte Beschlüsse des Parlaments (und ggf. der zweiten Kammer), zum Teil sind Verfassungsreferenden (Volksabstimmungen) vorgesehen. Wenn die Änderungsbedingungen so beschaffen sind, daß sie nur selten erfüllt sein werden (wie in den Vereinigten Staaten[4]), sprechen wir von einer **starren** Verfassung. Erleichterte Änderungsbedingungen lassen eine Verfassung »beweglich« erscheinen.[5]

1013 Beide Verfassungstypen haben Vor- und Nachteile; die Änderungsbedingungen stellen sich insofern als ambivalent dar. Setzt man sie zu hoch an, bleibt die Verfassung zwar stabil, fängt aber möglicherweise die wesentlichen gesellschaftlichen Kräfte nicht ein bzw. läßt eine extra-konstititutionelle Ordnung entstehen. Sind die Voraussetzungen einer Verfassungsänderung leicht erfüllbar, verfehlt die Verfassung unter Umständen ihre Aufgabe der Bewahrung einer politischen Ordnung.[6]

1014 Art. 79 Abs. 2 GG modifiziert mit dem Erfordernis einer 2/3-Mehrheit in Bundestag und Bundesrat die Verfassungstradition.[7] In der Verfassungswirklichkeit stellt sich das Grundgesetz gleichwohl als Typ der flexiblen Verfassung dar. In den mehr als 50 Jahren der Geltung des Grundgesetzes hat es insgesamt 48 Änderungsgesetze gegeben, die das Grundgesetz zum Teil durchgreifend veränderten.[8] Nicht alle Verfassungsänderungen erscheinen im nachhinein als unbedingt erforderlich. Die Eilfertigkeit bei Verfassungsänderungen mag auch darauf zurückzuführen sein, daß sich aufgrund der umfassenden verfassungsgerichtlichen Kontrollkompetenzen eine »praeterkonstitutionelle« Ordnung kaum entwickeln konnte. Gelegentlich ist der verfassungsändernde Gesetzgeber auch modischen Forderungen gefolgt. So haben etwa die Gemeinschaftsaufgaben nach Art. 91 a und b GG zunächst eine gewisse Konjunktur gehabt, mittlerweile will von ihnen kaum jemand noch etwas wissen.[9]

1015 Art. 10 Abs. 2 GG ist durch verfassungsänderndes Gesetz, das den Voraussetzungen des Art. 79 Abs. 2 GG genügte, geändert worden. Aufgrund dieser Vorschrift läßt sich folglich gegen die »Verfassungsmäßigkeit« der Verfassungsänderung nichts einwenden.

---

4 Art. 5 Verf der USA; vgl. hierzu *W. Brugger*, Einführung in das öffentliche Recht der USA, S. 158.

5 Vgl. *K. Hesse*, Grundzüge, Rdnr. 40.

6 Vgl. hierzu *K. Hesse*, Grundzüge, Rdnr. 36 ff.

7 Nach Art. 78 Abs. 1 RV erfolgten »Veränderungen der Verfassung ... im Wege der Gesetzgebung«, d. h. sie bedurften übereinstimmender Mehrheitsbeschlüsse im Bundesrat und Reichstag (Art. 5 RV). Sie »galten« als abgelehnt, wenn sie im Bundesrat 14 (von 58) Stimmen gegen sich hatten (Art. 78 Abs. 1 Satz 2 RV). Art. 76 Abs. 1 WRV schrieb eine Mehrheit von zwei Dritteln der Anwesenden bei Anwesenheit von zwei Dritteln der gesetzlichen Mitgliederzahl vor. Im Reichstag war ebenfalls eine Mehrheit von zwei Dritteln der abgegebenen Stimmen notwendig.

8 Zu den Verfassungsänderungen bis zur Wiedervereinigung vgl. *G. Robbers*, NJW 1989, S. 1325.

9 Vgl. zur Kritik etwa *I. v. Münch*, Gemeinschaftsaufgaben im Bundesstaat, VVDStRL 31 (1973), 54 ff.; *U. Mager*, in: v. Münch/Kunig (Hrsg.), GG, Bd. 3, Art. 91 a Rdnr. 67 ff.

2. Das Verbot der Verfassungsdurchbrechung (Art. 79 Abs. 1 Satz 1 GG)

Nach Art. 79 Abs. 1 Satz 1 GG kann das Grundgesetz »nur durch ein Gesetz geändert werden, das den Wortlaut des Grundgesetzes ausdrücklich ändert oder ergänzt«. Auch diese Vorschrift hat für uns etwas Selbstverständliches und ist nur aus der deutschen Verfassungsgeschichte heraus verstehbar. 1016

Nach Art. 76 Abs. 1 WRV konnte die (Weimarer) Verfassung 1017

»im Wege der Gesetzgebung geändert werden. Jedoch kommen Beschlüsse des Reichstags auf Änderung der Verfassung nur zustande, wenn zwei Drittel der gesetzlichen Mitgliederzahl anwesend sind und wenigstens zwei Drittel der Anwesenden zustimmen.«

Neben diesen die Verfassung ausdrücklich ändernden Gesetzen fanden in der Weimarer Epoche die sog. **»verfassungsdurchbrechenden« Gesetze** Anerkennung und Verbreitung.[10] Sie waren dadurch gekennzeichnet, daß sie sich gegen ein Verfassungsgebot richteten, es gegebenenfalls sogar außer Kraft setzten, den Text der Verfassung aber nicht ausdrücklich änderten. Mit ausdrücklichen Verfassungsänderungen hatten sie nur gemeinsam, daß sie mit der nach Art. 76 WRV notwendigen (qualifizierten) Mehrheit beschlossen wurden. Die Weimarer Staatsrechtslehre hielt derartige Verfassungsdurchbrechungen überwiegend mit der Begründung für zulässig, diese seien auch unter Geltung der Reichsverfassung von 1871 erlaubt gewesen. Durch die Weimarer Reichsverfassung habe sich an dieser Rechtslage nichts geändert, wie auch die inhaltlich übereinstimmenden Regelungen in Art. 78 Abs. 1 Satz 1 der Reichsverfassung von 1871 (»Veränderungen der Verfassung erfolgen im Wege der Gesetzgebung«) und Art. 76 Abs. 1 Satz 1 WRV zeigten. Das deutsche Staatsrecht unterscheide nicht zwischen der gesetz- und der verfassungsgebenden Gewalt.[11] Folge der Anerkennung von Verfassungsdurchbrechungen war zwangsläufig, daß die Verfassung selbst keine Auskunft mehr darüber geben konnte, welches Recht wirklich »galt«.[12] 1018

An keinem Beispiel wird dies deutlicher als an dem »Gesetz zur Behebung der Not von Volk und Reich« vom 24. März 1933, dem sog. »Ermächtigungsgesetz«.[13] Nach Art. 1 des – mit der Mehrheit von zwei Dritteln der anwesenden Abgeordneten des Reichstages beschlossenen[14] – Ermächtigungsgesetzes konnten Reichsgesetze »außer in dem in der Reichsverfassung vorgesehenen Verfahren auch durch die Reichsregierung beschlossen werden«. Nach Art. 2 konnten die von der Reichsregierung beschlossenen Reichsgesetze von der Reichsverfassung abweichen, »soweit sie nicht die Einrichtung des Reichstages und des Reichsrates als solche zum Gegenstand« hatten. Die Verfassung – und damit der demokratische Rechtsstaat – wurde nach ihren eigenen Regeln beseitigt, obwohl der Wortlaut unverändert blieb. 1019

---

10 Vgl. *G. Anschütz*, Die Verfassung des Deutschen Reichs, 14. Aufl. 1933, Nachdr. 1968, S. 401 f.; RG, JW 1927, S. 2198; eingehend *E. R. Huber*, Deutsche Verfassungsgeschichte seit 1789, Bd. VI, 1981, S. 421 ff.

11 So *G. Anschütz*, Die Verfassung des Deutschen Reichs, S. 401; *F. Poetzsch-Heffter*, Handkommentar der Reichsverfassung, 3. Aufl. 1928, Art. 76 Anm. 2.

12 Nach *G. Anschütz*, Die Verfassung des Deutschen Reichs, S. 402 (in Fn. 3) war diese Praxis zwar »bedenklich, ja geradezu verwerflich«, aber gleichwohl »de lege lata nicht unzulässig.«

13 RGBl. S. 141; vgl. zum Zustandekommen *E. Wadle*, JuS 1983, S. 170.

14 Vgl. unten Rdnr. 1026.

1020 Für das Grundgesetz ist die Konsequenz gezogen worden, das Verbot der Verfassungsdurchbrechung ausdrücklich zu statuieren: **Art. 79 Abs. 1 Satz 1 GG** läßt Verfassungsänderungen nur durch Änderung des Wortlauts zu. Ob ein Gesetz die Verfassung ändert, muß also von vornherein feststehen und erkennbar sein. Die qualifizierte Mehrheit nach Art. 79 Abs. 2 GG ist nur bedeutsam, wenn es sich um ein ausdrücklich verfassungsänderndes Gesetz handelt. Beschließt der Bundestag hingegen einstimmig ein Gesetz, das gegen das Grundgesetz verstößt, so wird seine Verfassungswidrigkeit auch dadurch nicht beseitigt, daß es die einhellige Zustimmung des Parlaments gefunden hat.

1021 Im Grunde ist mit der Klarstellung in Art. 79 Abs. 1 Satz 1 GG nur ein Rechtszustand verdeutlicht, der für jeden Verfassungsstaat eine Selbstverständlichkeit darstellen müßte. Die Verfassung würde ihre Bedeutung als rechtliche Grundordnung einbüßen, ließe sie sich mit qualifizierter Parlamentsmehrheit ständig durchbrechen. Die von der herrschenden Lehre der Weimarer Zeit für zulässig gehaltene Verfassungsdurchbrechung hat dazu beigetragen, daß der Übergang zum Führerstaat, der sich aufgrund des Ermächtigungsgesetzes vollzog, als »legal« erscheinen konnte.[15]

3. Die sog. »Klarstellungsklausel« (Art. 79 Abs. 1 Satz 2 GG)

1022 Der im Wege der **Verfassungsänderung** eingefügte Art. 79 Abs. 1 Satz 2 GG[16] ist in seiner umständlichen Formulierung nicht ohne weiteres verständlich. Der gesetzgeberischen Intention nach sollte er die Verfassungsmäßigkeit der von der (ersten) Bundesregierung abgeschlossenen, in ihrer Verfassungsmäßigkeit aber bezweifelten Westintegrationsverträge absichern.[17] Der (später aufgehobene) Art. 142 a GG enthielt demgemäß die »Klarstellung«, daß die Bestimmungen des Grundgesetzes den Bonner und Pariser Verträgen vom 26. und 27. Mai 1952 nicht entgegenstünden. Art. 79 Abs. 1 Satz 2 GG ist entweder **überflüssig** oder **verfassungswidrig.**[18] Über die Frage, ob ein Vertragsgesetz mit den Bestimmungen des Grundgesetzes übereinstimmt oder nicht, entscheidet allein das BVerfG verbindlich (Art. 93 Abs. 1 Nr. 2 GG). Auch eine Zwei-Drittel-Mehrheit des Bundestages vermag diese (Rechtsprechungs-)Kompetenz nicht an sich zu ziehen. Die »Klarstellung« durch »Ergänzung des Grundgesetzes« erscheint überflüssig, weil die Bundesregierung durch die Einbringung des Vertragsgesetzes und der Bundestag durch seine Zustimmung hinreichend zu erkennen gegeben haben, daß sie das betreffende Vertragsgesetz für **verfassungsmäßig** halten. Soweit Art. 79 Abs. 1 Satz 2 GG dazu benutzt werden sollte, die Verfassungsmäßigkeit eines im normalen Gesetzgebungsverfahrens beschlossenen Vertragsgesetzes »herzustellen«, fällt diese Vorschrift ins Leere. In diesem Fall nämlich wäre das Vertragsgesetz selber und seine parlamentarische Behandlung Gegenstand der verfassungsgerichtlichen Kontrolle, nicht die nachträglich mit verfassungsändernder Mehrheit beschlossene »Klarstellung«. Sollte hingegen die »Klarstellung« des verfassungsändernden Gesetzgebers als (auch das BVerfG)

15 Vgl. *H. A. Winkler*, Der lange Weg nach Westen, 2. Bd., 2000, S. 13.
16 Gesetz zur Ergänzung des Grundgesetzes vom 26. 3. 1954 (BGBl. I, S. 45).
17 Vgl. zur Entstehungsgeschichte *H. Dreier*, in: Dreier (Hrsg.), GG, Bd. II, Art. 79 I Rdnr. 5.
18 So zutreffend *K. Hesse*, Grundzüge, Rdnr. 699.

bindende Entscheidung über die Verfassungsmäßigkeit eines Vertragsgesetzes zu begreifen sein, verstieße diese Vorschrift gegen Art. 79 Abs. 3 GG, weil sie das Prinzip der Gewaltenteilung (Art. 20 Abs. 3 GG) berühren würde. Der verfassungsändernde Gesetzgeber wäre deshalb gut beraten, Art. 79 Abs. 1 Satz 2 GG **ersatzlos** zu streichen.

4. Grenzen der Verfassungsänderung (Art. 79 Abs. 3 GG)

Nach Art. 79 Abs. 3 GG ist eine Änderung des Grundgesetzes, durch die die Glie- 1023
derung des Bundes in Länder und die Mitwirkung der Länder bei der Gesetzgebung oder die in Art. 1 **und** 20 GG niedergelegten Grundsätze berührt werden, unzulässig. Der Verfassungsgeber hat damit die Befugnis zur Verfassungsänderung eingegrenzt, ihr freilich nur die fundamentalen Grundsätze der **Menschenwürde**, das **Bundesstaatsprinzip**, das **Demokratieprinzip** und das **Prinzip** des **sozialen Rechtsstaats** entzogen. Auch diese Vorschrift läßt sich nur vor dem Hintergrund der Staatsrechtslehre der Weimarer Zeit verstehen.

Gerhard Anschütz, der führende Kommentator der Weimarer Reichsverfassung, vertrat in 1024
seinem Kommentar zur »Verfassung des Deutschen Reiches« die Auffassung, die Verfassung stehe nicht über der Legislative, »sondern zur Disposition derselben«.[19] Das Parlament konnte demnach die Verfassung in jeder beliebigen Weise ändern – auch die Grundsätze der Republik, der Demokratie und des Parlamentarismus sollten hiervon nicht ausgenommen sein.[20] Die Auffassung *Anschütz'* darf für die Weimarer Staatsrechtslehre als herrschend gelten.[21] Sie ist insofern bemerkenswert, als eine der wichtigsten Errungenschaften moderner Verfassungsstaatlichkeit – der **Vorrang der Verfassung** – geleugnet wurde. *Carl Schmitt* hat in seiner Verfassungslehre die Fragwürdigkeit dieser Auffassung dargetan.[22] Er hielt die rein formale Sicht des Art. 76 WRV (der sich nach *Anschütz* darauf beschränkte, die erschwerte Abänderbarkeit der Verfassung festzulegen) für verfehlt, weil sie Ursache und Wirkung umkehre. Der Inhalt der Verfassung sei nicht aufgrund der erschwerten Abänderbarkeit etwas besonderes, vielmehr sollten diese Sätze ihrer fundamentalen Bedeutung wegen die Garantie der Dauer erhalten. Der formale Verfassungsbegriff mache die gesamte Verfassung zum Provisorium, gewissermaßen zu einem »Blankettgesetz, welches gemäß den Bestimmungen der Verfassungsänderungen jeweils ausgefüllt würde«.[23] *Carl Schmitt* begründete seine gegenteilige Auffassung mit der Unterscheidung von *»pouvoir constituant«* und *»pouvoir constitué«*, die auf den französischen Staatstheoretiker *Emanuel Sieyès* (1748–1836) zurückgeht.[24] Das Parlament sei – auch soweit es die Verfassung ändere – ein von der Verfassung eingesetztes Organ, also ein *pouvoir constitué*.[25] Es verdanke also seine Kompetenz allein der Verfassung, die von der verfassungsgebenden Gewalt – dem *pouvoir constituant* – erlassen worden sei. Nur die Macht des *pouvoir constituant* aber sei unbeschränkt und unbeschränkbar, weil dieser an keine bestehende Verfassung gebunden sei. Jedem *pouvoir constitué* hingegen, also jedem von einer Verfassung eingesetzten Organ, kämen nur Kompetenzen zu, und Kompetenzen

---

19 So *G. Anschütz*, Die Verfassung des Deutschen Reichs, S. 401; vgl. auch oben Rdnr. 1018.
20 So *G. Anschütz*, Die Verfassung des Deutschen Reichs, S. 403.
21 Vgl. *E. R. Huber*, Deutsche Verfassungsgeschichte seit 1789, Bd. 6, S. 420; *G.-F. Schau*, Das Verhältnis von Verfassung und einfachem Recht in der Staatsrechtslehre der Weimarer Republik, 2002.
22 Vgl. *C. Schmitt*, Verfassungslehre, 5. Aufl. 1970, S. 18 ff.
23 So *C. Schmitt*, Verfassungslehre, S. 19.
24 Vgl. *E. Sieyès*, Politische Schriften 1788–1790, 1981, S. 170 ff.
25 So *C. Schmitt*, Verfassungslehre, S. 98.

seien ihrer Natur nach **begrenzte Befugnisse**. Wenn das Parlament die Verfassung so umgestalte, daß die Staatsform verändert werde, überschreite es die Grenzen, die den Kompetenzen eines durch die Verfassung eingesetzten Organs gezogen seien.[26]

1025 Die von *Carl Schmitt* verfassungstheoretisch begründete Grenze der Verfassungsänderung ist dem modernen Verfassungsbegriff immanent: Die demokratischen Verfassungen der Gegenwart wollen einen bestimmen Rechtszustand auf Dauer festlegen. Bei aller Einsicht in die Zeitgebundenheit des Verfassungsrechts sollen die jeweils grundsätzlichen Entscheidungen unberührt bleiben. Insofern folgen aus dem Verfassungsbegriff **Grenzen** der **Verfassungsänderung**.[27] Würde man an ihnen nicht festhalten und das Parlament für berechtigt halten, die Staatsform zu ändern, so müßte man sich fragen, warum das Parlament hierzu befugt sein sollte, da es seine Entstehung dem verfassungsrechtlichen Rahmen verdankt, den es überschreiten will. Genaugenommen nämlich würde ein solcher Akt sich nicht mehr im Rahmen der Verfassung vollziehen können, weil ein Parlament nicht mehr als *pouvoir constitué*, sondern als **verfassungsgebende Versammlung** tätig würde. Eine die immanenten Grenzen der Verfassung überschreitende Verfassungsänderung ist im Grunde ein **Verfassungsumsturz**, der sich mit dem Mantel der Legalität umgibt.[28]

1026 An keinem historischen Beispiel läßt sich dieser Befund deutlicher darstellen als an dem Ermächtigungsgesetz vom 24. März 1933. Wenn in diesem Gesetz statt des Reichstags auch die Reichsregierung zur Gesetzgebung ermächtigt wurde und diese auch von der Reichsverfassung abweichen durfte, so bedeutete das nichts anderes als die Beseitigung des Parlamentarismus und den Übergang zur *Führerdiktatur*. Das Parlament hat mit dem Ermächtigungsgesetz folglich ein neues Regierungssystem geschaffen. Dies war in der Sache ein revolutionärer Akt, weil das Parlament im Legalitätszusammenhang der Verfassung (folgerichtig) nicht die Befugnis haben kann, die Grundlage seiner eigenen Existenz zu beseitigen. Das Ermächtigungsgesetz kann deshalb nicht als »legal« angesehen werden, sondern wies sowohl im Gesetzgebungsverfahren als auch in seinem Inhalt nur den Schein der Legalität auf.[29]

1027 Durch Art. 79 Abs. 3 GG werden die der Verfassung immanenten Grenzen ausdrücklich benannt und damit positiviert. Die bekannte Frage, ob sich Art. 79 Abs. 3 GG in der Weise umgehen läßt, daß man ihn selber abändert, ist umstritten, aber eindeutig zu verneinen: Die Vorschrift, die die Bestandsgarantie enthält, sichert auch den eigenen Bestand, mögen hierfür Gründe der Normlogik[30] oder wiederum immanente Grenzen der Verfassungsänderung[31] angeführt werden. Wollte man Art. 79 Abs. 3 GG ausdrücklich gegen Abänderung sichern, käme dies einem *regressus ad infinitum* gleich, denn der Bestand dieser Vorschrift müßte wiederum (durch eine weitere Vorschrift) garantiert werden. Die Bestandsgarantie umfaßt

---

26 Vgl. *C. Schmitt*, Verfassungslehre, S. 102 ff.

27 Vgl. *H. Dreier*, in: Dreier (Hrsg.), GG, Bd. II, Art. 79 III Rdnr. 11.

28 Vgl. *E. R. Huber*, Deutsche Verfassungsgeschichte seit 1789, Bd. VI, S. 420 f.

29 Illegal war auch das Abstimmungsverfahren im Reichstag, weil durch Änderung der Geschäftsordnung beschlossen worden war, daß auch solche Abgeordneten als anwesend »galten«, die tatsächlich nicht anwesend waren (und sein konnten), weil sie bereits verhaftet worden waren; vgl. hierzu *Frotscher/Pieroth*, Verfassungsgeschichte, Rdnr. 572 ff.

30 So *J. Lücke*, in: Sachs (Hrsg.), GG, Art. 79 Rdnr. 22; *K. Stern*, Staatsrecht I, S. 115; *T. Maunz*, in: Maunz/Dürig, GG, Art. 79 Rdnr. 50.

31 Insbes. *H. Ehmke*, Grenzen der Verfassungsänderung, S. 98 ff.

deshalb nicht nur die Grundsätze des **Art. 1** und **20 GG**, sondern auch **Art. 79 Abs. 3 GG**. Die gegenteilige Auffassung[32] relativiert in bedenklicher Weise und ohne überzeugende Begründung ein wichtiges Institut der Verfassungssicherung.

Bemerkenswert ist, daß das Bundesstaatsprinzip durch Art. 79 Abs. 3 GG eine doppelte Garantie erfährt. Zum einen heißt es nämlich, daß eine Änderung des Grundgesetzes, durch die die Gliederung des Bundes in Länder und die grundsätzliche Mitwirkung der Länder bei der Gesetzgebung berührt werden, unzulässig ist. Zum anderen aber wird das Bundesstaatsprinzip als ein in Art. 20 GG »niedergelegter Grundsatz« garantiert. Man wird aus der doppelten Garantie des Föderalismus durch Art. 79 Abs. 3 GG schließen können, daß der Verfassungsgeber gerade dieses Prinzip besonders schützen und damit den in Deutschland vielfach vorhandenen Tendenzen zum Einheitsstaat entgegentreten wollte. Das Bundesstaatsprinzip ist aus der Sicht der Verfassung also nicht lediglich ein mögliches Ordnungsprinzip, sondern wird gleichrangig neben das Demokratieprinzip, das Rechtsstaatsprinzip und das Sozialstaats- sowie das republikanische Prinzip gestellt. 1028

Die Frage, ob über Art. 1 Abs. 3 GG auch die Grundrechte der Art. 2–19 GG gegen Änderungen geschützt sind, ist ebenfalls zu verneinen. In ersten Kommentierungen zum Grundgesetz ist zwar die Auffassung vertreten worden, daß Art. 1 Abs. 3 GG eine Art **»Kettenreaktion«** für die übrigen Grundrechte auslöse.[33] Diese Auffassung mag verfassungspolitisch für wünschenswert gehalten werden, sie ist jedoch mit dem Wortlaut des Art. 79 Abs. 3 GG nicht zu vereinbaren. Wenn es dort heißt, die in Art. 1 **und** 20 GG niedergelegten Grundsätze seien der Änderung entzogen, so bedeutet dies etwas anderes, als wenn die Art. 1 **bis** 20 GG für unabänderbar erklärt würden. Die insoweit eingeschränkte Bestandsgarantie der Grundrechte führt indes nicht dazu, daß alle Grundrechte (außer der Menschenwürde) abgeschafft werden könnten. Eine Demokratie ohne Meinungs-, Versammlungs- und Vereinigungsfreiheit ist schlechthin undenkbar, ein Sozialstaat ohne Schutz von Ehe und Familie nicht sozial und ein Rechtsstaat ohne Schutz subjektiver Rechte ausgeschlossen. Gleichwohl ist nicht jedes einzelne Grundrecht in seinem gegenwärtigen Bestand der Verfassungsänderung entzogen. Man wird es als verfassungstheoretisch richtige Entscheidung des Verfassungsgebers ansehen müssen, den Geltungsbereich der »Ewigkeitsklausel« zu begrenzen: Nur das schlechthin fundamentale soll der Verfassungsänderung entzogen sein; im übrigen will das Grundgesetz den verfassungsändernden Gesetzgeber nicht präjudizieren.[34] 1029

Eine bedeutsame Konsequenz der Bestandsgarantie des Art. 79 Abs. 3 GG liegt darin, daß auch verfassungsändernde Gesetze der **Überprüfung** durch das **BVerfG** zugänglich sind. Ein verfassungsänderndes Gesetz nämlich, das einen der in Art. 1 und 20 GG niedergelegten Grundsätze »berührt«, ist unzulässig (verfassungswidrig) und damit nichtig. Verfassungsändernde Gesetze können deshalb mit der Behauptung angegriffen werden, sie verstießen gegen die Grundsätze 1030

---

32 Vgl. *B.-O. Bryde*, in: v. Münch/Kunig (Hrsg.), GG, Bd. 3, Art. 79 Rdnr. 27; *H.-U. Evers*, in: BK, Art. 79 Abs. 3 Rdnr. 133.

33 So *K. G. Wernicke*, in: BK, GG (Erstbearb.), Art. 1 Erl. II 5 b.

34 Vgl. *H. Dreier*, in: Dreier (Hrsg.), GG, Bd. II, Art. 79 III Rdnr. 21; *K.-E. Hain*, in: v. Mangoldt/Klein/Starck, GG, Bd. 3, Art. 79 Rdnr. 43 f.

des Art. 1 und 20 GG. Sie sind damit tauglicher Gegenstand der konkreten und abstrakten Normenkontrolle sowie der Verfassungsbeschwerde.[35]

1031 Im Ausgangsfall hatte das BVerfG über einen von einer Landesregierung gestellten Normenkontrollantrag zu entscheiden. Die Landesregierung vertrat die Auffassung, Art. 10 Abs. 2 Satz 2 GG sei verfassungswidrig, weil das (in Art. 20 Abs. 3 GG niedergelegte) Rechtsstaatsprinzip einen lückenlosen Rechtsschutz verbürge und dieser gegen Abhörmaßnahmen nicht eröffnet sei. Das BVerfG hielt den Antrag für zulässig, aber unbegründet, weil umfassender Gerichtsschutz nicht zu den in Art. 20 GG niedergelegten Grundsätzen gehöre.[36] Drei dissentierende Richter haben demgegenüber die Auffassung vertreten, daß Art. 10 Abs. 2 Satz 2 GG *verfassungswidrig* sei.[37]

II. Verfassungsschutz im Innenbereich

1032 **Fall 75:**

B bewirbt sich um die Einstellung als Beamter auf Probe in den öffentlichen Dienst. Trotz hinreichend guter Zeugnisse wird seine Bewerbung mit der Begründung abgelehnt, er sei Mitglied einer verfassungsfeindlichen Partei. B macht geltend, daß über die Verfassungswidrigkeit nach Art. 21 Abs. 2 GG nur das BVerfG zu entscheiden habe.

(vgl. dazu BVerfGE 39, 334)

1. Verfassungstreue des Beamten

1033 Die Verfassungstreue des Beamten wird meist aus der Sicht des Art. 21 Abs. 2 GG gesehen und zum sog. »Parteienprivileg« in einen Gegensatz gestellt. Nicht selten wird es als Widerspruch empfunden, daß eine Partei ungehindert agieren kann, die Mitgliedschaft in ihr aber ein Hindernis für die Einstellung in den öffentlichen Dienst bildet.[38]

1034 Auch bei dieser Frage gilt es, die Erfahrungen der Weimarer Epoche zu berücksichtigen. Nach einem bekannten Wort war Weimar eine »Republik ohne Republikaner«. Zur Verteidigung der Verfassung fand sich letztlich kaum jemand bereit. Mehrere im Reichstag vertretene Parteien waren entschiedene Gegner des demokratischen Staates, den sie durch parlamentarische Mitarbeit hätten gestalten sollen. Die »Systemparteien«, vor allem die SPD und das Zentrum, wurden schon wegen ihres grundsätzlichen Eintretens für die Weimarer Republik angefeindet. Auch Beamtenschaft (Richterschaft!) und Militär, die im wesentlichen noch monarchisch gesonnen waren, lehnten den Weimarer Staat weithin ab. Wenn ein Staat aber nicht einmal von jenen Kräften gestützt wird, die in seinem Dienst stehen, leidet er an einem *inneren Widerspruch.* Es ist kein Zufall, daß die Weimarer Republik sich gegenüber den verfassungsfeindlichen Bestrebungen nicht zu behaupten vermochte.

1035 Die Weimarer Epoche bildet den historischen Hintergrund, vor dem auch die Bestimmungen des **Beamtenrechts** und des **Richterdienstrechts** zu sehen sind, die die Bediensteten des Staates zur Loyalität verpflichten. Nach §§ 7 Abs. 1

35 Vgl. *Benda/Klein*, Verfassungsprozeßrecht, Rdnr. 493, 718, 786.
36 Vgl. BVerfGE 30, 1 (28).
37 Vgl. BVerfGE 30, 1 (33).
38 Vgl. *J. Ipsen*, in: Sachs (Hrsg.), GG, Art. 21 Rdnr. 201 f.

Nr. 2 BBG[39], 4 Abs. 1 Nr. 2 BRRG[40] dürfen nur solche Bewerber in das Beamtenverhältnis berufen werden, die die Gewähr dafür bieten, daß sie jederzeit für die freiheitliche demokratische Grundordnung im Sinne des Grundgesetzes eintreten. Wortgleich ist die Formulierung in § 9 Nr. 2 DRiG. Die Vorschriften fordern nicht nur, daß die Beamten und Richter die Verfassung nicht ablehnen, vielmehr wird ein Engagement für die freiheitliche demokratische Grundordnung verlangt.

Ohne die Extremistendiskussion hier in ganzer Breite aufnehmen zu können, sei 1036
festgestellt, daß eine derartige Verpflichtung zur gesteigerten Loyalität gegenüber den Grundprinzipien der Verfassung schlechterdings nicht verfassungswidrig sein kann. Das Grundgesetz unterscheidet sich von der Weimarer Verfassung gerade dadurch, daß es eine wertgebundene Ordnung ist und Instrumente bereitstellt, die verfassungsmäßige Ordnung auch gegen Angriffe »von innen« zu schützen. Die Verfassungstreue ist nicht als eine Art »Geheimnisschutz« mißzuverstehen, sie wird vielmehr aus der grundsätzlichen Erwägung heraus verlangt, daß ein öffentlich-rechtliches Dienst- und Treueverhältnis (Beamtenverhältnis) die Loyalität gegenüber den Grundwerten der Verfassung voraussetzt.

Die viel diskutierte Extremistenproblematik beginnt erst jenseits der durch die 1037
Vorschriften des öffentlichen Dienstrechts geforderten **Verfassungstreue**. Die Frage nämlich ist, auf welche Weise die Loyalität eines Bewerbers überprüft und gegebenenfalls festgestellt werden kann. Die Kritik kann sich also nicht dagegen richten, daß das einfache Gesetzesrecht zu hohe Anforderungen an die Loyalität des Beamten stellt, sondern allenfalls dagegen, daß Bewerber für den öffentlichen Dienst einer Überprüfung durch die Verfassungsschutzämter ohne begründeten Anlaß unterworfen werden. Das Kernproblem besteht darin, daß Parteien, die von der **Exkutive** als verfassungsfeindlich qualifiziert werden, gleichwohl ungehindert operieren dürfen und an der staatlichen Parteienfinanzierung teilhaben.

Im Ausgangsfall stellt sich also nicht die Frage, ob die Verfassungstreue als Einstellungs- 1038
voraussetzung verfassungsmäßig ist. Fraglich erscheint vielmehr, ob die Mitgliedschaft in einer (nicht verbotenen) Partei eine hinreichende Begründung für die Ablehnung eines Bewerbers für den öffentlichen Dienst ist. Das BVerfG hat es für zulässig gehalten, die Mitgliedschaft in einer »verfassungsfeindlichen« Partei bei der Prüfung der Verfassungstreue eines Bewerbers zu berücksichtigen.[41] Diese Auffassung ist nicht ohne Widerspruch geblieben, weil sie der Exekutive die Entscheidung über die Verfassungsfeindlichkeit einer Partei überläßt, ohne daß diese verpflichtet wäre, auf ein Parteiverbot (Art. 21 Abs. 2 GG) hinzuwirken.[42] Gerade dieser Effekt aber sollte nach der früheren Rechtsprechung zum »Parteienprivileg« vermieden werden.[43] Insofern wäre es folgerichtig gewesen, die Mitgliedschaft in einer (nicht verbotenen) Partei allein nicht als Ablehnungsgrund genügen zu lassen. Der Europäische Gerichtshof für Menschenrechte hat es als Verstoß gegen die EMRK angesehen, daß eine Angehörige des öffentlichen Dienstes aus dem Dienst mit der Begründung entfernt wurde, sie habe für eine »verfassungsfeindliche« Partei kandidiert.[44]

---

39 *Sartorius* I Nr. 160 = *Nomos Textausgaben* ÖffR Nr. 31.
40 *Sartorius* I Nr. 150 = *Nomos Textausgaben* ÖffR Nr. 30.
41 So BVerfGE 39, 334 (359).
42 Vgl. abw. Meinung des Richters *Rupp*, in: BVerfGE 39, 334 (378 f.).
43 Vgl. BVerfGE 12, 296 (305 f.).
44 Vgl. EGMR, EuGRZ 1995, S. 590; vgl. hierzu *H. H. Klein*, in: Maunz/Dürig, GG, Art. 21 Rdnr. 584.

2. Präsidentenanklage und Richteranklage (Art. 61, 98 Abs. 2 GG)

1039 Das Grundgesetz enthält keine Möglichkeit, den für eine fünfjährige Amtszeit gewählten Bundespräsidenten abzuwählen. An die Stelle einer (für den Bundeskanzler in Art. 67 GG vorgesehenen) »politischen« Abwahl tritt die **Präsidentenanklage** nach Art. 61 GG, die vom Bundestag oder Bundesrat wegen vorsätzlicher Verletzung des Grundgesetzes oder eines anderen Gesetzes vor dem BVerfG erhoben werden kann. Der Beschluß muß von einer Mehrheit von zwei Dritteln der Mitglieder des Bundestages oder des Bundesrates gefaßt werden; es ist also eine **verfassungsändernde Mehrheit** erforderlich. Das BVerfG kann den Bundespräsidenten, sofern es die vorsätzliche Verletzung des Grundgesetzes für gegeben hält, seines Amtes für verlustig erklären (Art. 61 Abs. 2 GG).

1040 Die Anklage von Organwaltern findet sich typischerweise, wenn keine unmittelbare parlamentarische Verantwortlichkeit besteht. Die konstitutionellen Verfassungen enthielten vielfach das Institut der **»Ministeranklage«**, denn das Parlament konnte einen vom König (Fürsten) ernannten Minister nicht absetzen.[45] Weder in der Verfassungsgeschichte noch in der Gegenwart ist die Anklage eines Organwalters allerdings praktisch geworden. Ein Bundespräsident, dem eine Anklage nach Art. 61 GG drohte, würde zweckmäßigerweise zurücktreten. Gleichwohl ist die Präsidentenanklage nicht sinnlos, weil die Unabsetzbarkeit eines Amtswalters in einem parlamantarischen Regierungssystem nach einem Korrektiv verlangt.[46]

1041 Vor dem Hintergrund der **Unabsetzbarkeit** – der persönlichen Unabhängigkeit (Art. 97 Abs. 2 GG)[47] – ist auch die **Richteranklage** gegen Bundesrichter nach Art. 98 Abs. 2 GG zu sehen. Anders als bei Art. 61 GG wird kein »vorsätzlicher« Verstoß gegen die Verfassung gefordert; auch muß der Verstoß nicht im Amt erfolgt sein. Im letzteren Fall wäre ohnehin der Tatbestand der Rechtsbeugung (§ 336 StGB) erfüllt, der zu einem Strafverfahren führen würde. Der Sinn der Richteranklage ist vielmehr ein anderer. Sie bietet die Möglichkeit, die **Impermeabilität** des Justizapparates zu durchbrechen, wenn verfassungsfeindliche Aktionen von Richtern in Rede stehen. Die persönliche Unabsetzbarkeit nämlich macht den Richter gegenüber Maßnahmen der Exekutive unangreifbar. Für Disziplinarverfahren sind ebenfalls Richter (»Richterdienstgerichte«) zuständig.

1042 Der Antrag nach Art. 98 Abs. 2 GG muß vom **Bundestag** gestellt werden. Eine (verurteilende) Maßnahme des BVerfG bedarf einer Zwei-Drittel-Mehrheit in dem entscheidenden Senat. Schon an der qualifizierten (nicht einmal für die Nichtigerklärung eines Gesetzes erforderliche) Mehrheit zeigt sich das Außergewöhnliche der Richteranklage, die bislang noch nicht erhoben worden ist.

---

45 Tit. X § 5 BayVerfUrk (1818) = *E. R. Huber*, Dokumente I, 3. Aufl. 1978, Nr. 53, § 67 BadVerfUrk (1818) = *E. R. Huber*, Dokumente I, Nr. 54; § 199 WürttVerfUrk (1819) = *E. R. Huber*, Dokumente I, Nr. 55; Art. 109 HessVerfUrk (1820) = *E. R. Huber*, Dokumente I, Nr. 56; § 140 SächsVerfUrk (1831) = *E. R. Huber*, Dokumente I, Nr. 59; § 126 PaulskirchenVerf (1849) = *E. R. Huber*, Dokumente I, Nr. 108; Art. 61 PrVerfUrk (1861) = *E. R. Huber*, Dokumente I, Nr. 54.

46 Vgl. *M. Nierhaus*, in: Sachs (Hrsg.), GG, Art. 61 Rdnr. 3 f.; *I. Pernice*, in: Dreier (Hrsg.), GG, Bd. II, Art. 61 Rdnr. 8 f.

47 Vgl. oben Rdnr. 817 ff.

3. Verfassungssicherung durch parlamentarische Kontrolle

Während für Beamte die Einhaltung des Verfassungsrechts durch Disziplinarvorschriften gesichert werden soll, für unabsetzbare Staatsorgane (Bundespräsident, Bundesrichter) besondere Anklageverfahren vorgesehen sind, unterliegen die Mitglieder der Bundesregierung allein der **parlamentarischen Kontrolle**. Nach § 8 BMinG findet ein Disziplinarverfahren gegen Mitglieder der Bundesregierung nicht statt. Die Mitglieder der Bundesregierung sind zwar wie jeder Bürger den Strafgesetzen unterworfen; Verstöße gegen die Verfassung aber sind nicht notwendig strafbar. In derartigen Fällen setzt die parlamentarische Kontrolle und die Kontrolle durch die öffentliche Meinung ein. Welches Fehlverhalten zu welchen Konsequenzen drängt, ist mehr eine Frage der politischen Kultur als des Verfassungsrechts. Voraussetzung für die Entwicklung von derartigen Konventionalregeln politischer Kultur ist freilich die Einsicht, daß nicht allein das **Strafrecht** die Grenzen rechtlichen **Dürfens** bestimmt. 1043

III. Die Abwehr verfassungsfeindlicher Bestrebungen

Fall 76: 1044

F ist Chefredakteur und Verleger einer als rechtsradikal bekannten Zeitung. Seine nationalistischen, antisemitischen und rassistischen Veröffentlichungen erregen im In- und Ausland immer wieder Aufsehen. Nicht selten wird die Existenz dieser Publikationen im Ausland als Beleg dafür angesehen, daß es in der Bundesrepublik ernstzunehmende neonazistische Tendenzen gibt.

(nach BVerfGE 38, 23)

1. Nachrichtendienstlicher Verfassungsschutz

Dem Bund steht nach Art. 73 Nr. 10 b GG die ausschließliche Gesetzgebungskompetenz »zum Schutze der freiheitlichen demokratischen Grundordnung, des Bestandes und der Sicherheit des Bundes oder eines Landes (Verfassungsschutz)« zu. In Ausführung dieser Kompetenz ist das **Bundesverfassungsschutzgesetz** vom 20. Dezember 1990[48] ergangen, das die Zuständigkeit des **»Bundesamtes für Verfassungsschutz«** – einer Bundesoberbehörde nach Art. 87 Abs. 1 Satz 2 GG – und dessen Zusammenarbeit mit den Verfassungsschutzbehörden der Länder regelt. Neben dem Bundesamt für Verfassungsschutz gibt es als weitere Nachrichtendienste den **»Bundesnachrichtendienst«** (BND) und den **»Militärischen Abschirmdienst«** (MAD). 1045

Die Aufgabenverteilung sieht im wesentlichen so aus, daß das Bundesamt für Verfassungsschutz Nachrichten über Bestrebungen, die gegen die innere Ordnung gerichtet sind, sammelt, während der Bundesnachrichtendienst sog. »nachrichtendienstliche Auslandsaufklärung« betreibt, also für Spionage und Gegenspionage zuständig ist. Auf innenpolitischem Gebiet darf der Bundesnachrichtendienst nicht tätig werden.[49] Der Militärische Abschirmdienst beschränkt sich dem- 1046

48 *Sartorius* I Nr. 80.
49 Vgl. *M. Brenner*, Bundesnachrichtendienst im Rechtsstaat, 1990, S. 170 ff.

gegenüber auf die Bundeswehr und hat innerhalb der Bundeswehr besondere Sicherheitsaufgaben.[50]

2. Abwehr konkreter Gefahren für die Verfassung

1047 Sofern konkrete Gefahren für die Schutzgüter der Verfassung bestehen, sind die Nachrichtendienste nach dem **G 10**[51] berechtigt, den Fernmeldeverkehr abzuhören sowie Brief- und Postsendungen zu öffnen. Hierin liegt ein Eingriff in das Grundrecht aus Art. 10 GG, der durch den schon genannten Gesetzesvorbehalt (Art. 10 Abs. 2 GG) gedeckt ist. Das G 10 ist allerdings so umständlich formuliert, daß sein Anwendungsbereich zunächst nicht deutlich wird. Voraussetzung für die Überwachung des Post- und Fernmeldeverkehrs ist der Verdacht bestimmter (staatsgefährdender) Straftaten (§ 3 G 10). Die sog. **»strategische Überwachung«** des nicht leitungsgebundenen Fernmeldeverkehrs durch den BND (§ 3 G 10 a. F.) ist vom BVerfG für teilweise verfassungswidrig erklärt worden.[52]

1048 Die Kontrolle der Abhörmaßnahmen obliegt einem besonderen Kontrollgremium des Bundestages. Sofern die Abhörmaßnahme abgeschlossen ist und dem Betroffenen nach § 12 G 10 mitgeteilt wurde, kann auf Feststellung der Rechtswidrigkeit der Maßnahme geklagt werden. Aufgabe der Nachrichtendienste ist daneben das Sammeln allgemein zugänglicher Informationen. Bestimmte politische »Szenen« werden »observiert«, also in ihrer wechselnden Zusammensetzung und ihren Aktivitäten verfolgt.[53] Aus der Speicherung der Daten, die auf diese Weise gewonnen werden, ergeben sich u. U. datenschutzrechtliche Probleme.[54]

3. Grundrechtsverwirkung, Vereins- und Parteiverbot (Art. 18, 9 Abs. 2, 21 Abs. 2 GG)

1049 Nach **Art. 18 GG** können **Grundrechte**, insbesondere die Meinungsfreiheit, die Versammlungsfreiheit und die Vereinigungsfreiheit – die sog. »Kommunikationsgrundrechte« – **verwirkt** werden, sofern sie zum Kampf gegen die freiheitliche demokratische Grundordnung mißbraucht werden. Die Verwirkung wird durch das BVerfG ausgesprochen, tritt also entgegen dem ersten Anschein nicht *ipso iure* ein. Ziel dieses Verfassungsinstituts ist es, Gegner der Verfassungsordnung aus dem Prozeß der öffentlichen Meinungs- und Willensbildung auszuschalten. In Art. 18 GG offenbart sich ebenso wie in Art. 9 Abs. 2 und 21 Abs. 2 GG die Grundentscheidung für die streitbare (oder »wehrhafte«) Demokratie.[55]

1050 Im Ausgangsfall könnte der Bundestag, die Bundesregierung oder eine Landesregierung den Antrag stellen, das Grundrecht der Meinungs- und Pressefreiheit des F für verwirkt

---

50 Vgl. *K. Dau*, Rechtsgrundlage für den MAD, DÖV 1991, 663 ff.

51 *Sartorius* I Nr. 7 = *Nomos Textausgaben* ÖffR Nr. 7.

52 Vgl. BVerfGE 100, 313 (315).

53 Vgl. dazu BVerwGE 110, 126 (128 ff.).

54 Vgl. *H. Bäumler*, Datenschutz beim Verfassungsschutz, AöR 110 (1985), 30 ff.; *A. F. Rosenauer*, Datenschutz beim Verfassungsschutz, 1998.

55 Vgl. die Nachw. bei *A. Sattler*, Die rechtliche Bedeutung der Entscheidung für die streitbare Demokratie, S. 11 ff.

zu erklären (§ 36 BVerfGG). Das BVerfG hält darüber hinaus eine »ernsthafte Gefahr für den Bestand der freiheitlich-demokratischen Grundordnung« zur Begründetheit eines Antrags nach Art. 18 GG für erforderlich.[56] Dieses in Art. 18 GG nicht enthaltene Tatbestandsmerkmal ist nicht zweifelsfrei, weil verfassungsfeindliche Bewegungen nicht erst dann unterbunden werden sollten, wenn sie zu einiger Bedeutung gelangt sind. Im Ausgangsfall wäre es Tatfrage, ob die Voraussetzungen des Art. 18 GG gegeben sind.

Art. 21 Abs. 2 GG weist eine Reihe struktureller Gemeinsamkeiten mit Art. 18 GG 1051
auf. Auch für das Parteiverbot ist das BVerfG zuständig; Voraussetzung für ein Verbot ist es, daß eine Partei

»nach ihren Zielen oder nach dem Verhalten ihrer Anhänger darauf (ausgeht), die freiheitliche demokratische Grundordnung zu beeinträchtigen oder zu beseitigen oder den Bestand der Bundesrepublik Deutschland zu gefährden.«

Im Gegensatz zu den bisher gestellten Anträgen auf Verwirkung der Grundrechte, 1052
die beide zurückgewiesen wurden[57], waren die Verbotsanträge gegen die SRP[58] und gegen die KPD[59] erfolgreich. Das Verfahren gegen die NPD ist nach erheblichen Irritationen wegen der Zusammenarbeit führender Parteifunktionäre mit Verfassungsschutzbehörden[60] noch anhängig.

Für das Verbot von **Vereinigungen** nach Art. 9 Abs. 2 GG sind der Bundesinnen- 1053
minister bzw. die Landesinnenminister zuständig. Die Voraussetzungen und das Verfahren sind im **Vereinsgesetz** vom 5. August 1964[61] niedergelegt. Das Verbot ist ein Verwaltungsakt und kann vor den Verwaltungsgerichten angefochten werden. Wird das Verbot von einem Landesinnenminister ausgesprochen, ist in erster Instanz das Oberverwaltungsgericht des betreffenden Landes zuständig (§ 48 Abs. 2 VwGO). Gegen das vom Bundesinnenminister ausgesprochene Verbot ist Klage zum Bundesverwaltungsgericht statthaft, das im ersten und einzigen Rechtszug entscheidet (§ 50 Abs. 1 Nr. 2 VwGO).[62]

Die präventiven Maßnahmen nach Art. 9 Abs. 2, 18 und 21 Abs. 2 GG setzen kein 1054
strafbares Verhalten voraus. Die freiheitliche demokratische Grundordnung als solche ist gegen Zuwiderhandlungen strafrechtlich nicht geschützt. Soweit allerdings konkrete Maßnahmen (Anordnung der Grundrechtsverwirkung, Vereins- oder Parteiverbot) erfolgt sind, sind Zuwiderhandlungen unter Strafe gestellt (§§ 84, 85 StGB).

4. Strafrechtlicher Verfassungsschutz

Ein von den präventiven Maßnahmen des Verfassungsschutzes zu trennendes In- 1055
strumentarium des Staatsschutzes stellt das **Strafrecht** zur Verfügung. Im Strafgesetzbuch dienen ihm eine große Zahl von Straftatbeständen. Der erste Abschnitt des Besonderen Teils des StGB enthält unter der Überschrift »Friedensverrat, Hochverrat und Gefährdung des demokratischen Rechtsstaates« eine Reihe von

56 So BVerfGE 38, 23 (25).
57 Vgl. BVerfGE 11, 282; 38, 23.
58 Vgl. BVerfGE 2, 1.
59 BVerfGE 5, 85.
60 Vgl. dazu *J. Ipsen*, NJW 2002, S. 866.
61 *Sartorius* I Nr. 425 = *Nomos Textausgaben* ÖffR Nr. 81.
62 Vgl. z. B. BVerfGE 61, 218 (»Wehrsportgruppe Hoffmann«); 80, 299 (»Hells Angels«).

Straftaten, die als »politisch« zu bezeichnen sind, was heißen will, daß sie einen Bezug zur demokratischen Grundordnung besitzen. Abgesehen vom Hochverrat finden sich hier auch die Straftaten der Fortführung einer für verfassungswidrig erklärten Partei (§ 84 StGB), der Verstoß gegen ein Vereinigungsverbot (§ 85 StGB), das Verwenden von Kennzeichen verfassungswidriger Organisationen (§ 86 a StGB), verfassungsfeindliche Sabotage (§ 88 StGB), verfassungsfeindliche Verunglimpfung des Staates und der Verfassungsorgane (§§ 90 a und b StGB).

IV. Zum Vergleich: Die Europäische Union

1056 Da die Europäische Union keine Staatsqualität besitzt, kann von einem besonderen »Staatsschutz« oder »Verfassungsschutz« keine Rede sein. Auf diesem Gebiet fehlen auch der Europäischen Gemeinschaft Kompetenzen. Allerdings verfolgt die Union gem. Art. 29 Abs. 1 EUV das Ziel,

> »den Bürgern in einem Raum der Freiheit, der Sicherheit und des Rechts ein hohes Maß an Sicherheit zu bieten, indem sie ein gemeinsames Vorgehen der Mitgliedstaaten im Bereich der polizeilichen und justiziellen Zusammenarbeit in Strafsachen entwickelt sowie Rassismus und Fremdenfeindlichkeit verhütet und bekämpft.«

1057 Zu diesem Zweck ist ein Europäisches Polizeiamt (Europol) eingerichtet worden, das insbesondere für die Datenerhebung und -speicherung auf Unionsebene zuständig ist (Art. 30 Abs. 1 EUV).

V. Rechtsprechung

1058 **BVerfGE** 2, 1 (SRP-Urteil); **E** 5, 85 (KPD-Urteil); **E** 11, 282 (Grundrechtsverwirkung); **E** 30, 1 (»Abhör-Urteil«); **E** 38, 23 (Grundrechtsverwirkung: »Frey«); **E** 39, 334 (»Extremisten-Beschluß«); **E** 63, 266 (Zulassung als Rechtsanwalt); **E** 100, 313 (»Strategische Überwachung«); **BVerwGE** 61, 218 (»Wehrsportgruppe Hoffmann«); **E** 80, 299 (»Hells Angels«); **E** 110, 126 (Observation: »Die Republikaner«).

VI. Literatur

1059 **Zu I.: H. Ehmke**, Grenzen der Verfassungsänderung, 1953; **H.-U. Erichsen**, Die Verfassungsänderung nach Art. 79 GG und der Verfassungsbeschluß nach Art. 146 GG, Jura 1992, S. 52; **K. Hesse**, Bundesstaatsreform und Grenzen der Verfassungsänderung, AöR 98 (1973), S. 1; **G. Robbers**, Die Änderungen des Grundgesetzes, NJW 1989, S. 1325; **S. Schaub**, Der verfassungsändernde Gesetzgeber 1949–1980, 1984; **K. Stern**, Die Bedeutung der Unantastbarkeitsgarantie des Art. 79 Abs. 3 für die Grundrechte, JuS 1985, S. 329; **E. Wadle**, Das Ermächtigungsgesetz – Eine Erinnerung, JuS 1983, S. 170.

Zu II.: E. Denninger, Verfassungstreue und Schutz der Verfassung, VVDStRL 37 (1979), S. 7; **J. Isensee**, Der Beamte zwischen Parteifreiheit und Verfassungstreue, JuS 1973, S. 265; **H. H. Klein**, Verfassungstreue und Schutz der Verfassung, VVDStRL 37 (1979) S. 53; **M. Kriele,** Der rechtliche Spielraum einer Liberalisierung der Einstellungspraxis im öffentlichen Dienst, NJW 1979, S. 1; **K. Stern**, Die Verfassungstreue des Beamtenbewerbers – eine Verfassungsforderung, ZBR 1978, S. 381.

Zu III.: C. Arndt, Kontrolle der Nachrichtendienste bei der Post- und Fernmeldeüberwachung in der Bundesrepublik Deutschland und in den Vereinigten Staaten von Amerika,

DÖV 1986, S. 169; **H. Bäumler**, Der Auskunftsanspruch des Bürgers gegenüber den Nachrichtendiensten, NVwZ 1988, S. 199; **C. Gusy**, Die Rechtsstellung der Nachrichtendienste, Jura 1986, S. 296; **J. Ipsen**, Rechtsfragen des NPD-Verbots, NJW 2002, S. 866; **M. Kutscha**, Befugnisse des Verfassungsschutzes aufgrund gesetzlicher Aufgabenzuweisung?, DVBl. 1987, S. 994; **A. Sattler**, Die rechtliche Bedeutung der Entscheidung für die streitbare Demokratie, 1982; **B. Schlink**, Das nachrichtendienstliche Mittel, NJW 1980, S. 552; **ders.**, Nochmals: Die Befugnisse des Verfassungsschutzes, NJW 1981, S. 565; **W. Schreiber**, Inkongruenz von parlamentarischer Kanzler- und parlamentarischer Ministerverantwortlichkeit im Bereich der Nachrichtendienste?, DVBl. 1986, S. 974; **J. Schwabe**, Hoheitlicher Verfassungsschutz mit Jedermannsbefugnissen, NJW 1980, S. 2396; **ders.**, Nochmals: Die Befugnisse des Verfassungsschutzes, NJW 1981, S. 566.

G. Die Bundesrepublik in der Staatengemeinschaft

Angesichts wachsender politischer, wirtschaftlicher und militärischer Verflechtungen können Staaten heute nicht mehr allein als Inhaber höchster, unabgeleiteter Gewalt (Souveränität) gesehen werden; staatliche Wirklichkeit erschließt sich nur, wenn man ihre Einbindung in die Staatengemeinschaft im Blick behält. Das gilt in besonderem Maße für die Bundesrepublik Deutschland, für die das Grundgesetz den Weg in die Staatengemeinschaft vorgezeichnet hat. 1060

Schon die **Präambel** enthält die Willensbekundung des Deutschen Volkes, »in einem vereinten Europa dem Frieden der Welt zu dienen«. In **Art. 1 Abs. 2 GG** bekennt sich das Deutsche Volk zu »unverletzlichen und unveräußerlichen Menschenrechten als Grundlage jeder menschlichen Gemeinschaft, des Friedens und der Gerechtigkeit in der Welt.« **Art. 25 GG** erklärt die »allgemeinen Regeln des Völkerrechts« zu Bestandteilen des Bundesrechts, die den Gesetzen vorgehen und für die Bewohner des Bundesgebietes unmittelbar Rechte und Pflichten erzeugen. Nach **Art. 26 Abs. 1 GG** sind »Handlungen, die geeignet sind und in der Absicht vorgenommen werden, das friedliche Zusammenleben der Völker zu stören, insbesondere die Führung eines Angriffskrieges vorzubereiten«, verfassungswidrig und unter Strafe zu stellen. Dieser **»völkerrechtsfreundlichen Tendenz«** des Grundgesetzes steht die **»supranationale Option«** des **Art. 24 GG** zur Seite, nach der der Bund durch Gesetz Hoheitsrechte auf zwischenstaatliche Einrichtungen übertragen bzw. sich unter Beschränkung seiner Hoheitsrechte einem »System gegenseitiger kollektiver Sicherheit einordnen kann«. 1061

Sieht man diese Bestimmungen im Zusammenhang, so spricht aus ihnen die Absage des Verfassungsgebers an nationale Autarkie und politische Sonderwege, wie sie für die deutsche Geschichte kennzeichnend sind. Mit diesem Bekenntnis hat die Bundesrepublik erst die Voraussetzungen dafür geschaffen, nach Krieg und Nachkriegszeit wieder in die Staatengemeinschaft aufgenommen zu werden. Tatsächlich hat die Bundesrepublik ihre – im Grundgesetz vorausgesetzte – Souveränität erst im Gegenzug zur Integration in das westliche Bündnis erlangt. Die noch verbliebenen Vorbehaltsrechte der Vier Mächte sind erst mit der Wiedergewinnung der Deutschen Einheit abgelöst worden. 1062

§ 21 Die auswärtigen Beziehungen

Nach traditionellem Sprachgebrauch bezeichnet man den Inbegriff der staatlichen Zuständigkeiten für die Beziehungen zu auswärtigen Staaten oder anderen Völkerrechtssubjekten als **»auswärtige Gewalt«**.[1] Die »auswärtige Gewalt« ist also kein Organ oder keine Gruppe von Organen – der gesetzgebenden, vollziehenden oder rechtsprechenden Gewalt vergleichbar –; sie kennzeichnet vielmehr ein Bündel staatlicher Zuständigkeiten, *cum grano salis*: eine Staatsfunktion. Weniger mißverständlich und deshalb vorzugswürdig ist die in Art. 32 Abs. 1 GG gebrauchte Wendung »Pflege der Beziehungen zu auswärtigen Staaten«, verkürzt: die **»auswärtigen Beziehungen«**. Da im Bundesstaat alle Staatsaufgaben zwischen Bund und Ländern aufzuteilen sind, stellt sich auch für die auswärtigen Angelegenheiten die Frage, wem die **Verbandskompetenz** zufällt (I.). Soweit der Bund für die auswärtigen Angelegenheiten zuständig ist, muß die Zuständigkeit der **Bundesorgane** geklärt werden (II.). Überdies ist fraglich, wieweit die Staatsorgane auf dem Gebiet der auswärtigen Beziehungen **verfassungsgerichtlicher Kontrolle** unterliegen (III.). 1063

I. Bundes- und Landeskompetenzen im Bereich der auswärtigen Beziehungen

Fall 77: 1064

Die Bundesregierung beabsichtigt, im Rahmen eines Kulturabkommens mit der französischen Regierung zu vereinbaren, daß Französisch im Schulunterricht der Bundesrepublik und umgekehrt Deutsch im französischen Schulunterricht als erste Fremdsprache gewählt werden können.

1. Wäre die Bundesregierung staatsrechtlich befugt, eine solche Vereinbarung zu treffen?
2. Wäre die Rechtslage anders, wenn die Bundesregierung den Vertrag »vorbehaltlich der nach der bundesstaatlichen Ordnung der Bundesrepublik notwendigen Zustimmungsakte« abschließen würde?
3. Würde sich an der Rechtslage etwas ändern, wenn die Bundesregierung in dem Vertrag lediglich die Verpflichtung eingegangen wäre, »darauf hinzuwirken, daß die französische Sprache im Schulunterricht gleichberechtigt sein soll«?

1. Abschluß- und Transformations-(Vollzugs-)kompetenz

Die Rechtsbeziehungen der Staaten (und anderer Völkerrechtssubjekte) untereinander bestimmen sich nach dem **Völkerrecht**. Wenn völkerrechtliche Verträge zwischen Staaten geschlossen werden, so erzeugen sie regelmäßig keine unmittelbaren Rechte und Pflichten auf der Ebene des nationalen Rechts; diese entstehen erst durch Akte nationaler Gesetz- oder Verordnungsgebung. Soweit man das Völkerrecht und das nationale Recht als zwei getrennte Rechtskreise betrachtet (»dua- 1065

---

1 Vgl. nur *E. Menzel*, Die Auswärtige Gewalt der Bundesrepublik Deutschland, VVDStRL 12 (1954), S. 179.

listische Theorie«), muß folglich ein **Transformationsakt** stattfinden, kraft dessen aus der **völkerrechtlichen Verpflichtung** eine Verpflichtung des nationalen Rechts wird.[2] Soweit Völkerrecht und nationales Recht hingegen als Bestandteile einer **einheitlichen Rechtsordnung** angesehen werden (»monistische Theorie«[3]), bedarf es einer solchen »Transformation« nicht.[4] Da völkerrechtliche Verträge sich aber nicht von selbst vollziehen (»non-self-executing«), werden in jedem Fall nationale Rechtsakte notwendig, die die völkerrechtlichen Verpflichtungen »vollziehen«.[5]

1066 Die Frage, ob das Verhältnis von Völkerrecht zum nationalen Recht zutreffender durch eine monistische oder eine dualistische Sicht (oder eine »vermittelnde« Theorie) begriffen werden kann, soll hier offenbleiben. Letztlich sind dabei rechtsphilosophische Positionen im Streit. Für unseren Zusammenhang ist entscheidend, daß zwischen dem Abschluß völkerrechtlicher Verträge – der **»Abschlußkompetenz«** – und den notwendigen Akten nationalstaatlicher Rechtssetzung – nenne man sie Transformation oder Vollzug – unterschieden werden muß.

2. Bundeskompetenzen im Bereich der auswärtigen Beziehungen

1067 Nach Art. 32 Abs. 1 GG ist »die Pflege der Beziehungen zu auswärtigen Staaten Sache des Bundes«. Die Vorschrift statuiert ersichtlich eine Ausnahme zu Art. 30 GG, nach der für alle staatlichen Befugnisse und Aufgaben eine Zuständigkeitsvermutung zugunsten der Länder besteht. Der Grund hierfür liegt auf der Hand: Nach außen soll ein Staat mit einer Stimme sprechen und sich nicht in föderaler Zersplitterung darstellen. Der **Abschluß völkerrechtlicher Verträge**, der ja die wichtigste Form der »Pflege der Beziehungen zu auswärtigen Staaten« darstellt, fällt deshalb grundsätzlich in die Kompetenz des Bundes.[6]

1068 Würde man die »Abschlußkompetenz« des Bundes nicht weiter eingrenzen, so ergäbe sich ein unübersehbarer Konflikt: Der Bund wäre zwar nach Art. 32 Abs. 1 GG zum Abschluß völkerrechtlicher Verträge befugt, er könnte diesen aber innerstaatlich keine Geltung verschaffen, soweit ihm für den betreffenden Sachbereich keine Gesetzgebungskompetenz zusteht. Mit anderen Worten bestünde die Möglichkeit, daß der Bund sich **völkerrechtlich** zu Leistungen verpflichtet, die er **staatsrechtlich** nicht zu erbringen vermag. Einigkeit nämlich besteht bei der Auslegung des Art. 32 Abs. 1 GG insoweit, als hierdurch die bundesstaatliche Kompetenzordnung im übrigen – also die Art. 70 ff. und 83 ff. GG – durch diese Vorschrift nicht berührt wird.[7]

---

2 Vgl. *M. Schweitzer*, Staatsrecht III, Rdnr. 424 ff.; die Theorie geht im wesentlichen auf *H. Triepel*, Völkerrecht und Landesrecht, 1899, Nachdr. 1958, S. 111, zurück.

3 Vgl. hierzu *A. Verdross/B. Simma*, Universelles Völkerrecht, §§ 72 ff. m. w. N.

4 Der monistischen Theorie entspricht demgemäß die These von der »Adoption« des Völkerrechts, vgl. *M. Schweitzer*, Staatsrecht III, Rdnr. 420 ff.

5 So auch *A. Verdross/B. Simma*, Universelles Völkerrecht, § 848, die von einer »Inkorporation« der Völkerrechtsnorm in das staatliche Recht als Voraussetzung ihres Vollzugs sprechen; vgl. ferner *R. Geiger*, Grundgesetz und Völkerrecht, S. 171 ff.

6 Vgl. *O. Rojahn*, in: v. Münch/Kunig (Hrsg.), GG, Bd. 2, Art. 32 Rdnr. 14.

7 Weitergehend das frühere Schrifttum, vgl. *W. Grewe*, Die auswärtige Gewalt der Bundesrepublik, VVDStRL 12 (1954), S. 167 ff., 177; *E. Menzel*, VVDStRL 12 (1954), S. 206.

Nach der **»zentralistischen« Auffassung** soll die durch Art. 32 Abs. 1 GG dem Bund zugewiesene Einflußkompetenz gleichwohl von der – ggf. den Ländern zustehenden – Transformations-(Vollzugs-)Kompetenz getrennt werden.[8] Der Bund ist nach dieser Auffassung zu jedwedem Vertragsschluß befugt und trägt damit das Risiko, daß eine völkerrechtliche Verpflichtung nicht erfüllt werden kann (und die Bundesrepublik insofern vertragsbrüchig wird), weil die innerstaatlichen Transformations-(Vollzugs-)akte unterbleiben. 1069

Für den Ausgangsfall bedeutet dies, daß nach der »zentralistischen« Rechtsauffassung die Bundesregierung befugt wäre, ein Abkommen über die Stellung des französischen Sprachunterrichts an Schulen abzuschließen. Die innerstaatliche Durchsetzung der (völkerrechtlichen) Verpflichtungen gegenüber den (für diesen Bereich ja ausschließlich zuständigen) Bundesländern wäre ein vom Bund einzugehendes und politisch zu kalkulierendes Risiko, das er freilich durch Bundesstaatsvorbehalte oder Bemühungsklauseln (wie unter 2. und 3. des Beispielsfalls) verhindern könnte. 1070

Nach der **»föderalistischen« Auffassung** soll der Bund nach Art. 32 Abs. 1 GG von vornherein nur zum Abschluß solcher Verträge befugt sein, die er in eigener Kompetenz transformieren (vollziehen) kann.[9] Die »föderalistische« Ansicht stützt sich hierbei im wesentlichen auf Art. 32 Abs. 3 GG, der den Ländern eine beschränkte Abschlußkompetenz einräumt.[10] 1071

Legt man die »föderalistische« Auffassung zugrunde, so wäre der Bund zum Abschluß des fraglichen Kulturabkommens staatsrechtlich nicht befugt. Die Aufnahme eines Bundesstaatsvorbehalts (2.) würde an dieser Rechtslage nichts ändern, weil nach dieser Ansicht die Abschlußkompetenz sich in ihrem Umfang nach der Transformations-(Vollzugs-)Kompetenz richtet, diese aber unverrückbar bei den Ländern liegt. 1072

Systematisch spricht manches für die »föderalistische« Auffassung. Es fällt schwer anzunehmen, daß das Grundgesetz dem Bund *»plein pouvoir«* zum Abschluß völkerrechtlicher Verträge einräumt, die er innerstaatlich nicht transformieren (vollziehen) kann. In der Staatspraxis nämlich würden vom Bund eingegangene völkerrechtliche Verpflichtungen als vollendete Tatsachen auf die bundesstaatliche Ordnung einwirken und die Länder einem schwer erträglichen Zwang zu entsprechender Rechtssetzung aussetzen. 1073

Auf der anderen Seite spricht schon der Wortlaut des Art. 32 Abs. 3 GG dagegen, dem Bund bei fehlender Transformations-(Vollzugs-)kompetenz die Abschlußkompetenz schlechthin zu verweigern. Nach Art. 32 Abs. 3 GG »können« die Länder, soweit sie für die Gesetzgebung zuständig sind, Verträge mit auswärtigen Staaten schließen. Wäre mit dieser Vorschrift beabsichtigt gewesen, den Ländern eine ausschließliche Abschlußkompetenz einzuräumen, würde eine andere sprachliche Form gewählt worden sein (etwa die in Art. 59 Abs. 1 Satz 2 GG: »Er schließt im Namen des Bundes die Verträge mit auswärtigen Staaten«). Art. 32 Abs. 3 GG ist deshalb dahin auszulegen, daß die Bundesländer zwar (mit Zustimmung der Bundesregierung) Verträge mit auswärtigen Staaten abschließen **kön-** 1074

---

8 Hierfür *J. Kölble*, Auslandsbeziehungen der Länder?, DÖV 1965, S. 147 f.; *H.-J. Friehe*, Kleines Problemkompendium zum Thema »Kulturabkommen des Bundes«, JA 1983, S. 121 f.; *M. Zuleeg*, in: AK-GG, Art. 32 Rdnr. 19 ff.

9 Hierfür *T. Maunz*, in: Maunz/Dürig, GG, Art. 32 Rdnr. 29 ff.; *O. Rojahn*, in: v. Münch/Kunig (Hrg.), GG, Bd. 2, Art. 32 Rdnr. 42 ff.; vgl. *R. Geiger*, Grundgesetz und Völkerrecht, S. 125 f.

10 Vgl. *O. Rojahn*, in: v. Münch/Kunig (Hrsg.), GG, Bd. 2, Art. 32 Rdnr. 42.

nen, ihnen aber nicht die **ausschließliche Abschlußkompetenz** in Sachbereichen, für deren Gesetzgebung sie zuständig sind, eingeräumt wird.[11]

1075 Wenn aber weder die »zentralistische« noch die »föderalistische« Auslegung des Art. 32 GG vollständig zu überzeugen vermag, ist Raum für eine **vermittelnde Auffassung**. Da der Bund einerseits über den Abschluß völkerrechtlicher Verträge nicht befugt sein kann, die bundesstaatliche Kompetenzverteilung auszuhöhlen, ihm aber die Abschlußkompetenz nicht schlechthin abzusprechen ist, erscheint es angemessen, das Eingehen völkerrechtlicher Verpflichtungen vom Einverständnis der Länder abhängig zu machen. Dieses Vorgehen entspricht der Staatspraxis und ist in einer besonderen Absprache zwischen Bund und Ländern (dem sog. »Lindauer Abkommen«[12]) niedergelegt. Hiernach wird dem Bund eine Abschlußkompetenz auch im Bereich der ausschließlichen Gesetzgebungskompetenz der Bundesländer zugestanden. Vor der völkerrechtlichen Verbindlichkeit entsprechender Verträge aber ist der Bund verpflichtet, das **Einverständnis der Länder** (nicht zu verwechseln mit der Zustimmung des Bundesrates) einzuholen. Im Vorfeld des Vertragsabschlusses steht der Bundesregierung die **»Ständige Vertragskommission der Länder«** als Gesprächspartner zur Verfügung.[13]

1076 Im Ausgangsfall wäre die Bundesregierung prinzipiell befugt, einen Vertrag auch über den Fremdsprachenunterricht an Schulen abzuschließen. Da der innerstaatliche Kompetenzmangel aber nur durch das vorherige Einverständnis der Bundesländer kompensiert werden kann, wäre es angezeigt, den Vertrag nur mit einer Bundesstaatsklausel abzuschließen. Mit der ersten Vertragsfassung würde der Bund völkerrechtliche Verpflichtungen eingehen, die er staatsrechtlich nicht zu erfüllen vermag. Unbedenklich wäre der Abschluß eines Vertrages mit einer Bemühensklausel, weil die völkerrechtliche Verpflichtung des Bundes sich darauf beschränkt, auf die Bundesländer einzuwirken. Nach dem »Lindauer Abkommen« wäre das Einverständnis der Bundesländer in allen Fallvarianten einzuholen, bevor der Vertragstext endgültig niedergelegt wird.

3. Teilhabe der Bundesländer an den auswärtigen Beziehungen

1077 Den Bundesländern verbleibt angesichts der Grundsatzentscheidung des Art. 32 Abs. 1 GG, die Pflege der auswärtigen Beziehungen dem Bund zu übertragen, nur ein schmaler Bereich von Kompetenzen. Durch Art. 32 Abs. 2 GG ist ihnen ein Anhörungsrecht zugestanden, sofern die »besonderen Verhältnisse« eines Landes berührt sind. »Besondere Verhältnisse« im Sinne des Art. 32 Abs. 2 GG sind nur berührt, wenn ein einzelnes oder mehrere Bundesländer anders als alle anderen Bundesländer durch ein Vertrag betroffen werden.[14] Das Anhörungsrecht ist nicht gegeben, wenn der Bund Verträge abschließt, deren Transformation (Vollzug) in die Kompetenzen der Länder fällt; hier sind keine »besonderen Verhältnisse« eines Landes, sondern Gesetzgebungskompetenzen aller **Bundesländer** berührt.

11 Ähnlich *M. Zuleeg*, in: AK-GG, Art. 32 Rdnr. 20.
12 Text bei *O. Rojahn*, in: v. Münch/Kunig (Hrsg.), GG, Bd. 2, Art. 32 Anh.; *I. Pernice*, in: Dreier (Hrsg.), GG, Bd. II, Art. 32 Rdnr. 48.
13 Vgl. *O. Rojahn*, in: v. Münch/Kunig (Hrsg.), GG, Bd. 2, Art. 32 Rdnr. 52.
14 Beispiele bei *I. Pernice*, in: Dreier (Hrsg.), GG, Bd. II, Art. 32 Rdnr. 32ff.

Das Anhörungsrecht nach Art. 32 Abs. 2 GG ist die im Vergleich zu dem im Lindauer Abkommen vorgesehenen »Einverständnis« schwächere Mitwirkungsform; die Länder können den Vertrag, zu dem sie gehört werden müssen, nicht verhindern.[15] 1078

Im Ausgangsfall ist für eine Anhörung nach Art. 32 Abs. 2 GG kein Raum, da hierfür die Abschlußkompetenz des Bundes Voraussetzung ist. Überdies sind keine »besonderen Verhältnisse« eines Bundeslandes, sondern die Gesetzgebungskompetenzen aller Bundesländer durch das Abkommen berührt. 1079

Soweit die Bundesländer für die Gesetzgebung zuständig sind, können sie mit Zustimmung der Bundesregierung selbst **Verträge** mit **auswärtigen Staaten** schließen (Art. 32 Abs. 3 GG). Diese Bestimmung eröffnet den Bundesländern keine Befugnis zu eigener **Außenpolitik**, sondern trägt allein der bundesstaatlichen Kompetenzordnung Rechnung. Durch den Zustimmungsvorbehalt wird ausgeschlossen, daß sich einzelne Bundesländer in Gegensatz zur Außenpolitik der Bundesregierung setzen. Die Zahl der von den Bundesländern mit auswärtigen Staaten geschlossenen Verträge ist gering, deren Inhalt meist technischer Natur.[16] 1080

Nicht zu den »Verträgen mit auswärtigen Staaten« im Sinne des Art. 32 Abs. 3 GG gehören die zwischen den Bundesländern und dem Heiligen Stuhl abgeschlossenen **Konkordate**. Obwohl die Qualität des Heiligen Stuhls als Völkerrechtssubjekt unumstritten ist und die Konkordate als völkerrechtliche Verträge zu qualifizieren sind, hat das BVerfG sie von der Anwendung des Art. 32 Abs. 3 GG ausgenommen.[17] Die Rechtsprechung dürfte sich weniger auf systematische Erwägungen gründen; sie ist vielmehr von den Bemühungen gekennzeichnet, den Ländern bei der Gestaltung ihrer schulischen Verhältnisse größere Eigenständigkeit (und Unabhängigkeit vom Zustimmungsvorbehalt nach Art. 32 Abs. 3 GG) einzuräumen. Nach der Rechtsprechung des BVerfG folgt die Kompetenz der Bundesländer zum Abschluß von Konkordaten aus Art. 30 (i. V. m. Art. 70) GG, während Art. 32 Abs. 3 GG als Spezialbestimmung außer Anwendung bleiben soll.[18] 1081

II. Zuständigkeit der Bundesorgane im Bereich der auswärtigen Beziehungen

Fall 78: 1082

Die Bundesregierung steht in Verhandlungen mit den Regierungen mehrerer NATO-Staaten über die Anschaffung neuer Transportflugzeuge für die jeweiligen Luftstreitkräfte. Durch ein gemeinsames Vorgehen versprechen sich die Verteidigungsminister einen günstigeren Stückpreis und einen erleichterten Austausch der Ersatzteile. Die Bundesregierung beabsichtigt, 73 Transportflugzeuge zu einem Gesamtpreis von 8 Milliarden Euro zu bestellen. Diese und die Stückzahl der anderen NATO-Staaten sollen in einem Abkommen vereinbart werden. Die Opposition im Bundestag macht geltend, das Ab-

---

15 So auch *R. Streinz*, in: Sachs (Hrsg.), GG, Art. 32 Rdnr. 44; *O. Rojahn*, in: v. Münch/Kunig (Hrsg.), GG, Bd. 2, Art. 32 Rdnr. 29.

16 Vgl. *B. Kempen*, in: v. Mangoldt/Klein/Starck, GG, Bd. 2, Art. 32 Rdnr. 88; *U. Beyerlin/Y. Lejeune*, Sammlung der internationalen Verträge der Länder der Bundesrepublik Deutschland, 1994.

17 So BVerfGE 6, 309 (362).

18 Hierzu *O. Rojahn*, in: v. Münch/Kunig (Hrsg.), GG, Bd. 2, Art. 32 Rdnr. 12 m. w. N.

kommen bedürfe der Zustimmung des Bundestages. Außerdem müßten Bundesrat und Bundespräsident mitwirken, bevor es völkerrechtlich in Kraft treten könne.

1. Pflege der auswärtigen Beziehungen als exekutivische Kompetenz

1083 Die Pflege der Beziehungen zu auswärtigen Staaten stellt sich im wesentlichen als **Kompetenz** der **Exekutive** dar. Nach Art. 59 Abs. 1 Satz 1 GG vertritt der **Bundespräsident** den Bund **völkerrechtlich**. In anderem Zusammenhang ist bereits darauf hingewiesen worden, daß mit dieser allgemeinen Vertretungsbefugnis der deutschen Verfassungstradition (und einer Vermutung des Völkerrechts) Rechnung getragen wird, die Vertretungsbefugnis staatsrechtlich – gewissermaßen im »Innenverhältnis« – aber beschränkt ist.[19] Das gleiche gilt für die in Art. 59 Abs. 1 Satz 2 GG (als Unterfall der völkerrechtlichen Verträge) genannte **Vertragsabschlußkompetenz**. Der Bundespräsident hat keinen Anspruch darauf, an den Vertragsverhandlungen beteiligt zu werden, noch ist er zu einer eigenen Außenpolitik ermächtigt.[20] Auch die **Beglaubigung** (der Botschafter, die die Bundesrepublik in einem auswärtigen Staat – dem »Empfangsstaat« – vertreten) und der **Empfang** der **Gesandten** (nämlich der Botschafter auswärtiger Staaten in der Bundesrepublik) sind protokollarisch-repräsentative Befugnisse, die auf keinen Anteil an der politischen Entscheidung hindeuten. Der Schwerpunkt der Kompetenzen im Bereich der auswärtigen Beziehungen liegt bei der **Bundesregierung**, hier insbesondere beim Bundeskanzler, der die Richtlinien der (in diesem Fall Außen-)Politik bestimmt (Art. 65 Satz 1 GG), und dem **Bundesaußenminister**, der das Auswärtige Amt selbständig und in eigener Verantwortung leitet (Art. 65 Satz 2 GG). Der Auswärtige Dienst gehört zur bundeseigenen Verwaltung mit eigenem Verwaltungsunterbau (Art. 87 Abs. 1 Satz 1 GG).[21] Mittelbehörden sind die Botschaften, untere Verwaltungsbehörden die Konsulate.

1084 **Vertragsverhandlungen** werden in jedem Fall von der **Bundesregierung** (Bundeskanzler, Bundesaußenminister oder Bevollmächtigte) geführt. Kraft ihrer völkerrechtlichen Vertretungsbefugnis könnte die Exekutive grundsätzlich Verträge mit völkerrechtlicher **Verbindlichkeit** abschließen.[22] Staatsrechtlich sind der Exekutive jedoch Grenzen gesetzt, die wiederum zu einer Inkongruenz des (völkerrechtlichen) Könnens im Außenverhältnis und des (staatsrechtlichen) Dürfens im Innenverhältnis führen könnten.

1085 Im Ausgangsfall gehört es zu den Kompetenzen der Bundesregierung, mit den Regierungen anderer NATO-Staaten Verhandlungen über die Beteiligung an einem Rüstungsprojekt zu führen. Auch der Abschluß des Vertrages würde in die Zuständigkeit der Bundesregierung fallen. Eine andere Frage ist es, ob vor der *völkerrechtlichen Verbindlichkeit* des Vertrages noch andere Bundesorgane zu beteiligen sind; dies hängt von Art und Inhalt des Vertrages ab.

19 Vgl. oben Rdnr. 477 ff.

20 Vgl. oben Rdnr. 480.

21 Vgl. oben Rdnr. 638 ff.

22 Vgl. Art. 7 Nr. 2 a) des Wiener Übereinkommens über das Recht der Verträge vom 23. Mai 1969 (BGBl. II, 1987, S. 757) = *Sartorius* II Nr. 320.

2. Beteiligung von Bundestag und Bundesrat an Verträgen mit auswärtigen Staaten (Art. 59 Abs. 2 GG)

Die vom Bund geschlossenen völkerrechtlichen Verträge lassen sich im Hinblick 1086
auf ihre Transformation (ihren Vollzug) in die Kategorien der **»Staatsverträge«** (Art. 59 Abs. 2 Satz 1 GG) und der **»Verwaltungsabkommen«** (Art. 59 Abs. 2 Satz 2 GG) einteilen. Als »Staatsverträge« werden die völkerrechtlichen Verträge bezeichnet, deren Transformation (Vollzug) staatsrechtlich nur die gesetzgebenden Körperschaften (Bundestag und Bundesrat) vornehmen können. »Verwaltungsabkommen« sind die von der Bundesrepublik abgeschlossenen völkerrechtlichen Verträge, die nicht Staatsverträge sind, deren Transformation (Vollzug) die Bundesregierung also in eigener Zuständigkeit – gegebenenfalls mit Zustimmung des Bundesrates – vornehmen kann. Die »Verwaltungsabkommen« werden unterteilt in die von der Bundesregierung abgeschlossenen »Regierungsabkommen« und die von den Fachministern abgeschlossenen »Ressortabkommen«.[23]

Im Ausgangsfall kommt es entscheidend darauf an, ob es sich bei dem in Aussicht ge- 1087
nommenen Abkommen um einen »Staatsvertrag« oder ein »Regierungsabkommen« handelt. Hierfür ist nicht ausschlaggebend, wie der Vertrag selbst bezeichnet ist, sondern welche Mitwirkungsakte anderer Organe erforderlich sind.

Die Mitwirkung der Gesetzgebungsorgane am Abschluß völkerrechtlicher Ver- 1088
träge erklärt sich abermals aus der Verschiedenheit völkerrechtlichen »Könnens« und staatsrechtlichen »Dürfens« der Bundesregierung. Aufgrund ihrer Vertretungsmacht könnte die Bundesregierung mit auswärtigen Staaten jeden beliebigen Vertrag abschließen und ihm völkerrechtliche Verbindlichkeit verleihen. Staatsrechtlich allerdings würden ihr die Kompetenzen zur Transformation (zum Vollzug) des Vertrages fehlen. Die Bundesrepublik würde dann völkerrechtliche Verbindlichkeiten eingehen, die sie innerstaatlich nicht erfüllen könnte und sich gegenüber dem Vertragspartner ersatzpflichtig machen.

Art. 59 Abs. 2 Satz 1 GG beugt einer solchen Frage vor, indem er die »Staatsverträ- 1089
ge« von der Zustimmung des Bundestages unter Mitwirkung des Bundesrates abhängig macht. Das parlamentarische Verfahren der **»Vertragsgesetzgebung«** beginnt also, nachdem der Vertrag unterzeichnet worden ist, aber bevor er völkerrechtliche Wirksamkeit erlangt hat.

In der Staatspraxis werden **einphasige** und **mehrphasige Verfahren** des Ab- 1090
schlusses völkerrechtlicher Verträge unterschieden.[24] Während im einphasigen Verfahren der Vertrag mit seiner Unterzeichnung völkerrechtliche Verbindlichkeit erlangt, fallen Unterzeichnung und Eintritt der Verbindlichkeit beim mehrphasigen Verfahren auseinander. Gewöhnlich wird nach Abschluß der Verhandlungen der Vertragstext von den (besonders bevollmächtigten) Verhandlungsführern **»paraphiert«**, d. h. vorläufig festgelegt, indem diese ihre Initialen (Paraphen) darunter setzen. Es folgt die **Unterzeichnung des Vertragstextes**, die bei Staatsverträgen regelmäßig vom Bundesaußenminister (Ressortminister) oder vom Bundeskanzler vorgenommen wird. Mit der Unterzeichnung wird der Text endgültig festgelegt. Die Mitwirkungsakte anderer Staatsorgane werden regelmäßig durch eine

---

23 Vgl. *O. Rojahn*, in: v. Münch/Kunig (Hrsg.), GG, Bd. 2, Art. 59 Rdnr. 53.

24 Hierzu *W. Heintschel v. Heinegg*, in: K. Ipsen, Völkerrecht, § 10 Rdnr. 7 ff.; *M. Schweitzer*, Staatsrecht III, Rdnr. 143 ff.

»Ratifikationsklausel« gesichert, d. h. durch eine Vertragsbestimmung, nach der der Vertrag der besonderen Bestätigung (Ratifikation) bedarf. Auf die Ratifikation (genauer: den Austausch von Ratifikationsurkunden) folgt die völkerrechtliche Verbindlichkeit des Vertrages.

1091 Im Ausgangsfall wäre es theoretisch möglich, daß der Bundesverteidigungsminister mit den Verteidigungsministern der übrigen Staaten einen Vertrag vereinbarte, der sogleich völkerrechtliche Wirksamkeit erlangte und dessen Abschlußverfahren als »einphasig« zu kennzeichnen wäre. Ein solches Verfahren wäre allerdings nicht angezeigt, wenn es zur Transformation (zum Vollzug) des Vertrages weiterer Mitwirkungsakte bedürfte.

1092 Das sich nach deutschem Staatsrecht richtende Verfahren der **Vertragsgesetzgebung** liegt zwischen der Unterzeichnung des Vertrages und seiner Ratifikation. Der Vertragstext steht zwischen den Vertragspartnern fest, so daß der Bundestag hieran nichts zu ändern vermag: Er hat nur die Wahl zwischen **Zustimmung** und **Ablehnung**. Sofern der Bundestag den geschlossenen Vertrag ablehnt, wird die Bundesrepublik gleichwohl nicht vertragsbrüchig, denn die Ratifikationsklausel soll ja gerade die Mitwirkung der gesetzgebenden Körperschaften sicherstellen.

1093 Die Zustimmung des Bundestages ist nach Art. 59 Abs. 2 Satz 1 GG bei Verträgen erforderlich, die sich »auf **Gegenstände** der **Bundesgesetzgebung** beziehen«, zu deren Transformation (Vollzug) es also eines Bundesgesetzes bedürfte. Diese Bestimmung bedarf keiner weiteren Erläuterung. Wenn nur der Bundestag die (innerstaatlichen) Voraussetzungen für die (völkerrechtliche) Erfüllung des Vertrages schaffen kann, so ist es folgerichtig, das Inkrafttreten des Vertrages von seiner Zustimmung abhängig zu machen.

1094 Im Ausgangsfall ist Gegenstand der vertraglichen Vereinbarung die Anschaffung von Transportflugzeugen, für die Mittel im Bundeshaushalt bereitgestellt werden müssen. Die Bereitstellung von Haushaltsmitteln ist ein Gegenstand der Bundesgesetzgebung (Art. 59 Abs. 2 Satz 1 GG), weil der Haushaltsplan des Bundes durch das Haushaltsgesetz festgestellt wird (Art. 110 Abs. 2 Satz 1 GG). Allerdings müssen die Mittel nur in der Höhe im Haushaltsplan enthalten sein, wie sie im betreffenden Haushaltsjahr benötigt werden. Sofern jedoch der Bundeshaushalt kommender Haushaltsjahre belastet wird, bedarf es insoweit einer Verpflichtungsermächtigung (§§ 16 BHO, 22 HGrG). Ein von der Bundesregierung geschlossener Vertrag über die Beschaffung der Transportflugzeuge bedürfte deshalb der *Zustimmung* des Bundestages in Form eines Gesetzes. Auch der *Bundesrat* wäre zu beteiligen.

1095 Der Zustimmung in Form eines Vertragsgesetzes bedürfen weiterhin auch Verträge, »welche die politischen Beziehungen des Bundes regeln« (Art. 59 Abs. 2 Satz 1 1. Alt. GG). Die Weite des Begriffs **»politische Beziehungen«** scheint auf eine weiträumige parlamentarische Beteiligung bei völkerrechtlichen Verträgen hinzudeuten, denn politische Bedeutung kommt nahezu jedem völkerrechtlichen Vertrag zu. Das BVerfG hat indes frühzeitig festgestellt, daß ein Vertrag nicht schon dann die »politischen Beziehungen des Bundes« regelt, wenn er sich nur ganz allgemein mit öffentlichen Angelegenheiten, dem Gemeinwohl oder den Staatsgeschäften befaßt.[25] Hinzukommen muß nach Auffassung des BVerfG, daß er »wesentlich und unmittelbar« die Existenz des Staates, seine territoriale Integrität, seine Unabhängigkeit, seine Stellung und sein Gewicht unter den Staaten oder die Ordnung der Staatengemeinschaft betrifft.[26]

---

25 So BVerfGE 1, 372 (381).
26 So BVerfGE 1, 372 (381 f).

Hintergrund dieser restriktiven Auslegung ist die Auffassung des BVerfG, Art. 59 Abs. 2 Satz 1 1. Alt. GG konstatiere eine »Ausnahmebefugnis der Legislative im Bereich der Exekutive«[27] und damit eine Durchbrechung der Gewaltenteilung.[28] Das BVerfG hat diese Auffassung später relativiert[29] und insgesamt eine parlamentsfreundlichere Tendenz eingeschlagen.[30] 1096

Im Ausgangsfall ist auch bei großzügigerer Auslegung des Art. 59 Abs. 2 Satz 1 1. Alt. GG nicht anzunehmen, daß der beabsichtigte Vertrag »die politischen Beziehungen des Bundes« regelt, mag ihm auch eine gewisse politische Bedeutung zukommen. Es bleibt aber dabei, daß er sich auf die »Gesetzgebung des Bundes« bezieht, weil nur das Parlament die erforderlichen Mittel im Wege der Haushaltsgesetzgebung bewilligen kann.[31] 1097

Die in Art. 59 Abs. 2 Satz 1 GG gebrauchte Wendung »Zustimmung oder Mitwirkung« trägt dem Umstand Rechnung, daß der Bundesrat am Gesetzgebungsverfahren in verschiedener Weise mitwirkt. Sofern es sich um einen Vertrag handelt, der sich »auf Gegenstände der Bundesgesetzgebung bezieht«, sind die Vorschriften des Grundgesetzes über die Zustimmungsbedürftigkeit von Gesetzen anwendbar. Bei Verträgen, die die »politischen Beziehungen des Bundes regeln«, ist der Bundesrat hingegen auf die Möglichkeit des Einspruchs beschränkt, weil das Grundgesetz derartige Vertragsgesetze nicht für zustimmungsbedürftig erklärt.[32] 1098

Im Ausgangsfall bedürfte das Vertragsgesetz nicht der Zustimmung des Bundesrates, weil es sich bei dem Haushaltsgesetz um ein Einspruchsgesetz handelt.[33] 1099

Das Vertragsgesetz wird im **Gesetzgebungsverfahren** nach **Art. 76 ff. GG** erlassen. Insoweit gelten die allgemeinen Regeln. Die Gesetzesinitiative liegt allerdings bei der Bundesregierung, da diese den Vertrag aushandelt. Der Gesetzentwurf wird zunächst dem Bundesrat zugleitet, der Stellung nehmen kann (Art. 76 Abs. 2 GG). Im Bundestag wird ein Vertragsgesetz nur in zwei Beratungen (»Lesungen«) 1100

---

27 So BVerfGE 1, 372 (394).

28 So BVerfGE 1, 351 (369).

29 So BVerfGE 68, 1 (85): »Die betroffenen Sachbereiche, in denen diese Mitwirkung verfassungsrechtlich gewährleistet ist, und die Handlungsform, in der das von Verfassungs wegen geschieht, sind auch politisch wie rechtlich von solchem Gewicht, daß sie nicht als Ausnahmen angesprochen werden können. Geschichtlich gesehen drückt sich in diesen Regelungen die Tendenz zur verstärkten Parlamentarisierung der Willensbildung im auswärtigen Bereich aus.«

30 Vgl. insbes. BVerfGE 90, 286.

31 Str., wie hier *M. Zuleeg*, in: AK-GG, Art. 59 Rdnr. 27 m. w. N.; *B. Kempen*, in: v. Mangoldt/Klein/Starck, GG, Bd. 2, Art. 59 Rdnr. 72; *I. Pernice*, in: Dreier (Hrsg.), GG, Bd. II, Art. 59 Rdnr. 36; *O. Rojahn*, in: v. Münch/Kunig (Hrsg.), GG, Bd. 2, Art. 59 Rdnr. 25; vgl. ferner *A. Bleckmann*, Grundgesetz und Völkerrecht, S. 224 unter Hinweis auf die Staatspraxis, die allerdings verschiedentlich zu Problemen geführt hat.

32 Vgl. *O. Rojahn*, in: v. Münch/Kunig (Hrsg.), GG, Bd. 2, Art. 59 Rdnr. 27; *I. Pernice*, in: Dreier (Hrsg.), GG, Bd. II, Art. 59 Rdnr. 47; *R. Streinz*, in: Sachs (Hrsg.), GG, Art. 59 Rdnr. 48.

33 Art. 110 Abs. 2 Satz 1 GG: »Der Haushaltsplan wird für ein oder mehrere Rechnungsjahre, nach Jahren getrennt, vor Beginn des ersten Rechnungsjahres durch das Haushaltsgesetz festgestellt.« Art. 110 Abs. 3 GG: »Die Gesetzesvorlage nach Absatz 2 Satz 1 sowie Vorlagen zur Änderung des Haushaltsgesetzes und des Haushaltsplanes werden gleichzeitig mit der Zuleitung an den Bundesrat beim Bundestage eingebracht; der Bundesrat ist berechtigt, innerhalb von sechs Wochen, bei Änderungsvorlagen innerhalb von drei Wochen, zu den Vorlagen Stellung zu nehmen.«

behandelt (§ 78 Abs. 1 GOBT). Der Grund hierfür ist einfach: Die zweite Beratung von Gesetzentwürfen ist (auch) für Änderungsanträge bestimmt (§§ 81 ff. GOBT). Da völkerrechtliche Verträge aber in ihrem Inhalt festliegen und durch das Parlament nicht verändert werden können, erübrigt sich die zweite Beratung herkömmlichen Inhalts. Nach der ersten Beratung wird der Entwurf des Vertragsgesetzes den zuständigen Ausschüssen überwiesen, die – wie bei jeder anderen Vorlage – ihren Bericht erstatten.

1101 Vertragsgesetze werden mit **einfacher Mehrheit** beschlossen. Sofern es sich um Zustimmungsgesetze handelt, bedürfen sie der Zustimmung des Bundesrates. Gegen Einspruchsgesetze kann der Bundesrat nach Abschluß des Vermittlungsverfahrens Einspruch einlegen, der wiederum durch die absolute Mehrheit des Bundestages zurückgewiesen werden kann (Art. 77 Abs. 3 und 4 GG).[34]

3. Beteiligung des Bundespräsidenten an der Vertragsgesetzgebung

1102 Dem **Bundespräsidenten** fällt nach Abschluß des Gesetzgebungsverfahrens die Aufgabe zu, das Vertragsgesetz nach Gegenzeichnung durch den Bundeskanzler (zuständigen Bundesminister) **auszufertigen** und zu **verkünden** (Art. 82 Abs. 1 GG). Hierbei hat er – ebenso wie bei anderen Gesetzen – die formelle und materielle Prüfungskompetenz. Eine Bewertung der politischen Opportunität des Vertrags darf der Bundespräsident dagegen nicht vornehmen. Sofern er keine verfassungsrechtlichen Bedenken erhebt, hat er das Gesetz auszufertigen und zu verkünden. Die **Verkündung** des Vertragsgesetzes im Bundesgesetzblatt ist nicht zu verwechseln mit der ebenfalls vom Bundespräsidenten vorzunehmenden **»Ratifikation«**. Das Inkrafttreten des Vertragsgesetzes ist vielmehr die staatsrechtliche Voraussetzung dafür, daß der Bundespräsident den **Vertrag** gegenüber dem Vertragspartner als Voraussetzung für das völkerrechtliche Inkrafttreten **bestätigen** kann.[35]

1103 Sollte die Bundesregierung im Ausgangsfall den Vertrag *ohne* parlamentarische Beteiligung bzw. Ratifikationsklausel abschließen, würden auch die Kompetenzen des Bundespräsidenten verletzt, der das entsprechende Vertragsgesetz hätte ausfertigen und verkünden müssen. Die Ratifikation demgegenüber *kann*, muß aber nicht notwendig im Vertrag vorgesehen sein. Durch das Fehlen einer Ratifikationsklausel würde der Bundespräsident in seinen Rechten nicht verletzt.

4. Verwaltungsabkommen (Art. 59 Abs. 2 Satz 2 GG)

1104 Verwaltungsabkommen sind alle völkerrechtlichen Verträge, die weder die politischen Beziehungen des Bundes regeln noch sich auf Gegenstände der Bundesgesetzgebung beziehen. Damit scheidet eine Beteiligung des Bundestages aus, denn bei diesen Verträgen bedarf es keiner Transformation (keines Vollzugs) durch Bundesgesetz. Allerdings bedürfen die Verwaltungsabkommen gegebenenfalls der **Zustimmung** des **Bundesrates**, der nach Art. 50 GG auch bei der »Verwaltung des Bundes« mitwirkt.

---

34 Vgl. oben Rdnr. 345.

35 Vgl. die unter V. abgedruckte Ratifikationsurkunde zum »Zwei-Plus-Vier-Vertrag«.

Die Zustimmung des Bundesrates zu Verwaltungsabkommen (Regierungsabkommen oder Ressortabkommen) ist erforderlich, wenn zur Erfüllung des Vertrages innerstaatlich Rechtsverordnungen (Art. 80 Abs. 2 GG) oder Verwaltungsvorschriften (Art. 84 Abs. 2, 85 Abs. 2 GG) notwendig sind, denen der Bundesrat zustimmen muß. Sind diese Voraussetzungen nicht gegeben, können völkerrechtliche Verträge ohne Beteiligung des Bundesrates in Kraft treten. 1105

Wären im Ausgangsfall die notwendigen Mittel bereits in den Haushaltsplan eingestellt bzw. in Form von Verpflichtungsermächtigungen vorgesehen, könnte der Vertrag als »Verwaltungsabkommen« abgeschlossen werden. Sofern der Bundesverteidigungsminister den Vertrag abschließt, würde es sich um ein »Ressortabkommen« handeln, bei Abschluß durch den Bundeskanzler um ein »Regierungsabkommen«. 1106

III. Die verfassungsrechtliche Kontrolle von Akten der »auswärtigen Gewalt«

Fall 79: 1107

Am 8. November 1972 wurde der zwischen der Bundesrepublik Deutschland und der Deutschen Demokratischen Republik ausgehandelte Grundlagenvertrag paraphiert. Am 21. Dezember 1972 wurde der Vertrag unterzeichnet. Der Bundestag stimmte dem Vertragsgesetz am 11. Mai 1973 zu. Der Bundesrat erhob keinen Einspruch. Das Vertragsgesetz wurde am 6. Juni 1973 verkündet (BGBl. II, S. 421). Der Austausch der Ratifikationsurkunden erfolgte am 20. Juni 1973; entsprechend trat der Vertrag am 21. Juni 1973 in Kraft (BGBl. II, S. 559).

Am 28. Mai 1973 beantragte die Bayerische Staatsregierung beim BVerfG festzustellen, daß der Grundlagenvertrag mit dem Grundgesetz nicht vereinbar und deshalb nichtig sei. Zur Begründung trug sie vor, der Vertrag verstoße gegen das Wiedervereinigungsgebot und eine Reihe anderer Vorschriften des Grundgesetzes.

(nach BVerfGE 36, 1)

1. Vertragsgesetz als Gegenstand der abstrakten Normenkontrolle (Art. 93 Abs. 1 Nr. 2 GG)

Ziel des Verfahrens der Vertragsgesetzgebung ist es, den **völkerrechtlichen Vertrag** in nationales Recht zu **transformieren** (nach anderer Auffassung: zu vollziehen). Das Vertragsgesetz ist folglich »Bundesrecht«, das den Vertrag umfaßt und innerstaatlich anwendbar macht. Als **Bundesrecht** kann jedes Vertragsgesetz zum Gegenstand der abstrakten Normenkontrolle gemacht werden. Nach den vom BVerfG zur Zulässigkeit eines Normenkontrollantrags entwickelten Grundsätzen könnte ein gegen ein Vertragsgesetz gerichteter Normenkontrollantrag erst gestellt werden, wenn alle Akte des Gesetzgebungsverfahrens abgeschlossen sind, das Gesetz also ausgefertigt und verkündet worden ist.[36] Diese Grundsätze sind für die Normenkontrolle von Vertragsgesetzen modifiziert worden. Ein Antrag ist schon dann zulässig, wenn das **Verfahren** der gesetzgebenden Körperschaften **abgeschlossen** ist, Ausfertigung und Verkündung des Gesetzes durch den Bundespräsidenten aber noch ausstehen.[37] Zur Begründung hat das BVerfG 1108

36 So BVerfGE 1, 396 (410); vgl. oben Rdnr. 902.
37 Vgl. BVerfGE 1, 396 (413); vgl. oben Rdnr. 903.

ausgeführt, daß nach Möglichkeit das völkerrechtliche Inkrafttreten eines verfassungswidrigen Vertrages verhindert werden müsse. Wenn aber der Bundespräsident ein Vertragsgesetz – in der Überzeugung, es sei verfassungsmäßig – ausfertige und verkünde, so werde er den völkerrechtlichen Vertrag regelmäßig auch ratifizieren. Damit sei aber genau die Situation gegeben, die verhindert werden solle, daß nämlich ein verfassungswidriger Vertrag völkerrechtliche Wirksamkeit erlange.[38]

1109 Im Ausgangfall bedurfte der »Grundlagenvertrag« als Vertrag, der »die politischen Beziehungen des Bundes« regelte, der Zustimmung des Bundestages (Art. 59 Abs. 2 Satz 1 GG). Obwohl die DDR im Verhältnis zur Bundesrepublik nach Rechtsprechung des BVerfG nicht »Ausland« war, fand Art. 59 Abs. 2 GG uneingeschränkt Anwendung.[39] Der Antrag der Bayerischen Staatsregierung war folglich zulässig, nachdem der Bundestag dem Vertragsgesetz am 11. Mai 1973 zugestimmt und der Bundesrat am 25. Mai 1973 beschlossen hatte, »keinen Antrag nach Art. 77 GG zu stellen«.

1110 Das BVerfG sieht die Bundesregierung als verpflichtet an, zwischen der parlamentarischen Beratung des Vertragsgesetzes und der Ratifikation des Vertrages ausreichend Zeit für eine Prüfung durch das Bundesverfassungsgericht zu lassen. Das Gericht hält es mit der Entscheidung des Grundgesetzes für eine umfassende Verfassungsgerichtsbarkeit für unvereinbar, daß ein anhängiges Normenkontrollverfahren durch von der Exekutive gesetzte Termine überspielt wird.[40]

1111 Die Ratifikation des Grundlagenvertrages war für den 20. Juni 1973 vorgesehen, also 14 Tage nach seinem Inkrafttreten. Die Entscheidung des BVerfG erging am 31. Juli 1973. In der Entscheidung ist ein Unbehagen darüber spürbar, über das Gesetz zu einem Vertrag entschieden zu haben, der bereits seine völkerrechtliche Wirksamkeit erlangt hatte.[41]

2. Inhaltliche Kontrolle völkerrechtlicher Verträge durch das Bundesverfassungsgericht

1112 Die inhaltliche Kontrolle völkerrechtlicher Verträge durch das BVerfG wirft die prinzipielle Frage auf, wieweit politische Entscheidungen gerichtlicher Kontrolle zugänglich sind. Das BVerfG bekennt sich zum **»judicial self-restraint«**[42], ohne daß immer deutlich würde, worin die Selbstbeschränkung liegt.

1113 Die Kontrolle völkerrechtlicher Verträge durch das BVerfG läßt sich nicht durch die Dichotomie von **Recht** und **Politik** einfangen, denn hierbei handelt es sich um verschiedene Pole der Sozialgestaltung, nicht um wesensmäßige Gegensätze.[43] Überdies ist es angesichts der Tendenz, Politik zu »verrechtlichen«, unmöglich, ihren Bereich gegenüber dem des Rechts abzugrenzen. Es kann im Gegenteil eine besonders subtile (und oft gewählte) Strategie der Politik sein, sich als rechtlich vorgegeben und damit als der (politischen) Diskussion entzogen darzustellen.

1114 Der Zugang zu der gleichwohl erforderlichen Abgrenzung zwischen verfassungsrichterlicher Kontrollkompetenz und politischer Entscheidungskompetenz der

---

38 So BVerfGE 1, 396 (412 f.).
39 Vgl. BVerfGE 36, 1 (LS 1).
40 Vgl. BVerfGE 36, 1 (15).
41 So BVerfGE 36, 1 (15) unter Hinweis auf BVerfGE 35, 257 (261 f.).
42 So BVerfGE 36, 1 (14).
43 Vgl. oben Rdnr. 846 ff.

Staatsleitung läßt sich nur über die Struktur der politischen Entscheidung gewinnen, der ein prognostisches Element wesenseigen ist. Politische Prognosen sind regelmäßig keiner Widerlegung fähig, sondern können nur durch andere (politische) Prognosen ersetzt werden. Daraus folgt, daß das BVerfG selbst Prognosen anstellen müßte, wenn es politische Entscheidungen kontrollierte. Damit würde es aber – genau genommen – die Funktion der Organe der Staatsleitung übernehmen.[44]

Einer solchen Funktionsübernahme steht die bei den Organen der Staatsleitung 1115
und des BVerfG je verschieden geartete demokratische **Legitimation** entgegen. Nur die Organe der Staatsleitung (Parlamente und Regierung) sind durch Wahlen zu politisch aktivem Handeln legitimiert und müssen hierfür öffentlich Rechenschaft ablegen. Die mittelbare demokratische Legitimation des BVerfG schließt gerade nicht die gleichberechtigte Teilhabe am politischen Prozeß ein, sondern zielt auf die Wahrung der Verfassung. Das BVerfG kann auf Dauer seine spezifische, aus der Verfassung gezogene Legitimation nur wahren, wenn es nicht in eine Konkurrenz mit den politischen Entscheidungsträgern tritt und sich – was nicht dasselbe ist – politischer Argumentation enthält.

Das Grundvertragsurteil ist unter diesem Gesichtspunkt kontrovers diskutiert 1116
worden.[45] Namentlich die verfassungsrechtliche Ausdeutung des Wiedervereinigungsgebots ist auf Kritik gestoßen. Zutreffend dürfte sein, daß es sich bei dem Wiedervereinigungsgebot um eine politische **Zielvorstellung** handelte, die nur durch außenpolitische Strategien verwirklicht werden konnte. Die verfassungsrechtliche Verankerung dieses Ziels bedeutete nicht, daß die eine politische Strategie verfassungsmäßig, die andere aber verfassungswidrig war. Jede Politik nämlich beruht auf einer Prognose, die man für falsch halten mag, die aber verfassungsrechtlicher Beurteilung nicht zugänglich ist. Solange also das Ziel der staatlichen Einheit Deutschlands überhaupt verfolgt wurde, ließen sich weitere Direktiven für die Politik aus der Verfassung nicht ablesen. Die historischen Ereignisse der Jahreswende 1989/90, die schließlich zur Wiedergewinnung der Deutschen Einheit führten und weder vorhergesehen wurden noch vorhersehbar waren, mahnen zusätzlich zu äußerster Zurückhaltung des BVerfG bei Prognosen auf dem Gebiet der Außenpolitik.

---

44 Vgl. im einzelnen *G. F. Schuppert*, Die verfassungsgerichtliche Kontrolle der Auswärtigen Gewalt, 1973, S. 219 ff.; *K. Hailbronner*, Kontrolle der auswärtigen Gewalt, VVDStRL 56 (1997), S. 14 ff.

45 Vgl. *U. Scheuner*, Die staatsrechtliche Stellung der Bundesrepublik – Zum Karlsruher Urteil über den Grundvertrag, DÖV 1973, S. 581; *C. Tomuschat*, Auswärtige Gewalt und verfassungsgerichtliche Kontrolle, DÖV 1973, S. 801; *G. F. Schuppert*, Verfassungsgerichtsbarkeit und Politik, ZRP 1973, S. 257; *D. Wilke/G. Koch*, Außenpolitik nach Anweisung des Bundesverfassungsgerichts?, JZ 1975, S. 233.

IV. Übersichten: Völkerrechtliche Verträge

1117 1. Verbandskompetenzen (Abschluß und Transformation)

	ausschließliche oder konkurrierende Gesetzgebungskompetenz des Bundes	Gesetzgebungskompetenz der Länder
Abschlußkompetenz	Bund (Art. 32 I GG)	Bund mit Einverständnis der Länder oder Länder mit Zustimmung der Bundesregierung (Art. 32 III GG)
Transformations-(Vollzugs-)kompetenz	Bund (Art. 70 ff. GG)	Länder (Art. 70 I 1 GG)

1118 2. Vertragsarten und Mitwirkungsakte von Bundestag und Bundesrat

Vertragsart	Verträge mit auswärtigen Staaten (Art. 59 I 2 GG)			
	Staatsverträge (Art. 59 II 1 GG)		Verwaltungsabkommen (Art. 59 II 2 GG)	
	»politische« Verträge	Verträge betr. Bundesgesetzgebung	Regierungsabkommen	Ressortabkommen
Zustimmung des Bundestages	(Vertrags-) Gesetz	(Vertrags-) Gesetz	nein	nein
Mitwirkung des Bundesrates	wie bei Einspruchsgesetz	Zustimmungs- oder Einspruchsgesetz	ggf. Zustimmung (RVO, VV)	ggf. Zustimmung (RVO, VV)

1119

3. Verfahren des Vertragsabschlusses

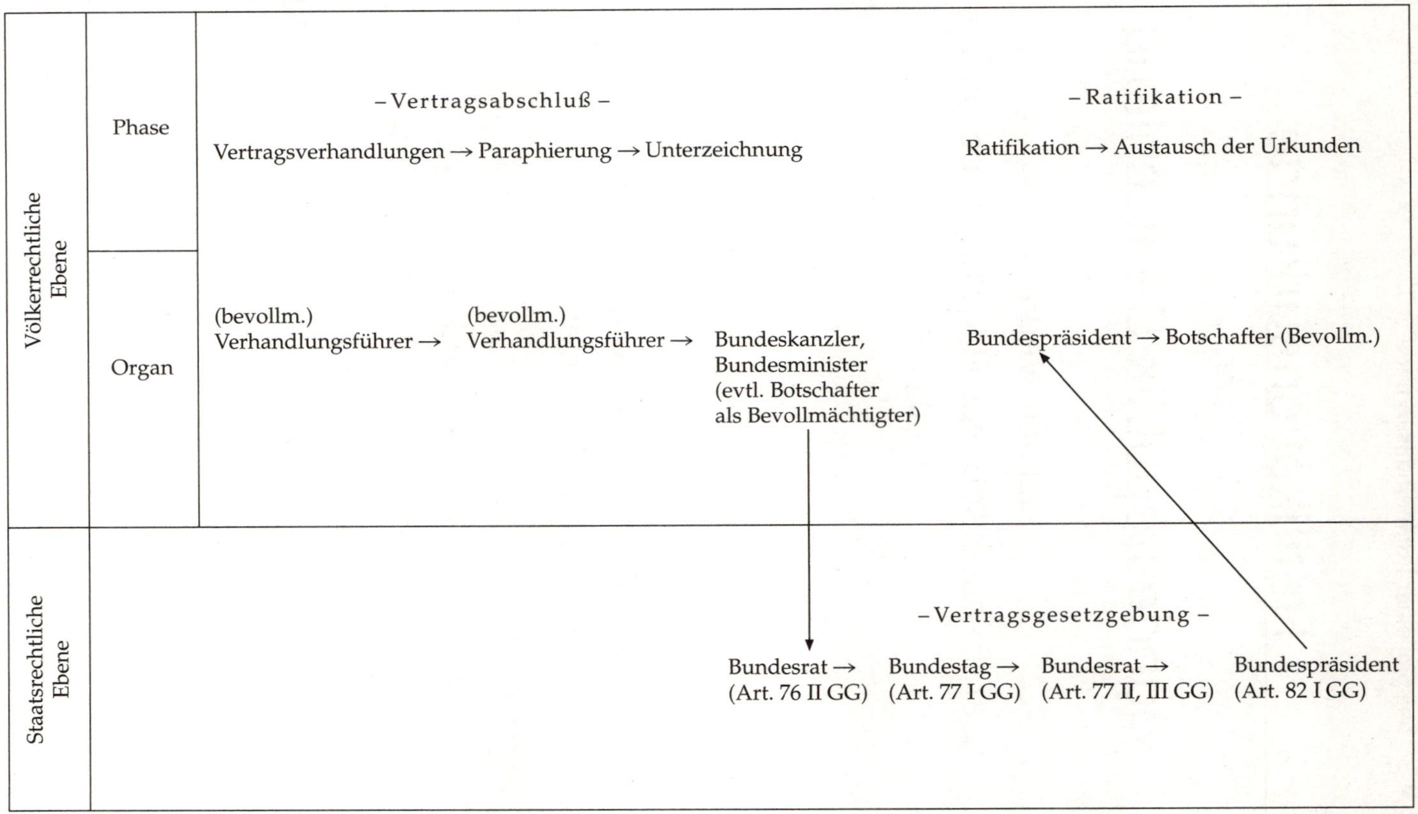

1120 **V. Beispiel einer Ratifikationsurkunde**

Ratifikationsurkunde
der
Bundesrepublik Deutschland

zu dem Vertrag
über die abschließende Regelung in bezug auf
Deutschland

Nachdem der in Moskau am 12. September 1990 von
der Bundesrepublik Deutschland

unterzeichnete

Vertrag über die abschließende Regelung
in bezug auf Deutschland sowie die vereinbarte
Protokollnotiz zu diesem Vertrag,

deren Wortlaut beigefügt ist, in gehöriger Gesetzesform die verfassungsmäßige Zustimmung gefunden haben, erkläre ich hiermit, daß ich den Vertrag und die Protokollnotiz bestätige.

Bonn, den

Der Bundespräsident

Der Bundesminister des Auswärtigen

VI. Die auswärtigen Beziehungen der Europäischen Union

Im Hinblick auf die Beziehungen der Europäischen Union zu **Drittstaaten** – also solchen Staaten, die nicht Mitgliedstaaten der Union sind – ist gegenwärtig noch zwischen der Europäischen Gemeinschaft als solcher und der Europäischen Union zu unterscheiden. Nur die Europäische Gemeinschaft besitzt **Rechtspersönlichkeit** (Art. 281 EGV) und ist hinsichtlich ihrer **Völkerrechtsfähigkeit** anerkannt.[46] Die Gemeinschaft kann deshalb Verträge mit Drittstaaten abschließen, soweit ihre Verbandskompetenz reicht.[47] Überwiegend wird angenommen, daß den Kompetenzen der Gemeinschaft im Verhältnis zu den Mitgliedstaaten (»Innenkompetenzen«) solche zum Abschluß völkerrechtlicher Verträge (»Außenkompetenzen«) entsprechen.[48] Dies bedeutet aber, daß eine ausdrückliche Ermächtigung der Gemeinschaftsorgane durch Primärrecht gegeben sein muß. 1121

Das Vertragsabschlußverfahren und damit die Organkompetenz richtet sich nach Art. 300 EGV. Die Paralelle zu Art. 59 Abs. 2 GG liegt auf der Hand. Allerdings kommt dem Europäischen Parlament keine dem Bundestag nach Art. 59 Abs. 2 Satz 1 GG vergleichbare Mitwirkungsfunktion zu. 1122

Streng vom völkerrechtlichen Handeln der Europäischen Gemeinschaft zu trennen ist das Auftreten der **Europäischen Union** (als solcher) im völkerrechtlichen Verkehr. Da die Rechtspersönlichkeit und damit Völkerrechtsfähigkeit der Europäischen Union gegenwärtig noch überwiegend verneint wird[49], treten die Mitgliedstaaten im Rahmen der Gemeinsamen Außen- und Sicherheitspolitik (Art. 11 EUV) *gemeinsam* auf. Entsprechend koordinieren die Mitgliedstaaten ihr Handeln in internationalen Organisationen und auf internationalen Konferenzen und treten dort für die gemeinsamen Standpunkte ein (Art. 19 Abs. 1 EUV). Auch sind die Mitgliedstaaten zu abgestimmtem Verhalten auf diplomatischer Ebene verpflichtet (Art. 20 Abs. 1 EUV). Schließlich ist in Art. 24 EUV vorgesehen, daß der Rat den Vorsitz ermächtigen kann, Verhandlungen über Verträge mit Drittstaaten oder internationalen Organisationen aufzunehmen bzw. solche Übereinkünfte abzuschließen. Allerdings sind Mitgliedstaaten, deren Vertreter im Rat erklären, daß in ihrem Land bestimmte verfassungsrechtliche Vorschriften eingehalten werden müssen, durch eine derartige Übereinkunft nicht gebunden (Art. 24 Satz 3 EUV). 1123

Der Unterschied zwischen der Europäischen Gemeinschaft und der Europäischen Union wird im Verhältnis zu Drittstaaten dadurch unterstrichen, daß ein Mitglied der Kommission (»Kommissar«) für die Außenbeziehungen der Gemeinschaft zuständig ist. Der Europäischen Union als solcher ist demgegenüber der **Hohe Vertreter für die Gemeinsame Außen- und Sicherheitspolitik** zuzurechnen, der den Rat in Angelegenheiten des Gemeinsamen Außen- und Sicherheitspolitik unterstützt und im Namen des Rates den politischen Dialog mit Dritten führt (Art. 26 EUV).[50] 1124

46 Vgl. *R. Streinz*, Europarecht, Rdnr. 591.
47 Vgl. *R. Streinz*, Europarecht, Rdnr. 601 ff.
48 Vgl. *A. Bleckmann*, Europarecht, Rdnr. 1382 ff.; *M. Herdegen*, Europarecht, Rdnr. 439.
49 Vgl. *M. Herdegen*, Europarecht, Rdnr. 82 f.; *A. Bleckmann*, Europarecht, Rdnr. 164 ff.
50 Vgl. hierzu *R. Streinz*, Europarecht, Rdnr. 43.

VII. Rechtsprechung

1125 **BVerfGE** 1, 396 (Bonner/Pariser Verträge); **E** 4, 157 (Saar-Statut); **E** 6, 309 (Konkordats-Urteil); **E** 36, 1 (Grundlagenvertrags-Urteil); **E** 40, 141 (Ost-Verträge); **E** 84, 90 (Einigungsvertrag); **E** 89, 155 (»Maastricht-Urteil).

VIII. Literatur

1126 **M. Borchmann**, Auswärtige Aktivitäten der Bundesländer – Recht und Realität, VR 1987, S. 1; **ders.**, Die Souveränität der Bundesländer nach außen, VR 1989, S. 87; **U. Fastenrath**, Kompetenzverteilung im Bereich der auswärtigen Gewalt, 1986; **W. Frenz**, Die Verdrängung des Lindauer Abkommens durch Art. 23 GG – Mitwirkungsrechte der Länder bei gemischten Abkommen, die ausschließliche Länderkompetenzen erfassen –, DVBl. 1999, S. 945; **K. Hailbronner**, Kontrolle der auswärtigen Gewalt, VVDStRL 56 (1997), S. 7; **K. Ipsen**, Völkerrecht, 4. Aufl. 1999; **P. Kunig**, Auswärtige Gewalt, Jura 1993, S. 554; **G. F. Schuppert**, Die verfassungsgerichtliche Kontrolle der »Auswärtigen Gewalt«, 1973; **M. Schweitzer**, Staatsrecht III, 7. Aufl. 2000; **C. Trüe**, Die Bundesstaatlichkeit der Bundesrepublik Deutschland – Auswirkungen auf die Umsetzung völkerrechtlicher Verträge und ihren Vollzug – JuS 1997, S. 1092.

§ 22 Die Mitgliedschaft der Bundesrepublik in internationalen Organisationen

Fall 80: 1127

Am 11. September 2001 wurde ein Anschlag auf das World Trade Center in New York verübt, der einer Terrororganisation zugeschrieben wurde, die in Afghanistan und anderen islamischen Staaten Stützpunkte unterhält. Der Sicherheitsrat der Vereinten Nationen stellte mit der Resolution 1368 (2001) vom 12. September 2001 eine Bedrohung des internationalen Friedens und der Sicherheit fest, gegen die das Recht der individuellen und kollektiven Selbstverteidigung gegeben sei. Am gleichen Tag beschloß der NATO-Rat, daß die Trerrorangriffe als Angriff auf alle Bündnispartner im Sinne der Beistandsverpflichtung des Art. 5 des NATO-Vertrages zu betrachten seien. Am 7. Oktober 2001 begann die Operation ENDURING FREEDOM, die zunächst von den Vereinigten Staaten und Großbritannien geführt wurde. Am 16. November 2001 beschloß der Deutsche Bundestag seine Zustimmung zur Entsendung von Einsatzkräften der Bundeswehr nach Afghanistan.

Die politische, wirtschaftliche und militärische Zusammenarbeit zwischen der Bundesrepublik Deutschland und anderen Staaten findet in einer Vielzahl **internationaler Organisationen** statt, deren Mitglied die Bundesrepublik ist. Der Beitritt zu internationalen Organisationen (oder ihre Gründung) erfolgt durch **völkerrechtlichen Vertrag**, der innerstaatlich nach Art. 59 Abs. 2 GG zu behandeln ist.[1] Soweit internationale Organisationen einen eigenen Willen bilden (gegebenenfalls Recht setzen), wenden sich derartige Akte regelmäßig an die Mitgliedstaaten, die völkerrechtlich verpflichtet sind, sie in innerstaatliches Recht zu transformieren (bzw. innerstaatlich zu vollziehen). 1128

Durch diese Konstruktion wird die **staatliche Souveränität** (Innehabung höchster, unabgeleiteter Staatsgewalt) nicht beeinträchtigt: Staatsgewalt übt nur der jeweilige Mitgliedstaat aus, möge er hierzu auch völkerrechtlich verpflichtet sein. Eine andere Rechtslage entsteht, wenn Staaten Hoheitsgewalt auf internationale Organistationen übertragen, deren Willens- und Rechtsakte also innerhalb des (Mitglied-)Staates **unmittelbar** gelten. 1129

Das Grundgesetz sieht in **Art. 24 Abs. 1** ausdrücklich vor, daß der Bund »Hoheitsrechte auf zwischenstaatliche Einrichtungen« übertragen kann. Von dieser (in der deutschen Verfassugnsgeschichte neuartigen) **»supranationalen Option«**[2] hat die Bundesrepublik nachhaltig Gebrauch gemacht. Im einzelnen kann allerdings fraglich sein, ob die Bundesrepublik bereits Hoheitsrechte übertragen oder sich lediglich zu einem bestimmten (staatlichen) Handeln verpflichtet hat. 1130

Die internationalen Organisationen lassen sich hinsichtlich ihrer räumlichen Erstreckung (universal oder regional), ihrer Aufgabenstellung (generell oder speziell) sowie der Form der Zusammenarbeit in Gestalt der **Koordination** oder **Subordination** unterscheiden.[3] Bei einer Typisierung darf indes nicht übersehen werden, daß internationale Organisationen jeweils ihre eigene Entstehungsgeschichte 1131

---

1 Vgl. oben Rdnr. 1086 ff.

2 So *K. Stern*, Staatsrecht I, S. 518.

3 Vgl. *V. Epping*, in: K. Ipsen, Völkerrecht, § 31 Rdnr. 6 ff.

haben und über eigene Rechtsgrundlagen verfügen, die genauerer Untersuchung bedürfen. Insoweit muß auf Spezialdarstellungen zum Recht der internationalen Organisationen verwiesen werden.[4]

I. Vereinte Nationen (UNO)

1132 Die Vereinten Nationen sind eine universale Organisation mit der (generellen) Zielsetzung

- den internationalen Frieden und die internationale Zusammenarbeit aufrechtzuerhalten;
- freundschaftliche Beziehungen unter den Nationen zu entwickeln, die auf der Achtung des Grundsatzes gleicher Rechte und der Selbstbestimmung der Völker beruhen;
- eine internationale Zusammenarbeit bei der Lösung internationaler Probleme herbeizuführen.[5]

1133 Die Hauptorgane der UNO sind die **Generalversammlung**, der **Sicherheitsrat**, das **Sekretariat** (mit dem Generalsekretär) und der **Internationale Gerichtshof** (Den Haag).

1134 Die UNO verfügt über eine Vielzahl von Nebenorganen und Unterorganisationen, deren Wirkungsgrad ebenfalls universal ist, die jedoch nur spezielle Aufgaben erfüllen. Eine weitere Gruppe bilden die **»Sonderorganisationen«** der UNO, die ebenfalls ein spezielles Aufgabenfeld haben. Die Bundesrepublik Deutschland ist seit dem 18. September 1973 Mitglied der Vereinten Nationen.[6] Bis in die jüngste Zeit ist streitig gewesen, ob es angesichts des Art. 87 a Abs. 2 GG verfassungsrechtlich gestattet ist, daß die Bundesrepublik sich an militärischen Aktionen der Vereinten Nationen beteiligt. Das BVerfG vertritt die Auffassung, daß Art. 87 a Abs. 2 GG derartigen Einsätzen nicht entgegenstehe, die Bundesrepublik mit dem Beitritt zur UNO vielmehr die mit diesem System kollektiver Sicherheit typischerweise verbundenen Aufgaben übernommen habe (Art. 24 Abs. 2 GG).[7]

1135 Im Ausgangsfall hat der Sicherheitsrat der Vereinten Nationen am 12. September 2001 beschlossen, daß eine Angriffshandlung gegen die Vereinigten Staaten (Art. 39 UNO-Charta) vorlag. Nach Art. 1 der »Aggressionsdefinition«[8] der UN-Vollversammlung vom 14. Dezember 1974 bedeutet Aggression die Anwendung von Waffengewalt durch einen *Staat*. Entsprechend müssen Angriffshandlungen durch die Streitkräfte eines Staates erfolgen (Art. 3 Aggressionsdefinition). Allerdings ist auch das Entsenden »bewaffneter Banden, Gruppen, Freischärler oder Söldner durch einen Staat oder für ihn« eine Angriffshandlung, wenn sie mit Waffengewalt Handlungen gegen einen anderen Staat von so schwerer Art ausführen, daß sie den oben angeführten Handlungen gleichkommen, oder die wesentliche *Beteiligung* an einer solchen Entsendung (Art. 3 g der Definition). Im Ausgangsfall hat zwar nicht der Staat selber – das »Taliban-Regime« – gehan-

4 Vgl. etwa *I. Seidl-Hohenveldern/G. Loibl*, Das Recht der Internationalen Organisationen einschließlich der Supranationalen Gemeinschaften.

5 Vgl. Art. 1 UNO-Charta (*Sartorius* II Nr. 1).

6 Vgl. Gesetz vom 6. 6. 1973 (BGBl. II, S. 430), mit dem der Deutsche Bundestag den Beitritt zur UNO zustimmte. Die Generalversammlung beschloß die Aufnahme am 18. 9. 1973.

7 Vgl. BVerfGE 90, 286.

8 »Aggressionsdefinition« v. 14. 12. 1974 = *Sartorius* II Nr. 5.

delt, für den Anschlag wurde vielmehr eine auf afghanischem Territorium geduldete und geförderte Terrororganisation verantwortlich gemacht. Derartige Handlungen sind jedoch dem Staat zuzurechnen, der sie duldet bzw. fördert und erfüllen die Voraussetzungen des Begriffs der Angriffshandlung. Nach Art. 4 der Aggressionsdefinition ist die Aufzählung nach Art. 3 überdies nicht erschöpfend; der Sicherheitsrat kann feststellen, daß andere Handlungen ebenfalls eine Aggression nach den Bestimmungen der Charta darstellen.

II. Nordatlantik-Vertrag (NATO)

Die NATO stellt eine regionale Organisation mit spezieller Zielsetzung, nämlich der **kollektiven Selbstverteidigung** dar. Zweifelhaft ist, wieweit die NATO als »supranationale« Organisation angesprochen werden kann. Obwohl die Befehls- und Kommandogewalt über der NATO zugeordnete (»assignierte«) Streitkräfte der NATO-Staaten mit wenigen Ausnahmen erst im Konfliktfall auf die Kommandostäbe der NATO übergeht[9], ist das BVerfG der Ansicht, die Bundesrepublik habe nach Art. 24 Abs. 1 GG **Hoheitsrechte** auf die **NATO** übertragen.[10] 1136

Zentrale Bestimmung des Nordatlantik-Vertrages[11] ist Art. 5, in dem die Vertragsparteien vereinbaren, 1137

»daß ein bewaffneter Angriff gegen einen oder mehrere von ihnen in Europa oder Nordamerika als ein Angriff gegen sie alle angesehen werden wird; sie vereinbaren daher, daß im Falle eines solchen bewaffneten Angriffs jede von ihnen in Ausübung des in Art. 51 der Satzung der Vereinten Nationen anerkannten Rechts der individuellen oder kollektiven Selbstverteidigung der Partei oder den Parteien, die angegriffen werden, Beistand leistet, indem jede von ihnen unverzüglich für sich und im Zusammenwirken mit den anderen Parteien die Maßnahmen, einschließlich der Anwendung von Waffengewalt, trifft, die sie für erforderlich erachtet, um die Sicherheit des nordatlantischen Gebiets wiederherzustellen und zu erhalten.«

Die NATO-Staaten errichten einen **Rat**, in dem jeder von ihnen vertreten ist, um Fragen zu prüfen, die die Durchführung des Vertrags betreffen (Art. 9 NATO-V). 1138

Der NATO-Rat hat am 6. Oktober erklärt, daß mit dem Anschlag auf das World Trade Center ein bewaffneter Angriff auf die Vereinigten Staaten im Sinne des Art. 5 NATO-V erfolgt sei. Der damit (erstmalig) erklärte »Bündnisfall« verpflichtete die NATO-Staaten zu Maßnahmen, die sie jeweils für erforderlich erachteten, um die Sicherheit des nordatlantischen Gebiets wiederherzustellen. Nach der Rechtsprechung des BVerfG bedurfte die Entsendung deutscher Streitkräfte der vorherigen Zustimmung des Bundestages, die am 16. November 2001 erfolgte. Die Zustimmung des Bundestages ist nicht zu verwechseln mit der Feststellung des Verteidigungsfalls (Art. 115a Abs. 1 GG), die auch vom Bundestag (mit Zustimmung des Bundesrates) getroffen wird, aber voraussetzt, daß das *Bundesgebiet* mit *Waffengewalt* angegriffen wird. 1139

9 Vgl. *H. Fischer*, in: K. Ipsen, Völkerrecht, § 60 Rdnr. 44.
10 So BVerfGE 68, 1 (93 ff.).
11 Nordatlantikvertrag vom 4. 4. 1949 = *Sartorius* II Nr. 65.

III. Europarat

1140 Der Europarat ist eine **regionale Organisation** mit genereller Zielsetzung. Der Europarat wurde am 5. Mai 1949 gegründet. Ihm gehören gegenwärtig 43 europäische Länder an (so daß von einer **gesamteuropäischen Organisation** gesprochen werden kann).[12] Seine Aufgabe besteht nach Art. 1 a) der Satzung darin,

> »eine engere Verbindung zwischen seinen Mitgliedern zum Schutze und zur Förderung der Ideale und Grundsätze, die ihr gemeinsames Erbe bilden, herzustellen und ihren wirtschaftlichen und sozialen Fortschritt zu fördern.«[13]

1141 Organe des Europarats sind das **Ministerkomitee**, die **Beratende Versammlung** und das **Sekretariat**. Wachsende Bedeutung kommt daneben dem **Europäischen Gerichtshof für Menschenrechte** zu, der zum Schutz der **Europäischen Menschenrechtskonvention** eingesetzt worden ist. Den Bürgern der Mitgliedstaaten steht aufgrund der EMRK[14] die Möglichkeit offen, den Europäischen Gerichtshof für Menschenrechte gegen Grundrechtsbeeinträchtigungen durch Mitgliedstaaten anzurufen.[15]

IV. Rechtsprechung

1142 **BVerfGE** 68, 1 (NATO-Doppelbeschluß); **E** 77, 170 (»C-Waffen-Lagerung«); **E** 90, 286 (»Awacs«, »UNOSOM II«).

V. Literatur

1143 **M. Borchmann**, Die Bundesgesetzgebung zu internationalen Abkommen in den Jahren 1999 und 2000, NJW 2001, S. 480; **M. Brenner/D. Hahn**, Bundeswehr und Auslandseinsätze, JuS 2001, S. 729; **K. Fehn/B. J. Fehn**, Die verfassungsrechtliche Zulässigkeit von Blauhelmeinsätzen der Bundeswehr, Jura 1997, S. 621; **U. Fink**, Verfassungsrechtliche und verfassungsprozeßrechtliche Fragen im Zusammenhang mit dem Kosovo-Einsatz der Bundeswehr, JZ 1999, S. 1016; **C. Gramm**, Verfassungsrechtliche Grenzen der Zusammenarbeit mit auswärtigen Staaten im Hoheitsbereich, DVBl. 1999, S. 1237; **K. Ipsen**, Völkerrecht, 4. Aufl. 1999; **K. A. Klang**, NATO-Mitgliedschaft und Verteidigungsfall, NZWehrr 1986, S. 103; **R. Schmidt**, Der Verfassungsstaat im Geflecht der internationalen Beziehungen, VVDStRL 36 (1978), S. 65; **W. Schroeder**, Verfassungs- und völkerrechtliche Aspekte friedenssichernder Bundeswehreinsätze – BVerfG, NJW 1994, 2207, JuS 1995, S. 398; **I. Seidl-Hohenveldern/T. Stein**, Völkerrecht, 10. Aufl. 2000; **I. Seidl-Hohenveldern/G. Loibl**, Das Recht der Internationalen Organisationen einschließlich der Supranationalen Gemeinschaften, 7. Aufl. 2000; **E. Staebe**,

12 Die Europäische Union hat demgegenüber 15 Mitgliedstaaten. Mit weiteren (ost-)europäischen Staaten werden Beitrittsverhandlungen geführt.

13 *Sartorius* II Nr. 110.

14 Konvention zum Schutze der Menschenrechte und Grundfreiheiten v. 4.11.1950 (BGBl. II 1952, S. 685, 953 = *Sartorius* II Nr. 130).

15 Art. 34 EMRK: »Der Gerichtshof kann von jeder natürlichen Person, nichtstaatlichen Organisation oder Personengruppe, die behauptet, durch eine der Hohen Vertragsparteien in einem der in dieser Konvention oder den Protokollen dazu anerkannten Rechte verletzt zu sein, mit einer Beschwerde befaßt werden. Die Hohen Vertragsparteien verpflichten sich, die wirksame Ausübung dieses Rechts nicht zu behindern.«

Die Europäische Menschenrechtskonvention und ihre Bedeutung für die Rechtsordnung der Bundesrepublik Deutschland, JA 1996, S. 75; **C. Tomuschat**, Der Verfassungsstaat im Geflecht der internationalen Beziehungen, VVDStRL 36 (1978), S. 7; **A. Verdross/B. Simma**, Universelles Völkerrecht, 3. Aufl. 1984.

Sachregister

Die Zahlen bezeichnen die Randnummern